Michael Seeboerger-Weichselbaum

PHP & XML für Web Developer

Michael Seeboerger-Weichselbaum

PHP & XML
für Web Developer

Praxis und Referenz

Software & Support Verlag GmbH
Frankfurt 2005

Seeboerger-Weichselbaum, Michael: PHP & XML für Web Developer.
Praxis und Referenz.

Frankfurt, 2005

ISBN 3-935042-50-7

http://www.software-support-verlag.de

http://www.entwickler.com/buecher/phpxml

Bibliografische Information Der Deutschen Bibliothek

Die Deutsche Bibliothek verzeichnet diese Publikation in der Deutschen Nationalbibliografie; detaillierte bibliografische Daten sind im Internet über http://dnb.ddb.de abrufbar.

Redaktion: Hubert Partl

Satz: text & form GbR, Carsten Kienle

Umschlaggestaltung: Melanie Hahn

Belichtung, Druck und Bindung: M.P. Media-Print Informationstechnologie GmbH, Paderborn.

Inhaltsverzeichnis

Vorwort

XML hat sich seit der offiziellen Standardisierung durch das W3-Konsortium Anfang 1998 zu einer Schlüsseltechnologie entwickelt, die insbesondere im Internet und bei serverseitigen Anwendungen zum Einsatz kommt. PHP beinhaltet seit der Version 3.0.6 aus dem Jahre 1998 einen ersten XML-Support. Über die SAX-Bibliothek können XML-Dateien gelesen und verarbeitet werden. Mit PHP 4 wurde diese Unterstützung noch erweitert. Das bekannte Document Object Model (DOM) wurde über die Bibliothek DOM XML integriert und mit jeder neuen PHP-Version verbessert. Abfragen von XML-Dateien über XPath wurden ebenfalls integriert. XSLT wird unterstützt und ermöglicht das serverseitige Formen von XML-Dateien in ein Text-Format, z.B. HTML, XHTML, SVG, CSV usw. Mit PHP 5 wurde der XML-Support wesentlich verbessert und generalüberholt. Eine verbesserte DOM-Kompatibilität, XSLT, SAX und neue Bibliotheken wie SimpleXML und XMLReader stehen zur Verfügung.

Damit lässt PHP keine Wünsche mehr offen, um serverseitig mit XML zu arbeiten. Die wichtigen Technologien SAX, DOM, XPath, XInclude und XSLT können vielseitig und kreativ eingesetzt werden. Dieses Buch gibt Ihnen eine praktische Einführung in den Einsatz dieser Technologien für alle PHP-Versionen, und zwar sowohl für die älteren Versionen PHP 3.x und 4.x als auch für die in diesem Bereich grundlegend erneuerte Version PHP 5. Eine umfassende Referenz soll Ihnen als Nachschlagewerk dienen, und zwar ebenfalls sowohl für die älteren Versionen als auch für PHP 5.

Für meine Bücher zum Thema XML habe ich eine eigene Web-Site im Internet eingerichtet, die auch dieses Buch begleitet: *http://www.xmlguru.de*

Hier finden Sie aktuelle News rund um XML, XSLT und die damit verbundenen Themen. Dort finden Sie auch Diskussionsforen zum Thema des Buches, um Fragen oder Probleme zu diskutieren. Sie können die Site mit einem Web-Browser ansehen. Unter der gleichen Adresse können Sie auch Teile der Site mit einem Mobiltelefon (UMTS und WAP) einsehen. Die Beispielcodes dieses Buches können Sie von meiner persönlichen Web-Seite im Internet herunterladen: *http://www.seebi.de*

Zum Abschluss möchte ich mich an dieser Stelle bei dem gesamten Team des Software & Support-Verlags für die große Unterstützung bedanken. Ein dickes Dankeschön geht an Hubert Partl aus Wien, der dieses Buch fachlich lektoriert hat und durch fruchtbare Diskussionen zum Gelingen beigetragen hat.

Michael Seeboerger-Weichselbaum

1 Zur Einstimmung

Dieses Buch befasst sich mit den umfangreichen XML- und XSLT-Funktionalitäten in PHP 3.x, 4.x und 5. Diese sind in der Vergangenheit zu unrecht etwas stiefmütterlich behandelt worden. XML und XSLT in PHP steht anderen Programmiersprachen wie Java und .NET in keiner Weise nach. Der Hauptgrund für den geringeren Einsatz von XML und XSLT in Verbindung mit PHP liegt sicherlich an der mangelnden Dokumentation und an Büchern, die das Thema adäquat beschreiben.

XML-Funktionalitäten wurden in PHP nach und nach integriert. Die ersten Funktionalitäten sind seit PHP 3.0.6 enthalten, mit PHP 4.x gelang schließlich der große Wurf, der umfangreichen XML- und XSLT-Support integrierte. Mit PHP 5 wurde dieses noch erheblich verbessert.

1.1 Aufbau des Buches

Das Buch befasst sich mit den XML- und XSLT-Funktionalitäten von PHP 3.x bis 5. In Kapitel 3 lernen Sie zuerst SAX kennen. Die *Simple API for XML* wurde als erstes mit PHP 3.06 integriert. Hierüber ist ein einfacher und schneller Zugriff auf XML-Dateien und -Dokumente möglich. Die Kapitel 4, 5 und 6 befassen sich mit dem *Document Object Model* (DOM), das ab PHP 4.0 Einzug gehalten hat. Hierüber können XML-Elemente und deren Inhalte nachträglich manipuliert, ausgelesen und neue XML-Dateien erzeugt werden. Im siebenten Kapitel lernen Sie XPath und XInclude in PHP 4.x kennen. Das achte und neunte Kapitel rekapitulieren das Thema DOM – jedoch speziell für PHP 5. Denn mit PHP 5 sind erhebliche Änderungen und Erweiterungen eingetreten, die in eigene Kapitel ausgelagert wurden. Diese sollen ausführlich zur Sprache kommen, denn es ist absehbar, dass PHP 4 langfristig durch die 5er Version ersetzt werden wird. Kapitel 10 befasst sich mit einer neuen Bibliothek, die in PHP 5 eingeführt wurde: *SimpleXML*. Wie der Name schon sagt, soll diese Bibliothek einen gegenüber SAX und DOM vereinfachten Zugriff auf XML-Dateien und -Dokumente bieten. Zusätzlich wird das neue Modul `XMLReader` besprochen. Dieses ist durch Microsoft's `XMLReader`-Klasse aus dem .NET-Framework inspiriert und ist speziell für das Streamen von großen XML-Dateien und deren Zugriff vorgesehen.

Das Kapitel 11 erläutert die XSLT-Funktionalitäten, die in PHP 4.x und 5 enthalten sind. Dieses Kapitel bildet auch die Basis für das Kapitel 12. In diesem Kapitel wird in Fallstudien eine Web-Präsenz auf der Basis von XML und XSLT entworfen, die mit verschiedenen Endgeräten (Browser, PDA, Smartphone, UMTS-Handy, WAP-Handy) betrachtet werden kann. Es schließt sich die Erstellung eines kleinen Content Mangamenent Sytems auf der Basis von XML und XSLT an. Der Content wird nur noch in XML gehalten und zur Laufzeit in das entsprechende Format transformiert, das der User Agent unterstützt.

Einen breiten Raum nimmt die Referenz im Anhang an. Sie enthält eine komplette SAX-, DOM- und XSLT-Referenz aller Funktionen, Klassen, Methoden und Eigenschaften, die in allen PHP-Versionen (3.x bis 5) enthalten sind. Die Referenz ist durch das Studium des C-

Quellcodes von PHP entstanden, denn die originale PHP-Dokumentation zu SAX und DOM weist durchaus Lücken auf (es sind viele Funktionen oder Methoden nicht korrekt dokumentiert) oder es sind Fehler vorhanden. Daher wurde eine eigene Referenz mit Beispielen erstellt. Die Referenz soll Ihnen hauptsächlich als Nachschlagewerk für die tägliche Arbeit mit XML und XSLT innerhalb von PHP dienen.

1.2 Voraussetzungen für dieses Buch

Für dieses Buch wird PHP-, XML- und XSLT-Wissen vorausgesetzt. Dieses Buch bietet keine Einführung sowohl in PHP, wie auch in XML oder XSLT. Einführungen in diese Themenbereiche ist anderen Büchern vorbehalten. Auf diese Weise kann ich gleich und direkt zu den eigentlichen XML- und XSLT-Funktionalitäten in PHP kommen.

Die hier vorgestellten Bibliotheken und Programmierbeispiele können Sie mit allen gängigen Betriebssystemen (Windows, Linux, UNIX, Solaris, Mac OS X) nachvollziehen. Bei einigen Fassungen ist eine erneute Kompilierung von PHP erforderlich, um die Funktionalitäten nutzen zu können. Des Weiteren ist ein übliche IDE (z.B. Maguma) oder ein PHP-Editor (z.B. PHPEd oder Weaverslave) für die Programmierung nützlich.

1.3 Konventionen

Dieses Buch verwendet bestimmte Schreibkonventionen. Ein komplettes Programmbeispiel besitzt einen grau unterlegten Hintergrund:

```
<?php
 $datei=$HTTP_GET_VARS['datei'];
 $xsltdatei="htdocs\webapp\xslt\html.xsl";
 $xmldatei="htdocs\webapp\xml\\".$datei.".xml";
 $xh=xslt_create();
 $res=xslt_process($xh,$xmldatei,$xsltdatei);
 xslt_free($xh);
 print($res);
?>
```

Einzelne Auszüge aus einem kompletten Listing sind ähnlich formatiert, jedoch ohne grauen Hintergrund:

```
$res=xslt_process($xh,$xmldatei,$xsltdatei);
```

Klassen, Objekte, Methoden, Eigenschaften, Funktionen, Variablen, XML-Tags oder -Elemente innerhalb eines Textes werden ähnlich notiert:

Die Funktionen `domxml_open_file()` und `xmldocfile()` können Sie in PHP 5 zunächst nicht mehr einsetzen.

Dateinamen und Pfadangaben sind kursiv gesetzt:

An die Methode wird der Dateiname *test2.xml* angehängt.

Gelegentlich tauchen in Text spezielle Hinweise auf. Diese weisen Sie auf Besonderheiten hin:

> *Hinweis: In PHP 5 ist neben SAX eine weitere XML-Bibliothek unter dem Namen SimpleXML entstanden, die ähnlich wie SAX ein einfaches Verarbeiten von XML ermöglicht. Mehr dazu in Kapitel 10.*

1.4 Download der Codebeispiele und Support

Die Codebeispiele dieses Buchs können Sie von meiner Web-Site im Internet herunterladen:

http://www.seebi.de/

Klicken Sie auf der Site auf den Link *Support*, und Sie erhalten eine Seite, von der Sie die Beispielcodes in mehreren Formaten (*zip, tar.gz* und *sit*) und für verschiedene Betriebssysteme (Windows, Linux, Mac OS X) herunterladen können.

Für meine XML-Bücher habe ich auch eine eigene Web-Seite im Internet eingerichtet:

http://www.xmlguru.de

Hier finden Sie tägliche News, Tutorials und Links rund um das Thema XML und XSLT. Über die gleiche Adresse können Sie auch mit einem WAP-Handy News zu XML und XSLT mobil lesen.

Über diese beiden Seiten erhalten Sie auch Support zum Buch. Es gibt dort mehrere Diskussionsforen zu XML, XSL und auch PHP & XML. Die Foren stehen für Ihre Fragen, Anregungen oder Problemchen bereit.

2 Überblick PHP & XML

War der XML-Support in PHP 3.x noch allzu einfach, bietet PHP in der Version 4.x und 5 einen mehr oder weniger vollständigen Support von XML, SAX, DOM und XSLT an. PHP besitzt verschiedene Bibliotheken, die für die Arbeit mit XML und XSLT vorgesehen sind:

- SAX (Simple API for XML)
- DOM (Document Object Model)
- SimpleXML
- XSLT

Diese Bibliotheken sind Gegenstand dieses Buches.

2.1 SAX

Der Support von XML begann in der Version 3.06. Mit Hilfe der SAX-Bibliothek (*Simple API for XML*) ist ein schneller Zugriff auf die Inhalte einer XML-Datei möglich. Dazu wird der XML-Parser expat (PHP 3.x und 4.x) bzw. libxml2 (PHP 5) verwendet. SAX arbeitet ereignisgesteuert, d.h. tritt ein bestimmtes Ereignis auf, wird eine bestimmte Funktion ausgeführt. Derartige Ereignisse sind beispielsweise Start des Dokuments, Start eines Elements, das Erkennen einer Zeichenfolge, Ende eines Elements und Ende eines Dokuments.

2.2 DOM

Für ein einfaches Arbeiten mit XML reicht SAX aus. Für nachträgliche Manipulationen der XML-Datei oder des XML-Dokuments ist SAX zu eingeschränkt. Auch ein Erstellen von neuen XML-Dokumenten ist mit SAX nicht möglich. Daher wurde mit PHP 4.0 das Document Object Model (DOM) integriert. Die Basis dafür bildet ein zweiter XML-Parser unter dem Namen libxml. Über DOM ist ebenfalls ein Zugriff auf die XML-Inhalte möglich. Jedoch kann der Zugriff auf die einzelnen Elemente auch noch im Nachhinein erfolgen. Neue XML-Dateien können ebenfalls angelegt werden. Leider ist die Implementierung von DOM in PHP 4.x und 5 nicht vollständig. In PHP 4.0 waren die ersten DOM-Methoden und -Klassen enthalten (z.B. die Klasse `DomNode` mit der Methode `parent()`). Mit jeder neuen Versionsnummer kamen neue Methoden hinzu. So ist beispielsweise die DOM-Methode `namepsace_uri()` der Klasse `DomNode` erst ab PHP 4.3.0 enthalten, während `remove_child()` schon ab 4.2.1 enthalten ist. So wurde PHP 4 zwar immer kompatibler zu DOM, dies ging jedoch auf Kosten der Abwärtskompatibilität. Zudem sind die Methoden und Klassen auch nicht hundertprozentig kompatibel zu DOM. Es wurden neue Methoden integriert, die in DOM gar nicht standardisiert waren (z.B. `get_root()` der Klasse `DomDocument`). Gleichzeitig weicht die Schreibweise der Methoden in PHP von denen im DOM-Standard ab (z.B. `create_text_node()` statt `createTextNode()`).

Dies hat dazu geführt, dass die DOM-Bibliothek in PHP 5 einem kompletten Redesign unterzogen wurde. Proprietäre Methoden wurden entfernt (z.B. `is_blank_node()` der Klasse `DomNode`) und die Schreibweise dem DOM-Standard angepasst. Leider ist die

DOM-Bibliothek in PHP 5 noch immer nicht hundertprozentig kompatibel zu DOM. So ist beispielsweise die Klasse `DomConfiguration` zwar implementiert, jedoch die nötigen Methoden dieser Klasse (z.B. `setParameter()`, `getParameter()`) sind noch nicht integriert worden[1]. Daher lässt sich mit einigen Klassen aus DOM nicht arbeiten. Die wichtigsten Klassen sind dagegen enthalten und funktionsfähig.

2.3 SimpleXML

Ein Novum in PHP 5 ist die Bibliothek SimpleXML. Sie bietet einen sehr einfachen Zugriff auf die Inhalte eines XML-Dokuments, ohne den umfangreichen Overhead von SAX oder DOM zu besitzen. SimpleXML ist von keinem Gremium standardisiert worden, sondern ist eine eigene Entwicklung der PHP-Community. Für SimpleXML ist ebenfalls der Parser libxml nötig. SimpelXML sieht die Inhalte einer XML-Datei oder eines XML-Dokuments wie ein Array an. Über die Elementnamen sind die Inhalte zugänglich und können ausgelesen bzw. verändert werden. SimpelXML ist erst ab PHP 5 enthalten und bietet ein Schnittstelle zu DOM, sodass mit einem Element, das über SimpleXML ausgelesen wurde, in DOM weitergearbeitet werden kann (und auch umgekehrt).

2.4 XMLReader

Dieses Modul ist ebenfalls erst ab PHP 5 enthalten und ist durch Microsoft's `XMLReader`-Klasse aus dem .NET-Framework inspiriert. XMLReader ist ähnlich einfach wie SAX, verzichtet aber auf Callback-Funktionen. Dadurch ist XMLReader besser geeignet, große XML-Dateien zu lesen und zu verarbeiten.

2.5 XSLT

Ab PHP 4.0 begann auch die Unterstützung von XSLT. Dazu ist ein XSLT-Prozessor nötig. In PHP 4.x wird Sablotron verwendet und in PHP 5 libxslt verwendet. Über XSLT ist es möglich, eine XML-Datei in ein Anzeigeformat zu transformieren. Die häufigste Anwendung dürfte hier das Formen nach HTML bzw. XHTML sein (für den klassischen Webbrowser). Aber auch Formungen nach SVG, CSV, WML, SMIL usw. sind möglich. In PHP 5 wurde der Support von XSLT ebenfalls komplett erneuert.

1. Redaktionsschluss des Buches: Ende Juli 2004.

3 Das Parsen mit SAX

In diesem Kapitel werden wir uns mit dem Parsen von XML-Dateien über den so genannten SAX-Modus befassen. Sie werden die einzelnen PHP-Funktionen kennen lernen, um eine XML-Datei zu parsen, eventuelle Fehler anzuzeigen und die Inhalte einer XML-Datei auszugeben.

3.1 Was ist SAX?

Seit der Version 3.0.6 ist in PHP der XML-Parser expat enthalten, über den eine XML-Datei auf ihre korrekte Syntax hin geprüft werden kann. Dieser Parser ist ein so genannter SAX-Parser. SAX steht für *Simple API for XML*: einfache API für den XML-Zugriff. Dies ist eine API, über die eine XML-Datei geparst werden kann und ein Zugriff auf die XML-Datei, die XML-Elemente und deren Inhalte möglich ist. Mit PHP 5 wurde der expat-Parser gegen den XML-Parser libxml2 ausgetauscht. Dadurch wurde eine Vereinheitlichung erreicht, denn libxml2 kann sowohl im SAX-Modus wir auch im DOM-Modus verwendet werden. Die DOM XML-API aus PHP 4.x und 5 basiert auf libxml2.

Die ersten Ideen für SAX reichen bis Ende 1997 zurück. XML war noch nicht als Standard verabschiedet und verschiedene Programmierer entwickelten erste XML-Parser (expat, Jumbo, Ælfred), die alle keine einheitliche API boten. Der Programmierer Peter Murray-Rust beschäftigte sich mit dem – mittlerweile nicht mehr erhältlichen – XML-Parser JUMBO. Er hatte die Idee, eine API für alle Parser zu entwickeln, die er zunächst YAXPAPI (Yet Another XML Parser API) nannte.

Über die Mailingliste XML-DEV stellte er seine Idee vor. Tim Bray, der an dem XML-Standard mit arbeitete, und David Megginson, der den Ælfred XML-Parser programmierte, entwickelten gemeinsam diese neue API. Sie sollte ereignisgesteuert sein. Stellt der Parser ein bestimmtes Ereignis fest, werden bestimmte Funktionen oder Methoden aufgerufen. Diese Ereignisse sind konkret das Öffnen eines Tags, das Schließen eines Tags, das Auftauchen einer Zeichenfolge oder auch das Definieren eines Entites in einer DTD.

Die erste Fassung von SAX wurde im Januar 1998 innerhalb der XML-DEV-Mailingliste der Öffentlichkeit präsentiert. Das W3-Konsortium verabschiedete XML 1.0 im Februar 1998 als Standard. XML-DEV nahm die Anregungen zur neuen API, die nun als SAX bezeichnet wurde, auf und wurde in den nachfolgenden Wochen weiterentwickelt. Schließlich wurde am 11. Mai 1998 die erste Version von SAX über die Mailingliste veröffentlicht.

Für den Anfang war SAX 1.0 gut, nach einiger Zeit zeigten sich jedoch gewisse Nachteile von SAX 1.0. Ein Manko war das Fehlen von Namensräumen. SAX 1 enthielt keinen Support von Namensräumen. Über zwei Jahre später wurde gegen Ende 2000 SAX 2.0 spezifiziert. Die API wurde komplett erneuert. Ein wichtiger neuer Bestandteil ist die Unterstützung von Namensräumen.

Die aktuelle Version von SAX ist 2.01[1]. Über diese Adresse können Sie die Spezifikation einsehen und sich über Änderungen oder Neuerungen informieren:

http://www.saxproject.org

Dieses Buch legt SAX 2.0 zugrunde, denn SAX 1.0 gilt heute als veraltet.

3.2 SAX in PHP

PHP unterstützt seit der Version 3.0.6 SAX 1.0 und seit PHP 4.0 SAX 2.0. In PHP 5.0 ist SAX auch weiterhin enthalten. Dieses Kapitel kann uneingeschränkt unter PHP 3.x bis einschließlich 5 weiter verwendet werden. Unter PHP 5 wird zwar ein anderer XML-Parser verwendet (libxml2 statt expat), dies hat auf die SAX-Funktionen in PHP 5 jedoch keinen Einfluss.

Jedoch muss man sehen, das PHP nur einen abgespeckten Support von SAX bietet. Die offizielle SAX-Spezifikation bietet wesentlich mehr definierte Methoden, als in PHP enthalten sind. Vergleicht man den SAX-Support in PHP mit dem SAX-Support in Java 2 Standard Edition ab Version 1.4.0 oder C#, so bieten diese Sprachen durchgehend einen kompletten SAX-1- und -2-Support.

> *Hinweis: Die Installation von Apache, PHP und SAX ist für die Betriebssysteme Windows, Linux, UNIX und Mac OS X in Anhang H beschrieben.*

3.3 Überblick über SAX

SAX kann auf zwei Arten eingesetzt werden:

1. Parsen einer XML-Datei, um die korrekte Syntax der Datei zu prüfen.
2. Reagieren auf die Inhalte der XML-Datei (Ereignissteuerung).

Bei beiden Arten muss zuerst der Parser erzeugt werden. Soll die Ereignissteuerung eingesetzt werden, so sind zwei wichtige Schritte erforderlich:

1. Den Handler für das Ereignis setzen.
2. Die Callback-Funktionen für das Ereignis in den PHP-Code integrieren.

Die Handler sind der eigentliche Schlüssel von SAX. Sie sind für die Ereignissteuerung zuständig. PHP kennt diese SAX-Handler:

SAX-Handler in PHP	Beschreibung
Element Handler	Feststellen eines XML-Elements.
Character Data Handler	Feststellen einer Zeichenfolge in einem XML-Tagpaar.

Tabelle 3.1: Die SAX-Handler in PHP

1. Redaktionsschluss des Buches: Ende Juli 2004

SAX-Handler in PHP	Beschreibung
Default Handler	Der Standardhandler.
Notation Declaration Handler	Feststellen einer Notation in einer DTD.
Start Namespace Declaration Handler	Feststellen des Beginns einer Namensraumdefinition.
End Namespace Declaration Handler	Feststellen des Endes einer Namensraumdefinition.
Processing Instruction Handler	Feststellen einer Processing Instruction.
Unparsed Entity Declaration Handler	Feststellen eines nicht zu parsenden Entity in einer DTD.

Tabelle 3.1: Die SAX-Handler in PHP (Forts.)

Jedes dieser Handler ruft eine so genannte Callback-Funktion auf. In dieser Funktion kann der entsprechende Inhalt ausgewertet werden. Wir sehen uns die Handler und die Callback-Funktionen Schritt für Schritt an.

Die offizielle SAX-API kennt neben den Handlern aus Tabelle 3.1 noch weitere Handler, die in PHP jedoch nicht implementiert sind (z.B `DTD Handler`, `Content Handler`, `Decl Handler`). Tabelle 3.2 listet diese nicht unterstützten Handler auf.

SAX-Handler	Beschreibung
Document Handler	Beginn und Ende eines XML-Dokuments.
DTD Handler	Feststellen einer DTD.
Error Handler	Feststellen eines Fehlers.
Decl Handler	Feststellen von Deklarationen in einer DTD.
Lexical Handler	Feststellen einer DTD, Kommentaren, CDATA oder Entities.

Tabelle 3.2: Die fehlenden SAX-Handler in PHP

Hinweis: SAX wird in allen PHP-Versionen ab 3.06 nur über Funktionen bereit gestellt. Es gibt keine Klassen oder Methoden, wie dies in DOM XML ab PHP 4.0 üblich ist.

3.4 Parsen mit SAX

In diesem Abschnitt setzen Sie den SAX-Parser ein und werden ein erstes XML-Dokument parsen. Bevor geparst werden kann, muss der XML-Parser erzeugt werden. Dazu sind zwei Funktionen nötig:

- `xml_parser_create()`
- `xml_parser_free()`

Der nachfolgende Code erstellt einen XML-Parser und löst ihn anschließend wieder auf:

```
<!DOCTYPE html PUBLIC "-//W3C//DTD HTML 4.01 Transitional//EN"
"http://www.w3.org/TR/html4/loose.dtd">
<html><head>
<meta http-equiv="Content-Type" content="text/html;charset=iso-
 8859-1">
<title>XML-Parsing mit PHP</title></head>
<body>
<?php
  $par=xml_parser_create();
  xml_parser_free($par);
?>
</body></html>
```

Die Funktion `xml_parser_create()` erstellt den konkreten Parser, während `xml_parser_free()` den erstellten Parser auflöst. Die sind die beiden Basis-Funktionen. Zwischen `xml_parser_create()` und `xml_parser_free()` findet der konkrete Parse-Vorgang statt. Der Rückgabewert der Funktion `xml_parser_create()` ist ein Resource Handler, der von weiteren Funktionen genutzt wird. Die Funktion `xml_parser_free()` besitzt einen Übergabeparameter. Dies ist der Resource Handler, der von `xml_parser_create()` erhalten wurde.

Der Code ist soweit, dass jetzt geparst werden kann. Dazu muss die XML-Datei geladen und während des Ladevorgangs geparst werden. Als Basis dient diese XML-Datei:

```
<?xml version="1.0" encoding="iso-8859-1"?>
<newsliste>
<news id="781" rubrik='xml-allgemein xml-editor' site="xml">
 <datum>20.04.2004</datum>
 <headline>Serna 1.5 erschienen</headline>
 <text>Das amerikanisch-russische Unternehmen Syntext hat den
Release Candidate das Update 1.5 des XML-Editors Serna
herausgegeben. Es handelt sich um einen klassischen XML-Editor im
WYSIWYG-Modus, der DTD- und Schema-Support bietet. XSLT und XSL-FO
werden von dem Tool ebenfalls unterstützt. In dem Update gibt es
einen Support von XML Catalog und DocBook wurde verbessert. Serna
ist kostenpflichtig. Eine Testversion steht zur Verfügung. Serna
gibt es in Fassungen für Windows, Linux, Mac OS X und FreeBSD:
</text>
```

```
 <Links>
  <Web-Adresse href="http://www.syntext.com/products/serna/
relnotes.htm"><text>Serna 1.5</text></Web-Adresse>
 </Links>
 <Links>
  <Web-Adresse href="http://www.syntext.com/"><text>Serna
allgemein</text></Web-Adresse>
 </Links>
</news>
<news id="780" rubrik='xml-allgemein' site="xml">
<datum>20.04.2004</datum>
<headline>tbook 1.5.2 veröffentlicht</headline>
<text>tbook ist ein XML-basiertes Dateiformat, in dem Dokumente
eingegeben werden können. Es ist in seinem Umfang stark angelehnt
an die LaTeX-Klassen book, article und letter. Zum Paket gehören
Tools, die diese Dokumente in LaTeX (pdflatex-fähig), HTML und
DocBook umwandeln. Die Version 1.5.2 ist ein Bugfix-Release. Neues
beinhaltet eine viel bessere XHTML-Konformität, neue Elemente
blockquote und quote sowie neue unterstützte Unicodes. tbook kann
kostenlos bei Sourceforge bezogen werden: </text>
 <Links>
 <Web-Adresse href="http://tbookdtd.sourceforge.net/"><text>tbook
1.5.2</text></Web-Adresse>
 </Links>
</news>
</newsliste>
```

Das Wurzelelement der XML-Datei ist `<newsliste>`. Eine einzelne Nachricht befindet sich innerhalb von `<news> ... </news>`. Die Nachricht ist in mehrere untergeordnete Elemente aufgeteilt:

- `<datum>`: Enthält das Datum der Nachricht.
- `<headline>`: Enthält eine Überschrift.
- `<text>`: Enthält den konkreten Nachrichtentext.
- `<Web-Adresse>`: Enthält den späteren Hyperlink. Die URL wird über das Attribut `href` angegeben. Der Erläuterungstext ist im untergeordneten Tag `<text>` enthalten.

Das Tag `<news>` enthält noch einige interessante Attribute:

```
<news id="486" rubrik="xsl-fo" site="javaxml">
```

Die einzelnen Attribute sind:

- `id`: Gibt eine hochlaufende Zahl an, um jede Nachricht eindeutig zu identifizieren.
- `rubrik`: Enthält die Rubrik, in die die Nachricht gehört. Es können mehrere Werte hintereinander angegeben werden.
- `site`: Gibt an, für welche Web-Präsenzen die Nachricht genutzt werden kann. `xml` (nur für *http://www.xmlguru.de*), `java` (nur für *http://www.jspguru.de*) und `javaxml` (für beide Sites).

Zum Laden und Parsen mit Hilfe von SAX werden in PHP die bekannten Dateifunktionen `fopen()` und `fread()` eingesetzt:

```
<?php
 $par=xml_parser_create();
 if (!($fp=fopen("neu.xml","r"))) {
  die("XML-Datei kann nicht geöffnet werden");
 }
 while($data=fread($fp,4096)) {
  if (!xml_parse($par,$data,feof($fp))) {
   die("XML-Fehler");
  }
 }
 xml_parser_free($par);
?>
```

Nachdem der Parser erzeugt wurde, wird die zu parsende XML-Datei über `fopen()` geöffnet. Dies befindet sich auch gleich in einer `if`-Abfrage, um zu testen, ob die Datei geöffnet werden konnte:

```
if (!($fp=fopen("neu.xml","r"))) {
```

Sollte die Datei nicht geöffnet werden können, wird über `die()` das Skript beendet. Anschließend durchläuft der Code eine `while`-Schleife. Im Schleifenkopf wird die XML-Datei über die Funktion `fread()` geladen:

```
while($data=fread($fp,4096)) {
```

Hier wird de XML-Datei in mehrere Abschnitten zu je 4096 Bytes eingelesen. Statt dieser festen Bytezahl kann auch die `filesize()`-Funktion benutzt werden, die die Größe der zu ladenden Datei in Byte ermittelt.

Es schließt sich eine `if`-Abfrage an, in der der eingelesene Inhalt geparst wird. Dazu kommt die Funktion `xml_parse()` zum Einsatz:

```
if (!xml_parse($par,$data,feof($fp))) {
```

Die Funktion `xml_parse()` befindet sich in einer `if`-Abfrage. Dies liegt daran, dass der Rückgabewert von `xml_parse()` ein boolescher Wert ist. War das Parsen nicht erfolgreich, d.h. ist ein Fehler aufgetreten, ist der Rückgabewert `false`, ansonsten ist dieser `true`. Hier wird auf den Rückgabewert `false` geprüft.

Die Funktion `xml_parse()` erwartet drei Übergabeparameter. `$par` ist hier der Handler, der auf den Parser zeigt, `$data` ist der eingelesen XML_Code und der dritte Parameter ist ein boolescher Wert. Dieser gibt an, ob das Dateiende erreicht ist (`true`) oder noch weiterer Code folgt (`false`). Um dies festzustellen, kommt die Funktion `feof()` zum Einsatz, die ja prüft, ob das so genannte end-of-file erreicht ist oder nicht.

3.5 Fehlermeldungen

Ist im XML-Code ein Fehler vorhanden, den der SAX-Parser beim Parsen erkannt hat, ist der Rückgabewert von `xml_parse()` `false` und über `die()` wurde das Parsen beendet. Es gibt Möglichkeiten, die Fehler besser auszuwerten. Dazu zählt die Möglichkeit, die Zeilennummer und den konkreten Fehler genau anzugeben. Dazu gibt es diese Funktionen:

- `xml_get_error_code()`
- `xml_error_string()`
- `xml_get_current_line_number()`

Die erste Funktion `xml_get_error_code()` ermittelt die Fehlernummer. Dies ist ein Integerwert. Die zweite Funktion `xml_error_string()` macht daraus einen „lesbaren" Fehler. Die dritte Funktion ist `xml_get_current_line_number()`. Dies ist genau genommen keine Fehler-Funktion, sondern liefert die aktuelle Zeilennummer der XML-Datei zurück, die gerade geparst wird. Tritt in dieser Zeile ein Fehler auf, kann die Ausführung des Skripts über `die()` beendet und die Zeile ermittelt werden, in der der Fehler aufgetreten ist.

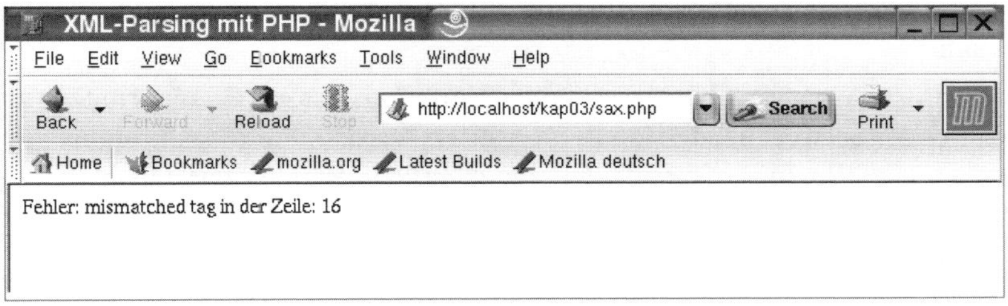

Abb. 3.1: Eine Fehlermeldung ist beim Parsen aufgetreten

Um eine Fehlerausgabe zu erhalten, muss nur die `while`-Schleife aktualisiert werden:

```
while($data=fread($fp,4096)) {
  if (!xml_parse($par,$data,feof($fp))) {
   die(print("Fehler: ".xml_error_string(xml_get_error_code($par))
        ." in der Zeile: ".xml_get_current_line_number($par)));
}
```

Innerhalb der `die()`-Funktion erfolgt die konkrete Ausgabe des Fehlers. Dazu wird die Funktion `xml_error_string()` aufgerufen und an diese die Funktion `xml_get_error_code()` übergeben. Diese Funktion ermittelt den Fehlercode und `xml_error_String()` macht daraus eine lesbare Fehlermeldung. Es schließt sich `xml_get_current_line_number()` mit der aktuellen Zeilennummer an.

Hinweis: Sobald ein Fehler in der XML-Datei erkannt wird, bricht der Parser über die Funktion `die()` das weitere Parsen ab. XML-Code, der sich nach der fehlerbehafteten Zeile befindet, wird nicht weiter geparst.

Wie schon gesagt ist die Funktion `xml_get_current_line_number()` keine Fehler-Funktion sondern enthält immer die aktuelle geparste Zeilennummer. Alternativ existieren noch zwei weitere Funktionen, die an Stelle von `xml_get_current_line_number()` eingesetzt werden können:

- `xml_get_current_column_number()`: Ermittelt die Spaltennumer in der Datei, die gerade geparst wird.
- `xml_get_current_byte_index()`: Gibt die Byteposition in der XML-Datei an, die gerade geparst wird.

3.6 Auf Ereignisse reagieren: die Handler

Bisher wurde nur ein schlichtes Parsen durchgeführt, bei dem eventuell ein Fehler ausgegeben wurde. SAX ist ja ereignisbasiert, d.h. wird ein Ereignis festgestellt, wird eine bestimmte Funktion aufgerufen, in der eine Ausgabe durchgeführt oder das Ereignis ausgewertet werden kann.

Diese Ereignisse werden durch verschiedene Handler registriert. Um ein Ereignis nutzen zu können, muss vorher der entsprechende Handler registriert werden. Für jedes Ereignis gibt es einen bestimmten Handler. In der Tabelle 3.1 sind sämtliche Handler aufgelistet, die in PHP 3.x bis einschließlich 5 verfügbar sind. Die wichtigsten Handler dürften Element Handler und Character Handler sein.

3.6.1 Der Element Handler

Der Element Handler reagiert auf XML-Elemente, d.h. er achtet auf XML-Elemente, die geöffnet oder die geschlossen werden. Tritt eines dieser beiden Ereignisse auf, wird je eine so genannte Callback-Funktion aufgerufen. Der Element Handler wird über die Funktion `xml_set_element_handler()` registriert.

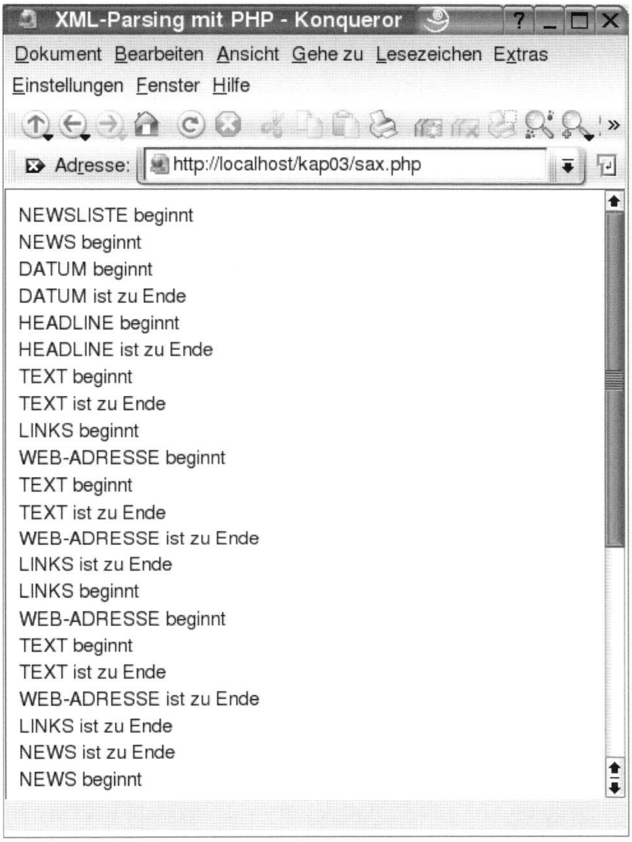

Abb. 3.2: Der Parser reagiert über den Element Handler auf XML-Elemente

Die Abbildung 3.2 zeigt Ihnen eine einfache Anwendung. Eine XML-Datei wird geladen und über den Element Handler werden die XML-Elemente, auf die der Parser stößt, ausgegeben.

```
<!DOCTYPE html PUBLIC "-//W3C//DTD HTML 4.01 Transitional//EN"
"http://www.w3.org/TR/html4/loose.dtd">
<html><head>
<meta http-equiv="Content-Type" content="text/html;charset=iso-
8859-1">
<title>XML-Parsing mit PHP</title></head><body>
<?php
 $par=xml_parser_create();
 xml_set_element_handler($par, "startElement", "endElement");
 if (!($fp=fopen("neu.xml","r"))) {
  die("XML-Datei kann nicht geöffnet werden");
 }
```

```
 while($data=fread($fp,4096)) {
  if (!xml_parse($par,$data,feof($fp))) {
   die();
  }
 }
 xml_parser_free($par);
function startElement($parser, $name, $attrs) {
 print ($name." beginnt<br>");
}
function endElement($parser, $name) {
 print ($name." ist zu Ende<br>");
}
?>
</body></html>
```

Dieser Code parst eine XML-Datei und gibt sämtliche XML-Element im Browser aus, die geöffnet und geschlossen werden. Der Element Handler wird direkt nach dem Erzeugen des XML-Parser registriert:

```
xml_set_element_handler($par, "startElement", "endElement");
```

Die Funktion erwartet drei Übergabeparameter. Der erste Parameter ist der Handler, der auf den Parser zeigt. Der zweite Parameter gibt die Callback-Funktion an, die aufgerufen wird, wenn ein XML-Element geöffnet wird. Hier ist es `startElement`. Der dritte Parameter gibt eine weitere Callback-Funktion an, die aufgerufen wird, wenn ein XML-Element geschlossen wird (`endElement`).

Die Namen dieser beiden Funktionen können auch beliebig gewählt werden. Satt `startElement` und `endElement` hätte Sie auch `ausgabe1` und `ausgabe2` angeben können. In der SAX-Spezifikation (und auch in anderen Sprachen) ist jedoch von `startElement` und `endElement` die Rede, daher werden diese Funktionsnamen hier verwendet. Die Funktion `startElement()` sieht so aus:

```
function startElement($parser, $name, $attrs) {
 print ($name."<br>");
}
```

Wichtig sind die drei Übergabeparameter an die Funktion. Der erste Parameter ist wieder der Handler, der auf den Parser zeigt. Der zweite Parameter ist `$name` und enthält den Namen des XML-Eelemnts. Der dritte Parameter ist `$attrs` und enthält die Attribute und deren Werte des XML-Elements, das gerade geöffnet wird. Die Funktion `endElement()` sieht ähnlich aus:

```
function endElement($parser, $name) {
 print ($name."<br>");
}
```

`endElement()` wird dann aufgerufen, wenn ein XML-Element geschlossen wird. Die Funktion besitzt nur zwei Übergabeparameter: Der Parser-Handler und der Name des Elements, das geschlossen wird.

Groß-/Kleinschreibung der Elementnamen

Wenn Sie den letzten Code ausführen, stellen Sie fest, dass die XML-Elementnamen in Großbuchstaben geschrieben werden. Dabei ist es dem Parser egal, wie Sie die Elemente in der XML-Datei geschrieben haben. Selbst wenn Sie das XML-Element in der XML-Datei in Kleinschreibung verwenden, tauchen sie hier in Großschreibung auf.

Dies ist kein Fehler von PHP sondern eine Defaulteinstellung. PHP kann geöffnete oder geschlossene Elemente nur in Groß- oder Kleinschreibung einlesen. Egal, wie Sie sie in Ihrer XML-Datei verwendet haben, PHP konvertiert die Schreibweise entweder in Groß- oder in Kleinschreibung. Aus einem Elementnamen `Produkt` wird in PHP dann der Name `PRODUKT` oder `produkt`.

Die Standardeinstellung ist die Großschreibung der Elementnamen. Dazu gibt es in PHP eine Option, in der man zwischen Groß- und Kleinschreibung wechseln kann. Diese Option lautet `XML_OPTION_CASE_FOLDING` und wird über die Funktion `xml_parser_set_option()` gesetzt. Die Option `XML_OPTION_CASE_FOLDING` besitzt nur zwei Zustände: Großschreibung (Wert: 1) oder Kleinschreibung (Wert: 0).

Nachdem der Parser erzeugt wurde, sollte vor dem Parsen die Option `XML_OPTION_CASE_FOLDING` gesetzt werden:

```
xml_parser_set_option($par,XML_OPTION_CASE_FOLDING,0);
```

Der erste Übergabeparameter ist der Parser-Handler und der zweite Parameter ist die zu setzende Option. Der dritte Parameter gibt den konkreten Wert an, der für die Option `XML_OPTION_CASE_FOLDING` gesetzt werden soll. Standardmäßig steht dieser auf 1.

Über die weitere Funktion `xml_parser_get_option()`kann der Wert der Option `XML_OPTION_CASE_FOLDING` auch ausgelesen werden:

```
print (xml_parser_get_option($par,XML_OPTION_CASE_FOLDING));
```

Über `xml_parser_set_option()` können noch drei weitere Optionen gesetzt werden. Dazu gehört `XML_OPTION_TARGET_ENCODING`, die den zu Grunde liegende Zeichensatz angibt:

```
xml_parser_set_option($par, XML_OPTION_TARGET_ENCODING,"iso-8859-
1");
```

Die Option `XML_OPTION_SKIP_WHITE` soll Whitespaces (Leerzeichen, Tabulatoren, Zeilenumbrüche) unterdrücken. Und die Option `XML_OPTION_SKIP_TAGSTART` soll das Startelement unterdrücken. Tests haben jedoch ergeben, das die Optionen nicht oder sehr unzuverlässig funktionieren.

Aus Elementen werden Tags

Über die Callback-Funktionen `startElement()` und `endElement()` werden nur die Namen der XML-Elemente ausgegeben. Um die Anzeige eines XML-Dokuments korrekt zu ermöglichen, muss in den beiden Callback-Funktionen `startElement()` und `endElement()` die entsprechende Schreibweise mit den spitzen Klammern selbsttätig erstellt werden:

```
function startElement($parser, $name, $attrs) {
 print ("&lt;".$name."&gt;<br>");
}
function endElement($parser, $name) {
 print ("&lt;/".$name."&gt;<br>");
}
```

Die spitzen Klammern müssen über die Namensentitäten (`<` oder `>`) bzw. über die dezimalen Entitärten (`<` bzw. `>`) angegeben werden.

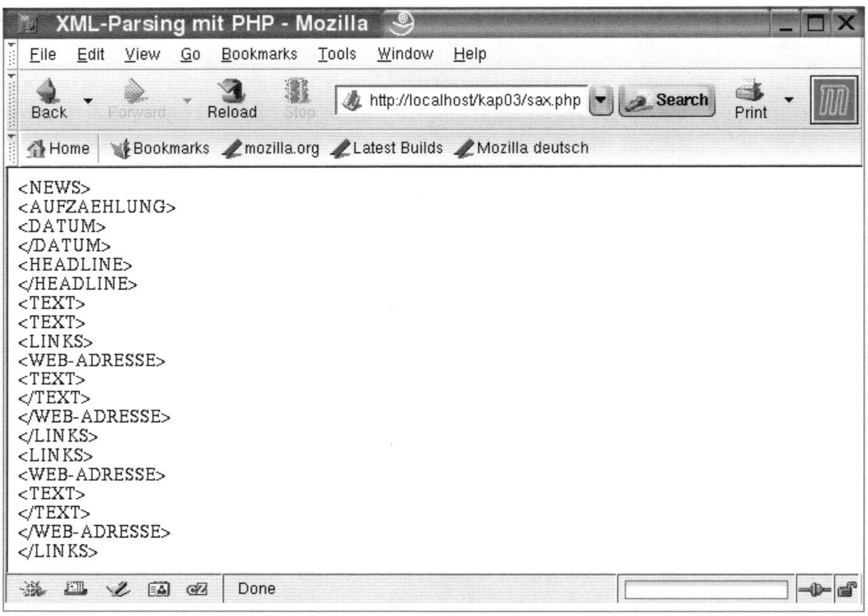

Abb. 3.3: Die Ausgabe der Tags

Attribute auslesen

Über die Callback-Funktion `startElement()` können auch die Attributenamen und deren Werte eines XML-Elements ausgelesen werden:

```
function startElement($parser,$name,$attrs) {
 while(list($key,$val)=each($attrs)) {
  print("Attributname: ".$key);
  print(" - Wert: ".$val."<br>");
 }
}
```

Dieser Code liest die Attribute und deren Werte aus und zeigt diese im Browser an. Die Attribute liegen in `$attrs` als Array vor, sodass die bekannte `list/each-while`-Schleife durchlaufen werden kann, um den Attributnamen und deren Wert auszulesen. In `$key` liegt der Attributname und in `$val` der Wert des Attributs vor.

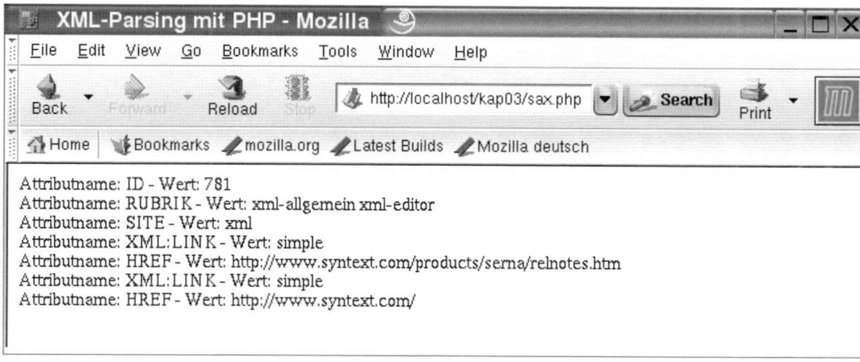

Abb. 3.4: Die Attribute und deren Werte einer XML-Datei

Wie bei den XML-Elementen werden die Attributnamen von PHP entweder nur in Großbuchstaben oder in Kleinbuchstaben konvertiert. Dies hängt ganz von der Einstellung der Option `XML_OPTION_CASE_FOLDING` ab. Diese Option wirkt nicht nur auf Elemente, sondern auch auf Attribute. Die Attributwerte werden dagegen durch diese Option nicht angerührt. Die Werte der Attribute sind im Array so vorhanden, wie sie in der XML-Datei vorliegen. Die Option `XML_OPTION_CASE_FOLDING` hat darauf keinen Einfluss.

3.6.2 Der Character Data Handler

Der zweite wichtige Handler ist Character Data Handler. Dieser Handler ist für Zeichenfolgen zuständig, die sich zwischen XML-Elementen befinden, d.h. wenn ein Tagpaar „normalen" Text besitzt:

```
<headline>Kleine Updates von libxml und libxslt</headline>
```

Ein registrierter Character Handler ruft eine Callback–Funktion auf, wenn er auf Text zwischen zwei Tags stößt. In diesem Fall wäre es der Text `Kleine Updates von libxml und libxslt`. Dabei werden nur die Zeichenfolgen außerhalb der Tags behandelt (also außerhalb der spitzen Klammern), nicht die Zeichenfolgen innerhalb von Tags (also Elementname, Attributname und Attributwert), denn diese erfüllen andere Funktionen.

Der Character Data Handler wird nach dem Erzeugen des Parsers über die Funktion `xml_set_character_data_handler()` registriert:

```
xml_set_character_data_handler($par, "characterData");
```

Wie beim Element Handler muss neben dem Parser-Handler die Callback-Funktion angegeben werden, die beim Auftreten von Zeichenfolgen aufgerufen werden soll. Wie bei `xml_set_element_handler()` ist der Name der Funktion beliebig. Es hat sich der Funktionsname `characterData()` eingebürgert, da dieser auch in der SAX-Spezifikation verwendet wird. Der nachfolgende Code gibt den Inhalt einer XML-Datei (ohne die Tags dazwischen) im Browser aus.

```
<!DOCTYPE html PUBLIC "-//W3C//DTD HTML 4.01 Transitional//EN"
"http://www.w3.org/TR/html4/loose.dtd">
```

```
<html><head>
<meta http-equiv="Content-Type" content="text/html;charset=iso-
8859-1">
<title>XML-Parsing mit PHP</title></head><body>
<?php
 $par=xml_parser_create();
 xml_set_character_data_handler($par, characterData);
 if (!($fp=fopen("neu.xml","r"))) {
  die("XML-Datei kann nicht geöffnet werden");
 }
 while($data=fread($fp,4096)) {
  if (!xml_parse($par,$data,feof($fp))) {
   die();
  }
 }
 xml_parser_free($par);
 function characterData($parser, $data) {
  print ($data);
}
?>
```

Die Anzeige der XML-Datei im Browser erfolgt an einem Stück, natürlich ohne eine Formatierung. In Kapitel 3.9 sehen wir uns eine Fallstudie an, in der eine XML-Datei über SAX im schönen formatierten HTML ausgegeben wird.

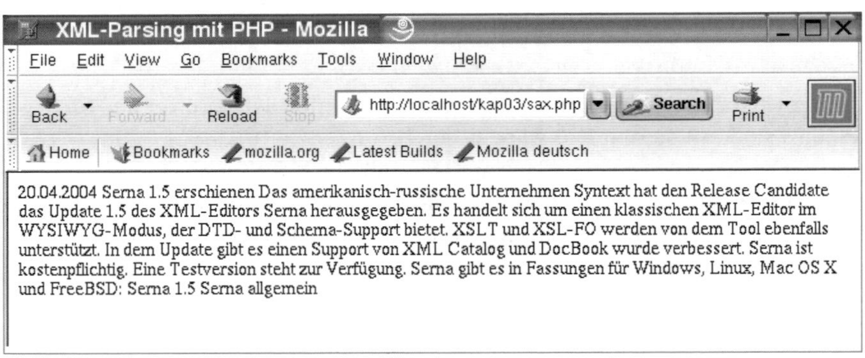

Abb. 3.5: Die Anzeige im Browser

Die Funktion `characterData()` erwartet zwei Übergabeparameter. Dies ist einerseits der Parser-Handler und andererseits `$data`. Diese Variable enthält die konkrete Zeichenfolge, die vom Parser erkannt wurde.

> *Hinweis: Beachten Sie, dass eine gesetzte Option `XML_OPTION_CASE_FOLDING` der Funktion `xml_parser_set_option()` keinen Einfluss auf die Schreibweise der Zeichen hat. Die Zeichenfolge wird in `characterData()` so verarbeitet, wie sie in der XML-Datei vorliegt.*

3.6.3 Weitere Handler

PHP kennt noch weitere spezialisierte Handler.

Processing Instruction Handler

Der Processing Instruction Handler wird dann benötigt, wenn auf eine Processing Instruction innerhalb des XML-Dokuments reagiert werden soll. Eine Processing Instruction (PI) enthält Informationen, die sich in einem XML-Code innerhalb von `<? ... ?>` befinden. Dies betrifft PIs innerhalb der XML-Datei, z.B.:

```
<?befehl test="sicherheit"?>
```

In diesem Beispiel ist das Ziel der PI `befehl`, während das Attribut `test` und deren Inhalt die konkrete Anweisung ist, hier der Text `sicherheit`. Der Processing Instruction Handler wird über die Funktion `xml_set_processing_instruction_handler()` registriert. Der Handler erwartet die Angabe einer Callback-Funktion:

```
$par=xml_parser_create("iso-8859-1");
 xml_set_processing_instruction_handler($par,
"processingInstruction");
```

Die Callback-Funktion `processingInstruction()` erwartet drei Übergabeparameter:

```
function processingInstruction($parser, $target, $data) {
 print ("Processing Instruction: ");
 print ($target."<br>".$data."<br>");
 }
```

Der erste Übergabeparameter ist wie üblich der Parser. Der zweite Übergabeparameter ist das Ziel der PI und der dritte Parameter enthält die Daten der PI. Im obigen Beispiel enthält somit `$target` den String `befehl` und `$data` den String `test="sicherheit"`.

Namespace Declaration Handler

PHP kennt zwei Handler, die bei einer Namensraumdefinition eingesetzt werden können. Es handelt sich um Start Namespace Declaration Handler und End Namespace Declaration Handler. Wie der Name sagt, wird der Handler aufgerufen, wenn ein Namensraum in einem Start-Tag deklariert wird (Start Namespace Declaration Handler) bzw. wenn das Start-Tag, das die Namensraum-Deklaration enthält, abgeschlossen wird (End Namespace Declaration Handler). Der Handler wird nur bei der Definition des Namensraums aufgerufen, nicht bei der Verwendung des Namensraums in untergeordneten Elementen.

Für den Einsatz dieser beiden Handler ist es nötig, dass der XML-Parser mit Namensraumunterstützung erzeugt wird:

```
$par=xml_parser_create_ns();
```

Hinweis: Verwenden Sie PHP 5, sollte minimal libxml2 in der Version 2.6 oder höher vorliegen, da sonst der Parser mit Namensraumunterstützung über `xml_parser_create_ns()` nicht korrekt gebildet werden kann. Unter PHP 3.x und 4.x ist dieses Problem nicht vorhanden.

Erzeugen Sie den XML-Parser ohne Namensraumunterstützung, werden die beiden Handler nicht registriert. Zum Registrieren der beiden Handler existieren die Funktionen `xml_set_start_namespace_decl_handler()` und `xml_set_end_namespace_decl_handler()`:

```
xml_set_start_namespace_decl_handler($par, "startNamespace");
xml_set_end_namespace_decl_handler($par, "endNamespace");
```

Für jeden Handler gibt es eine eigene Callback-Funktion. `startNamespace()` wird aufgerufen, wenn der Namensraum definiert wird. `endNamespace()` wird aufgerufen, wenn das Tag, in dem der Namensraum definiert wurde, abgeschlossen wird:

```
function startNamespace($parser,$prefix,$data) {
 print ($prefix);
 print ($data."<br>");
}
function endNamespace($parser,$prefix,) {
 print ($prefix);
}
```

Die Callback-Funktion `startNamespace()` erwartet drei Übergabeparameter. Der erste Parameter ist wie bekannt der Parser und der zweite Parameter enthält das Prefix des Namensraums. Der dritte Übergabeparameter enthält die URI, die dem Präfix zugeordnet wird. Die Callback-Funktion `endNamespace()` besitzt nur zwei Übergabeparameter: den Parser und das Präfix des Namensraums.

External Entity Reference Handler

Dieser Handler reagiert auf externe Entities, die sich nicht in der XML- oder DTD-Datei befinden, sondern in einer eigenständigen externen Datei ausgelagert sind. Dazu befindet sich der Verweis auf das externe Entity im `<!DOCTYPE>`-Tag:

```
<!DOCTYPE Adresse SYSTEM "daten.dtd" [
  <!ENTITY % ent SYSTEM "inc.ent">
]>
```

In der Datei *inc.ent* ist das Entity definiert, z.B. enthält *inc.ent* nur dies:

```
<!ENTITY ext-entity "hallo hallo">
```

Damit der SAX-Parser auf die Einbindung des externen Entities im `<!DOCTYPE>`-Tag reagieren kann, ist die Funktion `xml_set_external_entity_ref_handler()` nötig, die die entsprechende Callback-Funktion aufruft:

```
xml_set_external_entity_ref_handler($par, "externalEntityRefHand-
ler");
```

Die Funktion `xml_set_external_entity_ref_handler()` erwartet zwei Übergabeparameter. Der Handler, der auf den erzeugten Parser zeigt und den Namen der Callback-Funktion. Diese heißt hier `externalEntityRefHandler()` und erwartet ihrerseites fünf Übergabeparameter:

```
function externalEntityRefHandler($parser, $openEntityNames,
$base, $systemId, $publicId) {
 print ("$openEntityNames,$base,$systemId,$publicId";
}
```

Der erste ist wie bekannt der Parser. Der zweite Übergabeparameter (`$openEntityNames`) enthält den Namen des Entities, wie er im `<!ENTITIY>`-Tag notiert ist. Der dritte Übergabeparameter soll die Basis-URI angeben, die jedoch derzeit nicht verwendet wird. Der vierte Parameter ist der systeminterne Identifier und der letzte Parameter repräsentiert den öffentlichen Identifier. Je nachdem, ob in einer DTD ein öffentlicher oder ein systeminterner Identifier benutzt wird, ist nur einer der beiden Übergabeparameter mit einem Inhalt versehen. Ansonsten ist es ein Leerstring.

Unparsed Entity Declaration Handler

Dieser Handler reagiert auf Entities, die nicht geparst werden sollen, z.B. Grafikbilder:

```
<!ENTITY buch SYSTEM "book1.gif" NDATA gif>
```

Um auf diese nicht geparsten Entities zu reagieren, muss die Funktion `xml_set_unparsed_entity_decl_handler()` eingesetzt werden:

```
xml_set_unparsed_entity_decl_handler($par, "unparsedEntityDecl");
```

Diese gibt die Callback-Funktion an (`unparsedEntityDecl()`), die aufgerufen wird, wenn ein entsprechendes Entity erkannt wird:

```
function unparsedEntityDecl($parser, $entity_name, $base,
$system_id, $public_id, $notation_name) {
print
($entity_name."<br>".$base."<br>".$system_id."<br>".$public_id."
<br>".$notation_name."<br>");
 }
```

Die Callback-Funktion erwartet ähnliche Übergabeparameter wie bei `xml_set_external_entity_ref_handler()`. Der erste Übergabeparameter ist der Parser, der zweite Übergabeparameter (`$entity_name`) enthält den Namen des Entitiy. Der dritte Übergabeparameter soll die Basis-URI angeben, die jedoch derzeit nicht verwendet wird. Der vierte Parameter ist der systeminterne Identifier und der letzte Parameter repräsentiert den öffentlichen Identifier.

Notation Declaration Handler

Dieser Handler reagiert auf Notationen in einer DTD, z.B.:

```
<!NOTATION gif SYSTEM "Compuserve Graphics Interchange Format
87a">
```

Dazu wird die Funktion `xml_set_notation_decl_handler()` eingesetzt, die die Callback-Funktion angibt:

```
xml_set_notation_decl_handler($par, "notationDecl");
```

Die Callback-Funktion (notationDecl()) erwartete diese Übergabeparameter:

```
function notationDecl($parser, $name, $base, $system_id,
$public_id) {
 print ("Name: ".$name."<br>Base: ".$base."<br>System ID:
".$system_id."<br>Public ID: ".$public_id."<br>");
 }
```

Der erste Übergabeparameter ist der Parser, der zweite Übergabeparameter ($name) enthält den Namen der Notation. Der dritte Übergabeparameter soll die Basis-URI angeben, die jedoch derzeit nicht verwendet wird. Der vierte Parameter ist der systeminterne Identifier und der letzte Parameter repräsentiert den öffentlichen Identifier.

Default Handler

Der Default Handler reagiert auf Ereignisse, für die kein weiterer Handler zur Verfügung steht und die über die bisherigen Handler nicht abgedeckt werden konnten. Dies sind beispielsweise Kommentare und „normale" Entities in einer DTD (keine externen Entites). Dazu wird der Default Handler über die Funktion xml_set_default_handler() registriert:

```
xml_set_default_handler($par, "defaultHandler");
```

Die Callback-Funktion (defaultHandler()) besitzt zwei Übergabeparameter. Der erste ist wieder der Parser, während der zweite die konkreten Daten enthält, die erkannt wurden:

```
function defaultHandler($parser,$data) {
 print ($data."<br>");
 }
```

Bei einem Kommentar enthält der zweite Übergabeparameter der Callback-Funktion den Kommentartext innerhalb von <!-- ... -->. Bei einem Entity wird dieses nicht aufgelöst, sondern nur deren Kurzform ausgegeben.

3.7 Namensräume in SAX

In begrenztem Maße unterstützt der SAX-Parser von PHP auch Namensräume. Dies geschieht in PHP über die Funktion xml_parser_create_ns(), die anstelle von xml_parser_create() eingesetzt werden muss. xml_parser_create_ns() erzeugt einen Parser mit Namensraum-Support.

> *Hinweis: Verwenden Sie PHP 5, sollte minimal libxml2 in der Version 2.6 oder höher vorliegen, da sonst der Parser mit Namensraumunterstützung über xml_parser_create_ns() nicht korrekt gebildet werden kann. Unter PHP 3.x und 4.x ist dieses Problem nicht vorhanden.*

Die Auswertung der Namensräume erfolgt dann in der Callback-Funktion startElement() des Element Handlers. Im zweiten Übergabeparameter $name ist nicht nur der Elementname enthalten, sondern auch die URI des Namensraums. Ein Namensraum setzt sich aus diesen Bestandteilen zusammen:

- dem Präfix
- der URI
- dem Elementnamen

Ein typischer Namensraum sieht dann so aus:

```
<jspguru:news rubrik="browser" wichtig="ja">
```

Das Präfix ist `jspguru` und der Elementname ist `news`. Der Namensraum wird in einem übergeordneten Element von `<newsliste>` definiert:

```
<xmlguru:newsliste xmlns:xmlguru="http://www.xmlguru.de/
index.html" xmlns:jspguru="http://www.jspguru.de/index.html">
```

In dem Tag `<newsliste>` werden zwei Namensräume definiert: `xmlguru` und `jspguru`. Beide lassen sich durch unterschiedliche URIs voneinander trennen.

Parst der SAX-Parser in PHP mit Namensraum-Support eine XML-Datei mit Namensräumen, löst er das Präfix auf und ersetzt es gegen die definierte URI. Wird diese Zeile geparst

```
<jspguru:news rubrik="browser" wichtig="ja">
```

kann daraus folgende Ausgabe im Browser enstehen:

```
Tagname: HTTP://WWW.JSPGURU.DE/INDEX.HTML:NEWS
Attributname: RUBRIK - Wert: browser
Attributname: WICHTIG - Wert: ja
```

Das Präfix `jspguru` wird vom Parser aufgelöst und die definierte URI eingesetzt. Dies gilt auch für Attribute, wenn die Attribute mit einem eigenen Namensraum versehen werden:

```
<jspguru:news xmlguru:rubrik="browser" wichtig="ja">
```

Hier besitzt das Attribut `rubrik` ein anderes Präfix als das XML-Element. Dies wird vom Parser dann so aufgelöst:

```
Tagname: HTTP://WWW.JSPGURU.DE/INDEX.HTML:NEWS
Attributname: HTTP://WWW.XMLGURU.DE/INDEX.HTML:RUBRIK - Wert: browser
Attributname: WICHTIG - Wert: ja
```

> *Hinweis: Beachten Sie auch hier wieder die Groß-/Kleinschreibung der URI. Die gesetzt Option `XML_OPTION_CASE_FOLDING` der Funktion `xml_parser_set_option()` setzt auch hier die URI entweder komplett in Großbuchstaben oder komplett in Kleinbuchstaben.*

3.8 Was SAX in PHP nicht unterstützt

Die PHP-Fassung von SAX implementiert nur einige Funktionen. Folgende Fähigkeiten von SAX sind bis zum Redaktionsschluss des Buches[1] nicht implementiert:

- Validieren gegen eine DTD, XML Schema oder Relax NG wird nicht unterstützt.
- Das Setzen von SAX-Features und -Properties zur Konfiguration des Parsers wird nicht unterstützt.
- Die SAX2-Extensions werden nicht unterstützt.

1. Ende Juli 2004

Insbesondere das Validieren gegen eine DTD, XML Schema oder Relax NG sind Funktionalitäten, die schmerzlich vermisst werden. Dass diese Funktionen fehlen, liegt an dem in PHP 4.x enthaltenen Parser expat. Es handelt sich um einen nicht-valdierenden Parser, der nicht gegen DTD und Schema validieren kann. Dies gilt auch für die so genannten Features und Properties von SAX 2[1]. Diese sind Optionen, über die ein Parser konfiguriert werden kann. So wird beispielsweise das Validieren gegen eine DTD über das Feature `validation` in SAX 2 eingestellt, das von expat aber nicht unterstützt wird.

SAX2-Extensions[2] fehlen ebenfalls in PHP. Diese sind relativ speziell und dazu gehört beispielsweise Default Handler 2, der eine Erweiterung für die Handler Lexical Handler und Decl Handler darstellt, die in PHP soundso nicht implementiert sind. Bis jetzt ist auch nicht klar, ob diese Funktionen, die in anderen Parsern und Sprachen (Java, C++, C#) zur Verfügung stehen, in zukünftigen PHP-Versionen mit einem anderen Parser implementiert werden.

3.9 Fallstudie: SAX für eine HTML-Ausgabe einsetzen

Zum Abschluss sehen wir uns eine Fallstudie an. SAX kann dazu genutzt werden, eine XML-Datei in HTML auszugeben. Dazu muss die XML-Datei über einen PHP-Code geladen und geparst werden. Je nach erkanntem XML-Element kann eine bestimmte Formatierung benutzt werden.

Diese Anwendung ist eine einfache und schnelle Möglichkeit. Natürlich kann dies XSLT nicht ersetzen, das XML über ein XSLT-Stylesheet nach HTML formt. Die hier vorgestellte SAX-Variante eignet sich insbesondere für den Einsatz bei Web-Hostern, die oftmals nur rudimentären XML-Support in Form von SAX in PHP anbieten. Viele Hoster bieten keine DOM XML-Funktionen und auch keine XSLT-Funktionen an.

Die Abbildung 3.6 zeigt Ihnen die Newsliste meiner Site *http://www.xmlguru.de*. Die Site entstand 1999, und damals hatte ich die Idee, XML serverseitig einzusetzen. Ich entwickelte ein XML-Format, in dem die Nachrichten enthalten sind und das ähnlich zu RSS ist. Über einen PHP-Code wird die XML-Datei geladen, geparst und über den Element Handler und Character Data Handler wird in den entsprechenden Callback-Funktionen die grafische Ausgabe für HTML erzeugt. Dieses Verfahren ist sehr schnell und habe ich bis heute im Einsatz.

Die Newsliste besteht aus vielen Nachrichten. Als Beispiel kommt weiterhin die XML-Datei mit den zwei Newsmeldungen zum Einsatz, die in diesem Kapitel verwendet wurde.

Interessant ist jetzt der PHP-Code, der die XML-Datei in formatiertes HTML ausgibt. Der hier abgedruckte PHP-Code ist auf das Wesentliche reduziert, um den Abdruck hier nicht mit überflüssigen grafischen Anweisungen (`<img>`, CSS-Definitionen usw.) zu überfrachten.

1. *http://www.saxproject.org/apidoc/org/xml/sax/package-summary.html#package_description*
2. *http://www.saxproject.org/?selected=ext*

Abb. 3.6: Die Newsliste bei *http://www.xmlguru.de*

```
<!DOCTYPE html PUBLIC "-//W3C//DTD HTML 4.01 Transitional//EN"
"http://www.w3.org/TR/html4/loose.dtd">
<html><head>
<meta http-equiv="content-type" content="text/html;charset=ISO-
8859-1">
<title>xmlguru.de [news]</title></head><body>
<div style="font-family:Arial,Helvetica; width:350px"><b>Aktuelle
XML-News </b><br><br>
```

```
<?php
 $xml_file="xmlguru.xml";
 $xml_parser=xml_parser_create("iso-8859-1");
 xml_set_element_handler($xml_parser,startElement,endElement);
 xml_set_character_data_handler($xml_parser,characterData);
 if (!($fp=fopen($xml_file,"r"))) {
    die("XML-Datei kann nicht geöffnet werden");
 }
 while ($data=fread($fp,4096)) {
  if (!xml_parse($xml_parser,$data,feof($fp))) {
   die(print("XML Fehler:
".xml_error_string(xml_get_error_code($xml_parser))
   .xml_get_current_line_number($xml_parser)));
  }
 }
 xml_parser_free($xml_parser);
 function startElement($parser,$name,$attrs) {
    if ($name=="NEWS") {
       print("<br>");
     }
    if ($name=="DATUM") {
      print("<div style='font-size:8pt'>");
     }
<!DOCTYPE html PUBLIC "-//W3C//DTD HTML 4.01 Transitional//EN"
"http://www.w3.org/TR/html4/loose.dtd">
<html><head>
<meta http-equiv="content-type" content="text/html;charset=ISO-
8859-1">
<title>xmlguru.de [news]</title></head><body>
<div style="font-family:Arial,Helvetica; width:350px"><b>Aktuelle
 XML-News </b><br><br>
<?php
 $xml_file="xmlguru.xml";
 $xml_parser=xml_parser_create("iso-8859-1");
 xml_set_element_handler($xml_parser,startElement,endElement);
 xml_set_character_data_handler($xml_parser,characterData);
 if (!($fp=fopen($xml_file,"r"))) {
    die("XML-Datei kann nicht geöffnet werden");
 }
 while ($data=fread($fp,4096)) {
  if (!xml_parse($xml_parser,$data,feof($fp))) {
   die(print("XML Fehler:
".xml_error_string(xml_get_error_code($xml_parser))
   .xml_get_current_line_number($xml_parser)));
  }
 }
 xml_parser_free($xml_parser);
```

```
function startElement($parser,$name,$attrs) {
    if ($name=="NEWS") {
       print("<br>");
    }
    if ($name=="DATUM") {
      print("<div style='font-size:8pt'>");
    }
```

Der Beginn des Codes ist bekannt. Hier wird der Parser erzeugt und der Element- sowie der Character Data Handler registriert. Dann folgen das Laden und das Parsen der XML-Datei. Interessant ist nun, wie aus XML formatiertes HTML erstellt wird.

Abb. 3.7: Die Anzeige der XML-Datei im Browser in HTML

Um eine HTML-Ausgabe zu erreichen, ist ein permanenter Aufruf der Callback-Funktionen `startElement()`, `characterData()` und `endElement()` nötig. Generell wird in `startElement()` auf die bestimmten XML-Elemente geprüft und ein HTML-Tag geöffnet. Dann wird in der Regel `characterData()` aufgerufen, dass eine Zeichenfolge ausgibt. In `endElement()` wird auf die geschlossenen Tags geprüft und das zugehörige HTML-Tag beendet.

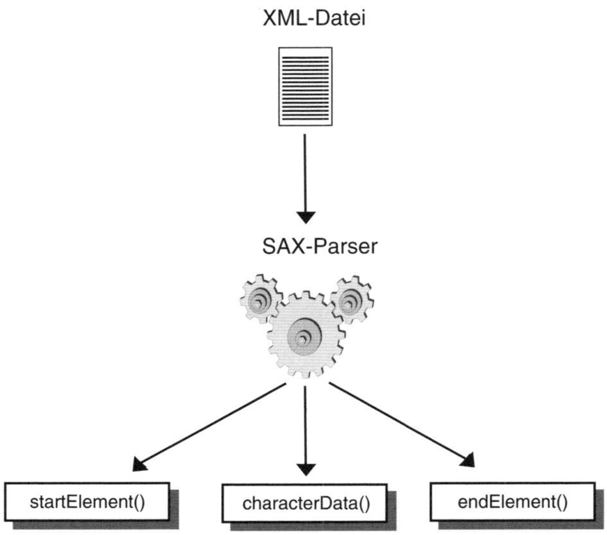

Abb. 3.8: Schematischer Ablauf der Callback-Funktionen

Stellt der Parser das geöffnete XML-Element `news` für eine neue Nachricht fest, wird zuerst ein Zeilenumbruch erzeugt:

```
if($name=="NEWS") {
  print("<br>");
}
```

Als Nächstes wird auf das Element `datum` geprüft und ein anderer Font eingestellt:

```
if($name=="DATUM") {
  print("<div style='font-size:8pt'>");
}
```

Der Inhalt von `<datum> ... </datum>` wird jetzt über den registrierten Character Data Handler festgestellt und die Funktion `characterData()` aufgerufen. Diese gibt den Inhalt von `<datum> ... </datum>` aus:

```
function characterData($parser, $data) {
 print($data);
}
```

Das `<div>`-Tag wird erst in der Funktion `endElement()` geschlossen. Hier muss auf das geschlossene XML-Tag `</datum>` geachtet werden, denn sonst würde das `<div>`-Tag nicht beendet und alle weitere Formatierungen mit der Eigenschaft des `<div>`-Tags ausgegeben werden:

```
if($name=="DATUM") {
 print("</div>");
}
```

Die Überschrift einer Nachricht befindet sich in `<headline> ... </headline>`, die fett gesetzt werden soll. Daher müssen wir in `startElement()` auch auf dieses Element prüfen:

```
if ($name=="HEADLINE") {
 print("<b>");
}
```

Der Inhalt von `<headline> ... </headline>` wird wieder über die Funktion `characterData()` ausgegeben. Das `<b>`-Tag wird in `endElement()` beendet:

```
if($name=="HEADLINE") {
 print("</b><br>");
}
```

Jetzt folgt der Nachrichtentext, der sich innerhalb von `<text> ... </text>` befindet. Auf dieses Tag wird nicht in `startElement()` und `endElement()` geprüft, sondern der Inhalt direkt durch `characterData()` ausgegeben. Es schließen sich ein oder mehrere Hyperlinks an. Diese werden durch das Element `Web-Adresse` abgedeckt, sodass in `startElement()` ein HTML-Hyperlink aufgebaut werden muss:

```
if($name=="WEB-ADRESSE") {
 if(sizeof($attrs)) {
  while(list($key,$val)=each($attrs)) {
   if($key=="HREF") {
    $adresse="<br><a href='";
    $adresse.=$val;
    $adresse.="' target='_blank'>";
    print ($adresse);
   }
  }
 }
}
```

Das XML-Element `Web-Adresse` verfügt ja über zwei Attribute:

```
<Web-Adresse href='http://xep.xattic.com/'>
   <text>XEP 3.5.4</text>
</Web-Adresse>
```

Daher werden die Attribute und deren Inhalte in einem Array abgelegt. Über `while-list-each` lesen wir das Paar (Attributname und Attributinhalt) aus. In `$key` befindet sich der Attributname, auf den dann in einer `if`-Abfrage geprüft wird. Jetzt kann über die Variable `$adresse` das HTML-Tag `<a>` aufgebaut und ausgegeben werden. Als `href`-Attribut von `<a>` geben wir natürlich `$val` an. Es enthält die konkrete URL aus dem Attribut `href` von `<Web-Adresse>`.

Der Erläuterungstext für den Hyperlink befindet sich ja in `<text> ... </text>` innerhalb von `<Web-Adresse> ... </Web-Adresse>`, sodass dieser über `characterData()` ausgegeben werden kann. Zum Schluss muss nur noch der Hyperlink in `endElement()` beendet werden, in dem wir auf das Tag `</Web-Adresse>` prüfen:

```
if ($name=="WEB-ADRESSE") {
 print ("</a>");
}
```

Der sich ergebende HTML-Code, der vom Browser dargestellt wird, sieht so aus:

```
<!DOCTYPE html PUBLIC "-//W3C//DTD HTML 4.01 Transitional//EN"
"http://www.w3.org/TR/html4/loose.dtd">
<html><head>
<meta http-equiv="content-type" content="text/html;charset=ISO-
8859-1">
<title>xmlguru.de [news]</title></head><body>
<div style="font-family:Arial,Helvetica; width:350px"><b>Aktuelle
XML-News </b><br><br><br>
 <div style='font-size:8pt'>20.04.2004</div>
 <b>Serna 1.5 erschienen</b><br>
 Das amerikanisch-russische Unternehmen Syntext hat den Release
Candidate das Update 1.5 des XML-Editors Serna herausgegeben. Es
handelt sich um einen klassischen XML-Editor im WYSIWYG-Modus, der
DTD- und Schema-Support bietet. XSLT und XSL-FO werden von dem Tool
ebenfalls unterstützt. In dem Update gibt es einen Support von XML
Catalog und DocBook wurde verbessert. Serna ist kostenpflichtig.
Eine Testversion steht zur Verfügung. Serna gibt es in Fassungen für
Windows, Linux, Mac OS X und FreeBSD:
 <br><a href='http://www.syntext.com/products/serna/relnotes.htm'
target='_blank'>Serna 1.5</a>
  <br><a href='http://www.syntext.com/' target='_blank'>Serna
allgemein</a><br><br>
<div style='font-size:8pt'>20.04.2004</div>
<b>tbook 1.5.2 veröffentlicht</b><br>
tbook ist ein XML-basiertes Dateiformat, in dem Dokumente
eingegeben werden können.  Es ist in seinem Umfang stark angelehnt
an die  LaTeX-Klassen book, article und letter. Zum Paket gehören
Tools, die diese Dokumente in LaTeX (pdflatex-fähig), HTML und
DocBook umwandeln. Die Version 1.5.2 ist ein Bugfix-Release. Neues
beinhaltet eine viel bessere XHTML-Konformität, neue Elemente
blockquote und quote sowie neue unterstützte Unicodes. tbook kann
kostenlos bei Sourceforge bezogen werden:
  <br><a href='http://tbookdtd.sourceforge.net/'
target='_blank'>tbook 1.5.2</a><br>
</div></body></html>
```

4 DOM XML in PHP 4.x

SAX ist schnell, hat jedoch einen eklatanten Nachteil. Der SAX-Parser geht ein XML-Dokument nur zeilenweise durch. Die Inhalte der aktuell geparsten Zeile bzw. der bisher festgestellten XML-Elemente werden nicht gespeichert und sind nach dem Parsen nicht mehr erreichbar. Der Programmierer müsste selbst einen Code in den entsprechenden Callback-Funktionen schreiben, um die Inhalte zu speichern. Ein Nachbearbeiten der XML-Datei ist so nicht oder nur sehr schwer möglich.

4.1 Allgemeines über DOM

Um eine XML-Datei nach dem erfolgreichen Parsern bearbeiten zu können, ist DOM (*Document Object Model*) ideal. Eine geparste XML-Datei wird vom DOM-Parser in einem Dokumentenbaum abgebildet. Über spezielle DOM-Funktionen von PHP können die einzelnen XML-Elemente und deren Attribute erreicht werden. Die Inhalte von XML-Elementen können ausgelesen, angezeigt, aktualisiert und neu gespeichert werden. Auch das Erstellen einer komplett neuen XML-Datei ist mit DOM möglich.

Der Nachteil von DOM: Das Parsen nimmt mehr Speicherplatz in Anspruch, weil der Inhalt der XML-Datei ja als Dokumentenbaum erstellt werden muss. Insbesondere bei größeren XML-Dateien, die mehrere Megabyte groß sind, kann sich hier ein erheblicher Speicherbedarf ergeben. Außerdem wächst mit der Dateigröße auch die Zeitdauer des Parsens.

Am 1. Oktober 1998 wurde DOM Level 1 vom W3-Konsortium standardisiert[1]. DOM Level 1 bestand zunächst nur aus der Objektstruktur und definierte bestimmte Standard-Objekte (z.B. `Node`, `Element`, `Document`). Bestimmte Standard-Methoden, die einen Zugriff auf Tags gewährleisten sollten, waren schon vorhanden (`getElementById()`, `getElementByName()`, `getElementsByTagName()`, `documentElement()`).

DOM Level 2 ging noch einen Schritt weiter und wurde am 13. November 2000 standardisiert[2]. Neu in Level 2 war der Support von XML-Namensräumen und der Zugriff auf CSS-Definitionen. Zusätzlich sind neuen Methoden hinzugekommen (z.B. `hasAttributes()`, `importNode()`).

Die nächste Fasung ist DOM Level 3, das Anfang April 2004 standardisiert wurde[3]. Neu in Level 3 sind erweiterte Methoden und insbesondere die Definition von Laden- und Speicher-Funktionalitäten von XML-Dateien. Dies war bisher individuell vom Parser abhängig. Mit DOM Level 3 wurde dies vereinheitlicht. PHP 4.x unterstützt DOM Level 1 und 2.

Auf den DOM-Seiten des W3-Konsortiums können Sie sich über Neuerungen informieren: *http://www.w3.org/DOM/*

1. *http://www.w3.org/TR/1998/REC-DOM-Level-1-19981001/*
2. *http://www.w3.org/TR/2000/REC-DOM-Level-2-Core-20001113/*
3. *http://www.w3.org/TR/2004/REC-DOM-Level-3-Core-20040407/*

4.2 DOM in PHP

DOM ist in PHP ab 4.0 enthalten. Dazu ist ein DOM-Parser nötig, denn der expat-Parser ist nur ein reiner SAX-Parser. Mit PHP 4.0 wurde ein zweiter Parser in PHP integriert: libxml2. Dieser Parser stammt von Daniel Veillard und ist in C geschrieben. libxml2 war ursprünglich ein Parser, der speziell für den Einsatz in Gnome vorgesehen war. libxml2 hat sich aber so erfolgreich entwickelt, dass es Portierungen auch für andere Sprachen gibt. libxml2 wird unabhängig von PHP kontinuierlich weiterentwickelt. Über diese Seite können Sie sich über Neuerungen bei libxml2 informieren:

http://xmlsoft.org/

Im Unterschied zu expat ist libxml ein validierender Parser, der gegen eine DTD validieren kann. Des Weiteren unterstützt libxml 2 XPath, XPointer und XInclude. Der Parser unterstützt sowohl SAX als auch DOM. In PHP 5 ist expat nicht mehr enthalten, sondern libxml2 übernimmt dessen Funktion.

> *Hinweis: Die Installation von DOM XML innerhalb von PHP ist für die Betriebssysteme Windows, Linux, UNIX und Mac OS X in Anhang H beschrieben.*

4.2.1 Unterschiede von DOM in PHP 4.x und 5

Der DOM-Support wurde mit jeder PHP-Version weiter ausgebaut. Leider ist es in der Version 4.x so, dass die vom W3-Konsortium standardisierten Methoden in PHP zunächst etwas umbenannt wurden. Beispielsweise die DOM-Methode `appendChild()` heißt in PHP 4.x `append_child()`. Dies mag zunächst kein großes Problem sein, jedoch wurde mit der Einführung von PHP 5 dieses komplett umgestellt. Die Methode aus PHP 4.x `append_child()` heißt nun korrekt `appendChild()`. Leider ist dabei die Kompatibilität auf der Strecke geblieben. DOM-Code aus PHP 4.x funktioniert nicht unter PHP 5 und umgekehrt. Gleichzeitig sind seit PHP 4.0.0 mehrere Methoden vorhanden, die kein DOM-Standard sind. Dazu gehört beispielsweise die Methode `add_child()`, um einen Knoten in den Dokumentenbaum einzuhängen, oder `set_content()`, das den Textinhalt eines Knotens setzt. Teilweise sind diese Methoden sehr nützlich, können dann aber in PHP 5 nicht mehr verwendet werden.

Dies ist für den Programmierer leider ein mittelschweres Problem. Soll er in PHP 5 entwickeln, dann funktioniert der Code nicht in PHP 4.x. Oder soll er weiterhin kompatibel zu PHP 4.x bleiben, mit der Gefahr, dass er in wenigen Monaten alles auf PHP 5 umstellen muss?

Für dieses Buch decke ich beide Varianten ab: PHP 4.x und PHP 5. Der Grund liegt darin, dass PHP 4.x noch einige Zeit im Einsatz bleiben wird. Insbesondere auch die Web-Hoster werden nicht sofort auf PHP 5 umsteigen, sondern eine 4er Version noch einige Zeit im Einsatz haben. Dieses Kapitel gibt zunächst eine Einführung in die DOM-Funktionalitäten von PHP 4.x. Daran schließen weitere Kapitel über DOM mit PHP 4.x an. Die Kapitel 8 und 9 beschäftigen sich mit der neuen Version in PHP 5. Auf diese Weise können Sie selbst entscheiden, ob Sie die 4er oder 5er Version einsetzen möchten.

Die PHP-Entwickler haben dieses Problem insbesondere bei Migrationen auch erkannt und haben DOM XML aus PHP 4.x als ein PECL-Modul für PHP 5 bereit gestellt. Dadurch ist es möglich, PHP-4.x-Code auch noch unter PHP 5 zu verwenden. Es ist zwar besser, unter PHP 5 die neue DOM XML-Bibliothek zu verwenden, jedoch kann über das PECL-Modul unter PHP 5 alter 4er-Code eingesetzt werden, bevor die Umstellung auf die neue DOM-Bibliothek von PHP 5 erfolgt. Mehr dazu finden Sie in Kapitel 8.

4.2.2 Prozedural oder objektorientiert?

Die DOM-Methoden in PHP 4.x werden größtenteils über Klassen bereitgestellt. Einige der Methoden stehen aber auch als Funktion zur Verfügung, sodass es nicht nötig ist, objektorientiert zu programmieren. Beachten Sie, dass nicht alle Methoden der DOM-Klassen als Funktionen vorhanden sind. Es sind nur einige, aber dafür immerhin sind es auch die wichtigsten. Beispielsweise die Methode `root()` der Klasse `DomDocument` ermittelt das Wurzelelement einer geparsten XML-Datei. Statt dieser Methode kann auch die Funktion `domxml_root()` eingesetzt werden. Beide arbeiten völlig gleich und Sie können auch in einem PHP-Code die Funktionen mit Methoden mischen.

In diesem Kapitel werden wir natürlich auch beides kennen lernen. sodass Sie selbst die Wahl haben, ob Sie mit Klasse oder prozedural arbeiten möchten. Im Hinblick auf PHP 5 ist es jedoch besser, gleich mit den Klassen und Methoden zu arbeiten. In PHP 5 sind die prozeduralen Funktionen nicht mehr vorhanden, sondern Sie müssen nur noch die Klassen und Methoden einsetzen.

4.3 Funktionsweise von DOM

DOM legt fest, wie eine Programmiersprache auf die einzelnen Elemente eines XML-Dokuments (Tags, Attribute, Werte von Attributen, Inhalte von Tags usw.) zugreifen muss. DOM ordnet alle Elemente und Inhalte eines Dokuments in einer hierarchischen Struktur an. Das Dokument wird als Baumstruktur angesehen (Tree-view). Dieser Dokumentenbaum beginnt mit dem Wurzelelement einer XML-Datei und verzweigt dann immer weiter in die verschiedenen Elemente, die deren Äste darstellen.

Die nachfolgende XML-Datei stammt aus Kapitel 3 und zeigt eine Newsmeldung.

```
<?xml version="1.0" encoding="iso-8859-1"?>
<newsliste>
<news id="781" rubrik='xml-allgemein xml-editor' site="xml">
 <datum>20.04.2004</datum>
 <headline>Serna 1.5 erschienen</headline>
 <text>Das amerikanisch-russische Unternehmen Syntext hat den
Release Candidate das Update 1.5 des XML-Editors Serna
herausgegeben. Es handelt sich um einen klassischen XML-Editor im
WYSIWYG-Modus, der DTD- und Schema-Support bietet. XSLT und XSL-FO
werden von dem Tool ebenfalls unterstützt. In dem Update gibt es
einen Support von XML Catalog und DocBook wurde verbessert. Serna
```

```
ist kostenpflichtig. Eine Testversion steht zur Verfügung. Serna
gibt es in Fassungen für Windows, Linux, Mac OS X und FreeBSD:
</text>
 <Links>
  <Web-Adresse xml:link="simple" href="http://www.syntext.com/
products/serna/relnotes.htm"><text>Serna 1.5</text></Web-Adresse>
 </Links>
 <Links>
  <Web-Adresse xml:link="simple" href="http://www.syntext.com/
"><text>Serna allgemein</text></Web-Adresse>
 </Links>
</news>
</newsliste>
```

DOM sieht die XML-Datei anders als SAX jetzt als einen Dokumentenbaum an. Die Abbildung 4.1 zeigt die hierarchische Anordnung der einzelnen Elemente.

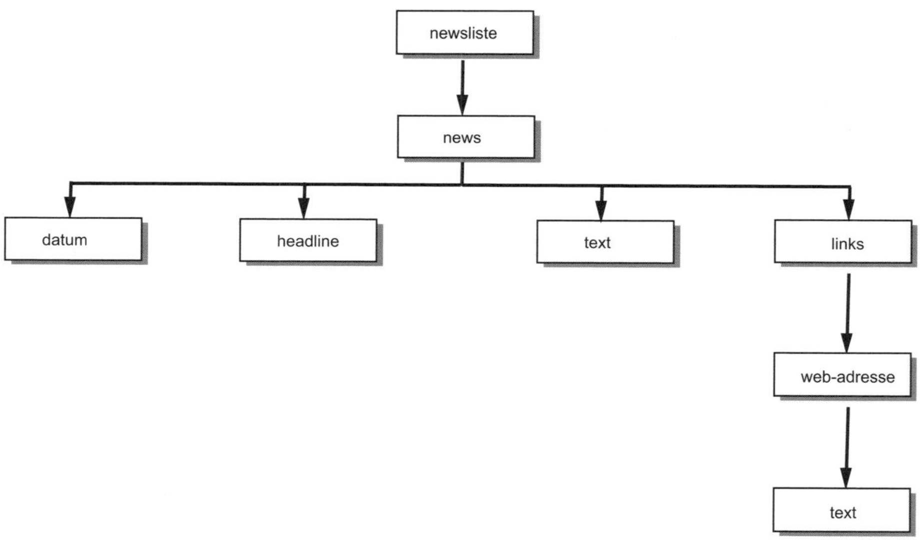

Abb. 4.1: Die Baumstruktur

DOM führt dazu neue Begrifflichkeiten ein, um die einzelnen Elemente zu unterscheiden. Das XML-Dokument verfügt über ein Wurzelelement (`<newliste>`) und ein untergeordnetes Element (`news`). Daher handelt es sich bei dem Wurzelelement auch um einen so genannte *Node*. Dies ist ein Knoten, von dem ein weiteres Element abgeht (es können aber durchaus auch mehrere sein). Das Element `news` ist ein so genannter *Childnode* des übergeordneten Nodes. Man kann sich das Tag `<news>` als Kind des Elternteils `<newsliste>` vorstellen. Das Kind (`<news>`) besitzt selbst mehrere Kinder, in diesem Fall sind es das Tag `<datum>`, `<headline>`, `<text>` und `<links>`. Jedes dieser Tags verfügt wiederum über

Kinder. Im Falle von `<datum>` ist es „normaler" Text. Dies wird auch als so genannter *Textknoten* bezeichnet. Interessant ist auch der Knoten `<links>`. Dieser enthält einen weiterer Knoten `<web-Adresse>`. Dieser Knoten besitzt einerseits einen Attributknoten (es verfügt ja über Attribute: link und href) und wieder über einen Knoten (`<text>`).

Über bestimmte PHP-Funktionen kann der Dokumentenbaum durchlaufen werden, d.h. es können alle einzelnen Elemente angesprochen werden, deren Name und deren Kinder ausgelesen werden. Dies ist genau der Vorteil gegenüber SAX, wo man nach dem Parsen nicht mehr auf die geparsten Elemente zugreifen kann.

Um den Dokumentenbaum zu erhalten, muss eine XML-Datei durch einen DOM-Parser geparst werden. Dieser erstellt den Dokumentenbaum oder gibt im Fall eines Fehlers in der XML-Datei eine Meldung aus.

In PHP 4.x sind verschiedene Klasse enthalten, die ein geparstes Dokument oder einen Knoten bzw. ein Element repräsentieren. Die Tabelle 4.1 gibt einen Überblick über die in PHP 4.x enthaltenen Klassen.

Klasse	**Beschreibung**
`DomDocument`	Repräsentiert das geparste Dokument.
`DomNode`	Repräsentiert einen einzelnen Knoten.
`DomElement`	Repräsentiert ein einzelnes Element, der kein Knoten ist.
`DomAttribute`	Repräsentiert einen einzelnen Attributknoten.
`DomDocumentType`	Repräsentiert eine DTD.
`DomProcessingInstruction`	Repräsentiert eine Processing Instruction (PI).
`DomXsltStylesheet`	Repräsentiert ein XSLT-Stylesheet, mit dessen Hilfe eine XML-Datei geformt werden kann.
`XPathContext`	Repräsentiert einen XPath-Kontext, über den eine XML-Datei mit Hilfe von XPath abgefragt werden kann.

Tabelle 4.1: Die DOM-Klassen in PHP 4.x

Insbesondere die Klassen `DomDocument` und `DomNode` werden die wichtigsten Klassen bei der Programmierung sein. Über die Methoden dieser beiden Klassen haben Sie Zugriff auf die Inhalte der XML-Inhalt. Ein Teil der Methoden steht auch als Funktionen zur Verfügung.

Zusätzlich sind in PHP 4.x noch weitere Klassen vorhanden, die jedoch nicht genutzt werden können, weil Sie keine Methoden besitzen bzw. die Methoden noch nicht implementiert sind. Die Tabelle 4.2 gibt einen Überblick über diese Klassen.

Klasse	Beschreibung
`DomCDATA`	Repräsentiert einen CDATA-Abschnitt
`DomNotation`	Repräsentiert eine Notation in einer DTD.
`DomComment`	Repräsentiert einen Kommentarknoten.
`DomText`	Repräsentiert einen Textknoten.
`DomEntity`	Repräsentiert ein Entity.
`DomEntityRef`	Repräsentiert eine Entity-Referenz.

Tabelle 4.2: Weitere (stille) DOM-Klassen in PHP 4.x

4.4 Eine XML-Datei im DOM-Modus laden und parsen

Um auf die Inhalte einer XML-Datei zugreifen zu können, muss diese zuerst geladen und geparst werden. PHP unterscheidet diese beiden Vorgänge. Eine XML-Datei kann geladen werden, ohne dass sie geparst wird. Gleichzeitig kann die Datei auch erst nach dem Laden nachträglich geparst werden. Dies ist durchaus anders als in anderen Programmiersprachen (z.B. Java).

Nach dem Laden und Parsen sind über die Klassen `DomDocument`, `DomNode` und `DomElement` Zugriffe auf die Inhalte möglich. Das Laden und Parsen vollzieht sich in PHP 4.x in einem Schritt. Es stehen dazu zwei Funktionen bereit:

- `domxml_open_file()`
- `xmldocfile()`

Beide Funktionen sind gleichwertig. `xmldocfile()` ist seit PHP 4.0.0 enthalten. `domxml_open_file()` kam ab 4.2.1 hinzu und ist die neuere Funktion. Beide Funktionen haben die gleichen Parameter im Aufruf. Eine Methode einer Klasse zum Laden und Parsen existiert in PHP 4.x nicht. Das Parsen kann nur über die Funktionen durchgeführt werden.

Für dieses Kapitel verwenden wir eine einfache XML-Datei *buch.xml*, die eine Liste mit Büchern enthält:

```
<?xml version="1.0" encoding="iso-8859-1"?>
<buchliste>
 <buch>
  <titel>PHP und XML für Web Developer</titel>
  <autor>Michael Seeboerger-Weichselbaum</autor>
  <verlag>Software und Support Verlag</verlag>
  <seitenzahl>400</seitenzahl>
  <isbn>3935042507</isbn>
  <preis>24,95 EUR</preis>
 </buch>
 <buch>
  <titel>PHP Grundkurs Computerpraxis</titel>
```

```
  <autor>Michael Seeboerger-Weichselbaum</autor>
  <verlag>Rowohlt</verlag>
  <seitenzahl>402</seitenzahl>
  <isbn>3-499-61233-X</isbn>
  <preis>9,90 EUR</preis>
 </buch>
</buchliste>
```

Diese XML-Datei werden wir im Laufe dieses Kapitels weiter mit PHP verarbeiten. Ein Code zum Laden und Parsen der XML-Datei sieht so aus:

```
<?php
 if(!$dom = domxml_open_file ("buch.xml")) {
  exit ("Fehler beim Parsen");
 }
?>
```

An die Funktion `domxml_open_file()` wird der Dateiname als String übergeben. Sollte das Laden und Parsen erfolgreich gewesen sein, d.h. liegt in der XML-Datei kein Fehler vor, gibt die Funktion ein Objekt der Klasse `DomDocument` zurück. Dieses Objekt repräsentiert das geparste Dokument und liegt intern als Dokumentenbaum vor. Genau dieses Objekt ist jetzt entweder über Methoden oder Funktionen zugänglich.

Unterschiede zwischen Windows und Linux/UNIX

Die Funktion `domxml_open_file()` bzw. `xmldocfile()` wird unter Windows und Linux/UNIX gleich benutzt. Jedoch muss unter Windows der Pfad berücksichtigt werden. Wird an die Funktion nur der Dateiname übergeben (`domxml_open_file ("buch.xml")`), wird unter Linux und UNIX die Datei aus dem gleichen Verzeichnis geladen, in dem sich die PHP-Datei befindet. Unter Windows ist dies jedoch anders, denn die XML-Datei wird nicht aus dem Verzeichnis geladen, in dem sich die PHP-Datei befindet, sondern aus dem Basis-Verzeichnis der Apache-Installation (z.B. *D:\Programme\Apache2*). Dies ist natürlich ungünstig, da in dem Basisverzeichnis der Installation keinerlei XML-Dateien liegen sollten. Dies ist anders als im SAX-Modus, in dem die Datei immer aus dem aktuellen Verzeichnis geladen wird (es sei denn, es wird ein anderer Pfad angegeben). Unter Windows kann der absolute Pfad zu der XML-Datei angeben werden, z.B.:

```
domxml_open_file ("e:/htdocs/buch.xml")
```

Dies ist aber ungünstig, da bei einem Wechsel des Betriebssystems (z.B. Entwicklung unter Windows, Serverbetrieb und Ausführung unter Linux) sämtliche Pfade geändert werden müssten. Daher ist es günstiger, die PHP-Funktion `dirname()` zu verwenden, die immer das aktuelle Verzeichnis als absoluten Pfad ermittelt:

```
domxml_open_file (dirname(__FILE__)."/buch.xml")
```

Die Funktion verwendet die jeweils korrekten Notation der Pfadangabe des jeweiligen Betriebssystem, z.B. *e:\htdocs* für Windows und */srv/www/htdocs* für SuSE Linux. Bei einem Wechsel des Betriebssystems wird jetzt immer der korrekte Pfad verwendet.

4.5 Fehlerauswertung beim Parsen

Beim Parsen sollten aufgetretene Fehler ausgewertet werden. Dies ist nötig, denn bei einem Fehler in einer XML-Datei (z.B. wurde ein Element nicht korrekt abgeschlossen, falsch geschrieben usw.) beendet der Parser den weiteren Vorgang, und das XML-Dokument liegt nicht als Dokumentenbaum vor. Auf der Basis des letzten Codes beendet das PHP-Skript einfach nur das Parsen ohne eine Angabe, wo der Fehler konkret vorliegt.

Die Funktionen `domxml_open_file()` und `xmldocfile()` können um zwei Parameter erweitert werden. Durch den zusätzlichen Parameter `DOMXML_LOAD_PARSING` wird die XML-Datei beim Laden natürlich geparst und Fehlermeldungen im Browser ausgegeben. Gleichzeitig sollte ein dritter Parameter angegeben werden, der die Fehlermeldungen in einem Array enthält, das anschließend manuell ausgelesen werden kann.

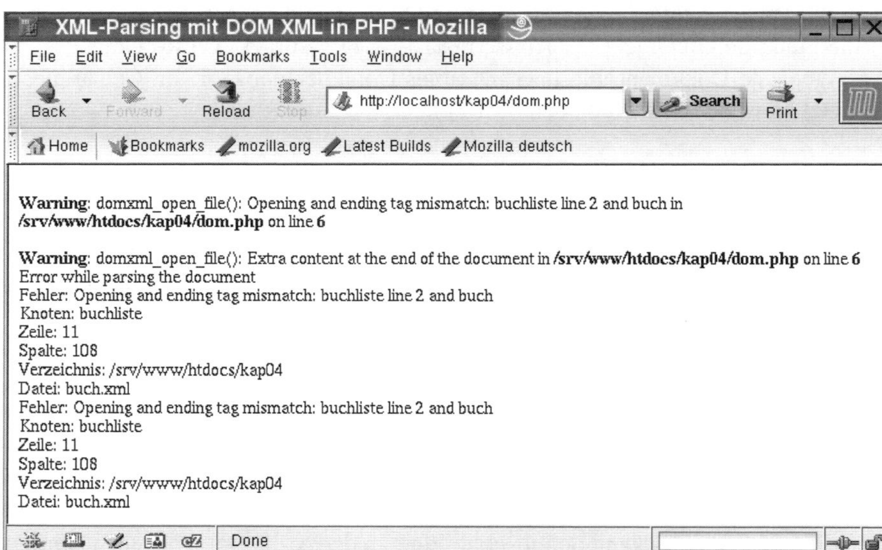

Abb. 4.2: Fehlerausgaben im Browser

Das nachfolgende Codebeispiel lädt eine XML-Datei, die absichtlich mit einem Fehler versehen wurde. Aus Abbildung 4.2 können Sie derartige Fehlerausgaben entnehmen. Es wird ein Fehler doppelt ausgegeben. Zuerst der Parserfehler und dann die Ausgabe des Fehler-Arrays, das die Fehlermeldung enthält.

```
<?php
 if(!$dom =domxml_open_file(dirname(__FILE__)."/buch.xml",
DOMXML_LOAD_PARSING, $error)) {
  echo "Fehler beim Parsen";
  $nr=count($error);
  for ($a=0;$a<$nr;$a++) {
   $err=$error[0];
   print ("<br>Fehler: ".$err[errormessage]);
   print ("<br>Knoten: ".$err[nodename]);
   print ("<br>Zeile: ".$err[line]);
   print ("<br>Spalte: ".$err[col]);
   print ("<br>Verzeichnis: ".$err[directory]);
   print ("<br>Datei: ".$err[file]);
  }
  exit();
}
?>
```

Der Inhalt von `$error` ist so aufgebaut, das jedes Array-Element einen Fehler repräsentiert. Dabei ist jedes Array-Element wiederum ein Array, in dem sich die konkreten Informationen zu einem Fehler befinden. Daher wird zuerst die Anzahl der Array-Elemente in `$error` über die `count()`-Funktion ermittelt. Anschließend wird eine `for`-Schleife durchlaufen, damit jeder Fehler ausgegeben werden kann. Dann werden von jedem Array-Element die Unter-Array-Elemente ausgelesen. Diese sind mit vordefinierten Namen belegt, die direkt als Elementnamen angeben werden können. Diese können Sie der Tabelle 4.3 entnehmen.

Array-Element	**Beschreibung**
errormessage	Gibt eine Beschreibung des Fehlers aus.
nodename	Gibt den Namen des Knotens an, in dem der Fehler aufgetreten ist (kann auch in einem untergeordneten Knoten liegen).
line	Gibt die Zeilenummer in der XML-Datei aus.
col	Gibt die Spaltennummer in der XML-Datei aus.
directory	Gibt das Verzeichnis der Apache-.Installation aus.
file	Gibt das Verzeichnis und den Dateiname der Datei an, in der der Fehler aufgetreten ist.

Tabelle 4.3: Die Array-Elemente des ersten Arrays in dem dritten Übergabewert

Wie Sie in der Abbildung 4.2 erkennen können, wird jeder Fehler doppelt im Browser ausgegeben. Einerseits durch die Parse-Methode und andererseits durch das manuelle Auslesen des Arrays `$error`. Die Ausgabe der Fehler durch die Parse-Methode kann unterdrückt werden, sodass nur die manuelle Ausgabe der Fehler durch das Array `$error` erfolgt. Dazu muss wie in PHP üblich das `@`-Zeichen verwendet werden:

```
if(!$dom=@domxml_open_file("buch.xml", DOMXML_LOAD_PARSING,
$error)) {
```

> *Hinweis: Bis einschließlich PHP 4.3.4 enthält die Option* `DOMXML_LOAD_PARSING` *einen Bug und liefert in dem Array* `$error` *nicht die benötigten Fehlermeldungen. Erst ab PHP 4.3.5 funktioniert die Option korrekt.*

4.6 Rund um die DTD

Die Klasse `DomDocument` bietet Methoden an, um auf die DTD zuzugreifen. Zusätzlich existiert die Klasse `DomDocumentType`, die eine eingebundene DTD repräsentiert. Die Methoden dieser Klassen sind für einen DTD-Support zwar einfach, reichen aber für die meisten Anwendungen aus.

4.6.1 Gegen eine DTD validieren

In PHP 4.x gibt es zwei Möglichkeiten, eine XML-Datei gegen eine vorhandene DTD zu validieren. Erstens kann das Validieren während des Ladens und Parsens erfolgen. Zweitens kann nachträglich die Methode `validate()` der Klasse `DomDocument` eingesetzt werden.

Validieren beim Laden einer XML-Datei

Das Validieren gegen die DTD beim Laden und Parsen der XML-Datei wird in der Methode `domxml_open_file()` bzw. in der Funktion `xmldocfile()` angegeben. Dazu existiert der Parameter `DOMXML_LOAD_VALIDATING`, der als zweiter Übergabewert an die Methode bzw. Funktion übergeben werden muss. Zusätzlich muss ein dritter Übergabeparameter angegeben werden. Dieser enthält die konkreten Fehlermeldungen mit weiteren Informationen als Array. Tritt beim Validieren ein Fehler auf, wird dieser im Browser ausgegeben.

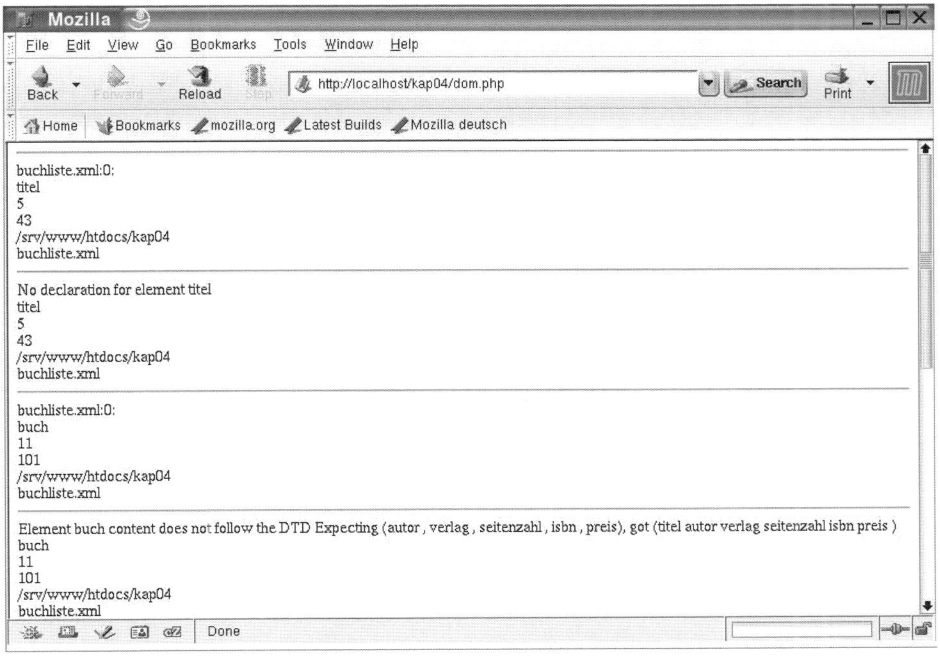

Abb. 4.3: Der Parser hat beim Validieren Fehler gefunden

In diesem Beispel wurde die Datei *buchliste.xml* mit einer DTD versehen, die die Elemente deklariert. Dabei wurde das erste Element (`titel`) weggelassen, um absichtlich einen Fehler zu erzeugen. Die DTD für die Datei `buchliste.xml` heißt *buchliste.dtd* und sieht so aus:

```
<!ELEMENT buchliste (buch)+>
 <!ELEMENT buch (autor, verlag, seitenzahl, isbn, preis)>
  <!ELEMENT autor (#PCDATA)>
  <!ELEMENT verlag (#PCDATA)>
  <!ELEMENT seitenzahl (#PCDATA)>
  <!ELEMENT isbn (#PCDATA)>
  <!ELEMENT preis (#PCDATA)>
```

Hier wurde komplett die Deklaration des <titel>-Tags vergessen. Beim Validieren muss es korrekterweise zu einem Fehler kommen.

```
<?php
 if(!$dom =@domxml_open_file(dirname(__FILE__)."/buchliste.xml",
DOMXML_LOAD_VALIDATING, $error)) {
  exit ("Fehler beim Parsen");
 }
 $nr=count($error);
 for ($a=0;$a<$nr;$a++) {
  $err=$error[$a];
  print ("<hr>".$err[errormessage]);
  print ("<br>".$err[nodename]);
  print ("<br>".$err[line]);
  print ("<br>".$err[col]);
  print ("<br>".$err[directory]);
  print ("<br>".$err[file]);
 }
?>
```

An die Methode `domxml_open_file()` muss nur die Option `DOMXML_LOAD_VALIDATING` übergeben werden. Der dritte Wert ist die Variable `$error`. Standardmäßig gibt PHP die Fehlermeldungen im Browser aus. Dies kann natürlich unterdrückt werden und die Fehler können über die Variable `$error` ausgewertet werden. `$error` ist genau genommen ein Array. In diesem befinden sich die Fehlermeldungen, die auch im Browser angezeigt werden.

Dieser Code unterdrückt über das `@`-Symbol die Ausgabe der Fehlermeldungen im Browser. Stattdessen wird das Array `$error` ausgewertet und dessen Inhalte im Browser angezeigt (siehe Abbildung 4.3).

> *Hinweis: Das Validieren gegen eine DTD über die Methode* `domxml_open_file()` *oder über die Funktion* `xmldocfile()` *ist erst ab PHP 4.2.1 möglich.*

Beachten Sie, dass die Auswertung eines möglichen Fehlers nicht innerhalb der `if`-Abfrage stattfindet wie in Kapitel 4.4. Dies liegt daran, dass bei einem korrekten XML-Code, der lediglich einen Fehler in der DTD aufweist, der Dokumentenbaum von PHP 4.x erzeugt wird. Daher würde eine Fehlerauswertung innerhalb der `if`-Abfrage nicht stattfinden, auch wenn ein DTD-Fehler vorliegt.

Nachträgliches Validieren einer XML-Datei

Über eine einfache Methode kann eine XML-Datei gegen eine DTD validiert werden. Die Methode lautet `validate()` und ist ab PHP 4.3.0 verfügbar:

```
<?php
if(!$dom = @domxml_open_file (dirname(__FILE__)."/buch.xml")) {
  exit ("Fehler beim Parsen");
}
$val=$dom->validate();
?>
```

Die Methode `validate()` der Klasse `DomDocument` erwartet keinen Übergabeparameter. Vorraussetzung für den Einsatz der Methode ist, dass die XML-Datei über eine DTD verfügt. Dies kann sowohl eine interne DTD wie auch eine externe DTD sein. Sollte jetzt ein Fehler in der DTD vorliegen, beispielsweise existiert für ein Element keine Deklaration über das `<!ELEMENT>`-Tag in der DTD, ensteht eine Fehlermeldung. Die Methode `validate()` gibt einen booleschen Wert zurück. Der Rückgabewert ist `true` bzw. 1, wenn das Validieren erfolgreich war.

Es gibt leider keine Möglichkeit, den Fehler in einer anderen Form abzufangen und über eine Fehlermethode abzufragen. Die Anzeige einer Fehlermeldung kann im Browser über das `@`-Symbol unterdrückt werden:

```
$val=@$dom->validate();
```

Dies ist aber insofern ungünstig, da bei einem aufgetretenen Fehler die Ursache nicht genau identifiziert werden kann. Daher können Sie als Übergabeparameter an `validate()` eine Variable angeben, die aufgetretene Fehlermeldungen in einem Array enthält. Dies ist ähnlich wie das Array `$error`, das in den Funktion `domxml_load_file()` und `xmldocfile()` angegeben werden konnte. Das Array, das an die `validate()`-Methode übergeben wird, ist identisch aufgebaut:

```
$val=@$dom->validate($error);
 if (!$val) {
  $nr=count($error);
  for ($a=0;$a<$nr;$a++) {
   $err=$error[$a];
   print ("<br>Fehler: ".$err[errormessage]);
   print ("<br>Knoten: ".$err[nodename]);
   print ("<br>Zeile: ".$err[line]);
   print ("<br>Spalte: ".$err[col]);
   print ("<br>Verzeichnis: ".$err[directory]);
   print ("<br>Datei: ".$err[file]);
  }
}
```

Die einzelnen Array-Elemente sind ja vordefiniert und in Tabelle 4.3 näher beschrieben.

Wenn Sie eine externe DTD einsetzen, wird die DTD aus dem aktuellen Verzeichnis geladen, in dem sich auch die XML-Datei befindet. Dies gilt allgemein für Linux/UNIX und Windows, wenn Sie unter Windows beim Laden der XML-Datei über `domxml_open_file()` bzw. `xmldocfile()` die `dirname()`-Funktion verwenden. Geben Sie unter Windows nur den Dateinamen (`domxml_open_file("buchliste.xml")`) an, wird die XML- und die DTD-Datei aus dem Basisverzeichnis der Apache-Installation geladen. Alternativ kann ein absoluter Pfad angegeben werden (`domxml_open_file("e:/htdocs/kap04/buchliste.xml")`). In diesem Fall wird die externe DTD ebenfalls aus dem absoluten Pfad geladen.

4.6.2 Die Klasse DomDocumentType

Die Klasse `DomDocumentType` ist ab PHP 4.1.0 enthalten. Ein Objekt dieser Klasse repräsentiert eine eingebundene DTD. Über Methoden der Klasse `DomDocumentType` ist ein Zugriff auf die DTD möglich. Um ein Objekt der Klasse `DomDocumentType` zu erhalten, kennt PHP zwei Methoden:

- `doctype()`
- `dtd()`

Beide Methoden sind in der Klasse `DomDocument` enthalten. Dies macht auch Sinn, denn eine DTD ist an das Dokument gebunden und in das Dokument eingebunden. Die Methode `doctype()` ist ab PHP 4.1.0 enthalten, `dtd()` kann ab 4.0.0 eingesetzt werden. Beide Methoden werden ohne Übergabeparameter aufgerufen:

```
<?php
if(!$dom = domxml_open_file (dirname(__FILE__)."/test.xml")) {
  exit ("Fehler beim Parsen");
}
$dtd=$dom->doctype();
?>
```

Der Rückgabewert der Methoden ist ein Objekt der Klasse `DomDocumentType`. Diese Klasse besitzt wiederum Methoden, die Informationen zur DTD auslesen können:

- `name()`
- `public_id()`
- `system_id()`

Die Methode `name()` liefert den Namen der DTD zurück. Dieses dürfte in der Regel auch identisch mit denm Namen des Wurzelelements sein. `public_id()` liefert den öffentlichen Identifier der DTD (wenn das Schlüsselwort `PUBLIC` eingesetzt wird), während `system_id()` den System-Identifier zurückgibt (wenn das Schlüsselwort `SYSTEM` eingesetzt wird):

```
$dtd=$dom->doctype();
print($dtd->name());
print($dtd->public_id());
print($dtd->sytem_id());
```

4.6.3 XML Schema

PHP 4.x besitzt nur Support für DTD. XML Schema wird nicht unterstützt, auch wenn der darunter liegende Parser libxml2 das XML Schema unterstützt. In PHP 4.x sind keine Methoden oder Funktionen vorhanden, die diesen Schema-Support nutzen könnten. Es kann weder gegen eine Schema-Datei validiert werden, noch eine Schema-Datei geladen werden. Dies ist erst mit PHP 5 möglich.

4.7 Laden und Parsen eines XML-Dokuments als String

Neben dem Laden einer XML-Datei besteht in PHP auch die Möglichkeit, ein XML-Dokument zu parsen, das als String vorliegt. Dies ist sinnvoll, denn dadurch kann beispielsweise aus einer MySQL-Datenbankabfrage das Resultset in eine XML-Struktur gebracht werden, die zunächst als String vorliegt, anschließend geparst wird und dann über DOM zugänglich ist.

Für das Parsen eine XML-Dokuments als String gibt es diese Funktionen:

- `domxml_open_mem()` (ab 4.2.1)
- `domxml_xmltree` (ab 4.2.1)
- `xmldoc` (ab 4.0.0)
- `xmltree` (ab 4.0.0)

Die Funktionen machen alle genau das gleiche. `domxml_tree()` ist nur ein Alias für `domxml_open_mem()`, das wiederum ein Alias für `xmldoc()` ist. Dies gilt auch für `xmltree()`. Alle vier Funktionen werden mit den gleichen Parametern aufgerufen.

```
<?php
 $xmlstr='<?xml version="1.0" encoding="ISO-8859-1"?>
          <test>
          <text>XML: Parsen von Dokumenten</text>
          </test>';
 if(!$dom = domxml_open_mem($xmlstr)) {
  exit ("Fehler beim Parsen");
 }
?>
```

Hier befindet sich in `$xmlstr` ein XML-Dokument als String. Es wird komplett aufgebaut, d.h. mit XML-Prolog. Das Parsen erfolgt jetzt über die Funktion `domxml_open_mem()`, an die der String übergeben wird. Die Funktion erwartet die gleichen Übergabeparameter wie `domxml_open_file()`. Um die Fehler auszuwerten, muss entsprechend eine Variable als dritter Parameter übergeben werden:

```
<?php
  $xmlstr='<?xml version="1.0" encoding="ISO-8859-1"?>
         <test>
         <text>XML: Parsen von Dokumenten</text>
         </test>';
 if(!$dom = @domxml_open_mem($xmlstr, DOMXML_LOAD_PARSING,
$error)) {
  echo "Fehler beim Parsen";
  $nr=count($error);
  for ($a=0;$a<$nr;$a++) {
   $err=$error[0];
   print ("<br>Fehler: ".$err[errormessage]);
   print ("<br>Knoten: ".$err[nodename]);
```

```
    print ("<br>Zeile: ".$err[line]);
    print ("<br>Spalte: ".$err[col]);
    print ("<br>Verzeichnis: ".$err[directory]);
    print ("<br>Datei: ".$err[file]);
   }
  exit();
}
?>
```

Der zweite Übergabeparameter an domxml_open_mem() ist DOMXML_LOAD_PARSING. Der dritte Parameter enthält aufgetretene Fehlermeldungen als Array, wie in Kapitel 4.4 beschrieben.

Das Validieren in Zusammenhang mit einer DTD ist auch über die Funktion domxml_open_mem() möglich. Dazu muss die DTD wie das XML-Dokument als String vorliegen. Als zweiter Übergabeparameter wird DOMXML_LOAD_VALIDATING verwendet:

```
<?php
 $xmlstr='<?xml version="1.0" encoding="ISO-8859-1"?>
           <!DOCTYPE test [
            <!ELEMENT test (text)+>
             <!ELEMENT text (#PCDATA)>
           ]>
          <test>
          <text>XML: Parsen von Dokumenten</text>
          </test>';
 if(!$dom = @domxml_open_mem($xmlstr, DOMXML_LOAD_VALIDATING,
$error)) {
  print ("Fehler beim Parsen");
 }
 if ($error) {
  $nr=count($error);
  for ($a=0;$a<$nr;$a++) {
   $err=$error[0];
   print ("<br>Fehler: ".$err[errormessage]);
   print ("<br>Knoten: ".$err[nodename]);
   print ("<br>Zeile: ".$err[line]);
   print ("<br>Spalte: ".$err[col]);
   print ("<br>Verzeichnis: ".$err[directory]);
   print ("<br>Datei: ".$err[file]);
  }
 exit();
}
?>
```

4.8 Die XML-Datei im Browser anzeigen

Oftmals ist es wünschenswert, eine schnelle Anzeige der geparsten Datei im Browser zu erhalten. Es lassen sich Fehler leicht überprüfen. PHP 4.x stellt dazu drei Methoden der Klasse `DomDocument` bereit:

- `html_dump_mem()`
- `dump_mem()`
- `dumpmem()`

Die Methode `html_dump_mem()` gibt den Inhalt der geparsten Datei direkt als HTML im Browser aus:

```
print ($dom->html_dump_mem());
print ($dom->dump_mem(true,"iso-8859-15"));
```

In der Alternativfunktion `dump_mem()` kann man über den ersten Parameter angeben, ob die XML-Datei formatiert ausgegeben werden soll (`true`) und was der Basiszeichensatz sein soll. Die Methode `dumpmem()` hat die gleich Funktionalität wie `dump_mem()`.

Möchten Sie lieber mit Funktionen arbeiten, so stehen Ihnen die erwähnten Methoden auch als Funktionen zur Verfügung:

- `domxml_html_dump_mem()`
- `domxml_dump_mem()`
- `domxml_dumpmem`

Der Aufruf der Funktionen erfolgt etwas anders:

```
print (domxml_html_dump_mem($dom));
print (domxml_dump_mem($dom,true,"iso-8859-15"));
```

`domxml_html_dump_mem()` hat als Übergabeparameter `$dom`, d.h. das Objekt der Klasse `DomDocument`. `domxml_dump_mem()` hat dieses Objekt ebenfalls als ersten Übergabeparameter, danach folgen die bekannten Parameter, die auch in `dump_mem()` verwendet werden. Die dritte Funktion `domxml_dumpmem()` ist mit `domxml_dump_mem()` gleichwertig.

Wollen Sie statt der gesamten XML-Datei nur einen bestimmten Knoten ausgeben, ist die Methode `dump_node()` der Klasse `DomNode` nützlich. Diese Methode gibt einen Knoten als String zurück, der dann ausgegeben werden kann:

```
<?php
 if(!$dom = domxml_open_file(dirname(__FILE__)."/
buchliste.xml", DOMXML_LOAD_DONT_KEEP_BLANKS)) {
   exit ("Fehler beim Parsen");
 }
 $root=$dom->document_element();
 $child=$root->first_child();
 print ($dom->dump_node($child));
?>
```

Der String, den `dump_node()` zurück gibt, enthält das gesamte erste Child inklusive der einzelnen XML-Elemente und deren Inhalt.

5 Auf die Inhalte von XML zugreifen in PHP 4.x

Dieses Kapitel befasst sich mit dem Zugriff auf die Inhalte einer geparsten XML-Datei oder eines geparsten XML-Dokuments. Dazu werden DOM-Klassen und deren Methoden eingesetzt.

5.1 Zugriff auf die Inhalte der XML-Datei: Die Klasse DomNode

Die Klasse `DomNode` wurde schon mehrfach erwähnt. Sie ist neben `DomDocument` die wichtigste Klasse. Jedes XML-Element in einer XML-Datei kann ein Knoten und damit ein Objekt der Klasse `DomNode` sein. Das Wurzelelement kann ein Knoten sein, und fast immer handelt es sich bei dem Wurzelelement auch um einen Knoten, da es über untergeordnete Elemente verfügt. Ein untergeordnetes Element kann wiederum ein Knoten sein, das wiederum über untergeordnete Tags verfügt. Die Klasse `DomNode` verfügt über Methoden, die die einzelnen Inhalte der Knoten auslesen oder auch verändern können.

5.1.1 Das Wurzelelement ermitteln

Die Klasse `DomDocument` stellt gleich drei Methoden bereit, um das Wurzelelement einer XML-Datei zu ermitteln:

- `document_element()`
- `root()`
- `get_root()`

Die erste Methode `document_element()` ist ein DOM-Standard und ab PHP 4.2.1 verfügbar, während die anderen beiden Methoden Eigenentwicklungen sind, aber dafür schon ab PHP 4.0.0 funktionieren. In dem Beispiel der Datei `buch.xml` ist das Wurzelelement `buchliste`, das sich als Objekt in der Variablen `$root` befindet:

```
<?php
 if(!$dom = domxml_open_file (dirname(__FILE__)."/buch.xml")) {
  exit ("Fehler beim Parsen");
 }
 $root=$dom->document_element();
?>
```

Der Rückgabewert der Methode `document_element()` ist ein Objekt der Klasse `DomNode`. Das Wurzelelement enthält mit Sicherheit untergeordnete Elemente oder Knoten, sodass der Rückgabewert `DomNode` korrekt ist. Um die Inhalte des Wurzelelements auszulesen, z.B. Attribute, müssen die Methoden der Klasse `DomNode` eingesetzt werden.

Die Methoden `root()` bzw. `get_root()` können analog eingesetzt werden. Beide Methoden erwarten wie `document_element()` keinen Übergabeparameter.

Möchten Sie lieber Funktionen statt Klassen nund Methoden einsetzen, stehen die drei Methoden auch als Funktionen bereit:

- `domxml_doc_document_element()`
- `domxml_root`
- `domxml_doc_get_root()`

```
<?php
 if(!$dom = domxml_open_file (dirname(__FILE__)."/buch.xml")) {
  exit ("Fehler beim Parsen");
 }
 $root=domxml_doc_document_element($dom);
?>
```

Der Übergabewert an alle drei Funktionen ist jeweils gleich. Es ist das Objekt der Klasse `DomDocument`.

5.1.2 Informationen über einen Knoten

Die Klasse `DomNode` stellt gleich vier Methoden bereit, um Informationen über einen Knoten zu erhalten:

- `node_name()`
- `node_type()`
- `node_value()`
- `get_content()`

Die ersten drei Methoden sind ein DOM-Standard, während `get_content()` eine Eigenentwicklung ist. Die erste Methode `node_name()` ermittelt den Namen des Knotens. Handelt es sich um ein XML-Element, so gibt die Methode den Namen des Tags zurück. Bei den Informationen über das Wurzelelement gibt `node_name()` in diesem Fall den Namen des Wurzelelements zurück:

```
$root=$dom->document_element();
print ($root->node_name());
print ("<br>".$root->node_type());
print ("<br>".$root->node_value());
print ("<br>".$root->get_content());
```

Im Falle der Beispieldatei `buch.xml` ergibt sich eine Ausgabe, die Sie der Abbildung 5.1 entnehmen können.

> *Hinweis: Wie die in Abbildung 5.1 sichtbare falsche Darstellung von Umlauten vermieden werden kann, wird in Abschnitt 5.4 erklärt.*

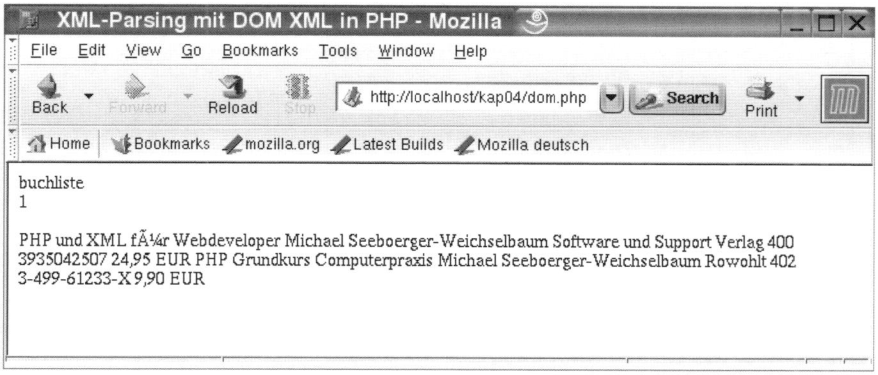

Abb. 5.1: Der Knotenname, der Knotentyp, der Knoteninhalt und der gesamte Inhalt des Wurzelelements

Der Name des Wurzelelements wird korrekt mit `buchliste` ausgegeben, der Knotentyp ist 1. Dies steht für einen Elementknoten und kann auch als Konstante `XML_ELEMENT_NODE` ausgedrückt werden. In der dritten Zeile erfolgt aber keine Ausgabe des Inhalts des Wurzelelements. Dies ist auch korrekt, denn der Inhalt des Wurzelelements sind ja wiederum Elemente bzw. weitere Knoten. Der Knoteninhalt über die Methode `node_value()` würde beispielsweise nur ausgegeben werden, wenn das Wurzelelement ein Textknoten wäre, d.h. der Inhalt des Wurzelelements wäre normaler Text. (Mit diesem sog. Kind – engl. child – befassen wir uns im nächsten Abschnitt.)

Beachten Sie, das der Name des Knotens nicht immer ausgegeben wird, sondern nur dann, wenn es sich bei dem Knoten um ein Element, eine DTD, eine Entität, eine Notation und eine Processing Instruction handelt. Bei einem Attributknoten (den Sie auch noch kennen lernen werden) wird der Wert des Attributs zurück gegeben. Bei allen anderen XML-Bestandteilen, z.B. bei einem Kommentar oder einem CDATA-Abschnitt, werden allgemeine Namen zurück gegeben. Bei einem Kommentar ist beispielsweise der Rückgabewert `#comment`, bei einem CDATA-Abschnitt ist dies `#cdata-section`.

Knoten	**Rückgabewert**	**Beschreibung**
Element	Name des Elements	
Attribut	Wert des Attributs	
DTD	Name der DTD	
Entität	Name der Entität	
Notation	Name der Notation	
Processing Instruction	Ziel der Processing Instrcution	

Tabelle 5.1: Die Rückgabewerte von `node_name()`

Knoten	Rückgabewert	Beschreibung
CDATA	#cdata-section	Der Knoten enthält einen CDATA-Abschnitt.
Kommentar	#comment	Der Knoten enthält einen Kommentar.
Dokument	#document	Der Knoten ist ein Dokument.
Text	#text	Der Knoten enthält einen Textabschnitt.

Tabelle 5.1: Die Rückgabewerte von `node_name()`

`node_type()` gibt den Knotentyp zurück, wobei der Rückgabewert ein Integer ist, der über einen vordefinierten Konstantennamen abgedeckt wird. Der Knotentyp `Element` ist natürlich der bekannteste und wird in PHP als `XML_ELEMENT_NODE` bezeichnet. Aber auch ein XML-Attribut kann ein Knoten sein (ein so genannter Attributknoten: `XML_ATTRIBUTE_NODE`), oder ein Kommentar (so genannter Kommentarknoten: `XML_COMMENT_NODE`). Die Tabelle 5.2 enthält die vordefinierten Konstanten und deren Werte, die `node_type()` zurück geben kann.

Wert	Knotentyp	Beschreibung
1	`XML_ELEMENT_NODE`	Der Knoten ist ein Element.
2	`XML_ATTRIBUTE_NODE`	Der Knoten enthält ein oder mehrere Attribute.
3	`XML_TEXT_NODE`	Der Knoten enthält Text.
4	`XML_CDATA_SECTION_NODE`	Der Knoten ist ein CDATA-Abschnitt.
5	`XML_ENTITY_REF_NODE`	Der Knoten ist eine Referenz auf ein Entity.
6	`XML_ENTITY_NODE`	Der Knoten definiert ein Entity.
7	`XML_PI_NODE`	Der Knoten ist eine Processing Instruction, die sich innerhalb von `<?` und `?>` befindet.
8	`XML_COMMENT_NODE`	Der Knoten ist ein Kommentar, der durch `<!--` und `-->` umschlossen ist.
9	`XML_DOCUMENT_NODE`	Der Knoten ist das Dokument selbst.
10	`XML_DOCUMENT_TYPE_NODE`	Der Knoten ist eine DTD.
11	`XML_DOCUMENT_FRAG_NODE`	Der Knoten ist ein XML-Fragment.
12	`XML_NOTATION_NODE`	Der Knoten ist eine Notation, d.h. ein `<!NOTATION>`-Tag einer DTD.

Tabelle 5.2: Die vordefinierten Konstanten als Rückgabewert von `node_type()`

`node_value()` gibt schließlich den Inhalt des Knotens zurück, aber nur, wenn es sich um eine Textknoten handelt. Sollte es sich um einen anderen Knotentyp handeln (z.B. ein Element), gibt die Methode `null` zurück.

Die vierte erwähnte Methode ist `get_content()`. Diese ist sinnvoll, um sich schnell den Inhalt eines Elements ausgeben zu lassen. `get_content()` gibt den gesamten Inhalt eines Knotens als String aus. Dabei werden die XML-Elemente nicht mit ausgegeben, sondern nur deren Textinhalte.

5.1.3 Die Kinder

Besitzt ein XML-Element untergeordnete Elemente, handelt es sich um einen Knoten. Die untergeordneten Elemente werden als Kinder bezeichnet. Sie sind die Kinder des Elternteils, d.h. des übergeordneten Elements. Diese Kinder sind natürlich auch zugänglich.

In dem Beispiel *buch.xml* besitzt das Wurzelelement *buchliste* das untergeordnete Element `buch`. Damit ist `buch` ein Kind von `buchliste`. `buch` selbst ist wieder ein Knoten, der über über sechs Kinder verfügt: `titel`, `autor`, `verlag`, `seitenzahl`, `isbn` und `preis`. Dieser Abschnitt befasst sich damit, wie die Kinder zugänglich sind und ausgelesen werden können. Dieses Beispiel wird zunächst etwas reduziert:

```
<?xml version="1.0" encoding="ISO-8859-1"?>
<buchliste>
 PHP und XML für Web Developer
</buchliste>
```

Hier besitzt das Wurzelelement normalen Text als Inhalt. Der konkrete Text ist `PHP und XML für Web Developer`. Dieser Text ist selbst wieder ein Knoten, nämlich ein so genannter Textknoten. Der Knotentyp ist `XML_TEXT_NODE`. Der Text ist dem Wurzelelement untergeordnet. Damit ist der Text ein Kind des Wurzelelements.

Das erste und das letzte Kind

In dem Beispiel hatte das Wurzelelement nur ein Kind, nämlich den konkreten Text. Um den Textinhalt auslesen zu können, müssen wir die Methode `first_child()` einsetzen. Damit gehen wir zum ersten Kind des Knotens:

```
<?php
 if(!$dom=domxml_open_file(dirname(__FILE__)."/buchliste2.xml")) {
  exit ("Fehler beim Parsen");
 }
 $root=$dom->document_element();
 $child=$root->first_child();
 print ("<br>Name: ".$child->node_name());
 print ("<br>Typ: ".$child->node_type());
 print ("<br>node_value(): ".$child->node_value());
 print ("<br>get_content(): ".$child->get_content());
?>
```

Die Ausgabe im Browser ergibt ein interessantes Ergebnis (siehe Abbildung 5.2).

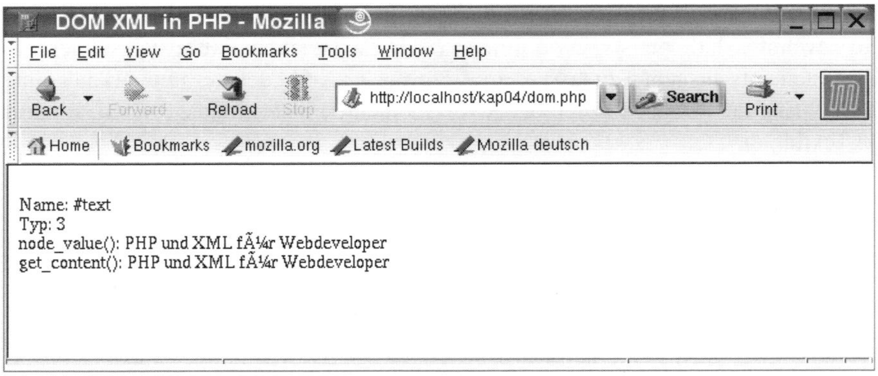

Abb. 5.2: Der Knotenname, der Knotentyp und der Inhalt

> *Hinweis: Wie die in Abbildung 5.2 sichtbare falsche Darstellung von Umlauten vermieden werden kann, wird in Abschnitt 5.4 erklärt.*

Der Name des Knotens ist `#text`. Dies ist korrekt, da der Textknoten ja keinen eigenen Namen besitzt. Daher wird der standardisierte Name ausgegeben (siehe Tabelle 5.2). Der Knotentyp ist 3, also `XML_TEXT_NODE`. Der Inhalt des Knotens ist der konkrete Text. `node_value()` und `get_content()` liefern hier beide das gleiche Ergebnis.

Der Rückgabewert der Methode `first_child()` ist wiederum ein Objekt der Klasse `DomNode`. Auf dieses Objekt können die Methoden der Klasse `DomNode` eingesetzt werden. Die alternative Methode `last_child()` ermittelt nicht das erste Kind eines Knotens, sondern das letzte Kind. In diesem Beispiel sind das erste und das letzte Kind identisch, da das Wurzelelement nur ein Kind besitzt. In späteren Beispielen ist es aber sehr sinnvoll, auch `last_child()` einsetzen zu können. Die Methode `last_child()` gibt wie `first_child()` ein Objekt der Klasse `DomNode` zurück.

> *Hinweis: Für die PHP-Versionen 4.0 bis 4.0.6 kann statt der Methode `last_child()` kann auch die Methode `lastchild()` verwendet werden. Sie ist nach PHP 4.0.6 nicht mehr enthalten.*

Mehrere Kinder

Bei diesem Beispiel ist die Ausgabe noch einfach, aber wie sieht das jetzt mit der Datei *buch.xml* aus? Das Wurzelelement verfügt über zwei Kinder, die wiederum über Kinder verfügen. Die Klasse `DomNode` besitzt eine Reihe von Methoden, die die Kinder ermitteln können. Es sind diese Methoden:

- `child_nodes()`
- `children()`
- `first_child()`
- `last_child()`
- `lastchild()`

Die Methoden child_nodes(), first_child() und last_child() sind DOM-Methoden ab PHP 4.1.0, während children() ab PHP 4.0.0 enthalten ist. Der Aufruf von child_nodes() und children() ist identisch.

Um erst einmal sämtliche Kinder zu ermitteln, sollte die Methode child_nodes() eingesetzt werden. Die Methode liefert sämtliche Kinder zurück. Der Rückgabewert ist ein Array. In diesem Array befindet sich in jedem einzelnen Array-Element ein Kind, d.h. ein Objekt der Klasse DomNode:

```
<?php
 if(!$dom=domxml_open_file(dirname(__FILE__)."/
buchliste.xml")) {
  exit ("Fehler beim Parsen");
}
 $root=$dom->document_element();
 $childnodes=$root->child_nodes();
 $nr=count($childnodes);
 for ($a=0; $a<$nr;$a++) {
  $child=$childnodes[$a];
  print ("<br>Child-Nummer: ".$a);
  print ("<br>Name: ".$child->node_name());
  print ("<br>Typ: ".$child->node_type());
  print ("<br>node_value(): ".$child-
>node_value()."<br><br>");
 }
?>
```

Um sämtliche Kinder ermitteln zu können, muss eine for-Schleife durchlaufen werden. Sie wird solange durchlaufen, bis die Anzahl der Array-Elemente erreicht ist. Anschließend wird für jedes Kind der Name, der Knotentyp und der Inhalt ausgegeben. Führen Sie diesen Code im Browser aus, ergibt sich ein interessantes Ergebnis (siehe Abbildung 5.3).

Der Code gibt jetzt fünf Kinder aus. Wie kann das sein, da die Datei *buch.xml* nur über zwei buch-Elemente unterhalb von buchliste verfügt? Das erste Kind ist ein Textknoten. Auch dies scheint nicht korrekt zu sein, da das erste Kind ja ein buch-Element ist. Der Grund liegt in den Zeilenumbrüchen bzw. Leerzeichen zwischen den Tags <buchliste> und <buch>, sowie zwischen </buch> und </buch>, sowie zwischen </buch> und </buchliste>. Diese Zeilenumbrüche bzw. Leerzeichen werden vom Parser als Knoten behandelt und daher ergibt sich auch für das erste Kind diese Ausgabe:

```
Child-Nummer: 0
Name: #text
Typ: 3
node_value():
```

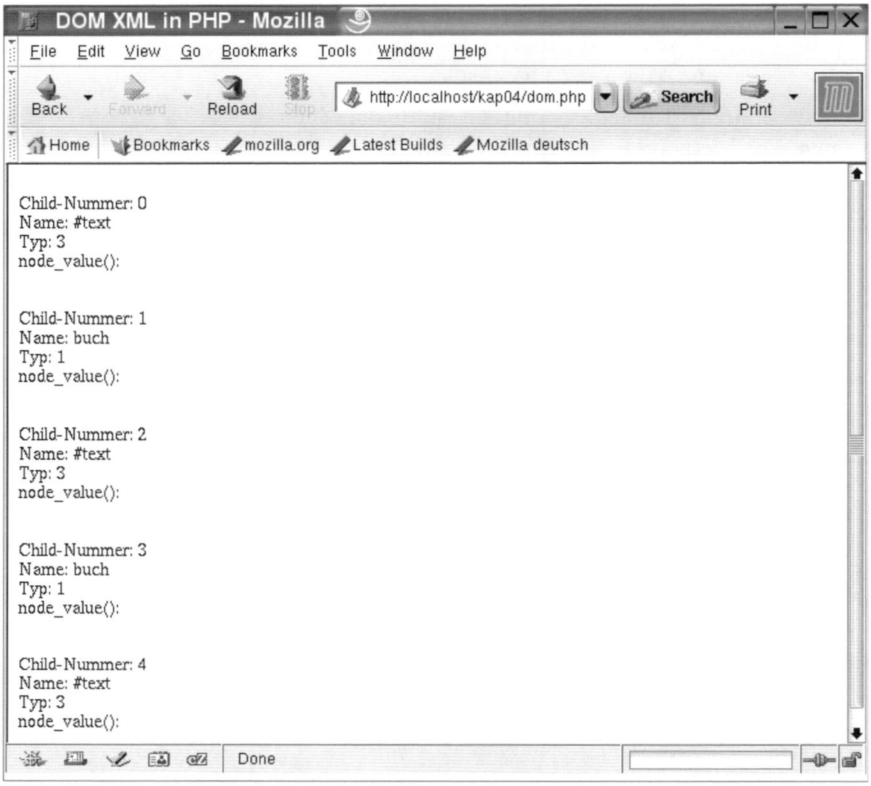

Abb. 5.3: Die Ausgabe aller Kinder im Browser

Der Zeilenumbruch wird als Knoten ansehen, daher ist die Ausgabe mit dem Knotennamen `#text` und dem Knotentyp 3 korrekt. Das erste Kind sollte jedoch das erste `<buch>`-Tag sein und nicht ein Zeilenumbruch. Dies kann natürlich behoben werden. Es stehen diese Alternativen zur Verfügung:

1. XML-Datei modifizieren und Zeilenümbrüche entfernen.
2. PHP-Code modifizieren, indem auf den Knotentyp geprüft wird.
3. PHP-Code modifizieren: Zeilenumbrüche und Leerzeichen ignorieren.

Die erste Möglichkeit ist die einfachste, wird aber schnell unübersichtlich. Es müssen sämtliche Zeilenumbrüche entfernt werden:

```
<?xml version="1.0" encoding="ISO-8859-1"?>
<buchliste><buch><titel>PHP und XML für Web Developer</titel>
<autor>Michael Seeboerger-Weichselbaum</autor><verlag>Software und
Support Verlag</verlag><seitenzahl>400</seitenzahl>
<isbn>3935042507</isbn><preis>24,95 EUR</preis></buch>
<buch><titel>PHP Grundkurs Computerpraxis</titel><autor>Michael
```

```
Seeboerger-Weichselbaum</autor><verlag>Rowohlt</verlag>
<seitenzahl>402</seitenzahl><isbn>3-499-61233-X</isbn>
<preis>9,90 EUR</preis></buch></buchliste>
```

Hier sind erst einmal die Zeilenumbrüche zwischen `<buchliste>` und `<buch>`, sowie zwischen `</buch>` und `</buch>` und abschließend zwischen `</buch>` und `</buchliste>` entfernt. Führen Sie den obigen PHP-Code jetzt aus, ergibt sich eine korrekte Anzeige, die man zuerst auch erwartet hatte.

Jedoch ist diese Nachbearbeitung des XML-Codes nicht sehr schön. Denn die XML-Datei wird dadurch unübersichtlich, insbesondere dann, wenn der XML-Code immer größer wird. Statt dessen sollte der PHP-Code dahingehend modifiziert werden, dass geprüft wird, ob der Knoten vom Typ `XML_ELEMENT_NODE` ist:

```
for ($a=0; $a<$nr;$a++) {
 $child=$childnodes[$a];
 if ($child->node_type()==XML_ELEMENT_NODE) {
  print ("<br>Child-Nummer: ".$a);
  print ("<br>Name: ".$child->node_name());
  print ("<br>Typ: ".$child->node_type());
  print ("<br>node_value(): ".$child->node_value()."<br><br>");
 }
}
```

Die dritte Möglichkeit, die ebenfalls eine korrekte Ausgabe im Browser erzeugt, besteht darin, den Parser anzuweisen, die Zeilenumbrüche zu ignorieren. Dies geschieht wie bei der Fehlerauswertung über eine weitere Option, die in `domxml_open_file()` bzw. `xmldocfile()` eingesetzt werden kann: `DOMXML_LOAD_DONT_KEEP_BLANKS`. Dadurch überspringt der Parser die Zeilenumbrüche und sieht sie auch nicht als Textknoten an. Es ist auch nicht notwendig, auf den Knotentyp zu prüfen, wie in dem letzten Beispiel:

```
<?php
 if(!$dom = domxml_open_file(dirname(__FILE__)."/buchliste.xml",
  DOMXML_LOAD_DONT_KEEP_BLANKS)) {
  exit ("Fehler beim Parsen");
 }
 $root=$dom->document_element();
 $childnodes=$root->child_nodes();
 $nr=count($childnodes);
 for ($a=0; $a<$nr;$a++) {
  $child=$childnodes[$a];
  print ("<br>Child-Nummer: ".$a);
  print ("<br>Name: ".$child->node_name());
  print ("<br>Typ: ".$child->node_type());
  print ("<br>node_value(): ".$child->node_value()."<br><br>");
 }
?>
```

Die Ausgabe im Browser ergibt jetzt das gewünschte Ergebnis, ohne dass eine Knotentyp-Prüfung durchgeführt und ein Textknoten übersprungen werden muss.

> *Hinweis: Wenn Sie eine XML-Datei neu schreiben (siehe Kapitel 6 und Kapitel 8) können Sie die Zeilenumbrüche und Leerzeichen gleich direkt beim Schreiben aus der XML-Datei entfernen. Es kann auch eine formatierte Ausgabe mit Zeilenumbrüchen erfolgen. Sie können dies schon beim Speichern einer XML-Datei über die Methoden `dump_file()` oder `dump_mem_file()` der Klasse `DomDocument` oder über die Funktion `domxml_dump_mem_file()` angeben.*

Die Kinder der Kinder

Die Beispieldatei *buch.xml* besitzt innerhalb der Knoten `<buch>` auch wieder Kinder. Diese sind in der Ausgabe im Browser bisher nicht berücksichtigt worden. Um diese zu ermitteln, muss auf jeden `buch`-Knoten wiederum die Methode `child_nodes()` eingesetzt werden.

```
<?php
 if(!$dom=domxml_open_file(dirname(__FILE__)."/buchliste.xml")) {
  exit ("Fehler beim Parsen");
 }
 $root=$dom->document_element();
 $childnodes=$root->child_nodes();
 $nr=count($childnodes);
 for ($a=0; $a<$nr;$a++) {
  $child=$childnodes[$a];
  if ($child->node_type()==XML_ELEMENT_NODE) {
   $children_buch=$child->child_nodes();
   $nr_child=count($children_buch);
   for ($b=0; $b<$nr_child;$b++) {
    $morechildren=$children_buch[$b];
    if ($morechildren->node_type()==XML_ELEMENT_NODE) {
     print ("<br>Child-Nummer unterhalb von buch: ".$b);
     print ("<br>Name: ".$morechildren->node_name());
     $text=$morechildren->first_child();
     print ("<br>Inhalt: ".$text->node_value()."<br><br>");
    }
   }
  }
 }
?>
```

Zuerst werden die Kinder des Wurzelelements ermittelt und in einer `for`-Schleife durchlaufen. Jedes Kind wird überprüft, ob es vom Knotentyp `XML_ELEMENT_NODE` ist. Sollte dies der Fall sein, werden die Kinder dieses Knotens ermittelt:

```
$children_buch=$child->child_nodes();
$nr_child=count($children_buch);
```

Damit liegt in $children_buch ein Array vor, das die einzelnen Kinder des ersten und zweiten buch-Elements enthalten. Um die Inhalte dieser Array-Elemente auszugeben, wird wieder eine neue for-Schleife durchlaufen. In dieser zweiten for-Schleife wird geprüft, ob das Objekt in dem Array-Element vom Knotentyp XML_ELEMENT_NODE ist. Ist dies der Fall, können der Name des Elements und dessen Inhalt ausgegeben werden:

```
$text=$morechildren->first_child();
print ("<br>Inhalt: ".$text->node_value()."<br><br>");
```

Um den Inhalt eines Elements (z.B. des <titel>-Tags) auszugeben, muss das erste Kind dieses Elements ermittelt werden. Dies liegt ja daran, dass <titel> selbst ein Knoten ist (auch wenn dieser nur normalen Text enthält). Daher kommt die Methode first_child() zum Einsatz. Über node_value() erfolgt dann die Ermittlung des eigentlichen Textes.

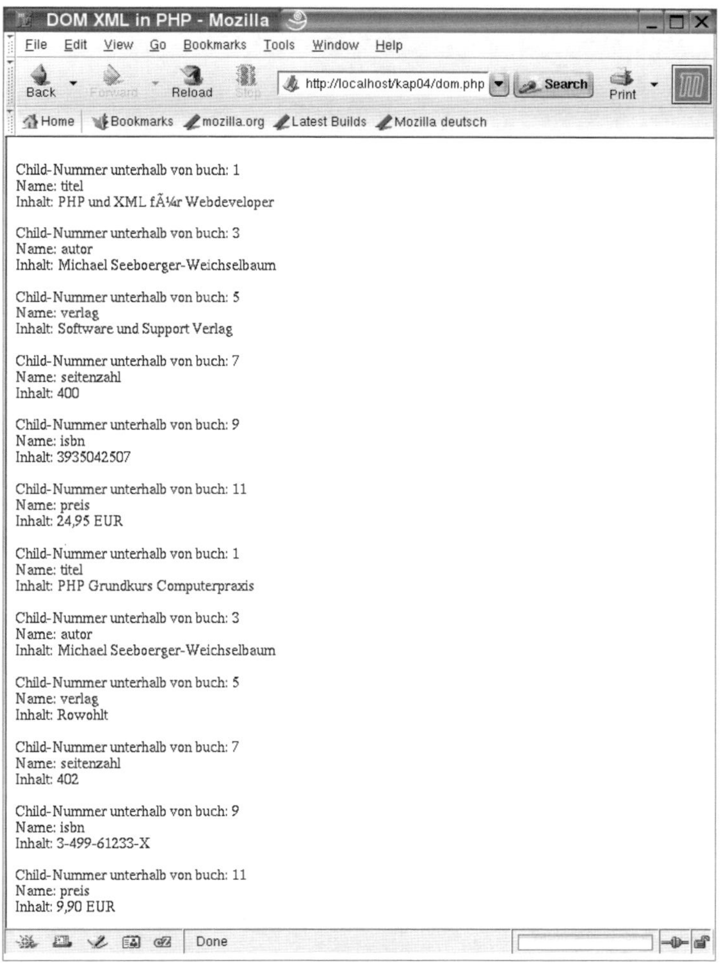

Abb. 5.4: Die Ausgabe der Kinder

5.2 Durch den Dokumentenbaum gehen

Über die Methoden `first_child()` und `last_child()` sind das erste und das letzte Child eines Knotens bekannt. Was ist aber mit den Kindern, die zwischen dem ersten und dem letzten liegen? Auch diese Kinder können gezielt angesprochen werden. DOM und PHP kennt dazu zwei Methoden der Klasse `DomNode`:

- `next_sibling()`
- `previous_sibling()`

Die Methode `next_sibling()` springt von einem Kind zum nächsten nachfolgenden Kind. `previous_sibling()` springt von einem Kind zum vorhergehenden Kind. Dadurch können in einer Schleife sämtliche Kinder durchlaufen und beispielsweise ausgegeben werden.

```
<?php
 if(!$dom = domxml_open_file(dirname(__FILE__)."/buchliste.xml",
  DOMXML_LOAD_DONT_KEEP_BLANKS)) {
  exit ("Fehler beim Parsen");
 }
 $a=0;
 $root=$dom->document_element();
 $child=$root->first_child();
 while ($child=$child->next_sibling()) {
  $titel=$child->first_child();
  $txt=$titel->first_child();
  print ("<br>Child-Nummer: ".$a++);
  print ("<br>Name: ".$child->node_name());
  print ("<br>node_value(): ".$txt->node_value()."<br><br>");
 }
?>
```

Die Ausgabe im Browser ergibt jedoch statt vier `buch`-Knoten nur drei `buch`-Knoten (siehe Abbildung 5.5).

Der erste `buch`-Knoten fehlt in der Ausgabe. Dies liegt daran, dass über

```
$child=$root->first_child();
```

zum ersten Kind unterhalb des Wurzelelements, d.h. zum ersten `buch`-Knoten, gegangen wird. Anschließend wird eine `while`-Schleife durchlaufen. Die Schleife wird solange durchlaufen, wie die Methode `next_sibling()` ein Objekt zurück liefert. Innerhalb der `while`-Schleife wird das erste Kind (`titel`) ermittelt und der Inhalt des Textknotens in `<titel>`. Um auch den ersten `buch`-Knoten auszugeben, müsste vor der `while`-Schleife explizit auf den ersten `buch`-Knoten zugegriffen werden:

```
$child=$root->first_child();
$titel=$child->first_child();
$txt=$titel->first_child();
print ("<br>Child-Nummer: ".$a++);
```

```
print ("<br>Name: ".$child->node_name());
print ("<br>node_value(): ".$txt->node_value()."<br><br>");
while ($child=$child->next_sibling()) {
  // Weiterer Code bleibt unverändert
```

Das umgekehrte Durchlaufen der Kinder unterhalb des Wurzelelements, d.h. vom letzten Kind bis zum ersten Kind, ist natürlich auch möglich. Dazu muss statt `first_child()` die Methode `last_child()` verwendet werden. Gleichzeitig ist die Laufbedingung in der `while`-Schleife anders. Hier muss dann die Methode `previous_sibling()` eingesetzt werden:

```
$child=$root->last_child();
while ($child=$child->previous_sibling()) {
```

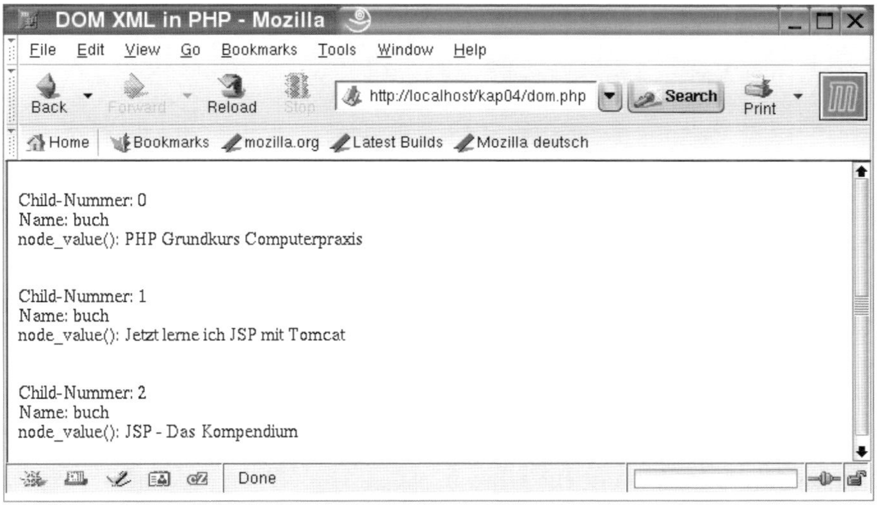

Abb. 5.5: Das erste Kind wird nicht mit ausgegeben

5.3 XML-Elemente gezielt ansprechen

DOM definiert zwei Methoden, über die man sehr genau ein oder mehrere XML-Elemente ansprechen kann. Mit Hilfe der Kinder kann man zwar den gesamten Dokumentenbaum durchlaufen, wenn man aber ein bestimmtes Element sucht, ist dies eine langwierige Prozedur. Will man beispielsweise nur die Inhalte aller `<titel>`-Tags auslesen, ist das Durchlaufen des Dokumentenbaums über die Kinder möglich, kann aber in eine sehr große Tiefe gehen.

Einfacher dagegen geht es mit zwei DOM-Methoden, die auch in PHP in der Klasse `DomDocument` enthalten sind:

- `get_elements_by_tagname()`
- `get_element_by_id()`

Beide Methoden unterscheiden sich im Einsatz, sind aber sehr effizient. Die Methode get_element_by_tagname() ermittelt sämtliche Elemente, die den angegebenen Tag-Namen tragen.

```
<?php
 if(!$dom=domxml_open_file(dirname(__FILE__)."/buchliste.xml")) {
  exit ("Fehler beim Parsen");
 }
 $tags=$dom->get_elements_by_tagname("buch");
 $nr=count($tags);
 print ("Anzahl der Bücher: ".$nr."<br><br>");
 for ($a=0; $a<$nr;$a++) {
  $childnodes=$tags[$a]->child_nodes();
  $anz=count($childnodes);
  for ($b=0; $b<$anz;$b++) {
   $child=$childnodes[$b];
   if ($child->node_type()==XML_ELEMENT_NODE) {
    print ("<br>".$child->node_name().": ");
    $txt=$child->first_child();
    print ($txt->node_value());
   }
  }
 }
?>
```

Die Methode get_elements_by_tagname() ermittelt sämtliche Elemente, die den übergebenen Namen tragen, in dem diesem Fall sämtliche buch-Elemente:

```
$tags=$dom->get_elements_by_tagname("buch");
```

Der Rückgabewert der Methode ist ein Array. In jedem Array-Element befindet sich jetzt ein buch-Element. Um alle diese Elemente auszulesen, muss in einer for-Schleife der Inhalt des Arrays durchlaufen werden. Jedes Array-Element enthält ein gefundenes buch-Elemente inklusive der untergeordneten Elemente, d.h. titel-Element, isbn-Element usw. Um die Inhalte auszulesen, muss nur die Methode child_nodes() verwendet werden. Wie bekannt werden dann die untergeordneten Knoten ermittelt und der Inhalt der Knoten ausgelesen.

Statt get_elements_by_tagname() kann auch die Methode get_element_by_id() der Klasse DomDocument eingesetzt werden. Diese unterscheidet sich von get_elements_by_tagname() darin, dass sie ein bestimmtes Element an Hand des id-Attributs anspricht. Daher gibt die Methode kein Array zurück. Der Rückgabewert ist ein Objekt der Klasse DomNode. Dazu ist es jedoch erforderlich, dass das Tag über ein id-Attribut verfügen muss. Der Wert des id-Attributs wird dann an get_element_by_id() übergeben.

get_element_by_id() kann jetzt auch mit dem Beispiel buch.xml eingesetzt werden. Dazu muss jedes buch-Element über das Attribut id verfügen:

```
<?xml version="1.0" encoding="ISO-8859-1"?>
<!DOCTYPE buchliste SYSTEM "buchliste.dtd">
<buchliste>
 <buch id="b101">
  <titel>PHP und XML für Web Developer</titel>
  <autor>Michael Seeboerger-Weichselbaum</autor>
  <verlag>Software und Support Verlag</verlag>
  <seitenzahl>400</seitenzahl
  <isbn>3935042507</isbn
  <preis>24,95 EUR</preis
 </buch>
 <buch id="b102">
  <titel>PHP Grundkurs Computerpraxis</titel>
  <autor>Michael Seeboerger-Weichselbaum</autor>
  <verlag>Rowohlt</verlag>
  <seitenzahl>402</seitenzahl>
  <isbn>3-499-61233-X</isbn>
  <preis>9,90 EUR</preis>
 </buch>
</buchliste>
```

Um jetzt ein spezielles Element zu ermitteln, muss in `get_element_by_id()` nur der `id`-Wert angegeben werden:

```
<?php
 if(!$dom = domxml_open_file(dirname(__FILE__)."/buchliste.xml",
  DOMXML_LOAD_VALIDATING)) {
  exit ("Fehler beim Parsen");
 }
 $tag=$dom->get_element_by_id("102");
 $childnodes=$tag->child_nodes();
 $anz=count($childnodes);
 for ($b=0; $b<$anz;$b++) {
  $child=$childnodes[$b];
  if ($child->node_type()==XML_ELEMENT_NODE) {
   print ("<br>".$child->node_name().": ");
   $txt=$child->first_child();
   print ($txt->node_value());
  }
 }
?>
```

Bei der Verwendung von `get_element_by_id()` sind jedoch zwei Aspekte zu berücksichtigen. Erstens funktioniert `get_element_by_id()` in PHP 4.x nur dann, wenn die XML-Datei über eine DTD verfügt, in der das Attribut `id` zu dem Element definiert ist. Die DTD für die obige XML-Datei sieht so aus:

```
<!ELEMENT buchliste (buch)+>
 <!ELEMENT buch (titel, autor, verlag, seitenzahl, isbn, preis)>
  <!ELEMENT titel (#PCDATA)>
  <!ELEMENT autor (#PCDATA)>
  <!ELEMENT verlag (#PCDATA)>
  <!ELEMENT seitenzahl (#PCDATA)>
  <!ELEMENT isbn (#PCDATA)>
  <!ELEMENT preis (#PCDATA)>
  <!ATTLIST buch id ID #REQUIRED>
```

Hier wird am Ende der DTD das Attribut `id` zu dem `buch`-Element definiert. Das Attribut muss dazu vom Typ `ID` sein. Fehlt die DTD oder ist in der DTD das `id`-Attribut nicht definiert, meldet PHP einen Fehler. Dieses Verhalten ist korrekt, denn diese Voraussetzung ist vom W3-Konsortium im DOM-Standard vorgeschrieben.

Zweitens muss die Funktion `domxml_open_file()` mit dem weiteren Parameter `DOMXML_LOAD_VALIDATING` aufgerufen werden. Dies ist nötig, damit die XML-Datei beim Laden gegen die DTD validiert wird.

Möchten Sie ohne Methode und Klasse arbeiten, stehen die Methoden `get_elments_by_tagname()` und `get_element_by_id()` auch als Funktionen zur Verfügung:

- `domxml_doc_get_elements_by_tagname()`
- `domxml_doc_get_element_by_id()`

Die Aufrufe sind ähnlich wie bei den entsprechenden Methoden:

```
if(!$dom = domxml_open_file (dirname(__FILE__)."/buchliste.xml",
DOMXML_LOAD_VALIDATING)) {
  exit ("Fehler beim Parsen");
 }
 $tags=domxml_doc_get_elements_by_tagname($dom,"buch");
 $tag=domxml_doc_get_element_by_id($dom,"102");
```

Der erste Parameter von `domxml_doc_get_elements_by_tagname()` ist das Objekt der Klasse `DomDocument`, das das geparste DOM-Dokument enthält. Der zweite Übergabeparameter ist der Tag-Name. Bei der Funktion `domxml_doc_get_element_by_id()` ist der erste Parameter ebenfalls das Objekt von `DomDocument` und der zweite Parameter enthält den Wert des Attributs. Für die Funktion `domxml_doc_get_element_by_id()` gilt das gleiche wie für die Methode `get_element_by_id()`. Es muss einen DTD mit der Definition des `id`-Attributs vorhanden sein und das DOM-Dokument muss mit dem Parameter `DOMXML_LOAD_VALIDATING` aufgerufen werden.

> *Hinweis: Wenn Sie Namensräume in XML-Dateien verwenden, können Sie `get_elements_by_tagname()` für den Zugriff auf XML-Elemente mit Namensräumen nicht verwenden. Kapitel 6.13 beschäftigt sich näher mit den Namensräumen.*

5.4 Schwierigkeiten mit den Umlauten: UTF-8 und ISO-8859-1 in DOM XML

Wenn Sie auf eine XML-Datei oder ein XML-Dokument zugreifen, das innerhalb von Elementen deutsche Umlaute und Sonderzeichen enthält, werden Sie feststellen, dass die Ausgabe nicht unbedingt korrekt ist. Bei allen Beispielen in diesem Kapitel ist bisher dieses Problem aufgetreten, auch wenn in der XML-Datei das `encoding`-Attribut vorhanden und auf `iso-8859-1` gesetzt ist.

Der nachfolgende PHP-Code enthält ein einfaches XML-Dokument als String, das über mehrere deutsche Umlaute verfügt:

```
<?php
 $xmlstr='<?xml version="1.0" encoding="iso-8859-1"?>
         <test>
         <text>Änderungen gehen über unsere Köpfe hinweg </text>
         </test>';
 if(!$dom = domxml_open_mem($xmlstr)) {
  exit ("Fehler beim Parsen");
 }
 $tag=$dom->get_elements_by_tagname("text");
 $el=$tag[0]->first_child();
 print ($el->node_value());
?>
```

Die Ausgabe des `text`-Elements im Browser ergibt eine unschöne Darstellung der Umlaute (siehe Abbildung 5.6), obwohl im XML-Prolog das `encoding`-Attribut auf `iso-8859-1` gesetzt wurde.

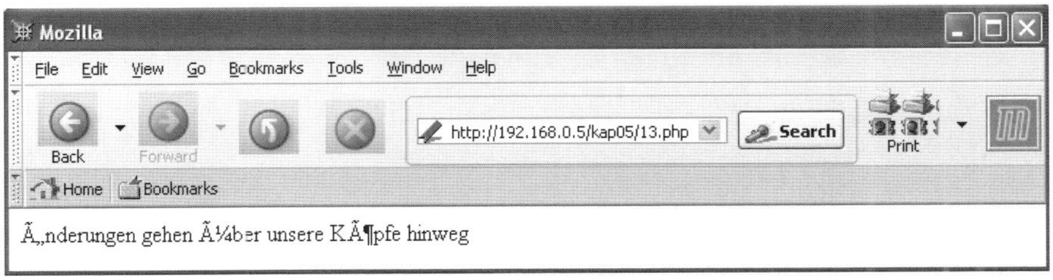

Abb. 5.6: Umlaute werden anders dargestellt

Der Grund für diese Darstellung liegt darin, dass der Zeichensatz des XML-Dokuments zwar `iso-8859-1` ist, der Parser aber die Zeichen intern beim Parsen nach UTF-8 konvertiert. Man kann zwar ein neues und leeres XML-Dokument über die Funktion `domxml_new_doc()` erstellen (mehr über diese Funktion im nachfolgenden Kapitel), jedoch nimmt DOM XML in PHP 4.x UTF-8 als Basis an. Es ist nicht möglich, im Rahmen dieser Funktion `iso-8859-1` anzugeben.

Um jetzt eine korrekte Darstellung vornehmen zu können, muss die UTF-8-Codierung wieder zurück nach ISO-8859-1 konvertiert werden. Dies wird mit Hilfe der Funktion `utf8_decode()` vorgenommen:

```
print (utf8_decode($el->node_value()));
```

Jetzt ergibt sich eine korrekte Darstellung im Browser (siehe Abbildung 5.7).

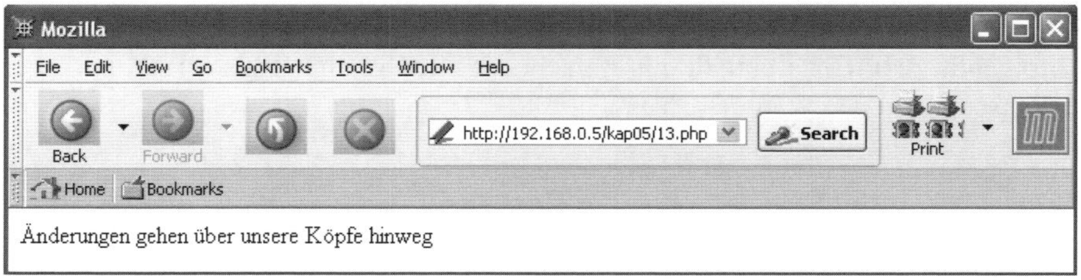

Abb. 5.7: Korrekte Ausgabe der Umlaute

Die Verwendung von `utf8_decode()` müssen Sie bei sämtlichen Ausgaben im Browser berücksichtigen. Entsprechend gibt es auch eine Funktion, die Umlaute und Sonderzeichen aus ISO-8859-1 in UTF-8 zu wandeln. Dies erfolgt über die Funktion `utf8_encode()`. Beim Erzeugen von neuen XML-Dateien und beim Einfügen von Inhalten wird diese Funktion wichtig.

6 DOM XML in PHP 4.x vertiefen

Nachdem Sie im letzten Kapitel die ersten Schritte mit XML-Dateien und deren Verarbeitung in PHP kennen gelernt haben, sollte jetzt die Möglichkeit näher diskutiert werden, wie XML-Dateien erstellt werden können. Diese Funktionalität ist in PHP ohne Probleme möglich. Dazu gehört natürlich nicht nur das Erstellen von leeren XML-Dateien, sondern auch das Erzeugen der einzelnen Elemente, Knoten, Namensräume und das Einhängen in den Dokumentenbaum.

Als Beispiel dient eine kleine Benutzerverwaltung. Die Datei *user.xml* enthält Benutzernamen und Passwörter. In diesem Abschnitt wird die Datei neu erzeugt, und es werden neue Benutzer als Knoten in den Dokumentenbaum eingehängt.

Auch für das Erstellen gilt Ähnliches wie für das Laden und Parsen von XML-Dateien: Viele der Methoden sind in PHP 5 komplett umgearbeitet. DOM XML in PHP 5 versucht DOM Level 3 Load and Save[1] umzusetzen, das die Methoden zum Laden und Speichern von XML-Dateien beschreibt. Daher ist für das Erstellen von XML-Dateien in PHP 5 ebenfalls ein eigenes Kapitel 9 vorgesehen. Bisher war das Laden und Speichern immer vom Parser abhängig. In PHP 4.x ist DOM Level 3 Load and Save nicht implementiert. In diesem Kapitel werden nur die Methoden und Funktionen aus PHP 4.x näher betrachtet.

6.1 Ein leeres XML-Dokument erstellen

Für das Erstellen einer neuen, leeren XML-Datei bietet PHP drei Funktionen an. Ein Erstellen eines leeren Dokuments über Methoden aus der Klasse z.B. `DomDocument` ist nicht möglich, sondern es muss eine dieser drei Funktionen eingesetzt werden:

- `domxml_new_doc()`
- `domxml_new_xmldoc()`
- `xmldoc()`

Die Funktion `domxml_new_doc()` ist die neueste Funktion (ab PHP 4.2.1), während die beiden anderen Funktionen ab 4.0.0 enthalten sind. Die Aufrufe sind identisch:

```
<?php
 $dom=domxml_new_doc("1.0");
?>
```

Die drei Funktionen erzeugen ein leeres XML-Dokument, das nur über einen einfachen XML-Prolog verfügt. In Klammern wird die Versionsnummer von XML angegeben. Derzeit muss das immer die Standardversion 1.0 sein. Der Rückgabewert der drei Funktionen ist ein Objekt von `DomDocument`, das jetzt einen leeren Dokumentenbaum enthält. Dem XML-Dokument fehlt noch ein Wurzelelement und weitere Knoten. Diese müssen einzeln in den Dokumentenbaum eingehängt werden (siehe Kapitel 6.4 bis 6.6).

1. *http://www.w3.org/TR/2004/REC-DOM-Level-3-LS-20040407/*

Ein XML-Prolog kann über die Attribute `encoding` und `standalone` verfügen. Diese können Sie derzeit mit PHP 4.x[1] nicht erzeugen. Dies ist ein wesentlicher Nachteil von PHP 4.x (und auch 5.0), denn dadurch ist der Basiszeichensatz eines erzeugten XML-Dokuments UTF-8. Umlaute und Sonderzeichen aus ISO-8859-1 können nicht verwendet werden, sondern müssen explizit über die Funktion `utf8_encode()` nach UTF-8 konvertiert werden. Entsprechend müssen umgekehrt UTF-8-Codierungen über `utf8_decode()` nach ISO-8859-1 gewandelt werden (siehe Kapitel 5.4).

6.2 Ein XML-Dokument speichern

Das XML-Dokument ist zwar noch leer, jedoch sollten Sie jetzt schon die Methode kennen, über die ein XML-Dokument gespeichert wird. Dies geschieht über die Methode `dump_file()` der Klasse `DomDocument`:

```
<?php
 $dom=domxml_new_doc("1.0");
 $dom->dump_file (dirname(__FILE__)."/user.xml");
 $dom->free();
?>
```

An die Methode `dump_file()` wird der Dateiname der XML-Datei übergeben. Die erzeugte Datei können Sie dann in jedem Text- oder XML-Editor laden. Für das Speichern gilt das Gleiche wie beim Laden mittels `domxml_open_file()` bzw. `xmldocfile()`: Geben Sie keinen Pfad sondern nur den Dateinamen an, wird die Datei unter Windows im Apache-Installationsverzeichnis abgelegt. Unter Linux und UNIX erfolgt die Speicherung der Datei in dem aktuellen Verzeichnis, in dem sich die PHP-Datei befindet. Daher ist es sinnvoll, über die `dirname()`-Funktion den kompletten Pfad zum aktuellen Verzeichnis zu ermitteln. Alternativ kann ein kompletter Pfad manuell angegeben werden (z.B. `dump_file ("e:/htdocs/user.xml")`). Dies kann jedoch bei einem Wechsel des Betriebssytems zu Schwierigkeiten mit fehlerhaften Pfadangaben führen. Daher ist die Funktion `dirname()` besser geeignet.

Wird das erzeugte XML-Dokument nicht mehr benötigt, sollte der Speicherbereich freigegeben werden. Dies ist erst ab PHP 4.3.2 über die Methode `free()` der Klasse `DomDocument` möglich.

> *Hinweis: Die Methode `dump_file()` ist kein DOM-Standard, sondern eine proprietäre Weiterentwicklung.*

Die Methode `dump_file()` kann noch mit zwei weiteren sinnvollen Parametern aufgerufen werden. Der zweite Parameter gibt an, ob mehrere Leerzeichen zusammengefasst werden sollen (`true`) oder nicht (`false`). Der dritte optionale Parameter gibt an, ob die XML-Datei formtiert werden soll (`true`) oder nicht (`false`). Wenn Sie den Parameter auf `false` setzen, werden alle XML-Elemente und deren Inhalte in einer Zeile nacheinander ange-

1. Redaktionsschluss des Buches: Ende Juli 2004

hängt. Dies kann durchaus sinnvoll sein, um die Zeilenumbrüche und Leerzeichen, die beim Laden und Parsen im DOM-Modus als Textknoten angesehen werden (siehe Kapitel 5.2) nicht mehr vorhanden sind. Andererseits ergibt sich eine etwas unschöne formatierte Ausgabe. Gerade bei umfangreicheren XML-Dateien geht hier schnell der Überblick verloren. Wird der dritte Parameter auf `true` gesetzt ergibt sich eine formatierte Ausgabe der Elemente und Knoten mit Zeilenumbrüchen:

```
$dom->dump_file(dirname(__FILE__)."/user.xml", false, true);
```

> *Hinweis: Statt `dump_file()` kann auch die Methode `dump_mem_file()` mit den gleichen Übergabeparamtern aufgerufen werden.*

Möchten Sie nicht mit Methoden arbeiten, steht `dump_file()` auch als Funktion `domxml_dump_mem_file()` bereit:

```
<?php
 $dom=domxml_new_doc("1.0");
 domxml_dump_mem_file($dom, dirname(__FILE__)."/user.xml", true,
true);
?>
```

Der zweite bis vierte Übergabeparameter ist mit denen in `dump_file()` identisch. Der erste Parameter ist das Objekt von `DomDocument`.

6.3 Das Wurzelelement erzeugen

Das erstellte XML-Dokument verfügt noch nicht über ein Wurzelelement, sondern nur über einen Prolog. Über zwei Methoden der Klasse `DomDocument` kann ein Wurzelelement erstellt werden:

- `add_root()`
- `set_root()`

Die Methode `set_root()` ist erst ab PHP 4.3.0 möglich, während `add_root()` seit 4.0.0 eingesetzt werden kann. In der konkreten Verwendung unterscheiden sich beide Methoden allerdings. An die Methode `add_root()` wird als String der Name des Elements angeben. PHP hängt das Wurzelelement in den (noch leeren) Dokumentenbaum ein:

```
<?php
 $dom=domxml_new_doc("1.0");
 $dom->add_root("users");
 $dom->dump_file(dirname(__FILE__)."/user.xml", true, true);
?>
```

Das Wurzelelement dürfte in der Regel ein Knoten sein, d.h. ein Element, das über untergeordnete Elemente oder Knoten verfügt. In diesem Beispiel ist das Wurzelelement noch leer. Die andere Methode `set_root()` erstellt das Wurzelelement etwas anders. `set_root()` sieht das Wurzelelement als Element bzw. Knoten an, der vorher erstellt und dann an `set_root()` übergeben werden muss:

```
<?php
 $dom=domxml_new_doc("1.0");
 $root=$dom->create_element("users");
 $dom->set_root($root);
 $dom->dump_file(dirname(__FILE__)."/user.xml", true, true);
?>
```

Die Methode `create_element()` der Klasse `DomDocument` ist der Schlüssel zum Erstellen eines neuen Elements. Dieses Element kann auch später ein Knoten werden, wenn ein Element unterhalb dieses Elemenets in den Dokumentenbaum eingehängt wird. An die Methode `create_element()` wird der Name des Elements übergeben. Der Rückgabewert der Methode ist ein Objekt der Klasse `DomElement`. Dieses Objekt repräsentiert ein Element, das noch kein Knoten ist. Das Objekt wird `an set_root()` übergeben und damit das Wurzelelement erzeugt.

> *Hinweis: Die beiden Methoden `add_root()` und `set_root()` sind kein DOM-Standard. Es ist möglich, ein Wurzelelement über die Methode `append_child()` einzuhängen. Siehe dazu Kapitel 6.4.*

Funktionen zum Erstellen des Wurzelelements

Es stehen in PHP auch Funktionen zum Erstellen des Wurzelelements zur Verfügung, die beide ähnlich wie `add_root()` und `set_root()` arbeiten:

- `domxml_add_root()`
- `domxml_doc_add_root()`
- `domxml_doc_set_root()`

Die Übergabeparameter von `domxml_add_root()` und `domxml_doc_add_root()` sind ähnlich wie `add_root()`, nur dass zusätzlich als erster Parameter das Objekt der Klasse `DomDocument` angegeben werden muss. Der Ablauf bei `domxml_doc_set_root()` ist ebenfalls ähnlich wie in `set_root()`, nur dass hier eine andere Funktion zum Erstellen eines Elements genutzt wird:

```
<?php
 $dom=domxml_new_doc("1.0");
 $node=domxml_node("users");
 domxml_doc_set_root($dom,$node);
 domxml_dump_mem_file($dom, dirname(__FILE__)."/user.xml", true,
 true);
?>
```

Zuerst muss ein Element erzeugt werden. Dazu gibt es keine eigene Element-Funktion, sondern nur die Funktion `domxml_node()`. Diese erzeugt einen Knoten, dessen Name als String angegeben wird. Anschließend wird über `domxml_doc_set_root()` das Wurzelelement gesetzt.

6.4 Ein neues XML-Element in den Dokumentenbaum einhängen

Was jetzt fehlt, ist ein Erzeugen des Knotens `user` und der einzelnen untergeordneten Knoten `name`, `passwort`, `email`, `datum` und `zeit`. Das Erzeugen des Knotens und der untergeordneten Knoten erfolgt im Prinzip ähnlich wie bei dem Wurzelelement über `create_element()`. Jedoch verfügt jedes Element wiederum über einen Inhalt, das ebenfalls erzeugt werden muss. Der Ablauf beim Einhängen eines neuen Elements bzw. Knotens ist immer gleich:

1. Ein leeres Element über `create_element()` der Klasse `DomDocument` erzeugen.
2. Das erzeugte Element über `append_child()` in den Dokumentenbaum einhängen.
3. Soll das Element über ein untergeordnetes Element verfügen, muss dieses wiederum über `create_element()` erzeugt und über `append_child()` eingehängt werden.

Als praktisches Beispiel sehen wir uns die Benutzerverwaltung an, in der ein Anwender sich selbst mit einem Benutzernamen und einem Passwort registrieren kann. Ein Eintrag unterhalb von `<usersliste>` könnte dann so aussehen:

```
<user>
 <name>seebi</name>
 <passwort>1234</passwort>
 <email>yyy@zzz.xx</email>
 <datum>31.08.2004</datum>
 <zeit>12:34:09</zeit>
</user>
```

Die Inhalt der Elemente `name`, `passwort`, `email`, `datum` und `zeit` ist normaler Text. Dies sind so genannte Textknoten, die im nachfolgenden Abschnitt besprochen werden. Zunächst werden die einzelnen Elemente erstellt und in den Dokumentenbaum eingehängt:

```
<?php
 $dom=domxml_new_doc("1.0");
 $root=$dom->create_element("userliste");
 $dom->set_root($root);
 $user=$dom->create_element("user");
 $root->append_child($user);
 $name=$dom->create_element("name");
 $user->append_child($name);
 $pw=$dom->create_element("passwort");
 $user->append_child($pw);
 $datum=$dom->create_element("datum");
 $user->append_child($datum);
 $zeit=$dom->create_element("zeit");
 $user->append_child($zeit);
 $dom->dump_file(dirname(__FILE__)."/user.xml", true, true);
?>
```

Das Element user muss unterhalb des Wurzelelements eingehängt werden. user ist ein Kind des Wurzelelements. Daher wird die Methode append_child() auf das Objekt $root angewandt und $user, das das neue user-Element enthält, übergeben:

```
$user=$dom->create_element("user");
$root->append_child($user);
```

Die weiteren Elemente name, passwort, mail, datum und zeit sind Kinder des user-Elements. Daher müssen Sie natürlich unterhalb von <user> eingehängt werden. Um dies zu erreichen, muss nach dem erzeugten Objekt die Methode append_child() auf $user angewendet werden:

```
$name=$dom->create_element("name");
$user->append_child($name);
```

Dieser Code produziert jetzt eine XML-Datei, die noch über leere Elemente verfügt:

```
<?xml version="1.0"?>
<userliste>
  <user>
    <name/>
    <passwort/>
    <datum/>
    <zeit/>
  </user>
</userliste>
```

Ein Wurzelelement über append_child() einhängen

In PHP ist es auch möglich, ein Wurzelelement über die Methode append_child() in ein leeres XML-Dokument einzuhängen. Dazu muss zuerst das Wurzelelement über create_element() erzeugt werden. Anschließend kann das Element über append_child() eingehängt werden:

```
<?php
 $dom=domxml_new_doc("1.0");
 $root=$dom->create_element("userliste");
 $dom->append_child($root);
?>
```

Interessanterweise steht die Methode append_child() nicht nur in der Klasse DomNode zur Verfügung, sondern auch in DomDocument. Diese Variante soll laut den PHP-Entwickler anstellen von set_root() und add_root() eingesetzt werden. Gehen Sie aber sehr vorsichtig damit um und wenden Sie die Methode append_child() nur einmal auf das XML-Dokument an. Es wäre technisch möglich, auf diese Art auch zwei oder mehrere Wurzelelemente in das XML-Dokument einzuhängen:

```
<?php
 $dom=domxml_new_doc("1.0");
 $root=$dom->create_element("userliste");
 $dom->append_child($root);
 $node=$dom->create_element("test");
 $dom->append_child($node);
?>
```

Dies erzeugt jetzt eine fehlerhafte XML-Datei:

```
<?xml version="1.0"?>
<codes/>
<blabla/>
```

6.5 Einen Textknoten einhängen

Es fehlt jetzt noch die Möglichkeit, die Elemente `name`, `passwort`, `mail`, `datum` und `zeit` mit einem Inhalt zu versehen. Diese Elemente sollen einen normalen Text als Inhalt haben. Diese Inhalte müssen als einfacher Tetxknoten erzeugt und unterhalb des entsprechenden Elements eingehängt werden. Der Ablauf ist ähnlich wie bei einem „normalen" Element:

1. Einen neuen Textknoten über `create_text_node()` erzeugen.
2. Den erzeugten Textknoten unterhalb des Elements über `append_child()` einhängen.

Der Textknoten wird über die Methode `create_text_node()` der Klasse `DomDocument` erstellt. An die Methode wird als String der entsprechende Text angegeben. Beachten Sie jedoch hierbei, dass Texte über die Funktion `utf8_encode()` nach UTF-8 konvertiert werden müssen. In unserem Beispiel sind dies die einzelnen Eingaben aus dem Formularfeld zum Registrieren des Anwenders:

```
<?php
 $Name=$_REQUEST['benutzername'];
 $Passwort=$_REQUEST['passwort'];
 $Mail=$_REQUEST['mail'];
 $Datum=date("d.m.Y");
 $Zeit=date("H:i:s");
 $dom=domxml_new_doc("1.0");
 $root=$dom->create_element("userliste");
 $dom->set_root($root);
 $user=$dom->create_element("user");
 $root->append_child($user);
 $name=$dom->create_element("name");
 $user->append_child($name);
 $txt=$dom->create_text_node(utf8_encode($Name));
 $name->append_child($txt);
 $pw=$dom->create_element("passwort");
```

```
  $user->append_child($pw);
  $txt=$dom->create_text_node(utf8_encode($passwort));
  $pw->append_child($txt);
  $mail=$dom->create_element("mail");
  $user->append_child($mail);
  $txt=$dom->create_text_node(utf8_encode($Mail));
  $mail->append_child($txt);
  $datum=$dom->create_element("datum");
  $user->append_child($datum);
  $txt=$dom->create_text_node(utf8_encode($Datum));
  $datum->append_child($txt);
  $zeit=$dom->create_element("zeit");
  $user->append_child($zeit);
  $txt=$dom->create_text_node(utf8_encode($Zeit));
  $zeit->append_child($txt);
  $dom->dump_file(dirname(__FILE__)."/user.xml", false, true);
?>
```

Der Ablauf des Codes ist im Prinzip immer gleich. Zuerst wird das Element erzeugt und in den Dokumentenbaum unterhalb von `<user>` eingehängt:

```
$name=$dom->create_element("name");
$user->append_child($name);
```

Anschließend wird ein neuer Textknoten mit dem entsprechenden Inhalt erzeugt und unterhalb des soeben erstellten Elements eingehängt:

```
$txt=$dom->create_text_node(utf8_encode($Name));
$name->append_child($txt);
```

Hier wurde zuerst das Element `name` erzeugt und unterhalb von `<user>` eingehängt. Dann folgt der Textknoten. Jedes der Elemente `name`, `passwort`, `mail`, `datum` und `zeit` befindet sich herarchisch auf gleicher Ebene, sodass sämtliche Elemente unterhalb von `user` eingehängt werden müssen.

Alternativ kann der Textknoten inklusive Einhänge direkt nach `create_element()` erfolgen, bevor der gesamte Knoten eingehängt wird:

```
$name=$dom->create_element("name");
$txt=$dom->create_text_node(utf8_encode($Name));
$name->append_child($txt);
$user->append_child($name);
```

PHP (und DOM) ist dies letztlich egal, denn beide Fassungen sind korrekt. In der zweiten Variante wird zuerst das Element `name` erstellt und dann der Textknoten, der unterhalb von `name` eingehängt wird. Jetzt wird der gesamte Knoten unterhalb von `<user>` eingehängt.

6.6 Einen Knoten in eine bestehende XML-Datei einhängen

Die letzten beiden Abschnitte haben Ihnen gezeigt, wie Sie Knoten erzeugen und diese in den Dokumentenbaum einhängen. Der Nachteil dabei war, dass dies nicht eine existierende XML-Datei berücksichtigte. Eine vorhandene Datei *user.xml* wird direkt überschrieben. Dies ist für den produktiven Einsatz ja nicht so günstig. Hier sollte ein neuer Knoten entweder nach dem letzten vorhandenen Knoten oder vor den ersten Knoten eingehängt werden.

Um dies umzusetzen sind weitere Schritte und weitere PHP-Methoden nötig:

1. Die vorhandene XML-Datei laden.
2. Den neuen Knoten erzeugt.
3. Der neuen Knoten vor den ersten Knoten in das XML-Dokument einhängen.
4. Das XML-Dokument als neue Datei schreiben.

Dieser Ablauf scheint zunächst einfach zu sein. Das Erzeugen eines neuen Knotens können Sie wie bekannt durchführen oder aber einen Knoten in das XML-Dokument importieren. Beide Möglichkeiten unterschieden sich vom Code her.

```
<?php
 $Name=$_REQUEST['benutzername'];
 $Passwort=$_REQUEST['passwort'];
 $Mail=$_REQUEST['mail'];
 $Datum=date("d.m.Y");
 $Zeit=date("H:i:s");
 if(!$dom = @domxml_open_file (dirname(__FILE__)."/
user.xml",DOMXML_LOAD_DONT_KEEP_BLANKS)) {
   exit ("Fehler beim Parsen");
 }
 $root=$dom->document_element();
 $node=$root->first_child();
 $user=$dom->create_element("user");
 $root->insert_before($user,$node);
 $name=$dom->create_element("name");
 $txt=$dom->create_text_node(utf8_encode($Name));
 $name->append_child($txt);
 $user->append_child($name);
 $pw=$dom->create_element("passwort");
 $user->append_child($pw);
 $txt=$dom->create_text_node(utf8_encode($passwort));
 $pw->append_child($txt);
 $mail=$dom->create_element("mail");
 $user->append_child($mail);
 $txt=$dom->create_text_node(utf8_encode($Mail));
 $mail->append_child($txt);
 $datum=$dom->create_element("datum");
 $user->append_child($datum);
 $txt=$dom->create_text_node(utf8_encode($Datum));
```

```
  $datum->append_child($txt);
  $zeit=$dom->create_element("zeit");
  $user->append_child($zeit);
  $txt=$dom->create_text_node(utf8_encode($Zeit));
  $zeit->append_child($txt);
  $dom->dump_file(dirname(__FILE__)."/user.xml", false, true);
?>
```

Ein neuer `user`-Knoten soll direkt nach dem Wurzelelement vor dem ersten `user`-Knoten eingehängt werden. Dazu sind das Wurzelelement und das erste Kind unterhalb des Wurzelelements als Objekte nötig:

```
$root=$dom->document_element();
$node=$root->first_child();
```

Der Knoten `user` wird wie bekannt über `create_element()` erzeugt und dann vor dem ersten `user`-Knoten eingehängt:

```
$user=$dom->create_element("user");
$root->insert_before($user,$node);
```

Zum Einhängen vor einem vorhandenen Knoten kommt die Methode `insert_before()` zum Einsatz. Diese Methode ist in der Klasse `DomNode` enthalten und wird hier auf das Objekt in `$root` angewendet. Die Methode `insert_before()` besitzt zwei Übergabeparameter. Der erste Parameter ist der neu einzuhängende Knoten. Der zweite Parameter ist der Knoten, vor dem der neue Knoten eingehängt werden soll. Anschließend werden die einzelnen Elemente und deren Inhalt erzeugt und in den neu eingehängten `user`-Knoten eingefügt. Abschließend wird das XML-Dokument neu geschrieben.

`append_sibling()` statt `append_child()` und `insert_before()`

Durch den bisherigen Einsatz von `append_child()` wurde der Knoten bzw. das Element immer als Kind eines Elternteils eingehängt. Hier war es der `user`-Knoten, der ein Kind des Elternteils `<userliste>` ist. Jeder weitere `user`-Knoten kann als Kind von `<userliste>` eingehängt werden. Dadurch wird jetzt jeder weitere `user`-Knoten nach dem vorhergehenden `user`-Knoten eingehängt. Dabei muss aber die Methode `append_child()` auf das Elternteil, d.h. das Wurzelelement angewendet werden, damit ein neuer `user`-Knoten als Kind des Wurzelelements gesetzt wird (siehe Kapitel 6.4).

Im letzten Abschnitt wurde `insert_before()` eingesetzt, um einen neuen Knoten vor einem bestehenden Knoten einzuhängen. Wie `append_child()` kann `insert_before()` auf das Elternteil angewendet werden.

Statt `insert_before()` kann die weitere PHP-Methode `append_sibling()` der Klasse `DomNode` eingesetzt werden. Diese hängt einen neuen Knoten nach dem letzten Knoten ein. Damit arbeitet `append_sibling()` zunächst wie `append_child()`. In beiden wird ein Knoten nach dem letzten bestehenden Knoten eingehängt. Der Unterschied besteht nur darin, dass `append_sibling()` nicht auf das Elternteil angewendet werden muss, sondern auf den Knoten, nach dem der neuen Knoten eingefügt werden soll. Der neue Knoten wird an das Ende der Knotenliste gehängt, ähnlich wie bei `append_child()`.

Das letzte Beispiel kann jetzt leicht abgeändert werden. Statt über

```
$root->insert_before($user,$node);
```

den neuen Knoten `$user` vor dem bestehenden Knoten `$node` einzuhängen, kann `$user` als letzter Knoten aller vorhandenen `user`-Knoten in den Dokumentenbaum gesetzt werden:

```
$user=$node->append_sibling($user);
```

Beachten Sie hier, dass der Rückgabewert der Methode `append_sibling()` wieder `$user` zugewiesen wird. Dies ist nötig, damit weitere Modifikationen an dem Knoten (also das Hinzufügen der weiteren Kinder `name`, `passwort` usw.) durchgeführt werden können. Verzichten Sie auf den Rückgabewert

```
$node->append_sibling($user);
```

und führen anschließend Modifikationen am Knoten `$user` durch das Einhängen von Kindern durch, werden diese Änderungen am konkreten Dokumentenbaum nicht durchgeführt. Es wird dadaurch im Endeffekt ein leerer Knoten angehängt.

Dieses Verhalten zeigte auch die Methode `append_child()` bis zur Versionsnsummer 4.2.3. Wurde mit Hilfe von `append_child()` ein Knoten als Kind eingehängt, musste der Rückgabewert der Methode für weitere Modifikationen des Knotens genutzt werden (Einhängen von Kindern usw.). Wurde der Rückgabewert nicht beachtet und einfach nur

```
$node->append_child($user);
```

verwendet, wurden die nachträglichen Modifikationen am Knoten `$user` im Dokumentenbaum nicht umgesetzt. Es wurde somit ein leerer Knoten eingehängt. Dieses Verhalten wurde in PHP 4.3.0 abgeschafft. Für alle PHP-Versionen ab 4.3.0 braucht der Rückgabewert nicht beachtet zu werden. Änderungen an dem Knoten werden trotzdem durchgeführt. `append_sibling()` bietet das ursprüngliche Verhalten von `append_child()` weiterhin an.

6.7 Einen Knoten importieren

Im letzten Code wurde der neuen Knoten über die Methode `create_element()` des Objekts `$dom` erzeugt. Damit wird der Knoten gleich in dem Dokument erzeugt, in das es eingehängt werden soll. Ein Knoten kann auch von einem anderen XML-Dokument in ein zweites importiert werden. Dieses Importieren ist notwendig, wenn allgemein zwei oder mehr XML-Dokumente vorliegen und man zwischen diesen die Knoten (und deren Inhalte) austauschen will. Dazu stellt PHP die Methode `imported_node()` der Klasse `DomDocument` bereit. Das letzte Beispiel kann auch entsprechend mit Hilfe der Methode `imported_node()` abgeändert werden.

```
<?php
 $Name=$_REQUEST['benutzername'];
 $Passwort=$_REQUEST['passwort'];
 $Mail=$_REQUEST['mail'];
 $Datum=date("d.m.Y");
 $Zeit=date("H:i:s");
 $dom=domxml_new_doc("1.0");
```

```
 $root=$dom->create_element("userliste");
 $dom->set_root($root);
 $user=$dom->create_element("user");
 $root->append_child($user);
 $name=$dom->create_element("name");
 $txt=$dom->create_text_node(utf8_encode($Name));
 $name->append_child($txt);
 $user->append_child($name);
 $pw=$dom->create_element("passwort");
 $user->append_child($pw);
 $txt=$dom->create_text_node(utf8_encode($passwort));
 $pw->append_child($txt);
 $mail=$dom->create_element("mail");
 $user->append_child($mail);
 $txt=$dom->create_text_node(utf8_encode($Mail));
 $mail->append_child($txt);
 $datum=$dom->create_element("datum");
 $user->append_child($datum);
 $txt=$dom->create_text_node(utf8_encode($Datum));
 $datum->append_child($txt);
 $zeit=$dom->create_element("zeit");
 $user->append_child($zeit);
 $txt=$dom->create_text_node(utf8_encode($Zeit));
 $zeit->append_child($txt);
 if(!$dom_user = @domxml_open_file (dirname(__FILE__)."/
user.xml",DOMXML_LOAD_DONT_KEEP_BLANKS)) {
  exit ("Fehler beim Parsen");
 }
 $root_user=$dom_user->document_element();
 $node_user=$root_user->first_child();
 $neu_user=$dom_user->imported_node($user,true);
 $root->insert_before($neu_user,$node_user);
 $dom_user->dump_file(dirname(__FILE__)."/user.xml", false, true);
 $dom->free();
 $dom_user->free();
?>
```

Der Code produziert das gleiche Ergebnis wie im letzten Abschnitt. Anders als vorher wird ein komplett neues XML-Dokument über `$dom` erzeugt, in dem sich die aktuellen Einträge aus den Formularfeldern befinden. Es handelt sich hier um ein komplettes Dokument mit Wurzelelement und `user`-Knoten (mit deren Inhalte). Erst danach wird die bestehende Datei *user.xml* geladen und wie vorher das erste Kind unterhalb des Wurzelelements festgestellt. Jetzt wird der Knoten, der das `user`-Element enthält und vorher dynamisch erzeugt wurde, importiert:

```
$neu_user=$dom_user->imported_node($user,true);
```

Die Methode `imported_node()` muss immer auf ein Objekt der Klasse `DomDocument` angewandt werden. Da der dynamisch erzeugten Knoten in die vorhandene XML-Datei importiert soll, ist es günstig, diese Methode auf `$dom_user` anzuwenden, d.h. auf die bestehende XML-Datei.

Die Methode `imported_node()` erwartet zwei Übergabeparameter. Der erste Parameter ist der neue Knoten, der importiert werden soll. Der zweite Parameter kann nur `true` oder `false` sein. Dieser gibt an, ob sämtliche untergeordneten Knoten des zu importierenden Knotens mit importiert werden sollen (`true`) oder nicht (`false`). Hier wird natürlich `true` übergeben, damit auch die Knoten `name`, `passwort`, `mail` usw. und deren Inhalt mit importiert werden. Sollte als zweiter Parameter `false` übergeben werden, wird ein leerer Knoten importiert.

Die Methode `imported_node()` ist besonders dann nützlich, wenn ein Knoten aus einer XML-Datei in eine andere XML-Datei eingefügt werden soll. Hat man zwei XML-Datei über `domxml_open_file()` geladen, liegen beide Dateien in unterschiedlichen Objekten vor. Über die Methode `imported_node()` können Knoten aus dem einen XML-Dokument in das andere XML-Dokument übernommen werden. Denn jeder Knoten ist an das entsprechende Objekt geknüpft, in dem es sich befindet. Über die Methode `imported_node()` kann ein Knoten quasi herausgelöst und in ein anderes Objekt „verpflanzt" werden.

Das nachfolgende Beispiel basiert auf zwei XML-Dateien. Die Datei *user.xml* ist die bekannte Datei mit den aktuellen Registrierungen. Die zweite Datei *old_user.xml* enthält ebenfalls registrierte Benutzer und deren Daten, jedoch sind diese Informationen älter. Beide Dateien sollen nun kombiniert werden, sodass aus zwei Dateien eine Datei wird. Dazu ist es nötig, dass sämtliche `user`-Knoten aus der Datei *old_user.xml* in die Datei *user.xml* importiert werden.

```
<?php
 if(!$dom_user = @domxml_open_file (dirname(__FILE__)."/
user.xml",DOMXML_LOAD_DONT_KEEP_BLANKS)) {
  exit ("Fehler beim Parsen");
 }
 if(!$dom_old = @domxml_open_file (dirname(__FILE__)."/
old_user.xml",DOMXML_LOAD_DONT_KEEP_BLANKS)) {
  exit ("Fehler beim Parsen");
 }
 $root_user=$dom_user->document_element();
 $node_user=$root_user->first_child();
 $tags=$dom_old->get_elements_by_tagname("user");
 for ($i = 0; $i<count($tags); $i++) {
  $node = $tags[$i];
  $neu_user=$dom_user->imported_node($node,true);
  $root_user->insert_before($neu_user,$node_user);
 }
 $dom_user->dump_file(dirname(__FILE__)."/user_all.xml", false,
true);
 $dom_old->free();
 $dom_user->free();
?>
```

Zu Beginn des Codes werden nacheinander die beiden XML-Dateien geladen und in unterschiedlichen Objekten (`$dom_user` und `$dom_old`) gespeichert. Alle `user`-Knoten, die in `$dom_old` vorliegen, sollen in `$dom_user` importiert werden. Nach dem Laden wird zuerst das Wurzelelement und das erste Kind unterhalb davon in `$dom_user` festgestellt. Vor dem ersten Kind werden die Knoten aus dem zweiten Objekt `$dom_old` importiert und eingefügt.

Im nächsten Schritt werden sämtliche `<user>`-Tags in `$dom_old` ermittelt:

```
$tags=$dom_old->get_elements_by_tagname("user");
```

Über eine `for`-Schleife werden jetzt alle gefundenen Tags durchlaufen. Jedes einzelne Tag wird über `imported_node()` importiert und über `insert_before()` eingehängt.

```
for ($i = 0; $i<count($tags); $i++) {
  $node = $tags[$i];
  $neu_user=$dom_user->imported_node($node,true);
  $root_user->insert_before($neu_user,$node_user);
 }
```

Anschließend wird das Dokument in der Datei *user_all.xml* neu gespeichert und die beiden Objekte `$dom_user` bzw. `$dom_old` freigegeben.

6.8 Kopieren statt importieren

Über `imported_node()` kann ein Knoten aus einem anderen Dokument importiert werden. PHP (und DOM) kennt noch eine Methode, um einen Knoten zu kopieren. Der nachfolgende Code kopiert einen `user`-Knoten und fügt diesen ein.

```
$clone=$user->clone_node(true);
$root=$dom->document_element();
$node=$root->last_child();
$root->insert_before($clone,$node);
```

Über die Methode `clone_node()` der Klasse `DomNode` wird der Knoten kopiert, auf den die Methode angewendet wird. Der Rückgabewert der Methode ist ein Objekt der Klasse `DomNode` und zwar der kopierte Knoten. Die Methode besitzt einen Übergabeparameter. Dieser kann `true` oder `false` sein. Wie bei `imported_node()` gibt `true` an, dass sämtliche untergeordneten Knoten mit kopiert werden. Wird `false` übergeben, werden die untergeordneten Knoten nicht mit kopiert. Der kopierte Knoten ist im Prinzip leer.

Im Code wird dann der kopierte Knoten vor dem letzten `user`-Knoten eingefügt. Über die Methode `last_child()` wird das letzte Kind unterhalb des Wurzelelements ermittelt und davor der kopierte Knoten eingehängt.

Man kann `clone_node()` auch dazu benutzen, um einen Knoten aus einem anderen Dokument herauszukopieren und in ein weiteres Dokument einzufügen. Im Prinzip ist dies ähnlich wie `imported_node()`, nur das eine andere Methode benutzt wird. Daher könnte man auch das vorhergehende Beispiel mit dem Zusammenfügen zweier XML-Dateien unter der Verwendung von `clone_node()` statt `imported_node()` überarbeiten:

```
for ($i = 0; $i<count($tags); $i++) {
  $node = $tags[$i];
  $neu_user=$node->clone_node(true);
  $root_user->insert_before($neu_user,$node_user);
 }
```

6.9 Knoten entfernen

Neben dem Hinzufügen von Knoten ist es natürlich auch möglich, einen Knoten aus dem Dokumentenbaum zu entfernen. PHP bietet drei Methoden der Klasse `DomNode` dafür an:

- `remove_child()`
- `unlink()`
- `unlink_node()`

Die letzten beiden Methoden sind proprietär, während `remove_child()` in DOM enthalten ist. `remove_child()` entfernt konkret ein Kind innerhalb eines Knotens. Der nachfolgende Code entfernt das erste Kind, das sich unterhalb des Wurzelelements befindet:

```
$root=$dom_user->document_element();
$child=$root->first_child();
$root->remove_child($child);
```

Der Übergabeparameter an `remove_child()` ist das zu entfernende Kind. Die beiden proprietären Methoden `unlink()` und `unlink_node()` arbeiten gleich. `unlink()` ist seit PHP 4.0.5 enthalten, während `unlink_node()` mit PHP 4.2.0 eingeführt wurde. Beide Methoden erinnern an die `unlink()`-Funktion zum Löschen von Dateien. Die beiden Methoden werden anders aufgerufen als `remove_child()`. Sie müssen auf den Knoten angewendet werden, der entfernt werden soll. So kann das letzte Beispiel statt mit `remove_child()` mit `unlink()` so aussehen:

```
$root=$dom_user->document_element();
$child=$root->first_child();
$child->unlink();
```

Dieser Code entfernt wie vorher das erste Kind unterhalb des Wurzelelements, d.h. den ersten `user`-Knoten. `unlink()` erwartet keinen Übergabeparameter. Wenn Sie einen Knoten entfernen wollen, wäre es besser `remove_child()` einzusetzen. Der Grund liegt darin, das `unlink()` und `unlink_node()` keinen Rückgabewert zurück geben. `remove_child()` gibt das entfernte Kind zurück, während die beiden anderen Methode nichts zurück geben. Zusätzlich ist `remove_child()` näher am DOM-Standard dran, als `unlink()` und `unlink_node()`.

> *Hinweis: Die Methoden `unlink()` bzw. `unlink_node()` stehen auch als Funktionen zur Verfügung. Die Funktionen lauten `domxml_node_unlink_node()` und `domxml_unlink_node()`. Beide arbeiten gleich. An beide Funktionen muss nur der Knoten übergeben werden, der entfernt werden soll.*

6.10 Einen Knoten ersetzen

Damit sind jetzt fast alle Knotenmanipulationsmöglichkeiten komplett. Es fehlt nur noch das Ersetzen eines Knotens. PHP (und DOM) bietet dafür wieder zwei Methoden der Klasse `DomNode` an:

- `replace_node()`
- `replace_child()`

Beide Methoden sind ab PHP 4.2.1 enthalten und werden etwas unterschiedlich gehandhabt. `replace_node()` ersetzt einen kompletten Knoten durch einen anderen Knoten. Dabei muss die Methode `replace_node()` auf den Knoten angewendet werden, der ersetzt werden soll.

Der nachfolgende Code lädt die beiden XML-Dateien *user.xml* und *old_user.xml*, wie dies auch in Kapitel 6.7 schon durchgeführt wurde. Der Code ersetzt jetzt den ersten `user`-Knoten in *user.xml* durch den ersten `user`-Knoten in *old_user.xml* und speichert das Ergebnis als neue XML-Datei *user_all.xml*.

```
<?php
 if(!$dom_user = @domxml_open_file (dirname(__FILE__)."/
user.xml",DOMXML_LOAD_DONT_KEEP_BLANKS)) {
  exit ("Fehler beim Parsen");
 }
 if(!$dom_old = @domxml_open_file (dirname(__FILE__)."/
old_user.xml",DOMXML_LOAD_DONT_KEEP_BLANKS)) {
  exit ("Fehler beim Parsen");
 }
 $root_user=$dom_user->document_element();
 $node_user=$root_user->first_child();
 $root_old=$dom_old->document_element();
 $node_old=$root_old->first_child();
 $root=$dom_user->document_element();
 $node_user->replace_node($node_old);
 $dom_user->dump_file(dirname(__FILE__)."/user_all.xml", false,
true);
 $dom_old->free();
 $dom_user->free();
?>
```

Das Entscheidende im Code ist der Aufruf der Methode `replace_node()`:

```
$node_user->replace_node($node_old);
```

Die Methode wird auf den zu ersetzenden Knoten angewandt, d.h. hier auf `$node_user`. Der Übergabeparameter `$node_old` ist der Knoten, gegen den `$node_user` ausgetauscht werden soll. Die Methode besitzt auch einen Rückgabewert, den man noch speichern könnte. Der Rückgabewert ist der Knoten, der ersetzt wurde und nicht mehr vorhanden ist.

Die Methode `replace_child()` arbeitet ähnlich. Die Methode unterscheidet sich nur dadurch, dass sie auf das Elternteil angewendet werden soll, in dem sich das zu ersetzende

Kind befindet. Gleichzeitig müssen die beiden Kinder, die ausgetauscht werden sollen, als Parameter übergeben werden. Mit Hilfe der Methode `replace_child()` könnte der obige Code ebenfalls erstellt werden. Dabei müsste die Zeile `replace_node()` nur durch diese Zeile ersetzt werden:

```
$root_user->replace_child($node_old,$node_user);
```

Hier wird ein `user`-Knoten durch einen anderen ersetzen. Daher wird die Methode auf den übergeordneten Knoten eingesetzt (`$root_user`). An die Methode `replace_child()` müssen zwei Parameter übergeben werden. Der erste Wert `$node_old` ist das neue Objekt, gegen das der jetzige Knoten `$node_user` ersetzt werden soll.

6.11 Weitere Knoten: Comment, CDATA, Processing Instruction

Über entsprechende `create`-Methoden der Klasse `DomDocument` können auch weitere Knoten erstellt werden. Dazu gehören die Knotentypen `Comment`, `CDATA` und `Processing Instruction`.

6.11.1 Comment-Knoten

Ein `Comment`-Knoten wird ähnlich wie ein Textknoten angelegt:

```
<userliste>
<!-- Jetzt kommen die einzelnen Benutzer -->
  <user>
```

Ein Kommentar wird in PHP über die Methode `create_comment()` der Klasse `DomDocument` erstellt:

```
$comment=$dom_user->create_comment(utf8_encode("Jetzt kommen die
einzelnen Benutzer"));
$root_user->append_child($comment);
```

Beim Erzeugen des Kommentars wird an die Methode `create_comment()` nur der Kommentartext übergeben. Die Auszeichnung über `<!--` und `-->` wird vom Parser vorgenommen. Der Rückgabewert der Methode `create_comment()` ist wiederum ein Objekt der Klasse `DomNode`, genauer gesagt ein Objekt der Klasse `DomComment`. In PHP 4.x ist dies eine „stille“ Klasse, sie besitzt keine weiteren Methoden. Es können aber die Methoden der Klasse `DomNode` auf dieses Objekt angewendet werden. Dies liegt daran, das ein Kommentar-Knoten ein normaler Knoten ist.

Der Kommentar-Knoten kann jetzt über die bekannten Methoden `append_child()`, `append_sibling()`, `insert_before()`, `replace_child()` oder `replace_node()` der Klasse `DomNode` in den Dokumentenbaum eingehängt werden.

> *Hinweis: Der Kommentartext sollte über die Funktion `utf8_encode()` nach UTF-8 konvertiert werden, damit Umlaute und Sonderzeichen aus ISO-8859-1 in der korrekten UTF-8-Codierung vorliegen. Ansonsten käme es beim Laden und Parsen zu einem Parserfehler.*

Wenn Sie die obige XML-Datei mit dem Kommentar zwischen `<userliste>` und dem ersten Kind `<user>` parsen, stellen Sie fest, dass der Kommentar als Knoten auftaucht. Ein Zugriff auf den Kommentar ist jetzt möglich. Die Abbildung 6.1 zeigt das Ergebnis des Parsens der obigen XML-Datei. Der Kommentar taucht als Knoten auf und zwar als erstes Kind von `<userliste>`. Der Knotennamen ist `#comment`, der Knotentyp ist 8 (`XML_COMMENT_NODE`).

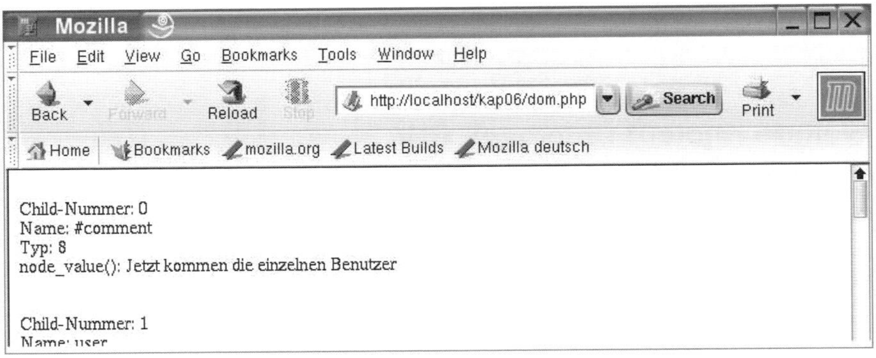

Abb. 6.1: Der Kommentar-Knoten beim Parsen

6.11.2 CDATA-Knoten

Ein `CDATA`-Abschnitt wird vom Parser nicht geparst. Ein `CDATA`-Abschnitt in einer XML-Datei kann beliebigen Text enthalten, auch solchen, der nicht der XML-Syntax entspricht (z.B. spitze Klammern ohne entsprechende Start- und End-Tags). Dies ist beispielsweise für JavaScript-Code denkbar:

```
<userliste>
<![CDATA[<script type='text/javascript'> alert('Hallo'); </
script>]]>
 <user>
```

Ein derartiger `CDATA`-Abschnitt wird über die Methode `create_cdata_section()` der Klasse `DomDocument` erstellt. Ähnlich wie bei `create_comment()` muss nur der konkretet Inhalt als String angegeben werden. Der Parser erzeugt die `CDATA`-Auszeichnung:

```
$cdata=$dom_user->create_cdata_section("<script type='text/
javascript'>alert('Hallo');</script>");
$root_user->insert_before($cdata,$node);
```

Der Rückgabewert der Methode `create_cdata_section()` ist ein Objekt der Klasse `DomCDATA`. Das Objekt wird wie ein Kommentar-Knoten über die Methoden `append_child()`, `append_sibling()`, `insert_before()`, `replace_child()` oder `replace_node()` der Klasse `DomNode` in den Dokumentenbaum eingehängt.

Beim Parsen einer XML-Datei, die einen `CDATA`-Abschnitt enthält, wird dieser Abschnitt natürlich nicht ignoriert, wie bei dem Kommentar, sondern es wird ein entsprechendes Element angelegt, ähnlich wie bei einem Textknoten. Der Parser erkennt den `CDATA`-Abschnitt und legt dafür ein Objekt der Klasse `DomCDATA` an.

Die Klasse `DomCDATA` ist bis zum Redaktionsschluss dieses Buchs (Ende Juli 2004) in PHP 4.x auch eine stille Klasse, die zwar vorhanden ist, aber über keine eigenen Methoden verfügt.

6.11.3 PI-Knoten

Eine Processing Instruction ist das Einbinden einer Anweisung. Dies kann bespielsweise das Einbinden einer XSLT-Stylesheet-Anweisung sein:

```
<?xml version="1.0" encoding="iso-8859-1"?>
<?xml-stylesheet href="was_xml.xsl" type="text/xsl" title="html-
output"?>
```

oder eine Anweisung, die serverseitig durch eine Programmiersprache ausgewertet werden kann:

```
<userliste>
<?aenderung datum="01.10.2004"?>
 <user>
```

Der Name der PI folgt direkt nach `<?`, d.h. in diesem Beispiel `aenderung` bzw. im ersten Beispiel `xml-stylesheet`. Dieses wird auch als *target* bezeichnet. Der Inhalt der PI wird *data* genannt und umfasst im ersten Beispiel die drei Attribute und deren Inhalte (`href="was_xml.xsl" type="text/xsl" title="html-output"`). Im zweiten Beispiel ist das `target: datum="01.10.2004"`.

Eine derartige PI wird wie eine CDATA-Section als Knoten angesehen, sowohl beim Erzeugen wie auch beim Parsern. Eine neue PI wird über die Methode `create_processing_instruction()` erzeugt:

```
$pi=$dom_user->create_processing_instruction
("aenderung","datum='24.12.2004'");
$root_user->insert_before($pi,$node);
```

An die Methode `create_processing_instruction()` müssen zwei Parameter übergeben werden. Der erste Parameter gibt den Namen der PI an (*target*) und der zweite enthält die konkreten Anweisungen (*data*). Der Rückgabewert der Methode ist ein Objekt der Klasse `DomProcessingInstruction`. Das Objekt wird wie ein Kommentar- oder CDATA-Knoten über die Methoden `append_child()`, `append_sibling()`, `insert_before()`, `replace_child()` oder `replace_node()` der Klasse `DomNode` in den Dokumentenbaum eingehängt.

Die Klasse `DomProcessingInstruction` ist eine kleine Klasse, die nur über zwei Methoden verfügt. Beim Parsen wird eine PI erkannt und entsprechend ein Objekt der Klasse `DomProcessingInstruction` angelegt.

Eine PI wird als normaler Knoten angesehen. Die Methode `node_name()` ergibt bei der PI den Namen der PI (also das *target*). Die Methode `node_value()` ergibt den Inhalt der PI (*data*). Die Klasse `DomProcessingInstruction` verfügt dazu über zwei weitere Methoden:

- `target()`
- `data()`

Die Namen dieser beiden Methoden sind sehr deutlich, denn Sie ermitteln den Namen der PI und den Inhalt der PI:

```
$node=$root_user->first_child();
$pi=$dom_user->create_processing_instruction(
"aenderung","datum='24.12.2004'");
print ($pi->target()."<br>");
print ($pi->data());
```

Die `print()`-Ausgaben ergeben unter Zuhilfenahme von `node_name()` und `node_value()` das Gleiche:

```
print ($pi->node_name()."<br>");
print ($pi->node_value());
```

6.12 Rund um Attribute

Über spezielle Methoden ist es möglich, vorhandene Attribute eines Elements auszulesen. Selbstverständlich können auch neue Attribute erzeugt werden. Dieser Abschnitt beschäftigt sich ausführlich mit den Attributen. Dazu kommen zwei Attribute zum Einsatz, die in das `<user>`-Tag integriert werden:

```
<?xml version="1.0"?>
<userliste>
 <user art="privat" id="1000">
  <name>sabine</name>
  <passwort>scharz</passwort>
  <mail>ich@ich.de</mail>
  <datum>03.12.2005</datum>
  <zeit>15:19:50</zeit>
 </user>
</userliste>
```

Jedes Tag `<user>` soll zwei Attribute enthalten. Das Attribut `art` gibt an, ob die Information privat oder beruflich ist. Das zweite Attribut `id` ist eine hochzählende Nummer.

6.12.1 Vorhandene Attribute auslesen

Zum Auslesen eines oder mehrerer Attribute bietet PHP diese Methoden an:

- `get_attribute()`
- `get_attribute_node()`
- `attributes()`

Die ersten beiden Methoden gehören zur Klasse `DomElement`, die Methode `attributes()` gehört zu `DomNode`. Alle drei Methoden werden unterschiedlich behandelt. Die ersten beiden Methoden sind ein DOM-Standard. `attributes()` aus `DomNode` ist kein DOM-Standard und eine proprietäre Methode. Jedoch ist sie schon ab PHP 4.0.0 einsetzbar. Sie wird auch in diesem Buch angesprochen.

Die Methode `get_attribute()` gibt den konkreten Wert eines Attributs als String zurück. An die Methode muss nur der Name des Attributs übergeben werden:

```
<?php
 if(!$dom = domxml_open_file(dirname(__FILE__)."/user.xml",
DOMXML_LOAD_DONT_KEEP_BLANKS)) {
   exit ("Fehler beim Parsen");
 }
 $root = $dom->document_element();
 $child=$root->first_child();
 print("Art: ".$child->get_attribute("art"));
 print("<br>ID: ".$child->get_attribute("id"));
?>
```

Das Codebeispiel liest die beiden Attribute `art` und `id` des ersten `user`-Knotens aus. Sollten die Attribute nicht vorhanden sein, gibt die Methode `get_attribute()` einen Leerstring zurück. Daher könnte an dieser Stelle zuerst die Methode `has_attribute()` der Klasse `DomElement` eingesetzt werden, um zu prüfen, ob das entsprechende Attribut überhaupt vorhanden ist:

```
if ($child->has_attribute("art")) {
 print("Art: ".$child->get_attribute("art"));
}
if ($child->has_attribute("id")) {
 print("<br>ID: ".$child->get_attribute("id"));
}
```

An die Methode `has_attribute()` muss nur der Name des Attributs übergeben werden. Der Rückgabewert ist `true`, wenn das Attribut in dem Element vorliegt. Die Klasse `DomNode` besitzt ebenfalls eine ähnliche Methode mit dem Namen `has_attributes()`. Diese Methode prüft aber nur allgemein, ob das Element über Attribute verfügt. Der Rückgabewert der Methode ist `true`, wenn mindestens ein Attribut vorhanden ist:

```
if ($child->has_attributes()) {
 if ($child->has_attribute("art")) {
  print("Art: ".$child->get_attribute("art"));
 }
 if ($child->has_attribute("id")) {
  print("<br>ID: ".$child->get_attribute("id"));
 }
}
```

Die Methode `has_attributes()` besitzt keinen Übergabeparameter und kann nur allgemein zum Prüfen auf Attribute eingesetzt werden.

Hinweis: Statt die Methode `get_attribute()` der Klasse `DomElement` einzusetzen, können Sie auch die Funktionen `domxml_elem_get_attribute()`, `domxml_get_attribute()` oder `domxml_getattr()` verwenden.

Hinweis: Statt der Methode `has_attributes()` von `DomNode` kann auch die Funktion `domxml_node_has_attributes()` verwendet werden.

Die zweite Methode, um Attribute auszulesen, lautet `get_attribute_node()` und ist ebenfalls in der Klasse `DomElement` enthalten. Sie funktioniert jedoch anders als `get_attribute()`. Die Methode `get_attribute_node()` gibt die vorhandenen Attribute als Knoten zurück, und zwar als so genannter Attributknoten. Dies wird in PHP auch über eine eigene Klasse abgebildet: Es ist die Klasse `DomAttribute`.

Der nachfolgende Code gibt die beiden Attribute `id` und `art` aus, hier aber unter Verwendung der Methode `get_attribute_node()`:

```
if ($child->has_attributes()) {
  $attr=$child->get_attribute_node("art");
  print ($attr->name());
  print ("<br>".$attr->value());
}
```

An die Methode `get_attribute_node()` wird wie in `get_attribute()` der Name des Attributs übergeben. Der Rückgabewert ist jetzt ein Objekt der Klasse `DomAttribute`. Über die Methoden dieser Klasse kann der Inhalt des Attributs ausgelesen werden. Die Klasse `DomAttribute` ist klein, sie verfügt nur über vier Methoden. Über die Methode `name()` wird der Name des Attributs ausgelesen und über `value()` wird der Wert des Attributs ermittelt. Ab PHP 4.3.0 können statt `name()` und `value()` auch die beiden Methode `node_name()` und `node_value()` verwendet werden.

Die dritte Methode, um Attribute auslesen zu können, ist die Methode `attributes()` der Klasse `DomNode`. Anders als `get_attribute()` und `get_attribute_node()` aus `DomElement` liefert `attributes()` ein Array zurück. In jedem Array-Element befindet sich ein Objekt der Klasse `DomAttribute`, das ein Attribut und deren Wert repräsentiert. Über die Methoden von `DomAttribute` muss dann der entsprechende Wert ausgelesen werden:

```
if ($child->has_attributes()) {
  $attr=$child->attributes();
  for ($i = 0; $i<count($attr); $i++){
   $attribut = $attr[$i];
   print ("<br>Attributname: ".$attribut->name());
   print (" - Attributwert: ".$attribut->value());
 }
}
```

Um die Attribute auslesen zu können, muss eine `for`-Schleife durchlaufen werden, die sämtliche Elemente des Arrays durchgeht. Über die Methoden `name()` und `value()` von `DomAttribute` werden der Name und der Wert eines Attributs in jedem einzelnen Array-Element ausgelesen und angezeigt.

Hinweis: Die Methode `attributes()` *der Klasse* `DomNode` *steht auch als Funktion unter dem Namen* `domxml_attributes()` *und* `domxml_node_attributes()` *zur Verfügung.*

6.12.2 Attribute erzeugen

Die Klasse `DomElement` bietet auch die Möglichkeit an, neue Attribute zu erzeugen. Dies geschieht über die Methode `set_attribute()`. Es gab in früheren PHP 4.x-Versionen noch andere Methoden (z.B. `setattr()` in `DomNode` oder `set_attribute_node()` in `DomElement`), die aber allesamt experimentell waren und wieder entfernt wurden. Derzeit ist die Methode `set_attribute()` die einzige Möglichkeit, Attribute zu erzeugen.

Das nachfolgende Codebeispiel registriert einen neuen Benutzer in der Datei *user.xml* und fügt die Attribute `art` und `id` hinzu:

```
<?php
 $Name=$_REQUEST['benutzername'];
 $Passwort=$_REQUEST['passwort'];
 $Mail=$_REQUEST['mail'];
 $Datum=date("d.m.Y");
 $Zeit=date("H:i:s");
 if(!$dom = @domxml_open_file (dirname(__FILE__)."/user.xml",
DOMXML_LOAD_DONT_KEEP_BLANKS)) {
  exit ("Fehler beim Parsen");
 }
 $root=$dom->document_element();
 $node=$root->first_child();
 if ($node->has_attribute("id")) {
  $id=$node->get_attribute("id");
  $id++;
 }
 $user=$dom->create_element("user");
 $user->set_attribute("id",$id);
 $user->set_attribute("art","privat");
 $node->insert_before($user,$node);
 $name=$dom->create_element("name");
 $txt=$dom->create_text_node($Name);
 $name->append_child($txt);
 $user->append_child($name);
 $pw=$dom->create_element("passwort");
 $user->append_child($pw);
 $txt=$dom->create_text_node($passwort);
 $pw->append_child($txt);
 $mail=$dom->create_element("mail");
 $user->append_child($mail);
 $txt=$dom->create_text_node($Mail);
 $mail->append_child($txt);
```

```
  $datum=$dom->create_element("datum");
  $user->append_child($datum);
  $txt=$dom->create_text_node($Datum);
  $datum->append_child($txt);
  $zeit=$dom->create_element("zeit");
  $user->append_child($zeit);
  $txt=$dom->create_text_node($zeit);
  $zeit->append_child($txt);
  $dom->dump_file(dirname(__FILE__)."/user.xml", false, true);
?>
```

Damit das Attribut `id` hochgezählt werden kann, muss dazu das `id`-Attribut des ersten `user`-Knotens ausgelesen werden (denn jeder neue `user`-Knoaten wird über `insert_before()` vor einem bestehenden `user`-Knoten eingehängt). Dieser Wert wird um eins nach oben gezählt. Dann kann das Attribut zusammen mit dem `art`-Attribut über die Methode `set_attribute()` dem `user`-Knoten hinzugefügt werden.

An die Methode `set_attribute()` muss zuerst der Name des Attributs und dann der Wert des Attributs übergeben werden. Ein Einhängen in den Dokumentenbaum über `append_child()` usw. ist nicht nötig. Der neue `user`-Knoten wird dann als erstes Kind eingehängt.

> *Hinweis: Statt der Methode `set_attribute()` der Klasse `DomElement` können auch die Funktionen `domxml_elem_set_attribute()`, `domxml_setattr()` oder `domxml_set_attribute()` benutzt werden.*

Beachten Sie bei den Attributwerten, dass auch eventuelle Umlaute und Sonderzeichen aus ISO-8859-1 nach UTF-8 codiert werden sollten:

```
$user->set_attribute("test",utf8_encode("Änderungen"));
```

Beim Auslesen eines Attributs muss entsprechend der Attributwert über `utf8_decode()` decodiert werden:

```
$attr=$user->get_attribute("test");
print (utf8_decode($attr));
```

Ist sichergestellt, das wie in dem obigen Beispiel keine Umlaute und Sonderzeichen, sondern nur Zahlen und die ersten 128 ASCII-Zeichen verwendet werden, ist eine Codierung an sich nicht nötig.

6.13 Namensräume

Seit PHP 4.3.0 werden auch Namensräume unterstützt. Mit PHP ist es möglich, Namensräume zu erzeugen und bestehende Namensräume auszulesen. Ein Namensraum besteht aus drei Elementen:

- Präfix
- URL
- Tag-Name

Die XML-Datei *user.xml* könnte mit einem Namensraum so aussehen:

```
<?xml version="1.0"?>
<userliste xmlns:jspguru="http://www.jspguru.de/_set_d/
index.html">
  <jspguru:user id="1002" art="privat">
    <name>sabine</name>
    <passwort>scharz</passwort>
    <mail>ich@ich.de</mail>
    <datum>03.12.2002</datum>
    <zeit>15:19:50</zeit>
  </jspguru:user>
</userliste>
```

Dieser Abschnitt beschäftigt sich damit, wie Namensräume ausgelesen und erzeugt werden können.

6.13.1 Namensräume auslesen

Um Namensräume, d.h. das Präfix und die URL, auszulesen, bietet PHP in der Klasse `DomNode` zwei Methoden an:

- `prefix()`
- `namespace_uri()`

Die Methode `prefix()` liest das Präfix des Namensraums aus (im obigen Beispiel wäre dies jspguru), während die Methode `namespace_uri()` die URL des Namensraums (*http://www.jspguru.de/_set_d/index.html*) ermittelt. Die beiden Methoden können einfach eingesetzt werden, denn sie erwarten keinen Übergabeparameter:

```
<?php
 if(!$dom = domxml_open_file(dirname(__FILE__)."/
user_ns.xml",DOMXML_LOAD_DONT_KEEP_BLANKS)) {
  exit ("Fehler beim Parsen");
 }
 $root=$dom->document_element();
 $children=$root->child_nodes();
 $nr=count($children);
 for ($a=0; $a<$nr;$a++) {
  $node=$children[$a];
  print ("<hr>".$node->node_name());
  print ("<br>".$node->prefix());
  print ("<br>".$node->namespace_uri());
 }
?>
```

Der Code durchläuft alle `user`-Kinder des Wurzelelements userliste. Der Code gibt den Namen, das Präfix und die URL des Namensraums aus. Das Durchlaufen aller `user`-Kinder erfolgt hier durch eine `for`-Schleife. Alle Kinder wurden über die Methode `child_nodes()` festgestellt.

Vorsicht mit get_elements_by_tagname() bei Namensräumen!

Seien Sie sehr vorsichtig, wenn Sie die Methode `get_elements_by_tagname()` verwenden. Käme im Code dies zum Einsatz:

```
$children=$root->get_elements_by_tagname("user");
```

wäre das Array in $children leer. Die ist auch einsichtig, da ja die Methode sämtliche `<user>`-Tags ermittelt. Da aber alle Tags mit dem Namensraum jspguru versehen sind, werden keine Tags gefunden, da ein Tag `<jspguru:user>` nicht identisch mit `<user>` ist.

Nach dem DOM-Standard gibt es bei den Namensräumen eine spezielle Variante von `get_elements_by_tagname()`. Diese lautet in DOM `getElementsByTagNameNS()`. Diese Methode sollte bei Namensräumen eingesetzt werden. In PHP gibt es bis zur Version 4.3.6 keine entsprechende Methode[1], z.B. `get_elements_by_tagname_ns()`. Daher kann bei Namensräume `get_elements_by_tagname()` nicht eingesetzt werden. Erst mit PHP 5 ist die DOM-Methode `getElementsByTagNameNS()` verfügbar. Sind Sie jedoch an PHP 4.x gebunden, steht Ihnen die Möglichkeit offen, Abfragen mit Hilfe von XPath umzusetzen. Bei XPath kann anders als in DOM XML sehr wohl der Namensraum berücksichtigt werden (siehe Kapitel 7.1.2).

6.13.2 Namensräume setzen

Für das Erzeugen eines Namensraums bietet PHP gleich mehrere Methoden an:

- `create_element_ns()` der Klasse `DomDocument`.
- `add_namespace()` der Klasse `DomNode`.
- `set_namespace()` der Klasse `DomNode`.

Die erste Methode ist ein DOM-Standard, die beiden anderen Methoden sind nicht in DOM definiert, sondern eine eigene Entwicklung in PHP. Alle drei Methoden sind ab PHP 4.3.0 enthalten.

In die Datei *user.xml* soll ein neuer user-Knoten mit Namensraum hinzugefügt werden. Wie am Anfang dieses Abschnitts ist der Namensraum im Wurzelelement schon definiert:

```
<userliste xmlns:jspguru="http://www.jspguru.de/_set_d/
index.html">
```

Ein neuer user-Knoten mit Namensraum wird jetzt über die Methode `create_element_ns()` der Klasse `DomDocument` erzeugt und dieser wie bekannt eingehängt:

```
$user=$dom->create_element_ns ("http://www.jspguru.de/_set_d/
index.html", "user");
$node->insert_before($user,$node);
```

1. Redaktionsschluss des Buches: Ende Juli 2004

Das Interessante ist, wie das Element mit dem Namensraum erzeugt wird. Zuerst wird an `create_element_ns()` die URL des Namensraums übergeben, anschließend der Name des Tags. Das Präfix braucht hier nicht angegeben zu werden. Denn dieses wird jetzt korrekt von PHP gesetzt. PHP hat ja die XML-Datei mit der Namensraum-Definition im Wurzelelement geladen und geparst. PHP ordnet der Namensraum-URL das korrekte Präfix zu:

```
<jspguru:user id="1003" art="privat">
```

Alternativ könnten Sie auch als dritten Übergabeparameter an `create_element_ns()` das Präfix als String übergeben. Die Angabe hat aber bei einem definierten Namensraum keine Bedeutung, da sie von PHP gesetzt wird. Dies können Sie testen, in dem Sie ein falsches Präfix (z.B. `ttt`) als dritten Parameter übergeben. Das `user`-Element wird immer mit dem korrekten Präfix `jspguru` geschrieben.

Haben Sie noch keinen Namensraum definiert, dann können Sie `create_element_ns()` benutzen, um den kompletten Namensraum zu erstellen. Beim Parsen prüft der DOM-Parser auf die URLs und ordnet diese den Präfixen zu. Verwenden Sie in `create_element_ns()` eine URL, die noch nicht eingesetzt wurde, wird sofort ein neuer Namensraum erzeugt:

```
$user=$dom->create_element_ns ("http://www.xmlguru.de/start.php",
"user", "xmlguru");
```

Hier wird ein neues `user`-Element mit dem neuen Präfix `xmlguru` und der URL *http://www.xmlguru.de/start.php* erstellt:

```
<xmlguru:user xmlns:xmlguru="http://www.xmlguru.de/start.php">
```

Da die URL und das Präfix noch nicht genutzt wurden, geht der DOM-Parser von einer Namensraumdefinition aus und definiert den Namensraum über das Attribut `xmlns` mit dem entsprechenden Präfix und der URL.

Die beiden Methoden `add_namespace()` und `set_namespace()` erzeugen ebenfalls einen neuen Namensraum. Es ist den beiden Methoden egal, ob der Namensraum schon definiert wurde oder nicht – unter der angegebenen URL und dem Präfix wird immer ein neuer Namensraum definiert:

```
$user=$dom->create_element("user");
$user->set_namespace ("http://www.jspguru.de/_set_d/
index.html","jspguru");
```

Selbst wenn im Wurzelelement `userliste` der Namensraum mit dem Präfix `jspguru` schon vorhanden ist, erzeugt diese Methode einen neuen Namensraum im `user`-Element:

```
<jspguru:user xmlns:jspguru="http://www.jspguru.de/_set_d/
index.html">
```

Hinweis: Statt `add_namespace()` *bzw.* `set_namspace()` *kann auch die Funktion* `domxml_node_add_namespace()` *bzw.* `domxml_node_set_namespace()` *eingesetzt werden.*

Hinweis: Namensräume in Attributen unterstützt PHP bis 4.3.7 noch nicht.

6.14 HTML und XHTML statt XML in DOM XML

Mit Hilfe von DOM XML kann nicht nur XML erzeugt und verwendet werden, sondern auch HTML und XHTML. Das Arbeiten damit ist sehr ähnlich wie das Arbeiten mit XML. Das Hauptproblem beim Erzeugen von HTML mit DOM XML in PHP 4.x ist, dass die DTDs, die bei HTML und XHTML im `<!DOCTYPE>`-Tag verwendet werden, so nicht in DOM XML angegeben werden können. Es fehlt schlicht die Methode, über die dieses Tag erzeugt werden könnte. Daher ist es nötig, das HTML- oder XHTML-Dokument als String aufzubauen.

6.14.1 HTML erzeugen

Das HTML-Dokument wird als String erzeugt und anschließend geparst:

```
<?php
 $str='<!DOCTYPE html PUBLIC "-//W3C//DTD HTML 4.01 Transitional//
EN" "http://www.w3.org/TR/html4/loose.dtd">';
 $str.='<html><head>';
 $str.='<meta http-equiv="Content-Type" content="text/
html;charset=iso-8859-1"/>';
 $str.='<title>HTML</title></head>';
 $str.='<body>HTML mit DOM XML erzeugen';
 $str.='</body></html>';
 if(!$dom = domxml_open_mem($str)) {
  exit ("Fehler beim Parsen");
 }
 print(domxml_html_dump_mem($dom));
?>
```

In `$str` wird das gesamte HTML-Dokument aufgebaut. Das Dokument wird dann wie bekannt über die Funktion `domxml_open_mem()` geparst. Damit liegt es als Dokumentenbaum vor. Mit Hilfe von `domxml_html_dump_mem()` wird der Dokumentenbaum als Ausgabe an den Browser geschickt. Eine Speicherung des HTML-Dokuments können Sie zwar vornehmen, indem Sie die Methoden `domxml_dump_mem_file()` einsetzen. Jedoch erzeugt diese Funktion kein gültiges HTML 4.01, denn die Funktion fügt noch den bekannten XML-Prolog ein. Wenn Sie speichern möchten, dann müsste der Dokumentenbaum in einen String gewandelt (`domxml_html_dump_mem()`) und über die bekannten PHP-Funktionen `fwrite()` usw. gespeichert werden. Die ist natürlich ein kleiner Umweg, sodass das Erzeugen von XHTML wesentlich einfacher ist.

> *Hinweis: Sie können in dem HTML-Dokument auf das* `<!DOCTYPE>`*-Tag verzichten. Es wird ebenfalls anstandslos geparst. Jedoch handelt es sich dann nicht mehr um normgerechtes HTML. Nach dem gültigen HTML 4.01-Standard des W3-Konsortiums[1] muss das HTML-Dokument über ein* `<!DOCTYPE>`*-Tag verfügen.*

1. *http://www.w3.org/TR/html4/*

Auch beim Erzeugen von HTML besteht das Problem der Umlaute und Sonderzeichen aus ISO-8859-1, wie bei den XML-Dokumenten. Zwar wird hier im `<meta>`-Tag der ISO-8859-1-Zeichensatz angebenen, jedoch gilt dieser für die Auslieferung an den Browser, aber nicht für die Eingabe und die Übergabe der Daten an den Parser. Dies muss wie bei XML-Dokumenten und -Dateien in UTF-8 erfolgen, z.B.:

```
$str.='<body>HTML mit DOM XML erzeugen<br>';
$str.=utf8_encode("Änderungen für HTML");
$str.='</body></html>';
```

Die Umlaute werden korrekt nach UTF-8 codiert. Damit erhält der Parser die korrekten Eingaben. Die Ausgabe im Browser erfolgt dagegen korrekt in ISO-8859-1.

6.14.2 XHTML erzeugen

Das Erzeugen eines XHTML-Dokuments über den Dokumentenbaum mit Hilfe der Funktion `domxml_new_doc()` scheitert leider auch, weil das für XHTML benötigte `<!DOCTYPE>`-Tag von DOM XML nicht erzeugt werden kann (es gibt keine Methode dafür). Daher bleibt nur das Erzeugen über einen String:

```
<?php
 $str='<?xml version="1.0"?>';
 $str.='<!DOCTYPE html PUBLIC "-//W3C//DTD XHTML 1.0 Strict//EN"
"http://www.w3.org/TR/xhtml1/DTD/strict.dtd">';
 $str.='<html xmlns="http://www.w3.org/TR/xhtml1"><head>';
 $str.='<meta http-equiv="Content-Type" content="text/html;
charset=iso-8859-1"/>';
 $str.='<title>XHTML 1.0</title></head>';
 $str.='<body>XHTML 1.0 mit DOM XML erzeugen';
 $str.=utf8_encode("Änderungen für XHTML");
 $str.='</body></html>';
 if(!$dom = domxml_open_mem($str)) {
  exit ("Fehler beim Parsen");
 }
 domxml_dump_mem_file($dom, dirname(__FILE__)."/ausgabe.html");
 print(domxml_html_dump_mem($dom));
?>
```

In `$str` wird das XHTML-Dokument aufgebaut. Dazu muss zuerst der XML-Prolog notiert werden und anschließend das entsprechende `<!DOCTYPE>`-Tag für XHTML 1.0. Alles weitere ist bekannt. In dem Code wird eine Speicherung in einer Datei vorgenommen und gleichzeitig die Ausgabe im Browser vorgenommen.

Wenn Sie ein XHTML 1.1-Dokument aufbauen möchten, müssen Sie nur ein etwas verändertes `<!DOCTYPE>`-Tag einsetzen:

```
<!DOCTYPE html PUBLIC "-//W3C//DTD XHTML 1.1//EN" "http://
www.w3.org/TR/xhtml11/DTD/xhtml11.dtd">
```

6.14.3 Laden und Parsen von HTML und XHTML

Das Laden und Parsen von HTML- und XHTML-Dateien geht ähnlich wie bei XML-Dokumenten vonstatten:

```
$dom=domxml_open_file (dirname(__FILE__)."/ausgabe.html");
```

Sie können auch eine Fehlerauswertung durchführen, indem Sie wie bekannt einen zweiten und dritten Übergabeparameter verwenden:

```
$dom=domxml_open_file (dirname(__FILE__)."/ausgabe.html",
DOMXML_LOAD_DONT_KEEP_BLANKS, $error);
```

Nach dem erfolgreichen Laden und Parsen steht das HTML- oder XHTML-Dokument als Dokumentenbaum bereit und kann über die bekannten DOM XML-Methoden angesprochen werden (z.B. `get_root()`, `first_child()`, `get_elements_by_tagname()` usw). Beispielsweise soll diese einfache HTML-Datei eingelesen werden:

```
<!DOCTYPE html PUBLIC "-//W3C//DTD HTML 4.01 Transitional//EN"
"http://www.w3.org/TR/html4/loose.dtd">
<html>
<head>
<meta http-equiv="Content-Type" content="text/html;charset=iso-
8859-1"/>
<title>HTML</title>
</head>
<body>HTML mit DOM XML erzeugen
</body>
</html>
```

Der nachfolgende Code gibt den Namen des Wurzelelements und des ersten Kindes im Browser aus:

```
<?php
  if(!$dom =@domxml_open_file(dirname(__FILE__)."/ausgabe.html",
DOMXML_LOAD_DONT_KEEP_BLANKS, $error)) {
  exit ("Fehler beim Parsen");
  }
  $root=$dom->get_root();
  print ($root->node_name());
  $head=$root->first_child();
  print ("<br>".$head->node_name());
?>
```

Im PHP-Code kommen die bekannten Methoden `get_root()` aus `DomDocument` und `first_child()` sowie `node_name()` aus `DomNode` zum Einsatz.

> *Hinweis: Beachten Sie, dass Umlaute und Sonderzeichen aus ISO-8859-1 in der HTML-Datei in UTF-8 vorliegen müssen, obwohl dort ISO-8859-1 im `<meta>`-Tag angegeben ist. Dies liegt - wie schon mehrfach betont - am Parser in DOM XML, der die Eingabe als UTF-8 erwartet.*

6.14.4 Elemente erzeugen und im Dokumentenbaum einhängen

Liegt Ihnen das HTML- oder XHTML-Dokument als Dokumentenbaum vor, können Sie in den Dokumentenbaum neue Elemente erzeugen und einhängen (create_element(), append_child(), insert_before()), entfernen (remove_child(), replace_child(), replace_node(), unlink(), unlink_node()) oder kopieren (imported_node(), clone_node()). Dieses Vorgehen unterscheidet sich nicht von dem Vorgehen für XML-Dokumente. Das nachfolgende Beispiel verwendet eine HTML-Datei und fügt innerhalb von <body> ... </body> weitere HTML-Tags ein.

```
<?php
 if(!$dom =@domxml_open_file(dirname(__FILE__)."/ausgabe.html",
DOMXML_LOAD_DONT_KEEP_BLANKS, $error)) {
   exit ("Fehler beim Parsen");
 }
 $nodes=$dom->get_elements_by_tagname("body");
 $body=$nodes[0];
 $h1=$dom->create_element("h1");
 $txt=$dom->create_text_node("Ein Tag von DOM XML aus erzeugen");
 $h1->append_child($txt);
 $body->append_child($h1);
 $hr=$dom->create_element("hr");
 $body->insert_before($hr,$h1);
 print(domxml_html_dump_mem($dom));
?>
```

Nachdem Laden und Parsen wird über get_elements_by_tagname() das <body>-Tag ermittelt. In einem HTML- oder XHTML-Dokument kann es ja nur ein Tag dieses Namens geben. Anschließend wird ein <h1>-Tag über create_element() erzeugt, das einen Textknoten enthält, der über create_text_node() erstellt wird. Verwenden Sie im Textknoten Umlaute und Sonderzeichen aus ISO-8859-1, müssen diese über utf8_encode() nach UTF-8 codiert werden, damit der Parser die Eingabe korrekt lesen kann. Beide Knoten werden über append_child() eingehängt. Zum Schluss wird noch ein <hr>-Tag erzeugt, dass über insert_before() vor dem <h1>-Tag eingefügt wird.

7 XPath und XInclude in PHP 4.x

Dieses Kapitel befasst sich speziell mit der Unterstützung von XPath und XInclude in PHP 4.x. Mit PHP 5 ist die Unterstützung von XPath komplett abgeändert worden. XPath in PHP 5 finden Sie in Kapitel 8.10.

7.1 XPath

In DOM XML existiert ein einfacher XPath-Support. Mittels XPath können die XML-Elemente angesprochen und ausgelesen werden. Normalerweise kommt XPath sehr häufig bei XSLT zum Einsatz. In DOM XML kann XPath genutzt werden, um auf einem ähnlichen Weg wie `get_elements_by_tagname()`, `child_nodes()` usw. bestimmte Elemente auszulesen.

Die aktuelle Version von XPath ist 1.0, die im November 1999 als Standard vom W3-Konsortium verabschiedet wurde[1]. Die Version 2.0 ist bis zum Redaktionsschluss des Buches (Ende Juli 2004) noch in Arbeit.

> *Hinweis: Wenn Sie die DOM XML-Bibliothek installieren, steht direkt der XPath- und XInclude-Support zur Verfügung. Die Installation von DOM XML innerhalb von PHP ist für die Betriebssysteme Windows, Linux, UNIX und Mac OS X in Anhang H beschrieben.*

7.1.1 Einfache XPath-Abfragen

Das allgemeine Vorgehen ist zunächst etwas anders als in DOM. Eine XPath-Abfrage wird in mehreren Schritten erstellt: Zuerst muss ein neuer XPath-Kontext angelegt werden. Über diesen wird dann die Abfrage mittels einer Funktion gestellt. Der Rückgabewert der XPath-Abfrage ist ein Objekt der Klasse `XPathContext` und kann ausgewertet werden. Es handelt sich um ein Array, das die gefundenen XML-Elemente der Klasse `DomElement` (wenn es sich um Elemente handelt) oder `DomAttribute` (wenn es sich um Attribute handelt) enthält.

Zur Demonstration kommt ein einfaches Beispiel zum Einsatz. Folgende XML-Datei soll mittels XPath abgefragt werden:

1. *http://www.w3.org/TR/xpath*

```
<?xml version="1.0" encoding="iso-8859-1"?>
<animationen>
 <banner>
  <datum>20.08.2004</datum>
  <bannertext>Wir haben neue Produkte in unserem Onlineshop -
schauen Sie gleich mal rein!</bannertext>
  <bannerlink>shop.html</bannerlink>
  <bannerimage></bannerimage>
 </banner>
 <banner>
  <datum>21.08.2004</datum>
  <bannertext>Wir haben neue Diskussionsforen aufgesetzt:
  </bannertext>
  <bannerlink>forum.html</bannerlink>
  <bannerimage>bild.png</bannerimage>
 </banner>
</animationen>
```

Die XML-Datei enthält unterhalb des Wurzelelements `animationen` zwei `banner`-Elemente. Diese repräsentieren ein Banner, inklusive Datum (`<datum>`), dem Text (`<bannertext>`), dem Link (`<bannerlink>`) und einer eventuell vorhandenen Grafik (`<bannerimage>`).

Für den Anfang soll der Bannertext ausgelesen werden. Mit Hilfe von DOM kann dies über die Methode `get_elements_by_tagname("bannertext")` geschehen. Der Rückgabewert ist ein Array von Objekten der Klasse `DomNode`. In XPath sieht dies etwas anders aus. Mit Hilfe von DOM wird die XML-Datei zuerst wie bekannt geladen und geparst:

```
<?php
 $dom = domxml_open_file(dirname(__FILE__)."/banner.xml",
DOMXML_LOAD_DONT_KEEP_BLANKS);
 $expr="/animationen/banner/bannertext";
 $xpth = xpath_new_context($dom);
 $xnode = xpath_eval($xpth,$expr);
 for ($a=0;$a<count($xnode->nodeset);$a++) {
  $firstnode = $xnode->nodeset[$a];
  $child = $firstnode->first_child();
  $value = $child->node_value();
  print ("<br>".utf8_decode($value));
 }
?>
```

Um XPath einsetzen zu können, muss die XML-Datei mit Hilfe von DOM geladen und geparst werden. Die XML-Datei muss als DOM-Dokumentenbaum vorliegen, um diese mittels XPath abfragen zu können. Nach dem Laden und Parsen wird die XPath-Abfrage als String formuliert:

```
$expr="/animationen/banner/bannertext";
```

Sämtliche `bannertext`-Elemente sollen ermittelt werden, die sich unterhalb von `animationen` als Kind von `banner` befinden. Dann wird ein Abfragekontext über die PHP-Funktion `xpath_new_context()` erstellt:

```
$xpth = xpath_new_context($dom);
```

An die Funktion wird das `DomDocument`-Objekt übergeben. Der Rückgabewert der Funktion ist ein Objekt der Klasse `XPathContext`. XPath-Abfragen können nur auf diesen erzeugten XPath-Kontext und damit auf ein Objekt der Klasse `XPathContext` angewendet werden und nicht direkt auf das `DomDocument`-Objekt. Im nächsten Schritt wird die XPath-Abfrage ausgeführt:

```
$xnode = xpath_eval($xpth,$expr);
```

An die Funktion `xpath_eval()` wird der soeben erzeugte XPath-Kontext übergeben. Der zweite Übergabeparameter ist der String mit der konkreten XPath-Abfrage. Der Rückgabewert der Funktion ist ein Array. Dieses enthält jetzt alle gefundenen Elemente als Objekte der Klassen `DomElement` oder `DomNode`, die den Namen `bannertext` tragen. Diese gefundenen Elemente sind wie ein einem Array angeordnet. Sie sind jetzt über die Eigenschaft `nodeset` der Klasse `XPathContext` zugänglich. Die Eigenschaft `nodeset` ist das eigentliche Array, in dem sich die einzelnen Elemente befinden. Durch die Angabe der Indexnummer können die einzelnen Elemente ausgelesen werden:

```
$text1=$xnode->nodeset[0];
$text2=$xnode->nodeset[1];
```

`nodeset[i]` gibt konkret ein Objekt der Klasse `DomElement` zurück, sodass durch die bekannten Methoden von `DomElement` und `DomNode` der Inhalt ausgelesen werden kann:

```
$child=$text1->first_child();
$value=$child->node_value();
```

Da aber unter Umständen nicht genau bekannt sein kann, wieviel gefundene Elemente vorliegen, kann eine `for`-Schleife durchlaufen werden. Die `count()`-Funktion zählt die Elemente in `nodeset` durch:

```
for ($a=0;$a<count($xnode->nodeset);$a++) {
  $firstnode = $xnode->nodeset[$a];
  $child = $firstnode->first_child();
  $value = $child->node_value();
  print ("<br>".utf8_decode($value));
}
```

Beachten Sie, dass auch bei der Arbeit mit XPath Umlaute und Sonderzeichen in UTF-8 vorliegen. Selbst wenn die Umlaute in der XML-Datei gemäß ISO-8859-1 notiert sind, wandelt der Parser diese in UTF-8 um. Im Dokumentenbaum liegen Sie dann in UTF-8 vor, sodass auch hier über `utf8_decode()` eine korrekte Darstellung bei der Ausgabe erhalten wird.

> *Hinweis: Statt der Funktion `xpath_eval()` steht auch die Funktion `xpath_eval_expression()` zur Verfügung. Beide Funktionen arbeiten identisch.*

7.1.2 Namensräume in XPath-Abfragen

Sollten Sie Namensräume verwenden, muss vor der XPath-Abfrage der Namensraum für den XPath-Kontext registriert werden:

```
$xpth = xpath_new_context($dom);
$xpath=xpath_register_ns($xpth,'abc','http://www.xmlguru.de/
banner/banner.php');
$expr="/animationen/abc:banner/abc:bannertext ";
$xnode = xpath_eval($xpth,$expr);
```

Das Registrieren des Namensraums erfolgt über die Funktion `xpath_reghister_ns()`. Der erste Übergabeparameter gibt den XPath-Kontext an, der zweite das Präfix des Namensraums und der dritte Parameter ist die URI des Namensraums. In der XPath-Abfrage muss dann das gewünschte Tag mit dem Präfix notiert werden.

7.1.3 Attribute mit Hilfe von XPath abfragen

Das Abfragen von Attributen erfolgt ebenfalls sehr einfach. Das Verfahren über `xpath_new_context()` und `xpath_eval()` bleibt gleich. Der einzige Unterschied besteht in der konkreten XPath-Abfrage. Attribute werden wie in XPath üblich über `@` ausgelesen. Jedes `banner`-Element verfügt über zwei Attribute (`nr` und `publish`). Um alle `nr`-Attribute aller `banner`-Elemente auszulesen, muss nur diese XPath-Abfrage abgeändert werden:

```
$expr="/animationen/banner/@nr";
```

Wird die Abfrage über `xpath_eval()` ausgeführt, liegen in dem Rückgabewert die gefundenen `nr`-Attribute aller `banner`-Elemente vor. Das Auslesen erfolgt wie im letzten Abschnitt über `nodeset`. Der Rückgabewert von `nodeset` ist jedoch anders. Da es sich um Attribute handelt, ist der Rückgabewert ein Objekt der Klasse `DomAttribute`. Der Inhalt lässt sich ebenfalls über die Methode `node_value()` auslesen, da ja `DomAttribute` von `DomNode` abgeleitet ist.

Statt der verkürzten XPath-Schreibweise über das `@`-Symbol kann ein Attribut auch über die XPath-Anweisung `attribute` ausgelesen werden:

```
$expr="/animationen/banner/attribute::nr";
```

Dies hat den gleichen Effekt wie `@nr`. Sind die Attributnamen nicht bekannt, kann die XPath-Anweisung `attribute` mit der Wildcard versehen werden:

```
$expr="/animationen/banner/attribute::*";
```

Dies liest sämtliche Attribute aller `banner`-Elemente aus.

7.1.4 Unterstützte XPath-Anweisungen

In der nachfolgenden Tabelle finden Sie einen Überblick über die XPath-Elemente, die in DOM XML unterstützt werden.

XPath-Anweisung	Beschreibung und Beispiel

ancestor	Die übergeordneten Elemente des aktuellen Knotens, ohne den Knoten selbst. Beispiel:
	`$xpth = xpath_new_context($dom);`
	`$expr="/animationen/banner/bannertext/ancestor::*";`
	`$xnode = xpath_eval($xpth,$expr);`

ancestor-or-self	Die übergeordneten Elemente des aktuellen Knotens, inklusive des Knotens selbst. Beispiel:
	`$xpth = xpath_new_context($dom);`
	`$expr="/animationen/banner/bannertext/ancestor-or-self::*";`
	`$xnode = xpath_eval($xpth,$expr);`

attribute	Ermittelt sämtliche Attribute des aktuellen Knotens. Durch die Angabe der Wildcard werden sämtliche Attribute ermittelt. Statt der Wildcard kann auch nur der gewünschte Attributname angegeben werden. Beispiel:
	`$xpth = xpath_new_context($dom);`
	`$expr="/animationen/banner/attribute::*";`
	`$xnode = xpath_eval($xpth,$expr);`

child	Die Kinder des aktuellen Knotens. Das Beispiel ermittelt sämtliche Kinder des banner-Elements:
	`$xpth = xpath_new_context($dom);`
	`$expr= "/animationen/banner/child::*";`
	`$xnode = xpath_eval($xpth,$expr);`

descendant	Alle Kinder des aktuellen Knoten (und deren Kinder) ohne den aktuellen Knoten. Beispiel:
	`$xpth = xpath_new_context($dom);`
	`$expr ="/animationen/descendant::*" ;`
	`$xnode = xpath_eval($xpth,$expr);`

descendant-or-self	Alle Kinder des aktuellen Knoten (und deren Kinder) und der aktuelle Knoten selbst. Beispiel:
	`$xpth = xpath_new_context($dom);`
	`$expr ="/animationen/descendant-or-self::*" ;`
	`$xnode = xpath_eval($xpth,$expr);`

following	Alle nachfolgenden Knoten des aktuellen Knotens. Das Beispiel gibt `bannerlink` und `bannerimage` des ersten `banner`-Knotens aus und den kompletten zweiten `banner`-Knoten:
	`$xpth = xpath_new_context($dom);`
	`$expr="/animationen/banner/bannertext/following::*";`
	`$xnode = xpath_eval($xpth,$expr);`

Tabelle 7.1: Die unterstützten XPath-Anweisungen von DOM XML in PHP 4.x

XPath-Anweisung	**Beschreibung und Beispiel**

following-sibling	Alle nachfolgenden Knoten des aktuellen Knotens, die sich auf einer Ebene befinden und die das gleiche Elternteil besitzen. Das Beispiel gibt die Geschwisterelemente des `bannertext`-Elements aus (nur `bannerlink` und `bannerimage`, nicht `datum` sowie auch nicht das zweite `banner`-Element):
	`$xpth = xpath_new_context($dom);`
	`$expr="/animationen/banner/bannertext/following-sibling::*";`
	`$xnode = xpath_eval($xpth,$expr);`

parent	Das direkte Elternteil des aktuellen Knotens, ohne den aktuellen Knoten selbst. Das Beispiel ermittelt den Elternteil des `datum`-Elements:
	`$xpth = xpath_new_context($dom);`
	`$expr="/animationen/banner/datum/parent::*";`
	`$xnode = xpath_eval($xpth,$expr);`

preceding	Alle vorhergehenden Knoten des aktuellen Knotens, ohne den aktuellen Knoten und dessen Vorfahren.
	`$xpth = xpath_new_context($dom);`
	`$expr="/animationen/banner/bannertext/preceding::*";`
	`$xnode = xpath_eval($xpth,$expr);`

preceding-sibling	Alle vorhergehenden Knoten des aktuellen Knotens, die sich auf einer Ebene befinden und die das gleiche Elternteil besitzen. Das Beispiel gibt die Geschwisterelemente des `bannertext`-Elements aus (nur `datum`, nicht `bannerlink` und `bannerimage`):
	`$xpth = xpath_new_context($dom);`
	`$expr="/animationen/banner/bannertext/preceding-sibling::*";`
	`$xnode = xpath_eval($xpth,$expr);`

self	Der aktuelle Knoten selbst. Beispiel:
	`$xpth = xpath_new_context($dom);`
	`$expr="/animationen/banner/bannertext/self::*";`
	`$xnode = xpath_eval($xpth,$expr);`

Tabelle 7.1: Die unterstützten XPath-Anweisungen von DOM XML in PHP 4.x (Forts.)

XPath-Funktion	Beschreibung und Beispiel

boolean(expr)	Liefert `true` oder `false` zurück. Bei Zahlen wird `false` zurück geben, wenn der Wert 0 oder NaN ist, ansonsten `true`. Bei Strings ist der Rückgabewert `true`, solange der String nicht leer ist. Bei Elementen ist der Rückgabewert ebenfalls `true`, solange das Element nicht leer ist. Beispiel:
	`$xpth = xpath_new_context($dom);`
	`$expr="boolean('/animationen')";`
	`$xnode = xpath_eval($xpth,$expr);`

ceiling(value)	Ermittelt die nächsthöhere Ganzzahl von Zahl. Ist Zahl eine Ganzzahl, ist der Rückgabewert der Methode gleich dieser Ganzzahl. Das nachfolgende Beispiel liefert -3 zurück:
	`$xpth = xpath_new_context($dom);`
	`$expr="ceiling(-3.7) ";`
	`$xnode = xpath_eval($xpth,$expr);`

count(expr)	Liefert die Anzahl der Elemente gemäß der XPath-Abfrage in `expr` zurück. Beispiel:
	`$xpth = xpath_new_context($dom);`
	`$expr="count(/animationen/banner)";`
	`$xnode = xpath_eval($xpth,$expr);`

false()	Liefert `false` zurück. Die Funktion besitzt keinen Übergabeparameter. Beispiel:
	`$xpth = xpath_new_context($dom);`
	`$expr="false()";`
	`$xnode = xpath_eval($xpth,$expr);`

floor(value)	Ermittelt die nächstniedrigere Ganzzahl von Zahl. Ist Zahl eine Ganzzahl, ist der Rückgabewert der Methode gleich dieser Ganzzahl. Das nachfolgende Beispiel liefert -4 zurück:
	`$xpth = xpath_new_context($dom);`
	`$expr="floor(-3.7)";`
	`$xnode = xpath_eval($xpth,$expr);`

id(value)	Liefert ein Element zurück, das das `id`-Attribut mit dem Wert `value` besitzt. Das XML-Dokument muss eine DTD besitzen, in der das `id`-Attribut vom Typ `ID` für das Element definiert ist. Gleichzeitig muss beim Laden des XML-Dokuments die XML-Datei gegen die DTD validiert werden, damit die `id()`-Funktion eingesetzt werden kann. Beispiel:
	`$dom = domxml_open_file(dirname(__FILE__)."/`
	`news.xml", DOMXML_LOAD_VALIDATING);`
	`$expr="id('nr486')";`
	`$xpth = xpath_new_context($dom);`
	`$xnode = xpath_eval($xpth,$expr);`

Tabelle 7.2: Die unterstützten XPath-Funktionen von DOM XML in PHP 4.x

lang (value)	Gibt `true` zurück, wenn die Sprache, die über `value` angegeben wird, mit der Sprache im Attribut `xml:lang` des Elements identisch ist. Beispiel:
	`$expr="lang('de')";`
	`$xpth = xpath_new_context($dom);`
	`$xnode = xpath_eval($xpth,$expr);`

local-name(expr)	Liefert den lokalen Namen des ersten Elements gemäß der XPath-Abfrage in `expr` zurück. Besitzt das Element einen Namensraum, gibt die Funktion den Elementnamen ohne Präfix zurück. Wird der Übergabeparameter weggelassen, gibt die Funktion den Elementnamen des Wurzelelements zurück. Der Rückgabewert des nachfolgenden Beispiels ist `banner`:
	`$xpth = xpath_new_context($dom);`
	`$expr="local-name(/animationen/banner)";`
	`$xnode = xpath_eval($xpth,$expr);`

name(expr)	Liefert den qualifizierten Namen des ersten Elements gemäß der XPath-Abfrage in `expr` zurück. Besitzt das Element einen Namensraum, gibt die Funktion den Elementnamen inklusive Präfix zurück. Wird der Übergabeparameter weggelassen, gibt die Funktion den Elementnamen des Wurzelelements zurück. Beispiel:
	`$xpth = xpath_new_context($dom);`
	`$expr="name(/animationen/ptf:banner)";`
	`$xnode = xpath_eval($xpth,$expr);`

namespace-uri(expr)	Liefert die URI des Namensraums des ersten Elements gemäß der XPath-Abfrage in `expr` zurück. Wird der Übergabeparameter weggelassen, gibt die Funktion die URI des Namensraums des Wurzelelements zurück (wenn das Wurzelelement einen Namensraum besitzt). Beispiel:
	`$xpth = xpath_new_context($dom);`
	`$expr="name(/animationen/ptf:banner)";`
	`$xnode = xpath_eval($xpth,$expr);`

not(expr)	Liefert `false` zurück, wenn der Übergabeparameter `expr` korrekt ist, andernfalls `true`. Das nachfolgende Beispiel liefert `false` zurück:
	`$xpth = xpath_new_context($dom);`
	`$expr="not('/animationen')";`
	`$xnode = xpath_eval($xpth,$expr);`

Tabelle 7.2: Die unterstützten XPath-Funktionen von DOM XML in PHP 4.x (Forts.)

number (value)	Liefert eine Zahl zurück, die sich in dem Übergabeparameter `value` befindet. Sollte sich in `value` eine Zeichenkette befinden, die keine Ziffern enthält, ist der Rückgabewert NaN (Not a Number). Das nachfolgende Beispiel gibt NaN zurück:
	`$xpth = xpath_new_context($dom);`
	`$expr="number('hallo')";`
	`$xnode = xpath_eval($xpth,$expr);`

round(value)	Ermittelt die am nächsten liegende Ganzzahl von Zahl, wobei kaufmännisch gerundet wird. Ist Zahl eine Ganzzahl, ist der Rückgabewert der Methode gleich dieser Ganzzahl. Das nachfolgende Beispiel liefert -3 zurück:
	`$xpth = xpath_new_context($dom);`
	`$expr="round(-3.7)";`
	`$xnode = xpath_eval($xpth,$expr);`

sum(expr)	Liefert die Summe sämtlicher Zahlenwerte in den Elementen, die in der XPath-Abfrage `expr` angegeben sind. Dabei muss es sich um echte Zahlen handeln. Sobald sich Zeichenfolgen zusätzlich in den Elementen befinden, kann eine Summe nicht gebildet werden (der Rückgabewert wäre dann NaN). Beispiel:
	`$xpth = xpath_new_context($dom);`
	`$expr="sum(/animationen/banner/bannervalue)";`
	`$xnode = xpath_eval($xpth,$expr);`

true()	Liefert `true` zurück. Die Funktion besitzt keinen Übergabeparammeter. Beispiel:
	`$xpth = xpath_new_context($dom);`
	`$expr="true()";`
	`$xnode = xpath_eval($xpth,$expr);`

Tabelle 7.2: Die unterstützten XPath-Funktionen von DOM XML in PHP 4.x (Forts.)

7.2 XInclude

In kleinem Maße unterstützt PHP 4.x auch XInclude. Bis zum Redaktionsschluss dieses Buches (Ende Juli 2004) war XInclude vom W3-Konsortium noch nicht als Standard verabschiedet[1]. Mit Hilfe von XInclude können externe XML-Dateien in eine XML-Datei eingebunden werden. XInclude gibt Referenzen auf die externen XML-Dateien an. Über eine (proprietäre) Methode der Klasse `DomDocument` können die Referenzen ausgeführt und die externen Dokumente in das aktuelle Dokument geladen werden. Dies ist sehr praktisch, um beispielsweise mehrere XML-Dokumente zu einem XML-Dokument zusammenzufügen.

1. *http://www.w3.org/TR/xinclude/*

Die nachfolgende Beispiel enthält zwei Referenzen XML-Dateien:

```
<?xml version="1.0"?>
<document xmlns:xi="http://www.w3.org/2001/XInclude">
 <xi:include href="datei1.xml">
  <xi:fallback>
   <error>xinclude error: Datei nicht gefunden</error>
  </xi:fallback>
 </xi:include>
 <xi:include href="datei2.xml">
  <xi:fallback>
   <error> xinclude error: Datei nicht gefunden </error>
  </xi:fallback>
 </xi:include>
</document>
```

Im Wurzelelement `document` wird der XInlcude-Namensraum angegeben. Im `href`-Attribut der beiden `xi:include`-Elemente werden die beiden XML-Dateien angegeben. Statt den hier verwendeten lokalen Dateien können Sie natürlich auch URLs angeben. Die Inhalte dieser beiden XML-Dateien sollen in die aktuelle XML-Datei eingebunden werden. Sollten die beiden Dateien nicht vorhanden sein, wird der Inhalt von `<xi:fallback>` ausgeführt.

Das Einfügen der beiden Dateien erfolgt über die Methode `xinclude()` der Klasse `DomDocument`. Diese Methode ist kein DOM-Standard. Der nachfolgende PHP-Code lädt und parst die XML-Datei und veranlasst anschließend den Parser, die XInclude-Anweisungen auszuführen:

```
<?php
 if(!$dom=domxml_open_file(dirname(__FILE__)."/incl.xml")) {
  exit ("Fehler beim Parsen");
 }
 $dom->xinclude();
 print(htmlentities($dom->dump_mem()));
?>
```

Testweise wird das neue XML-Dokument über `print()` ausgegeben, das nun beide externen XML-Dateien enthält. Die Methode `xinclude()` filtert den XML-Prolog aus den beiden externen XML-Dateien heraus. Probleme mit doppeltem Wurzelelement (aus den beiden externen XML-Dateien) kann es nicht geben, da die XML-Datei *incl.xml*, die die beiden XML-Dateien einbindet, über ein eigenes Wurzelelement verfügt. Das Wurzelelement der externen XML-Datei *datei1.xml* wird als Kind des Wurzelelements `document` in *incl.xml* eingefügt. Dies gilt auch für die zweite externe Datei *datei2.xml*. Deren Wurzelelement wird ebenfalls als Kind von `document` eingehängt. Die beiden Dateien *datei1.xml* und *datei2.xml* werden immer aus dem aktuellen Pfad geladen, in dem sich die Datei *incl.xml* mit den XInclude-Anweisungen befindet. Die Angabe im `href`-Attribut von `<xi:inlcude>` bezieht sich immer auf diesen Pfad, es sei denn, Sie geben im `href`-

Attribut einen anderen Pfad oder eine absolute Adresse an (z.B `<xi:include href="http://www.xmlguru.de/xml/test.xml">`).

Jedoch gibt es jetzt ein Problem: Die einzelnen Elemente der beiden eingefügten XML-Dateien sind über DOM nicht zugänglich. Die Inhalte der beiden XML-Dateien wurden nur eingefügt und nicht hierarchisch in den XML-Dokumentenbaum eingehängt. Sollten Sie jetzt auf das ehemalige erste Wurzelelement der ersten externen Datei zugreifen wollen, kann es nicht angesprochen werden:

```
$root=$dom->document_element();
$children=$root->child_nodes();
$nr=count($children);
print ($nr);
```

Diese Ausgabe ergibt jetzt hier nicht die gewünschte Zahl zwei (für die beiden ehemaligen Wurzelelemente der Dateien), sondern gar nichts. Dies liegt daran, dass die XML-Datei, die die beiden Dateien eingebunden hat, nach dem erfolgreichen Einfügen über keine eigenen Kinder verfügt. Die beiden ehemaligen Wurzelelemente sollen zwar die Kinder werden, jedoch hat der XML-Parser über XInclude diese beiden Dateien nicht geparst. Es ist daher nötig, das mit XInclude erstellte Dokument erneut zu parsen. Dies kann man einerseits erreichen, indem man über die Methode `dump_mem()` der Klasse `DomDocument` das XML-Dokument als String zurück gibt und dann erneut über die Methode `domxml_open_mem()` parst:

```
<?php
 if(!$dom=domxml_open_file(dirname(__FILE__)."/
incl.xml",DOMXML_LOAD_DONT_KEEP_BLANKS)) {
   exit ("Fehler beim Parsen");
 }
 $dom->xinclude();
 $doc=$dom->dump_mem(true,"iso-8859-1");
 $dom->free();
 if(!$dom=domxml_open_mem($doc,DOMXML_LOAD_DONT_KEEP_BLANKS)) {
   exit ("Fehler beim Parsen");
 }
 $root=$dom->document_element();
 $children=$root->child_nodes();
 $nr=count($children);
 print ($nr);
 $child=$root->first_child();
 print ("<br>".$child->node_name());
 $dom->free();
?>
```

Über die Zeile

```
$doc=$dom->dump_mem(true,"iso-8859-1");
```

erhalten Sie das aktuelle XML-Dokument mit den eingefügten XML-Dateien als String zurück, das Sie anschließend über `domxml_open_mem()` erneut parsen müssen. Jetzt erfolgt auch die erwartete Ausgabe, d.h. das XML-Dokument verfügt über zwei Kinder (die ehemaligen Wurzelelemente).

Hinweis: Statt `dump_mem()` *können Sie das XML-Dokument über die Methode* `dump_file()` *unter einem neuen Namen speichern, und satt* `domxml_open_mem()` *die gespeicherte Datei über* `domxml_open_file()` *erneut einlesen.*

Jetzt ist ein Zugriff auf die einzelnen Kinder (d.h. die ehemaligen Wurzelelemente) wie bekannt über die Klassen und Methoden von DOM XML in PHP 4.x möglich.

Hinweis: In PHP 5 ist die Methode `xinclude()` *weiterhin enthalten, nur das Verhalten hat sich verändert. Ein zweites Parsen ist in PHP 5 nicht mehr nötig. Mehr dazu in Kapitel 8.11.*

8 DOM XML in PHP 5

Die DOM-Bibliothek wurde mit PHP 5 einem kompletten Redesign unterzogen. In PHP 4.x kamen mit jeder neuen PHP-Version neue Funktionen oder Methoden hinzu. Dadurch ist DOM wild gewachsen und es wurde ein bisschen unübersichtlich. DOM in PHP 5 ist wie ein Paukenschlag: Die DOM-Bibliothek bietet eine bessere Kompatibilität zum DOM-Standard des W3-Konsortiums. PHP 5 unterstützt dabei DOM Level 1 und 2 sowie Teile von Level 3 (das noch nicht als Standard verabschiedet wurde[1]).

Ein weiteres Hauptmanko in PHP 4.x war das Fehlen von Namensräumen. Es standen keine Methoden zur Verfügung, die bei Namensräumen eingesetzt werden können. So fehlte beispielsweise in PHP 4.x die mit DOM Level 2 eingeführte Methode `getElementsByTagNameNS()`. PHP 5 ist dagegen ein großer Schritt. Die Namensräume werden durch entsprechende Methoden unterstützt, auch die Methode `getElementsByTagNameNS()` steht nur in PHP 5 zur Verfügung.

Komplett neu ist auch das Laden und Speichern von XML-Dokumenten. Dieses wurde komplett gegen neue Methoden ausgetauscht, sodass der alte Code nicht verwendet werden kann. Auch der Support von XML Schema, der in PHP 4.x fehlte, ist mit PHP 5 verfügbar. PHP 5 kann jetzt gegen eine DTD, gegen XML Schema und auch gegen Relax NG validieren. Insbesondere der Support von XML Schema ist sehr positiv, da mittlerweile XML Schema sehr stark im Einsatz ist und eine breite Umstellung von DTD auf Schema stattgefunden hat.

Sehr positiv ist auch die Installation von DOM. War in PHP 4.x die DOM-Bibliothek noch eine Extension, so ist DOM in PHP 5 jetzt fester Bestandteil der Installation und muss nicht mehr nachträglich installiert werden. DOM ist eine Grundfunktionalität von PHP 5 und das ist sehr positiv.

In diesem Kapitel sehen wir uns die Neuerungen in PHP 5 an. Um dieses Kapitel durcharbeiten zu können, sind die Grundzüge von DOM in PHP 4.x nötig (siehe Kapitel 4). Ich werde mich öfters auf die Unterschiede zu PHP 4.x beziehen.

> *Hinweis: Die Installation von DOM XML innerhalb von PHP ist für die Betriebssysteme Windows, Linux, UNIX und Mac OS X in Anhang H beschrieben.*

8.1 Die DOM XML-Bibliothek aus PHP 4.x unter PHP 5

Führen Sie einen PHP 4.x-Code in eine Standard-Installation von PHP 5 aus, treten entsprechende Fehlermeldungen auf, da die DOM XML-Bibliothek aus PHP 5 nicht kompatibel zu der DOM XML-Bibliothek aus PHP 4.x ist. Die DOM XML-Bibliothek aus PHP 4.x ist aber auch unter PHP 5 weiter einsetzbar. DOM XML aus PHP 4.x liegt als PECL-Modul vor. Dieses muss als Extension installiert werden. Dann kann auch DOM XML-Code aus PHP 4.x unter PHP 5 ausgeführt werden.

1. Redaktionsschluss des Buchs: Ende Juli 2004.

Unter Windows ist das vorbereitete PECL-Modul für PHP 5 von der Web-Site *http:// ww.php.net* herunterzuladen. Das PECL-Modul enthält noch weitere Extensions, z.B. PD-Flib 5. Aus der Archivdatei ist die DLL-Datei *php_domxml.dll* nötig. Diese muss in das *ext*-Verzeichnis der PHP-5-Installation kopiert werden. Dann muss die Extension in der Datei *php.ini* angegeben werden. Dazu muss in der Liste mit den Extensions dieser Eintrag hinzugefügt werden:

```
extension=php_domxml.dll
```

Nach einem Neustart des Apache-Servers steht die DOM XML-Bibliothek aus PHP 4.x auch unter PHP 5 zur Verfügung. Die neue DOM XML-Bibliothek aus PHP 5 steht ebenfalls zur Verfügung, sodass beide gleichzeitig betrieben werden können.

Für Linux, UNIX und Mac OS X wäre ein Neukompilieren von Apache und PHP mit dem PECL-Modul nötig. Leider steht derzeit[1] der Sourcecode auf der PECL-Seite[2] nicht zur Verfügung

8.2 Neue Klassen in PHP 5

Mit PHP 5 wurden neue Klassen eingeführt. Sie müssen leider umdenken und umlernen. Dies ist allerdings nicht so schwer, denn es gibt große Ähnlichkeiten.

8.2.1 Neue und alte Klassen im Vergleich

Die bekannten PHP-4.x-Klassen von DOM XML sind unter dem gleichen Namen (`DomDocument`, `DomElement`, `DomNode` usw.) noch weiter vorhanden, jedoch sind deren Methoden völlig umbenannt worden, um eine Kompatibilität zum DOM-Standard des W3-Konsortiums zu erreichen. Aus der Methode `get_elements_by_tagname()` wurde die Methode `getElementsByTagName()`. Mit vielen weiteren Methoden wurde ebenso Verfahren. Gleichzeitig sind keine Funktionen mehr vorhanden, wie in PHP 4.x.

Die Bedeutung vieler Klassen ist beibhalten worden. So repräsentiert in PHP 5 das `DomDocument`-Objekt ein geparstes XML-Dokument, wie in PHP 4.x dies die Klasse `DomDocument` war. In der Tabelle 8.1 finden Sie eine Gegenüberstellung der neuen und alten Klassen.

> *Hinweis: In Anhang C finden Sie eine komplette Referenz der DOM-Klassen, -Methoden und -Eigenschaften in PHP 5.*

1. Redaktionsschluss: Ende Juli 2004.
2. *http://pecl.php.net*

Klasse in PHP 4.x	**Klasse in PHP 5**	**Bedeutung**
DomAttribute	DomAttr	Repräsentiert ein Attribut als Knoten.
DomCDATA	DomCDATASection	Repräsentiert einen CDATA-Abschnitt
DomComment	DomComment	Repräsentiert einen Kommentar.
DomDocument	DomDocument	Repräsentiert ein geparstes XML-Dokument.
DomDocumentType	DomDocumentType	Repräsentiert eine DTD.
DomElement	DomElement	Repräsentiert ein einzelnes XML-Element.
DomNode	DomNode	Repräsentiert einen Knoten.
DomParser	-	Ersatzlos gestrichen.
DomProcessingInstruction	DomProcessingInstruction	Repräsentiert eine PI.
DomText	DomText	Repräsentiert einen Textknoten.
XPathContext	DomXPath	Repräsentiert eine XPath-Abfrage.

Tabelle 8.1: Die DOM-Klassen aus PHP 4.x und PHP 5 in der Gegenüberstellung

Alle wichtigen Klassen, die Sie in den letzten beiden Kapiteln kennen gelernt haben, stehen auch in PHP 5 zur Verfügung. Fast alle Klassen besitzen neue Methoden als in PHP 4.x. Es sind in PHP 5 noch weitere Klassen hinzugekommen, zu denen es keine Entsprechung in PHP 4.x gab. Diese können Sie der Tabelle 8.2 entnehmen. Die neuen Klassen aus Tabelle 8.2 sollen aber nicht über den Umfang hinwegtäuschen. Bis zum Redaktionsschluss dieses Buches[1] sind viele der neuen Klasse zwar vorhanden, aber sie enthalten keine Methoden oder Eigenschaften bzw. es sind die DOM-Methoden dieser Klassen noch nicht implementiert.

Neue Klasse in PHP 5	**Bedeutung**
DomCharacterData	Repräsentiert eine Zeichenfolge, z.B. in einem Textknoten.
DomConfiguration	Informationen über die DOM-Implementierung. Bis zum Redaktionsschluss des Buches sind keine Methoden dieser Klasse implementiert.

Tabelle 8.2: Neue Klassen in PHP 5 in DOM XML

1. Ende Juli 2004

DomDocumentFragment	Repräsentiert ein Fragment. Bis zum Redaktionsschluss des Buches sind keine Methoden dieser Klasse implementiert.
DomError	Beschreibungen eines aufgetretenen Fehlers. Bis zum Redaktionsschluss des Buches sind keine Methoden dieser Klasse implementiert.
DomErrorHandler	Klasse zum Registrieren einer Callback-Funktion. Bis zum Redaktionsschluss des Buches sind keine Methoden dieser Klasse implementiert.
DomException	Repräsentiert eine aufgetretene Ausnahme.
DomImplementation	Informationen über die DOM-Implementierung.
DomImplementationList	Liste von mehreren DOM-Implementierungen. Bis zum Redaktionsschluss des Buches sind keine Methoden dieser Klasse implementiert.
DomImplementationSource	Änderungen an der DOM-Implementierung. Bis zum Redaktionsschluss des Buches sind keine Methoden dieser Klasse implementiert.
DomLocator	Gibt Informationen über den Ort an, an dem ein Fehler aufgetreten ist (z.B. Knoten, URI usw.). Bis zum Redaktionsschluss des Buches sind keine Methoden dieser Klasse implementiert.
DomEntity	Repräsentiert ein Entity. Bis zum Redaktionsschluss des Buches sind keine Methoden dieser Klasse implementiert.
DomEntityReference	Repräsentiert eine Referenz auf ein Entity. Bis zum Redaktionsschluss des Buches sind keine Methoden dieser Klasse implementiert. Bis zum Redaktionsschluss des Buches sind keine Methoden dieser Klasse implementiert.
DomNamedNodeMap	Repräsentiert eine Anzahl von Knoten.
DomNameList	Eine Liste, die als Paar einen Namen und den dazugehörigen Namensraum enthält. Bis zum Redaktionsschluss des Buches sind keine Methoden dieser Klasse implementiert.
DomNodeList	Repräsentiert eine Sammlung von mehreren Knoten als Liste.
DomNotation	Repräsentiert eine Notation in einer DTD. Bis zum Redaktionsschluss des Buches sind keine Methoden dieser Klasse implementiert.

Tabelle 8.2: Neue Klassen in PHP 5 in DOM XML (Forts.)

DomStringExtend	Konvertierung von UTF-16 in UTF-32 und umgekehrt. Bis zum Redaktionsschluss des Buches sind keine Methoden dieser Klasse implementiert.
DomStringList	Eine Liste, die jeweils Paare von Name und dazugehörigem Namensraum enthält. Bis zum Redaktionsschluss des Buches sind keine Methoden dieser Klasse implementiert.
DomTypeInfo	Repräsentiert Typinformationen über Knoten, die Objekte der Klasse `DomElement` oder `DomAttr` sind.
DomUserDataHandler	Registrierung eines selbstdefinierten Handlers. Bis zum Redaktionsschluss des Buches sind keine Methoden dieser Klasse implementiert.

Tabelle 8.2: Neue Klassen in PHP 5 in DOM XML (Forts.)

8.2.2 Klassenhierarchie

Die DOM-Klassen in PHP 5 besitzen eine deutlichere Hierarchie als in PHP 4.x. Die „oberste" Klasse in DOM und PHP 5 ist `DomNode`. Diese Klasse repräsentiert einen Knoten. Viele weitere Klassen sind von `DomNode` abgeleitet. Dies sind:

- `DomDocument`
- `DomElement`
- `DomAttr`
- `DomCharacterData`
- `DomDocumentFragment`
- `DomDocumentType`
- `DomEntity`
- `DomEntityReference`
- `DomNotation`

PHP 5 nimmt sich in diesem Punkt objektorientierte Sprachen wie Java als Vorbild. Ableitung bedeutet hier, dass die Klasse `DomNode` die Methoden und Eigenschaften, die in `DomNode` definiert sind, an die untergeordneten Klassen weitervererbt. Dadurch kann auf ein Objekt der Klasse `DomElement` eine Methode oder Eigenschaft der Klasse `DomNode` angewendet werden. Dazu gehört beispielsweise die Eigenschaft `nodeName` der Klasse `DomNode` (in PHP 4.x war dies die Methode `node_name()` der Klasse `DomNode`). Die Eigenschaft ist zwar in der Klasse `DomNode` notiert, kann jedoch auch auf ein Objekt der Klasse `DomElement` angewendet werden. `nodeName` braucht nicht in `DomElement` noch zusätzlich definiert zu werden. Durch die Vererbung ist die Eigenschaft `nodeName` auch in `DomElement` verfügbar.

> *Hinweis: Beachten Sie, dass nicht alle von `DomNode` abgeleiteten Klasse auch einsetzbar sind. Dies liegt daran, dass einige dieser Klasse (z.B. `DomNotation`) zwar in PHP 5 vorhanden sind, aber deren Methoden bis zum Redaktionsschluss dieses Buches nicht implementiert wurden. Es ist wahrscheinlich, dass dies in zukünftigen Versionen von PHP 5 umgesetzt wird.*

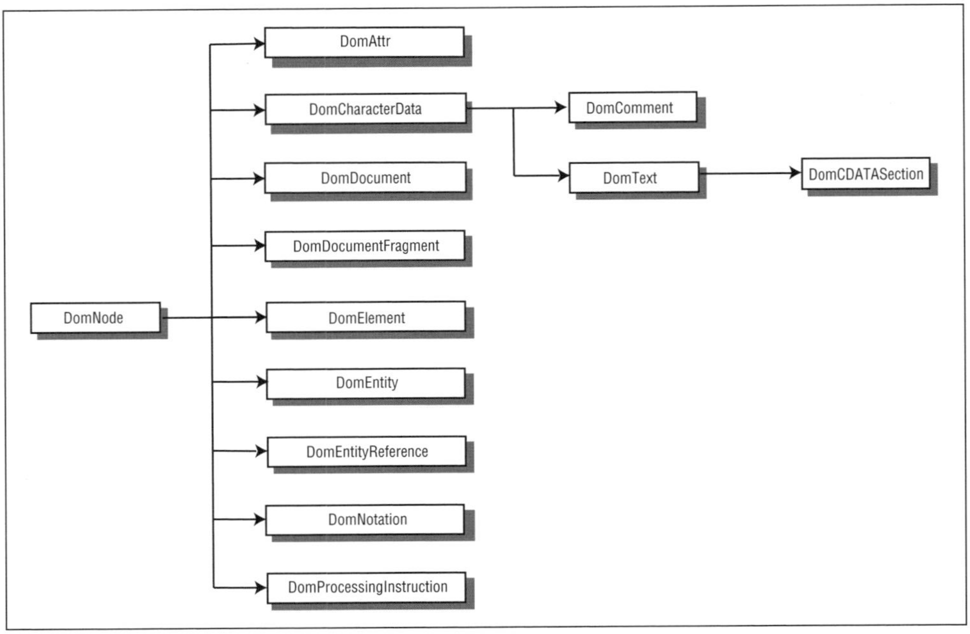

Abb. 8.1: Die Klassenhierarchie in PHP 5

8.2.3 Konstruktoren, Methoden und Eigenschaften

Eine völlige Neuerung in PHP 5 ist die Aufteilung in Methoden und Eigenschaften. Waren in PHP 4.x in den DOM-Klassen nur Methoden vorhanden, sind diese jetzt in Methoden und Eigenschaften aufgeteilt. So ist z.B. aus der PHP-4.x-Methode `first_child()` der Klasse `DomNode` in PHP 5 die Eigenschaft `firstChild` der Klasse `DomNode` geworden. Diese Änderung liegt an der DOM-Spezifikation, die `firstChild` als Eigenschaft und nicht als Methode aufführt. Um die Kompatibilität zum Standard zu erreichen, wurde dies in PHP 5 abgeändert. Für Sie bedeutet dies ein Umdenken und Neulernen.

Eine weitere Neuerung in PHP 5 ist der Konstruktor. Ein Objekt einer Klasse kann nicht nur über eine bestimmte Methode einer anderen Klasse erhalten werden. Beispielsweise erzeugt die Methode `createElement()` der Klasse `DomDocument` in PHP 5 ein neues XML-Element. Der Rückgabewert ist ein Objekt der Klasse `DomElement`. In PHP 4.x hieß die Methode noch `create_element()` der Klasse `DomDocument`. Ein neues Objekt der Klasse `DomElement` lässt sich ab PHP 5 auch über den Konstruktor der Klasse `DomElement` erhalten. Dieses aus Java entlehnte Verfahren ist in vielen DOM-Klassen von PHP 5 möglich (auch hier gibt es Ausnahmen):

```
$el = new DomElement("user");
```

Der Konstruktor `new DomElement()` erzeugt ein neues Objekt der Klasse `DomElement`, das hier den Namen `user` trägt und das zunächst noch leer ist.

8.2.4 Verkürzte Aufrufe

Eine weitere interessante Neuerung in PHP 5 ist die Möglichkeit, mehrere Methoden oder Eigenschaften hintereinander aufzurufen. Diese Zeilen

```
$dom = new DomDocument();
$dom->load("test.xml");
$root=$dom->documentElement;
print ($root->nodeName);
```

können zusammengefasst werden zu

```
$dom = new DomDocument();
$dom->load("test.xml");
print ($dom->documentElement->nodeName);
```

Durch den direkten Aufruf der Eigenschaften `documentElement` und `nodeName` hintereinander kann eine Variable gespart werden. Dies kann mit fast allen Methoden und Eigenschaften durchgeführt werden (bis auf die Konstruktoren und hier die `load()`-Methode). In PHP 4.x war ein derartiger verkürzter Aufruf nicht möglich. Ob dies übersichtlicher ist, ist eine andere Frage. Wenn Sie möchten, können Sie so kürze Listings erreichen. Hier im Buch verwende ich diese Form der Zusammenfassung nicht. Dies liegt hauptsächlich an den Zeilenumbrüchen am Ende einer Listingzeile, die durch diese Zusammenfassungen schnell erreicht wird und eine unschöne Darstellung ergibt.

8.3 Laden, Parsen und Speichern von XML in PHP 5

Das Laden und Parsen einer XML-Datei wurde in PHP 5 komplett abgeändert. PHP 5 bietet zwei Methoden zum Laden und Parsen der Klasse `DomDocument` an:

- `load()`
- `loadxml()`

Die Methode `load()` dient zum Laden und Parsen von XML-Dateien, während `loadxml()` XML-Dokumente parst, die als String vorliegen. Für das Speichern von XML-Dokumenten existieren in PHP 5 ebenfalls zwei Methoden der Klasse `DomDocument`:

- `save()`
- `savexml()`

Die Methode `save()` speichert einen geparsten Dokumentenbaum als neue XML-Datei, während `savexml()` – der Name ist etwas unglücklich gewählt – den Dokumentenbaum als String zurückgibt.

> *Hinweis: In PHP 5 wurde die Anzeige von Fehlermeldungen im Browser abgeändert. Mit PHP 5 werden keine Fehlermeldungen mehr im Browser angezeigt. Das ist für den Anwender sinnvoll, der etwaige Fehler im PHP-Skript ohnehin nicht korrigieren kann, aber für den Programmierer selbst etwas ungünstig, da einfache Fehler (z.B. Datei nicht vorhanden, Semikolon vergessen usw.) nicht mehr automatisch angezeigt werden. Um eine Anzeige von Fehlermeldungen im Browser wie in PHP 4.x zu erhalten, muss in der php.ini-Datei der Parameter* `display_errors` *auf* `On` *gesetzt werden. Standardmäßig ist dieser in PHP 5 auf* `Off` *gesetzt.*

8.3.1 XML-Dateien laden und parsen

Die Funktionen `domxml_open_file()` und `xmldocfile()` können Sie in PHP 5 zunächst nicht mehr einsetzen. Die Klasse `DomDocument` besitzt jetzt Methoden zum Laden und Speichern einer Datei. Nur über diese Methoden ist ein Zugriff auf XML-Dateien möglich.

```
<?php
 $dom = new DomDocument();
 $dom->load("test.xml");
 if(!$dom) {
  exit ("Fehler beim Parsen");
 }
?>
```

Bevor eine XML-Datei geladen und geparst werden kann, muss ein leerer Dokumentenbaum über die Klasse `DomDocument` erzeugt werden. Dies erfolgt über den Konstruktor der Klasse `DomDocument`:

```
$dom = new DomDocument();
```

Der Konstruktor wird wie in der Programmiersprache Java über das Schlüsselwort `new` und den Konstruktoraufruf (`DomDocument()`) eingesetzt. Der Konstruktoraufruf lautet in PHP 5 immer wie die Klasse selbst. Bei diesem Konstruktor der Klasse `DomDocument` handelt es sich zunächst um einen so genannten parameterlosen Konstruktor, d.h. es wurden keine Übergabeparameter angegeben. Daher kann er auch ohne Klammern notiert werden:

```
$dom = new DomDocument;
```

Der Konstruktor kennt zwei mögliche Übergabeparameter, die auch weggelassen werden können. An den Konstruktor können die Versionsnummer von XML und der Zeichensatz angegeben werden:

```
$dom = new DomDocument("1.0","iso-8859-15");
```

Der erste Parameter gibt die Versionssnummer von XML an und der zweite Parameter enthält den Zeichensatz, dem das XML-Dokument zu Grunde liegt. Wird der erste Parameter weggelassen, nimmt PHP immer die Versionssnummer 1.0 an. Wird der zweite Parameter nicht angegeben, nimmt PHP immer den Zeichensatz UTF-8 an.

> *Hinweis: Die Groß-Kleinschreibung bei einem DOM XML-Konstruktor wird von PHP nicht berücksichtigt. Diese Schreibweisen sind korrekt und werden akzeptiert:*

```
$dom = new domdocument();
$dom = new domDocument();
$dom = new Domdocument();
```

Der Rückgabewert des Konstruktors ist ein Objekt der Klasse `DomDocument`. Es enthält einen leeren Dokumentenbaum, der zunächst nur über einen XML-Prolog verfügt. Über die Methode `load()` der Klasse `DomDocument` kann jetzt eine XML-Datei geladen und als Dokumentenbaum bereit gestellt werden:

```
$dom->load("test.xml");
```

Zum Laden wird die neue Methode `load()` eingesetzt. Sie ersetzt im Prinzip die Methode `domxml_open_file()` aus PHP 4.x. An die Methode `load()` wird der Dateiname der XML-Datei übergeben. Die Datei wird jetzt geladen und geparst. Bei einem Fehler in der XML-Datei wird kein Dokumentenbaum erzeugt, sodass in einer `if`-Abfrage auf den negativen Inhalt von `$dom` geprüft werden kann:

```
if(!$dom) {
  exit ("Fehler beim Parsen");
}
```

Sollte die XML-Datei dagegen korrekt geladen und geparst worden sein, liegt in `$dom` der Dokumentenbaum vor, und über die Methoden von der Klasse `DomNode` bzw. `DomDocument` sind die Inhalte zugänglich.

Pfadangaben beim Laden einer XML-Datei

Beim Laden einer XML-Datei in PHP 4.x unter Windows gab es das Problem, dass eine Datei, die ohne Pfadangaben geladen wurde, aus dem Apache-Installationsverzeichnis geladen wurde. Unter Linux und UNIX erfolgt das Laden aus dem aktuellen Verzeichnis, in dem sich die PHP-Datei befindet. Daher muss speziell für Windows beim Laden (und Speichern) die Funktion `dirname()` verwendet werden, damit die XML-Datei aus dem aktuellen Verzeichnis geladen wird.

In PHP 5 unter Windows wurde dieses Verhalten geändert. Wird an die `load()`-Methode nur der Dateiname übergeben

```
$dom->load("test.xml");
```

wird jetzt die Datei immer aus dem aktuellen Verzeichnis geladen. Im Prinzip ist die Verwendung von `dirname()` nicht mehr nötig. PHP 5 unter Linux bzw. UNIX zeigt das gleiche Verhalten, das auch schon in PHP 4.x enthalten war.

Bultin Schemes

Die `load()`-Methode enthält so genannte Builtin Schemes. Neben dem Laden einer lokalen Datei können verschiedene Schemes angegeben werden, u.a. http oder ftp. Dadurch können direkt XML-Dateien von anderen Servern über diese Protokolle geladen werden:

```
$dom->load("http://www.xmlguru.de/test/test.xml");
```

Interessant ist auch die Möglichkeit, direkt gezippte XML-Dateien in den Formaten *gz* und *bzip2* anzugeben. Diese werden beim Laden direkt entpackt und der Dokumentenbaum erstellt:

```
$dom->load("compress.zlib://index.xml.gz");
```

Folgende Schemes werden von der `load()`-Methode unterstützt:

- http
- ftp
- https
- ftps
- php
- compress.zlib (für gz und bzip2)

8.3.2 XML-Dokumente als Strings parsen

Für den Fall, dass keine externe XML-Datei geladen werden soll, sondern ein XML-Dokument als String vorliegt, kann die Methode `loadxml()` eingesetzt werden. An die Methode muss nur der String übergeben werden, der das XML-Dokument enthält. Dies ist kein Dokumentenbaum der Klasse `DomDocument`, sondern dies ist ein XML-Dokument inklusive Prolog, Wurzelelement, Elemente, Textknoten usw. als String:

```
<?php
 $str="<?xml version='1.0'?>";
 $str.="<Buch>";
 $str.="<Titel>XML-Das Einsteigerseminar</Titel>";
 $str.="<Inhalt>Programmierung in XML und XSLT</Inhalt>";
 $str.="</Buch>";
 $dom = new DomDocument();
 $dom->loadxml($str);
 if(!$dom) {
  exit ("Fehler beim Parsen");
 }
?>
```

Das XML-Dokument wird hier im String `$str` aufgebaut. Auf den String können ja keine DOM-Methoden angewendet werden, daher muss daraus ein Dokumentenbaum erstellt werden. Der String wird an die Methode `loadxml()` übergeben und geparst. Diese Methode ist zwar kein DOM-Standard, jedoch sehr praktisch, um ein XML-Dokument on-the-fly zu parsen, bevor es z.B. als Datei geschrieben wird. Damit ersetzt `loadxml()` die Funktion `domxml_open_mem()` aus PHP 4.x.

8.3.3 XML-Dokumente als Dateien speichern

Analog zur `load()`-Methode existiert in der Klasse `DomDocument` die Methode `save()`. Diese speichert einen Dokumentenbaum als XML-Datei. Die Methode `save()` ersetzt damit die Funktion `domxml_dump_mem_file()` aus PHP 4.x. Das nachfolgende Beispiel erstellt ein XML-Dokument als String, dieses wird geparst und anschließend über die Methode `save()` als Datei geschrieben.

```
<?php
 $str="<?xml version='1.0'?>";
 $str.="<Buch>";
 $str.="<Titel>XML-Das Einsteigerseminar</Titel>";
 $str.="<Inhalt>Programmierung in XML und XSLT</Inhalt>";
 $str.="</Buch>";
 $dom = new DomDocument();
 $dom->loadxml($str);
 if($dom) {
  $dom->save("test2.xml");
 }
```

```
  else {
   exit ("Fehler beim Parsen");
  }
?>
```

Wenn der String in `$str` korrekt geparst wurde und ein Dokumentenbaum in `$dom` vorliegen, kann in der `if`-Abfrage der Dokumentenbaum als Datei gespeichert werden. An die Methode `save()` wird der Dateiname *test2.xml* übergeben. Der String in `$str` liegt jetzt damit als „echte“ XML-Datei vor. Man könnte jetzt auch noch auf den Rückgabewert der `save()`-Methode prüfen. Der Rückgabewert ist ein `long`-Wert und gibt die Anzahl der geschriebenen Bytes an. Man könnte daher prüfen, ob der Rückgabewert der Methode größer oder gleich 0 ist.

8.3.4 XML-Dokumente in Strings umwandeln

Die etwas ungünstig bezeichnete Methode `savexml()` wandelt einen Dokumentenbaum in einen String, der dann weiterverarbeitet werden kann, z.B. zum einfachen Anzeigen im Browser. Das nachfolgende Beispiel lädt eine XML-Datei und wandelt den Dokumentenbaum via `savexml()` in einen String. Dieser wird dann im Browser angezeigt:

```
<?php
 $dom = new DomDocument();
 $dom->load("test.xml");
 if(!$dom) {
  exit ("Fehler beim Parsen");
 }
 $str=$dom->savexml();
 print ($str);
?>
```

Die Methode `savexml()` erwartet zunächst keine Übergabeparameter. Dadurch wird der gesamte Dokumentenbaum als XML-Dokument inklusiver Prolog, `<!DOCTYPE>`-Tag usw. in einen String konvertiert. Alternativ kann an die Methode auch ein Objekt der Klasse `DomNode` übergeben werden. In diesem Fall wird nur der übergebene Knoten (inklusive untergeordneter Elemente) in eine String konvertiert. Der XML-Prolog und sämtliche übergeordneten Knoten werden nicht mit konvertiert.

8.3.5 Leerzeichen und Zeilenumbrüche berücksichtigen

In PHP 4.x bestand das Problem, wie die Leerzeichen und Zeilenumbrüche behandelt werden sollten. Dort wurde jeder Zeilenumbruch als Textknoten angesehen. Für den Zugriff über die DOM-Methoden ist dies ungünstig, weil dadurch zusätzliche Textknoten hinzukommen, die im Prinzip völlig überflüssig sind. In PHP 4.x wurde dies durch die Option `DOMXML_LOAD_DONT_KEEP_BLANKS` gelöst, die bei der Funktion `domxml_open_file()` verwendet wurde. In PHP 5 ist dies natürlich nicht mehr möglich. Stattdessen ist im `DomDocument`-Objekt die Eigenschaft `preserveWhiteSpace` vorgesehen, die festlegt, ob die vorhandenen Leerzeichen und Zeilenumbrüche beibehalten werden sollen (`true`) oder nicht (`false`). Wird diese Eigenschaft nicht abgeändert, ist der Default-Wert `true`, d.h. die zu parsende XML-Datei oder das XML-Dokument verbleibt so wie es ist mit allen seinen Leerzeichen und Zeileumbrüchen.

Sinnvoller ist es für die weitere Verarbeitung, diese Eigenschaft auf `false` zu setzen. Dadurch werden insbesondere die Zeilenumbrüche nicht mehr als Textknoten angesehen, sondern komplett ignoriert.

```
<?php
 $dom = new DomDocument();
 $dom->preserveWhiteSpace=false;
 $dom->load("test.xml");
 $dom->save("test2.xml");
?>
```

Der Eigenschaft `preserveWhiteSpace` wird direkt der Wert `false` zugewiesen. Dies sollte gleich nach dem Erstellen eines neuen Objekts der Klasse `DomDocument` erfolgen, bevor eine XML-Datei geladen wird. Anschließend wird die Datei unter einem neuen Namen geschrieben. Vergleichen Sie beide XML-Dateien, stellen Sie fest, dass in der zweiten Datei sämtliche Zeilenumbrüche entfernt wurden. Die XML-Tags befinden sich hintereinander in einer Zeile. Für das menschliche Auge ist dies unübersichtlich. Planen Sie jedoch eine reine maschinelle Verarbeitung Ihrer XML-Dateien, ohne dass ein Mensch diese Dateien anrühren muss, ist eine Formatierung mit Zeilenumbrüchen auch nicht nötig.

8.3.6 UTF-8 und ISO-8859-1

Wie in DOM XML von PHP 4.x wandelt der XML-Parser beim Parsen den Textinhalt einer XML-Datei oder eines XML-Dokuments nach UTF-8, auch wenn Sie in XML das `encoding`-Attribut gesetzt haben. Dies gilt auch für den Fall, dass Sie im Konstruktor von `DomDocument` den Zeichensatz als zweiten Übergabeparameter angegeben haben. Nach dem Parsen liegen die Texte im Dokumentenbaum im UTF-8-Format vor. Wenn Sie also eine Ausgabe eines Textknotens im Browser erreichen wollen, muss der Text vor der Ausgabe im Browser über die Funktion `utf8_decode()` von UTF-8 nach ISO-8859-1 konvertiert werden.

Beim Speichern ist dies besonders deutlich zu sehen:

```
<?php
 $str="<?xml version='1.0' encoding='iso-8859-'?>";
 $str.="<Buch>";
 $str="<Titel>PHP und XML für Web Developer</Titel>";
 $str.="</Buch>";
 $dom = new DomDocument("1.0","iso-8859-1");
 $dom->preserveWhiteSpace=false;
 $dom->loadxml($str);
```

```
 print ($dom->documentElement->firstChild->nodeValue);
 if($dom) {
  $dom->save("test2.xml");
 }
 else {
  exit ("Fehler beim Parsen");
 }
?>
```

In diesem Beispiel ist das XML-Dokument in ISO-8859-1 und im `Titel`-Element befindet sich ein Umlaut. Es wird ein leeres DOM-Dokument erzeugt, in dem auch ISO-8859-1 gesetzt wird. Dies ist später für das Schreiben der XML-Datei wichtig. Nach dem Laden und Parsen über `loadxml()` liegt der Textknoten im `Titel`-Element nicht in ISO-8859-1 vor, sondern in UTF-8, wie Sie an Hand der Ausgabe im Browser leicht sehen können. Um über die Eigenschaft `nodeValue` den Inhalt des Textknotens korrekt auszugeben, müsste `utf8_decode()` verwendet werden. Die `save()`-Methode schreibt den DOM-Dokumentenbaum dann als XML-Datei. Dabei werden die UTF-8-Codierungen wieder in ISO-8859-1 gewandelt.

Hängen Sie manuell Textknoten in den Dokumentenbaum ein, sollten die Texte im Textknoten natürlich wieder über `utf8_encode()` nach UTF-8 codiert werden, da ja die Texte im Dokumentenbaum parserbedingt in UTF-8 vorliegen müssen.

8.4 Validieren

Ein guter Fortschritt in PHP 5 ist die Möglichkeit, eine XML-Datei gegen eine DTD, ein XML Schema oder Relax NG zu validieren. PHP 4.x kannte nur das Validieren gegen eine DTD, das in der heutigen Zeit immer mehr obsolet wird. Für das Validieren gegen diese drei Typen gibt es im `DomDocument`-Objekt je eigene Methoden.

> *Hinweis: Für alle drei Arten der Validierung gilt, dass es derzeit noch kein Errorhandling gibt. Dies wird hoffentlich bei einer nachfolgenden PHP-Version implementiert.*

8.4.1 Validieren gegen DTD

Das Validieren gegen eine DTD wird über die Methode `validate()` der Klasse `DomDocument` durchgeführt. Die Methode `validate()` erlaubt es, nach dem Laden eine XML-Datei gegen die eingebundene DTD zu validieren.

```
<?php
 $dom = new DomDocument();
 $dom->load("test.xml");
 if (!$dom->validate()) {
  print "Dokument ist nicht gültig";
 }
```

```
 else {
  print "Dokument ist gültig";
 }
?>
```

Der Rückgabewert der Methode `validate()` ist `null`, wenn das Dokument nicht gültig ist. Die ist beispielsweise dann der Fall, wenn keine DTD vorliegt oder ein XML-Element bzw. Attribut anders verwendet wird, als in der DTD definiert.

8.4.2 Validieren gegen XML Schema

Das Validieren gegen eine Schema-Datei erfolgt ähnlich wie gegen eine DTD. Dazu kennt PHP 5 zwei Methoden:

- `schemaValidate()`
- `schemaValidateSource()`

Die Methode `schemaValidate()` validiert gegen eine externes Schema, das als XSD-Datei vorliegt. Folgende einfache XML-Datei soll validiert werden:

```
<?xml version="1.0" encoding="iso-8859-1"?>
<Buch>
  <Titel>XML-Das Einsteigerseminar</Titel>
  <Inhalt>Programmierung in XML und XSLT</Inhalt>
</Buch>
```

Die dazugehörige Schema-Datei lautet:

```
<?xml version="1.0" encoding="iso-8859-1"?>
<xsd:schema xmlns:xsd="http://www.w3.org/2001/XMLSchema">
  <xsd:element name="Buch">
    <xsd:complexType>
       <xsd:sequence>
         <xsd:element name="Titel" type="xsd:string"/>
         <xsd:element name="Inhalt" type="xsd:string"/>
       </xsd:sequence>
     </xsd:complexType>
  </xsd:element>
</xsd:schema>
```

Für die Valdierung muss die XSD-Datei an die Methode `schemaValidate()` der Klasse `DomDocument` übergeben werden:

```
<?php
 $dom = new DomDocument();
 $dom->load("schema.xml");
```

```
 if (!$dom->schemaValidate("schema.xsd")) {
  print ("Dokument ist nicht gültig"); }
 else {
  print ("Dokument ist gültig");
 }
?>
```

Für dieses Beispiel ist die Schema-Datei *schema.xsd* nicht in die XML-Datei eingebunden. Ein eingebundene Schema-Datei im Wurzelelement der XML-Datei, z.B. über

```
<Buch xmlns:xsi="http://www.w3.org/2001/XMLSchema-instance"
xsi:noNamespaceSchemaLocation="schema1.xsd">
```

hat keinen Effekt. PHP liest das entsprechende Attribut nicht aus. Zum Validieren gegen eine Schema-Datei muss die XSD-Datei immer in der Methode `schemaValidate()` übergeben werden.

Liegt das Schema als String vor, kann statt `validateSchema()` die Methode `validateSchemaSource()` eingesetzt werden:

```
<?php
 $xsd='<?xml version="1.0" encoding="iso-8859-1"?>
  <xsd:schema xmlns:xsd="http://www.w3.org/2001/
XMLSchema">
  <xsd:element name="Buch">
    <xsd:complexType>
       <xsd:sequence>
         <xsd:element name="Titel" type="xsd:string"/>
         <xsd:element name="Inhalt" type="xsd:string"/>
        </xsd:sequence>
     </xsd:complexType>
  </xsd:element>
  </xsd:schema>';
 $dom = new DomDocument();
 $dom->load("schema1.xml");
 if (!$dom->schemaValidateSource($xsd)) {
  print "Dokument ist nicht gültig";
 }
 else {
  print "Dokument ist gültig";
 }
?>
```

8.4.3 Validieren gegen Relax NG

Ein sehr positives neues Feature ist der Support von Relax NG. Diese zusätzliche Schema-Sprache wurde im Dezember 2001 vom OASIS-Konsortium standardisiert[1]. Sie hat als Ziel, eine einfachere Schema-Sprache anzubieten als XML Schema. Gleichzeitig ist Relax NG genauso leistungsfähig und geht wie XML Schema über die klassische DTD hinzu.

Das Validieren gegen Relax NG ist in PHP 5 über zwei Methoden der Klasse `DomDocument` möglich:

- `relaxNGValidate()`
- `relaxNGValidateSource()`

Die Arbeitsweise dieser beiden Methoden entspricht den Methoden `schemaValidate()` und `schemaValidateSource()`. Zur Demonstration kommt die gleiche XML-Datei wie aus dem letzten Abschnitt zum Einsatz. Die Relax NG-Datei *relax.rng* sieht so aus:

```
<?xml version="1.0"?>
<grammar ns="" xmlns="http://relaxng.org/ns/structure/1.0"
datatypeLibrary"http://www.w3.org/2001/XMLSchema-datatypes">
 <start>
  <choice>
   <notAllowed/>
   <element name="Buch">
    <element name="Titel">
     <ref name="string"/>
    </element>
    <element name="Inhalt">
     <ref name="string"/>
    </element>
   </element>
  </choice>
 </start>
 <define name="string">
  <data type="string"/>
 </define>
</grammar>
```

Wie beim Validieren gegen XML Schema wird die Relax NG-Datei nicht in der XML-Datei angegeben, sondern an die Methode `relaxNGValidate()` übergeben:

```
<?php
 $dom = new DomDocument();
 $dom->load("relax.xml");
 if (!$dom->relaxNGValidate("relaxng. ")) {
  print ("Dokument ist nicht gültig");
 }
```

1. Relax NG Spezifikation: *http://www.oasis-open.org/committees/relax-ng/spec-20011203.html*

```
  else {
   print ("Dokument ist gültig");
  }
?>
```

Die zweite Methode zum Validieren gegen Relax NG ist `relaxNGValidateSource()`. Hier wird ähnlich wie bei `schemaValidateSource()` ein String an die Methode übergeben. Dieser String enthält den Inhalt einer Relax-NG-Datei bzw. eines Relax NG-Dokuments:

```
<?php
  $str="<?xml version='1.0'";
  $str.="<grammar ns='' xmlns='http://relaxng.org/ns/structure/1.0'
datatypeLibrary='http://www.w3.org/2001/XMLSchema-datatypes'>";
  $str.="<start><choice><notAllowed/>";
  $str.="<element name='Buch'><element name='Titel'>";
  $str.="<ref name='string'/></element>";
  $str.="<element name='Inhalt'><ref name='string'/>";
  $str.="</element></element></choice></start>";
  $str.="<define name='string'><data type='string'/>";
  $str.="</define></grammar>";
  $dom = new DomDocument();
  $dom->load("relax.xml");
  if (!$dom->relaxNGValidateSource($str)) {
   print ("Dokument ist nicht gültig");
  }
  else {
   print ("Dokument ist gültig");
  }
?>
```

8.5 Rund um die Klasse DomDocument

Die Klasse `DomDocument` aus PHP 5 bietet ähnliche Funktionalitäten wie `DomDocument` in PHP 4.x. Es gibt jedoch einige gewichtige Änderungen. Grob lassen sich die Methoden und Eigenschaften von `DomDocument` in diese Kategorien einteilen:

- Laden, Parsen und Speichern von XML-Dateien.
- Validieren von XML-Dateien.
- Erzeugen neuer Elemente und Knoten.
- Informationen über die XML-Datei.

Die ersten beiden Punkte wurden in diesem Kapitel in den Abschnitten 8.3 und 8.4 besprochen. Das Erzeugen von neuen Elementen wird in Kapitel 9 erläutert, wo das Thema „Neue XML-Dokumente und Elemente erzeugen“ näher beleuchtet wird.

Die Klasse `DomDocument` bietet ab PHP 5 Eigenschaften an, die mehr Informationen über die XML-Datei liefern. Dazu gehören diese Eigenschaften:

- `documentURI`: Liefert die URI des geparsten Dokuments. Dies ist in der Regel der absolute Pfad zu der Datei auf dem Server.
- `version`: Liefert die Versionsnummer der XML-Datei, die im Prolog in dem `version`-Attribut angegeben ist.
- `encoding`: liefert den zugrunde liegenden Zeichensatz, der im `encoding`-Attribut im Prolog angegeben wurde.
- `standalone`: Liefert den Wert des Attributs `standalone`, wenn dieses im XML-Prolog verwendet wurde.
- `implementation`: Liefert Informationen über die zugrunde liegende DOM-Implementierung.

Der nachfolgende Code listet einige interessante Ergebnisse dieser Eigenschaften auf. Es wird auch die DOM-Implementierung getestet (siehe Abbildung 8.2).

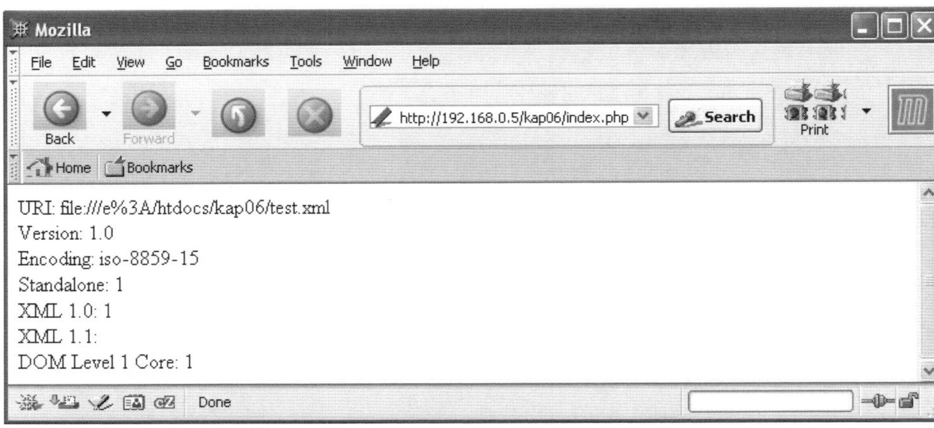

Abb. 8.2: Ausgaben über das Dokument und die DOM-Implementierung

```
<?php
 $dom = new DomDocument();
 $dom->load("test.xml");
 print ("URI: ".$dom->documentURI);
 print ("<br>Version: ".$dom->version);
 print ("<br>Encoding: ".$dom->encoding);
 print ("<br>Standalone: ".$dom->standalone);
 $impl=$dom->implementation;
 $val=$impl->hasFeature"XML","1.0");
 print ("<br>XML 1.0: ".$val);
 $val=$impl->hasFeature("XML","1.1");
 print ("<br>XML 1.1: ".$val);
 $val=$impl->hasFeature("Core","1.0");
 print ("<br>DOM Level 1 Core: ".$val);
?>
```

Die Eigenschaft `implementation` gibt ein Objekt der Klasse der `DOMImplementation` zurück. Diese besitzt die Methode `hasFeature()`. Über die Methode `hasFeature()` kann geprüft werden, welche Features der zu Grunde liegende DOM-Parser unterstützt. Die Methode `hasFeature()` gibt `true` oder 1 zurück, wenn das Feature unterstützt wird. Im Code wird zuerst geprüft, ob der Parser XML 1.0 unterstützt (was der Fall sein sollte). XML 1.1. wird nicht unterstützt, dafür aber DOM Level 1 Core (was auch zu erwarten ist). An die Methode werden der Modulname und die Versionsnummer übergeben. In DOM sind die einzelnen Bereiche in Module aufgelistet[1]. Nacheinander können die Modulnamen mit den Versionsnummern geprüft werden. Die ist für zukünftige Upgrades des Parsers ganz sinnvoll, beispielsweise wenn XML 1.1 unterstützt werden sollte.

Das Interessante an diesen Eigenschaften (bis auf `implementation`) ist, dass sie nicht nur ausgelesen, sondern auch nachträglich mit einem neuen Wert überschrieben werden können. Bei einigen Eigenschaften macht das Sinn:

```
<?php
 $dom = new DomDocument();
 $dom->load("test.xml");
 $dom->documentURI="file:///e%3A/htdocs/php5_2/test_yyy.xml";
 $dom->version="1.1";
 $dom->encoding="utf-8";
 $dom->standalone="no";
 $dom->save($dom->documentURI);
?>
```

In diesem Code wird eine XML-Datei geladen und gleich der Eigenschaft `documentURI` ein anderer Wert zugewiesen. Es wird nur die URI des Dokuments verändert, von der aus die Datei geladen wurde. Das Verändern der URI über `documentURI` macht hier wenig Sinn, denn die XML-Datei, die unter der neuen URI angegeben wird, wird nicht geladen oder dergleichen mehr. Die neue URI kann zum Speichern über die `save()`-Methode benutzt werden. Die anderen drei Eigenschaften ändern korrekt die Werte. Das neu gespeicherte Dokument besitzt die neuen Werte der zugewiesenen Eigenschaften.

8.6 Namensräume in PHP 5

Ein wichtige Neuerung in PHP 5 ist der Support von Namensräumen. Diese werden durch mehrere Methoden in DOM unterstützt. Namensräume können dabei innerhalb von

- XML-Elementen
- Attributen
- Attributknoten

vorkommen. Ein Namensraum setzt sich aus einem Präfix und einer URI zusammen, z.B.:

```
<personen xmlns:dct="http://www.xmlguru.de/start.php"/>
```

1. Spezifikation: *http://www.w3.org/TR/2000/REC-DOM-Level-2-Core-20001113/introduction.html#ID-Conformance*

Hier wird über das Attribut `xmlns` ein Namensraum definiert. Das Präfix ist `dct` und die dazugehörige URI lautet `http://www.xmlguru.de/start.php`. Bei der Verwendung des Namensraums in XML-Elementen, Attributen und Attributknoten wird dann nur noch das Präfix verwendet:

```
<dct:user>
```

oder in einem Attribut:

```
<mitarbieter dct:wichtig="ja">
```

Besitzt ein XML-Element einen Namensraum, so besteht der so genannte *qualifizierte Name* des Elements aus dem Präfix, dem Doppelpunkt und dem Namen des Elements. Im obigen Beispiel wäre der qualifizierte Name `dct:user`. Der so genannte *lokale Name* ist nur der Name des Elements ohne Namensraum-Präfix und Doppelpunkt, d.h. hier `user`. Bei einem Attribut verhält es sich genauso.

Beim Zugriff auf Elemente, Attribute oder Attributknoten gibt es immer spezielle Methoden, die bei Namensräumen eingesetzt werden müssen. So kann beispielsweise bei Namensräumen `getElementsByTagName()` für dem Zugriff auf ein Element nicht verwendet werden. Statt dessen sollte die Methode `getElementsByTagNameNS()` zum Einsatz kommen. Derartige Methoden erkennen Sie immer an dem Zusatz `NS` (die Abkürzung steht für Namespace, das englische Wort für Namensraum).

In PHP 4.x war der Namensraum-Support nur sehr rudimentär vorhanden. In der DOM-Spezifikation wurden mit DOM Level 2 die Namensräume aufgenommen und die entsprechenden Methoden definiert. PHP 5 implementiert eine große Zahl dieser Methoden, sodass die Arbeit mit Namensräumen nun uneingeschränkt durchgeführt werden kann.

Die Klassen `DomElement` und `DomDocument` verfügen über entsprechende Namensraum-Methoden für den Zugriff auf Elemente und Tags, Attribute sowie Attributknoten. Die einzelnen Namensraum-Methoden werden dann besprochen, wenn die normalen Methoden, d.h. nicht-Namensraum-Methoden erläutert werden. Eine Gegenüberstellung der Methoden finden Sie in Tabelle 8.3.

DOM-Klasse in PHP 5	**Methode in PHP 5 ohne Namensräume**	**Methode in PHP 5 für Namensräume**	**Erläuterung**
DomDocument	createAttribute()	createAttributeNS()	Erzeugt ein Attribut.
	createElement()	createElementNS()	Erzeugt ein Element.
	getElementsByTag-Name()	getElementsByTag-NameNS()	Ermittelt ein Element mit einem bestimmten Namen.

Abb. 8.3: Die Methoden ohne und mit Namensräumen von PHP 5 in der Gegenüberstellung

DOM-Klasse in PHP 5	Methode in PHP 5 ohne Namensräume	Methode in PHP 5 für Namensräume	Erläuterung
DomElement	getAttribute()	getAttributeNS()	Ermittelt ein einzelnes Attribut.
	hasAttribute()	hasAttributeNS()	Prüft, ob ein Attribut vorhanden ist.
	removeAttribute()	removeAttributeNS()	Entfernt ein Attribut.
	setAttribute()	setAttributeNS()	Setzt ein neues Attribut.
	getAttributeNode()	getAttributeNodeNS()	Ermittelt einen Attributknoten.
	setAttributeNode()	setAttributeNodeNS()	Setzt einen neuen Attributknoten.

Abb. 8.3: Die Methoden ohne und mit Namensräumen von PHP 5 in der Gegenüberstellung (Forts.)

Wie Sie der Tabelle entnehmen können, besitzen alle weiteren Klassen außer `DomDocument` und `DomElement` keine weiteren Namensraum-Methoden.

8.7 Elemente und Knoten im Dokumentenbaum

Die Klassen `DomNode` und `DomElement` haben sich in PHP 5 verändert. Dieser Abschnitt befasst sich mit den Unterschieden zu PHP 4.x.

8.7.1 Das Wurzelelement

Das Wurzelelement einer XML-Datei kann über die Eigenschaft `documentElement` der Klasse `DomDocument` erhalten werden (PHP 4.x: Methode `document_element()` der Klasse `DomDocument`). Die Methode gibt ein Objekt von `DomElement` zurück. Der Hauptunterschied ist jetzt, dass es sich um eine Eigenschaft und keine Methode handelt:

```
<?php
 $dom = new DomDocument();
 $dom->load("test.xml");
 $root=$dom->documentElement;
?>
```

Die Eigenschaft `documentElement` kann nur ausgelesen werden. Es ist nicht möglich, der Eigenschaft ein neues Objekt der Klasse `DomElement` zuzuweisen.

8.7.2 Die Klasse DomNode

Die Klasse `DomNode` kann man fast als die Mutter aller DOM-Klassen ansehen. Dies ist zwar nicht hundertprozentig korrekt, jedoch sind viele wichtige Klassen von der Klasse `DomNode` abgeleitet. Dazu gehört die Klasse `DomElement`. Die Methoden und Eigenschaften, die in der Klasse `DomNode` vorhanden sind, werden an die Klasse `DomElemente` (und andere Klassen) weitervererbt. Damit kann ein Objekt der Klasse `DomElement` auch die Methoden und Eigenschaften der Klasse `DomNode` nutzen. Die Eigenschaften

- `nodeName`
- `nodeType`
- `nodeValue`

geben entsprechend den Namen eines Knotens, dessen Typ und dessen Textinhalt zurück. Diese Eigenschaften stehen auch in der Klasse `DomElement` zur Verfügung. Durch die Vererbung brauchen sie nicht extra noch in der Klasse `DomElement` definiert zu werden (und sind daher auch nicht in der Referenz zu `DomElement` zu finden). Aus der Tabelle 8.4 können Sie eine Gegenüberstellung der einzelnen Methoden aus PHP 4.x und deren Ersetzung in PHP 5.x entnehmen.

Klasse DomNode (PHP 4.x)	**Klasse DomNode (PHP 5)**
add_child()	Keine Entsprechung, Methode komplett weggefallen.
add_namespace()	Keine Entsprechung, Methode komplett weggefallen.
append_child()	Methode: appendChild()
append_sibling()	Keine Entsprechung, Methode komplett weggefallen.
attributes()	Eigenschaft: attributes
children()	Keine Entsprechung, Methode komplett weggefallen.
child_nodes()	Eigenschaft: childNodes
clone_node()	Methode: cloneNode()
domnode()	Keine Entsprechung, Methode komplett weggefallen.
dump_node()	Keine Entsprechung, Methode komplett weggefallen.
first_child()	Eigenschaft: firstChild
getattr()	Keine Entsprechung, Methode komplett weggefallen.
get_attribute()	Keine Entsprechung, Methode komplett weggefallen.
get_content()	Keine Entsprechung, Methode komplett weggefallen.
has_attributes()	Methode: hasAttributes()

Abb. 8.4: Die Methoden von DomNode in PHP 4.x und die neuen Methoden bzw. Eigenschaften in PHP 5

Klasse DomNode (PHP 4.x)	**Klasse DomNode (PHP 5)**
has_child_nodes()	Methode: hasChildNodes()
lastchild()	Eigenschaft: lastChild
last_child()	Eigenschaft: lastChild
insert_before()	Methode: insertBefore()
is_blank_node()	Keine Entsprechung, Methode komplett weggefallen.
namespace_uri()	Eigenschaft: namespaceURI
new_child()	Keine Entsprechung, Methode komplett weggefallen.
next_sibling()	Eigenschaft nextSibling
node()	Keine Entsprechung, Methode komplett weggefallen.
node_name()	Eigenschaft: nodeName
node_type()	Eigenschaft: nodeType
node_value()	Eigenschaft: nodeValue
owner_document()	Eigenschaft: ownerDocument
parent()	Keine Entsprechung, Methode komplett weggefallen.
parent_node()	Eigenschaft: parentNode
prefix()	Eigenschaft: prefix
previous_sibling()	Eigenschaft: previousSibling
remove_child()	Methode: removeChild()
replace_child()	Methode: replaceChild()
replace_node()	Keine Entsprechung, Methode komplett weggefallen.
setattr()	Keine Entsprechung, Methode komplett weggefallen.
setattribute()	Keine Entsprechung, Methode komplett weggefallen.
set_content()	Keine Entsprechung, Methode komplett weggefallen.
set_name()	Keine Entsprechung, Methode komplett weggefallen.
set_namespace()	Keine Entsprechung, Methode komplett weggefallen.
unlink()	Keine Entsprechung, Methode komplett weggefallen.
unlink_node()	Keine Entsprechung, Methode komplett weggefallen.

Abb. 8.4: Die Methoden von DomNode in PHP 4.x und die neuen Methoden bzw. Eigenschaften in PHP 5 (Forts.)

Einige Methoden aus PHP 4.x sind nur etwas umbenannt worden und liegen weiterhin als Methoden vor. Andere Methoden sind zur Eigenschaften geworden.

Um jetzt die Knoteninformationen auszulesen, müssen Sie nur noch die drei Eigenschaften `nodeName`, `nodeType` und `nodeValue` verwenden:

```
<?php
 $dom = new DomDocument();
 $dom->load("test.xml");
 $root=$dom->documentElement;
 print ("Name: ".$root->nodeName);
 print ("<br>Typ: ".$root->nodeType);
 print ("<br>Inhalt: ".$root->nodeValue);
?>
```

Die Eigenschaft `nodeName` gibt den Namen des Knotens aus. Liegt ein Knoten vor, der keinen individuellen Namen besitzen kann (z.B. ein Text- oder Kommentarknoten), werden die vordefinierten Namen (`#text`, `#comment` usw.) ausgegeben. Dies ist auch das aus PHP 4.x bekannte Verhalten. Tabelle 5.1 listet diese vordefinierten Namen auf. Die Eigenschaft `nodeType` ermittelt den Typ des Knotens. Die ist eine Zahl zwischen 1 und 12, der Konstanten zugeordnet sind. Diese sind mit PHP 4.x identisch und können der Tabelle 5.2 entnommen werden. Die Eigenschaft `nodeValue` liest den Inhalt eines Knotens aus. Dies erfolgt auch dann, wenn der Knoten nicht nur ein Textknoten ist, sondern auch dann, wenn sich der Text in einem untergeordneten Kind-Knoten befindet.

Deutsche Umlaute und Sonderzeichen bei der Ausgabe

In PHP 5 ist wie in PHP 4.x die Ausgabe der deutschen Umlaute und Sonderzeichen zu berücksichtigen. In PHP 4.x musste jede Ausgabe mit Hilfe von `utf8_decode()` erreicht werden, ansonsten werden die deutschen Umlaute und Sonderzeichen – selbst wenn in der XML-Datei oder -Dokument der Zeichensatz ISO-8859-1 eingestellt ist – nach UTF-8 konvertiert. Dieses Verfahren ist unter PHP 5 beibehalten worden. Daher ist es sinnvoll, beim Auslesen der Inhalte eines Knotens über die Eigenschaft `nodeValue` immer die Funktion `utf8_decode()` zu verwenden, damit sich eine korrekte Darstellung der deutschen Umlaute und Sonderzeichen ergibt:

```
print ("<br>Inhalt: ".utf8_decode($root->nodeValue));
```

8.7.3 Kinder

Die Kinder eines Knotens werden ähnlich wie in PHP 4.x ermittelt. Sämtliche untergeordneten Kinder eines Knotens sind über die Eigenschaft `childNodes` (PHP 4.x: `child_nodes()`) zugänglich. Der Rückgabewert der Eigenschaft ist aber völlig anders als in PHP 4.x Dort gab die Methode `child_nodes()` ein Array zurück, das sämtliche Kinder als Knoten oder Elemente enthielt. Dieser Rückgabewert ist in PHP 5 nicht mehr vorhanden, sondern DOM-konform geworden.

Die Eigenschaft `childNodes` gibt ein Objekt der Klasse `DomNodeList` zurück. Diese Klasse ist ähnlich wie ein Array und im DOM-Standard definiert. Es ist eine Liste mit allen Elementen und Knoten. Über bestimmte Methoden und Eigenschaften können die einzelnen Knoten und Elemente im Objekt von `DomNodeList` ausgelesen werden – die Array-Methoden können dafür allerdings nicht genutzt werden.

Der nachfolgende Code lädt eine XML-Datei und ermittelt das Wurzelelement. Anschließend werden sämtliche Kinder des Wurzelelements festgestellt und ausgegeben:

```
<?php
 $dom = new DomDocument();
 $dom->preserveWhiteSpace=false;
 $dom->load("test.xml");
 if(!$dom) {
  exit ("Fehler beim Parsen");
 }
 $root=$dom->documentElement;
 $children=$root->childNodes;
 $anz=$children->length;
 print ("<br>Kinder: ".$anz);
 for ($a=0; $a<$anz;$a++) {
  print("<br>Child-Nummer: ".$a);
  $c=$children->item($a);
  print ("<br>Name: ".$c->nodeName);
  print ("<br>Typ: ".$c->nodeType);
  print ("<br>Inhalt: ".utf8_decode($c->nodeValue));
 }
?>
```

Zu Beginn des Codes ist die Eigenschaft `preserveWhiteSpace` auf `false` gesetzt, damit die Zeilenumbrüche nicht als Textknoten identifiziert werden. Über die Eigenschaft `childNodes` werden die Kinder des Wurzelelements ermittelt. Der Rückgabewert ist ein Objekt der Klasse `DomNodeList` und wird in `$children` gespeichert. Die Eigenschaft `length` der Klasse `DomNodeList` gibt die Anzahl der Knoten bzw. Elemente zurück. In einer `for`-Schleife wird jedes einzelne Element durchlaufen. Dazu muss die `item()`-Methode der Klasse `DomNodeList` verwendet werden, um das entsprechende Element im Objekt anzusprechen. Auf jeden Knoten bzw. auf jedes Element können dann die Eigenschaften `nodeName`, `nodeType` und `nodeValue` angewandt werden.

Mit Hilfe der Eigenschaft `childNodes` kann eine PHP-Funktion erstellt werden, die jedes Element daraufhin prüft, ob Kinder vorliegen, wenn ja, werden diese einzeln ausgegeben. Die Tiefe ist dabei beliebig. Die Funktion ruft sich solange selbst auf, bis das letzte Kind in einem Knoten ausgegeben wurde.

```
<?php
 $dom = new DomDocument();
 $dom->preserveWhiteSpace=false;
 $dom->load("test.xml");
 if(!$dom) {
  exit ("Fehler beim Parsen");
 }
 $root=$dom->documentElement;
 if ($root->hasChildNodes()) {
  get_child_node($root);
 }
 function get_child_node($n) {
  $children=$n->childNodes;
  $anz=$children->length;
  print ("<br>kinder: ".$anz);
  for ($a=0; $a<$anz;$a++) {
   print("<br>Child-Nummer: ".$a);
   $c=$children->item($a);
   print ("<br>Name: ".$c->nodeName);
   print ("<br>Typ: ".$c->nodeType);
   if ($c->hasChildNodes()) {
    get_child_node($c);
   }
   else {
    print ("<br>Inhalt: ".utf8_decode($c->nodeValue));
   }
  }
 }
?>
```

Der Einstieg ist das Wurzelelement. Gleich nach der Ermittelung des Wurzelelements wird geprüft, ob es über ein oder mehrere Kinder verfügt. Dies erfolgt über die Methode `hasChildNodes()` der Klasse `DomNode`. In PHP 4.x war dies die Methode `has_child_nodes()` von `DomNode`. Der Rückgabewert von `hasChildNodes()` ist `true`, wenn Kinder vorhanden sind. Dies wird in einer `if`-Abfrage geprüft und entsprechend die Funktion `get_child_node()` aufgerufen. An die Funktion wird der Knoten übergeben, von dem die Kinder ausgelesen werden sollen:

```
if ($root->hasChildNodes()) {
 get_child_node($root);
}
```

Die Funktion `get_child_node()` ist unspektakulär und gibt den Inhalt eines einzelnen Knotens aus. Am Ende der Funktion wird geprüft, ob das Kind selbst über Kinder verfügt. Sollte dies der Fall sein, ruft sich die Funktion erneut auf:

```
if ($c->hasChildNodes()) {
 get_child_node($c);
}
```

8.8 Die Elemente ansprechen

Wie in PHP 4.x gibt es ähnliche Methoden und Eigenschaften in der `DomDocument`-Klasse, um Elemente und Tags anzusprechen:

- `getElementsByTagName()`: Methode, die ein Element auf der Basis des Namens anspricht.
- `getElementsByTagNameNS()`: Methode, die ein Element auf der Basis des Namens und des dazugehörigen Namensraums anspricht.
- `getElementById()`: Methode, die ein Element auf der Basis des ID-Attributs anspricht.

Die Methoden `getElementsByTagName()` und `getElementsById()` funktionieren ähnlich wie die Methoden `get_elements_by_tagname()` und `get_element_by_id()` aus der Klasse `DomDocument` von PHP 4.x.

getElementsByTagName()

Die Methode arbeitet fast identisch wie `get_elements_by_tagname()` aus PHP 4.x. Der Hauptunterschied liegt im Rückgabewert der Methode. Dort war der Rückgabewert ein Array, das die einzelnen Elemente bzw. Knoten enthielt. In PHP 5 ist der Rückgabewert der Methode `getElementsByTagName()` ein Objekt der Klasse `DomNodeList`. In Kapitel 5 wurde die Methode `get_elements_by_tagname()` eingesetzt, um ein bestimmten `buch`-Element auszulesen. Dies ist die PHP 5-Fassung:

```
<?php
 $dom = new DomDocument();
 $dom->preserveWhiteSpace=false;
 $dom->load("buchliste.xml");
 if(!$dom) {
  exit ("Fehler beim Parsen");
 }
 $children=$dom->getElementsByTagName("buch");
 $anz=$children->length;
 print ("<br>Kinder: ".$anz);
 for ($a=0; $a<$anz;$a++) {
  print("<br>Child-Nummer: ".$a);
  $c=$children->item($a);
  print ("<br>Name: ".$c->nodeName);
  print ("<br>Typ: ".$c->nodeType);
  print ("<br>Inhalt: ".utf8_decode($c->nodeValue));
 }
?>
```

Die Methode `getElementsByTagName()` wird ähnlich wie der PHP-4.x-Vorgänger benutzt. An die Methode wird der Name des XML-Elements übergeben. Anders als in PHP 4.x ist der Rückgabewert dieser Methode ein Objekt der Klasse `DomNodeList`. Wie im letzten Abschnitt, in dem ein Objekt der Klasse `DomNodeList` über die Eigenschaft `childNodes` der Klasse `DomNode` erhalten wurde, wird der Inhalt des Objekts von `DomNodeList` über eine for-Schleife ausgelesen.

getElementsByTagNameNS()

Wenn Sie Namensräume verwenden, muss die Methode `getElementsByTagNameNS()` eingesetzt werden. Die Methode arbeitet sehr ähnlich wie `getElementsByTagName()`. Der Unterschied besteht in den Übergabeparametern. Statt des Elementnamens muss die URI des Namensraums und der lokale Name des Tags (d.h. ohne Präfix) angeben werden. Die nachfolgende XML-Datei verfügt über zwei Namensräume:

```
<?xml version"1.0"?>
<personen xmlns:dct="http://www.xmlguru.de/start.php"
xmlns:kft="http://www.xmlguru.de/index.jsp">
 <user>
  <name>Michael</name>
 </user>
 <user>
  <name>Vicki</name>
 </user>
 <dct:user>
  <dct:name>Sven</dct:name>
 </dct:user>
 <dct:user>
  <dct:name>Lale</dct:name>
 </dct:user>
 <kft:user>
  <kft:name>Sylvia</kft:name>
 </kft:user>
 <kft:user>
  <kft:name>Mathias</kft:name>
 </kft:user>
</personen>
```

Im Wurzelelement werden zwei Namensräume mit dem Präfix `dct` und `kft` definiert. Das Wurzelelement besitzt sechs `user`-Kinder. Die ersten beiden Kinder haben keinen Namensraum, gehören also dem lokalen Namensraum an. Die nachfolgenden beiden `user`-Elemente gehören einem Namensraum mit der Präfix `dct` an. Die letzten beiden `user`-Elemente sind dem Namensraum mit dem Präfix `kft` zugehörig.

Der nachfolgende PHP-Code liest nur die `user`-Elemente mit der Namensraum-URI *http://www.xmlguru.de/index.jsp* aus:

```
<?php
 $dom = new DomDocument();
 $dom->preserveWhiteSpace=false;
 $dom->load("people.xml");
 if(!$dom) {
  exit ("Fehler beim Parsen");
 }
 $children=$dom->getElementsByTagNameNS ("http://www.xmlguru.de/
index.jsp", "user");
 $anz=$children->length;
 print ("<br>Kinder: ".$anz);
 for ($a=0; $a<$anz;$a++) {
  print("<br>Child-Nummer: ".$a);
  $c=$children->item($a);
  print ("<br>Qualifizierter Name: ".$c->nodeName);
  print ("<br>LokalerName: ".$c->localName);
  print ("<br>URI: ".$c->namespaceURI);
  print ("<br>Prefix: ".$c->lookupPrefix($c->namespaceURI));
  print ("<br>Typ: ".$c->nodeType);
  print ("<br>Inhalt: ".utf8_decode($c->nodeValue));
 }
?>
```

Die Ausgabe im Browser ergibt zwei `user`-Elemente (nämlich die letzten beiden aus der XML-Datei). An die Methode `getElementsByTagNameNS()` werden der lokale Name des Elements (d.h. ohne Präfix) und die Namensraum-URI übergeben:

```
$children=$dom->getElementsByTagNameNS ("http://www.xmlguru.de/
index.jsp", "user");
```

Das Präfix braucht auch nicht angegeben zu werden, da es ja mit der URI in der Namensraumdefinition verbunden ist. Daher reicht die Angabe der URI aus. Der Rückgabewert der Methode `getElementsByTagNameNS()` ist wie bei `getElementsByTagName()` ein Objekt der Klasse `DomNodeList`. In dem Objekt sind in diesem Fall sämtliche `user`-Elemente enthalten, die das Präfix besitzen, dem der URI `http://www.xmlguru.de/index.jsp` bei der Namensraumdefinition zugeordnet ist. Andere `user`-Elemente, die ein anderes Präfix und damit einen anderen Namensraum besitzen, sind in dem Objekt nicht enthalten. Dies gilt auch für „nackte“ `user`-Elemente, die keinen Namensraum und kein Präfix besitzen. Auch diese werden von der obigen Methode nicht ermittelt.

Die Ausgabe der gefundenen Elemente erfolgt über eine `for`-Schleife, die jedes einzelne Element im Objekt von `DomNodeList` über die `item()`-Methode durchgeht. Interessant ist die Ausgabe der Eigenschaft `nodeName`. Diese gibt bei einem Element mit einem Namensraum den qualifizierten Namen aus, d.h. Elementname mit Präfix. Um nur den lokalen Namen zu erhalten, muss die Eigenschaft `localName` der Klasse `DomNode` eingesetzt werden. Die Methode `lookupPrefix()` der Klasse `DomNode` ermittelt das Präfix, das zu der angegebenen URI gehört.

getElementById()

Die Methode getElementById() der Klasse DomDocument arbeitet wie die Methode get_element_by_id() aus PHP 4.x. Hier gilt ebenfalls, dass das anzusprechende Element über ein id-Attribut verfügen muss, das in einer DTD das Attribut vom Typ ID definiert. Des Weiteren muss vor dem Einsatz der Methode die XML-Datei gegen die DTD validiert werden, damit der XML-Parser das id-Attribut überprüfen kann.

Jedes user-Element erhält dazu ein id-Attribut, das entsprechend in der DTD definiert sein muss:

```
<user id="u195">
  <name>Vicki</name>
</user>
```

Über getElementById() kann jetzt der Inhalt des Kindes des user-Elements erhalten werden:

```
<?php
 $dom = new DomDocument();
 $dom->preserveWhiteSpace=false;
 $dom->load("people.xml");
 if(!$dom) {
  exit ("Fehler beim Parsen");
 }
 $dom->validate();
 $el=$dom->getElementById("u195");
 print (utf8_decode($el->firstChild->nodeValue));
?>
```

8.9 Attribute auslesen

Das Auslesen eines Attributs, das in einem Element enthalten ist, kann über die Klassen DomNode und DomElement erfolgen. In beiden Klassen stehen unterschiedliche Eigenschaften und Methoden für das Auslesen von Attributen bereit.

8.9.1 Direkter Zugriff auf ein Attribut

Auf ein Attribut kann direkt zugegriffen werden, wenn der Name des Attributs bekannt ist. In PHP 4.x war dies über die Methode get_attribute() der Klasse DomElement möglich. In PHP 5 ist dies die Methode getAttribute() der Klasse DomElement. Diese Methode arbeitet im Prinzip identisch. An die Methode muss nur der Name des Attributs übergeben werden. Ist das Attribut in dem Element oder Knoten vorhanden, ist der Rückgabewert ein String, der den Wert des Attributs enthält.

Als Beispiel soll das id-Attribut des ersten Kinds des Wurzelelements ausgelesen werden. Dazu wird der Name des Attributs direkt an die Methode getAttribute() übergeben:

```
<?php
 $dom = new DomDocument();
 $dom->preserveWhiteSpace=false;
 $dom->load("buchliste.xml");
 if(!$dom) {
  exit ("Fehler beim Parsen");
 }
 $root=$dom->documentElement;
 $buch=$root->firstChild;
 $attr=$buch->getAttribute("id");
 print ("<br>Wert: ".$attr);
?>
```

Verwenden Sie Namensräume in Attributen, dann sollten Sie die Methode `getAttributeNS()` einsetzen:

```
$attr=$buch->getAttributeNS("http://www.xmlguru.de/start.php",
"id");
```

Ähnlich wie bei `getElementsByTagNameNS()` müssen an die Methode nur die Namensraum-URI und der Attributname ohne Präfix (also der lokale Name) übergeben werden.

In PHP 4.x besitzt die Klasse `DomElement` die Methode `has_attribute()` zum Prüfen, ob ein Attribut eines bestimmten Namens im Element vorhanden ist. In PHP 5 heißt diese Methode `hasAttribute()` bzw. `hasAttributeNS()` und ist in der Klasse `DomElement` enthalten. Bevor ein Attribut ausgelesen wird, sollte geprüft werden, ob es überhaupt vorliegt:

```
if ($buch->hasAttribute("id")) {
$attr=$buch->getAttribute("id");
print ("<br>Wert: ".$attr);
}
```

Arbeiten Sie mit Namensräumen, sollte die Methode `hasAttributeNS()` benutzt werden:

```
if ($buch->hasAttributeNS("http://www.xmlguru.de/start.php",
"id")) {
```

Wie bei `getAttributeNS()` werden nur die URI des Namensraums und der lokale Name des Attributs (ohne Präfix) angegeben.

Sollten Sie Umlaute und Sonderzeichen aus ISO-8859-1 in einem Attributwert verwenden, so liegt dieser nach dem Parsen im DOM-Dokumentenbaum als UTF-8 vor. Daher sollten Sie bei Ausgaben im Browser die Funktion `utf8_decode()` verwenden, um eine korrekte Darstellung im Browser zu erhalten:

```
$attr=$buch->getAttribute("id");
print ("<br>Wert: ".utf8_decode($attr));
```

8.9.2 Die Klasse DomAttr

Die Klasse DomAttr repräsentiert ein einzelnes Attribut als so genannten Attributknoten. Die Klasse DomAttr ist von der Klasse DomNode abgleitet und erbt die Methoden und Eigenschaften dieser Klasse. Die Klasse ersetzt in PHP 5 die Klasse DomAttribute aus PHP 4.x

Ein Objekt der Klasse DomAttr kann über die Methoden getAttributeNode() und getAttributeNodeNS() der Klasse DomElement erhalten werden. An die Methode getAttributeNode() muss der Name des Attributs angegeben werden. Die Methode getAttributeNode() ersetzt get_attributenode() bzw. get_attribute_node() der Klasse DomElement aus PHP4.x.

Als Beispiel soll das id-Attribut des ersten Kinds des Wurzelelements ausgelesen werden. Dazu wird der Name des Attributs direkt an die Methode getAttributeNode() übergeben:

```
<?php
 $dom = new DomDocument();
 $dom->preserveWhiteSpace=false;
 $dom->load("buchliste.xml");
 if(!$dom) {
  exit ("Fehler beim Parsen");
 }
 $root=$dom->documentElement;
 $buch=$root->firstChild;
 $attr=$buch->getAttributeNode("id");
 print ("Name: ".$attr->name);
 print ("<br>Wert: ".$attr->value);
 print ("<br>Name: ".$attr->nodeName);
 print ("<br>Wert: ".$attr->nodeValue);
?>
```

Im Code sehen Sie, dass der Name und der Wert des Attributs auf zwei Arten ausgegeben werden. Zuerst kommt die Eigenschaft name der Klasse DomAttr zum Einsatz, die den Namen des Attributs ausgibt. Die Eigenschaft value ermittelt den Wert. Diese beiden Eigenschaften ersetzen die Methoden name() und value() der Klasse DomAttribute aus PHP 4.x. Anschließend kommen die beiden Eigenschaften nodeName und nodeValue zum Einsatz. Die können ja ebenfalls auf das Objekt in $attr der Klasse DomAttr angewendet werden, weil DomAttr von DomNode abgeleitet ist. Beide Verfahren geben das Gleiche aus. Damit können Sie erkennen, dass Sie nicht unbedingt die speziellen Eigenschaften von DomAttr zum Auslesen einsetzen, sondern die bekannten Eigenschaften aus DomNode verwenden können.

Bei Namensräumen müssen Sie die Methode getAttributeNodeNS() verwenden:

```
$attr=$buch->getAttributeNodeNS("http://www.xmlguru.de/start.php",
"id");
```

Bei dieser Methode muss ebenfalls als erster Parameter die URI des Namensraums und dann der lokale Name des Attributs ohne Präfix notiert werden. Der Rückgabewert ist ebenfalls ein Objekt der Klasse `DomAttr`.

In der Klasse `DomAttr` sind noch die beiden Eigenschaften `specified` und `ownerElement` interessant. `specified` gibt an, ob das Attribut einen Wert besitzt (Rückgabewert ist `true`) oder nicht (`false`). Dies kann vor einer Ausgabe der Eigenschaft `value` geprüft werden. Die Eigenschaft `ownerElement` gibt ein Objekt der Klasse `DomElement` zurück. Es ist das Element, zu dem das Attribut gehört. Über die Eigenschaft `tagName` der Klasse `DomElement` kann der Name des XML-Elements ausgegeben werden.

Hinweis: Liegen Umlaute und Sonderzeichen aus ISO-8859-1 im Attributwert vor, muss die Ausgabe im Browser über die Funktion `utf8_decode()` erreicht werden, da der Attributwert im DOM-Dokumentenbaum vom Parser nach UTF-8 codiert wird.

8.9.3 Attribute über DomNamedNodeMap auslesen

Die DOM-Spezifikation enthält neben `DomNodeList` eine ähnliche Klasse, die den Namen `DomNamedNodeMap` trägt. Beide Klassen enthalten im Prinzip eine Liste mit Knoten oder Elementen. Der Unterschied zwischen diesen Klassen besteht darin, dass ein Knoten oder Element aus dem Objekt von `DomNamedNodeMap` über dessen Namen ermittelt werden kann, während in `DomNodeList` nur die Methode `item()` zur Verfügung steht, an die die Indexnummer übergeben werden muss.

Sämtliche Attribute eines Elements können über die Eigenschaft `attributes` der Klasse `DomNode` erhalten werden. Der Rückgabewert der Eigenschaft ist ein Objekt der Klasse `DomNamedNodeMap`. In diesem Objekt befinden sich sämtliche Attribute und deren Werte. Diese können jetzt entweder an Hand des Namens oder auch über eine `item()`-Methode mit Indexnummer ausgelesen werden. Der Vorteil dieser Eigenschaft liegt daran, dass man erstens die Attributnamen nicht kennen muss. Zweitens ist auch keine Kenntnis darüber nötig, ob in den Attributen Namensräume benutzt werden oder nicht. Die Eigenschaft gibt sämtliche Attribute zurück – sowohl ohne wie auch mit Namensräumen.

```
<?php
 $dom = new DomDocument();
 $dom->preserveWhiteSpace=false;
 $dom->load("buchliste.xml");
 if(!$dom) {
  exit ("Fehler beim Parsen");
 }
 $root=$dom->documentElement;
 $buch=$root->firstChild;
 $attr=$buch->attributes;
 for ($a=0;$a<$attr->length;$a++) {
  $at=$attr->item($a);
  print ("<br>Name: ".$at->nodeName);
  print ("<br>Wert: ".utf8_decode($at->nodeValue));
 }
?>
```

Dieses Beispiel liest sämtliche Attribute des ersten Kinds des Wurzelelements aus. Dazu wird die Eigenschaft `attributes` der Klasse `DomNode` verwendet. `$attr` enthält ein Objekt der Klasse `DomNamedNodeMap`. Über eine `for`-Schleife können jetzt sämtliche Attribute in dem Objekt der Klasse `DomNamedNodeMap` durchlaufen werden. Dazu wird wie in `DomNodeList` die Methode `item()` eingesetzt, an die die Indexnummer des auszulesenden Attributs übergeben wird. Der Rückgabewert dieser Methode ist ein Objekt der Klasse `DomNode`. Damit liegt ein einzelnes Attribut als ein Objekt der Klasse `DomNode` vor. Auf dieses Objekt (`$at`) können jetzt die bekannten Methoden und Eigenschaft der Klasse `DomNode` eingesetzt werden. Der Attributname ist über die Eigenschaft `nodeName` erhältlich, der Wert des Attributs über `nodeValue`. Bei Namensräumen in Attributen enthält der Rückgabewert von `nodeName` den qualifizierten Namen des Attributs, d.h. das Präfix und den Attributnamen.

Der eigentliche Vorteil von `DomNamedNodeMap` liegt jedoch darin, einen Knoten aus dem Objekt an Hand dessen Namens auszulesen. Dazu wird die Methode `getNamedItem()` der Klasse `DomNamedNodeMap` verwendet:

```
<?php
 $dom = new DomDocument();
 $dom->load("buchliste.xml");
 if(!$dom) {
  exit ("Fehler beim Parsen");
 }
 $root=$dom->documentElement;
 $buch=$root->firstChild;
 $attr=$buch->attributes;
 $id=$attr->getNamedItem("id");
 print ("<br>Name: ".$id->nodeName);
 print ("<br>Wert: ". utf8_decode($id->nodeValue));
?>
```

Dieses Beispiel liest das `id`-Attributs des ersten Kinds des Wurzelelements aus. An die Methode `getNamedItem()` wird der Name des Attributs übergeben. Der Rückgabewert der Methode ist wie bei `item()` ein Objekt der Klasse `DomNode`, sodass die Methoden von `DomNode` verwendet werden können, um den Namen und den Wert des Attributs auslesen zu können. Der Einsatz dieser Methode empfiehlt sich nur dann, wenn die Namen der Attribute bekannt sind. Verwenden Sie Namensräume in den Attributen, sollte die Methode `getNamedItemNS()` verwendet werden:

```
$id=$attr->getNamedItemNS("http://www.xmlguru.de/php", "id");
```

8.10 XPath

In PHP 5 ist wie in PHP 4.x die Abfrage eines XML- oder XSLT-Dokuments mit Hilfe von XPath möglich. In PHP 4.x sind dafür Funktionen zuständig, die es in PHP 5 nicht mehr gibt. Statt dessen wurde mit PHP 5 in DOM XML eine neue Klasse mit dem Namen `DomXPath` eingeführt. Über diese Klasse wird die konkrete Abfrage vorgenommen.

8.10.1 Die Klasse DomXPath

Für eine Abfrage mit Hilfe von XPath muss zuerst ein Objekt der Klasse `DomXPath` erzeugt werden. Die erfolgt über den Konstruktor der Klasse. An den Konstruktor wird ein Objekt der Klasse `DomDocument` übergeben. Daher ist es nötig, die XML-Datei, die abgefragt werden soll, vorher über DOM XML zu parsen, damit diese als ein Objekt der Klasse `DomDocument` zur Verfügung steht. Der nachfolgende Code führt eine XPath-Abfrage durch, in der alle `news`-Elemente ermittelt und ausgegeben werden.

```
<?php
 $xml = new DomDocument();
 $xml->load("index.xml");
 if(!$xml) {
  exit ("Fehler beim Parsen");
 }
 $xp = new DomXPath($xml);
 $res = $xp->query("//text");
 if ($res->length<1) {
  exit("Kein Element gefunden");
 }
 for ($a=0;$a<=$res->length;$a++) {
  $n=$res->item($a);
  print ("<br>".utf8_decode($n->nodeValue));
}
?>
```

Zuerst wird die XML-Datei geladen und geparst und liegt in `$xml` als ein `DomDocument`-Objekt vor. An den Konstruktor der Klasse `DomXPath` wird dieses Objekt übergeben:

```
$xp = new DomXPath($xml);
```

Der Konstruktor der Klasse erfüllt in etwa die Funktionalität des Kontextes aus PHP 4.x, in dem eine XPath-Abfrage erzeugt wurde. In PHP 4.x kommt die Funktion `xpath_new_context()` zum Einsatz, an die ein Objekt der Klasse `DomDocument` übergeben werden muss.

Die konkrete XPath-Abfrage wird über die Methode `query()` der Klasse `DomXPath` ausgeführt. An die Methode wird die XPath-Abfrage als String übergeben:

```
$res = $xp->query("//text");
```

Die Methode ist ähnlich wie die Funktionen `xpath_eval()` und `xpath_eval_expression()` aus PHP 4.x. Der Rückgabewert der Methode `query()` ist jedoch ein anderer. `query()` gibt ein Objekt der Klasse `DomNodeList` zurück. In diesem Objekt befinden sich die einzelnen Elemente, die gemäß der XPath-Abfrage ermittelt wurden. Über die Methode `item()` und die Eigenschaft `length` der Klasse `DomNodeList` können die Inhalte ermittelt werden:

```
if ($res->length<1) {
  exit ("Kein Element gefunden");
}
```

```
for ($a=0;$a<=$res->length;$a++) {
  $n=$res->item($a);
  print ("<br>".utf8_decode($n->nodeValue));
}
```

Hinweis: Beachten Sie, dass auch bei XPath nach dem Parsen einer XML-Datei Umlaute und Sonderzeichen aus ISO-8859-1 in UTF-8 vorliegen. Für eine Ausgabe im Browser muss auch hier die Funktion `utf8_decode()` eingesetzt werden.

8.10.2 Namensräume

Bei den XPath-Abfragen werden in PHP 5 auch Namensräume unterstützt. Hierzu muss zuerst über die Methode `register_namespace()` der Klasse `DomXPath` der Namensraum registriert werden, bevor die Abfrage erfolgen kann. In PHP 4.x wird dies ähnlich durchgeführt, dort kommt zuerst die Funktion `xpath_register_ns()` zum Einsatz. Im nachfolgenden Code wird vor der Methode `query()` ein Namensraum registriert und dann die Abfrage durchgeführt:

```
$xp->register_namespace("dlt", "http://www.xmlguru.de/dlt/
dlt.php");
$res = $xp->query("//dtl:text");
```

An die Methode `register_namespace()` werden das Präfix und die URI des Namensraums übergeben. In der XPath-Abfrage muss dann das Element bzw. Attribut mit dem Präfix zusammen angegeben werden.

8.10.3 Unterstütze XPath-Abfragen in PHP 5

Der zugrunde liegende XML-Parser ist in PHP 5 ja libxml2. Damit unterstützt PHP 5 die XPath-Abfragen und Achsenangaben, die von libxml2 unterstützt werden. Eine Auflistung dieser Achsenangaben finden Sie in Kapitel 7.1 in der Tabelle 7.1. Die Angaben aus dieser Tabelle können in PHP 5 direkt weiterverwendet werden.

8.11 XInclude

PHP 5 bietet wie PHP 4.x einen Support von XInclude an. In Kapitel 7.2 wurde der Support von XInclude näher erläutert. Die Methode `xinclude()` aus PHP 4.x ist in PHP 5 weiterhin vorhanden. Sie ist in PHP 5 in der Klasse `DomDocument` enthalten und wird auch identisch eingesetzt. Ein Hauptunterschied betrifft jedoch das Verhalten der Methode. In PHP 4.x musste nach dem Aufrufen von `xinclude()` der Dokumentenbaum ein zweites Mal geparst werden, damit auf die Inhalte der eingefügten XML-Dateien zugegriffen werden kann.

Mit PHP 5 ist dieser – zugegeben etwas überflüssige Schritt – nicht mehr notwendig. Nach dem Aufruf von `xinclude()` werden die XML-Dateien eingefügt und korrekt in den Dokumentenbaum eingehängt. Auf die Inhalte kann sofort mit Hilfe der DOM-Klassen, -Methoden und -Eigenschaften zugegriffen werden.

Das nachfolgende Beispiel ist identisch mit dem Beispiel aus Kapitel 7.2. Es wird die gleiche XML-Datei *incl.xml* verwendet, die über XInclude zwei XML-Dateien einbindet. Nur der PHP-Code hat sich natürlich verändert:

```
<?php
 $dom = new DomDocument();
 $dom->load("incl.xml");
 if(!$dom) {
  exit ("Fehler beim Parsen");
 }
 $dom->xinclude();
 $root=$dom->documentElement;
 $children=$root->childNodes;
 $nr=$children->length;
 print ($nr);
?>
```

Die Methode `xinclude()` der Klasse `DomDocument` wird wie in PHP 4.x verwendet. Wie Sie sehen, entfällt in dem Code die Rückgabe des Dokumentenbaums als String und das anschließende Parsen. Sie können direkt nach dem Aufruf von `xinclude()` auf die eingebundenen Inhalte zugreifen.

9 XML-Dokumente mit DOM XML in PHP 5 erzeugen

Auch das Erstellen von XML-Dokumenten hat sich in PHP 5 verändert. Dies betrifft auch das Erzeugen einzelner Element und das Einhängen in den Dokumentenbaum. Die neuen Methoden sind teilweise ähnlich wie die Methoden aus PHP 4.x.

9.1 Das leere XML-Dokument

Wie Sie schon im letzten Kapitel gesehen haben, muss vor dem Laden einer XML-Datei ein Objekt der Klasse `DomDocument` erstellt werden. Dieses leere Objekt dient auch dazu, die einzelnen Elemente in den (noch leeren) Dokumentenbaum einzuhängen. Dazu muss der Konstruktor der Klasse `DomDocument` aufgerufen werden:

```
<?php
 $dom = new DomDocument("1.0","iso-8859-15");
 $dom->preserveWhiteSpace=false;
 $dom->save("guests.xml");
?>
```

An den Konstruktor der Klasse `DomDocument` werden hier zwei Parameter übergeben. Der erste Wert gibt die Versionsnummer (1.0) an, Der zweite Parameter gibt das Attribut `encoding` im XML-Prolog an. Werden beide Parameter weggelassen, so nimmt der Parser die Versionsnummer 1.0 und das `encoding`-Attribut `utf-8` an. Sehen Sie sich das gespeicherte Dokument an, so verfügt es nur über einen XML-Prolog.

> *Hinweis: Die Angabe des Zeichensatzes ist für ein späteres Speichern wichtig. In dem Dokumentenbaum, der vom Parser erzeugt wird, werden Umlaute und Sonderzeichen immer nach UTF-8 kodiert.*

9.2 Das Wurzelelement und weitere Elemente einhängen

In PHP 4.x gibt es die proprietären Methoden `add_root()` bzw. `set_root()` der Klasse `DomDocument`. Diese sind in PHP 5 komplett weggefallen. In PHP 5 gibt es keine spezielle Methode zum Einhängen eines Wurzelelements. Da die Klasse `DomDocument` in PHP 5 von der Klasse `DomNode` abgeleitet ist, können die Methoden von `DomNode` zum Einhängen in den (noch leeren) Dokumentenbaum verwendet werden.

Das Erzeugen eines neuen Wurzelelements erfolgt ebenfalls über standardisierte DOM-Methoden. Es kommt dazu die Methode `createElement()` der Klasse `DomDocument` zum Einsatz. Diese Methode ersetzt `create_element()` aus der Klasse `DomDocument` in PHP 4.x:

```
<?php
 $dom = new DomDocument("1.0","iso-8859-15");
 $dom->preserveWhiteSpace=false;
 $el=$dom->createElement("guestbook");
 $dom->appendChild($el);
 $dom->save("guests.xml");
?>
```

Die Methode `appendChild()` wird überall eingesetzt, wenn ein Element als ein Kind eines Elements eingehängt werden soll. Auch das Wurzelelement wird entsprechend behandelt. Beachten Sie aber auch hier, dass es möglich, zwei Wurzelelemente in den Dokumentenbaum einzuhängen (was natürlich kein gültiges XML ist), indem nacheinander zweimal die Methode `appendChild()` ausgeführt wird.

Als Beispiel soll hier ein kleines Gästebuch auf der Basis von XML erstellt werden. Dieses Gästebuch soll später mit Hilfe von XSLT nach HTML geformt werden. Dazu muss natürlich eine schon vorhandene Gästebuch-Datei geladen werden, in die dann ein neuer Gästebucheintrag eingefügt wird. Jeder einzelne Gästebucheintrag soll diese Struktur haben:

```
<entry>
 <date>01.12.2004 um 10:12:45</date>
 <name>Michael</name>
 <email>webmaster@xmlguru.de</email>
 <text>Willkommen in dem Gästebuch auf der Basis von XML!</text>
</entry>
```

Jeder einzelne Gästebucheintrag befindet sich in einem `entry`-Knoten. Dieser Knoten verfügt über die Kinder `date` (mit dem Datum und Uhrzeit des Eintrags), `name` (Name des Anwenders), `email` (dessen E-Mail-Adresse) und `text` (der konkrete Gästebucheintrag). Das Erzeugen dieser Kinder erfolgt natürlich über `createElement()` der Klasse `DomDocument`. Jedes einzelne Element wird unterhalb des `entry`-Elements eingehängt. Das `entry`-Element wird selbst als Kind des Wurzelelements eingehängt.

Das Einhängen von Elementen erfolgt über diese Methoden:

- `appendChild()`
- `insertBefore()`

Die Methode `appendChild()` ersetzt die Methode `append_child()` der Klasse `DomNode` aus PHP 4.x. `insertBefore()` ersetzt die Methode `insert_before()` von `DomNode`.

Zuerst muss die vorhandene XML-Datei geladen werden. Nach dem Laden muss geprüft werden, ob das Wurzelelement schon ein Kind besitzt. Davon dürfte man zwar ausgehen. Es kann jedoch die Möglichkeit bestehen, dass noch kein Eintrag vorhanden ist, sodass das Wurzelelement in diesem Fall leer ist:

```
<?php
 $username=$_REQUEST['username'];
 $mail=$_REQUEST['mail'];
 $commentary=$_REQUEST['commentary'];
 $dom = new DomDocument("1.0","utf-8");
 $dom->preserveWhiteSpace=false;
 $dom->load("guests.xml");
 if(!$dom) {
  exit ("Fehler beim Parsen");
 }
 $entry=$dom->createElement("entry");
 $date=$dom->createElement("date");
 $textnode=$dom->createTextNode(date("d.m.Y")." um
".date("H:i:s"));
 $date->appendChild($textnode);
 $entry->appendChild($date);
 $name=$dom->createElement("name");
 $textnode=$dom->createTextNode($username);
 $name->appendChild($textnode);
 $entry->appendChild($name);
 $email=$dom->createElement("email");
 $textnode=$dom->createTextNode($mail);
 $email->appendChild($textnode);
 $entry->appendChild($email);
 $text=$dom->createElement("text");
 $textnode=$dom->createTextNode($commentary);
 $text->appendChild($textnode);
 $entry->appendChild($text);
 $root=$dom->documentElement;
 if ($root->hasChildNodes()) {
  $root->insertBefore($entry, $root->firstChild);
 }
 else {
  $root->appendChild($entry);
 }
 $dom->save("guests.xml");
?>
```

Nach dem erfolgreichen Laden der vorliegenden XML-Datei *guest.xml* wird zuerst der `entry`-Knoten erzeugt

```
$entry=$dom->createElement("entry");
```

und das erste Kind `date` erzeugt:

```
$date=$dom->createElement("date");
```

Der Inhalt des `<date>`-Tags ist normaler Text, daher müssen wir einen Textknoten erzeugen. Dies erfolgt über die Methode `createTextNode()` der Klasse `DomDocument`:

```
$textnode=$dom->createTextNode(date("d.m.Y")." um ".date
("H:i:s"));
```

Die Methode `createTextNode()` ersetzt die Methode `create_text_node()` aus `DomDocument` in PHP 4.x. Der Inhalt des Textknotens ist das Datum und die Uhrzeit. Beides wird über die `date()`-Methode ermittelt. Jetzt kann der Textknoten als Kind des `date`-Elements eingehängt werden:

```
$date->appendChild($textnode);
```

> *Hinweis: Wenn Sie den erzeugten Textknoten im Browser ausgeben möchten, müssen Sie den Text über die Funktion `utf8_decode()` nach ISO-8859-1 wandeln, da der Parser im Dokumentenbaum die Umlaute und Sonderzeichen immer nach UTF-8 konvertiert.*

Der `date`-Knoten kann jetzt als erstes Kind von `entry` eingehängt werden:

```
$entry->appendChild($date);
```

Mit den anderen Kindern `name`, `mail` und `text` wird analog verfahren. Jetzt kann der neue `entry`-Knoten unterhalb des Wurzelelements eingehängt werden. Dazu muss geprüft werden, ob das Wurzelelement mindestens ein Kind besitzt:

```
$root=$dom->documentElement;
if ($root->hasChildNodes()) {
  $root->insertBefore($entry, $root->firstChild);
}
else {
  $root->appendChild($entry);
}
```

Wenn noch kein Eintrag, d.h. kein `entry`-Knoten vorliegt, muss der neue `entry`-Knoten über `appendChild()` eingehängt werden. Sollte mindestens ein `entry`-Knoten schon vorliegen, soll der neue `entry`-Knoten vor dem ersten Kind des Wurzelelements über `insertBefore()` eingehängt werden.

Elemente mit Namensräumen erzeugen

Wenn Sie Namensräume verwenden wollen, müssen Sie statt `createElement()` die Methode `createElementNS()` einsetzen:

```
$entry=$dom->createElementNS("http://www.xmlguru.de/start.php",
"dct:entry");
```

Der erste Übergabeparameter ist die URI des Namensraums. Im Unterschied zu den Methoden `getElementsByTagNameNS()`, `getAttributeNS()` und `getAttributeNodeNS()` muss als zweiter Parameter der qualifizierte Name des zu erzeugenden Elements angegeben werden, d.h. das Präfix mit dem Elementnamen. Die Bedingung hier bei ist, das der Namensraum schon vorher (z.B. im Wurzelelement) definiert wurde.

9.3 XML-Elemente entfernen und ersetzen

Über zwei Methoden aus der Klasse `DomNode` kann ein XML-Element entfernt werden. Die Methode `removeChild()` entfernt ein Kind aus einem Knoten. Die Methode ersetzt `remove_child()` der Klasse `DomNode` aus PHP 4.x. Der nachfolgende Code entfernt das erste Kind des Wurzelelements:

```
$root=$dom->documentElement;
$child=$root->firstChild;
$root->removeChild($child);
```

Die Methode entfernt nur ein einzelnes Kind. Um sämtliche Kinder eines Knotens zu entfernen, müsste zunächst über die Eigenschaft `childNodes` sämtliche Kinder in einem Objekt von `DomNodeList` ermittelt werden. Dann muss über die Eigenschaft `length` von `DomNodeList` die Anzahl der Elemente in dem Objekt von `DomNodeList` ermittelt werden. Über eine `for`-Schleife wird jedes Element mit Hilfe der `item()`-Methode der Klasse `DomNodeList` angesprochen. Dieses kann über `removeChild()` entfernt werden.

Das Ersetzen eines Kinds erfolgt über die Methode `replaceChild()` der Klasse `DomNode`. Diese Methode ersetzt die Methoden `replace_child()` und `replace_node()` der Klasse `DomNode` aus PHP 4.x. Der nachfolgende Code setzt ein erzeugtes `entry`-Element des Gästebuchs in `$entry` voraus. Dieses soll das erste `entry`-Element ersetzen, d.h. das erste Kind des Wurzelelements:

```
$root=$dom->documentElement;
$firstchild=$root->firstChild;
$root->replaceChild($entry,$firstchild);
```

Der erste Übergabeparameter an `replaceChild()` ist das neue Kind. Der zweite Übergabeparameter ist das Kind, das ersetzt werden soll.

9.4 Attribute erzeugen und entfernen

Das Erzeugen von Attributen ist über mehrere Methoden möglich:

- Über den Konstruktor der Klasse `DomAttr`.
- `createAttribute()` der Klasse `DomDocument`.
- `createAttributeNS()` der Klasse `DomDocument`.
- `setAttribute()` der Klasse `DomElement`.
- `setAttributeNS()` der Klasse `DomElement`.
- `setAttributeNode()` der Klasse `DomElement`.
- `setAttributeNodeNS()` der Klasse `DomElement`.

Das sind schon einige Möglichkeiten, ein Attribut zu erstellen. Alle Möglichkeiten werden im Nachfolgenden besprochen.

9.4.1 Der Konstruktor der Klasse DomAttr

Die Klasse `DomAttr` repräsentiert ein einzelnes Attribut als Knoten. Die Klasse besitzt einen eigenen Konstruktor, über den ein Attributknoten erstellt werden kann. Dieser Attributknoten kann über `appendChild()` in das gewünschte Element eingehängt werden.

Der nachfolgende Code erweitert das Gästebuch dahingehend, das jedes `entry`-Element ein Attribut `nr` enthält. Dieses enthält nichts anderes, als eine Nummer, die hochgezählt wird:

```
<?php
 $username=$_REQUEST['username'];
 $mail=$_REQUEST['mail'];
 $commentary=$_REQUEST['commentary'];
 $dom = new DomDocument("1.0","utf-8");
 $dom->preserveWhiteSpace=false;
 $dom->load("guests.xml");
 if(!$dom) {
  exit ("Fehler beim Parsen");
 }
 $root=$dom->documentElement;
 if ($root->hasChildNodes()) {
  $child=$root->firstChild;
  if ($child->hasAttribute("nr")) {
   $nr_value=$child->getAttribute("nr");
   $nr_value++;
  }
  else {
   $nr_value=1;
  }
 }
 else {
  $nr_value=1;
 }
 $entry=$dom->createElement("entry");
 $nr_attr=new DomAttr("nr",$nr_value);
 $entry->appendChild($nr_attr);
 $date=$dom->createElement("date");
 $textnode=$dom->createTextNode(date("d.m.Y")." um
".date("H:i:s"));
 $date->appendChild($textnode);
 $entry->appendChild($date);
 $name=$dom->createElement("name");
 $textnode=$dom->createTextNode($username);
 $name->appendChild($textnode);
 $entry->appendChild($name);
 $email=$dom->createElement("email");
 $textnode=$dom->createTextNode($mail);
 $email->appendChild($textnode);
 $entry->appendChild($email);
 $text=$dom->createElement("text");
 $textnode=$dom->createTextNode($commentary);
 $text->appendChild($textnode)
 $entry->appendChild($text);
```

```
  if ($root->hasChildNodes()) {
   $root->insertBefore($entry, $root->firstChild);
  }
  else {
   $root->appendChild($entry);
  }

  $dom->save("guests.xml");
?>
```

Bevor ein `nr`-Attribut in einem neuen `entry`-Element erzeugt werden kann, muss das `nr`-Attribut des ersten `entry`-Elements ausgelesen werden, damit der Wert um eins nach oben gezählt werden kann:

```
if ($root->hasChildNodes()) {
  $child=$root->firstChild;
  if ($child->hasAttribute("nr")) {
   $nr_value=$child->getAttribute("nr");
   $nr_value++;
  }
  else {
   $nr_value=1;
  }
 }
 else {
  $nr_value=1;
 }
```

Hier wird geprüft, ob das Wurzelelement über Kinder verfügt. Wenn nein, wird `$nr_value` auf den Startwert 1 gesetzt. Sollten Kinder vorliegen, wird das erste Kind ermittelt und anschließend geprüft, ob das Attribut `nr` in dem ersten Kind vorliegt. Sollte dies nicht der Fall sein, wird `$nr_value` auf 1 gesetzt. Liegt das Attribut `nr` im Kind vor, wird über die `getAttribute()`-Methode der Klasse `DomElement` das Attribut ausgelesen und der Wert um eins erhöht.

Wenn das neue `entry`-Element erzeugt wird, wird auch das Attribut erzeugt:

```
$entry=$dom->createElement("entry");
$nr_attr=new DomAttr("nr",$nr_value);
$entry->appendChild($nr_attr);
```

Der Konstruktor der Klasse `DomAttr` lautet `new DomAttr()`. An den Konstruktor können zwei Parameter übergeben werden. Der erste Parameter gibt den Namen und der zweite Parameter den Wert des Attributs an. Der Rückgabewert des Konstruktors ist ein Objekt der Klasse `DomAttr`, das das Attribut repräsentiert. Da die Klasse `DomAttr` von `DomNode` abgeleitet ist, kann die Methode `appendChild()` der Klasse `DomNode` zum Einhängen des Attributs als Attributknoten verwendet werden.

9.4.2 createAttribute() und createAttributeNS()

Auf den Konstruktor der Klasse `DomAttr` kann auch verzichtet werden, denn die Methoden `createAttribute()` bzw. `createAttributeNS()` der Klasse `DomDocument` erzeugen einen Attributknoten und geben ein Objekt der Klasse `DomAttr` zurück:

```
$entry=$dom->createElement("entry");
$nr_attr=$dom->createAttribute("nr");
$nr_attr->nodeValue=$nr_value;
$entry->appendChild($nr_attr);
```

Nach dem Erzeugen des `entry`-Elements wird ein neuer Attributknoten über die Methode `createAttribute()` der Klasse `DomDocument` erzeugt. An die Methode wird nur der Name des Attributs gegeben. Das Attribut verfügt über keinen Wert, es ist leer. Das Zuweisen eines Werts kann über die Eigenschaft `nodeValue` der Klasse `DomNode` erfolgen, da ja `DomAttr` von `DomNode` abgeleitet ist. Alternativ bietet sich auch die Eigenschaft `value` der Klasse `DomAttr` an, die ebenfalls einen Wert zuweisen kann. Das Einhängen des Attributknotens erfolgt über die bekannte Methode `appendChild()`.

Verwenden Sie Namensräume bei Attributen, müssen Sie die Methode `createAttributeNS()` einsetzen:

```
$entry=$dom->createElement("entry");
$nr_attr=$dom->createAttributeNS("http://www.xmlguru.de/
start.php", "dct:nr");
$nr_attr->nodeValue=$nr_value;
$entry->appendChild($nr_attr);
```

An die Methode `createAttributeNS()` wird zuerst die URI des Namensraums und dann der qualifizierte Namen des Attributs übergeben. Dies ist das Präfix mit dem Namen des Attributs. Bedingung hierbei ist, dass der Namensraum in einem übergeordneten Element definiert wurde.

9.4.3 setAttribute() und setAttributeNS()

Eine weitere Möglichkeit, Attribute zu erzeugen und zu setzen, besteht über die Methoden `setAttribute()` und `setAttributeNS()` der Klasse `DomElement`. Der Unterschied zu `createAttribute()` und `createAttributeNS()` besteht darin, dass die Methoden auf das Objekt angewendet werden, zu dem die Attribute hinzugefügt werden sollen. Die beiden Methoden erzeugen auch kein Objekt der Klasse `DomAttr`, das dann über `appendChild()` eingehängt werden müsste. Die Methoden `setAttribute()` und `setAttributeNS()` setzen direkt das Attribut mit dem entsprechenden Wert in das Element ein:

```
$entry=$dom->createElement("entry");
$nr_attr=$entry->setAttribute("nr",$nr_value);
$root->appendChild($entry);
```

Wie Sie sehen, wird die Methode `setAttribute()` auf das Objekt angewandt, in dem das Attribut hinzugefügt werden soll. An die Methode wird zuerst der Name und dann der Wert als String übergeben.

Verwenden Sie Namensräume, sollten Sie die Methode `setAttributeNS()` einsetzen:

```
$entry=$dom->createElement("entry");
$nr_attr=$entry->setAttributeNS("http://www.xmlguru.de/start.php",
"dct:nr",$nr_value);
$root->appendChild($entry);
```

An die Methode `setAttributeNS()` wird zuerst die URI des Namensraums und dann der qualifizierte Name des Attributs (Präfix zusammen mit dem Attributnamen) übergeben. Der dritte Übergabewert ist der konkrete Wert des Attributs. Bedingung ist auch hier, dass der Namensraum in einem übergeordneten Element definiert wurde.

9.4.4 setAttributeNode() und setAttributeNodeNS()

Die letzte Möglichkeit, ein Attribut zu einem Element hinzuzufügen, funktioniert über die beiden Methoden `setAttributeNode()` und `setAttributeNodeNS()` der Klasse `DomElement`. Beide Methoden fügen einen Attributknoten zu einem Element hinzu, d.h. an beide Methoden muss ein Objekt der Klasse `DomAttr` übergeben werden. Ähnlich wie `setAttribute()` bzw. `setAttributeNS()` wird der Attributknoten sofort hinzugefügt. Ein Aufrufen der Methode `appendChild()` ist nicht nötig:

```
$entry=$dom->createElement("entry");
$nr_attr=new DomAttr("nr",$nr_value);
$entry->setAttributeNode($nr_attr);
```

Um die Methode `setAttributeNode()` nutzen zu können, muss vorher der Attributknoten entweder über den Konstruktor `new DomAttr()` oder die Methoden `createAttribute()` bzw. `createAttributeNode()` erzeugt worden sein.

Wenn Sie Namensräume verwenden, müssen Sie statt `setAttributeNode()` die Methode `setAttributeNodeNS()` einsetzen:

```
$entry=$dom->createElement("entry");
$nr_attr=$dom->createAttributeNS ("http://www.xmlguru.de/
start.php", "dct:nr");
$attrnode->nodeValue=$nr_value;
$entry->setAttributeNodeNS($nr_attr);
```

An die Methode `setAttributeNodeNS()` wird ebenfalls ein Objekt der Klasse `DomAttr` übergeben. Das Attribut mit Namensraum muss dann vorher über `createAttributeNS()` (mit Namensraum-URI und qualifiziertem Attributnamen) erzeugt werden. Bedingung auch hier ist, das er Namensraum in einem übergeordneten Element definiert wurde.

9.4.5 Attribute entfernen

Das Entfernen von Attributen ist natürlich auch kein Problem. Über drei Methoden können Attribute aus einem Element entfernt werden:

- `removeAttribute()`
- `removeAttributeNS()`
- `removeAttributeNode()`

Alle drei Methoden sind in der Klasse `DomElement` enthalten. Die Methode `removeAttribute()` entfernt direkt ein Attribut aus dem Element, wobei der Attributname angegeben werden muss. Es ersetzt die Methode `remove_attribute()` der Klasse `DomElement` aus PHP 4.x. Dazu sollte zuerst geprüft werden, ob das Element über das angesprochene Attribut verfügt:

```
if ($entry->hasAttribute("nr")) {
 $nr_attr=$entry->removeAttribute("nr");
}
```

Bei der Verwendung von Namensräumen greifen Sie zu der Methode `removeAttributeNS()`. An die Methode wird die Namensraum-URI und der lokale Attributname (ohne Präfix) übergeben:

```
if ($entry->hasAttribute("nr")) {
 $nr_attr=$entry->removeAttributeNS("http://www.xmlguru.de/
start.php","nr");
}
```

Die dritte Methode `removeAttributeNode()` entfernt ebenfalls ein Attribut, jedoch wird das Attribut als Attributknoten angegeben, das entfernt werden soll:

```
if ($entry->hasAttribute("nr")) {
 $attr=new DomAttr("nr");
 $entry->removeAttributeNode($attr);
}
```

9.4.6 Einen neuen Namensraum definieren

Bisher müsste bei dem Verwenden von Namensraum-Methoden immer der Namensraum vorher definiert worden sein. Erst dann konnten Methoden wie `createAttributeNS()` oder `setAttributeNodeNS()` erfolgreich eingesetzt werden. Wie kann ein neuer Namensraum definiert werden? Ganz einfach: als Attribut. Der Attributname des Namensraums besteht aus dem Präfix `xmlns` und dem konkreten Attributnamen. Dies ist das spätere Präfix des Namensraums. Der Wert des Attributs ist die URI des Namensraums, z.B.:

```
xmlns:dct="http://www.xmlguru.de/start.php"
```

Um in einem Wurzelelement (oder einem anderen XML-Element) einen Namensraum zu definieren, können Sie jetzt die bekannten Verfahren aus diesem Abschnitt einsetzen:

- Namensraum über den Konstruktor von `DomAttr` definieren.
- `createAttribute()` der Klasse `DomDocument`.
- `setAttribute()` und `setAttributeNode()` der Klasse `DomElement`.

Der nachfolgende Code definiert mit Hilfe des Konstruktors der Klasse `DomAttr` einen neuen Namensraum im Wurzelelement:

```
<?xml version="1.0"?>
<personenliste xmlns:dct="http://www.xmlguru.de/start.php"/>
```

Der PHP-Code erzeugt die Namensraumdefinition als normalen Attributknoten:

```
<?php
 $dom = new DomDocument();
 $dom->preserveWhiteSpace=false;
 $root=$dom->createElement("personenliste");
 $dom->appendChild($root);
 $attr=new DomAttr("xmlns:dct","http://www.xmlguru.de/start.php");
 $root->setAttributeNode($attr);
 $dom->save("namespace.xml");
?>
```

Der Konstruktor der Klasse `DomAttr` enthält zuerst den qualifizierten Namen `xmlns:dct` und als zweiten Parameter die Namensraum URI. Das erzeugt Objekt wird über die Methode `setAttributeNode()` der Klasse `DomElement` in das Wurzelelement eingehängt. Alternativ könnte man auch die Methode `appendChild()` zum Einhängen verwenden.

Die Methode `createAttribute()` und `setAttribute()` werden ähnlich verwendet. An die Methoden wird der qualifizierte Name und als Attributwert die Namensraum-URI angegeben.

9.5 DOM-Fehler abfangen: Die Klasse DomException

Bei der Arbeit mit dem Dokumentenbaum können Fehler auftreten. Beispielsweise wird aus Versehen versucht, ein zweites Wurzelelement in einen Dokumentenbaum einzuhängen. Oder man achtet bei der Methode `insertBefore()` nicht darauf, welcher Knoten vor welchem eingefügt werden soll, sodass beispielsweise vor dem Wurzelelement ein Knoten eingefügt werden soll. Dieses ist im DOM-Dokumentenbaum natürlich nicht möglich und führt zu klassischen Fehlern, die in PHP 5 abgefangen werden können.

Dazu führt PHP 5 allgemein den `try-catch`-Mechanismus ein, der auch in anderen Sprachen (z.B. Java, JavaScript) genutzt werden kann, um aufgetretene Fehler abzufangen. Diese Neuerung von PHP 5 hat keine Entsprechung in PHP 4. Wenn beispielsweise beim Einhängen eines Knotens ein Fehler auftritt, wird sofort zu dem zugehörigen `catch`-Block gesprungen. Von hier aus kann dann ein Text angezeigt werden, der Auskunft über den aufgetretenen Fehler gibt. Der Vorteil: Die Applikation kann anschließend weiterlaufen und es kann weitergearbeitet werden. Der Code, bei dem ein Fehler auftreten könnte, muss in einen `try`-Block gelegt werden. Für die möglichen Fehlermeldungen innerhalb von DOM existiert eine Klasse mit dem Namen `DomException`. Diese im DOM-Standard enthalten und definiert 17 mögliche Fehler (siehe Tabelle 9.1).

Der nachfolgende Code demonstriert den `try-catch`-Mechanismus. Dazu wird versucht, ein komplettes DOM-Dokument vor einem neu erzeugten Element einzuhängen. Dies muss natürlich zu einem Fehler führen und eine Fehlermeldung ausgeben:

```
<?php
 $dom = new DomDocument();
 if (!$dom->load("test.xml")) {
  exit ("Fehler beim Parsen");
 }
 try {
  $el=$dom->createElement("test");
  $dom->insertBefore($dom,$el);
 }
 catch (DomException $ex) {
    print ($ex);
    print ("<br>Fehlercode: ".$ex->code);
}
  $dom->appendChild($el,$dom->documentElement);
  print ($dom->savexml());
?>
```

Eine vorhandene XML-Datei wird wie bekannt geladen und geparst. Das Erzeugen des Elements und das Einhängen über `insertBefore()` wird in einen `try`-Block gepackt:

```
try {
  $el=$dom->createElement("test");
  $dom->insertBefore($dom,$el);
 }
```

Dieser Code führt zwangsläufig zu einem Fehler, sodass direkt der `catch`-Block angesprungen wird:

```
catch (DomException $ex) {
    print ($ex);
    print ("<br>Fehlercode: ".$ex->code);
}
```

An `catch()` wird das Objekt übergeben, das den aufgetretenen Fehler enthält (`$ex`). Gleichzeitig wird angegeben, von welcher Klasse dieses Objekt abgleitet ist (`DomException`). Im `catch`-Block wird das Objekt `$ex` direkt ausgeben. Dies führt zu einer Fehlerbeschreibung. Anschließend wird die Eigenschaft `code` der Klasse `DomException` angezeigt. Diese gibt eine Codenummer für den Fehler aus. Dieses Beispiel führt zu dem so genannten `Hierarchy Request Error`. Der Knoten (in `$dom`) kann an der Position (vor dem Knoten in `$el`) nicht eingehängt werden (siehe Abbildung 9.1).

Ein Fehler wird auch bei der Methode `createElement()` ausgeworfen, wenn beispielsweise versucht wird, ein Element zu erzeugen, dessen Name aus nicht erlaubten Zeichen besteht:

```
$el=$dom->createElement("@");
```

Hier wird die Fehlermeldung `Invalid Character Error` ausgeworfen, da das `@`-Symbol kein erlaubter Name für ein XML-Element ist.

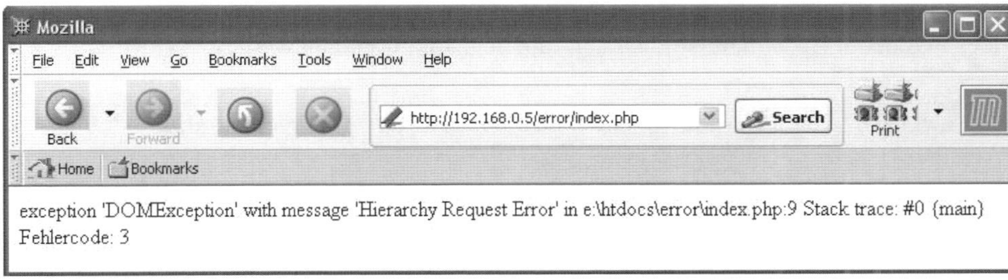

Abb. 9.1: Eine DOM-Fehlermeldung

Sehr viele DOM-Methoden und -Eigenschaften können einen Fehler auswerfen. Beispielsweise wenn versucht wird, über die `item()`-Methode von `NodeList` ein Element anzusprechen, das nicht existiert (`INDEX_SIZE_ERROR`), oder wenn versucht wird, den Knotentyp zu verändern, der nicht erlaubt ist (z.B. von Kommentar in CDATA, dies führt zu `INVALID_MODIFICATION_ERROR`). Daher ist es günstig, den `try-catch`-Mechanismus in PHP 5 zu verwenden und die DOM-Operationen in einen `try-catch`-Block zulegen.

Der `try-catch`-Mechanismus hat zwei Vorteile. Da nach dem Ende des `catch`-Blockes noch weiterer Code folgt, wird dieser weiter ausgeführt. Verzichten Sie beispielsweise auf den `try-catch`-Block, würde dieser nachfolgende Code nicht ausgeführt werden! Der Interpreter beendet die Ausführung des Skripts an der Stelle, an der der Fehler aufgetreten ist. Der nachfolgende Code verzichtet auf einen `try-catch`-Block und bei der Ausführung ergibt sich deshalb keine Anzeige im Browser:

```
<?php
 $dom = new DomDocument();
 if (!$dom->load("test.xml")) {
  exit ("Fehler beim Parsen");
 }
 $el=$dom->createElement("test");
 $dom->insertBefore($dom,$el);
 $dom->appendChild($el,$dom->documentElement);
 print ($dom->savexml());
?>
```

Die letzten beiden Codezeilen (`appendChild()` und `print()`) werden nicht ausgeführt und dies kann zu erheblichen Verwirrungen führen. Daher ist es günstiger, die DOM-Methoden und -Eigenschaften in einen `try`-Block zu legen. Bei einem eventuellen Fehler wird dieser vom `catch`-Block abgefangen.

Der zweite Vorteil des `try-catch`-Mechanismus liegt in der genauen Fehlerermittlung. Durch die Angabe des konkreten Fehlers über den `catch`-Block kann eine genaue Analyse durchgeführt werden, was in dem Code nicht stimmt.

Der Nachteil von `try-catch` ist natürlich eine gewisse Unübersichtlichkeit und Vergrößerung des Codes. Wenn Sie viel Erfahrung mit PHP 3.x und 4.x haben, müssen Sie umdenken. Ich denke aber, dass diese Nachteile von den Vorteilen aufgehoben werden.

Die konkreten Fehlermeldungen sind in der Klasse `DomException` definiert. Die Fehlercodes und deren Bedeutung können der Tabelle 9.1 entnommen werden.

Fehlercode	**Fehlermeldung**	**Beschreibung**
1	INDEX_SIZE_ERROR	Die Angabe einer Zeichenposition ist ungültig.
2	DOMSTRING_SIZE_ERROR	Der zu kopierende Text passt nicht in den DOMString.
3	HIERARCHY_REQUEST_ERROR	Der Knoten kann an die Position nicht eingefügt werden.
4	WRONG_DOCUMENT_ERROR	Ein Knoten wird in einem anderen Document-Objekt verwendet, zu dem es nicht gehört.
5	INVALID_CHARACTER_ERROR	Der Name des Elements, Attributs oder Entitys enthält ein nicht-gültiges Zeichen.
6	NO_DATA_ALLOWED_ERROR	Die Daten können nicht in den Knoten eingefügt werden.
7	NO_MODIFICATION_ALLOWED_ERROR	Eine Änderung ist nicht erlaubt.
8	NOT_FOUND_ERROR	Ein Knoten wird angesprochen, der nicht existiert.
9	NOT_SUPPORTED_ERROR	Die ausgeführte Operation wird nicht unterstützt.
10	INUSE_ATTRIBUTE_ERROR	Der einzufügende Attribut-Knoten wird in einem anderen Element verwendet.
11	INVALID_STATE_ERROR	Ein Objekt wird angesprochen, das nicht oder nicht mehr verfügbar ist.
12	SYNTAX_ERROR	Ein Syntaxfehler liegt vor.
13	INVALID_MODIFICATION_ERROR	Der Objekttyp kann nicht verändert werden.

Tabelle 9.1: Die Fehlermeldungen der Klasse `DOMException`

Fehlercode	Fehlermeldung	Beschreibung
14	NAMESPACE_ERROR	Der Namensraum ist nicht gültig bzw. enthält nichtgültige Zeichen.
15	INVALID_ACCESS_ERROR	Die durchzuführende Operation wird nicht unterstützt.
16	VALIDATION_ERROR	Fehler beim Validieren.
17	TYPE_MISMATCH_ERROR	Fehlerhaften Typen.

Tabelle 9.1: Die Fehlermeldungen der Klasse `DOMException` (Forts.)

Zusätzlich zur Eigenschaft `code` gibt es noch weitere Methoden, die die Zeilennummer, eine lesbare Beschreibung und den Dateinamen ermitteln:

- `getMessage()`: gibt eine konkrete Fehlerbeschreibung aus.
- `getCode()`: gibt den Fehlercode aus.
- `getLine()`: Gibt die Zeilennummer aus.
- `getFile()`: Gibt den Dateinamen mit absoluten Pfad an.

Diese Methoden werden direkt im `catch`-Block aufgerufen:

```
catch (DomException $ex) {
   print ("<br>Fehler: ".$ex->getMessage());
   print ("<br>Fehlercode: ".$ex->getCode());
   print ("<br>Zeile: ".$ex->getLine());
   print ("<br>Datei: ".$ex->getFile());
}
```

9.6 Neue Klassen in PHP 5: DomDomCharacterData, DomText und DomComment

Die DOM-Bibliothek führt in PHP 5 auch neue Klassen ein, die so in PHP 4.x nicht vorhanden waren. Die sind die drei Klassen `DomCharacterData`, `DomText` und `DomComment`. Die Klassen hängen alle miteinander zusammen (siehe Abbildung 9.2).

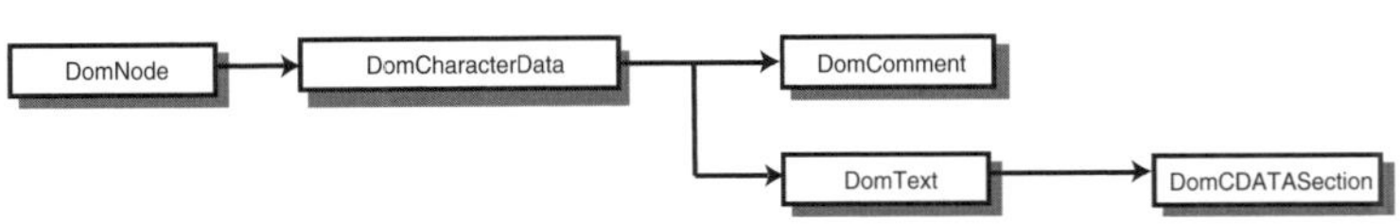

Abb. 9.2: Die Hierarchie der Klassen `DomCharacterData`, `DomText` und `DomComment`

Die Klasse `DomCharacterData` repräsentiert eine Zeichenfolge, die sich innerhalb eines Elements befindet, z.B.:

```
<name>Hier steht ein Name</name>
```

Der konkrete Text `Hier steht ein Name` ist genau genommen ein Textknoten der Klasse `DomText`. Diese Klasse ist von `DomCharacterData` abgeleitet und erbt die Methoden und Eigenschaften von `DomCharacterData`. Die Klasse `DomComment` ist ebenfalls von `DomCharacterData` abgeleitet, die einen Kommentarknoten darstellt. Daher ist eine Definition der Methoden und Eigenschaften in `DomCharacterData` sinnvoller.

9.6.1 Die Klassen DomText und DomCharacterData

Die Klasse `DomCharacterData` besitzt keinen eigenen Konstruktor und kann auch nicht selbst erzeugt werden. Es ist nur eine abstrakte Oberklasse, die Methoden und Eigenschaften bereit stellt, die von den Klassen `DomComment`, `DomText` und `CDATASection` geerbt werden. Als Beispiel dient die XML-Datei *guests.xml* des Gästebuchs:

```
<?xml version="1.0" encoding="iso-8859-1"?>
<guestbook>
<entry>
 <date>01.12.2004 um 10:12:45</date>
 <name>Michael</name>
 <email>webmaster@xmlguru.de</email>
 <text>Willkommen in dem Gästebuch auf der Basis von XML!</text>
</entry>
</guestbook>
```

Jedes Kind von `entry` besitzt einen Textknoten. Das erste Kind – es ist das `date`-Element – wird ja über die Eigenschaft `firstChild` erhalten. Der Rückgabewert der Eigenschaft ist ja allgemein ein Objekt der Klasse `DomNode`. Da es sich hier um eine Textknoten handelt, ist der Rückgabewert konkret ein Objekt der Klasse `DomText`. `DomText` ist ja von `DomCharacterData` abgeleitet, das wiederum von `DomNode` abgeleitet ist.

Durch diese Hierarchie gibt es beispielsweise vier Eigenschaften und damit vier Möglichkeiten, den Inhalt des Textknotens auszulesen:

- `nodeValue` der Klasse `DomNode`.
- `nodeValue` der Klasse `DomText`.
- `wholeText` der Klasse `DomText`.
- `data` der Klasse `DomCharacterData`.

Dies mag etwas verwirrend sein, hat aber seine Berechtigung. Der nachfolgende Code liest mit Hilfe dieser vier Eigenschaften den Inhalt des ersten `date`-Elements aus:

```
<?php
 $dom = new DomDocument("1.0","iso-8859-1");
 $dom->preserveWhiteSpace=false;
 $dom->load("guests.xml");
 if(!$dom) {
  exit ("Fehler beim Parsen");
 }
```

```
  try {
    $root=$dom->documentElement;
    $entry=$root->firstChild;
    $date=$entry->firstChild;
    $text=$date->firstChild;
    print ("<br>".utf8_decode($date->nodeValue));
    print ("<br>".utf8_decode($text->nodeValue));
    print ("<br>".utf8_decode($text->wholeText));
    print (utf8_decode($text->data));
  }
  catch (DomException $ex) {
    print ($ex);
    print ("<br>Fehlercode: ".$ex->code);
}
?>
```

Die zunächst bekannteste Eigenschaft ist ja `nodeValue` der Klasse `DomNode`. Indem die Eigenschaft auf den `date`-Knoten angewendet wird, kann der Inhalt des Knotens als Text ausgelesen werden. Gleichzeitig kann man die Eigenschaft `nodeValue` auch auf ein Objekt der Klasse `DomText` anwenden. Dies liegt ja daran, dass `DomText` durch „Zwischenschritte" von `DomNode` abgeleitet ist. Die dritte Eigenschaft `wholeText` ist eine spezielle Eigenschaft der Klasse `DomText`, die den gesamten Inhalt des Textknotens zurück gibt. Zusätzlich existiert dann noch in der übergeordneten Klasse `DomCharacterData` die Eigenschaft `data`, die den Inhalt ermittelt. Alle vier Eigenschaften können gleichwertig benutzt werden. Der Hauptunterschied zwischen `wholeText` und `data` besteht darin, dass die Eigenschaft `wholeText` nur gelesen, nicht aber einem neuen Wert gesetzt werden kann. Dies ist nur `data` bzw. `nodeValue` vorbehalten.

Die Klasse `DomCharacterData` bietet fünf Methoden und die Klasse `DomText` eine Methode zum Manipulieren einer Zeichenfolge an. Dies sind ähnliche Methoden, wie sie für allgemeine Stringmanipulationen in PHP benutzt werden:

- `appendData()` der Klasse `DomCharacterData`. Hängt eine Zeichenfolge an. Arbeitet ähnlich wie der Punkt-Operator.
- `deleteData()` der Klasse `DomCharacterData`. Entfernt aus einer Zeichenfolge einen bestimmten Abschnitt.
- `insertData()` der Klasse `DomCharacterData`. Fügt in eine Zeichenfolge einen neuen Abschnitt ein.
- `replaceData()` der Klasse `DomCharacterData`. Ersetzt ein einer Zeichenfolgen einen bestimmten Abschnitt. Ähnlich wie die PHP-Funktion `substr_replace()`.
- `substringData()` der Klasse `DomCharacterData`. Kopiert aus einer Zeichenfolge einen bestimmten Abschnitt. Ähnliche wie die PHP-Funktion `substr()`.
- `splitData()` der Klasse `DomText`. Spaltet eine Zeichenfolge auf. Arbeitet ähnlich wie die PHP-Funktion `chunk_split()`.

9.6.2 Die Klasse DomComment

Die Klasse `DomComment` repräsentiert einen Kommentar innerhalb eines XML-Dokuments. Das Objekt `DomComment` ist von `DomCharacterData` abgeleitet, sodass die Methoden und Eigenschaften von `DomNode` und `DomCharacterData` (nicht aber von Text!) eingesetzt werden können. Über die Klasse `DomComment` können Sie auch einen neuen Kommentar in eine XML-Datei einfügen. Dazu muss der Konstruktor der Klasse `DomComment` eingesetzt werden. Der nachfolgende Code erzeugt einen Kommentar und fügt diesen nach dem Wurzelelement in das XML-Dokument ein:

```
<?php
 $dom = new DomDocument();
 $dom->load("test.xml");
 if(!$dom) {
  exit ("Fehler beim Parsen");
 }
 try {
  $root=$dom->documentElement;
  $child=$root->firstChild;
  $comment=new DomComment("Jetzt kommt der Inhalt");
  $root->insertBefore($comment,$child);
  $dom->save("test.xml");
 }
 catch (DomException $ex) {
  print ($ex);
  print ("<br>Fehlercode: ".$ex->code);
 }
?>
```

Der Kommentar wird über den Konstruktor erzeugt:

```
$comment=new DomComment("Jetzt kommt der Inhalt");
```

Es wird nur der konkrete Kommentartext an den Konstruktor übergeben. Die bekannte Kommentarnotation `<!-- ... -->` wird vom Parser erzeugt. In dem Code wird der erzeugte Kommentar über `insertBefore()` vor dem ersten Kind des Wurzelelements eingehängt.

Der Übergabeparameter an den Konstruktor kann auch wegfallen. Es kann ein leeres Objekt der Klasse `DomComment` erzeugt werden. Die Zuweisung eines Inhalts kann entweder über die Eigenschaft `nodeValue` der Klasse `DomNode` oder über die Eigenschaft `data` der Klasse `DomCharacterData` erfolgen:

```
$comment=new DomComment();
$comment->data="Jetzt kommt der Inhalt";
```

Dieses Beispiel erzeugt jetzt als erstes Kind des Wurzelelements einen Kommentar. Ein Kommentar wird von DOM wie ein Knoten angesehen. Es ist ein ganz normales Kind, bevor das erste „echte" XML-Element folgt. Das Auslesen erfolgt daher wie bekannt:

```
<?php
 $dom = new DomDocument();
 $dom->preserveWhiteSpace=false;
 $dom->load("test.xml");
 if(!$dom) {
  exit ("Fehler beim Parsen");
 }
 try {
  $root=$dom->documentElement;
  $child=$root->firstChild;
  print ("Typ: ".$child->nodeType);
  print ("<br>Name: ".$child->nodeName);
  print ("<br>Inhalt: ".utf8_decode($child->data));
  print ("<br>Inhalt: ".utf8_decode($child->nodeValue));
 }
 catch (DomException $ex) {
  print ($ex);
  print ("<br>Fehlercode: ".$ex->code);
 }
?>
```

Die Eigenschaften `data` von `DomCharacterData` und `nodeValue` von `DomNode` ergeben hier den gleichen Inhalt, nämlich den konkreten Text des Kommentarknotens.

9.7 Fragmente: Die Klasse DomDocumentFragment

Ein weitere Neuerung in DOM XML von PHP 5 ist die Klasse `DomDocumentFragement`. Wie der Name schon sagt, enthält die Klasse ein Fragment eines DOM-Dokuments. Ein einzelnes Element wird über die Klasse `DomElement` und ein Knoten über `DomNode` repräsentiert. Wie können beispielsweise zwei Elemente oder zwei Knoten repräsentiert werden, die sich hierarchisch auf einer Ebene befinden? Man könnte jetzt jedes einzelne Element bzw. Knoten über ein eigenes Objekt auslesen – oder man fasst die beiden Elemente bzw. Knoten zu einem Objekt zusammen. Genau dies ist ein Fragment aus einem DOM-Dokument. Betrachten wir dieses einfache XML-Dokument:

```
<?xml version="1.0" encoding="ISO-8859-1"?>
<buchliste>
  <liste1>
    <titel>Harry Potter</titel>
  <liste1>
  <liste2>
    <titel>Tod eines Kritikers</titel>
  <liste2>
</buchliste>
```

Die beiden Elemente liste1 und liste2 befinden sich hierarchisch auf einer Ebene. Die beiden Knoten (inklusive deren Kinder) kann man zu einem Fragment zusammenfassen. Dies erleichtert dann weitere Operationen, z.B. das Kopieren oder das Entfernen. Bei dem Entfernen der beiden Elemente liste1 und liste2 müsste die Methode removeChild() der Klasse DomNode auf den buchliste-Knoten angewendet werden. Manuell müsste zweimal nacheinander die Methode aufgerufen werden, um die Knoten liste1 und liste2 zu entfernen.

Dies vereinfacht die Klasse DomDocumentFragment. Diese stellt ein Fragment dar und kein gültiges und kein wohlgeformtes XML-Dokument. Über DomDocumentFragment besteht die Möglichkeit, mehrere Elemente zu einer Gruppe zusammenzufassen, um diese bearbeiten zu können. DomDocumentFragment ist von DomNode abgeleitet und erbt deren Methoden und Eigenschaften. DomDocumentFragment besitzt selbst keine weiteren Methoden und Eigenschaften.

Der nachfolgende Code erzeugt ein XML-Dokument und ein Wurzelelement. Die beiden Kinder liste1 und liste2 werden als Fragment der Klasse DomDocumentFragment erzeugt und in den Dokumentenbaum eingehängt:

```
<?php
 $str='<?xml version="1.0" encoding="ISO-8859-1"?><buchliste/>';
 $dom = new DomDocument();
 $dom->loadxml($str);
 $e1=$dom->createElement("liste1");
 $e2=$dom->createElement("liste2");
 $docfrag=$dom->createDocumentFragment();
 $docfrag->appendChild($e1);
 $docfrag->appendChild($e2);
 print ($docfrag->firstChild->nodeName);
 $dom->documentElement->appendChild($docfrag);
 $dom->save("test2.xml");
?>
```

Ein neues Objekt der Klasse DomDocumentFragment wird nur über die Methode createDocumentFragment() der Klasse DomDocument erzeugt. Die Methode erwartet keine Übergabeparameter. Das Objekt ist zunächst leer. Anschließend werden wie bekannt über createElement() das Elemente liste1 und liste2 erzeugt. Die Elemente werden über appendChild() in das Objekt der Klasse DomDocumentFragment eingehängt. Es wird damit ein fragmentarischer Dokumentenbaum erzeugt, der selbst wieder als Kind des Wurzelelements über appendChild() eingehängt wird.

9.8 Klassen ableiten

Eine weitere wichtige Neuerung in PHP 5 ist die Möglichkeit, eine selbstgeschriebene Klasse von einer anderen Klasse ableiten zu können. Dadurch kann eine Objektorientiertheit erreicht werden, wie sie u.a. auch aus der Programmiersprache Java bekannt ist. Insbesondere in Verbindung mit DOM XML aus PHP 5 ergibt sich dadurch die Möglichkeit, eine eigene Klasse zu erstellen, die von den bekannten Klassen aus DOM XML abgeleitet ist.

Die Neuerungen in PHP 5, die auch in DOM XML genutzt werden können, bestehen darin, eine eigene Klasse zu erstellen, die von einer DOM XML-Klasse (`DomDocument`, `DomNode` usw.) abgeleitet sind. Dazu sind die Angabe der Oberklasse mit den Schlüsselwort `extends` und der einmalige Aufruf eines Konstruktors nötig. Ein einfaches Beispiel sieht so aus:

```
<?php
 $dom = new doc();
 $dom->load("test.xml");
 $dom->addNode("knoten", "hier kommt text");
 $dom->addNode("knoten", "hier kommt noch mehr text");
 $dom->save("test.xml");
 class doc extends DomDocument {
  function __construct() {
   parent::__construct();
  }
  function addNode($name,$txt) {
   try {
    $item = $this->createElement($name);
    $txtnode = $this->createTextNode($txt);
    $item->appendChild($txtnode);
    $this->documentElement->appendChild($item);
   }
   catch (DomException $ex) {
    print ($ex);
    print ("<br>Fehlercode: ".$ex->code);
   }
  }
 }
?>
```

Der Code besteht aus einer Klasse mit dem Namen `doc`, die über `extends DomDocument` von der Klasse `DomDocument` abgeleitet ist und daher die Methoden und Eigenschaften dieser Klasse erbt. Ein Objekt dieser Klasse wird gleich zu Anfang über den Konstruktor `new doc()` erstellt und anschließend über `load()` eine vorhandenen XML-Datei geladen. Dann werden zwei neue Knoten erzeugt und hinzugefügt. Dies erfolgt über `addNode()` der Klasse `doc`. Es handelt sich um eine eigene Methode, die in der Klasse `doc` als Funktion definiert ist. Anschließend wird über `save()` die XML-Datei mit den beiden neuen Knoten unter dem gleichen Namen gespeichert.

Die Klasse `doc` besteht aus zwei Funktionen: Dem Konstruktor und `addNode()`. Der Konstruktor `__construct()` erzeugt das Objekt dieser Klasse und muss aufgerufen werden. Durch den Aufruf von `new doc()` wird diese Konstruktorfunktion aufgerufen, die das Objekt erstellt. `addNode()` erzeugt zwei neue Knoten. Dazu werden der Name des zu erstellenden Knoten und der Textinhalt für den zweiten Knoten übergeben (dies ist ein Textknoten). Wie bekannt wird zuerst über `createElement()` das Element und dann der Textknoten erzeugt, der unterhalb des Elements eingehängt wird. Dieses Element wird wiederum in den Dokumentenbaum eingefügt.

Durch die Verwendung von Klassen wird auch eine gewisse Übersichtlichkeit des Codes erzeugt. Das nachfolgende Beispiel ist ähnlich wie das Beispiel aus Kapitel 6 und enthält `Datensatz`-Elemente, in denen die Daten eines einzelnen Benutzers enthalten sind. Ein neues `Datensatz`-Element mit den jeweiligen untergeordneten Knoten und Textknoten wird durch zwei Klassen erzeugt:

```
<?php
 $dom = new Users();
 $dom->load("index.xml");
 $data=array("Vorname"=>"Clever", "Nachname"=>"Maria",
"Strasse"=>"Rotweg 17", "PLZ"=>"99999", "Ort"=>"Bayern",
"Telefon"=>"089-00000", "Geburt"=>"");
 $dom->addDatensatz($data);
 $dom->save("index3.xml");
 class Users extends DomDocument {
  function __construct() {
   parent::__construct();
   $this->preserveWhiteSpace=false;
  }
  function addDatensatz($data) {
   try {
    $Datensatz = $this->createElement("Datensatz");
    $it=new ItemNode();
    foreach ($data as $name=>$text) {
     $node=$it->createItemNode ($name,$text);
     $n=$this->importNode($node, true);
     $Datensatz->appendChild($n);
    }
    $this->documentElement->appendChild($Datensatz);
   }
   catch (DomException $ex) {
    print ($ex);
    print ("<br>Fehlercode: ".$ex->code);
   }
  }
 }
 class ItemNode extends DomDocument {
  function __construct() {
   parent::__construct();
   $this->preserveWhiteSpace=false;
  }
  function createItemNode ($name, $text) {
   try {
    $item = $this->createElement($name);
```

```
      $txt = $this->createTextNode($text);
      $item->appendChild($txt);
      return $item;
    }
    catch (DomException $ex) {
      print ($ex);
      print ("<br>Fehlercode: ".$ex->code);
    }
  }
}
?>
```

Am Beginn des Codes wird ein Array erzeugt, das die einzelnen Elementnamen und deren Textinhalte besitzt:

```
$data=array("Vorname"=>"Clever", "Nachname"=>"Maria",
"Strasse"=>"Rotweg 17", "PLZ"=>"99999", "Ort"=>"Bayern",
"Telefon"=>"089-00000", "Geburt"=>"");
```

Dieses Array wird an die Methode `addDatensatz()` der ersten Klasse `Users` übergeben. Die Klasse `Users` erzeugt ein `Datensatz`-Element

```
$Datensatz = $this->createElement("Datensatz");
```

und hängt jeweils ein untergeordnetes Element für den Vorname, Nachnamen usw. ein:

```
$it=new ItemNode();
foreach ($data as $name=>$text) {
 $node=$it->createItemNode ($name,$text);
 $n=$this->importNode($node, true);
 $Datensatz->appendChild($n);
}
```

Dazu wird die zweite Klasse `ItemNode` verwendet, von der ein Objekt über den Konstruktor `new ItemNode()` erzeugt werden muss. Die Methode `createItemNode()` der Klasse `ItemNode` erzeugt konkret ein Element mit einem Textknoten. Das erzeugte Element wird zurückgegeben. Um alle einzelnen Elemente und deren Textinhalt aus dem Array als XML-Elemente zu erhalten, wird eine `foreach`-Schleife durchlaufen und an die Methode `createItemNode()` jeweils der Name des zu erzeugenden Elements und der Text des zu erzeugenden Textknotens übergeben. In `$node` befindet sich jetzt der erzeugte Knoten, der über die Methode `importNode()` der Klasse `DomDocument` importiert werden muss. Dies ist nötig, weil die Klasse `ItemNode` ebenfalls von `DomDocument` abgeleitet ist. Damit gehört der Rückgabewert der Methode `createItemNode()` zu einem anderen Objekt der Klasse `DomDocument`. Würden Sie hier auf `importNode()` verzichten und den erzeugten Knoten sofort über `appendChild()` einhängen, würde der erzeugte Knoten nicht in den Dokumentenbaum eingehängt werden. Beachten Sie auch den zweiten Übergabeparameter an `importNode()`, der hier auf `true` gesetzt ist. Dadurch werden auch alle Kinder mit importiert. Der Default-Wert ist `false` und in diesem Fall würden die Textknoten nicht mit importiert werden. Jetzt kann der importierte Knoten (und dessen Kinder) über `appendChild()` eingehängt werden. Abschließend wird das gesamte `Datensatz`-Element in den Dokumentenbaum eingefügt.

Die zweite Klasse `ItemNode` erzeugt die konkreten Kinder des `Datensatz`-Elements. Dies wurde in eine zweite Klasse ausgelagert, um im Endeffekt den Code abzukürzen. Die Klasse ist ebenfalls von `DomDocument` abgeleitet. Dies ist nötig, damit die Methoden `createElement()` und `createTextNode()` eingesetzt werden können. In der Klasse `Users` müssen nur der Name des neuen Kindes und der Textinhalt bekannt sein. Dieser werden an die Methode `createItemNode()` übergeben. In dieser Methode wird das Element mit seinem Inhalt erzeugt und an die Klasse `Users` zurückgegeben. Dort kann es jetzt eingehängt werden.

9.9 HTML und XHTML mit DOM XML in PHP 5

Wie in PHP 4.x können auch in PHP 5 HTML- und XHTML-Dokumente erzeugt werden. Ein Fortschritt gegenüber PHP 4.x ist vorhanden, denn es gibt spezielle Methoden zum Laden und Parsen von HTML- bzw. XHTML-Dokumenten und -Dateien.

9.9.1 HTML

Ein wesentlicher Vorteil von DOM XML in PHP 5 liegt darin, dass HTML-Dateien geladen und geparst werden können. Dies war ja so in PHP 4.x nicht möglich. In PHP 5 können ebenfalls HTML-Dokumenten als String aufgebaut werden. Zum Parsen eines HTML-Dokuments, das als String vorliegt, existiert die Methode `loadHTML()` der Klasse `DomDocument`. Der nachfolgende Code baut ein HTML-Dokument auf, parst dieses und gibt den Inhalt des `<h1>`-Tags aus.

```
<?php
 $str='<!DOCTYPE html PUBLIC "-//W3C//DTD HTML 4.01 Transitional//
EN" "http://www.w3.org/TR/html4/loose.dtd">';
 $str.='<html><head>';
 $str.='<meta http-equiv="Content-Type" content="text/
html;charset=iso-8859-1"/>';
 $str.='<title>HTML</title></head>';
 $str.='<body><h1>HTML mit DOM XML erzeugen</h1>';
 $str.='</body></html>';
 $dom = new DomDocument();
 $dom->preserveWhiteSpace=false;
 if(!$dom->loadHTML($str)) {
  exit ("Fehler beim Parsen");
 }
 try {
  $nodes=$dom->getElementsByTagName("h1");
  $anz=$nodes->length;
  print ("Gefundene Elemente: ".$anz);
  for ($a=0;$a<$anz;$a++) {
   $node=$nodes->item($a);
   print("<br>".$node->nodeName);
   print("<br>".utf8_decode($node->firstChild->nodeValue));
```

```
   }
  }
  catch (DomException $ex) {
    print ($ex);
    print ("<br>Fehlercode: ".$ex->code);
  }
?>
```

In `$str` liegt ein HTML-4.01-Dokument vor. Anschließend wird über den Konstruktor ein leeres `DomDocument`-Objekt erzeugt. Das Parsen des HTML-Dokuments erfolgt über die Methode `loadHTML()`. Diese Methode gibt im Erfolgsfall das HTML-Dokument als Dokumentenbaum zurück, das wie bekannt in `$dom` vorliegt. Auf dieses Objekt können jetzt die bekannten Methoden und Eigenschaften aus DOM XML eingesetzt werden. Hier wird über `getElementsByTagName()` das `<h1>`-Tag angesprochen und in einer `for`-Schleife sämtliche Elementnamen und deren Textinhalte ausgegeben.

> *Hinweis: Auch wenn Sie HTML 4.01 erzeugen, müssen die Inhalte von Textknoten, die Umlaute und Sonderzeichen in ISO-8859-1 enthalten, über die Funktion `utf8_decode()` ausgegeben werden, da diese vom Parser im Dokumentenbaum in UTF-8 vorliegen. Dies gilt auch für XHTML.*

Liegt eine HTML-Datei vor, kann diese über die Methode `loadHTMLFile()` der Klasse `DomDocument` geladen und geparst werden. Diese Methode gibt ebenfalls einen Dokumentenbaum zurück. Der nachfolgende Code lädt eine HTML-Datei. Der Inhalt dieser HTML-Datei ist identisch mit dem HTML-Dokument des letzten Beispiels:

```
<?php
 $dom = new DomDocument();
 $dom->preserveWhiteSpace=false;
 if(!$dom->loadHTMLFile("ausgabe.html")) {
  exit ("Fehler beim Parsen");
 }
 try {
  $nodes=$dom->getElementsByTagName("h1");
  $anz=$nodes->length;
  print ("Gefundene Elemente: ".$anz);
  for ($a=0;$a<$anz;$a++) {
   $node=$nodes->item($a);
   print("<br>".$node->nodeName);
   print("<br>".utf8_decode($node->firstChild->nodeValue));
  }
 }
 catch (DomException $ex) {
   print ($ex);
   print ("<br>Fehlercode: ".$ex->code);
 }
?>
```

Der Code ist dem letzten Beispiel ähnlich. Über die Methode `loadHTMLFile()` wird die HTML-Datei geladen und geparst. Der Dokumentenbaum liegt in `$dom` vor, auf den wie bekannt die DOM XML-Methoden und -Eigenschaften angewandt werden können.

Interessant bei `loadHTML()` und `loadHTMLFile()` ist, das auch ältere HTML-Dokumenten bzw. -Dateien geladen und geparst werden können. Es müssen keine HTML 4.01-Dateien oder -Dokumente sein. So kann das `<!DOCTYPE>`-Tag wegfallen. Der Parser fügt von sich aus das fehlende `<!DOCTYPE>`-Tag für HTML 4.0 (nicht 4.01!) ein:

```
<!DOCTYPE HTML PUBLIC "-//W3C//DTD HTML 4.0 Transitional//EN"
"http://www.w3.org/TR/REC-html40/loose.dtd">
```

Die nachfolgende HTML-Datei kann problemlos geladen und geparst:

```
<HTML>
<HEAD>
<TITLE>Homepage</TITLE></HEAD>
<SCRIPT LANGUAGE="JavaScript">
 function fenster() {
  var win=window.open("","2fenster","width=50,height=50");
  win.document.write("<H3>Mein erstes Fenster!</H3>");
 }
</SCRIPT>
<BODY onload="fenster()">
<H1 ALIGN="center"><FONT COLOR="black">Homepage</FONT></H1>
<HR>
</BODY></HTML>
```

Wenn Sie sich nach dem Laden und Parsen den Dokumentenbaum im Browser über

```
print($dom->saveHTML());
```

anzeigen lassen, stellen Sie fest, dass das `<!DOCTYPE>`-Tag eingefügt wurde und sämtliche HTML-Tags in Kleinschreibung vorliegen. Um den Inhalt des `<FONT>`-Tags (das vom W3-Konsortium seit HTML 4.0 als deprecated gekennzeichnet ist) auszugeben, muss der Name wie bekannt an die Methode `getElementsByTagName()` übergeben werden. Dabei ist die Groß-/Kleinschreibung im HTML-Dokument oder in der HTML-Datei unwichtig. Der Parser setzt die Tagnamen von sich aus immer in Kleinschreibung. Daher muss in diesem Fall an `getElementsByTagName()` der Name eines Tags immer in Kleinschreibung übergeben werden. Sollte dieser in Großschreibung übergeben werden (auch wenn der Tagname im HTML-Dokument oder in der -Datei in Groschreibung vorliegt), wird das Tag nicht ermittelt.

> *Hinweis: Die Methode `saveHTML()` konvertiert die Umlaute und Sonderzeichen, die im Dokumentenbaum in UTF-8 vorliegen, in das korrekte Ausgabeformat ISO-8859-1. Eine manuelle Konvertierung über `utf8_decode()` ist nicht erforderlich.*

Interessant ist auch der JavaScript-Abschnitt innerhalb von `<SCRIPT> ... </SCRIPT>`. Dieser Abschnitt enthält JavaScript-Anweisungen, die als „normaler" Text notiert werden. Interessant ist jetzt, wie DOM XML den Inhalt von `<SCRIPT> ... </SCRIPT>` sieht. Für

DOM XML ist dies ein CDATA-Abschnitt, auch wenn hier die JavaScript-Anweisungen nicht innerhalb von `<![CDATA[ ....]]>` notiert werden. Der Parser sieht diesen Abschnitt als CDATA an, setzt aber kein `<![CDATA[ ....]]>` ein. Der nachfolgende Code gibt den Inhalt des Tags `<SCRIPT>` aus. Der Knotentyp, der ebenfalls angezeigt wird, ist `DomCDATASection`:

```
<?php
 $dom = new DomDocument();
 $dom->preserveWhiteSpace=false;
 if(!$dom->loadHTMLFile("index.html")) {
  exit ("Fehler beim Parsen");
 }
 try {
  $nodes=$dom->getElementsByTagName("script");
  $anz=$nodes->length;
  print ("Gefundene Elemente: ".$anz);
  for ($a=0;$a<$anz;$a++) {
   $node=$nodes->item($a);
   print("<br>".get_class($node->firstChild));
   print("<br>".$node->nodeName);
   print("<br>".utf8_decode($node->firstChild->nodeValue));
  }
 }
 catch (DomException $ex) {
   print ($ex);
   print ("<br>Fehlercode: ".$ex->code);
 }
?>
```

Das Speichern eines HTML-Dokuments, das als Dokumentenbaum vorliegt, erfolgt über die Methode `saveHTMLFile()` der Klasse `DomDocument`. Dies ist ebenfalls eine Verbesserung gegenüber PHP 4.x, in der ja eine derartige Methode nicht existiert:

```
<?
 $str='<!DOCTYPE html PUBLIC "-//W3C//DTD HTML 4.01 Transitional//
EN" "http://www.w3.org/TR/html4/loose.dtd">';
 $str.='<html><head>';
 $str.='<meta http-equiv="Content-Type" content="text/
html;charset=iso-8859-1"/>';
 $str.='<title>HTML</title></head>';
 $str.='<body><h1>HTML mit DOM XML erzeugen</h1>';
 $str.='</body></html>';
 $dom = new DomDocument();
 $dom->preserveWhiteSpace=false;
 if(!$dom->loadHTML($str)) {
  exit ("Fehler beim Parsen");
 }
```

```
  }
  $dom->saveHTMLFile("index2.html");
  print($dom->saveHTML());
?>
```

In diesem Beispiel wird das bekannte HTML-Dokument aus diesem Abschnitt aufgebaut, über `loadHTML()` geparst und anschließend über `saveHTMLFile()` gespeichert. Die Methode `saveHTMLFile()` ist in der Klasse `DomDocument` enthalten. Verzichten Sie im HTML-Dokument auf das `<!DOCTYPE>`-Tag, so wird dieses vom Parser selbsttätig erzeugt und eingefügt.

> *Hinweis: Bei der Angabe des Dateinamens und des Pfades in* `saveHTMLFile()` *gilt das Gleiche, wie für das Speichern von XML-Dateien über die* `save()`*-Methode. Wird nur der Dateiname angegeben, so erfolgt die Speicherung der Datei im aktuellen Verzeichnis (auch unter Windows!). Alternativ kann ein absoluter Pfad angegeben werden, unter dem die Datei abgelegt werden soll.*

Im obigen Code wird nach `saveHTMLFile()` der DOM-Dokumentenbaum über `saveHTML()` als String zurück gegeben und im Browser angezeigt. Der Name der Methode ist ähnlich wie `saveXML()` etwas ungünstig gewählt.

9.9.2 XHTML

Da XHTML auf der XML-Syntax basiert, können XHTML-Dokumente oder Dateien über die bekannten Methoden der Klasse `DomDocument` geladen und geparst werden:

- `load()`: lädt und parst eine XML-Datei
- `loadxml()`: parst ein XML-Dokument, das als String vorliegt.

Das Speichern eines XHTML-Dokuments erfolgt über die bekannten Methoden von `DomDocument`:

- `save()`: speichert als XML-Datei
- `savexml()`: gibt den DOM-Dokumentenbaum als String zurück

Diese Methoden sind ausführlich in Kapitel 8 besprochen worden und können uneingeschränkt mit XHTML verwendet werden. Das nachfolgende Beispiel baut ein XHTML-1.0-Dokument als String auf, parst dieses, speichert es als Datei und gibt den Inhalt im Browser aus.

```
<?
  $str='<?xml version="1.0"?>';
  $str.='<!DOCTYPE html PUBLIC "-//W3C//DTD XHTML 1.0 Strict//EN"
"http://www.w3.org/TR/xhtml1/DTD/strict.dtd">';
  $str.='<html xmlns="http://www.w3.org/TR/xhtml1"><head>';
  $str.='<meta http-equiv="Content-Type" content="text/html;
charset=iso-8859-1"/>';
  $str.='<title>XHTML 1.0</title></head>';
```

```
 $str.='<body><h3>XHTML 1.0 mit DOM XML erzeugen</h3>'; $str.='</
body></html>';
 $dom = new DomDocument();
 $dom->preserveWhiteSpace=false;
 if(!$dom->loadxml($str)) {
  exit ("Fehler beim Parsen");
 }
 $dom->save("xhtml_bsp.html");
 print($dom->savexml());
?>
```

9.9.3 Aufbauen eines neuen Dokumentenbaums für XHTML und HTML

Das Erzeugen eines neuen, leeren DOM-Dokumentenbaums geht etwas anders vonstatten, weil HTML und XHTML zwingend ein `<!DOCTYPE>`-Tag erfordern. Dieses konnte so in PHP 4.x nicht erzeugt werden, aber in DOM XML von PHP 5 ist dies möglich. Zum Erzeugen eines neuen, leeren DOM-Dokumentenbaums ist nach wie vor die Klasse `DomDocument` erforderlich. Zusätzlich ist noch die Klasse `DomImplementation` nötig, über die das `<!DOCTYPE>`-Tag erzeugt wird. Der nachfolgende Code erstellt ein XHTML-Dokument mit entsprechender DTD, speichert es als Datei und gibt den Inhalt im Browser aus.

```
<?php
 try {
  $dom = new DomDocument("1.0");
  $dom->preserveWhiteSpace=false;
  $impl=$dom->implementation;
  $dtd=$impl->createDocumentType("html","-//W3C//DTD XHTML 1.0
Strict//EN","http://www.w3.org/TR/xhtml1/DTD/strict.dtd");
  $dom->appendChild($dtd);
  $root=$dom->createElement("html");
  $dom->appendChild($root);
  $head=$dom->createElement("head");
  $root->appendChild($head);
  $title=$dom->createElement("title");
  $txt=$dom->createTextNode("XHTML erzeugen");
  $title->appendChild($txt);
  $head->appendChild($title);
  $body=$dom->createElement("body");
  $txt=$dom->createTextNode("XHTML erzeugen");
  $body->appendChild($txt);
  $root->appendChild($body);
  $dom->save("neu.html");
  print($dom->savexml());
 }
```

```
  catch (DomException $ex) {
    print ($ex);
    print ("<br>Fehlercode: ".$ex->code);
  }
?>
```

Das Hauptproblem ist das Erzeugen der DTD für XHTML. Dazu gibt es eine eigene Methode mit dem Namen `createDocumentType()`, die jedoch in der Klasse `DomImplementation` vorliegt. Diese Klasse dient normalerweise dazu, Informationen über die zu Grunde liegende DOM-Implementierung abzufragen. Über die Methode `createDocumentType()` kann eine DTD erzeugt werden. Dazu ist jedoch ein Objekt der Klasse `DomImplementation` nötig. Dieses Objekt wird erhalten, in dem zunächst wie bekannt ein Objekt der Klasse `DomDocument` erstellt wird. Die Eigenschaft `implementation` der Klasse `DomDocument` gibt ein Objekt der Klasse `DomImplementation` zurück:

```
$dom = new DomDocument("1.0");
$dom->preserveWhiteSpace=false;
$impl=$dom->implementation;
```

Jetzt kann direkt die Methode `createDocumentType()` aufgerufen werden:

```
$dtd=$impl->createDocumentType("html","-//W3C//DTD XHTML 1.0
Strict//EN","http://www.w3.org/TR/xhtml1/DTD/strict.dtd");
```

An die Methode müssen drei Übergabeparameter gegeben werden. Der erste Parameter ist der Name der DTD, der mit dem Namen des Wurzelelements identisch sein muss (hier `html`). Der zweite Übergabeparameter ist der öffentliche Identifier und der dritte Parameter ist der systeminterne Identifier. Der Rückgabewert der Methode `createDocumentType()` ist ein Objekt der Klasse `DomDocumentType`. Diese Klasse repräsentiert eine DTD und wird über `appendChild()` in den Dokumentenbaum eingehängt. Dies ist möglich, weil die Klasse `DomDocumentType` von DomNode abgeleitet ist. Anschließend werden die weiteren HTML-Tags wie bekannt erzeugt, indem die Methoden `cerateElement()` sowie `createTextNode()` der Klasse `DomDocument` eingesetzt und alle Objekte über `appendChild()` eingefügt werden. Zum Abschluss wird das Dokument wie bekannt als Datei gespeichert und im Browser ausgegeben. Die erzeugte XHTML-Datei sieht so aus:

```
<?xml version="1.0"?>
<!DOCTYPE html PUBLIC "-//W3C//DTD XHTML 1.0 Strict//EN" "http://
www.w3.org/TR/xhtml1/DTD/strict.dtd">
<html xmlns="http://www.w3.org/1999/xhtml">
<head>
<meta http-equiv="Content-Type" content="text/html; charset=UTF-8"
/>
<title>XHTML erzeugen</title>
</head>
<body>XHTML erzeugen</body>
</html>
```

Beachten Sie, dass der Namensraum im Wurzelelement `html` über das Attribut `xmlns` vom Parser erzeugt wird. Dies gilt auch für das `meta`-Element.

Das Erzeugen eines HTML-Dokuments geht auf ähnlichem Wege vonstatten wie die Erzeugung des XHTML-Dokuments. Der Unterschied besteht nur darin, dass über die Methode `createDocumentType()` die entsprechenden Identifier für die DTD angegeben werden müssen. Gleichzeitig muss das Speichern über die Methode `saveHTMLFile()` erfolgen:

```
<?php
 try {
  $dom = new DomDocument("1.0");
  $dom->preserveWhiteSpace=false;
  $impl=$dom->implementation;
  $dtd=$impl->createDocumentType("html","-//W3C//DTD HTML 4.01
Transitional//EN","http://www.w3.org/TR/html4/loose.dtd");
  $dom->appendChild($dtd);
  $root=$dom->createElement("html");
  $dom->appendChild($root);
  $head=$dom->createElement("head");
  $root->appendChild($head);
  $title=$dom->createElement("title");
  $txt=$dom->createTextNode("HTML erzeugen");
  $title->appendChild($txt);
  $head->appendChild($title);
  $body=$dom->createElement("body");
  $txt=$dom->createTextNode("HTML erzeugen");
  $body->appendChild($txt);
  $root->appendChild($body);
  $dom->saveHTMLFile("neu2.html");
  print($dom->savehtml());
 }
 catch (DomException $ex) {
   print ($ex);
   print ("<br>Fehlercode: ".$ex->code);
 }
?>
```

Das HTML-Dokument wird zunächst wie ein XHTML-Dokument aufgebaut. An die Methode `createDocumentType()` werden die beiden benötigten Identifier für HTML 4.01 übergeben:

```
$dtd=$impl->createDocumentType("html","-//W3C//DTD HTML 4.01
Transitional//EN","http://www.w3.org/TR/html4/loose.dtd");
```

Der weitere Code hat sich nicht verändert. Nur das Speichern erfolgt jetzt über die Methode `saveHTMLFile()` und die Ausgabe über `savehtml()`:

```
$dom->saveHTMLFile("neu2.html");
print($dom->savehtml());
```

Allerdings darf nicht verschwiegen werden, dass der Parser das `<!DOCTYPE>`-Tag für HTML nicht erzeugt. Daher können an `createDocumentType()` auch zwei Leerstrings übergeben werden:

```
$dtd=$impl->createDocumentType("html","","");
```

Dieses Problem des fehlenden `<!DOCTYPE>`-Tags für HTML 4.01 lässt sich über eine andere Methode der Klasse `DomImplementation` lösen. Diese Methode heißt `createDocument()` und erzeugt ein neues, leeres DOM-Dokument. Der nachfolgende Code basiert auf dem letzten Beispiel, verwendet jedoch die Methode `createDocument()`:

```
<?php
 try {
  $dom = new DomDocument();
  $impl=$dom->implementation;
  $dtd=$impl->createDocumentType("html","-//W3C//DTD HTML 4.01
Transitional//EN","http://www.w3.org/TR/html4/loose.dtd");
  $dom2=$impl->createDocument("","html",$dtd);
  $root=$dom2->documentElement;
  $head=$dom2->createElement("head");
  $root->appendChild($head);
  $title=$dom2->createElement("title");
  $txt=$dom2->createTextNode("HTML erzeugen");
  $title->appendChild($txt);
  $head->appendChild($title);
  $body=$dom2->createElement("body");
  $txt=$dom2->createTextNode("HTML erzeugen");
  $body->appendChild($txt);
  $root->appendChild($body);
  $dom2->saveHTMLFile("neu3.html");
  print($dom2->savehtml());
 }
 catch (DomException $ex) {
   print ($ex);
   print ("<br>Fehlercode: ".$ex->code);
 }
?>
```

Es wird ein leeres DOM-Dokument-Objekt wie bekannt erzeugt. Dieses Objekt in `$dom` wird im weiteren Verlauf nicht mehr benötigt. Es dient nur dazu, ein Objekt von `DomImplementation` zu erzeugen, über das jetzt ein weiteres Objekt von `DomDocument` erstellt werden kann:

```
$dtd=$impl->createDocumentType("html","-//W3C//DTD HTML 4.01
Transitional//EN","http://www.w3.org/TR/html4/loose.dtd");
$dom2=$impl->createDocument("","html",$dtd);
```

Zuerst wird die DTD wie bekannt über `createDocumentType()` erzeugt. Dann wird die Methode `createDocument()` aufgerufen. An die Methode wird als zweiter Übergabeparameter der Name des Wurzelelements übergeben und als dritter Parameter das Objekt der

Klasse `DomDocumentType`. Der erste Übergabeparameter ist hier ein Leerstring. Es handelt sich um die URI eines Namensraums, wenn dieser verwendet wird. Hier kommt natürlich kein Namensraum zum Einsatz, daher verbleibt dieser Parameter als ein Leerstring.

Der Rückgabewert von `createDocument()` ist ein neues Objekt der Klasse `DomDocument`, das hier in `$dom2` vorliegt. Es braucht kein eigenes Wurzelelement über `createElement()` erzeugt werden, denn dies wird von der Methode `createDocument()` durchgeführt. Damit die weiteren HTML-Tags eingehängt werden können, muss nur noch das Wurzelelement ermittelt werden:

```
$root=$dom2->documentElement;
```

Alle weiteren Methoden zum Einhängen der Elemente sind identisch und müssen nur auf `$dom2` angewendet werden. Das Speichern und die Ausgabe im Browser sind ebenfalls identisch.

Mit Hilfe von `createDocument()` können auch XHTML-Dokumente erzeugt werden. Dazu muss wie bekannt die DTD über `createDocumentType()` mit den entsprechenden Identifiern erstellt werden:

```
$dtd=$impl->createDocumentType("html","-//W3C//DTD XHTML 1.0
Strict//EN","http://www.w3.org/TR/xhtml1/DTD/strict.dtd");
$dom2=$impl->createDocument("","html",$dtd);
```

Zur Ausgabe im Browser muss die Methode `savexml()` und zum Speichern `save()` eingesetzt werden.

10 SimpleXML und XMLReader

In PHP 5 wurde eine neue Bibliothek unter dem Namen SimpleXML eingeführt. Wie der Name schon sagt, handelt es sich um eine Bibliothek, die einen einfachen Zugriff auf XML bietet. SimpleXML ist jedoch kein Standard, das von einem Gremium wie dem W3-Konsortium oder OASIS verabschiedet wurde, sondern eine eigene PHP-Entwicklung.

Die zweite neue Bibliothek heißt XMLReader und ist ebenfalls keine von einem Gremium verabschiedete Standard-Bibliothek. Sie dient zum schnellen Zugriff auf die XML-Inhalte während des Ladens und ist SAX sehr ähnlich, verzichtet jedoch auf die umständlichen Callback-Funktionen.

10.1 Überblick über SimpleXML

SimpleXML besitzt nur einige wenige Methoden und Eigenschaften und kann sehr einfach eingesetzt werden. SimpleXML ist bei der Installation von PHP 5 eine Standardbibliothek. Sie ist von Anfang an integriert, ähnlich wie der SAX-Modus. Damit steht sie direkt zur Verfügung.

Der Ansatz von SimpleXML besteht darin, dass die einzelnen XML-Elemente über ein oder mehrere Arrays zugänglich sind. Dazu müssen die Elementnamen bekannt sein. Über die bekannten Array-Funktionen von PHP können die Elemente und deren Inhalte ausgegeben werden.

SimpleXML bedient nicht wie DOM das gesamte Spektrum von XML. Ziel ist ein einfacher Zugriff, sodass SimpleXML diese Funktionalitäten anbietet:

- Laden von XML-Dateien und -Dokumenten.
- Zugriff auf XML-Elemente und deren Attribute über Arrays.
- Erstellen von neuen XML-Dokumenten.
- Validieren gegen XML Schema.
- Zugriff auf XML mithilfe von XPath.

Dagegen fehlen in SimpleXML folgende Funktionalitäten:

- Validieren gegen DTD und RelaxNG.
- Support von XSLT.
- Dokumentenbaumstruktur wie in DOM.
- SAX- oder DOM-ähnliche Methoden.
- Methoden für den Zugriff auf das Wurzelelement oder auf bestimmte Elemente, die über die DOM-Methoden `getElementsByTagName()` bzw. `getElementById()` durchgeführt werden.
- Unterscheidung der verschiedenen Knotentypen nach Attributknoten, Kommentarknoten, Textknoten usw.

SimpleXML besitzt ein paar Funktionen zum Laden von XML-Dateien. Des Weiteren ist die Klasse `simplexml_element` enthalten, die oft mit `sxe` abgekürzt wird. Diese Klasse stellt ein XML-Element dar, das intern die weiteren untergeordneten Elemente als Array abbildet.

10.2 XML-Dateien und XML-Dokumenten laden

SimpleXML kann entweder XML-Dateien oder XML-Dokumente, die als String vorliegen, laden. Hierfür stehen zwei eigene Funktionen bereit:

- `simplexml_load_file()`
- `simplexml_load_string()`

Der Rückgabewert dieser beiden Methoden ist ein Objekt der Klasse `simplexml_element`. Für die nachfolgenden Beispiele kommt diese XML-Datei zum Einsatz:

```
<?xml version="1.0" encoding="iso-8859-1"?>
<banner>
 <datum>20.08.2004</datum>
 <bannertext>Wir haben neue Produkte in unserem Onlineshop - schuen
Sie gleich mal rein!</bannertext>
 <bannerlink>shop.html</bannerlink>
 <bannerimage></bannerimage>
 <datum>14.08.2003</datum>
</banner>
```

Ziel dieser Datei ist es, einen einfachen Bannertext zu beschreiben, der später in HTML verwendet wird.

```
<?php
 $xml = simplexml_load_file('text.xml');
 var_dump($xml);
 print("<br>Klasse: ".get_class($xml));
?>
```

Über die Funktion `simplexml_load_file()` wird die XML-Datei geladen. An die Funktion werden der Pfad und der Dateiname übergeben. Der Rückgabewert ist ein Objekt der Klasse `simplexml_element`, das in Array-Form die einzelnen Elemente, Attribute und deren Inhalte enthält. Über `var_dump()` wird hier der Inhalt des Objekts ausgegeben, sodass Sie einen ersten Eindruck im Browser erhalten können.

Wie in DOM XML von PHP 5 ist die Angabe eines Dateinamens in der Funktion `simplexml_load_file()` immer relativ zum aktuellen Verzeichnis. Dies gilt für alle Betriebssysteme, auch für Windows. Es ist unter Windows nicht nötig, den absoluten Pfad oder die Funktion `dirname()` einzusetzen, wie dies in DOM XML von PHP 4.x nötig war.

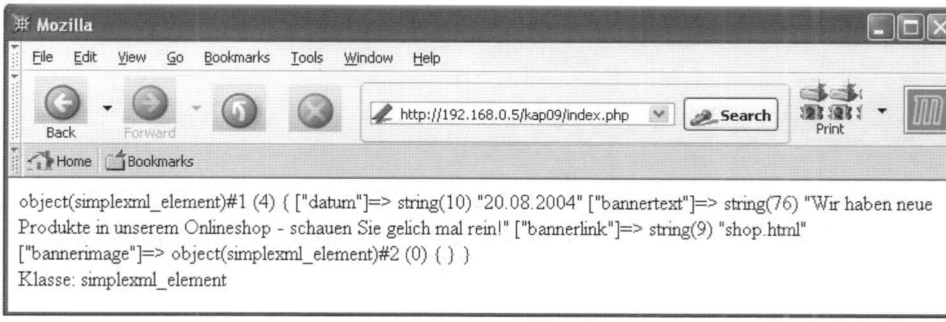

Abb. 10.1: Der Inhalt eines `sxe`-Objekts

Das Laden eines XML-Dokuments erfolgt über die Funktion `simplexml_load_string()`. Das XML-Dokument muss als String vorliegen:

```
<?php
 $str="<?xml version='1.0' encoding='iso-8859-1'?>
        <banner>
        <datum>20.08.2004</datum>
       <bannertext>Wir haben neue Produkte in unserem Onlineshop -
schauen Sie gleich mal rein!</bannertext>
        <bannerlink>shop.html</bannerlink>
        <bannerimage></bannerimage>
        </banner>";
 $xml = simplexml_load_string($str);
 var_dump($xml);
 print("<br>Klasse: ".get_class($xml));
?>
```

Der Rückgabewert der Funktion `simplexml_load_string()` ist ebenfalls ein Objekt der Klasse `simplexml_element`.

10.3 Auf die Inhalte zugreifen

Um einen Eindruck des Aufbaus zu erhalten, kann das Arrays des `sxe`-Objekts über die PHP-Funktion `foreach()` durchlaufen werden. In dem `sxe`-Objekt liegen die Elemente und deren Inhalte als Key-Value-Paare vor:

```
<?php
 $xml = simplexml_load_file('banner.xml');
 foreach($xml as $key => $value) {
  print(utf8_decode("<br>Elementname: ".$key." - Inhalt:
".$value));
 }
?>
```

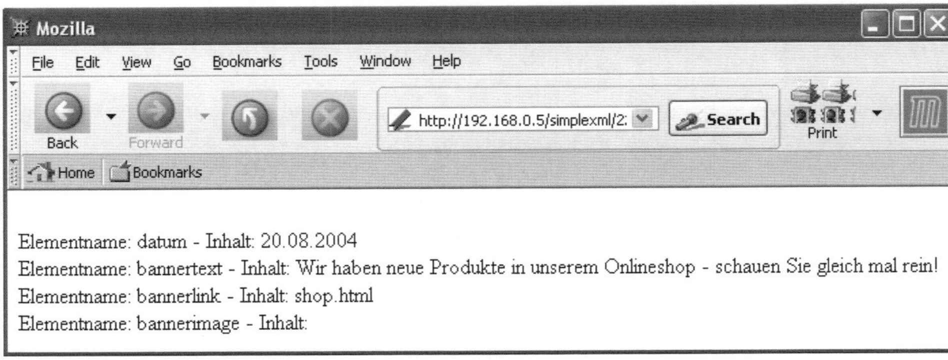

Abb. 10.2: Das Array durchlaufen

Beachten Sie, dass in SimpleXML wie in DOM XML die deutschen Umlaute und Sonderzeichen nach UTF-8 konvertiert werden, auch wenn in der XML-Datei als Zeichensatz ISO-8859-1 angegeben ist. Daher ist es bei Ausgaben im Browser notwendig, die Funktion `utf8_decode()` einzusetzen, um eine korrekte Ausgabe zu erhalten.

Da die einzelnen Elemente in einem Array vorliegen, kann man über relativ einfache Mechanismen auf die einzelnen XML-Elemente zugreifen. Bedingung dabei ist, dass die Namen der XML-Elemente bekannt sind. Es gibt keine Eigenschaft oder Methode wie in DOM, die beispielsweise das Wurzelelement ermittelt. Um die einzelnen Elemente `datum`, `bannertext`, `bannerlink` usw. anzusprechen, wird der Elementname als Eigenschaft verwendet:

```
<?php
 $xml = simplexml_load_file('banner.xml');
 print ($xml->datum);
 print ("<br>".utf8_decode($xml->bannertext));
 print ("<br>".$xml->bannerlink);
 print ("<br>".$xml->bannerimage);
?>
```

Der Rückgabewert einer jeden Eigenschaft ist wiederum ein `sxe`-Objekt, dessen Inhalt der konkrete Inhalt des Elements ist. Dieses kann direkt ausgegeben werden.

Interessant bei SimpleXML ist der Zugriff auf das Wurzelelement. Man könnte jetzt denken, dass über

```
$root=$xml->banner;
```

das Wurzelelement angesprochen wird. Es wird zwar ein Objekt zurück gegeben, das jedoch leer ist. Der Zugriff auf das Wurzelelement erfolgt über den Rückgabewert von `simplexml_load_file()` bzw. `simple_load_string()`:

```
$root=$xml;
```

Dies erkennt man daran, dass der Inhalt eines einfachen XML-Dokuments

```
$str="<?xml version='1.0' encoding='iso-8859-1'?>
      <text>Hallo hallo hallo hallo</text>";
```

direkt durch die Angabe der Rückgabewerts von `simplexml_load_String()` (oder `simplexml_load_file()`) ausgegeben werden kann:

```
$xml = simplexml_load_string($str);
print($xml);
```

und nicht

```
print($xml->text);
```

Wenn mehrere Elemente gleichen Namens vorliegen, werden die einzelnen Elemente durchnummeriert. Die nachfolgende XML-Datei besitzt zwei `banner`-Elemente (mit den entsprechenden untergeordneten Elementen) und ein neues Wurzelelement mit dem Namen `animationen`:

```
<?xml version="1.0" encoding="iso-8859-1"?>
<animationen>
 <banner>
  <datum>20.08.2004</datum>
  <bannertext>Wir haben neue Produkte in unserem Onlineshop -
schauen Sie gleich mal rein!</bannertext>
  <bannerlink>shop.html</bannerlink>
  <bannerimage></bannerimage>
 </banner>
 <banner>
  <datum>21.08.2004</datum>
  <bannertext>Wir haben neue Diskussionsforen aufgesetzt: </
bannertext>
  <bannerlink>forum.html</bannerlink>
  <bannerimage>bild.png</bannerimage>
 </banner>
</animationen>
```

Wird in diesem Fall versucht, auf das `datum`- oder `bannertext`-Element mit

```
$xml->datum
```

oder

```
$xml->bannertext
```

zuzugreifen, läuft der Zugriff ins Leere. Da zwei `datum`-Elemente vorliegen, muss wie bei numerischen Arrays in PHP die Elementnummer angegeben werden:

```
<?php
 $xml = simplexml_load_file('banner.xml');
 print ($xml->banner[0]->datum);
 print ("<br>".utf8_decode($xml->banner[0]->bannertext));
 print ("<br>".$xml->banner[0]->bannerlink);
 print ("<br>".$xml->banner[0]->bannerimage);
?>
```

Das erste `banner`-Element wird als Eigenschaft `banner[0]` angegeben. Das im `banner`-Element vorliegen Kind `datum` wird wiederum über die entsprechende Eigenschaft angesprochen. Sollten jetzt innerhalb eines `banner`-Element beispielsweise zwei `datum`-Element vorliegen, würden diese wiederum über numerische Arrays `datum[0]` und `datum[1]` angesprochen werden.

Zusätzlich kennt SimpleXML noch die Methode `children()`, über die die einzelnen untergeordneten Elemente eines Knotens durchgegangen werden können. Ein einzelner Aufruf von `children()` gibt zunächst nur das erste Kind eines Knotens zurück. Um alle Kinder durchlaufen zu können, muss die Funktion `foreach()` eingesetzt werden. Die Kinder liegen nämlich wieder in einem Array vor:

```
foreach($xml->banner[0]->children() as $a => $b) {
   echo "<br>Kind: ".$a." - : ".$b;
}
```

Dieses Verfahren ist für Kenner von SAX und DOM etwas ungewöhnlich. Jedes Element wird als Eigenschaft angesehen, das direkt ausgelesen werden kann.

10.4 Attribute auslesen

Das Auslesen von Attributwerten folgt einem ähnlichen Vorgehen wie das Auslesen der Taginhalte. Die Attribute und deren Werte liegen in einem `sxe`-Objekt als assoziatives Array vor. Durch die direkte Angabe des Attributnamens kann der Wert ausgelesen werden.

Die XML-Datei mit den einzelnen Bannertexten besitzt in den Tags einige Attribute:

```
<banner nr="300" publish="yes">
  <datum>20.08.2004</datum>
  <bannertext color="red">Wir haben neue Produkte in unserem
Onlineshop - schauen Sie gleich mal rein!</bannertext>
  <bannerlink>shop.html</bannerlink>
  <bannerimage></bannerimage>
</banner>
```

Um die beiden Attribute `nr` und `publish` auszulesen, muss das `banner`-Element direkt im `sxe`-Objekt angesprochen werden. In diesem Objekt liegen die beiden Attribute als Array unter den Array-Elementnamen `nr` und `publish` vor:

```
<?php
 $xml = simplexml_load_file('banner.xml');
 print ($xml->banner[0]['nr']);
 print ("<br>".$xml->banner[0]['publish']);
?>
```

`$xml->banner[0]['nr']` liest das Attribut `nr` aus dem ersten `banner`-Element aus. Sollte das Attribut nicht vorhanden sein, wird ein Leerstring zurück gegeben. Die Verwendung von Nummer statt Array-Elementnamen ist nicht möglich. So gibt `$xml->banner[0][0]` ebenfalls einen Leerstring zurück. Der Attributname muss wie bei assoziativen Arrays in PHP angegeben werden.

Liegen in einem Element mehrere Attribute vor, können diese einzeln durch die Angabe des Attributnamens ausgelesen werden. Ist dieser nicht bekannt, können die Attribute über `foreach()` durchlaufen werden, da die Attribute ebenfalls in einem Array abgelegt werden:

```
foreach($xml->banner[0]->attributes() as $a => $b) {
   echo "<br>Attribut: ".$a." - : ".$b;
}
```

Der einmalige Aufruf von `attributes()` liefert nur das erste Attribut aus dem Array, sodass über `foreach()` jedes Element im Array durchlaufen werden muss.

> *Hinweis: Liegen in einem Attributwert Umlaute und Sonderzeichen aus ISO-8859-1 vor, werden diese vom Parser nach UTF-8 kodiert. Wenn Sie einen Attributwert ausgeben möchten, muss die Ausgabe über `utf8_decode()` erfolgen. Dadurch werden die Attributwerte in die Ausgabe ISO-8859-1 gewandelt.*

10.5 Abfragen mit Hilfe von XPath

Neben der Möglichkeit, die Elemente direkt über den Elementnamen auszulesen, gibt es in SimpleXML noch die Möglichkeit, mit Hilfe von XPath eine Abfrage des XML-Dokuments durchzuführen. SimpleXML hat dazu die Methode `xpath()` der Klasse `simplexml_element` eingeführt. An die Methode `xpath()` wird direkt die XPath-Abfrage formuliert. Der Parser führt die Aktion aus und gibt ein Objekt der Klasse `simplexml_element` zurück. In diesem Objekt können sich ein oder mehrere gefundene Elemente befinden.

```
<?php
 $xml = simplexml_load_file('banner.xml');
 $xpath_result = $xml->xpath("/animationen/banner/datum");
 var_dump($xpath_result);
 foreach($xpath_result as $a => $b) {
  echo "<br>Element: ".$a." - : ".$b;
}
?>
```

An die Methode xpath() wird die XPath-Abfrage als String übergeben. In diesem Beispiel werden sämtliche datum-Elemente unterhalb von animationen/banner ermittelt. Es wird direkt der Lokalisierungspfad ausgehend vom Wurzelelement verwendet. Dieser gibt den Weg vom Wurzelelement über banner zu datum an. Da mehrere datum-Elemente in dem XML-Dokument vorliegen, befinden sich in dem zurückgegeben Objekt die Elemente, die über eine foreach-Schleife ausgegeben werden müssen. Auf den präzisen Lokalisierungspfad kann man in XPath auch verzichten, indem Sie einfach nur //datum als XPath-Abfrage notieren. Dann wird nämlich jedes datum-Element unabhängig vom Weg oder der Position innerhalb des Dokumentenbaums ermittelt:

```
$xpath_result = $xml->xpath("//datum");
```

Diese Codezeile liefert sämtliche datum-Elemente aus dem XML-Dokument, auch die, die sich außerhalb des vorher benutzen Lokalisierungspfads /animationen/banner/datum befinden sollten. Der Rückgabewert bleibt ein Objekt der Klasse simplexml_element, dessen Inhalte über die bekannte foreach-Schleife durchlaufen werden müssen.

Das Auslesen eines Attributs erfolgt nach einem ähnlichen Muster. Wie in XPath üblich, muss das Auslesen eines Attributs über das @-Symbol erfolgen. Um alle nr-Attribute des banner-Elements auszulesen, muss die XPath-Abfrage etwas verändert werden:

```
$xpath_result = $xml->xpath("/animationen/banner/@nr");
```

In dem Objekt der Klasse simplexml_element, das von der Methode zurück gegeben wird, befinden sich jetzt sämtliche nr-Attribut, die über die gleiche foreach-Schleife ausgelesen werden können. Alternativ kann statt der abgekürzten @-Schreibweise auch die XPath-Anweisung attribute verwendet werden:

```
$xpath_result = $xml->xpath("/animationen/banner/attribute::*" );
```

Über attribute::* werden sämtliche Attribute der banner-Elemente ermittelt und in einem Objekt der Klasse simplexml_element zurück gegeben. Satt der Wildcard kann auch nur der konkrete gesuchte Attributname angegeben werden. Dies ermittelt jetzt sämtliche nr-Attribut der banner-Elemente:

```
$xpath_result = $xml->xpath("/animationen/banner/attribute::nr" );
```

SimpleXML unterstützt sämtliche XPath-Anweisungen, wie ancestor, descendant, self usw., wie dies auch in DOM XML von PHP 4.x und 5 unterstützt wird. In der Tabelle 7.1 in Kapitel 7 finden Sie einen kompletten Überblick über die XPath-Anweisungen.

Allerdings scheint SimpleXML in der xpath()-Methode nicht die XPath-Funktionen zu unterstützen (count(), floor() usw.). Tests haben ergeben, das bis zum Redaktionsschluss dieses Buchs (Ende Juli 2004) die Funktionen nicht ausgeführt wurden. Einen Überblick über diese Funktionen, die in DOM XML von PHP 4.x und 5 unterstützt werden, finden Sie in Tabelle 7.2 in Kapitel 7.

10.6 Neue XML-Dokumente aufbauen

Das Erzeugen von neuen XML-Dokumenten mit Elementen und Attributen ist relativ einfach. Das Dokument muss immer als String aufgebaut werden. Die einzelnen Elemente müssen ebenfalls als String erzeugt und den Elementnamen ein Wert zugewiesen werden. Ein Einhängen von Elementen über bestimmte Methoden wie in DOM (`appendChild()`, `insertBefore()` usw.) gibt es in SimpleXML nicht.

Das nachfolgende Beispiel baut die XML-Datei für das Banner auf. Es gibt mehrere Möglichkeiten, dies in SimpleXML aufzubauen. In der ersten Fassung wird der Inhalt der Elemente als String in die Elemente eingefügt und anschließend der String des „Dokumentenbaums" über `simplexml_load_string()` geparst:

```
<?php
 $str="<?xml version='1.0' encoding='iso-8859-1'?>
       <banner>
       <datum>";
 $str.="20.08.2004";
 $str.="</datum>
       <bannertext>";
 $str.="Wir haben neue Produkte in unserem Onlineshop - schauen Sie
gleich mal rein!";
 $str.="</bannertext>
       <bannerlink>";
 $str.="shop.html";
 $str.="</bannerlink>
       <bannerimage></bannerimage>
       </banner>";
 $xml = simplexml_load_string($str);
 print (utf8_decode($xml->bannertext));
?>
```

Zwischen den jeweiligen Elementen, die hier normal als Strings notiert werden, wird der Inhalt der Elemente notiert. Die interessantere Methode ist das nachträgliche Zuweisen von Werten in dem Array. Dazu müsste die komplette Struktur der Datei mit den einzelnen Elementen als String aufgebaut werden. Die einzelnen Elemente sind leer, d.h. ohne Inhalt. Dann wird geparst und jetzt erst der Inhalt eines Elements zugewiesen:

```
<?php
 $str="<?xml version='1.0' encoding='iso-8859-1'?>
       <banner>
       <datum>";
 $str.="</datum>
       <bannertext>";
 $str.="</bannertext>
       <bannerlink>";
 $str.="</bannerlink>
       <bannerimage></bannerimage>
```

```
        </banner>";
  $xml = simplexml_load_string($str);
  $xml->datum="01.04.2005";
  $xml->bannertext="Wir haben in Hamburg ein neues Geschäft
eröffnet";
?>
```

In dem String `$str` wird die komplette Struktur des Dokuments aufgebaut. Jedes Element ist ein Leerelement. Nachdem die Struktur steht, wird geparst und anschließend wird jedem Element im Array ein neuer Wert zugewiesen. Damit liegen diese Werte in den Elementen vor und können weiterverarbeitet werden.

Der Nachteil dieser Methode liegt einerseits darin, dass nachträglich keine Elemente mehr hinzugefügt werden können. Auch das Entfernen eines Elements gestaltet sich schwierig. Ein komplettes Entfernen ist nicht möglich. Statt dessen sollte dem Element ein leerer String zugewiesen werden.

10.7 Eine XML-Datei speichern

SimpleXML bietet noch die Möglichkeit an, ein aufgebautes XML-Dokument als Datei zu speichern. Dies erfolgt über die Methode `asXML()` der Klasse `simplexml_element`:

```
<?php
  $str="<?xml version='1.0' encoding='iso-8859-1'?>
        <banner>
        <datum>";
  $str.="20.08.2004";
  $str.="</datum>
        <bannertext>";
  $str.="Wir haben neue Produkte in unserem Onlineshop - schauen Sie
gleich mal rein!";
  $str.="</bannertext>
        <bannerlink>";
  $str.="shop.html";
  $str.="</bannerlink>
        <bannerimage></bannerimage>
        </banner>";
  $xml = simplexml_load_string($str);
  $xml->asXML('new.xml');
?>
```

An die Methode `asXML()` wird nur der Dateiname übergeben. Der Speicherort der Datei ist das aktuelle Verzeichnis, sowohl unter Windows wie auch unter Linux, UNIX und Mac OS X. Soll die XML-Datei in einem anderen Verzeichnis gespeichert werden, kann direkt der absolute Pfad angegeben werden:

```
$xml->asXML('/usr/local/data/xml/new.xml');
```

Unter Windows ist der Vorsatz `file://` nicht erforderlich:

```
$xml->asXML('e:/data/xml/new.xml');
```

Hinweis: Verwenden Sie in den Strings Umlaute und Sonderzeichen aus ISO-8859-1, werden diese vom Parser im Dokumentenbaum nach UTF-8 kodiert. Beim Speichern erfolgt eine korrekte Kodierung zurück nach ISO-8859-1.

10.8 XHTML erzeugen

Mit Hilfe von SimpleXML ist es auch leicht möglich, ein XHTML-Dokument aufzubauen. In den Kapiteln 6.14 und 9.9 war dies auch ein Thema in Verbindung mit DOM XML in PHP 4.x und 5. In SimpleXML muss das XHTML-Dokument als String aufgebaut werden. Der nachfolgende Code erstellt ein XHTML-1.0-Dokument, das anschließend gespeichert wird:

```
<?php
 $str="<?xml version='1.0' encoding='iso-8859-1'?>";
 $str.="<!DOCTYPE html PUBLIC '-//W3C//DTD XHTML 1.0 Strict//EN'
'http://www.w3.org/TR/xhtml1/DTD/strict.dtd'>";
 $str.="<html xmlns='http://www.w3.org/1999/xhtml'>";
 $str.="<head><meta http-equiv='Content-Type' content='text/html;
charset=iso-8859-1' />";
 $str.="<title>XHTML erzeugen</title></head>";
 $str.="<body>XHTML erzeugen</body></html>";
 $xml = simplexml_load_string($str);
 $xml->asXML('neu5.html');
 print ($str);
?>
```

In `$str` werden die einzelnen Tags für XHTML nacheinander notiert und über `simplexml_load_string()` geparst. Das Speichern erfolgt wie bekannt über `asXML()`. Abschließend erfolgt eine Ausgabe im Browser.

Das Erstellen von HTML-Dokumenten ist theoretisch auch möglich, wenn in dem String ein HTML-Dokument vorliegt. Das Problem ist nur das Parsen und das Speichern. Hierüber wird nämlich der XML-Prolog hinzugefügt. Dieser ist in XHTML 1.x korrekt – jedoch nicht in HTML 4.01 (oder einer anderen HTML-Version). Daher können „echte" HTML-Dokumente nicht aufgebaut werden, sondern nur XHTML-Dokumente.

10.9 Austausch mit DOM

Sehr praktisch ist die Interoperabilität von SimpleXML mit dem DOM XML aus PHP 5. Es gibt nämlich zwei Funktionen, über die ein Objekt der Klasse `DomNode` in ein Objekt der Klasse `simplexml_element` konvertiert werden kann. Anschließend kann dieses als normales `sxe`-Objekt verwendet werden. Der umgekehrte Weg ist ebenso möglich: ein `sxe`-Objekt kann in ein DOM-Objekt der Klasse `DomNode` konvertiert werden. Dann kann das `DomNode`-Objekt über die bekannten DOM-Methoden und -Eigenschaften bearbeitet werden.

Über die Funktion `simplexml_import_dom()` lässt sich ein Objekt, das von der Klasse `DomNode` abgeleitet ist, in SimpleXML importieren. Der Rückgabewert der Methode ist dann ein Objekt der Klasse `simplexml_element`. In Kapitel 4 kam diese XML-Datei mit einer Liste von News zum Einsatz:

```
<?xml version="1.0" encoding="iso-8859-1"?>
<newsliste>
<news id="486" rubrik='xsl-fo' site="javaxml">
 <datum>14.08.2003</datum>
 <headline>Kleines Update von XEP</headline>
 <text>RenderX veröffentlicht die Update-Version 3.5.4 des XSL-FO-
Prozessors XEP. Dieser kann XML-Dateien nach PDF formen. XEP
unterstützt die verabschiedete XSL-Spezifikation des W3-
Konsortiums vom Oktober 2001.Das Update 3.5.4 behebt kleinere Bugs.
Das Tool ist in Java geschrieben und setzt das JDK 1.1.8 oder höher
voraus. XEP ist kostenpflichtig. Eine Trial-Version kann
heruntergeladen werden. Für Universitäten gibt es eine kostenlose
Version (so genannte Academic Edition):
 </text>
 <Links>
  <Web-Adresse xml:link='simple' href='http://xep.xattic.com/'>
   <text>XEP 3.5.4</text>
  </Web-Adresse>
 </Links>
</news>
</newsliste>
```

Der nachfolgende PHP-Code parst diese XML-Datei mit Hilfe von DOM, und über die Methode `simplexml_import_dom()` wird das erste `news`-Element in SimpleXML importiert und dort ausgegeben.

```
<?php
 $dom = new domdocument("iso-8859-1");
 $dom->load("news.xml");
 if(!$dom) {
  exit ("Fehler beim Parsen");
 }
 $nl=$dom->getElementsByTagName("news");
 $xml = simplexml_import_dom($nl->item(0));
 print ("<div style='width:400px'>");
 print ("<b>".$xml->datum."<br>");
 print (utf8_decode($xml->headline)."</b><br>");
 print (utf8_decode($xml->text));
 print ("<br><a href='".$xml->Links->Webadresse['href']."'>");
 print (utf8_decode($xml->Links->Webadresse->text)."</a></div>");
?>
```

In der ersten Hälfte wird die XML-Datei mit DOM geparst, und über `getElements-ByTagName()` sämtliche `news`-Elemente ermittelt. Das erste `news`-Element wird über `$nl->item(0)` ausgelesen. Der Rückgabewert dieser Methode ist ja ein Objekt der Klasse `DomNode`, sodass `$nl->item(0)` direkt an die Methode übergeben werden kann. Der Rückgabewert ist jetzt ein `sxe`-Objekt. Die Ausgabe der Inhalte erfolgt jetzt durch die direkte Angabe der Elementnamen. Auf die weiteren DOM-Eigenschaften wie `first-Child`, `nextSibling` und `nodeValue`, die die Elemente ebenfalls auslesen können, kann komplett verzichtet werden.

Statt eines einzelnen Knotens kann auch ein gesamtes XML-Dokument, das als ein Objekt der Klasse `DomDocument` vorliegt, über die Funktion `simplexml_import_dom()` importiert werden. Dies ist möglich, weil die DOM-Klasse `DomDocument` von `DomNode` abgeleitet ist. Objekte der DOM-Klassen `DomElement`, `DomCharacterData`, `DomText`, `Dom-Attr`, `DOMCDATASection`, `DomComment` und `DomProcessingInstruction` können ebenfalls in SimpleXML importiert werden, weil diese Klasse ja von `DomNode` abgeleitet sind.

Interessant ist auch der umgekehrte Weg: von `sxe` nach DOM. Man kann auf einfache Art und Weise ein `sxe`-Objekt in PHP erstellen und über die Funktion `dom_import_simple-xml()` in ein `DomNode`-Objekt konvertieren. Dann lässt sich die gesamte DOM-API von PHP 5 darauf anwenden. Dieser Weg ist erst ab PHP 5 möglich, da die Funktion `dom_import_simplexml()` erst ab PHP 5 in der DOM-Bibliothek zur Verfügung steht.

Der nachfolgende Code enthält das `news`-Elemente mit den entsprechenden Kindern. Dieses liegt als ein `sxe`-Objekt vor, das in DOM importiert wird. Der Inhalt wird anschließend über die DOM-Methoden ausgegeben:

```
<?php
 $str='<?xml version="1.0" encoding="iso-8859-1"?>
 <news id="486" rubrik="xsl-fo" site="javaxml">
 <datum>14.08.2003</datum>
 <headline>Kleines Update von XEP</headline>
 <text>RenderX veröffentlicht die Update-Version 3.5.4 des XSL-FO-
Prozessors XEP. Dieser kann XML-Dateien nach PDF formen. XEP
unterstützt die verabschiedete XSL-Spezifikation des W3-
Konsortiums vom Oktober 2001.Das Update 3.5.4 behebt kleinere Bugs.
Das Tool ist in Java geschrieben und setzt das JDK 1.1.8 oder höher
voraus. XEP ist kostenpflichtig. Eine Trial-Version kann
heruntergeladen werden. Für Universitäten gibt es eine kostenlose
Version (so genannte Academic Edition):
 </text>
 <Links>
  <Webadresse xml:link="simple" href="http://xep.xattic.com/">
   <text>XEP 3.5.4</text>
  </Webadresse>
 </Links>
</news>';
```

```
$sxe=simplexml_load_string($str);
$dom=dom_import_simplexml($sxe);
$nl=$dom->getElementsByTagName("datum");
$datum=$nl->item(0);
print ("<div style='width:400px'>");
print ("<br><b>".$datum->nodeValue);
$nl=$dom->getElementsByTagName("headline");
$headline=$nl->item(0);
print ("<br>".utf8_decode($headline->nodeValue)."</b>");
$nl=$dom->getElementsByTagName("text");
$text=$nl->item(0);
$linktext=$nl->item(1);
print ("<br>".utf8_decode($text->nodeValue));
$nl=$dom->getElementsByTagName("Webadresse");
$adr=$nl->item(0);
$href=$adr->getAttribute("href");
print("<br><a href='".$href."'>");
print (utf8_decode($linktext->nodeValue));
print ("</a>");
?>
```

Im Code befindet sich in `$str` der `news`-Knoten. Es ist ein einzelner Knoten ohne XML-Prolog. Über die Funktion `simplexml_load_string()` wird der String geparst und in ein `sxe`-Objekt gewandelt. Dann wird dieser String in DOM importiert, indem der String an die Methode `dom_import_simplexml()` übergeben wird. Der Rückgabewert ist hier ein Objekt der Klasse `DomElement`. Es ist nicht nötig, dass Sie vorher ein neues, leeres DOM-Dokument erzeugen. Diese Zeilen

```
$dom = new DomDocument("1.0", "iso-8859-1");
$dom->preserveWhiteSpace=false;
```

sind nicht nötig. Damit liegt in `$dom` jetzt der gesamte `news`-Knoten vor und die einzelnen Kinder `datum`, `headline`, `text`, `webadresse` usw. können über die bekannten DOM-Methoden und -Eigenschaften ermittelt sowie deren Inhalte formatiert ausgegeben werden.

In dem PHP-Code wird kontinuierlich die Methode `getElementsByTagName()` verwendet, um die entsprechenden Kinder anzusprechen. Sie könnten auch manuell durch den Baum gehen, in dem Sie die Eigenschaften `firstChild` und `nextSibling` einsetzen. Jedoch gibt es hier das Problem, dass die Zeilenumbrüche, die in dem String `$str` vorhanden sind, nicht entfernt werden können. Sie werden ebenfalls in Textknoten konvertiert. Dies gilt auch für die Leerzeichen. Selbst wenn Sie vor oder nach dem Importieren `$dom->preserveWhiteSpace=false` verwenden, bleiben die Zeilenumbrüche erhalten. Um mehrfache `firstChild`-Eigenschaften zu vermeiden, ist es günstiger, gleich direkt die Methode `getElementsByTagName()` zu verwenden. Dies ist insofern auch etwas umständlich, da sie ja eine Liste zurück gibt, in der in der Regel nur ein Element enthalten ist.

10.10 XMLReader

Neu in PHP 5 ist die Bibliothek XMLReader. Diese arbeitet ähnlich wie SAX. Während des Ladens und Parsens ist ein Zugriff auf die Inhalte möglich. Dabei verwendet XMLReader einen Zeiger, der auf ein bestimmtes Element oder Attribut gesetzt werden kann. Der Hauptunterschied zu SAX besteht jedoch darin, dass XMLReader keine umständlichen Callback-Funktionen benutzt. XMLReader ist durch Microsoft's Klasse `XMLReader` aus dem .NET-Framework[1] inspiriert. Der Parser `libxml2` hat diese Klasse implementiert.

Der Vorteil von XMLReader: Diese Bibliothek eignet sich besonders für das Verarbeiten von großen XML-Dateien, die mehrere Megabyte groß sein können. Mit DOM XML und SimpleXML ist dies ein umständliches Verfahren, denn die megabytegroßen Dateien müssen erst geladen, geparst und dann als Dokumentenbaum abgebildet werden. Hier böte sich SAX an. Dies hat aber den Nachteil, das man mehrere Callback-Funktionen für die Verarbeitung einsetzen muss.

Hinweis: Die Installation von XMLReader innerhalb von PHP ist für die Betriebssysteme Windows, Linux, UNIX und Mac OS X in Anhang H beschrieben.

10.10.1 Laden und Parsen

Mit XMLReader vereinfacht sich das Einlesen gegenüber SAX. Es werden keine Callback-Funktionen benötigt. Der nachfolgende Code erzeugt ein neues Objekt der Klasse `XMLReader`, lädt eine XML-Datei und gibt deren Textknoten aus. Als Beispiel verwenden wir die gleiche XML-Datei wie bei den SAX-Beispielen aus Kapitel 3:

```
<!DOCTYPE html PUBLIC "-//W3C//DTD HTML 4.01 Transitional//EN"
"http://www.w3.org/TR/html4/loose.dtd">
<html><head>
<meta http-equiv="Content-Type" content="text/html;charset=iso-
8859-1">
<title>XML-Parsing mit PHP</title></head>
<body>
<?php
 $reader=new XMLReader();
 $reader->open("news.xml");
 while ($reader->read()) {
  print ("Name: ".$reader->name."<br>");
  print ("Inhalt: ".utf8_decode($reader->value)."<br>");
  print ("Tiefe: ".$reader->depth."<br>");
  print ("Knotentyp: ".$reader->nodeType."<br>");
 }
 $reader->close();
?>
</body></html>
```

1. http://msdn.microsoft.com/library/default.asp?url=/library/en-us/cpref/html/frlrfsystemxmlxmlreaderclasstopic.asp

Der Konstruktor `new XMLReader()` erzeugt ein neues Objekt und ist parameterlos. Anschließend wird über die `open()`-Methode eine neue XML-Datei geöffnet. Diese befindet sich relativ zu der PHP-Datei (die Verwendung von `dirname()` unter Windows ist nicht nötig).

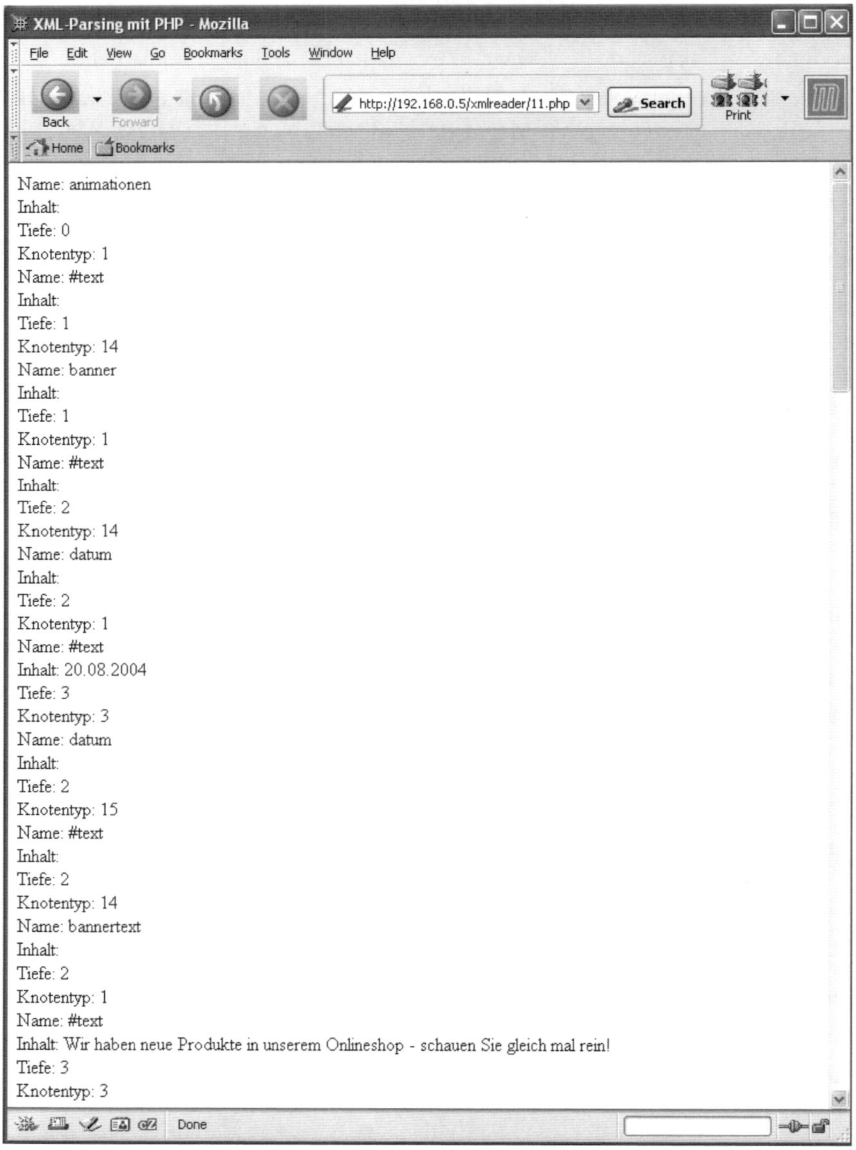

Abb. 10.3: Die Ausgabe im Browser

Die Methode `read()` der Klasse `XMLReader` liest einen einzelnen Knoten ein. Dies ist anders als in SAX und ähnlich wie in DOM. Der Rückgabewert der Methode `read()` ist jetzt aber nicht der eingelesene Knoten, wie man vielleicht denken könnte. Die Methode gibt lediglich 1 (Knoten gelesen) oder 0 (Knoten nicht gelesen) zurück. Genauer gesagt wird eine Art interner Zeiger auf den Knoten gesetzt. Um sämtliche Knoten durchzugehen, muss die `read()`-Methode in einer `while`-Schleife durchlaufen werden. Dadurch wird der Zeiger auf jeden einzelnen Knoten positioniert. Beim Durchlaufen geht der Zeiger jeden einzelnen Knoten durch. Über die Eigenschaften `name` und `value` werden der Name und der Inhalt eines Knotens ausgelesen.

Dabei beginnt der Zeiger mit dem Wurzelelement und springt dann zum ersten Kind des Wurzelelements (wenn dieses vorhanden ist). Der Zeiger bewegt sich dann aber nicht auf das nächste Kind des Wurzelelements (dies wäre im Vergleich mit DOM XML die Methode `nextSibling()`), sondern auf das erste Kind des ersten Kindes des Wurzelelements. Der Zeiger bewegt sich damit im Dokumentenbaum immer tiefer und springt entsprechend wieder höher, wenn ein Knoten durch ein Element abgeschlossen wird.

Diese Tiefe können Sie an Hand der Eigenschaft `depth` erkennen. Die Eigenschaft gibt die Hierarchieebene als Zahl an. Der Wert 0 ist dem Wurzelelement zugeordnet. Der Wert 1 sind die Kinder des Wurzelelements. Der Wert 2 ist das erste Kind eines Kindes des Wurzelelements usw. (siehe Abb. 10.4). Wichtig hierbei ist, dass die Hierarchieebenen durchnummeriert werden und nicht die Elemente. Dies ist einer der Vorteile gegenüber SAX. Wird in SAX über eine Callback-Funktion ein neues Element geöffnet, dann ist es oft nicht ersichtlich, auf welcher Ebene sich das Element befindet.

Statt der Methoden `open()`, die eine Datei lädt, kann auch ein String geladen und geparst werden. Dazu wird die etwas ungünstig bezeichnete Methode `XML()` verwendet:

```
$reader->XML($xmlstr);
```

An die Methode `XML()` wird ein String übergeben, der das XML-Dokument enthält. Es kann sich dann die `while`-Schleife anschließen, damit jeder einzelne Knoten durchlaufen werden kann.

Der Textinhalt eines Elements wird über die `value`-Eigenschaft erhalten. Aber auch nur dann, wenn es sich um einen Textknoten handelt. Sollte der Knoten über weitere Kinder, d.h. keinen Textknoten, verfügen, ist der Inhalt der `value`-Eigenschaft leer.

Ein Problem bereiten derzeit noch die Whitespaces (Zeilenumbrüche, Leerzeichen, Tabs), insbesondere bei den XML-Dateien, die für ein menschliches Auge lesbar sein sollen. Diese werden – wie in DOM XML auch – als Textknoten angesehen. Man kann in DOM XML diese Whitespaces unterdrücken; in XMLReader fehlt eine derartige Möglichkeit derzeit.

Die einzige Möglichkeit besteht jetzt darin, den Typ des Elements zu ermitteln, auf dem sich der Zeiger gerade befindet. Dies erfolgt über die Eigenschaft `nodeType` von `XMLReader`. Der Rückgabewert ist eine Konstante, die sehr ähnlich wie die Rückgabewert der Eigenschaft `nodeType` (PHP 5) bzw. der Methode `node_type()` (PHP 4.x) der Klasse `DomNode` ist. Die Namen der Konstanten sind jedoch an die Klasse `XMLReader` angepasst (siehe Tabelle 10.1).

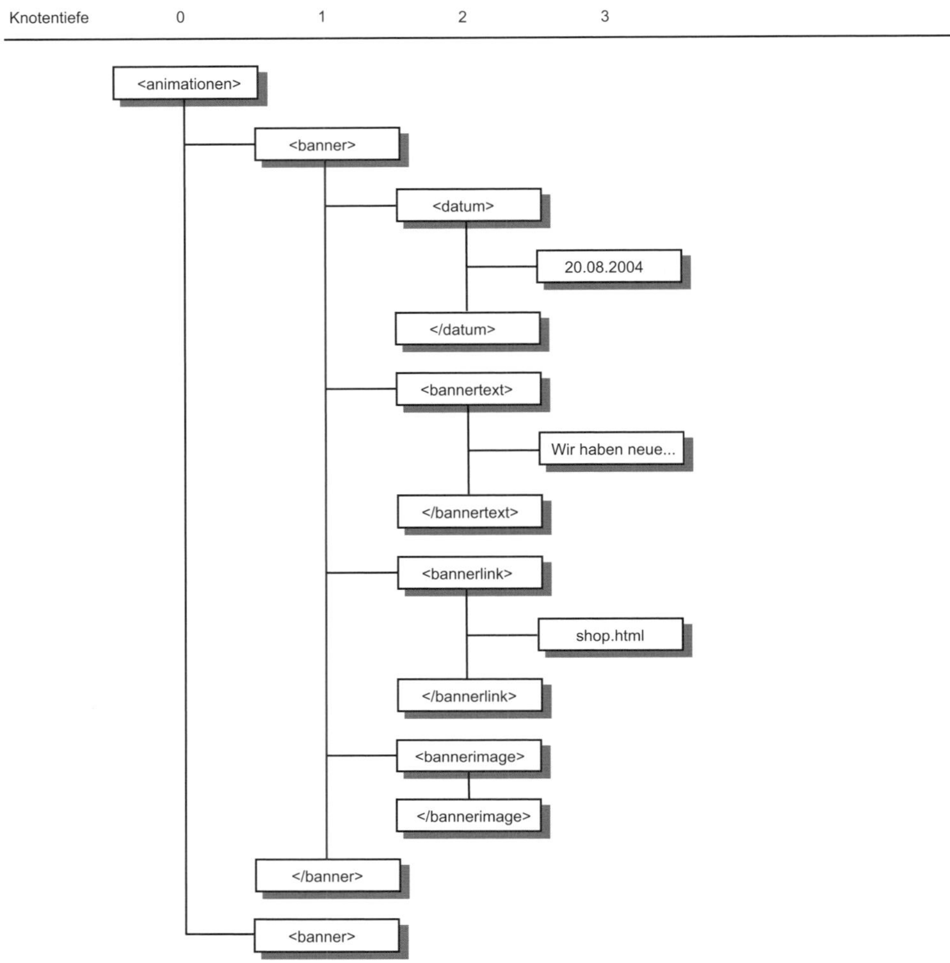

Abb. 10.4: Die Hierarchieebenen der Knoten über die Eigenschaft `depth`

Man könnte jetzt die Whitespaces insbesondere zwischen einem End-Element und einem Start-Element dadurch unterdrücken, indem man auf den Knotentyp `XMLREADER_ELEMENT` prüft. Whitespaces zwischen den beiden genannten Elementen sind dagegen vom Typ `XMLREADER_TEXT`:

```
while ($reader->read()) {
 if ($reader->nodeType==XMLREADER_ELEMENT) {
  print ($reader->name."<br>");
  print (utf8_decode($reader->value)."<br>");
  print ($reader->depth."<br>");
 }
}
```

Man könnte auch explizit auf den Knotentyp `XMLREADER_SIGNIFICANT_WHITESPACE` (Wert: 14) prüfen. Werden Whitespaces zwischen zwei Start-Elementen erkannt (z.B. ein Zeilenumbruch), so ist dies zwar ein Textknoten, der Knotentyp ist jedoch `XMLREADER_SIGNIFICANT_WHITESPACE` und nicht `XMLREADER_TEXT`.

Wert	Knotentyp	Beschreibung
1	`XMLREADER_ELEMENT`	Der Knoten ist ein Element.
2	`XMLREADER_ATTRIBUTE`	Der Knoten ist ein Attribut.
3	`XMLREADER_TEXT`	Der Knoten ist ein Textknoten.
4	`XMLREADER_CDATA`	Der Knoten ist ein CDATA-Abschnitt.
5	`XMLREADER_ENTITY_REF`	Der Knoten ist eine Referenz auf ein Entity.
6	`XMLREADER_ENTITY`	Der Knoten ist ein Entity.
7	`XMLREADER_PI`	Der Knoten ist eine Processing Instruction, die sich innerhalb von *<?* und *?>* befindet.
8	`XMLREADER_COMMENT`	Der Knoten ist ein Kommentar, der durch *<!--* und *-->* umschlossen ist.
9	`XMLREADER_DOC`	Der Knoten ist das Dokument selbst.
10	`XMLREADER_DOC_TYPE`	Der Knoten ist eine DTD.
11	`XMLREADER_DOC_FRAGMENT`	Der Knoten ist ein XML-Fragment.
12	`XMLREADER_NOTATION`	Der Knoten ist eine Notation, d.h. ein *<!NOTATION>*-Tag einer DTD.
13	`XMLREADER_WHITESPACE`	Der Knoten enthält Whitespaces zwischen den Elementen.
14	`XMLREADER_SIGNIFICANT_WHITESPACE`	Der Knoten enthält Whitespaces in einem gemischten Inhaltsmodel.
15	`XMLREADER_END_ELEMENT`	Das Ende eines Elements.
16	`XMLREADER_END_ENTITY`	Das Ende eines Emntities.
17	`XMLREADER_XML_DECLARATION`	Ein Prolog.

Tabelle 10.1: Die Knotentypen als mögliche Rückgabewerte von `nodeType`

Wenn Sie sich die Ausgabe im Browser noch einmal ansehen (siehe auch Abb. 10.3), stellen Sie fest, dass der Name des `datum`-Elements doppelt ausgegeben wird:

```
Name: datum
Inhalt:
Tiefe: 2
Knotentyp: 1
Name: #text
Inhalt: 20.08.2004
Tiefe: 3
Knotentyp: 3
Name: datum
Inhalt:
Tiefe: 2
Knotentyp: 15
```

Dies liegt daran, dass XMLReader sowohl das Start- wie auch das End-Element ausgibt. Dies können Sie deutlich am Knotentyp erkennen. Das Start-Element ist vom Knotentyp `XMLREADER_ELEMENT` (Wert 1), das End-Element dagegen vom Knotentyp `XMLREADER_END_ELEMENT` (Wert 15). Um die Ausgabe des End-Elements zu vermeiden, könnte man auf die Knotentypen `XMLREADER_ELEMENT` und `XMLREADER_TEXT` (für die Ausgabe der Textknoten) prüfen:

```
if ($reader->nodeType==XMLREADER_ELEMENT || $reader-
>nodeType==XMLREADER_TEXT) {
 print ("Name: ".$reader->name."<br>");
 print ("Inhalt: ".utf8_decode($reader->value)."<br>");
 print ("Tiefe: ".$reader->depth."<br>");
 print ("Knotentyp: ".$reader->nodeType."<br>");
}
```

Dies schließt natürlich auch die Whitespaces aus.

10.10.2 Validieren

Das Validieren erfolgt zur Zeit nur gegen DTD und gegen Relax NG. Um validieren zu können, muss der Parser in den validierenden Modus gesetzt werden. Das Validieren gegen eine DTD erfolgt über das Setzen der Parser-Eigenschaft `XMLREADER_VALIDATE` über die Methode `setParserProperty()`:

```
$reader->setParserProperty(XMLREADER_VALIDATE, true);
```

Anschließend muss wie bekannt über die `while`-Schleife das gesamte Dokument durchlaufen werden. Nach dem Ende der Schleife kann die Methode `isValid()` aufgerufen werden:

```
print ("Gültig: ".$reader->isValid());
```

Diese Methode gibt `true` bzw. 1 zurück, wenn die XML-Datei gültig sein sollte. Tritt während des Einlesens ein Fehler auf, wird dieser direkt im Browser ausgegeben.

Beim Validieren gegen Relax NG wird die Parser-Eigenschaft `XMLREADER_VALIDATE` nicht gesetzt. Stattdessen wird eine eigenständige Methode `setRelaxNGSchema()` aufgerufen, in der die Relax NG-Datei angegeben wird:

```
<?php
 $reader = new XMLReader();
 $reader->open('test1.xml');
 if ($reader->setRelaxNGSchema('test1.rng') {
  while ($reader->read()) {
  }
 }
 if (! $reader->isValid()) {
  print "Dokument is nicht gültig";
 }
 else {
  print " Dokument is gültig ";
 }
?>
```

Die Methode `setRelaxNGSchema()` gibt `true` zurück, wenn die Datei geladen werden konnte. Anschließend wird über die `while`-Schleife das gesamte Dokument durchlaufen und am Ende über `isValid()` ausgegeben, ob die XML-Datei gültig ist oder nicht.

> *Hinweis: Statt einer externen Relax NG-Datei kann diese auch als String vorliegen. An die Methode `setRelaxNGSchemaSource()` wird dann der String übergeben.*

10.10.3 Attribute

Das Auslesen der Attribute erfolgt in `XMLReader` ähnlich wie ein „normales“ Element, indem der interne Zeiger auf ein bestimmtes Attribut gesetzt wird. Als Beispiel verwenden wir diese einfache XML-Datei, in der ein `topic`-Element über mehrere Attribute verfügt:

```
<?xml version="1.0" encoding="iso-8859-1"?>
<root>
 <topic nr="1234" seg="true">test test test</topic>
 <topic nr="9867" seg="false" use="no">test test test</topic>
 <topic nr="5678">test test test</topic>
</root>
```

Der nachfolgende Code durchläuft über eine `for`-Schleife sämtliche Attribute eines Elements.

```
<?php
 $reader=new XMLReader();
 $reader->open("root.xml");
 while ($reader->read()) {
  if ($reader->hasAttributes && $reader->nodeType==
XMLREADER_ELEMENT)  {
    $anz=$reader->attributeCount;
```

```
    for ($a=0; $a<$anz;$a++) {
     print ("<br>Attributwert: ".$reader->getAttributeNo($a));
    }
  }
 }
$reader->close();
?>
```

Die `while`-Schleife setzt den Zeiger auf jedes einzelne Element. Innerhalb der `while`-Schleife wird zuerst über die `if`-Abfrage geprüft, ob das Element, auf den der Zeiger zeigt, über Attribute verfügt. Die Eigenschaft `hasAttributes` der Klasse `XMLReader` gibt `true` zurück, wenn Attribute vorliegen, andernfalls `false`. Gleichzeitig prüfen wir, ob der Knotentyp `XMLREADER_ELEMENT` ist (denn andere Typen verfügen ja über keine Attribute). Im nächsten Schritt wird über die Eigenschaft `attributeCount` die Anzahl der Attribute ausgelesen. Über eine `for`-Schleife werden sämtliche Attribute ausgelesen. Dazu wird die Methode `getAttributeNo()` der Klasse `XMLReader` verwendet. An die Methode wird die Indexnummer des Attributs übergeben. Jedes Attribut wird mit einer Nummer versehen, die Zählung beginnt bei Null.

Der Nachteil dieses Verfahrens liegt darin, dass der Name des Attributs auf diese Weise nicht erhalten werden kann. Kennt man den Namen des Attributs, so kann man auch die Methode `getAttribute()` einsetzen und direkt den Attributnamen übergeben:

```
print ("<br>Attributwert: ".$reader->getAttribute("use"));
```

Hinweis: Verwenden Sie Namensräume in einem Attribut, sollten Sie die Methode `getAttributeNs()` einsetzen. Die Methode erwartet zwei Übergabeparameter: zuerst die URI des Namensraums und dann den lokalen Namen des Attributs ohne Präfix:

```
print ($reader->getAttributeNs("http://www.jspguru.de", "use"));
```

Hinweis: Statt der Methoden `getAttribut()` und `getAttributeNo()` können auch die beiden Methoden `moveToAttribute()` und `moveToAttributeNo()` eingesetzt werden. Die Übergabeparameter und Rückgabewerte sind identisch.

Es gibt noch ein weiteres Verfahren, die Attribute auszulesen. Diese sind dafür geeignet, wenn die Attributnamen nicht bekannt sind und diese ermittelt werden müssen. Dazu gibt es die beiden Methoden `moveToFirstAttribute()` und `moveToNextAttribute()`:

```
while ($reader->read()) {
 if ($reader->hasAttributes && $reader->nodeType==
XMLREADER_ELEMENT)  {
  while ($reader->moveToNextAttribute())  {
    print ("<br>Attribut: ".$reader->name);
    print (" - Attributwert: ".$reader->value);
  }
 }
}
```

Nach der Prüfung, ob Attribute in einem Element vorliegen, wird wieder ein `while`-Schleife durchlaufen. Die Laufbedingung ist mit `$reader->moveToNextAttribute()` angegeben. Die Methode `moveToNextAttribute()` setzt den internen Zeiger auf jedes einzelne Attribut im Element. Der Rückgabewert der Methode ist `true`, wenn der Zeiger auf ein Attribut gesetzt werden konnte, andernfalls `false` (dann liegt in der Regel kein Attribut mehr im Element vor). Über die bekannten Eigenschaften `name` kann der Name und über `value` der Attributwert ausgelesen werden. Soll der Zeiger wieder auf das erste Attribut gesetzt werden, kann die Methode `moveToFirstAttribute()` verwendet werden:

```
$reader->modeToFirstAttribute();
```

> *Hinweis: Verwenden Sie Namensräume in einem Attribut, sollten Sie die Methode `moveToAttributeNs()` einsetzen. Die Methode erwartet zwei Übergabeparameter: zuerst die URI des Namensraums und dann den lokalen Namen des Attributs ohne Präfix:*
>
> ```
> $reader->moveToAttributeNs("http://www.jspguru.de", "use");
> ```

10.10.4 HTML aus XML mit XMLReader generieren

Erinnern Sie sich noch an Kapitel 3.9, in dem eine XML-Datei über SAX als HTML im Browser ausgegeben wurde? Dieses Beispiel vollziehen wir hier für die Klasse `XMLReader` nach. Es fallen die umständlichen Callback-Funktionen weg. Die verwendete XML-Datei ist identisch mit der in Kapitel 3.9. Die Ausgabe im Browser ist ebenfalls von der SAX-Fassung aus Kapitel 3.9 nicht zu unterscheiden.

```
<!DOCTYPE html PUBLIC "-//W3C//DTD HTML 4.01 Transitional//EN"
"http://www.w3.org/TR/html4/loose.dtd">
<html><head>
<meta http-equiv="content-type" content="text/html;charset=ISO-
8859-1">
<title>xmlguru.de [news]</title></head><body>
<div style="font-family:Arial,Helvetica; width:350px"><b>Aktuelle
XML-News </b><br><br>
<?php
 $reader=new XMLReader();
 $reader->open("news2.xml");
 while ($reader->read()) {
  if ($reader->nodeType==XMLREADER_ELEMENT)  {
   switch ($reader->name) {
    case 'news': {
     print("<br><br>");
     break;
    }
    case 'headline': {
     print("<b>");
     break;
    }
```

```
    case 'datum': {
     print("<div style='font-size:8pt'>");
     break;
    }
    case 'Web-Adresse': {
     print("<br><a href='".$reader->getAttribute("href")."'
target='_blank'>");
     break;
    }
   }
  }
  if ($reader->nodeType==XMLREADER_TEXT)  {
   print(utf8_decode($reader->value));
  }
  if ($reader->nodeType==XMLREADER_END_ELEMENT)  {
   switch ($reader->name) {
    case 'headline': {
     print("</b><br>");
     break;
    }
    case 'datum': {
     print("</div>");
     break;
    }
    case 'Web-Adresse': {
     print("</a>");
     break;
    }
   }
  }
 }
 $reader->close();
?>
</div></body></html>
```

Innerhalb der `while`-Schleife, die die einzelnen Elemente einliest, befinden sich drei `if`-Abfragen. Die erste `if`-Abfrage prüft auf ein Start-Element, indem auf den Knotentyp `XMLREADER_ELEMENT` geprüft wird. Innerhalb dieser `if`-Abfrage befindet sich eine `switch`-Abfrage, die auf die entsprechenden Elementnamen der XML-Tags prüft. Je nach eingesetztem Tag wird – ähnlich wie bei der SAX-Callback-Funktion `startElement()` – das entsprechende HTML-Tag geöffnet, z.B. für das Datum:

```
case 'datum': {
 print("<div style='font-size:8pt'>");
 break;
}
```

Interessant ist noch der `case`-Block für das XML-Element `Web-Adresse`. In diesem befindet sich ja das `href`-Attribut, das die konkrete URL enthält. Dieses wird über `getAttribute()` ausgelesen:

```
case 'Web-Adresse': {
 print("<br><a href='".$reader->getAttribute("href")."'
target='_blank'>");
 break;
}
```

In der dritten `if`-Abfrage wird auf den Knotentyp `XMLREADER_END_ELEMENT` geprüft und dass entsprechende HTML-Tag wieder abgeschlossen, z.B der Hyperlink:

```
case 'Web-Adresse': {
 print("</a>");
 break;
}
```

Die zweite `if`-Abfrage prüft auf den Knotentyp `XMLREADER_TEXT` und gibt explizit nur den Inhalt von Textknoten aus:

```
if ($reader->nodeType==XMLREADER_TEXT)  {
 print(utf8_decode($reader->value));
}
```

Liegen in der XML-Datei Whitespaces vor, werden diese ignoriert. Stellt der Parser Whitespaces fest, sind diese vom Knotentyp `XMLREADER_SIGNIFICANT_WHITESPACE`. Da auf diesen Typ nicht geprüft wird, werden diese einfach ignoriert.

Wenn Sie diesen Code mit der SAX-Fassung vergleichen, fällt Ihnen auf, dass dieser Code hier kompakter und übersichtlicher ist.

11 Formen mit XSLT in PHP 4.x und 5

Seit PHP 4.0.3 wird XSLT unterstützt. Über XSLT (Extensible Stylesheet Language) wird eine XML-Datei in ein gewünschtes Ausgabeformat transformiert. Für diesen Formungsprozess sind neben der XML-Datei zunächst ein XSLT-Stylesheet und ein XSLT-Prozessor nötig.

Die Entwickler von PHP haben sich entschieden, den XSLT-Prozessor Sablotron von Ginger Alliance für PHP 4.x und libxslt für PHP 5 zu verwenden. Die aktuelle Version von Sablotron ist 1.0.1 (Redaktionsschluss dieses Buches: Ende Juli 2004). Die neueste Version von Sablotron erhalten Sie hier:

http://www.gingerall.com

libxslt ist in der Version 1.1.18 verfügbar und kann über diese Adresse bezogen werden:

http://xmlsoft.org/XSLT

Um XSLT in PHP nutzen zu können, muss Sablotron (für PHP 4.x) bzw. libxslt (für PHP 5) installiert und PHP entsprechend konfiguriert sein. In Anhang H sind diese Schritte für die Betriebssysteme Windows, Linux, UNIX und Mac OS X beschrieben. Standardmäßig ist der XSLT-Support in PHP abgeschaltet. Dies ist auch bei vielen Web-Hostern der Fall, die PHP anbieten. Wie bei den DOM-Funktionen ist XSLT auch dort oft abgeschaltet. Dann ist das Nutzen von XSLT leider nicht möglich. Es sei denn, der Hoster ist so freundlich und installiert PHP mit Sablotron neu ...

Andere Programmiersprachen nutzen andere XSLT-Prozessoren. Java enthält den XSLT-Prozessor Xalan der Apache Software Foundation (ASF), während .NET den Microsoft-Prozessor msxml4 enthält.

> *Hinweis: In PHP 5 ist auch weiterhin XSLT enthalten. Jedoch erfolgt die Formung über XSLT völlig anders als in PHP 4.x Daher wird XSLT in PHP 5 in dem Kapitel 11.15 gesondert besprochen.*

> *Hinweis: Dieses Kapitel gibt keine Einführung in XSLT.*

11.1 Überblick

Für die Formung sind immer zwei Dateien nötig:

- Eine XML-Datei.
- Eine XSLT-Datei.

In der XSLT-Datei befinden sich die Angaben für den XSLT-Prozessor, wie die XML-Elemente und deren Inhalte in ein angegebenes Format transformiert werden sollen, z.B. HTML. Soll die Darstellung des Ergebnisses in HTML verändert werden, muss nur die XSLT-Datei verändert und der Formungsprozess neu durchgeführt werden. Der PHP-Code braucht nicht angerührt zu werden. Dies ist einer der enormen Vorteile von XML und XSLT, die aus diesem Grund oft in Content Management Systemen eingesetzt werden.

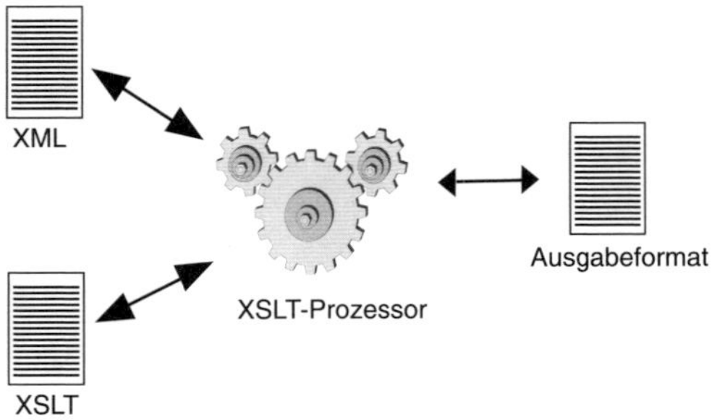

Abb. 11.1: Formung mit XSLT

Soll gleichzeitig der Inhalt der XML-Datei neben HTML auch in einem anderen Format zur Verfügung gestellt werden, muss nur ein weiteres XSLT-Stylesheet erstellt werden, das den Inhalt der XML-Datei in das weitere Ausgabeformat ausgibt. Dadurch können im Idealfall mehrere Endgeräte mit Darstellungen versorgt werden:

- Ein normaler Web-Browser mit HTML.
- Ein modernes Mobiltelefon, Smartphone oder PDA, das die Inhalte mit XHTML Mobile oder XHTML Basic darstellt.
- Ein älteres WAP-Handy, das WML zur Darstellung nutzt.

Der Content der XML-Datei wird nicht verändert, nur das XSLT-Stylesheet muss für jedes dieser Endgeräte produziert werden.

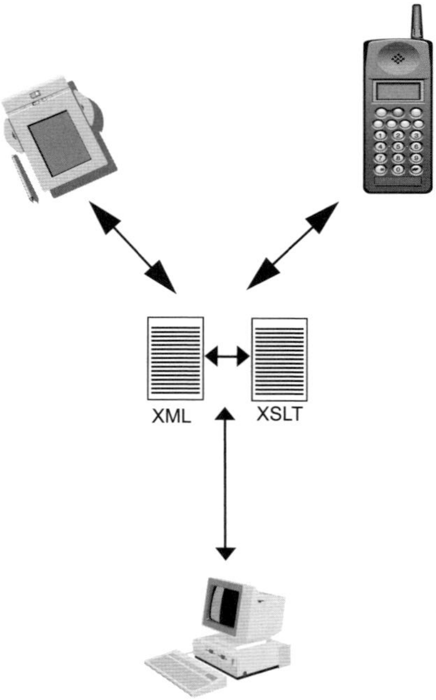

Abb. 11.2: Mehrere Endgeräte greifen auf die XML-Datei zu

PHP führt in diesem Fall die Formung durch, indem der XSLT-Prozessor aufgerufen wird. Es muss dazu ein PHP-Code geschrieben werden, der sich dann aber wenig verändern wird. Das Formen von XML-Dateien mit Sablotron wird über verschiedene Funktionen ermöglicht, die alle den Vorsatz `xslt_` tragen. Der XSLT-Prozessor Sablotron besitzt noch viel mehr Funktionen und Optionen, die aber leider in PHP nicht genutzt werden können – weil eben die Funktionen fehlen, die diese Optionen nutzen. Dies ist ähnlich wie bei SAX.

> *Hinweis: Im Laufe der PHP-Versionen ab 4.0.3 sind einige XSLT-Funktionen auch abgeschafft bzw. ersetzt worden. Es werden zwar alle PHP-Funktionen im Anhang F erläutert, jedoch werden hier in diesem Kapitel nur die verwendbaren Funktionen eingesetzt. Veraltete und nicht mehr vorhandene Funktionen sind nur noch in der Dokumentation im Anhang F vorhanden.*

In PHP kann XSLT folgendermaßen einsetzen:

1. Formen on-the-fly. Die XML-Datei wird im Moment der Anfrage in das Ausgabeformat geformt und das Ergebnis wird direkt im Browser oder einem anderen Endgerät angezeigt.
2. Formen in eine Datei. Das geformte Ergebnis wird als Datei gespeichert, die dann jederzeit von Browsern oder anderen Endgeräten abgefragt bzw. angezeigt werden kann.

Insbesondere das Formen on-the-fly ist auf Web-Seiten sehr häufig im Einsatz. Mit XSLT kann in jedes text-basierte Ausgabeformat transformiert werden. In diesem und den nächsten Kapiteln beschäftigen wir uns mit diesen Ausgabeformaten:

1. HTML 4.01
2. XHTML 1.0, 1.1 und 2.0
3. XHTML Basic und XHTML Mobile
4. XML
5. SVG
6. WML
7. weitere XML-basierte Formate
8. Text-Format, CSV

Beim Einsatz von XSLT ist es zunächst egal, welches Ausgabeformat erzeugt werden soll. Dieses Format wird in der XSLT-Stylesheet-Datei angegeben, während der PHP-Code damit nichts zu tun hat. Um eine Formung durchzuführen, sind in PHP immer die gleichen Schritte nötig:

1. XSLT-Prozessor erstellen.
2. Die Formung durchführen.
3. XSLT-Prozessor auflösen

Dieser Ablauf ist immer gleich, egal ob on-the-fly oder in eine Ausgabedatei geformt werden soll.

Kein XSL:FO

Derzeit unterstützt PHP kein XSL:FO (*Formatting Objects*). Hierüber werden Formate wie PDF und RTF erzeugt. Mit PHP ist aktuell „nur“ eine Formung mittels XSLT möglich und keine Formung via XSL:FO. Es existieren zwar FO-Prozessoren, die integriert werden könnten, doch aktuell gibt es in PHP keine Bestrebungen XSL:FO zu unterstützen.

11.2 Formen on-the-fly

Zuerst beschäftigen wir uns damit, wie on-the-fly geformt werden kann. Dies bedeutet, dass das geformte Ergebnis nicht in einer Datei auf dem Server, sondern in einer PHP-Variablen gespeichert wird, die direkt nach dem Formen ausgegeben werden kann.

```
<?php
 $xh=xslt_create();
 $res=xslt_process($xh,'server.xml','html.xsl');
 print($res);
 xslt_free($xh);
?>
```

Der XSLT-Prozessor wird über die Funktion `xslt_create()` erzeugt und nach dem Formungsvorgang über `xslt_free()` wieder aufgelöst. Das Formen wird in PHP über die Funktion `xslt_process()` durchgeführt. Die Funktion erwartet minimal drei Übergabeparameter: zuerst das Handle, das auf den XSLT-Prozessor zeigt, dann die XML-Datei und als dritten Parameter die XSLT-Datei. Die beiden Dateien werden als normale Strings notiert. Führt PHP diese Funktion aus, wird das geformte Ergebnis in der Variablen `$res` gespeichert, das danach sofort ausgegeben wird.

Mit Hilfe dieses einfachen Codes lässt sich nun schnell eine Formung on-the-fly mit beliebigen XML- und XSLT-Dateien erreichen. Die Dateien müssen natürlich korrekt und fehlerfrei sein. Dazu könnten vorher die XML- und die XSLT-Datei mithilfe von DOM XML geparst werden, um zu prüfen, dass syntaktisch korrekte Dateien vorliegen.

Berücksichtigung der Pfade

Die Pfade sind beim Formen unter Windows zu berücksichtigen, ähnlich wie bei DOM XML unter Windows. Beim Formen mit Hilfe der Funktion `xslt_process()` sucht der XSLT-Prozessor unter Windows standardmäßig die XML- und XSLT-Dateien im Basisverzeichnis der Apache-Installation. Liegen die Dateien in einem anderen Verzeichnis (z.B. *htdocs* innerhalb der Apache-Installation) – was in der Regel der Fall sein dürfte – muss der Pfad mit den Verzeichnissen ausgehend vom Apache-Installationsverzeichnis angegeben werden:

```
$res=xslt_process($xh,'file://htdocs/server.xml','file://htdocs/
html.xsl');
```

Zusätzlich muss unter Windows die Pfadangabe als kompletter URL mit `file://` angegeben werden. Liegen die Dateien im Verzeichnis *htdocs* und vergessen Sie unter Windows die Angabe des Pfades, so können die Dateien vom XSLT-Prozessor nicht gefunden werden und es ergibt sich eine typische Fehlermeldung (siehe Abbildung 11.3).

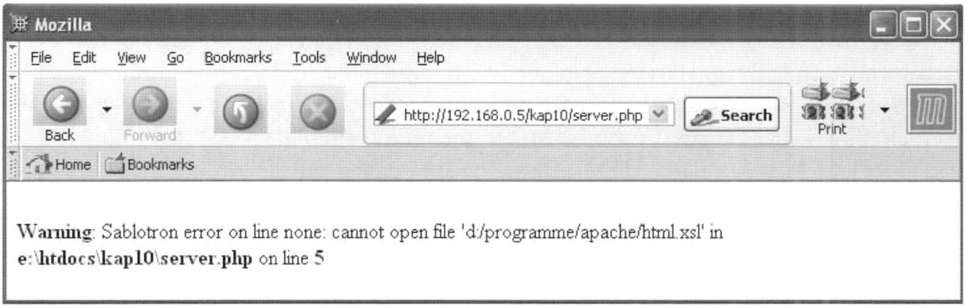

Abb. 11.3: Eine Fehlermeldung unter Windows

Unter Linux, UNIX und Mac OS X ist die Angabe eines Pfades nicht erforderlich. Geben Sie in `xslt_prcoess()` nur die Dateinamen an

```
$res=xslt_process($xh,'server.xml','html.xsl');
```

werden die Dateien immer aus dem aktuellen Verzeichnis geladen.

Eleganter ist es, die Funktion `xslt_set_base()` einzusetzen. Über diese Funktion wird das Verzeichnis angegeben, in dem sich die Dateien befinden. Dies wird vom XSLT-Prozessor als Basisverzeichnis angenommen. Die Funktion `xslt_set_base()` sollte vor der Funktion `xslt_process()` aufgerufen werden:

```
xslt_set_base($xh,"file://e:/htdocs/xslt/");
$res=xslt_process($xh,'server.xml','html.xsl');
```

Die Funktion `xslt_set_base()` besitzt als ersten Übergabeparameter den Handler, der auf den erzeugten Prozessor zeigt. Der zweite Parameter ist ein String, der den Pfad angibt. Windows-Anwender sollten hier den Vorsatz `file://` verwenden, der unter Linux, UNIX, Solaris usw. natürlich nicht erforderlich ist:

```
xslt_set_base($xh,"/usr/lib/data/htdocs");
$res=xslt_process($xh,'server.xml','html.xsl');
```

Wird diese Funktion eingesetzt, braucht das Verzeichnis in der Funktion `xslt_process()` nicht angegeben zu werden. Alternativ kann auch hier die Funktion `dirname()` eingesetzt werden:

```
xslt_set_base($xh,"file://".dirname(__FILE__)."/");
```

Unter Windows muss der Vorsatz `file://` verwendet werden, der unter allen UNIX-Betriebssystemen wegfällt. Beachten Sie, dass nach der `dirname()`-Funktion noch der String `"/"` angehängt werden muss, damit die Dateien, die in `xslt_process()` angegeben sind, auch aus dem ermittelten Verzeichnis geladen werden.

Hinweis:Die Funktion `xslt_set_base()` wirkt auch auf die XSLT-Elemente `xsl:include` und `xsl:import`. Werden diese XSLT-Elemente eingesetzt, dann geht der XSLT-Prozessor auch von dem in `xslt_set_base()` angegebenen Verzeichnis aus.

11.3 Eine Formung nach HTML

Das nachfolgende Beispiel ist eine einfache XML-Datei, die die Marktanteile der einzelnen Web-Server in Prozent enthält. Die Daten basieren auf der Erhebung von Netcraft[1]. Wir werden diese Datei zunächst nach HTML formen, im weiteren Verlauf des Kapitels auch nach SVG, CSV, WML und XHTML Basic. Damit können verschiedenen Endgeräte abgedeckt werden. Die XML-Datei sieht so aus:

```
<?xml version="1.0" encoding="ISO-8859-1"?>
<serversurvey>
 <desc>Marktanteile der Web-Server nach Netcraft, April 2004</desc>
 <data>
  <server>
    <name>Apache</name>
    <percent>67.2</percent>
    <total>32280582</total>
  </server>
  <server>
    <name>Microsoft IIS</name>
    <percent>21.02</percent>
    <total>10099760</total>
  </server>
  <server>
    <name>Sun One</name>
    <percent>3.44</percent>
    <total>1651575</total>
  </server>
  <server>
    <name>Zeus</name>
    <percent>1.59</percent>
    <total>762716</total>
  </server>
 </data>
</serversurvey>
```

Das Wurzelelement ist `serversurvey` und innerhalb von `<desc> ... </desc>` befindet sich eine allgemeine Beschreibung der Daten. Es liegen die Marktanteile für vier Server vor. Die Daten befinden sich innerhalb von `<data> .. </data>`. Jeder Server wird über ein `server`-Element abgedeckt. Das `name`-Element gibt den Namen des Servers an, das

1. Erhebung vom April 2004. Quelle: *http://www.netcraft.com.*

`percent`-Element die Marktanteile in Prozent und im `total`-Element befinden sich die absoluten Zahlen der Server-Installationen.

Abb. 11.4: Das geformte Ergebnis in einer HTML-Tabelle

Diese XML-Datei wird zuerst nach HTML geformt. Die Daten sollen als normale HTML-Tabelle dargestellt werden. Die XSLT-Datei *html.xsl* sieht so aus:

```
<xsl:stylesheet version="1.0" xmlns:xsl="http://www.w3.org/1999/
XSL/Transform">
<xsl:output method="html" doctype-public="-//W3C//DTD HTML 4.01
Transitional//EN" doctype-system="http://www.w3.org/TR/html4/
loose.dtd"/>
<xsl:template match="serversurvey">
 <html>
 <body>
 <h2>
  <xsl:value-of select="desc"/>
 </h2>
 <table border="2">
 <tr>
  <td><b>Server</b></td>
  <td><b>Anteil in Prozent</b></td>
  <td><b>Anzahl der Server</b></td>
 </tr>
 <xsl:apply-templates select="data" />
  </table>
  </body></html>
</xsl:template>
<xsl:template match="data">
```

```
  <xsl:for-each select="server">
    <tr>
     <td>
       <xsl:value-of select="name"/>
     </td>
     <td>
       <xsl:value-of select="percent"/>
     </td>
     <td>
       <xsl:value-of select="total"/>
     </td>
    </tr>
   </xsl:for-each>
 </xsl:template>
 </xsl:stylesheet>
```

Im XSLT-Code wird das HTML-Format über `<xsl:output>` angegeben, indem das Attribut `method` auf `html` gesetzt wird:

```
<xsl:output method="html" doctype-public="-//W3C//DTD HTML 4.01
Transitional//EN" doctype-system= "http://www.w3.org/TR/html4/
loose.dtd"/>
```

Das Attribut `doctype-public` gibt den öffentlichen Identifier an. Dadurch wird HTML 4.01 erzeugt und das korrekte `<!DOCTYPE>`-Tag am Anfang generiert:

```
<!DOCTYPE html PUBLIC "-//W3C//DTD HTML 4.01 Transitional//EN"
"http://www.w3.org/TR/html4/loose.dtd">
```

Im XSLT-Code werden zwei Templates erstellt. Das erste Template ist für das Root Elemente `serversurvey` und erstellt die Basis für die HTML-Datei. Das zweite Template ist für das `data`-Element. Darin befindet sich `<xsl:for-each>`, das für jedes `server`-Element angewandt wird. Hier wird eine neue Tabellenzeile und eine neue Tabellenzelle aufgebaut und der Name, die Anzahl der Prozente und die absolute Anzahl der Installationen eingefügt. Beim Ausführen des PHP-Codes wird die XML-Datei nach HTML geformt und das Ergebnis direkt im Browser ausgegeben.

11.4 Fehler auswerten

Bei dem Formungsvorgang können Fehler auftreten, beispielsweise durch eine fehlerhafte XSLT-Datei. Derartige Fehler können ausgewertet werden. Dazu existiert in PHP ein spezieller Error Handler, der gesetzt werden muss. Dieser Error Handler arbeitet ähnlich wie die Handler in SAX. Der Error Handler muss registriert werden. Dabei wird eine Callback-Funktion angegeben, die bei einem Fehler aufgerufen wird. In dieser Callback-Funktion kann der Fehler ausgewertet werden, z.B. durch die Ausgabe eines Beschreibungstextes, der Zeilennummer usw.

Der nachfolgende Code registriert den Error Handler und verwendet als Callback-Funktion die selbst geschriebene Funktion `xslt_trap_error()`:

```
<?php
 $xh=xslt_create();
 xslt_set_error_handler($xh, xslt_trap_error);
 xslt_set_base($xh, dirname(__FILE__)."/");
 $res=xslt_process($xh,'server.xml','html.xsl');
 print($res);
 xslt_free($xh);
function xslt_trap_error($proc, $errorno, $level, $fields) {
  $text="XSLT-Fehler: ".$errorno."<br>";
  if(is_array($fields)) {
    while(list($key, $value) = each($fields)) {
      $text .= "<br>$key: $value";
    }
  }
  print ($text);
}
?>
```

Die Handler-Funktion lautet `xslt_set_error_handler()` und erwartet zwei Parameter. Der erste ist wieder der Prozessor-Handler, der zweite Parameter ist der Name der Callback-Funktion (`xslt_trap_error()`). Wie bei den SAX-Callback-Funktionen kann der Name dieser Callback-Funktion beliebig ausgewählt werden. Die Callback-Funktion erwartet insgesamt vier Übergabeparameter. Der erste ist wieder der Prozessor-Handler und der zweite Parameter ist der konkrete Fehlercode. Der dritte Wert ist zur Zeit unbelegt und der vierte Wert ist ein Array, das aus dem klassischen Schlüssel/Wert-Paar besteht. Dieses lässt sich über die bekannte `while-list-each`-Schleife auslesen. Das Schlüssel/Wert-Paar ist folgendermaßen aufgebaut:

```
msgtype
code
module
URI
line
msg
```

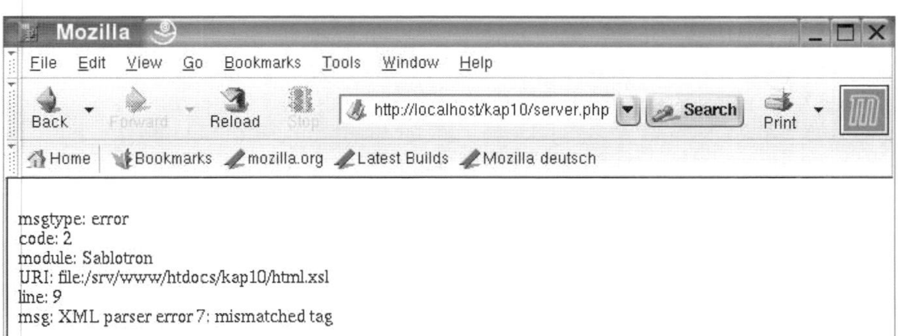

Abb. 11.5: Eine Fehlerausgabe

Jeder Schlüssel-Eintrag hat einen entsprechenden Wert-Eintrag. `msgtype` gibt den Typ der Nachricht aus, hier sollte es immer `error` sein. `code` gibt den Sablotron-Fehlercode aus. Dieser weicht von dem Fehlercode (`$errorno`) ab, der als zweiter Übergabeparameter an die Callback-Funktion übergeben wurde. `$errorno` ist ein Fehlercode, der von PHP generiert wird, während der Wert des Schlüssels `code` von Sablotron erzeugt wird. `module` gibt das Modul an, in dem der Fehler aufgetreten ist. In der Regel sollte dies `Sablotron` sein. `URI` gibt den Dateinamen inklusive komplettem Pfad an, in dem der Fehler vorhanden ist. `line` enthält die wichtige Zeilenummer in der Datei und der letzte Schlüssel `msg` gibt schließlich eine konkrete Fehlerbeschreibung aus. Die drei Schlüssel `URI`, `line` und `msg` dürften die wichtigsten Schlüssel beim Formungsprozess sein.

11.5 Das Log-File

Neben dem Error Handler kennt PHP noch die Möglichkeit, ein Log-File zu erzeugen, in das Informationen über den Formungsprozess geschrieben werden können. Insbesondere bei Fehlern ist das Log-File auch interessant zu lesen. Erfolgreiche Formungen ohne Fehler werden hier natürlich auch eingetragen.

Die Log-Datei ist eine normale Text-Datei, die in jedem Text-Editor angesehen werden kann. Das Log-File enthält Informationen darüber, welche XSLT-Datei verarbeitet wird und ob die Formung erfolgreich war. Nachfolgend finden Sie einen Ausschnitt aus einer Log-Datei von Sablotron.

```
Sablotron Message on line none, level log: Parsing 'file://c:/
programme/apache1.3.27/apache/htdocs/html.xsl'...
Sablotron Message on line none, level log: Parse done in 0.000
seconds
Sablotron Message on line none, level log: Parsing 'file://c:/
programme/apache1.3.27/apache/htdocs/server.xml'...
Sablotron Message on line none, level log: Parse done in 0.000
seconds
Sablotron Message on line none, level log: Executing stylesheet
'file://c:/programme/apache1.3.27/apache/htdocs/html.xsl'...
Sablotron Message on line none, level log: Execution done in 0.010
seconds
```

Neue Einträge in der Log-Datei werden immer an das Ende angehängt. Ein fehlerfreier Formungsvorgang einer XML-Datei über eine XSLT-Datei besteht aus diesen Zeilen:

- Parsen der XSL-Datei und Angabe der Parse-Geschwindigkeit in Sekunden.
- Parsen der XML-Datei und Angabe der Parse-Geschwindigkeit in Sekunden.
- Anwenden der XSLT-Datei auf die XML-Datei und Angabe der Ausführungs-Geschwindigkeit in Sekunden.

Insgesamt müssen sechs Zeilen für einen Formungsvorgang vorliegen. Es wechseln sich immer die Angabe der Aktion (Parsen der XSLT- und der XML-Datei sowie das Ausführen der XSLT-Datei) mit der Angabe der Parse- oder Ausführungsgeschwindigkeit in Sekunden ab (`Parse done` bzw. `Execution done`). Sollte dieser Ablauf unterbrochen sein, ist beim Parsen oder in der Ausführung ein Fehler aufgetreten. Die nachfolgende Log-Datei enthält keinen Fehler in der XSLT-Datei. Es finden sich dreimal hintereinander die Zeilen `Parsing....` Erst an der dritten Zeile folgt auch die Angabe `Parse done`. Das Parsen der XSLT-Datei war erfolgreich und es schließt sich das Parsen der XML-Datei an. Abschließend erfolgt die Ausführung der XSLT-Datei.

```
Sablotron Message on line none, level log: Parsing 'file://c:/
programme/apache1.3.27/apache/htdocs/html.xsl'...
Sablotron Message on line none, level log: Parsing 'file://c:/
programme/apache1.3.27/apache/htdocs/html.xsl'...
Sablotron Message on line none, level log: Parsing 'file://c:/
programme/apache1.3.27/apache/htdocs/html.xsl'...
Sablotron Message on line none, level log: Parse done in 0.000
seconds
Sablotron Message on line none, level log: Parsing 'file://c:/
programme/apache1.3.27/apache/htdocs/server.xml'...
Sablotron Message on line none, level log: Parse done in 0.010
seconds
Sablotron Message on line none, level log: Executing stylesheet
'file://c:/programme/apache1.3.27/apache/htdocs/html.xsl'...
Sablotron Message on line none, level log: Execution done in 0.000
seconds
```

Um die Log-Datei zu erzeugen, muss die Funktion `xslt_set_log()` zweimal nacheinander aufgerufen werden:

```
xslt_set_log($xh,true);
xslt_set_log($xh,'myfile.log');
```

Die Funktion sollte nach `xslt_create()` und vor `xslt_process()` aufgerufen werden. Die Funktion muss zweimal nacheinander mit jeweils unterschiedlichen zweiten Parametern aufgerufen werden. Bei dem ersten Aufruf der Funktion `xslt_set_log()` wird über `true` das Logging in einer Datei eingeschaltet. Standardmäßig steht dieser Wert auf `false`. Über einen zweiten Aufruf der Funktion wird der Name der Log-Datei angegeben.

Auch bei dieser Funktion muss der Pfad je nach dem Betriebssystem berücksichtigt werden. Geben Sie unter Windows nur den Dateinamen an

```
xslt_set_log($xh,'myfile.log');
```

wird die Datei in dem Apache-Basisverzeichnis gespeichert. Das Verwenden der Funktion `xslt_set_base()` hat auf die Log-Datei keinen Einfluss. Selbst wenn Sie über `xslt_set_base()` den Pfad und ein Verzeichnis angeben, wird unter Windows die Log-Datei im Apache-Basisverzeichnis gespeichert. Daher ist es unter Windows sinnvoll, das logs-Verzeichnis des Apache-Servers anzugeben:

```
xslt_set_log($xh,'logs/myfile.log');
```

Es kann natürlich auch jedes andere Verzeichnis angegeben werden. Soll das aktuelle Verzeichnis verwendet werden, kann auch hier die Funktion `dirname()` eingesetzt werden:

```
xslt_set_log($xh,dirname(__FILE__).'/myfile.log');
```

Sollte die Log-Datei nicht vorliegen, erzeugt PHP unter Windows automatisch die Log-Datei und fügt die Einträge hinzu.

Unter UNIX, Linux und Mac OS X ist dies zunächst nicht nötig. Geben Sie in `xslt_set_log()` unter UNIX nur den Dateinamen an, wird die Log-Datei standardmäßig in dem aktuellen Verzeichnis angelegt, in dem sich die PHP-Datei befindet. Natürlich kann auch hier jeder beliebige andere Pfad angeben werden, z.B.:

```
xslt_set_log($xh,'/var/log/httpd/myfile_log');
```

11.6 In eine Datei formen

In den letzten Abschnitten wurde on-the-fly geformt und das Ergebnis direkt im Browser ausgegeben. Dies dürfte auch die häufigste Anwendung in Web-Applikationen sein. Es ist aber auch wünschenswert, eine Formung in einer Datei vorzunehmen, die eventuell noch nachbearbeitet werden kann. Dies ist natürlich mit PHP und Sablotron auch möglich und wird über `xslt_process()` durchgeführt. Die Methode `xslt_process()` verfügt über weitere Parameter, über die das Formen in eine Datei ermöglicht wird:

```
<?php
 $xh=xslt_create();
 xslt_set_base($xh, dirname(__FILE__)."/");
 xslt_process($xh,'server.xml','html.xsl', 'server.html');
 xslt_free($xh);
?>
```

Neu ist der dritte Übergabeparameter an die Funktion `xslt_process()`. Dies ist der Dateiname inklusive Pfadname, in dem das geformte Ergebnis gespeichert wird. Gleichzeitig sollte auf den Rückgabewert von `xslt_process()` verzichtet werden. Der obige Code formt die XML über XSLT in das Ausgabeformat und speichert das Ergebnis in der Datei *server.html*. Über `readfile()` usw. könnte jetzt die Ergebnis-Datei geladen und angezeigt werden.

Beim Speichern der Datei gilt das Gleiche wie beim Laden der XML- und XSLT-Datei: der Ausgangspfad ist das Basisverzeichnis der Apache-Installation. Wird kein Verzeichnis angegeben, wird hier die Ergebnis-Datei abgelegt. Um andere Pfade zu verwenden, müssen diese vor dem Dateinamen angegeben werden. Alternativ kann auch die Funktion `xslt_base()` verwendet werden.

11.7 Formen nach XHTML

Die Beispiele in den Abschnitten 11.3 bis 11.6 formten die XML-Datei nach HTML 4.01. Ein Formen nach XHTML ist natürlich genauso möglich. XHTML (*Extensible HyperText Markup Language*) ist eine Neudefinition von HTML in XML. Der HTML-Code muss in einer XML-Syntax erstellt werden. XHTML verfügt über drei DTDs, die die einzelnen Element-Definitionen enthalten. XHTML liegt derzeit in drei verschiedenen Fassungen vor (1.0, 1.1, 2.0).

11.7.1 XHTML 1.0

XHTML 1.0 wurde am 26. Januar 2000 vom W3-Konsortium standardisiert. Eine komplette Referenz von XHTML finden Sie unter:

http://www.w3.org/TR/xhtml1/

Die Änderungen für ein Formen nach XHTML 1.0 betreffen nicht den PHP-Code, sondern nur noch die XSLT-Datei. XHTML 1.0 verfügt über einen XML-Prolog, die entsprechenden DTD müssen angegeben werden und jedes Element in XHTML muss sich an die XML-Syntax halten. Für die Formung nach XHTML 1.0 sieht die XSL-Datei *xhtml.xsl* ähnlich wie *html.xsl* aus:

```
<xsl:stylesheet version="1.0" xmlns:xsl="http://www.w3.org/1999/
XSL/Transform">
<xsl:output method="xml" encoding="iso-8859-1" doctype-public="-//
W3C//DTD XHTML 1.0 Strict//EN" doctype-system="http://www.w3.org/
TR/xhtml1/DTD/xhtml1-strict.dtd"/>
<xsl:template match="serversurvey">
 <html xmlns="http://www.w3.org/1999/xhtml">
 <body>
 <h2>
  <xsl:value-of select="desc"/>
 </h2>
 <table border="2">
 <tr>
  <td><b>Server</b></td>
  <td><b>Anteil in Prozent</b></td>
  <td><b>Anzahl der Server</b></td>
 </tr>
 <xsl:apply-templates select="data" />
  </table>
  </body></html>
</xsl:template>
<xsl:template match="data">
 <xsl:for-each select="server">
    <tr>
     <td>
       <xsl:value-of select="name"/>
     </td>
     <td>
       <xsl:value-of select="percent"/>
     </td>
     <td>
       <xsl:value-of select="total"/>
     </td>
    </tr>
   </xsl:for-each>
</xsl:template>
</xsl:stylesheet>
```

Die Änderungen betreffen nur das XSL-Element `output`:

```
<xsl:output method="xml" encoding="iso-8859-1" doctype-public="-//
W3C//DTD XHTML 1.0 Strict//EN" doctype-system="http://www.w3.org/
TR/xhtml1/DTD/xhtml1-strict.dtd"/>
```

Das Attribut `method` wird auf `xml` umgestellt, d.h. das geformte Ergebnis wird in einer XML-Syntax ausgegeben. Dies erzeugt den bekannten XML-Prolog. Zusätzlich muss die DTD von XHTML 1.0 angegeben werden. Darin werden der öffentlichen Identifier mit *doctype-public="-//W3C//DTD XHTML 1.0 Strict//EN"* und die URL der DTD mit *doctype-system="http://www.w3.org/TR/xhtml1/DTD/xhtml1-strict.dtd"* angegeben. Zusätzlich muss im Wurzelelement *<html>* noch der Namensraum angegeben werden:

```
<html xmlns="http://www.w3.org/1999/xhtml">
```

11.7.2 XHTML 1.1

Mit XHTML 1.1 wurden die einzelnen Tags erstmalig in Module aufgeteilt. Es sind eigentlich keine neuen Elemente hinzugekommen, sondern die Elemente wurden thematisch in Module aufgeteilt. XHTML 1.1 wurde am 31. Mai 2001 verabschiedet und über diese Adresse können Sie die aktuelle Spezifikation einsehen:

http://www.w3.org/TR/xhtml11/

Wenn Sie nach XHTML 1.1 formen möchten, ist wieder nur eine Änderung in der XSLT-Datei nötig. Es muss das `output`-Element abgeändert werden:

```
<xsl:output method="xml" encoding="iso-8859-1" doctype-public"-//
W3C//DTD XHTML 1.1//EN" doctype-system="http://www.w3.org/TR/
xhtml11/DTD/xhtml11.dtd"/>
```

Weitere Änderungen sind nicht nötig.

11.7.3 XHTML 2.0

Der Nachfolger von XHTML 1.1 lautet XHTML 2.0 und ist zum Zeitpunkt des Redaktionsschlusses dieses Buches (Ende Juli 2004) vom W3-Konsortium noch nicht als Standard verabschiedet worden. Die letzte veröffentlichte Spezifikation stammt vom 22. Juli 2003 und kann unter dieser Adresse eingesehen werden:

http://www.w3.org/TR/xhtml2/

Um nach XHTML 2.0 zu formen, müssen nur zwei Änderungen in der XSLT-Datei durchgeführt werden: Die DTDs für XHTML 2.0 und der HTML-Namensraum im Tag `<html>` müssen angegeben werden. In dem `output`-Element werden die DTDs notiert:

```
<xsl:output method="xml" encoding="iso-8859-1" doctype-public="-//
W3C//DTD XHTML 2.0//EN" doctype-system="TBD"/>
```

Der öffentliche Identifier ist zur Zeit `-//W3C//DTD XHTML 2.0//EN` und der system-interne Identifier ist augenblicklich `TBD`, das ist die Abkürzung für „to be determined", d.h. wird später festgelegt. Sobald XHTML 2.0 als Standard verabschiedet wird, werden sich diese Angaben voraussichtlich verändern.

Der HTML-Namensraum im Tag `<html>` muss ebenfalls an XHTML 2.0 angepasst werden:

```
<html xmlns="http://www.w3.org/2002/06/xhtml2">
```

Weitere Änderungen sind nicht nötig.

11.8 Formen nach SVG

Bei SVG (*Scalable Vector Graphics*) handelt es sich um Vektorgrafiken für das Internet. SVG ist einfach aufgebaut und basiert auf XML. SVG enthält neue Tags, über die die äußere Form eines Objekts angegeben wird. Texte können als Vektorgrafik eingesetzt und mit interessanten Effekten versehen werden. Es können Zeichnungen durchgeführt werden. Die SVG-Dateien sind gegenüber den bekannten Vektorgrafikformaten EPS und AI sehr schlank.

SVG-Grafiken können auch in HTML-Dateien eingebunden werden. Dadurch ist es möglich, Grafiken on-the-fly als SVG-Grafik zu erstellen. Zur Darstellung der SVG-Grafiken im Web-Browser ist ein SVG-Plugin erforderlich, z.B. der SVG-Viewer von Adobe (*http://www.adobe.com/svg/viewer/install/*). Es existieren noch weitere Viewer, z.B. von Corel (*http://www.corel.com/servlet/Satellite?pagename=Corel/Products/suppDownloads#id=1042152911529*) oder der SVG Image Viewer von Edwin Dankert, der in Java geschrieben ist (*http://xngr.org/services.htm#svg*).

SVG 1.0 wurde am 4. September 2001 vom W3-Konsortium standardisiert. Die Version 1.1. folgte am 15.01.2003 und wurde um neue Elemente erweitert. Eine komplette Referenz von SVG finden Sie unter:

http://www.w3.org/TR/SVG/

SVG kann eingesetzt werden, um Daten aus XML-Dateien grafisch aufzubereiten und darzustellen. SVG eignet sich beispielsweise ideal für eine Darstellung der prozentualen Verteilung der Serveranteile aus unserem letzten Beispiel als Säulendiagramm (vgl. Abbildung 11.6).

Die SVG-Grafik besteht aus einer Überschrift, aus einem Koordinatenkreuz mit Beschriftung und aus den vier Säulen, die auf der Unterseite beschriftet sind. Oberhalb einer Säule befindet sich die genaue Angabe der Prozentzahl. Um diese SVG-Grafik zu erstellen, ist nur ein neuer XSLT-Code nötig.

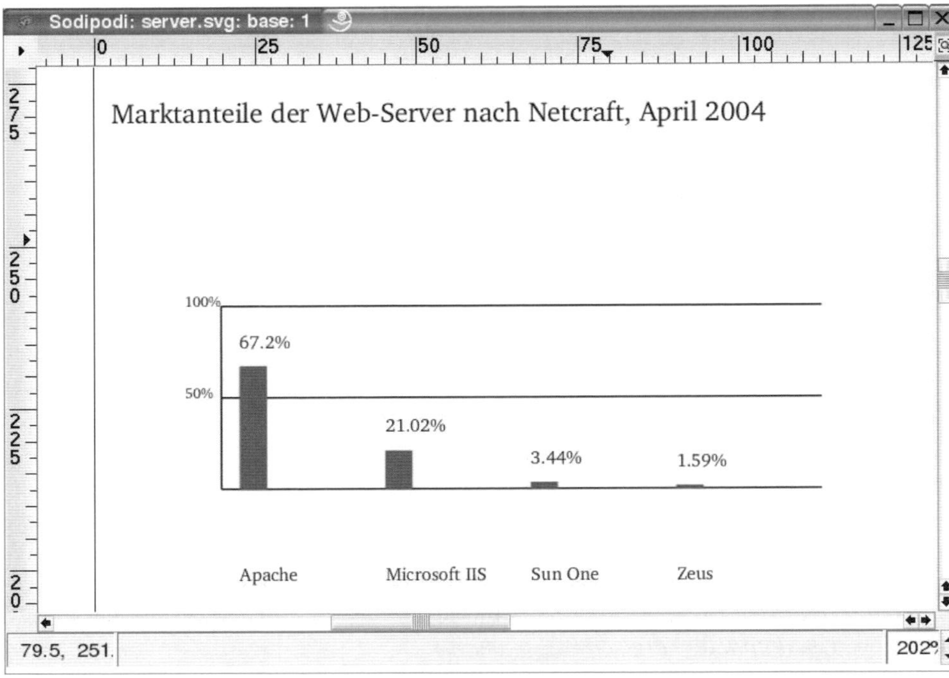

Abb. 11.6: Die Marktanteile der Web-Server als Säulendiagramm in SVG (hier in Sodipodi)

```
<xsl:stylesheet version="1.0" xmlns:xsl="http://www.w3.org/1999/
XSL/Transform">
<xsl:output method="xml" encoding="iso-8859-1" doctype-public="-//
W3C//DTD SVG 1.0//EN" doctype-system="http://www.w3.org/TR/2001/
REC-SVG-20010904/DTD/svg10.dtd"/>
<xsl:template match="serversurvey">
<svg>
 <title>
  <xsl:value-of select="desc"/>
 </title>
 <text font-size="15" x="10" y="100">
  <xsl:value-of select="desc"/>
 </text>
 <line x1="70" y1="300" x2="400" y2="300" stroke="black"/>
 <line x1="70" y1="300" x2="70" y2="200" stroke="black"/>
 <line x1="70" y1="250" x2="400" y2="250" stroke="black" stroke-
width="1"/>
 <line x1="70" y1="200" x2="400" y2="200" stroke="black" stroke-
width="1"/>
 <text x="50" y="250" font-size="8">50%</text>
 <text x="50" y="200" font-size="8">100%</text>
 <xsl:apply-templates select="data" />
</svg>
```

```
</xsl:template>
<xsl:template match="data">
 <xsl:for-each select="server">
  <xsl:variable name="nr">
   <xsl:number value="position()"/>
  </xsl:variable>
  <text y="350" font-size="10">
   <xsl:attribute name="x">
     <xsl:value-of select="80*$nr"/>
   </xsl:attribute>
   <xsl:value-of select="name"/>
  </text>
  <xsl:variable name="h">
     <xsl:value-of select="percent"/>
  </xsl:variable>
  <rect width="15" style="fill:red">
   <xsl:attribute name="x">
    <xsl:value-of select="80*$nr"/>
   </xsl:attribute>
   <xsl:attribute name="y">
    <xsl:value-of select="300-$h"/>
   </xsl:attribute>
   <xsl:attribute name="height">
    <xsl:value-of select="$h"/>
   </xsl:attribute>
  </rect>
  <text font-size="10">
   <xsl:attribute name="x">
    <xsl:value-of select="80*$nr"/>
   </xsl:attribute>
   <xsl:attribute name="y">
    <xsl:value-of select="290-$h"/>
   </xsl:attribute>
   <xsl:value-of select="percent"/>%
  </text>
 </xsl:for-each>
</xsl:template>
</xsl:stylesheet>
```

Zuerst wird das `ouput`-Element auf `xml` umgestellt und die SVG-Version sowie die DTD angegeben:

```
<xsl:output method="xml" encoding="iso-8859-1" doctype-public="-//
W3C//DTD SVG 1.0//EN" doctype-system="http://www.w3.org/TR/2001/
REC-SVG-20010904/DTD/svg10.dtd"/>
```

Dieser XSLT-Code enthält wie der XSLT-Code zur Formung nach HTML oder XHTML zwei Templates. Das erste Template für das XML-Element `serversurvey` erzeugt das

Wurzelelement der SVG-Datei (<svg>), die Überschrift (<title>) und die Beschriftung des Diagramms (<text>):

```
<svg>
 <title>
  <xsl:value-of select="desc"/>
 </title>
 <text font-size="15" x="10" y="100">
  <xsl:value-of select="desc"/>
 </text>
```

Dann folgt das Koordinatenkreuz mit Beschriftung. Zuerst ziehen wir die Linien für die x- und y-Achse (<line>):

```
<line x1="70" y1="300" x2="400" y2="300" stroke="black"/>
<line x1="70" y1="300" x2="70" y2="200" stroke="black"/>
```

Der Ursprung des Koordinatenkreuzes wurde hier willkürlich auf (70,300) gelegt. Dann folgen noch die beiden Linien, die die 50%- und 100%-Markierung anzeigen:

```
<line x1="70" y1="250" x2="400" y2="250" stroke="black" stroke-
width="1"/>
<line x1="70" y1="200" x2="400" y2="200" stroke="black" stroke-
width="1"/>
```

Die 50%- und 100%-Markierung werden noch beschriftet:

```
<text x="50" y="250" font-size="8">50%</text>
<text x="50" y="200" font-size="8">100%</text>
```

Damit ist das erste Template fast fertig. Wir rufen jetzt noch das nächste Template auf und schließen das Wurzelelement sowie das erste `template`-Element:

```
<xsl:apply-templates select="data" />
</svg>
</xsl:template>
```

Im zweiten Template werden die einzelnen Säulen gezeichnet und beschriftet:

```
<xsl:template match="data">
 <xsl:for-each select="server">
  <xsl:variable name="nr">
   <xsl:number value="position()"/>
  </xsl:variable>
```

Das `for-each`-Element wird bei jedem `<server>`-Tag ausgeführt. Zuerst wird eine neue Variable mit dem Namen `nr` erzeugt. Diese Variable zählt einfach um eins hoch. Genauer gesagt wird hier der aktuelle Knoten `server` im Dokumentenbaum der XML-Datei gezählt. Dazu wird im `number`-Element die `position()`-Funktion genutzt. Beim ersten `<server>`-Tag ist dies 1, beim zweiten 2 usw. Diese Zahl ist nötig, um die einzelnen Säulen voneinander versetzt darzustellen.

Dann wird die Beschriftung einer jeden Säule durchgeführt. Unterhalb der Säule sollte der Name des Servers auftauchen:

```
<text y="350" font-size="10">
 <xsl:attribute name="x">
  <xsl:value-of select="80*$nr"/>
 </xsl:attribute>
 <xsl:value-of select="name"/>
</text>
```

Das Problem ist (wie später bei dem Zeichnen der Säulen), dass der Text jeweils versetzt erscheinen muss. Dazu ist eine dynamische x-Koordinate nötig. Jede Säule soll um 80 Pixel versetzt erscheinen. Dieser Wert ist willkürlich gewählt. Daher sollte die x-Koordinate der Beschriftung der Säule (wie die Säule selbst) `80*$nr` Pixel sein. `$nr` ist ja die aktuelle Nummer des Knotens, sodass wir auf diese Weise einen einfachen Versatz um jeweils 80 Pixel erhalten. Um die x-Koordinate in das `<text>`-Tag zu bekommen, muss über `<xsl:attrribute>` ein neues Attribut mit dem Namen `x` erzeugt und dessen Wert berechnet werden. Anschließend wird der Inhalt des `<name>`-Tags aus der XML-Datei ausgelesen.

Damit ist die Beschriftung in Ordnung. Jetzt kann die Säule gezeichnet werden. Dazu muss die Höhe der Säule berechnet werden, d.h. die y-Koordinate, an der die Säule endet. Dieses hängt ja von der Prozentzahl ab. Da der Urspung der y-Achse bei der y-Koordinate 300 liegt, muss von diesem Wert die Prozentzahl abgezogen werden. Damit ist dann die y-Koordinate bekannt, an der die Säule endet. Dazu wird zuerst die Prozentzahl ausgelesen und in der Variablen `h` gespeichert:

```
<xsl:variable name="h">
  <xsl:value-of select="percent"/>
</xsl:variable>
```

Jetzt kann die Säule gezeichnet werden. Dazu kommt das `<rect>`-Tag zum Einsatz:

```
<rect width="15" style="fill:red">
 <xsl:attribute name="x">
  <xsl:value-of select="80*$nr"/>
 </xsl:attribute>
```

Die Breite der Säule wird über das Attribut `width` auf 15 Pixel festgelegt und die Füllfarbe mit rot angegeben. Die x-Koordinate der Säule, an der die Säule beginnt, wird ebenso berechnet wie die Beschriftung. Jede linke obere Ecke der Säule beginnt bei der x-Koordinate `80*$nr`. Die y-Koordinate ist genau `300-$h`:

```
<xsl:attribute name="y">
 <xsl:value-of select="300-$h"/>
</xsl:attribute>
```

Jetzt wird noch die Höhe der Säule in Pixel über das Attribut `height` angegeben. Diese ist ja identisch mit der Prozentzahl, also `$h` im XSLT-Code:

```
 <xsl:attribute name="height">
  <xsl:value-of select="$h"/>
 </xsl:attribute>
</rect>
```

Damit ist die Säule fertig. Jetzt muss noch oberhalb der Säule die Prozentzahl als Text ausgegeben werden:

```
<text font-size="10">
 <xsl:attribute name="x">
  <xsl:value-of select="80*$nr"/>
 </xsl:attribute>
 <xsl:attribute name="y">
  <xsl:value-of select="290-$h"/>
 </xsl:attribute>
 <xsl:value-of select="percent"/>%
</text>
```

Dazu müssen wieder die x- und y-Koordinate des Textes ermittelt werden. Die x-Koordinate wird wieder über `80*$nr` berechnet, die y-Koordinate des Textes ist `290-$h`. Hier wird nicht 300 Pixel, sondern 290 Pixel angegeben, damit sich die Beschriftung etwas oberhalb der Säule befindet. Bevor das Tag `</text>` auftaucht, wird der Inhalt des `<percent>`-Tags ausgelesen.

Damit ist auch die Beschriftung komplett, und das `for-each`-Element wird abgeschlossen, sowie das `template`- und das `stylesheet`-Element.

Das Formen wird wie bekannt über die `xslt_process()`-Funktion durchgeführt und die entsprechenden Dateien angegeben:

```
xslt_set_base($xh, dirname(__FILE__)."/");
xslt_process($xh,'server.xml','svg.xsl','server.svg');
```

Sablotron erzeugt eine neue Datei *server.svg*, die direkt im Brower angesehen werden kann (wenn ein SVG-Viewer installiert wurde). Die erzeugte SVG-Datei sieht so aus:

```
<?xml version="1.0" encoding="iso-8859-1"?>
<!DOCTYPE svg PUBLIC "-//W3C//DTD SVG 1.0//EN" "http://www.w3.org/
TR/2001/REC-SVG-20010904/DTD/svg10.dtd">
<svg>
<title>Marktanteile der Web-Server nach Netcraft, September 2003
</title>
<text font-size="15" x="10" y="100">Marktanteile der Web-Server
nach Netcraft, September 2003
</text>
<line x1="70" y1="300" x2="400" y2="300" stroke="black"/>
<line x1="70" y1="300" x2="70" y2="200" stroke="black"/>
<line x1="70" y1="250" x2="400" y2="250" stroke="black" stroke-
width="1"/>
<line x1="70" y1="200" x2="400" y2="200" stroke="black" stroke-
width="1"/>
<text x="50" y="250" font-size="8">50%</text>
<text x="50" y="200" font-size="8">100%</text>
<text y="350" font-size="10" x="80">Apache</text>
<rect width="15" style="fill:red" x="80" y="235.48"
height="64.52"/>
```

```
<text font-size="10" x="80" y="225.48">64.52%</text>
<text y="350" font-size="10" x="160">Microsoft IIS</text>
<rect width="15" style="fill:red" x="160" y="276.46"
height="23.54"/>
<text font-size="10" x="160" y="266.46">23.54%</text>
<text y="350" font-size="10" x="240">Sun One</text>
<rect width="15" style="fill:red" x="240" y="296.52"
height="3.48"/>
<text font-size="10" x="240" y="286.52">3.48%</text>
<text y="350" font-size="10" x="320">Zeus</text>
<rect width="15" style="fill:red" x="320" y="298.28"
height="1.72"/>
<text font-size="10" x="320" y="288.28">1.72%</text>
</svg>
```

11.9 HTML und SVG kombinieren

Jetzt kann die HTML-Fassung mit der SVG-Fassung kombiniert werden. Dazu kann die SVG-Grafik in HTML über das `<object>`-Tag eingebunden werden.

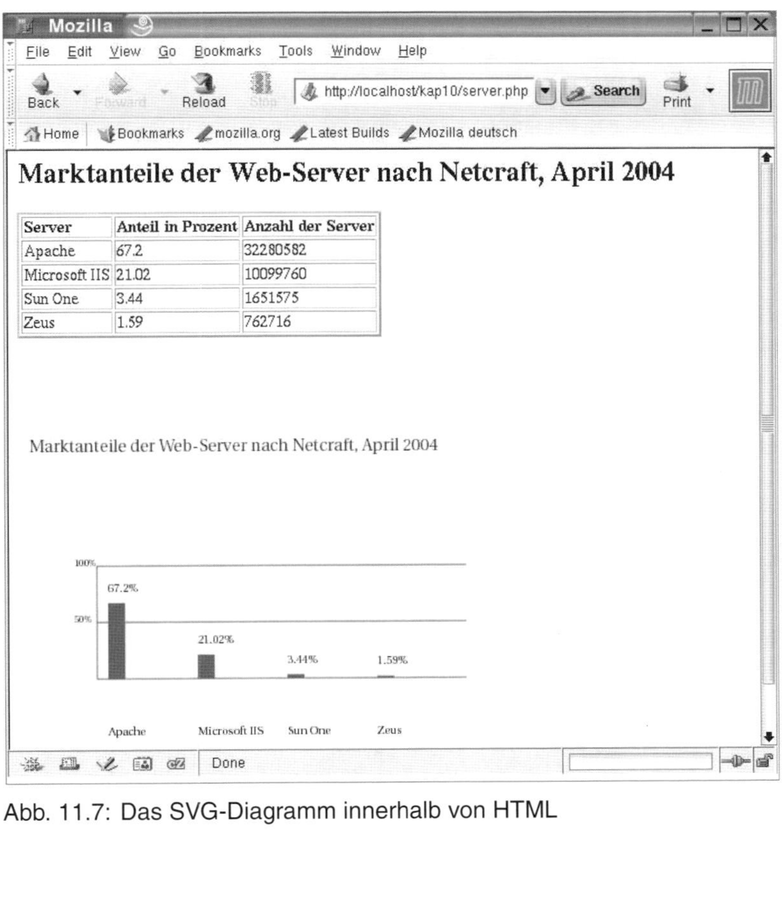

Abb. 11.7: Das SVG-Diagramm innerhalb von HTML

Beim Formen sollte zuerst die SVG-Datei geformt werden, die als Datei gespeichert wird. Anschließend folgt die HTML-Datei, die on-the-fly geformt und deren Ergebnis ausgegeben wird:

```
<?php
 $xh=xslt_create();
 xslt_set_base($xh,"file://".dirname(__FILE__)."/");
 xslt_process($xh,'server.xml','svg.xsl','server.svg');
 $res=xslt_process($xh,'server.xml','html.xsl');
 xslt_free($xh);
 print ($res);
?>
```

Die XSLT-Datei für HTML muss leicht modifiziert werden, denn es muss das `<object>`-Tag noch hinzugefügt werden, über das die SVG-Grafik in HTML eingebettet wird. In der XSLT-Datei kann im ersten Template zwischen

```
</table>
```

und

```
</body></html>
```

das `<object>`-Tag eingefügt werden:

```
<object type="image/svg+xml" data="server.svg" width="500"
height="400"/>
```

11.10 On-the-fly nach SVG formen

Das bisherige Formen nach SVG erzeugte Dateien, die auf dem Server gespeichert wurden. Oftmals ist es jedoch sinnvoll, auf diese Festplattenzugriffe zu verzichten und eine direkte Formung on-the-fly zu erzeugen, ähnlich wie dies nach HTML im Kapitel 11.3 erfolgte.

Für eine Formung on-the-fly muss lediglich der entsprechende MIME-Typ für SVG an den Browser im HTTP-Header gesendet werden. Der korrekte MIME-Type für SVG lautet `image/svg+xml` und muss im HTTP-Header mit `Content-Type` eingetragen werden. In PHP erfolgt dies ja über die bekannte `header()`-Funktion, die als erstes notiert werden muss, bevor weitere PHP-Code folgt. Das nachfolgende Listing ist identisch mit der Formung nach SVG aus dem Kapitel 11.8. Nur wird hier die Ausgabe direkt im Browser vorgenommen und der entsprechende MIME-Typ gesendet:

```
<?php
 header("Content-Type: image/svg+xml");
 $xh=xslt_create();
 $res=xslt_process($xh,'server.xml',svg.xsl');
 print($res);
 xslt_free($xh);
?>
```

11.11 Nach CSV formen

CSV (Comma Separated Values) ist ein weiteres sinnvolles Format, in das der XML-Code geformt werden kann. CSV-Dateien können von Programmen wie Calc von OpenOffice bzw. StarOffice, Excel, Access und weiteren Datenbanken wie MySQL eingelesen werden.

CSV zeichnet sich dadurch aus, dass die Datensätze in einer Textdatei stehen, die mit jedem Texteditor bearbeitet werden kann. Die Datensätze befinden sich jeweils in einer Zeile. Die einzelnen Datenfelder (Spalten) eines Datensatzes sind durch ein festgelegtes Trennsymbol (z.B. ein Semikolon) voneinander getrennt.

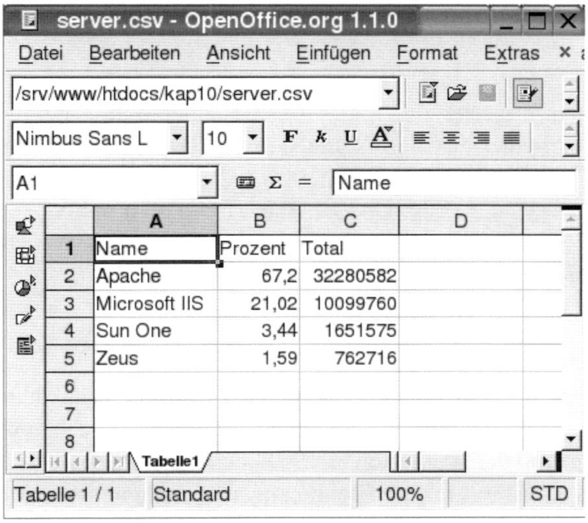

Abb. 11.8: Die CSV-Datei in OpenOffice 1.1

Die prozentuale Verteilung der Server kann jetzt auch in eine CSV-Datei geformt werden, die dann von entsprechenden Tabellenkalkulationsprogrammen oder Datenbanksystemen gelesen werden kann. Die spätere CSV-Datei, die sich aus der Formung ergibt, sieht so aus:

```
Name;Prozent;Total
Apache;64.52;27836622;
Microsoft IIS;23.54;10156289;
Sun One;3.48;1501241;
Zeus;1.72;742950;
```

Um dieses Ausgabeformat zu erhalten, muss ein neuer XSLT-Code erstellt werden. Dies ist ein einfacheres Unterfangen als bei SVG, da CSV nur ein einheitliches Trennsymbol für die Daten und einen Zeilenumbruch für einen Datensatz kennt. Der XSLT-Code sieht so aus:

```
<xsl:stylesheet version="1.0" xmlns:xsl="http://www.w3.org/1999/
XSL/Transform">
<xsl:output method="text"/>
<xsl:template match="serversurvey">Name;Prozent;Total
<xsl:apply-templates select="data" />
</xsl:template>
<xsl:template match="data">
<xsl:for-each select="server">
<xsl:value-of select="name"/>;<xsl:value-of select="percent"/
>;<xsl:value-of select="total"/>;
</xsl:for-each>
</xsl:template>
</xsl:stylesheet>
```

Da es sich um ein einfaches Textformat handelt, sollten alle XSLT-Elemente linksbündig notiert werden. Ansonsten enstehen unerwünschte Einrückungen in der CSV-Datei. Im Tag `<xsl:output>` wird das Ausgabeformat auf `text` umgestellt. Dies erzeugt einen Text vom MIME-Typ `text/plain`. Die verwendeten XSLT-Elemente sind gleich geblieben, nur die SVG- bzw. HTML-Tags der letzten Beispiele wurden entfernt. Diese sind auch nicht nötig. CSV ist im Prinzip „nackter" Text, fast ohne Formatierungen.

Eine Beschriftung führen wir direkt nach dem ersten Template durch:

```
<xsl:template match="serversurvey">Name;Prozent;Total
```

Die Beschriftung `Name;Prozent;Total` sollte ohne Zeilenumbruch direkt nach dem `template`-Element folgen, weil sonst in dem geformten Ergebnis ein Zeilenumbruch vorhanden ist. Dies gilt auch für die Trennung der drei Daten eines Datensatzes. Diese sollten im zweiten Template direkt nach dem ersten `value-of`-Element in einer Zeile notiert werden. Durch den Buchsatz ergibt sich ein Zeilenumbruch im Abdruck, der im Quellcode jedoch nicht vorhanden ist. Die einzelnen Daten werden durch ein Semikolon voneinander getrennt:

```
<xsl:value-of select="name"/>;<xsl:value-of select="percent"/
>;<xsl:value-of select="total"/>;
```

11.12 XHTML Mobile, XHTML Basic und WML

Speziell für Mobiltelefone existieren drei auf XML basierende Sprachdialekte, die Daten auf den kleinen Displays der Handys darstellen können. WML steht für Wireless Markup Language und wurde mit WAP 1.0 im Jahre 1999 eingeführt. WAP, das als mobiles Internet bekannt wurde, ist bis heute nicht sehr erfolgreich, wenngleich fast jedes aktuelle Mobiltelefon einen WAP-Browser beinhaltet. Es gibt viele Dienste für WAP-Browser, und viele Web-Site-Betreiber bieten ihre Anwendungen sowohl in HTML als auch in WML an. Die Nachfolger von WML nennen sich XHTML Mobile und XHTML Basic und sind eine abgespeckte Variante von XHTML. Die beiden Fassungen sind speziell für Endgeräte mit kleinen Displays vorgesehen. XHTML Mobile bzw. XHTML Basic werden schon von aktuellen High-End-Handys und UMTS-Mobiltelefonen unterstützt. Es ist zu erwarten, dass XHTML Mobile bzw. XHTML Basic die neuen Standards bei den Mobiltelefonen werden.

XHTML Mobile und XHTML Basic

XHTML Mobile und XHTML Basic orientieren sich von den Tags her an XHTML. XHTML Mobile und XHTML Basic unterscheiden sich dadurch, dass XHTML Basic ein vom W3-Konsortium verabschiedeter Standard ist[1], während XHTML Mobile von der Open Mobile Alliance (ehemals Wapforum) standardisiert wird[2]. Nokia und weitere Mobiltelefonhersteller unterstützten XHTML Mobile. Der Hauptunterschied zwischen XHTML Mobile und XHTML Basic liegt in den unterschiedlichen DTDs. Die Tags in beiden Spezifikationen sind im Wesentlichen identisch.

Auf Grund der kleinen Displays kann die prozentuale Verteilung als einfache Tabelle realisiert werden. Dazu ist nur eine neue XSLT-Datei (*xhtmlbasic.xsl*) nötig:

```
<xsl:stylesheet version="1.0" xmlns:xsl="http://www.w3.org/1999/
XSL/Transform">
<xsl:output method="xml" encoding="iso-8859-1"  doctype-public="-/
/WAPFORUM//DTD XHTML Mobile 1.0//EN" doctype-system="http://
www.wapforum.org/DTD/xhtml-mobile10.dtd"/>
<xsl:template match="serversurvey">
 <html xmlns="http://www.w3.org/1999/xhtml">
 <head>
  <title>Serverstatistik</title>
 </head>
 <body>
 <p>
  <xsl:value-of select="desc"/>
 </p>
 <table border="2">
 <tr>
  <td><b>Server</b></td>
  <td><b>%</b></td>
  <td><b>Total</b></td>
 </tr>
 <xsl:apply-templates select="data" />
  </table>
  </body></html>
</xsl:template>
<xsl:template match="data">
 <xsl:for-each select="server">
    <tr>
     <td>
```

1. *http://www.w3.org/TR/xhtml-basic/*

2. *http://www.openmobilealliance.org/tech/affiliates/wap/wapindex.html*

```
        <xsl:value-of select="name"/
      </td>
      <td>
        <xsl:value-of select="percent"/>
      </td>
      <td>
        <xsl:value-of select="total"/>
      </td>
    </tr>
   </xsl:for-each>
  </xsl:template>
</xsl:stylesheet>
```

Der Hauptunterschied zu der klassischen HTML- oder XHTML-Fassung ist zunächst nicht zu erkennen. Dies ist auch eines der Ziele von XHTML Mobile. Die XSLT-Datei unterscheidet sich nur durch ein anderes `<xsl:output>`-Tag:

```
<xsl:output method="xml" encoding="iso-8859-1"  doctype-public="-/
/WAPFORUM//DTD XHTML Mobile 1.0//EN" doctype-system="http://
www.wapforum.org/DTD/xhtml-mobile10.dtd"/>
```

Für den öffentlichen Identifier wird über das Attribut `doctype-public` hier `-//WAP-FORUM//DTD XHTML Mobile 1.0//EN` angegeben und für den systeminternen Identifer über das Attribut `doctype-system` steht hier `http://www.wapforum.org/DTD/xhtml-mobile10.dtd`. Der restliche Code bleibt unverändert.

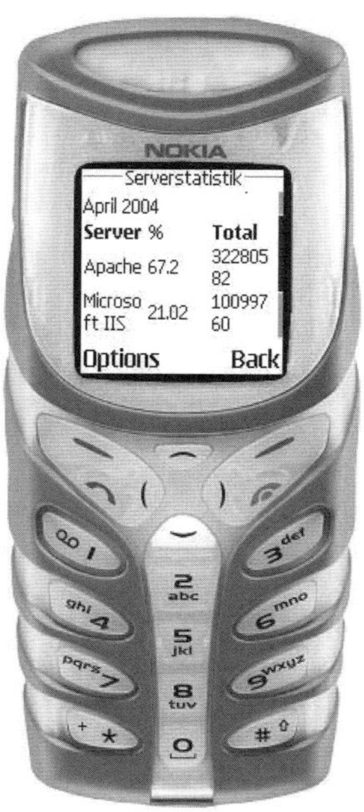

Abb. 11.9: Die Tabelle in XHTML Basic

Die generierte XHTML-Mobile-Datei sieht so aus:

```
<?xml version="1.0" encoding="iso-8859-1"?><!DOCTYPE html PUBLIC
"-//WAPFORUM//DTD XHTML Mobile 1.0//EN" "http://www.wapforum.org/
DTD/xhtml-mobile10.dtd">
<html xmlns="http://www.w3.org/1999/xhtml">
<head><title>Serverstatistik</title></head>
<body>
<p>Marktanteile der Web-Server nach Netcraft, April 2004</p>
<table border="2">
<tr><td><b>Server</b></td>
<td><b>%</b></td>
<td><b>Total</b></td></tr>
<tr xmlns=""><td>Apache</td><td>67.2</td><td>32280582</td></tr>
<tr xmlns=""><td>Microsoft IIS</td><td>21.02</td><td>10099760</
td></tr>
<tr xmlns=""><td>Sun One</td><td>3.44</td><td>1651575</td></tr>
<tr xmlns=""><td>Zeus</td><td>1.59</td><td>762716</td></tr>
</table></body></html>
```

WML

Die prozentuale Verteilung der Server kann in WML ebenfalls als Tabelle angezeigt werden. Von den Tagnamen her orientiert sich WML an HTML, aber mit wesentlich eingeschränkten Möglichkeiten.

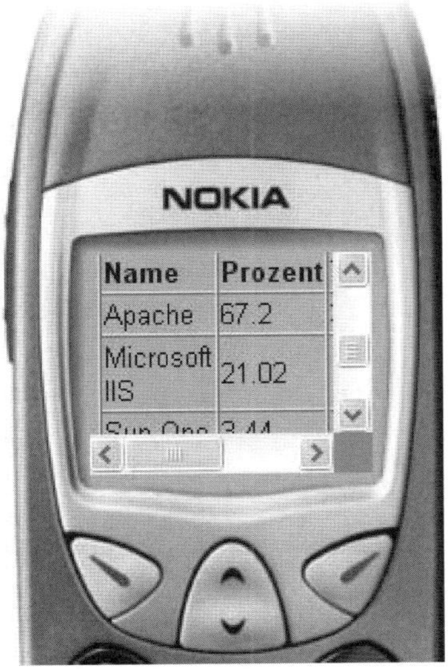

Abb. 11.10: Die Daten in einem Nokia-Mobiltelefon (in WML 1.x)

Die Displays der Mobiltelefone sind in der Regel klein. So hat das Display des Siemens S55 eine Größe von 101*80 Pixel. Dies reicht aber aus, um eine Tabelle anzuzeigen. Dazu muss wieder neuer XSLT-Code geschrieben werden, der eine WML-Datei speziell für Mobiltelefone mit WAP erstellt. Die WML-Datei, die vom XSLT-Code erzeugt wird, sieht so aus:

```
<?xml version="1.0" encoding="iso-8859-1"?>
<!DOCTYPE wml PUBLIC "-//WAPFORUM//DTD WML 1.1//EN" "http://
www.wapforum.org/DTD/wml_1.1.xml">
<wml>
<card><p>
<big>Marktanteile der Web-Server nach Netcraft, September 2003</
big><br/>
<table columns="3">
<tr>
<td><b>Name</b></td><td><b>Prozent</b></td><td><b>Total</b></td>
</tr>
<tr><td>Apache</td><td>64.52</td><td>27836622</td></tr>
<tr><td>Microsoft IIS</td><td>23.54</td><td>10156289</td></tr>
<tr><td>Sun One</td><td>3.48</td><td>1501241</td></tr>
<tr><td>Zeus</td><td>1.72</td><td>742950</td></tr>
</table>
</p></card></wml>
```

Das Wurzelelement einer WML-Datei lautet `<wml>`. Innerhalb von `<wml>...<wml>` muss sich mindestens ein Tag-Paar `<card>...<card>` befinden. Innerhalb von `<card>...<card>` werden die konkreten WML-Tags notiert. Anschließend wird ein `<p>`-Tag erzeugt und danach die Überschrift. Dazu wird das WML-Tag `<big>` genutzt, es folgt ein Zeilenumbruch über `<br>`. Die Tabelle wird wie in HTML über das Tag `<table>` erstellt und besitzt in WML das Attribut `columns`, über das die Anzahl der Spalten angegeben werden muss. Es folgen die einzelnen Tabellenzeilen und –zellen, die wie in HTML erstellt werden.

Um diese WML-Datei zu erzeugen ist folgender XSLT-Code nötig:

```
<xsl:stylesheet version="1.0" xmlns:xsl="http://www.w3.org/1999/
XSL/Transform">
<xsl:output method="xml" encoding="iso-8859-1" doctype-public="-//
WAPFORUM//DTD WML 1.1//EN" doctype-system="http://
www.wapforum.org/DTD/wml_1.1.xml"/>
<xsl:template match="serversurvey">
<wml>
<card><p>
 <big>
  <xsl:value-of select="desc"/>
 </big><br/>
 <xsl:apply-templates select="data" />
</p>
```

```
</card></wml>
</xsl:template>
<xsl:template match="data">
  <table columns="3">
  <tr>
   <td><b>Name</b></td>
   <td><b>Prozent</b></td>
   <td><b>Total</b></td>
</tr>
<xsl:for-each select="server">
     <tr>
      <td>
    <xsl:value-of select="name"/>
      </td>
      <td>
      <xsl:value-of select="percent"/>
      </td>
      <td>
      <xsl:value-of select="total"/>
      </td>
      </tr>
  </xsl:for-each>
</table>
</xsl:template>
</xsl:stylesheet>
```

Die XSLT-Elemente haben sich im Vergleich zur Formung nach XHTML und SVG nicht verändert. Neu sind nur die speziellen WML-Tags zwischen den XSLT-Elementen. Um eine WML-Datei zu erzeugen, ist das `output`-Element ebenfalls auf `xml` umzustellen. WML besitzt ein anderes `<!DOCTYPE>`-Tag als HTML/XHTML, das dort ebenfalls angegeben wird:

```
<xsl:output method="xml" encoding="iso-8859-1" doctype-public="-//
WAPFORUM//DTD WML 1.1//EN" doctype-system="http://
www.wapforum.org/DTD/wml_1.1.xml"/>
```

Im ersten Template wird das Wurzelelement und das `<card>`-Tag notiert und es schließt sich die Überschrift über `<big>` an. Im zweiten Template wird die Tabelle erstellt.

11.13 Weitere Sprachen

Mit XSLT lassen sich auch noch weitere Ausgaben in anderen Sprachen erzeugen, die hier nicht alle berücksichtigt werden können. Es wurden Sprachen ausgewählt, die gängig sind. Mit XSLT können Sie in jedes beliebige Text-Format formen. Dazu gehören etwa diese Sprachen:

- MathML für mathematische Formeln.
- CML: Chemical Markup Language zum Darstellen chemischer Formeln

- SMIL: Synchronized Multimedia Integrated Language - Audio- und Video-Dateien synchronisiert abspielen.
- X3D: Dreidimensionale Objekte erstellen, der Nachfolger von VRML.
- PPML: Personalized Print Markup Language. Wird von Druckmaschinenherstellern genutzt (z.B. von Heidelberger Druckmaschinen), um Druckaufträge in einem neutralen Format anzugeben.

11.14 Mit DOM formen: Die Klasse DomXsltStylesheet

Neben der XSLT-Bibliothek gibt es in der DOM XML-Bibliothek von PHP 4.x die Klasse `DomXsltStylesheet`, über die ebenfalls eine Formung durchgeführt werden kann. Auf die XSLT-Bibliothek kann verzichtet werden. Im Gegensatz zur XSLT-Bibliothek ist die Klasse `DomXsltStylesheet` nicht sehr umfangreich, enthält aber die wichtigsten Methoden zum Formen. Hinzu kommt, dass die Klasse `DomXsltStylesheet` erst ab PHP 4.2.0 zur Verfügung steht – sollten Sie eine frühere PHP-Version einsetzen, müssen Sie die XSLT-Bibliothek verwenden.

11.14.1 Die Formung

Das Formen über die Klasse `DomXsltStylesheet` erfolgt etwas anders als in der XSLT-Bibliothek. Auch die Klasse `DomXsltStylesheet` besitzt eine Methode mit dem Namen `process()`, um die Formung durchzuführen. Jedoch ist es dafür nötig, dass das XSLT-Stylesheet, das die Formung durchführt, als Objekt der Klasse `DomXsltStylesheet` vorliegt. Gleichzeitig muss das XML-Dokument als ein Objekt der Klasse `DomDocument` vorliegen. Während in der XSLT-Bibliothek direkt das XSLT-Dokument und die XML-Dokument als Dateien angeben werden können, müssen beide als Objekte vorliegen. Der nachfolgende Code führt ein Formung mit Hilfe der Klasse `DomXsltStylesheet` durch.

```
<?php
  $xmldoc = domxml_open_file(dirname(__FILE__)."/data.xml");
  $xsldoc  = domxml_xslt_stylesheet_file (dirname(__FILE__)."/
out.xsl");
  $result  = $xsldoc->process($xmldoc);
  $output=$xsldoc->result_dump_mem($result);
  print ($output);
?>
```

Zuerst wird die XML-Datei wie bekannt über die Funktion `domxml_open_file()` geladen und als Objekt der Klasse `DomDocument` zurück gegeben. Anschließend wird die XSLT-Datei geladen. Dazu kommt die Funktion `domxml_xslt_stylesheet_file()` zum Einsatz. Diese gibt die XSLT-Datei als ein Objekt der Klasse `DomXsltStylesheet` zurück. Über dieses Objekt wird jetzt geformt, indem die Methode `process()` verwendet wird:

```
$result=$xsldoc->process($xmldoc);
```

Die Methode `process()` ist in der Klasse `DomXsltStylesheet` enthalten und führt wie die Funktion `xslt_process()` die konkrete Formung durch. Der Übergabeparameter ist ein Objekt der Klasse `DomDocument`. Der Rückgabewert von `process()` ist auch interessant, denn es ist ein Objekt der Klasse `DomDocument`. Dieses kann jetzt entweder ausgegeben oder über die bekannten DOM-Klassen und -Methoden nachbearbeitet werden. Im obigen Code erfolgt eine direkte Ausgabe des geformten Ergebnisses. Das Objekt der Klasse `DomDocument` kann ja nicht direkt im Browser angezeigt werden. Daher wird die Methode `result_dump_mem()` der Klasse `DomXsltStylesheet` verwendet. Diese gibt das Objekt als String zurück, das sofort ausgegeben wird.

> *Hinweis: Die Methode `result_dump_mem()` ist erst ab PHP 4.3.0 verfügbar. Setzen Sie ein frühere PHP-Version ein, können Sie stattdessen die Methode dump_mem() der Klasse `DomDocument` einsetzen.*

11.14.2 Die Formung in eine Datei schreiben

Wie bei der Funktion `xslt_process()` kann auch das Ergebnis der Formung mithilfe der Klasse `DomXsltStylesheet` in eine Datei geschrieben werden. Die erfolgt jedoch nicht über die Methode `process()`, sondern über die Methode `result_dump_file()`, die anstelle von `result_dump_mem()` eingesetzt werden kann. Die Methode `result_dump_file()` speichert ein Objekt der Klasse `DomDocument` als Datei. Die Methode gehört wie `result_dump_mem()` zur Klasse `DomXsltStylesheet`:

```
$xsldoc->result_dump_file($result, dirname(__FILE__)."/
output.html");
```

An die Datei müssen zwei Parameter übergeben werden. Der erste Parameter ist ein Objekt der Klasse `DomDocument`, das das geformte Ergebnis enthält. Der zweite Übergabeparameter ist der Name der Datei, in die das Ergebnis der Formung geschrieben werden soll.

11.14.3 Weitere Möglichkeiten für DomXsltStylesheet

Im letzten Beispiel kam die Funktion `domxml_xslt_stylesheet_file()` zum Einsatz, um ein Objekt der Klasse `DomXsltStylesheet` zu erhalten. Es existieren noch zwei weitere Funktionen, die genutzt werden können. Dies ist dann sinnvoll, wenn das XSLT-Stylesheet nicht als Datei vorliegt, sondern als String oder als ein Objekt der Klasse `DomDocument`:

- `domxml_xslt_stylesheet()`
- `domxml_xslt_stylesheet_doc()`

Die Methode `domxml_xslt_stylesheet()` erwartet das XSLT-Stylesheet nicht als Datei, sondern als ein String, der im PHP-Code in einer Variablen vorliegen muss:

```
<?php
  $xmldoc = domxml_open_file(dirname(__FILE__)."/data.xml");
  $str='<?xml version="1.0" encoding="ISO-8859-1"?>
          <xsl:stylesheet version="1.0" xmlns:xsl="http://
www.w3.org/1999/XSL/Transform">
```

```
            <xsl:output method="html" encoding="ISO-8859-1"/>
            <xsl:template match="/">
            <html><body>
               <h1>Dies ist eine Testausgabe</h1>
            </body></html>
            </xsl:template></xsl:stylesheet>';
  $xsldoc  = domxml_xslt_stylesheet ($str);
  $result  = $xsldoc->process($xmldoc);
  $output=$xsldoc->result_dump_mem($result);
  print ($output);
?>
```

Wie Sie im Code sehen, liegt das XSLT-Dokument im String `$str` vor. Dieser String wird an die Methode `domxml_xslt_stylesheet()` übergeben, die das XSLT-Stylesheet als ein Objekt der Klasse `DomXsltStylesheet` zurück gibt. Der Rest des Codes bleibt unverändert.

Die nächste Alternative besteht darin, das das XSLT-Stylesheet als ein Objekt der Klasse `DomDocument` vorliegt. Dies kann beispielsweise dadurch erhalten werden, dass das XSLT-Stylesheet über die Funktion `domxml_open_file()` geladen und geparst wird:

```
$xsldoc = domxml_open_file(dirname(__FILE__)."/out.xsl");
```

In `$xsldoc` liegt die Stylesheet-Datei als ein Objekt von `DomDocument` vor, das jetzt direkt an die Funktion `domxml_xslt_stylesheet_doc()` übergeben wird:

```
$xsltdoc = domxml_xslt_stylesheet_doc ($xsldoc);
```

Der Rückgabewert der Funktion `domxml_xslt_stylesheet_doc()` ist ein Objekt der Klasse `DomXsltStylesheet`, auf das dann wie bekannt die `process()`-Methode eingesetzt werden kann.

11.15 XSLT in PHP 5

PHP 5 unterstützt wie PHP 4.x XSLT. In PHP 5 wurde die Verwendung von XSLT komplett erneuert, sodass die Codes für PHP 4.x unter PHP 5 nicht funktionieren. In diesem Abschnitt werden die Neuerungen und Änderungen detailliert besprochen.

In PHP 5 kann wie in PHP 4.x in jedes beliebige textbasierte Ausgabeformat (HTML, XHTML, CSV, SVG, WML, usw.) geformt werden. Die XML- und XSLT-Beispiele aus diesem Kapitel funktionieren auch mit PHP 5, wenn der PHP-Code von der 4er- auf die 5er-Version umgestellt wird.

Die Unterschiede zwischen XSLT in PHP 4.x und PHP 5 sind die folgenden:

- PHP 5 führt die Klasse `XsltProcessor` ein, über die Formungen durchgeführt werden.
- Die XML- und XSLT-Dateien müssen als ein Objekt der Klasse `DomDocument` aus DOM XML vorliegen.
- Die XSLT-Funktionen aus PHP 4.x sind unter PHP 5 nicht verwendbar.

Statt die XSLT-Funktionen wie `xslt_process()` oder `xslt_free()` aus PHP 4.x zu verwenden, führt PHP 5 die Klasse `XsltProcessor` ein. Über die Methoden dieser Klasse erfolgt die Formung in ein gewünschtes Ausgabeformat. Bis zum Redaktionsschluss des Buches (Ende Juli 2004) enthält die Klasse nur die wichtigsten Methoden zum Formen. Methoden, wie beispielsweise die Funktionen `xslt_openlog()`, `xslt_set_base()` oder `xslt_free()` aus PHP 4.x stehen über ähnliche Methode nicht zur Verfügung.

11.15.1 Eine Formung mit PHP 5

Für die Formung mit Hilfe von PHP 5 müssen zuerst die XML- und die XSLT-Datei als ein Objekt der Klasse `DomDocument` vorliegen. Beide Dateien müssen vorher über DOM XML geladen und geparst werden. Dies ist anders als in PHP 4.x, wo ja über die Funktion `xslt_process()` die direkten Dateinamen angegeben wurden. Der nachfolgende Code basiert auf dem Beispiel von Kapitel 11.3. Die prozentuale Verteilung der Server wird nach HTML geformt. Das mit PHP 5 geformte Ergebnis unterscheidet sich nicht von der Formung mit PHP 4.x.

```
<?php
 $xml = new DomDocument();
 $xml->load("server.xml");
 if(!$xml) {
  exit ("Fehler beim Parsen");
 }
 $xslt= new DomDocument();
 $xslt->load("html.xsl");
 if(!$xslt) {
  print ("Fehler beim Parsen");
  exit();
 }
 $xsltproc = new XsltProcessor();
 if(!$xsltproc) {
  exit ("Fehler beim Erstellen des XSLT-Prozessors");
 }
 $xsltproc ->importStylesheet($xslt);
 print ($xsltproc ->transformToXml($xml));
?>
```

Zuerst wird die XML-Datei geladen und geparst. Sie liegt in `$xml` als ein Objekt der Klasse `DomDocument` vor. Anschließend wird die XSLT-Datei geladen sowie geparst und liegt in `$xslt` ebenfalls als ein `DomDocument`-Objekt vor. Für die Formung muss ein Objekt der Klasse `XsltProcessor` erzeugt werden. Dies geschieht über den Konstruktor dieser Klasse:

```
$xsltproc = new XsltProcessor();
```

Der Konstruktor ist parameterlos. Der Aufruf des Konstruktors ist nötig, um ein Objekt dieser Klasse zu erstellen. Über die Methoden dieser Klasse erfolgt die konkrete Formung. Dazu muss die XSLT-Datei angegeben werden, die die Formung in das Ausgabeformat vornimmt. Dies erfolgt über die Methode `importStylesheet()`, die nicht die XSLT-Datei, sondern das entsprechende Objekt der `DomDocument`-Klasse angibt, das die XSLT-Datei enthält (hier ist es `$xslt`):

```
$xsltproc ->importStylesheet($xslt);
```

Die Formung erfolgt über die Methode `transformToXml()`. An die Methode wird die zu formende XML-Datei angeben. Jedoch auch nicht als Dateiname, sondern als Objekt der `Document`-Klasse (hier `$xml`):

```
print ($xsltproc ->transformToXml($xml));
```

Der Rückgabewert der Methode `transformToXml()` ist ein String, der das geformte Ergebnis enthält. Der Name der Methode ist etwas unschön, ist aber genau richtig für ein Formen on-the-fly.

11.15.2 In eine Datei formen

Soll die Formung nicht on-the-fly erfolgen, sondern in eine Datei geschrieben werden, können Sie die Methode `transformToXml()` nicht einsetzen. In PHP 4.x war dies anders, dort konnten Sie im Prinzip die Methode `xslt_process()` auch für das Schreiben in eine Datei verwenden. In PHP 5 gibt es dafür eine eigene Methode mit dem Namen `transformToUri()`:

```
$xsltproc->transformToUri($xml, "out.xml");
```

Anders als `transformToXml()` erwartet `transformToUri()` zwei Übergabeparameter. Der erste ist wie bekannt die XML-Datei als `Document`-Objekt. Der zweite Übergabeparameter ist ein String, der die URI enthält, unter der das geformte Ergebnis als Datei gespeichert werden soll.

> *Hinweis: Bei der Methode transformToUri() kann auf den Rückgabewert geprüft werden. Dies ist sinnvoll, denn dieser gibt die Anzahl der geschriebenen Bytes an. Ist der Rückgabewert -1, konnte die Datei nicht geschrieben werden (weil beispielsweise die Schreibberechtigung fehlt).*

11.15.3 In ein DomDocument-Objekt formen

Die dritte Möglichkeit der Formung besteht darin, dass das geformte Ergebnis in ein Objekt der Klasse `DomDocument` geformt werden kann. Dies ist dann sinnvoll, wenn das geformte Ergebnis weiterbearbeitet werden oder ein Zugriff auf bestimmte Elemente des Ergebnisses erfolgen soll. Für eine Formung in ein `DomDocument`-Objekt existiert eine eigene Methode:

```
$doc = $xsltproc->transformToDoc($xml);
```

An die Methode `transformToDoc()` wird nur die XML-Datei als `DomDocument`-Objekt übergeben. Der Rückgabewert der Methode ist ein Objekt der Klasse `DomDocument` aus DOM XML. Das Objekt enthält den bekannten Dokumentenbaum, auf den mit Hilfe der bekannten Klassen, Methoden und Eigenschaften von DOM XML aus PHP 5 zugegriffen werden kann. So kann beispielsweise das Wurzelelement über `documentElement` der Klasse `DomDocument` ermittelt oder über `getElementById()` oder `getElementsBy-`

`TagName()` ein bestimmtes Element im Dokumentenbaum angesprochen werden. Das zurückgegebene `DomDocument`-Objekt kann jetzt auch als Datei über die Methode `save()` der Klasse `DomDocument` gespeichert werden. Dadurch kann man auf die Methode `transformToUri()` verzichten:

```
$doc = $xsltproc->transformToDoc($xml);
$doc->save("test2.html");
```

11.16 XSL:FO

Zum Schluss des Kapitels über XSLT folgt noch ein Hinweis zu XSL:FO. XSLT formt eine XML-Datei immer in eine Textdatei. Andere Formate, z.B. PDF sind mit XSLT nicht möglich. Dazu muss zu XSL:FO und einem FO-Formatter gegriffen werden. Derzeit (Redaktionsschluss dieses Buches: Ende Juli 2004) gibt es kein Projekt, das XSL:FO innerhalb von PHP verfügbar macht. Es gibt zwar eine Reihe von XSL:FO-Prozessoren, darunter der kostenlose FOP der Apache Software Foundation (ASF). Dieser setzt jedoch eine Java-Installation voraus. Es gibt derzeit keine Bestrebungen, XSL:FO in PHP zu integrieren. Wer PDF-Dateien braucht, muss diese über die pdf-Funktionen von PHP mit der PDFlib erzeugen.

12 Fallstudie: Web-Präsenzen in XML und XSLT mit CMS

In diesem Abschnitt sehen wir uns eine komplette Site-Struktur auf der Basis von XML und XSLT an. Ziel ist das Erstellen einer Web-Applikation, deren Inhalte in XML gespeichert werden und über XSLT nach HTML on-the-fly geformt werden. Gleichzeitig sollen die Inhalte auch mobilen Endgeräten in XHTML Mobile und WML zur Verfügung stehen, sodass hier XML als neutrales Format ideal ist. In Kapitel 12.5 wird der Applikation noch ein eigenes kleines CMS hinzufügen, um die Inhalte zu editieren bzw. neue Inhalte hinterlegen zu können, die dann sowohl in Web-Browsern wie auch auf mobilen Geräten gelesen werden können.

Auf meiner Site *http://www.xmlguru.de* nutze ich ebenfalls XML zur Speicherung der täglichen News (inklusive selbstprogrammiertem CMS). Der Grund für diese Entscheidung lag darin, dass ich zwei Darstellungen erreichen wollte: einerseits im normalen Web-Browser und anderseits im Mobiltelefon.

Abb. 12.1: Nachrichtenmeldungen, die von XML nach HTML geformt wurden

Um die Dateien nicht doppelt für beide User Agents zu erstellen, hatte ich mich 1999 entschlossen, die täglichen News in XML zu halten. Dadurch war die Möglichkeit gegeben, dass für beide User Agents dieselbe Datenbasis verwendet werden kann.

Abb. 12.2: Die Nachrichtenmeldungen in einem Mobiltelefon

Eine PHP-Datei lädt die XML-Datei und formt sie je nach User Agent entweder nach HTML oder nach WML. Wird die XML-Datei mit den Nachrichten verändert, stehen diese auch sofort in beiden User Agents in der geänderten Fassung zur Verfügung.

Dieses konkrete Beispiel von meiner Site lege ich hier nicht zu Grunde. Dies liegt darin, dass 1999 noch keine XSLT-Funktionen zur Verfügung standen. Ich nutze seit der Zeit die SAX-Funktionen von PHP, die aus XML entweder HTML oder WML generieren. In diesem Kapitel möchte ich jedoch XSLT als die bessere Alternative verwenden. Dazu legen wird die (noch zu gründende) Firma Planet AG zu Grunde, für die eine kleine Site mit mehreren Unterseiten erstellt werden soll.

12.1 Überblick über die Web-Applikation

Für die imaginäre Planet AG wird eine Web-Präsenz eingerichtet. Diese soll über zwei Navigationsleisten verfügen, ein Logo des Unternehmens und weitere Texte.

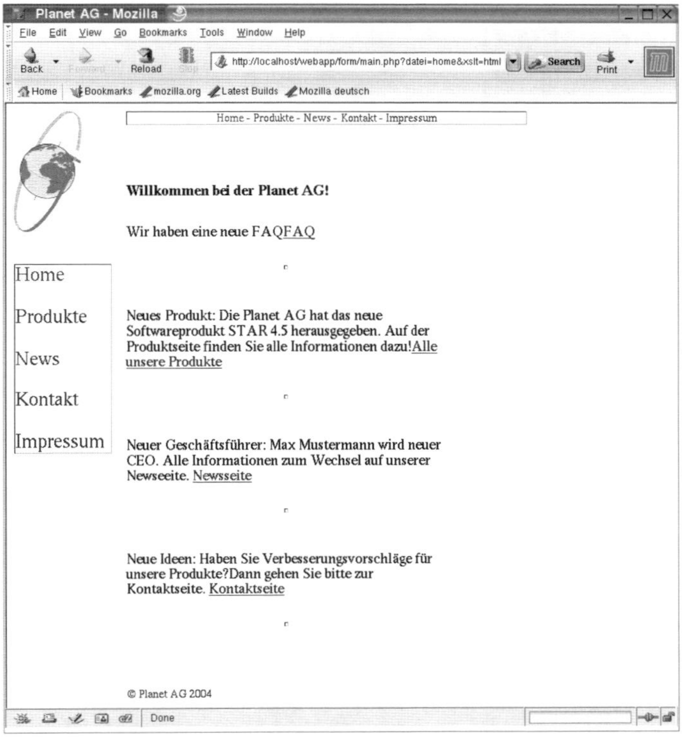

Abb. 12.3: Die Web-Präsenz in HTML 4.01

12.1.1 Allgemeiner Überblick

Die Web-Präsenz soll über folgende Seiten verfügen:

- Startseite
- Aktuelle Newsseite
- Aktuelle Produktseite
- Impressum
- Kontaktmöglichkeit

Diese Seiten sollen sowohl in Web-Browsern wie auch in mobilen Endgeräten zu sehen sein. Um die doppelte Erstellung von diesen einzelnen Seiten zu vermeiden, wird XML eingesetzt. Dazu sind drei XSLT-Stylesheets nötig, die einmal die XML-Datei nach HTML formen (für Web-Browser), nach XHTML Mobile (für moderne Mobiltelefone und Smartphones) sowie nach WML (für ältere Mobiltelefone). Für jeden dieser User Agents muss ein unterschiedliches Stylesheet entwickelt werden. Es enthält einerseits das Basislayout der Site (das nicht verändert werden sollte) und andererseits die Templates für den Content aus den XML-Dateien. Ist dies einmal geschehen, können neue XML-Dateien mit neuen Inhalten hinzukommen, ohne dass das Layout an jede Seite angepasst werden soll.

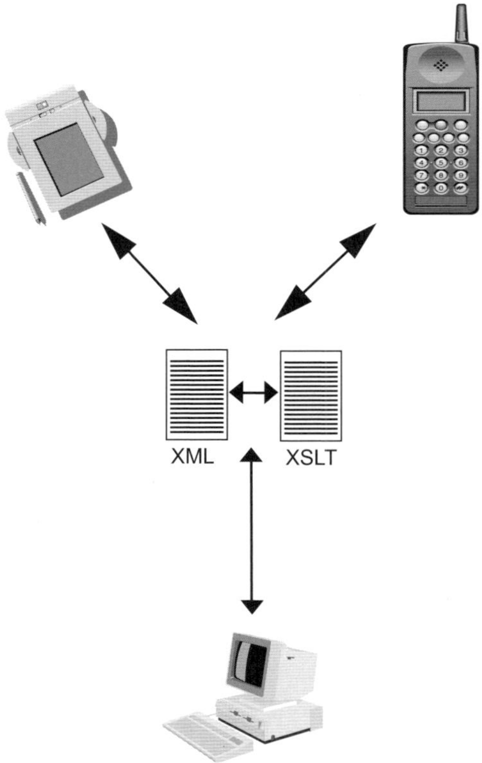

Abb. 12.4: Die verschiedenen Endgeräte greifen auf dieselbe Datenbasis zu

Der Vorteil dieser Variante liegt darin, dass die User Agents jeweils auf die gleiche Datenbasis zurück greifen. Wird eine XML-Datei geändert, sind die Änderungen in allen User Agents sichtbar. Der weitere Vorteil liegt in einem späteren Relaunch der Site. Sollte die HTML-Fassung vom Layout her geändert werden, so muss nur das entsprechende XSLT-Stylesheet geändert werden. Die Änderung ist dann auf jeder Seite sichtbar.

PHP wird in diesem Fall nur dazu genutzt, die konkrete Fromung mit XSLT in das Ausgabeformat vorzunehmen. Die Anwendung soll natürlich gleichermaßen in PHP 4.x und 5 funktionieren. Zusätzlich sollte der Code so erstellt sein, dass das verwendete Betriebssystem automatisch berücksichtig wird (wichtig für die Pfade!).

12.1.2 Benötigte Dateien und Verzeichnisstruktur

Konkret benötigen wir diese Dateien für die Applikation:

- *index.php*: Die erste Startseite, die entsprechend des User Agents zur HTML-, XHTML Mobile- oder zur WML-Fassung umleitet.
- *main.php*: PHP-Datei, die die Formung on-the-fly durchführt und das Ergebnis im Browser anzeigt.
- *home.xml, produkte.xml, news.xml, impressum.xml* und *kontakt.xml*: Diese Dateien enthalten den eigentlichen Content.
- *html.xsl*: XSLT-Stylesheet für die Formung nach HTML.
- *xhtml.xsl*: XSLT-Stylesheet zur Formung nach XHTML Mobile für neuere mobile Endgeräte.
- *wml.xsl*: XSLT-Stylesheet zur Formung nach WML für ältere mobile Endgeräte.

Die Applikation wird der Übersicht halber auf mehrere Verzeichnisse verteilt, die als Unterverzeichnisse des Verzeichnisses *webapp* angelegt werden. Die nachfolgende Abbildung zeigt die Struktur der Applikation.

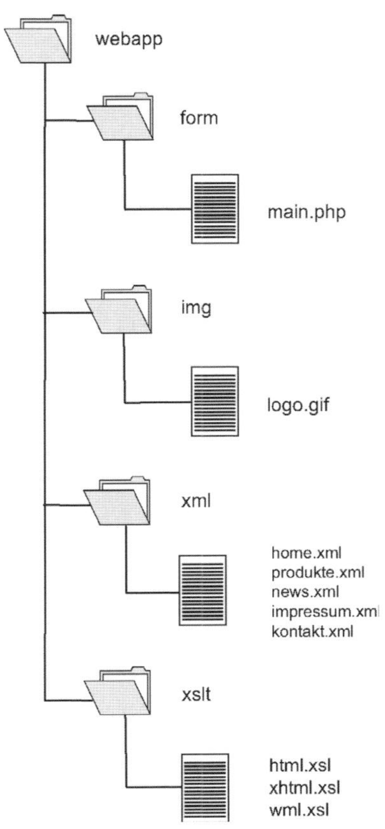

Abb. 12.5: Die Verzeichnisstruktur

Im Verzeichnis *webapp* liegt auch die Datei *index.php*, die die Startdatei der Anwendung darstellt. Im Verzeichnis *xml* werden sämtliche XML-Dateien abgelegt. Im Verzeichnis *xslt* befinden sich die XSLT-Stylesheets. Das Verzeichnis *form* enthält die PHP-Datei *main.php* zur Formung ins Ausgabeformat. Im Verzeichnis *img* befinden sich die Grafiken, die in der HTML-Fassung benutzt werden. Wegen der kleinen Displays der Mobiltelefone wird in XHTML Mobile und WML auf Grafiken verzichtet. Diese Struktur wird auch bei dem CMS verwendet, das im nachfolgenden Kapitel für diese Applikation erstellt wird. Für das CMS wird später ein weiteres eigenes Verzeichnis mit dem Namen *cms* hinzukommen.

12.1.3 Die XML-Dateien

Zunächst ist eine Betrachtung der XML-Dateien nötig. Es liegen mehrere Dateien vor. Sämtliche Dateien haben den gleichen Aufbau und verfügen über die gleichen XML-Elemente. Stellvertretend für alle weiteren Dateien sehen wir uns die Datei *home.xml* an.

```
<?xml version="1.0" encoding="iso-8859-1"?>
<homepage xmlns:xlink="http://www.w3.org/1999/xlink">
 <header><text>Willkommen bei der Planet AG!</text></header>
 <absatz>
  <text>Neues Softwareprodukt: Die Planet AG hat ein das neue
Softwareprodukt STAR 4.5 herausgegeben. Auf der Produktseite finden
Sie alle Informationen dazu!</text>
  <link xlink:link="simple" href="produkte">Alle unsere Produkte</
link>
    <bild><url></url></bild>
 </absatz>
 <absatz>
  <text>Neuer Geschäftsführer: Max Mustermann wird neuer
Geschäftsführer. Alle Informationen zum Wechsel auf unsere
Newsseite.</text>
  <link xlink:link="simple" href="news">News-Seite</link>
    <bild><url></url></bild>
 </absatz>
 <absatz>
  <text>Neue Ideen: Haben Sie Verbesserungsvorschläge für unsere
Produkte? Dann gehen Sie bitte zur Kontaktseite.</text>
  <link xlink:link="simple" href="kontakt">Kontaktseite</link>
    <bild><url></url></bild>
 </absatz>
</homepage>
```

Das Wurzelelement lautet `homepage` und enthält den `xlink`-Namensraum. Dieses wird für die späteren Hyperlinks nötig, die in Xlink erstellt werden. Das `header`-Element enthält eine Überschrift. Jeder neue Absatz wird über das `absatz`-Element gekennzeichnet. Innerhalb von `<absatz> ... </absatz>` befindet sich „normaler“ Text (über das `text`-Element) und ein Hyperlink (über das `link`-Element). Der eigentliche spätere Hyperlink, der im User Agent angeklickt werden kann, wird in HTML, XHTML Mobile und WML über das `<a>`-Tag realisiert. Das eigentliche Link-Ziel befindet sich hier im Attribut `href`. Dies ist der Dateianme der zu formenden XML-Datei ohne die entsprechende Dateiendung *.xml*.

Neu ist das `bild`-Element. In diesem Element wird innerhalb des `url`-Elements der Dateiname einer Grafik angegeben, die nach dem Text erscheinen soll. Hier sollte nur der Dateiname stehen, denn die Grafik wird aus dem Verzeichnis *img* gelesen. Soll keine Grafik angezeigt werden, ist das `url`-Element zwar vorhanden, besitzt aber keinen Inhalt. Die weiteren XML-Dateien haben einen identischen Aufbau.

12.1.4 Die Weiche in index.php: HTML, XHTML Mobile oder WML?

Die eigentliche Startseite der Web-Applikation ist *index.php*. Diese ermittelt den User Agent und verzweigt entweder in die HTML-, XHTML Mobile- oder WML-Fassung.

```
<?php
 $htmlredirect="form/main.php?datei=home&xslt=html";
 $xhtmlredirect="form/main.php?datei=home&xslt=xhtml";
 $wmlredirect="form/main.php?datei=home&xslt=wml";
 $mime=strtolower($_SERVER['HTTP_ACCEPT']);
 if(substr_count($mime,"text/html")==1)  {
    header("Location: ".$htmlredirect);
 }
 if(substr_count($mime,"application/vnd.wap.xhtml+xml") == 1 &&
substr_count($mime,"text/html")==0)  {
    header("Location: ".$xhtmlredirect);
 }
 if(substr_count($mime,"text/vnd.wap.wml") ==1 &&
substr_count($mime,"application/vnd.wap.xhtml+xml") == 0 &&
substr_count($mime,"text/html")==0)  {
    header("Location: ".$wmlredirect);
 }
?>
```

Zu Anfang werden drei Variablen definiert. Alle Variablen enthalten den Pfad zu der Datei *main.php* im *form*-Verzeichnis, jedoch ist bei den Variablen der Übergabeparameter anders. An *main.php* wird zwar immer *datei=home* übergeben, jedoch ist der zweite Wert immer unterschiedlich. *xslt=html* wird in `$htmlredirect` übergeben (für die HTML-Fassung), *xslt=xhtml* in `$xhtmlredirect` (für XHTML Mobile) und *xslt=wml* in `$wmlredirect` (für die WML-Fassung).

Der Trick bei der Browserweiche, der jetzt angewendet wird, ist die in PHP vordefinierte Variable `$_SERVER['HTTP_ACCEPT']`. Diese Variable enthält den MIME-Typ (oder auch mehrere), der vom User Agent erwartet wird. Kommt ein „normaler" HTML-Browser auf die Site, erwartet dieser den MIME-Typ `text/html`. Kommt ein mobiles Endgerät erwartet es den MIME-Typ `application/vnd.wap.xhtml+xml` für XHTML Mobile oder `text/vnd.wap.wml` für WML. Problematisch hierbei ist jedoch, dass neuere Mobiltelefone sowohl das alte WML 1.x wie auch XHTML Mobile unterstützen. Einige Web-Browser (z.B. Opera) unterstützen sogar alle drei Standards.

Um dies in den Griff zu bekommen, wird der MIME-Typ `text/html` bevorzugt. Über die Funktion `substr_count()` wird gezählt, ob der MIME-Type `text/html` in dem String `$mime` enthalten ist. Sollte dieser einmal vorkommen, unterstützt der User Agent das klassische HTML. Anschließend wird direkt eine Umleitung über die `header()`-Funktion durchgeführt, die auf die HTML-Fassung umleitet.

Anschließend wird geprüft, ob der User Agent XHTML Mobile unterstützt. Der dazugehörige MIME-Typ ist `application/vnd.wap.xhtml+xml`. In der `if`-Abfrage müssen Sie aber auch gleichzeitig ausschließen, dass der User Agent den MIME-Typ `text/html` unterstützt (damit z.B. der Opera-Browser nicht in diese Fassung verzweigt). Daher wird geprüft, ob `application/vnd.wap.xhtml+xml` einmal und `text/html` keinmal vorkommt. Ist dies der Fall (wie bei aktuellen XHTML-Mobile-Telefonen), wird auf diese Fassung umgeleitet.

Zum Schluss wird auf das klassische WML geprüft. Ältere Mobiltelefone (z.B. Siemens ME45, S45) unterstützten nur diese Fassung. Um auch User Agents auszuschließen, die HTML und XHTML Basic unterstützten, wird hier auf alle drei MIME-Typen geprüft und über die `header()`-Funktion auf die WML-Fassung weitergeleitet.

12.1.5 Die Formung über main.php

Die konkrete Formung findet in der Datei *main.php* im Verzeichnis *form* statt. Diese wird durch die Konfigurationsdatei *config.inc* unterstützt. Ein User Agent ruft beispielsweise die *main.php* für die HTML-Fassung mit diesen Werten auf:

`main.php?datei=start&xslt=html`

Für XHTML Mobile und WML enthält nur die Variable `xslt` einen anderen Wert. *main.php* sieht so aus:

```
<?php
 include("../config.inc");
 header("Content-Type: ".$header);
 $xmldatei=$dir_xml.$_REQUEST['datei'].".xml";
 $xsltdatei=$dir_xslt.$_REQUEST['xslt'].".xsl";
 if ($majorversion=="4") {
  $xh=xslt_create();
  $res=xslt_process($xh,$xmldatei,$xsltdatei);
  xslt_free($xh);
  print($res);
 }
 if ($majorversion=="5") {
  $xml = new DomDocument();
  $xml->load($xmldatei);
```

```
  if(!$xml) {
    exit ("Fehler beim Parsen");
  }
  $xslt= new DomDocument();
  $xslt->load($xsltdatei);
  if(!$xslt) {
    exit ("Fehler beim Parsen");
  }
  $xsltproc = new XsltProcessor();
  if(!$xsltproc) {
   exit ("Fehler beim Erstellen des XSLT-Prozessors");
   ();
  }
  $xsltproc->importStylesheet($xslt);
  print ($xsltproc->transformToXml($xml));
 }
?>
```

Zu Beginn des Codes wird eine Konfigurationsdatei *config.inc* eingebunden. Diese Datei ermittelt den genauen Pfad zu der XML- und XSLT-Datei. Hier wird auch das Betriebssystem Windows berücksichtigt, das ja den Vorsatz `file://` bei Pfadangaben benötigt. Gleichzeitig wird in *config.inc* der MIME-Type bestimmt. Dieser MIME-Type liegt in der Variablen `$header` vor (z.B `text/html` für das klassische HTML). Nach dem Einbinden dieser Konfigurationsdatei wird der MIME-Typ gesendet:

```
header("Content-Type: ".$header);
```

Dann wird über `$_REQUEST` der Inhalt der übergebenen Variablen `datei` und `xslt` festgestellt und der komplette Pfad zu der XML- und XSLT-Datei gebildet:

```
$xmldatei=$dir_xml.$_REQUEST['datei'].".xml";
$xsltdatei=$dir_xslt.$_REQUEST['xslt'].".xsl";
```

In `$dir_xml` und `$dir_xslt` liegen der absolute Pfad zu dem XML- und XSLT-Verzeichnis vor. Daran angehängt wird der entsprechend übergebene Dateiname, sowie die entsprechende Dateiendung.

Der weitere Verlauf ist jetzt bekannter Code für PHP 4.x und 5. Zuerst wird auf die Versionsnummer von PHP geprüft. Sollte diese 4 sein, wird über `xslt_process()` geformt. In der Variablen `$majorversion` liegt die Versionsnummer vor (diese wird in der *config.inc* ermittelt). Sollte PHP 5 vorliegen, wird der Inhalt der zweiten `if`-Abfrage ausgeführt und über `transformToXml()` geformt.

Die Datei *config.inc* enthält Code zum Ermitteln der PHP-Version, des Betriebssystems und des Pfads:

```
<?php
 $dir=$_SERVER['DOCUMENT_ROOT'];
 $version=phpversion();
 $majorversion=substr($version,0,1);
 $os=strtolower($SERVER_['SERVER_SOFTWARE']);
 if (strpos($os,"win32")>=0 && $majorversion=="4") {
  $dir="file://".$dir;
 }
 $dir_xml=$dir.'/webapp/xml/';
 $dir_xslt=$dir.'/webapp/xslt/';
 $mime=strtolower($_SERVER['HTTP_ACCEPT']);
 if(substr_count($mime,"text/html")==1)  {
   $header="text/html";
  }
 if(substr_count($mime,"application/vnd.wap.xhtml+xml") == 1 &&
substr_count($mime,"text/html")==0)  {
  $header="application/vnd.wap.xhtml+xml";
 }
  if(substr_count($mime,"text/vnd.wap.wml") ==1 &&
substr_count($mime,"application/vnd.wap.xhtml+xml") == 0 &&
substr_count($mime,"text/html")==0)  {
  $header="text/vnd.wap.wml";
 }
?>
```

In `$dir` wird der Pfad zur aktuellen Applikation ermittelt und in `$version` liegt die Versionssnummer vor, aus der `$majorversion` gebildet wird. Anschließend wird geprüft, ob das Betriebssystem Windows vorliegt. Dazu wird geprüft, ob in `$SERVER_['SERVER_SOFTWARE']` der String `win32` vorliegt und die PHP-Version 4 vorliegt. Sollte dies der Fall sein, wird `$dir` mit dem Vorsatz `file://` versehen. Für UNIX-Betriebssysteme und für PHP 5 unter Windows ist dies ja nicht nötig.

Anschließend wird in `$dir_xml` der Pfad zum XML- und in `$dir_xslt` der Pfad zum XSLT-Verzeichnis angegeben. Abschließend folgen die drei bekannten `if`-Abfragen, die auch in der *index.php* enthalten sind. Hier wird der unterstützte MIME-Typ ermittelt und der MIME-Typ in `$header` gespeichert.

12.2 Die HTML-Fassung

Die HTML-Fassung besitzt ein einfaches Layout mit zwei Navigationsleisten und einem Logo.

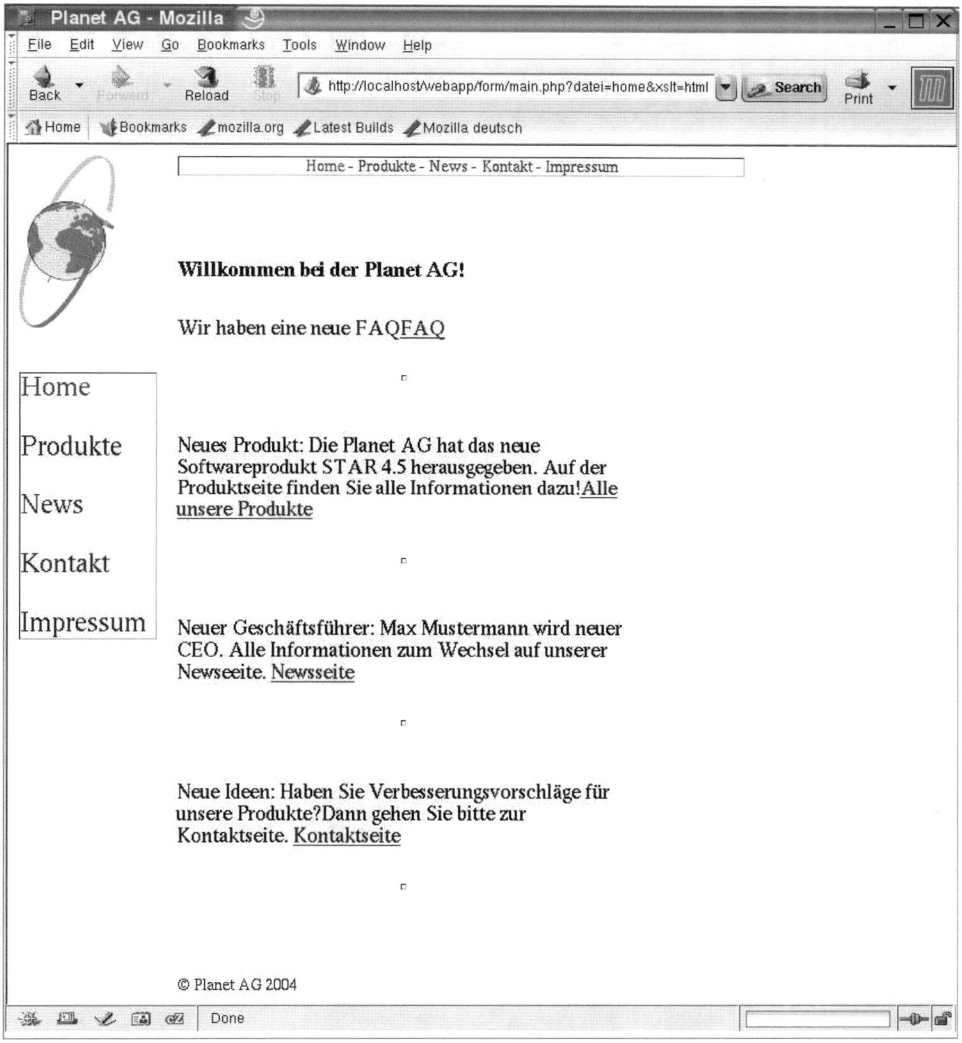

Abb. 12.6: Die HTML-Fassung

Interessant ist die XSLT-Datei *html.xsl* für die HTML-Fassung:

```
<?xml version="1.0" encoding="iso-8859-1"?>
<xsl:stylesheet version="1.0" xmlns:xsl="http://www.w3.org/1999/
XSL/Transform">
<xsl:output method="html" doctype-public="-//W3C//DTD HTML 4.01
Transitional//EN" encoding="iso-8859-1"/>
<xsl:template match="/">
 <html>
 <head>
  <title>Planet AG</title>
  <style>
    a:hover { color:red; }
  </style>
 </head>
 <body>
 <img src="../img/logo.gif" style="position:absolute; left:10px;
top:10px"/>
 <div style="position:absolute;left: 10px; top: 200px;font-
size:20pt; border:black solid; border-width: 1px; border-
style:inset; width:120px;">
 <a style="text-decoration:none"
href="main.php?datei=start">Home</a><br/><br/>
 <a style="text-decoration:none"
href="main.php?datei=produkte">Produkte</a><br/><br/>
 <a style="text-decoration:none" href="main.php?datei=news">News</
a><br/><br/>
 <a style="text-decoration:none"
href="main.php?datei=kontakt">Kontakt</a><br/><br/>
 <a style="text-decoration:none"
href="main.php?datei=impressum">Impressum</a><br/>
 </div>
 <div style="position:absolute;left: 150px; top: 10px;font-
size:10pt; border:black solid; border-width: 1px; border-
style:inset; width:500px; text-align:center">
 <a style="text-decoration:none"
href="main.php?datei=start">Home</a> - <a style="text-
decoration:none" href="main.php?datei=produkte">Produkte</a> - <a
style="text-decoration:none" href="main.php?datei=news">News</a> -
<a style="text-decoration:none"
href="main.php?datei=kontakt">Kontakt</a> - <a style="text-
decoration:none" href="main.php?datei=impressum">Impressum</a>
 </div>
 <div style="position:absolute;left: 150px; top: 100px; width:
400px">
   <xsl:apply-templates/>
 <br/><br/><br/> &#169; Planet AG 2004<br/>
```

```
 </div>
</body></html>
</xsl:template>
<xsl:template match="header">
 <div style="font-size:15pt; text-align:left; font-weight:bold">
  <xsl:value-of select="text"/>
 </div>
 <br/>
</xsl:template>
<xsl:template match="absatz">
 <p style="font-size:12pt; text-align:left">
  <xsl:value-of select="text"/>
   <a>
    <xsl:attribute name="href">main.php?datei=<xsl:value-of
select="link/@href"/>&#38;xslt=html
    </xsl:attribute>
    <xsl:value-of select="link"/>
   </a><br/>
   <xsl:for-each select="bild">
    <xsl:call-template name="bild"/>
   </xsl:for-each>
 </p>
 <br/>
</xsl:template>
<xsl:template match="/absatz/bild" name="bild">
 <br/>
 <img border="0" height="5">
  <xsl:attribute name="src">../img/<xsl:value-of select="url"/>
  </xsl:attribute>
 </img>
</xsl:template>
</xsl:stylesheet>
```

Das Basislayout für alle Unterseiten ist in der HTML-Fassung immer gleich. Links oben das Logo, darunter eine große Linkliste. Rechts davon befindet sich noch einmal eine kleine Linkleiste. Dieses Layout soll nie verändert werden. Der Content, der sich in den XML-Dateien befindet, wird in dem verbleibenden Platz angezeigt.

Das Basislayout wird im ersten Template erstellt. Das Logo und die beiden Navigationsleisten (jeweils in `<div>`-Tags) werden über das `style`-Attribut absolut platziert. Die Links, die in diesen Leisten angegeben sind, zeigen auf die Datei *main.php* und übergeben den Dateinamen der dazugehörigen XML- und XSLT-Datei (ohne Dateiendung), z.B.:

```
<a style="text-decoration:none"
href="main.php?datei=start&#38;xslt=html">Home </a>
```

Bei der Fassung für XHTML Mobile und für WML werden jeweils die anderen XSLT-Dateien angegeben.

Dann sind noch weitere Templates enthalten, die jeweils die XML-Elemente `header` und `absatz` abdecken:

```
<xsl:template match="header">
 <div style="font-size:15pt; text-align:left; font-weight:bold">
  <xsl:value-of select="text"/>
 </div>
 <br/>
</xsl:template>
```

Der Text der Überschrift wird in einen `<div>`-Tag gepackt und über `<xsl:value-of select="text"/>` der Inhalt des `<text>`-Tags ausgelesen. Das Template für das `absatz`-Element erstellt nicht nur den „normalen" Text, sondern auch den Hyperlink zum Anklicken und eine eventuell vorhandene Grafik:

```
<xsl:template match="absatz">
 <p style="font-size:12pt; text-align:left">
  <xsl:value-of select="text"/>
   <a>
    <xsl:attribute name="href">main.php?datei=<xsl:value-of
select="link/@href"/>&#38;xslt=html
    </xsl:attribute>
    <xsl:value-of select="link"/>
   </a><br/>
   <xsl:for-each select="bild">
    <xsl:call-template name="bild"/>
   </xsl:for-each>
  </p>
  <br/>
</xsl:template>
<xsl:template match="/absatz/bild" name="bild">
 <br/>
 <img border="0" height="5">
  <xsl:attribute name="src">../img/<xsl:value-of select="url"/>
  </xsl:attribute>
 </img>
</xsl:template>
```

Zum `<a>`-Tag wird ein neues Attribut über `<xsl:attribut>` hinzugefügt. Dies muss ja das `href`-Attribut sein. Der Wert des Attributs setzt sich aus `main.php?datei=` und dem konkreten `href`-Attribut aus dem `<link>`-Tag zusammen. Dieses wird über `<xsl:value-of select="link/@href"/>` ausgelesen. Anschließend muss noch über `<xsl:value-of select="link"/>` der Text des `<link>`-Tags ermittelt werden. Die Darstellung einer Grafik erfolgt durch den Aufruf von `<xsl:call-template>`. Es existiert ein eigenes Template für eine Grafik, in dem das `<img>`-Tag mit dem entsprechenden Attribut erzeugt wird.

12.3 XHTML Mobile

Die Fassung für XHTML Mobile unterscheidet sich nicht sehr von der HTML-Fassung. Auf Grund des kleineren Displays verzichten wir auf eine aufwändige Navigation und auch auf die Grafiken. In XHTML Mobile kann CSS eingesetzt werden (dies ist eine der wichtigen Fortschritte gegenüber WML).

Abb. 12.7: Die Fassung in XHTML Mobile

Zur Formung nach XHTML Mobile wird das XSLT-Stylesheet *xhtml.xsl* im Verzeichnis *xslt* verwendet:

```
<xsl:stylesheet version="1.0" xmlns:xsl="http://www.w3.org/1999/
XSL/Transform">
<xsl:output method="xml" encoding="iso-8859-1" doctype-public="-/
/WAPFORUM//DTD XHTML Mobile 1.0//EN" doctype-system="http://
www.wapforum.org/DTD/xhtml-mobile10.dtd"/>
<xsl:template match="/">
 <html xmlns="http://www.w3.org/1999/xhtml">
 <head><title>Planet AG</title></head>
 <body>
```

```
        <xsl:apply-templates/>
        <br/>
 <a href="main.php?datei=home&#38;xslt=xhtml" accesskey="1">Home</
a><br/>
 <a href="main.php?datei=produkte&#38;xslt=xhtml"
accesskey="2">Produkte</a><br/>
 <a href="main.php?datei=news&#38;xslt=xhtml" accesskey="3">News</
a><br/>
 <a href="main.php?datei=kontakt&#38;xslt=xhtml"
accesskey="4">Kontakt</a><br/>
 <a href="main.php?datei=impressum&#38;xslt=xhtml"
accesskey="5">Impressum</a>
         <br/><br/><br/> &#169; Planet AG 2004<br/>
</body></html>
</xsl:template>
<xsl:template match="header">
        <p style="color:blue">
          <xsl:value-of select="text"/>
        </p>
 </xsl:template>
<xsl:template match="absatz">
        <p style="red">
          <xsl:value-of select="text"/>
      <a>
        <xsl:attribute name="href">main.php?datei=<xsl:value-of
select="link/@href"/>&#38;xslt=xhtml
        </xsl:attribute>
        <xsl:value-of select="link"/>
      </a>
        </p>
 </xsl:template>
</xsl:stylesheet>
```

Der grundsätzliche Aufbau ist ähnlich wie in *html.xsl*. In `<xsl:output>` wird auf `xml` umgestellt und die notwendigen DTDs angegeben. Anders als in der HTML-Fassung befindet sich die Navigation nach dem Text am Ende der Seite. Auf Grund der kleinen Displays ist eine andere Navigation zur Zeit nicht möglich. Daher folgt im ersten Template nach `<body>` direkt `<xsl:apply-templates/>`, um die Texte, Links usw. auf der Seite darzustellen. Erst dann folgt die Navigation.

Beachten Sie bei den Links, dass hier jetzt die XSLT-Datei *xhtml.xsl* angegeben werden muss:

```
<a href="main.php?datei=impressum&#38;xslt=xhtml"
accesskey="5">Impressum</a>
```

12.4 WML 1.x

Die Fassung für Mobiltelefone, die WML 1.x- und WAP 1.x-kompatibel sind (was bis zum Redaktionsschluss des Buchs die Mehrheit der Mobiltelefone ist), kann jetzt ganz leicht erstellt werden.

Abb. 12.8: Die WML-Fassung

Ruft ein WML-/WAP-Mobiltelefon die Datei *index.php* auf, erkennt das Skript anhand des MIME-Typs WAP und verwendet als XSLT-Stylesheet die Datei *wml.xsl*:

```
<?xml version="1.0" encoding="utf-8"?>
<xsl:stylesheet version="1.0" xmlns:xsl="http://www.w3.org/1999/
XSL/Transform">
<xsl:output method="xml" encoding="iso-8859-1" doctype-public="-//
WAPFORUM//DTD WML 1.1//EN" doctype-system="http://
www.wapforum.org/DTD/wml_1.1.xml"/>
<xsl:template match="/">
<wml>
 <card><p>
  <xsl:apply-templates/>
 <br/>
 <a href="main.php?datei=start&#38;xslt=wml" accesskey="1">Home
</a><br/>
 <a href="main.php?datei=produkte&#38;xslt=wml"
accesskey="2">Produkte</a><br/>
 <a href="main.php?datei=news&#38;xslt=wml" accesskey="3">News
</a><br/>
 <a href="main.php?datei=kontakt&#38;xslt=wml"
accesskey="4">Kontakt</a><br/>
 <a href="main.php?datei=impressum&#38;xslt=wml"
accesskey="5">Impressum</a>'
```

```
 <br/><br/><br/> &#169; Planet AG 2004<br/>
 </p>
</card></wml>
</xsl:template>
<xsl:template match="header">
 <big>
  <xsl:value-of select="text"/>
 </big>
</xsl:template>
<xsl:template match="absatz">
 <p>
  <xsl:value-of select="text"/>
  <a>
   <xsl:attribute name="href">main.php?datei=<xsl:value-of
select="link/@href"/>
   </xsl:attribute>
   <xsl:value-of select="link"/>
  </a>
 </p>
 </xsl:template>
</xsl:stylesheet>
```

Der Aufbau der Datei ist ähnlich wie *html.xsl* und *xhtml.xsl*. Es liegen drei Templates vor. Im ersten Template wird ebenfalls die Navigation aufgebaut. Diese kann jedoch nicht so umfangreich sein wie in der HTML-Fassung. Die Navigation befindet sich anders als in der HTML-Fassung unterhalb von `<xsl:apply-templates/>`. Dadurch wird die Navigation als Linkliste immer unterhalb des Contents dargestellt. Wie in der HTML-Fassung sind zwei weitere Templates vorhanden: für das `header`- und `absatz`-Element. Hier werden die `<header>`-, `<absatz>`- und `<link>`-Tags durch WML-Tags ersetzt und mit einem Inhalt versehen. Die entsprechenden WML-Tags sind sehr ähnlich wie in HTML und XHTML Mobile.

Bei den Links muss die Variable `xslt` den Wert `wml` erhalten, damit in der Datei *main.php* die korrekte XSLT-Datei (*wml.xsl*) verwendet wird:

```
<a href="main.php?datei=produkte&#38;xslt=wml"
accesskey="2">Produkte</a><br/>
```

12.5 Ein CMS in PHP und XML

Für die erstellte Web-Site der imaginären Firme Planet AG soll ein einfaches Content Management System (CMS) erstellt werden. DOM XML und XSLT eröffnen für PHP die Möglichkeit, dies umzusetzen. Der Content einer Web-Site wird über eine einfache grafische Oberfläche gepflegt. Dazu können neue Texte eingegeben oder neue Dateien verlinkt werden. Natürlich können auch ältere Texte oder ganze Dateien gelöscht werden. Durch die DOM-Methoden aus PHP 4.x `append_child()`, `remove_child()` oder die Pendants in PHP 5 `appendChild()`, `remove_child()` usw. ist es möglich, neuen Content in neue Dateien zu integrieren.

12.5.1 Das Ziel des CMS

Für das imaginäre Unternehmen Planet AG wird eine kleine Site eingerichtet, die mit einem CMS gepflegt werden soll.

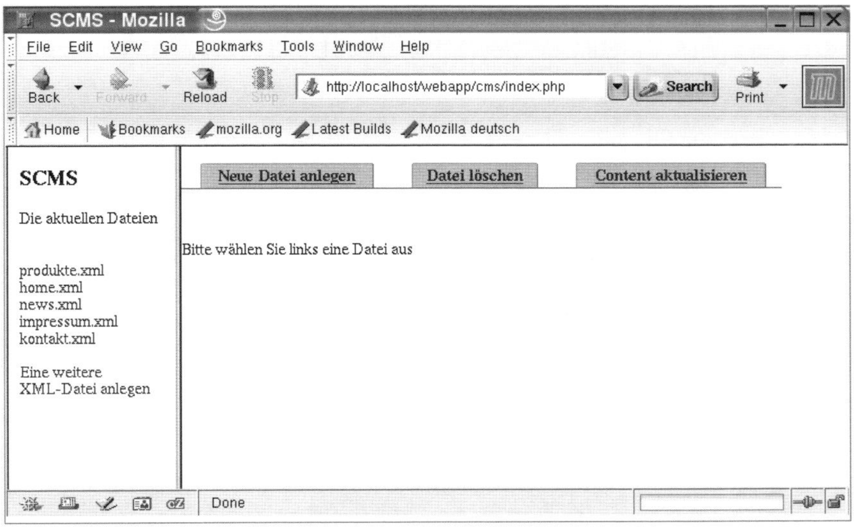

Abb. 12.9: Die einfache grafische Oberfläche des CMS, ähnlich wie in phpMyAdmin

Der Content wird in XML gespeichert und XSLT ist für die Formung nach HTML, XHTML Mobile und WML verantwortlich. Das CMS soll folgende Ansprüche haben:

- Lauffähig unter PHP 4.x und 5 und unter allen Betriebssystemen (Windows, Linux, Mac OS X, UNIX).
- Einfache Installation auf dem Web-Server per ftp (ähnlich wie z.B phpMyAdmin).
- Einfache grafische Oberfläche im normalen Web-Browser zur Aktualisierung des Contents.
- Bestehende XML-Dateien sollen mit neuem Content erweitert, abgeändert oder gekürzt werden.
- Neue XML-Dateien mit neuem Content sollen hinzugefügt werden können.
- XML-Dateien mit älterem Content sollen gelöscht werden können. Die Dateien können bestehen bleiben, nur die Verlinkung soll entfernt werden, falls zu einem späteren Zeitpunkt wieder eine neue Verlinkung gewünscht wird.
- Bei dem ersten Start des CMS liegen in der Regel noch keine XML-Dateien mit Content vor. Das CMS soll helfen, die ersten Dateien zu erstellen.
- Jede Seite, die im Browser angezeigt wird, soll das gleiche Layout haben. Da XSLT die Formung nach HTML vornimmt, ist einmalig ein Basislayout in einer XSLT-Datei zu erstellen. Dies ist das HTML-Template.
- Für die Fassung für mobile Endgeräte gilt das Gleiche: Auch hier soll jede von XSLT geformte Seite das gleiche Layout besitzen. Auch dazu muss einmalig ein Template für XSLT erstellt werden.

Dieses hier vorgestellte CMS ist einfacher Art. Professionelle CMS-Systeme bieten so genannte Module an, in denen bestimmte Funktionalitäten stecken (z.B. Newsletter-Versand, Umfragen usw.). Viele CMS unterstützen auch die Unterscheidung zwischen den Redakteuren mit unterschiedlichen Rechten. Die Template-Erstellung der XSLT-Dateien mit Hilfe einer grafischen Oberfläche ist auch nicht enthalten. Dieses soll und kann hier erst einmal nicht berücksichtigt werden, denn das würde den Code zunächst enorm aufblähen. Ziel des Abschnitts ist es, zu zeigen, wie ein CMS mit Hilfe von XML und XSLT grundsätzlich aufgebaut werden kann.

12.5.2 Verzeichnisstruktur

Das CMS übernimmt die bisherige Verzeichnisstruktur der Web-Präsenz mit den Unterverzeichnissen *xml, xslt, img* und *form*. Das CMS wird in ein neues Unterverzeichnis gelegt, das den Namen *cms* trägt. In diesem Verzeichnis befinden sich sämtliche PHP-Dateien, die für das CMS nötig sind.

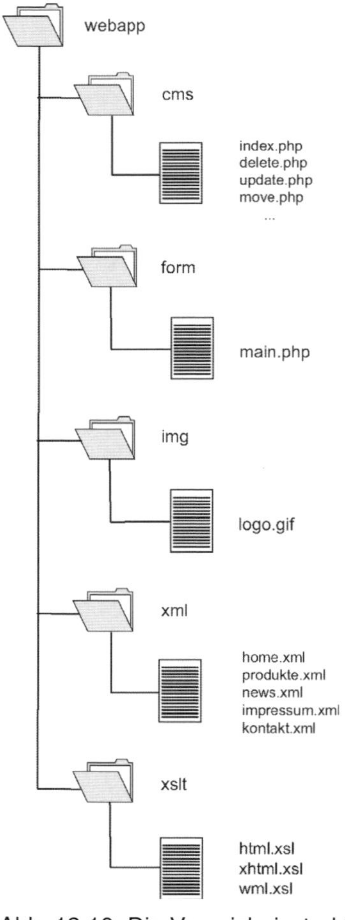

Abb. 12.10: Die Verzeichnisstruktur der Web-Präsenz mit CMS

12.5.3 Änderungen an den XML- und XSLT-Dateien

Die XSLT-Dateien brauchen für das CMS nicht verändert werden. Die XSLT-Dateien für HTML, XHTML Mobile und WML können uneingeschränkt weiter verwendet werden. Jedoch müssen die XML-Dateien etwas abgeändert werden. Es ist nötig, dass jedes `absatz`-Element über ein `id`-Attribut verfügt. Dies ist nötig, damit mehrere `absatz`-Elemente (und damit der darin enthaltenen Content) voneinander unterschieden werden können. Da neuer Content (und damit neue `absatz`-Elemente) an beliebiger Stelle in einer XML-Datei erscheinen können, (d.h. vor und nach bestehenden `absatz`-Elementen), muss am Anfang der XML-Datei der zuletzt vergebene Wert des `id`-Attributs enthalten sein. Bei einem Neueintrag kann dies direkt ausgelesen werden, welches der höchste `id`-Wert ist, und kann damit bei einem Neueintrag erhöht werden. Dazu wird das neue `desc`-Element eingeführt. Die Datei *home.xml*, die ja als erstes angezeigt wird, sieht jetzt so aus:

```
<?xml version="1.0" encoding="utf-8"?>
 <homepage xmlns:xlink="http://www.w3.org/1999/xlink">
  <desc>
   <id>12</id>
   <datum>16.06.2004</datum>
   <zeit>16:08:59</zeit>
  </desc>
  <header>
    <text>Willkommen bei der Planet AG!</text>
  </header>
  <absatz id="12">
    <text>Neues Softwareprodukt: Die Planet AG hat ein das neue
Softwareprodukt STAR 4.5 herausgegeben. Auf der Produktseite finden
Sie alle Informationen dazu!</text>
    <link xlink:link="simple" href="produkte">Alle unsere
Produkte</link>
     <bild><url></url></bild>
  </absatz>
  <absatz id="11">
    <text>Neuer Geschäftsführer: Max Mustermann wird neuer
Geschäftsführer. Alle Informationen zum Wechsel auf unsere
Newsseite.</text>
    <link xlink:link="simple" href="news">News-Seite</link>
    <bild><url></url></bild>
  </absatz>
  <absatz id="10">
    <text>Neue Ideen: Haben Sie Verbesserungsvorschläge für unsere
Produkte? Dann gehen Sie bitte zur Kontaktseite.</text>
    <link xlink:link="simple" href="kontakt">Kontaktseite</link>
    <bild><url></url></bild>
  </absatz>
</homepage>
```

Das desc-Element enthält ein Element id, das den höchsten vergebenen Wert des id-Attributs in dieser XML-Datei angibt. Das datum- und das zeit-Element enthalten das Datum und die Uhrzeit der letzten Änderung. Jedes absatz-Element verfügt jetzt über ein id-Attribut, das nichts anderes als eine Zahl enthält. An Hand des id-Attributs kann jedes absatz-Element genau angesprochen werden. Dies ist nötig, um über die grafische Oberfläche gezielt ein absatz-Element anzusprechen, dessen Inhalt zu aktualisieren, zu löschen oder davor bzw. dahinter ein neues Element einzufügen. Jede weitere XML-Datei ist nach diesem Muster aufgebaut.

Die XML-Dateien, die in den Abschnitten 12.1 bis 12.5 verwendet wurden, können weiterverwendet werden. Einmalig müssen nur alle absatz-Elemente mit dem id-Attribut und einem Wert versehen sowie das desc-Element eingefügt werden. Wenn über das CMS neue XML-Dateien erzeugt werden, werden das desc-Element und die id-Attribute automatisch gesetzt.

12.5.4 Die Oberfläche des CMS

Die grafische Oberfläche des CMS wird über den normalen Web-Browser bedient. Die Darstellung erfolgt in HTML 4.01, sodass alle gängigen Browser (IE, Netscape, Mozilla, Opera) das CMS darstellen können. Die Oberfläche ist an das Administrationstool phpMyAdmin für die MySQL-Datenbank angelehnt.

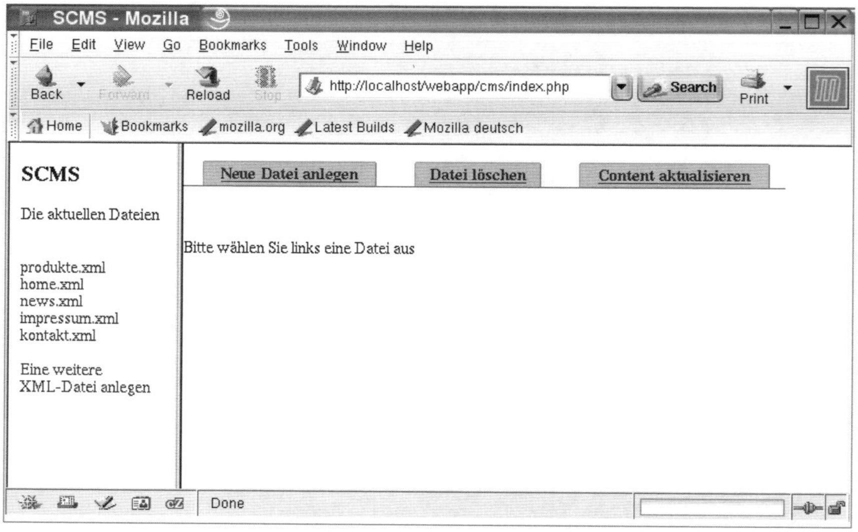

Abb. 12.11: Die Oberfläche des CMS nach dem ersten Start

Das CMS verwendet ein Frameset. Im linken Frame sind die aktuell vorhandenen XML-Dateien in alphabetischer Reihenfolge aufgelistet. Auf der rechten Seite wird später der Inhalt einer XML-Datei aktualisiert werden. Das Auflisten des Verzeichnisinhalts ist unspektakulär. Dies erfolgt über die Funktionen opendir() und readdir(). Unter Windows werden die XML-Dateien in alphabetischer Reihenfolge aufgelistet, unter UNIX in ungeordneter Reihenfolge.

Im rechten Frame befinden sich drei Reiter. Diese enthalten eine kleine Mini-Navigation. Über die Reiter kann eine neue XML-Datei angelegt, gelöscht oder der Content einer Datei aktualisiert werden. Diese Navigation lässt sich noch beliebig erweitern. Die Reiter befinden sich in der Datei *header.inc* und es handelt sich um normales HTML. Die Reiter wurden absichtlich in einer *inc*-Datei ausgelagert. Dadurch ist eine spätere Erweiterung leichter möglich und steht in allen PHP-Dateien zur Verfügung.

12.5.5 Die Funktionalitäten des CMS

Die wichtigsten Funktionalitäten dieses CMS sind:

- eine neue XML-Datei anlegen
- eine XML-Datei löschen
- eine neue, angelegte Datei mit Content versehen.
- den Content einer schon vorhandenen XML-Datei aktualisieren (neu hinzufügen, löschen, verschieben)

Diese einzelnen Funktionalitäten werden nacheinander besprochen.

Eine neue XML-Datei anlegen

Das Erzeugen einer neuen, leeren XML-Datei erfolgt entweder über den Reiter *Neue Datei anlegen* im rechten Frame oder über den Link *Eine weitere XML-Datei anlegen* im linken Frame. Beide rufen die Datei *new.php* auf, in der nur der Dateiname der neuen XML-Datei (ohne Dateiendung *.xml*) angegeben wird.

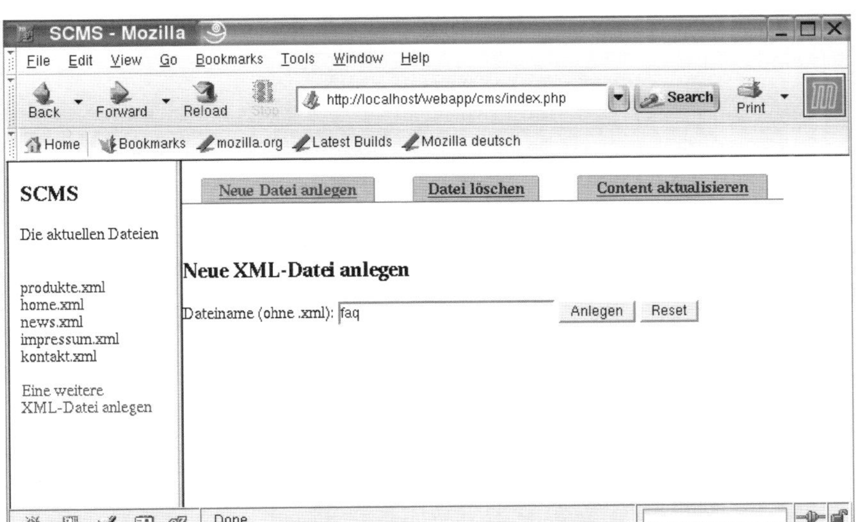

Abb. 12.12: Dateinamen eingeben

new.php ist unspektakulär, denn es ist nur die Eingabe eines Dateinames in einem Formular. Das Formular ruft im `action`-Attribut des `<form>`-Tags die PHP-Datei *do_new.php* auf, die die konkrete XML-Datei erzeugt:

```
<!DOCTYPE html PUBLIC "-//W3C//DTD HTML 4.01 Transitional//EN"
"http://www.w3.org/TR/html4/loose.dtd">
<html><head>
<meta http-equiv="Content-Type" content="text/html;charset=iso-
8859-1">
<?php
 include("config.inc");
 $fil=$_REQUEST['file'];
 $file=$dir.$fil.".xml";
 if ($majorversion=="4") {
  $dom=domxml_new_doc("1.0");
  $root=$dom->create_element("homepage");
  $dom->append_child($root);
  $dom->dump_mem_file($file, false, true);
 }
 if ($majorversion=="5") {
  $dom = new DomDocument();
  $dom->preserveWhiteSpace=false;
  $root=$dom->createElement("homepage");
  $dom->appendChild($root);
  $dom->save($file);
 }
 print ("<script type='text/JavaScript'>");
 print
("parent.frames[0].window.location.href='list_links.php';");
 print
("parent.frames[1].window.location.href='insert.php?file=".$fil."
';");
 print ("</script>");
?>
</head></html>
```

Zu Beginn wird eine Konfigurationsdatei *config.inc* eingebunden. Diese ermittelt den aktuellen Pfad und enthält auch den Pfad zu den XML-Dateien:

```
<?php
 $dir=$DOCUMENT_ROOT;
 $dir.='/webapp/xml/';
 $version=phpversion();
 $majorversion=substr($version,0,1);
?>
```

In `$dir` liegt der Pfad zu den XML-Dateien vor und in `$majorversion` die PHP-Versionsnummer. Die Datei *config.inc* wird von vielen weiteren PHP-Dateien eingebunden. Nach dem Einbinden dieser Datei in *do_new.php* wird das Formularfeld ausgelesen und der neue Dateiname konstruiert (inklusive kompletten Pfad):

```
$fil=$_REQUEST['file'];
$file=$dir.$fil.".xml";
```

Es schließen sich zwei `if`-Abfragen an. In beiden `if`-Abfragen wird auf die Versionsnummer in `$majorversion` geprüft. Sollte die PHP-Version 4.x benutzt werden, wird die XML-Datei über die bekannten Funktionen `dom_xml_new_doc()` und `dump_mem_file()` geschrieben. Sollte PHP 5 verwendet werden, werden in der zweiten `if`-Abfrage wie bekannt der Konstruktor `new DomDocument()` und die `save()`-Methode verwendet.

Nach der zweiten `if`-Abfrage schließt sich noch ein Code an, der einen JavaScript-Code enthält. Dieser wird benutzt, um im linken und rechten Hauptframe die Anzeige zu aktualisieren. Über

```
print ("parent.frames[0].window.location.href='list_links.php';");
print
("parent.frames[1].window.location.href='insert.php?file=".$fil."'
;");
```

wird die PHP-Datei *insert.php* aufgerufen. Nach dem Schreiben der leeren XML-Datei wird sofort auf *insert.php* umgeleitet, damit neuer Content in die noch leere XML-Datei eingegeben werden kann. Gleichzeitig wird auch das linke Frame aktualisiert, indem von JavaScript aus die Datei *list_links.php* aufgerufen wird. Diese aktualisiert jetzt die vorhandenen XML-Dateien. Da ja gerade eine noch leere XML-Datei erzeugt wurde und diese ab jetzt vorhanden ist, ist dies ganz sinnvoll.

Eine XML-Datei löschen

Jede erstellte XML-Datei kann gelöscht werden (vgl. Abbildung 12.13). Dazu dient der Reiter *Datei löschen* im rechten Frame. Der Link ruft die Datei *list_hauptframe.php* auf. Diese Datei ist ähnlich wie *list_links.php* und listet in alphabetischer Reihenfolge alle vorhandenen XML-Dateien auf.

Der Hauptunterschied zu *list_links.php* besteht darin, dass jede aufgelistete Datei über eine Checkbox verfügt, die angeklickt werden kann. Hierüber wird ausgewählt, welche XML-Datei gelöscht werden soll. Es können mehrere XML-Dateien gelöscht werden, indem mehrere Checkboxen ausgewählt werden. Das Löschen erfolgt direkt über die Datei *delete_file.php*:

```
<!DOCTYPE html PUBLIC "-//W3C//DTD HTML 4.01 Transitional//EN"
"http://www.w3.org/TR/html4/loose.dtd">
<html><head>
<meta http-equiv="Content-Type" content="text/html;charset=iso-
8859-1">
<?php
 include("config.inc");
```

```
 include("functions.inc");
 foreach ($_REQUEST as $key => $value){
  $file=$dir.$key.".xml";
  unlink($file);
 }
 print ("<script type='text/JavaScript'>");
 print
("parent.frames[0].window.location.href='list_links.php';");
 print
("parent.frames[1].window.location.href='list_hauptframe.php';");
 print ("</script>");
?>
</head></html>
```

Da mehrere XML-Dateien angeklickt und gelöscht werden können, wird eine `foreach`-Schleife durchlaufen, die sämtliche an die PHP-Datei übergebenen Parameter durchgeht. Über `unlink()` wird innerhalb der Schleife jede ausgewählte Datei gelöscht. Am Ende wird wieder ein JavaScript-Code erzeugt, der die beiden Frames aktualisiert.

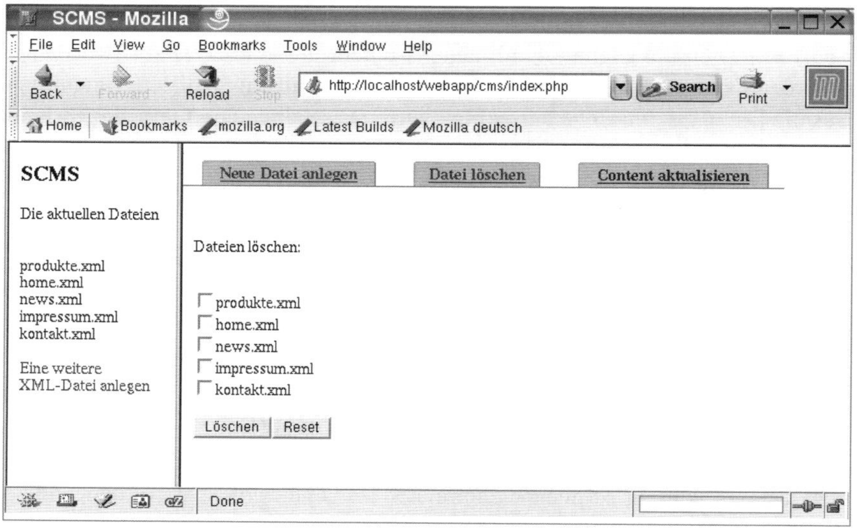

Abb. 12.13: XML-Dateien löschen

Neuen Content anlegen

Die neu erstellte XML-Datei ist noch leer und verfügt über keinen Content. Lediglich das Wurzelelement `<homepage/>` ist vorhanden. Nach dem Erzeugen der neuen Datei wird über JavaScript im rechten Hauptframe die Datei *insert.php* angezeigt. In dieser Datei wird ein Content eingegeben. Es sind normale Formularfelder, die dafür genuzt werden. Den konkreten Eintrag der Daten in die XML-Datei nimmt die Datei *do_insert.php* vor.

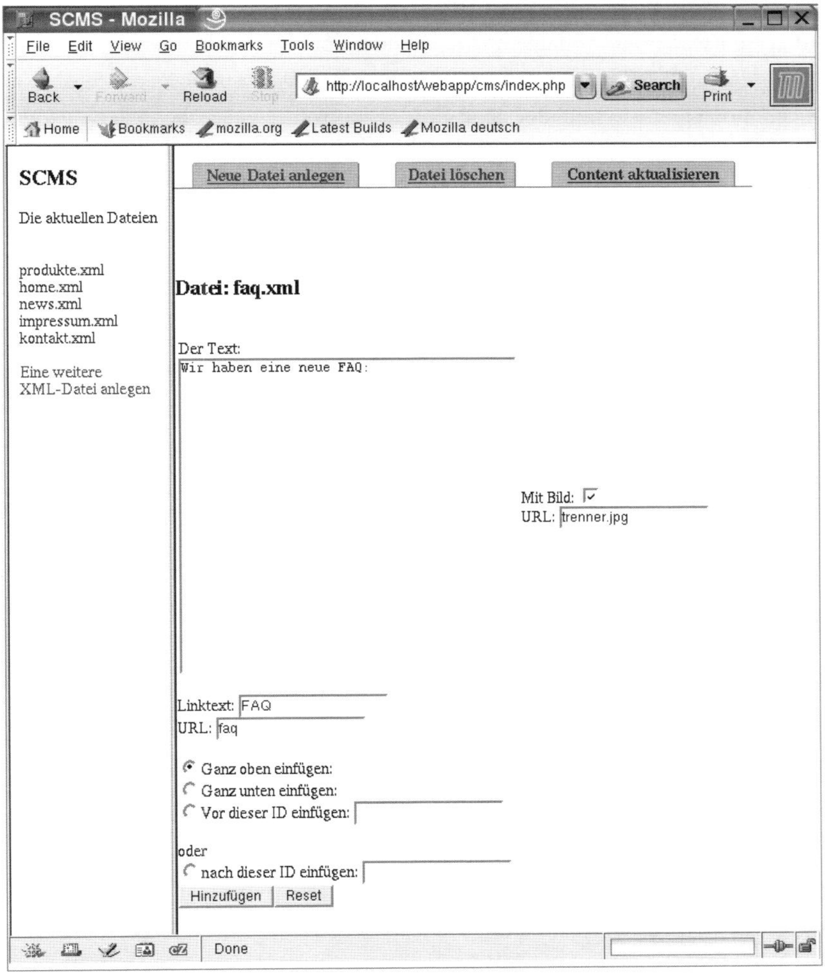

Abb. 12.14: Neuen Content eingeben

Die Datei *insert.php* verfügt über mehrere Formularfelder. In dem großen Formularfeld, das mit *Der Text* überschrieben ist, wird ein normaler Text eingegeben. Hier können deutsche Umlaute eingegeben werden. Diese werden in der XML-Datei nach UTF-8 konvertiert. Auch HTML-Tags sind hier möglich.

Rechts davon befindet sich die Möglichkeit, eine Grafik zu dem Text anzugeben. Dazu muss die Checkbox *Mit Bild* angeklickt und im einzeiligen Formularfeld *URL* nur der Dateiname des Bildes (z.B. *test.jpg*) angegeben werden. Die Grafiken müssen manuell per ftp oder scp in das Verzeichnis *img* aufgespielt werden.

Unterhalb des großen Eingabefeldes befinden sich zwei einzeilige Felder. Hier kann ein Link auf eine andere XML-Datei angegeben werden. Dazu wird in das Formularfeld *Linktext* nur der Text angegeben, der im Browser anklickbar sein soll. Im Feld *URL* wird der Dateiname der XML-Datei ohne die Dateiendung *.xml* angegeben.

Danach schließen sich vier Radioknöpfe an. Hierüber kann die Position des neuen Textes festgelegt werden – entweder ganz oben, ganz unten oder vor bzw. nach einem bestimmten `absatz`-Element. Dazu muss dessen `id`-Attribut hier angegeben werden.

Da die XML-Datei noch leer ist, kann der neue Content entweder ganz oben oder ganz unten eingefügt werden. Zusätzlich kommen ein Link auf eine weitere XML-Datei und ein Bild. Das Einfügen dieser Daten in ein neues `absatz`-Element in der XML-Datei erfolgt über die sehr umfangreiche Datei *do_insert.php*.

Die Datei *do_insert.php* sehen wir uns in mehreren Schritten an. Die Datei besitzt zwei `if`-Abfragen, die auf die Versionsnummer 4 oder 5 prüfen. Der Anfang der Datei ermittelt die einzelnen Angaben aus den Formularfelder:

```
<!DOCTYPE html PUBLIC "-//W3C//DTD HTML 4.01 Transitional//EN"
"http://www.w3.org/TR/html4/loose.dtd">
<html><head>
<meta http-equiv="Content-Type" content="text/html;charset=iso-
8859-15">
<?php
 include("config.inc");
 include("functions.inc");
 $fil=$_REQUEST['file'];
 $tag_id=$_REQUEST['id'];
 $content=$_REQUEST['content'];
 $linktext=$_REQUEST['linktext'];
 $linkurl=$_REQUEST['linkurl'];
 $insert=$_REQUEST['insert'];
 $insert_before_id=$_REQUEST['insert_before_id'];
 $insert_after_id=$_REQUEST['insert_after_id'];
 $image=$_REQUEST['image'];
 $image_url=$_REQUEST['image_url'];
 $content=utf8_encode($content);
 $linktext=utf8_encode($linktext);
 $file=$dir.$fil.".xml";
 $dom=load_xml($file);
 absatz=get_tags($dom,"absatz");
```

Über die `include()`-Funktion wird neben der bekannten Datei *config.inc* eine neue Datei eingebunden: *functions.inc*. Diese Datei enthält selbstdefinierte Funktionen, die auch noch an anderen Stellen benötigt werden. In dieser Datei sind diese Funktionen definiert:

- `load_xml()`: Zum Laden XML-Datei für PHP 4 und 5.
- `get_tags()`: Zum Ansprechen von XML-Tags über die Methoden `get_elements_by_tagname()` bzw. `getElementsByTagName()`.
- `child_exists()`: Zum Prüfen, ob ein bestimmtes Kindelement in einem Knoten vorliegt oder nicht.
- `tag_exists()`: Zum Prüfen, ob ein bestimmtes XML-Element vorliegt.
- `get_infos()`: Auslesen des `desc`-Elements.
- `write_desc()`: Schreiben eines neuen `desc`-Elements.

Wie diese Funktionen genau aussehen, sehen wir uns am Ende dieses Kapitels an. Nach der `include()`-Funktion werden die einzelnen Inhalte der Formularfelder ausgelesen. Anschließend werden der Text und der Linkext für einen Hyperlink über die Methode `utf8_decode()` nach UTF-8 kodiert. In `$file` liegt die aktuelle Datei vor und über `load_xml()` wird jetzt die XML-Datei geladen. Der Rückgabewert der selbstdefinierten Funktion `load_xml()` ist ein DOM-Dokumentenbaum. Dabei ist die Versionsnummer egal, denn die Unterscheidung wird in den Funktionen durchgeführt, die in der Datei *functions.inc* enthalten sind. Im nächsten Schritt werden sämtliche `absatz`-Elemente über die selbstdefinierte Funktion `get_tags()` ermittelt. Der Rückgabewert ist entweder ein Array (PHP 4.x) oder ein Objekt der Klasse `NodeList` (PHP 5).

In *do_insert.php* folgt jetzt die erste `if`-Abfrage. Hier wird auf PHP 4 geprüft:

```
if ($majorversion=="4") {
 if (count($absatz)!=0) {
  $infos=get_infos($dom);
  $id_max=$infos[0];
  $id_max++;
  $new_absatz=$dom->create_element("absatz");
  $new_absatz->set_attribute("id",$id_max);
  $text=$dom->create_element("text");
  $content=$dom->create_text_node($content);
  $text->append_child($content);
  $new_absatz->append_child($text);
  $link=$dom->create_element("link");
  $link->set_attribute("href",$linkurl);
  $linktext=$dom->create_text_node($linktext);
  $link->append_child($linktext);
  $new_absatz->append_child($link);
  $img=$dom->create_element("bild");
  $url=$dom->create_element("url");
  $content=$dom->create_text_node($image_url);
  $url->append_child($content);
  $img->append_child($url);
  $new_absatz->append_child($img);
  if ($insert=="first") {
   $absatz[0]->insert_before($new_absatz,$absatz[0]);
  }
  if ($insert=="last") {
   $root=$dom->document_element();
   $root->append_child($new_absatz);
  }
  if ($insert=="before") {
   for ($a=0; $a<count($absatz);$a++) {
    $id=$absatz[$a]->get_attribute("id");
    if ($id==$insert_before_id) {
     $absatz[$a]->insert_before($new_absatz,$absatz[$a]);
    }
   }
```

```
  }
  if ($insert=="after") {
   for ($a=0; $a<count($absatz);$a++) {
    $id=$absatz[$a]->get_attribute("id");
    print ("<br>".$id);
    if ($id==$insert_after_id) {
     if ($tag=$absatz[$a]->next_sibling()) {
      $absatz[$a]->insert_before($new_absatz,$tag);
     }
    }
   }
  }
  $root=$dom->document_element();
  $new_desc=write_desc($dom,$id_max);
  $old_desc=$root->first_child();
  $root->replace_child($new_desc,$old_desc);
 }
 else {
  $id_max=10;
  $new_desc=write_desc($dom,$id_max);
  $root=$dom->document_element();
  if (tag_exists($dom,"desc")) {
   $old_desc=$root->first_child();
   $root->replace_child($new_desc,$old_desc);
  }
  else {
   $root->append_child($new_desc);
  }
  $new_absatz=$dom->create_element("absatz");
  $new_absatz->set_attribute("id",$id_max);
  $text=$dom->create_element("text");
  $content=$dom->create_text_node($content);
  $text->append_child($content);
  $new_absatz->append_child($text);
  $root->append_child($new_absatz);
 }
 $dom->dump_file($file, true, true);
}
```

Zu Beginn der `if`-Abfrage wird geprüft, ob überhaupt `absatz`-Elemente vorliegen. Dies ist nötig, denn neu erzeugte XML-Dateien sind ja bis auf das Wurzelelement noch leer. Liegen schon `absatz`-Elemente vor, wird über `get_infos()` das vorhandene `desc`-Element und das `id`-Element ausgelesen und der Wert erhöht. Dies wird der neue Wert für das `id`-Attribut des neuen `absatz`-Elements sein. Anschließend werden das `absatz`-Element über `create_Element()` erzeugt, das `id`-Attribut gesetzt und die Kinder des `absatz`-Elements konstruiert. Bevor das `absatz`-Element eingehängt werden kann, muss berücksichtigt werden, wo es eingehängt werden soll: ganz am Anfang, ganz am Ende oder vor bzw. nach einem bestimmten `absatz`-Element. Dies erfolgt ja durch Auswahl eines Radioknopfes im Formularfeld und eventuell die Angabe eines id-Attributs. Genau dies wird jetzt durch vier if-Abfragen ausgewertet. Entweder wird das neue absatz-Element über insert_before() vor dem ersten absatz-Element eingefügt, oder über append_child() ganz ans Ende gesetzt. Wird ein bestimmtes absatz-Element angegeben, muss es davor oder danach eingefügt werden. Entsprechend muss dies über zwei if-Abfragen abgewickelt werden und das benötigte absatz-Element an Hand des id-Attributs herausgesucht werden, vor oder nach dem das neue Element eingefügt werden soll.

Das Heraussuchen des absatz-Elements wird in diesem Beispiel nicht über die Methode get_element_by_id() durchgeführt. Dies könnte natürlich geschehen. Dazu wäre aber eine DTD erforderlich. Diese fehlt mit Absicht in der XML-Datei, denn es ist in PHP 4 nicht möglich, ein entsprechendes <!DOCTYPE>-Tag zu erzeugen, wenn neue XML-Dateien vom CMS erstellt werden (in PHP 5 ist dies natürlich möglich). Daher habe ich mich entschieden, ohne DTD zu arbeiten. Damit muss auf get_element_by_id() bzw. getElementbyId() verzichtet werden. Das absatz-Element wird hier (wie auch in allen anderen Dateien des CMS) über eine Schleife herausgesucht, indem von jedem absatz-Element das id-Attribut ausgelesen und mit dem eingegebenen Wert verglichen wird. Erst wenn diese übereinstimmen, wird das neue absatz-Element über insert_before() eingehängt. Soll das neue Element nach einem absatz-Element eingehängt werden, muss noch die Methode next_sibling() aufgerufen werden, um von dem absatz-Element, nach dem das neue Element eingefügt werden soll, zum nachfolgenden vorhandenen absatz-Element zu springen (denn es gibt ja keine Methode wie insert_after()). Jetzt kann über insert_before() das neue Element eingehängt werden. Am Ende wird das desc-Element neu geschrieben.

Es schließt sich der else-Block an, für den Fall, dass noch kein absatz-Element in der XML-Datei vorliegt. Der id-Wert wird über $id_max willkürlich auf 10 gesetzt. Dann wird das desc-Element neu erzeugt und anschließend der absatz-Knoten als Kind des Wurzelelements eingehängt. Am Ende der if-Abfrage wird die XML-Datei über dump_file() neu geschrieben.

Die zweite if-Abfrage in do_insert.php ist für PHP 5. Der Ablauf des Codes ist ähnlich, nur die entsprechenden Methoden und Eigenschaften lauten anders als für PHP 4:

```
if ($majorversion=="5") {
 if ($absatz->length!=0) {
  $infos=get_infos($dom);
  $id_max=$infos[0];
  $id_max++;
  $new_absatz=$dom->createElement("absatz");
  $new_absatz->setAttribute("id",$id_max);
  $text=$dom->createElement("text");
  $content=$dom->createTextNode($content);
  $text->appendChild($content);
  $new_absatz->appendChild($text);
  $link=$dom->createElement("link");
  $link->setAttribute("href",$linkurl);
  $linktext=$dom->createTextNode($linktext);
  $link->appendChild($linktext);
```

```
  $new_absatz->appendChild($link);
  $img=$dom->createElement("bild");
  $url=$dom->createElement("url");
  $content=$dom->createTextNode($image_url);
  $url->appendChild($content);
  $img->appendChild($url);
  $new_absatz->appendChild($img);
  if ($insert=="first") {
   $root=$dom->documentElement;
   $root->insertBefore($new_absatz,$absatz->item(0));
  }
  if ($insert=="last") {
   $root=$dom->documentElement;
   $root->appendChild($new_absatz);
  }
  if ($insert=="before") {
   $root=$dom->documentElement;
   for ($a=0; $a<$absatz->length;$a++) {
    $item=$absatz->item($a);
    $id=$item->getAttribute("id");
    if ($id==$insert_before_id) {
     $root->insertBefore($new_absatz,$item);
    }
   }
  }
  if ($insert=="after") {
   $root=$dom->documentElement;
   for ($a=0; $a<$absatz->length;$a++) {
    $item=$absatz->item($a);
    $id=$item->getAttribute("id");
    if ($id==$insert_after_id) {
     if ($tag=$item->nextSibling) {
      $root->insertBefore($new_absatz,$tag);
     }
    }
   }
  }
  $root=$dom->documentElement;
  $new_desc=write_desc($dom,$id_max);
  $old_desc=$root->firstChild;
  $root->replaceChild($new_desc,$old_desc);
 }
 else {
  $id_max=10;
  $new_desc=write_desc($dom,$id_max);
  $root=$dom->documentElement;
  if (tag_exists($dom,"desc")) {
   $old_desc=$root->firstChild;
```

```
    $root->replaceChild($new_desc,$old_desc);
   }
   else {
    $root->appendChild($new_desc);
   }
   $new_absatz=$dom->createElement("absatz");
   $new_absatz->setAttribute("id",$id_max);
   $text=$dom->createElement("text");
   $content=$dom->createTextNode($content);
   $text->appendChild($content);
   $new_absatz->appendChild($text);
   $root->appendChild($new_absatz);
    $link=$dom->createElement("link");
    $link->setAttribute("href",$linkurl);
    $linktext=$dom->createTextNode($linktext);
    $link->appendChild($linktext);
    $new_absatz->appendChild($link);
    $img=$dom->createElement("bild");
    $url=$dom->createElement("url");
    $content=$dom->createTextNode($image_url);
    $url->appendChild($content);
    $img->appendChild($url);
    $new_absatz->appendChild($img);
  }
  $dom->save($file);
}
```

Wenn Sie diesen Code mit dem für PHP 4 vergleichen, stellen Sie fest, dass der Ablauf identisch ist. Nur die Methoden und Eigenschaften wurde ausgetauscht. So wird nach der ersten `if`-Abfrage statt der `count()`-Funktion die Eigenschaft `length` benutzt, um zu prüfen, ob `absatz`-Elemente vorliegen. Dies liegt daran, dass der Rückgabewert der selbst geschriebenen Funktion `get_tags()` in der Datei *functions.inc* für PHP 5 ein Objekt von `NodeList` zurück gibt. Die Umstellung auf die PHP-5-Methoden und Eigenschaften geht relativ problemlos, da viele Methoden und Eigenschaften ähnlich heißen wie die Entsprechungen in PHP 4. Dadurch können Sie sich den Code schnell selbst erschließen (dies gilt auch für alle weiteren PHP-Dateien des CMS).

Am Ende von *do_insert.php* befindet sich wieder JavaScript-Code der das linke und das rechte Frame aktualisiert:

```
print ("<script type='text/JavaScript'>");
print ("parent.frames[0].window.location.href='list_links.php';");
print
("parent.frames[1].window.location.href='read.php?file=".$fil."';"
);
print ("</script>");
```

Im rechten Frame wird die Datei *read.php* aufgerufen. Diese Datei listet den Inhalt einer XML-Datei auf und gibt eine Ausgabe der `absatz`-Elemente (und eventuell vorhandener Kinder) aus.

Den Inhalt einer XML-Datei anzeigen: read.php

Die Datei *read.php* dient dazu, die `absatz`-Elemente einer XML-Datei in Form einer HTML-Tabelle aufzulisten und mit Formularfeldern zu versehen. Von hier aus kann ein einzelnes `absatz`-Element gelöscht oder verschoben werden.

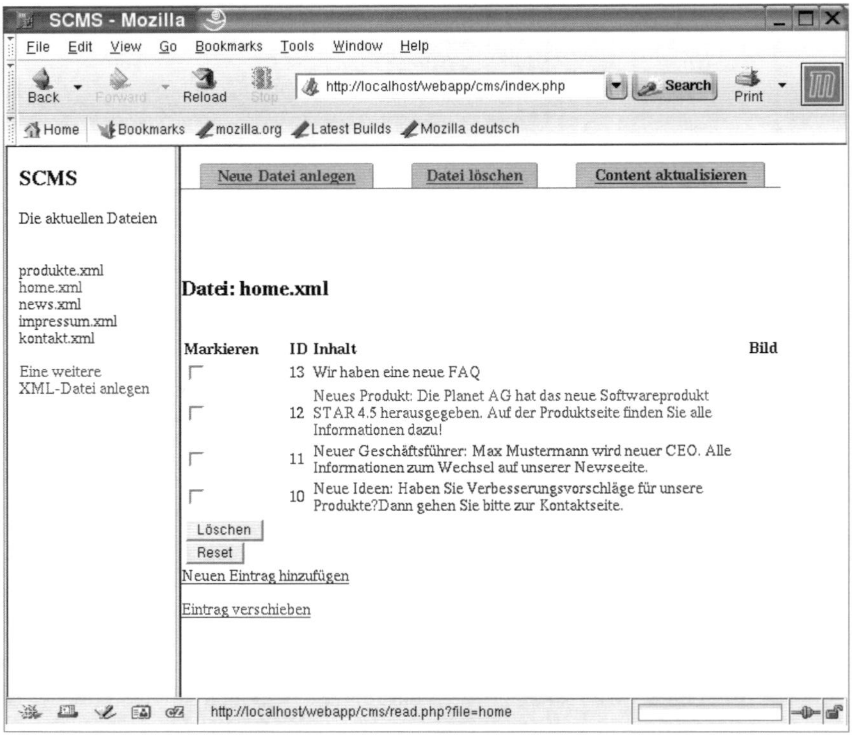

Abb. 12.15: Der Inhalt einer XML-Datei als Liste

Jedes einzelne `absatz`-Element wird in der HTML-Tabelle in einer eigenen Zeile aufgelistet. In der Spalte *Inhalt* wird der Textinhalt des `absatz`-Elements angezeigt. Durch einen Klick auf den Text wird die Datei *read_tag.php* aufgerufen, die die Inhalte des ausgewählten `absatz`-Elements in Formularfeldern anzeigt, in denen diese dann abgeändert und neu geschrieben werden können. Die Datei *read.php* sieht so aus:

```
<!DOCTYPE html PUBLIC "-//W3C//DTD HTML 4.01 Transitional//EN"
"http://www.w3.org/TR/html4/loose.dtd">
<html><head>
<meta http-equiv="Content-Type" content="text/html;charset=iso-
8859-1">
<link rel="stylesheet" type="text/css" href="cms.css" />
</head>
<body><br>
```

```
<?php
 include("header.inc");
 include("config.inc");
 include("functions.inc");
 $fil=$_REQUEST['file'];
 $file=$dir.$fil.".xml";
 print ("<br><br><h3>Datei: ".$fil.".xml</h3><br>");
 $dom=load_xml($file);
 $absatz=get_tags($dom,"absatz");
 print ("<table border='0' width='90%'>");
 print ("<th style='text-align:left'>Markieren</th><th
style='text-align:left'>ID</th><th style='text-
align:left'>Inhalt</th><th style='text-align:left'>Bild</th>");
 print ("<form method='get' action='delete.php'>");
 if ($majorversion=="4") {
  for ($a=0;$a<count($absatz);$a++) {
   $id=$absatz[$a]->get_attribute("id");
   $text=$absatz[$a]->get_elements_by_tagname("text");
   $bild=$absatz[$a]->get_elements_by_tagname("bild");
   $val=$text[0]->first_child();
   print ("<tr><td>");
   print ("<input type='checkbox' name='".$id."'></td>");
   print ("<td>$id</td>");
   print ("<td><a style='text-decoration:none'
href='read_tag.php?file=".$fil."&id=".$id."'>");
   print (utf8_decode($val->node_value()));
   print ("</a></td>");
   if (!empty($bild[0])) {
    $url=$bild[0]->first_child();
    $val=$url->first_child();
    if ($val) {
     print ("<td>".$val->node_value()."</td></tr>");
    }
   }
  }
 }
 if ($majorversion=="5") {
  for ($a=0;$a<$absatz->length;$a++) {
   $item=$absatz->item($a);
   $id=$item->getAttribute("id");
   $nl=$item->getElementsByTagName("text");
   if ($nl->length>0) {
    $text=$nl->item(0);
   }
   $nl=$item->getElementsByTagName("bild");
   if ($nl->length>0) {
    $bild=$nl->item(0);
   }
```

```
<?php
 include("header.inc");
 include("config.inc");
 include("functions.inc");
 $fil=$_REQUEST['file'];
 $file=$dir.$fil.".xml";
 print ("<br><br><h3>Datei: ".$fil.".xml</h3><br>");
 $dom=load_xml($file);
 $absatz=get_tags($dom,"absatz");
 print ("<table border='0' width='90%'>");
 print ("<th style='text-align:left'>Markieren</th><th
style='text-align:left'>ID</th><th style='text-
align:left'>Inhalt</th><th style='text-align:left'>Bild</th>");
 print ("<form method='get' action='delete.php'>");
 if ($majorversion=="4") {
  for ($a=0;$a<count($absatz);$a++) {
   $id=$absatz[$a]->get_attribute("id");
   $text=$absatz[$a]->get_elements_by_tagname("text");
   $bild=$absatz[$a]->get_elements_by_tagname("bild");
   $val=$text[0]->first_child();
   print ("<tr><td>");
   print ("<input type='checkbox' name='".$id."'></td>");
   print ("<td>$id</td>");
   print ("<td><a style='text-decoration:none'
href='read_tag.php?file=".$fil."&id=".$id."'>");
   print (utf8_decode($val->node_value()));
   print ("</a></td>");
   if (!empty($bild[0])) {
    $url=$bild[0]->first_child();
    $val=$url->first_child();
    if ($val) {
     print ("<td>".$val->node_value()."</td></tr>");
    }
   }
  }
 }
 if ($majorversion=="5") {
  for ($a=0;$a<$absatz->length;$a++) {
   $item=$absatz->item($a);
   $id=$item->getAttribute("id");
   $nl=$item->getElementsByTagName("text");
   if ($nl->length>0) {
    $text=$nl->item(0);
   }
   $nl=$item->getElementsByTagName("bild");
   if ($nl->length>0) {
    $bild=$nl->item(0);
   }
```

read.php verfügt ebenfalls über zwei `if`-Abfragen, um die Versionsnummern 4 und 5 voneinander zu unterscheiden. In der ersten `if`-Abfrage für PHP 4 werden die gesamten `absatz`-Elemente in einer `for`-Schleife durchlaufen. Jedes `absatz`-Element wird in einer eigenen Tabellenzeile ausgegeben. Dazu wird als Erstes eine Checkbox angezeigt, damit ein `absatz`-Element mit einem Häkchen versehen werden kann. Anschließend wird in der zweiten Tabellenzelle der Wert des `id`-Attributs ausgegeben, gefolgt von dem Text. Da dieser in der XML-Datei in UTF-8 vorliegt, muss der Text über die Funktion `utf8_decode()` in lesbaren Text gewandelt werden. Sollte ein Bild vorliegen, wird der Name des Bildes in der letzten Zelle angegeben. In der zweiten `if`-Abfrage für PHP 5 wird identisch verfahren, nur werden die DOM-Methoden und -Eigenschaften von DOM XML aus PHP 5 verwendet.

Den Inhalt eines absatz-Elements abändern: read_tag.php und update.php

Um den Inhalt eines `absatz`-Elements zu ändern, indem beispielsweise der Text abgeändert oder ein Bild nachträglich hinzugefügt wird, sind die Dateien *read_tag.php* und *update.php* nötig. *read_tag.php* liest das ausgewählte `absatz`-Element aus und stellt die Inhalte in Formularfeldern dar. Hier können sie jetzt abgeändert werden. Die konkrete Änderung nimmt *update.php* vor.

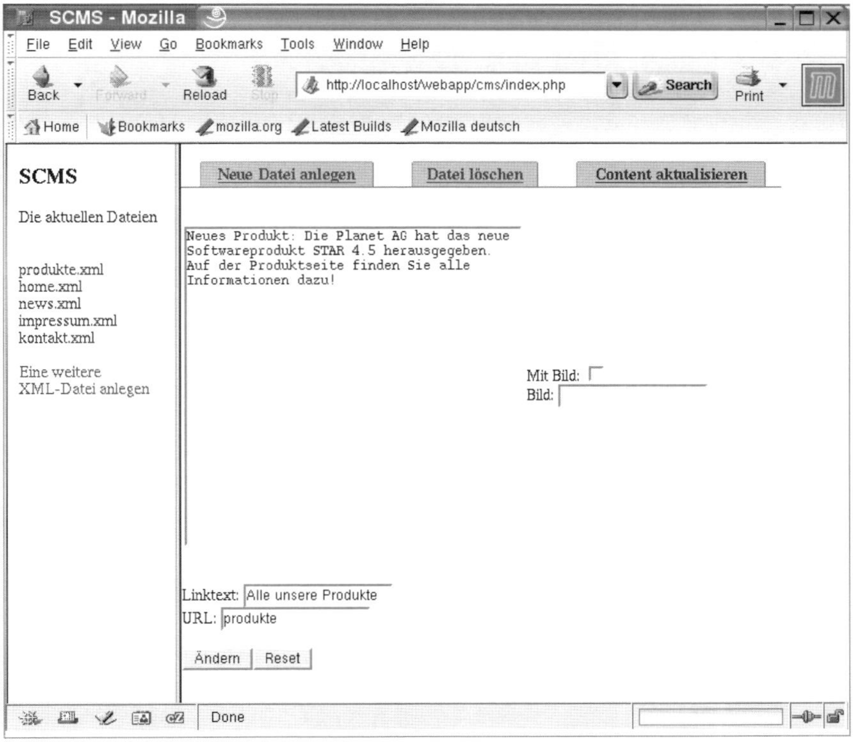

Abb. 12.16: Der Inhalt eines `absatz`-Elements wird von read_tag.php angezeigt

```
<!DOCTYPE html PUBLIC "-//W3C//DTD HTML 4.01 Transitional//EN"
"http://www.w3.org/TR/html4/loose.dtd">
<html><head>
<meta http-equiv="Content-Type" content="text/html;charset=iso-
8859-1">
<link rel="stylesheet" type="text/css" href="cms.css" />
</head>
<body><br>
<?php include ("header.inc");
 include("config.inc");
 include("functions.inc");
 $fil=$_REQUEST['file'];
 $tag_id=$_REQUEST['id'];
 $file=$dir.$fil.".xml";
 $checked="";
 $dom=load_xml($file);
 $absatz=get_tags($dom,"absatz");
 if ($majorversion=="4") {
  for ($a=0;$a<count($absatz);$a++) {
   $id=$absatz[$a]->get_attribute("id");
   if ($tag_id==$id) {
    $text=$absatz[$a]->get_elements_by_tagname("text");
    $val=$text[0]->first_child();
    $content=utf8_decode($val->node_value());
    $img_url="";
    if (tag_exists($absatz[$a],"bild")) {
     $image=$absatz[$a]->get_elements_by_tagname("bild");
     $url=$image[0]->first_child();
     $val=$url->first_child();
     if ($val) {
      $img_url=$val->node_value();
      $checked="checked";
     }
    }
    $links=$absatz[$a]->get_elements_by_tagname("link");
    $linktext="";
    $linkurl="";
    if(!empty($links[0])) {
     $link=$links[0];
     $link->has_child_nodes();
     $tag=$link->first_child();
     if ($tag) {
      $linktext=utf8_decode($tag->node_value());
      $linkurl=$link->get_attribute("href");
     }
    }
   }
  }
 }
```

```
 if ($majorversion=="5") {
  for ($a=0;$a<$absatz->length;$a++) {
   $item=$absatz->item($a);
   $id=$item->getAttribute("id");
   if ($tag_id==$id) {
    $text=$item->firstChild;
    $content=utf8_decode($text->nodeValue);
    $img_url="";
    $link=$text->nextSibling;
    $linktext=utf8_decode($link->nodeValue);
    $linkurl=$link->getAttribute("href");
    $image=$link->nextSibling;
    $url=$image->firstChild;
    $val=$url->firstChild;
    $img_url=$val->nodeValue;
    $checked="checked";
   }
  }
 }
 print ("<form method='post' action='update.php'>");
 print ("<table><tr><td>");
 print ("<textarea name='content' cols='40'
rows='20'>".$content."</textarea></td>");
 print ("<td>Mit Bild: <input type='checkbox' name='image'
".$checked."><br>");
 print ("Bild: <input type='text' name='img'
value='".$img_url."'></td></tr></table>");
 print ("<input type='hidden' name='fil' value='".$fil."'>");
 print ("<input type='hidden' name='id'
value='".$tag_id."'><br>");
 print ("<br>Linktext: <input type='text' name='linktext'
value='".$linktext."'><br>");
 print ("URL: <input type='text' name='linkurl'
value='".$linkurl."'>");
 print ("<br><br><input type='submit' value='Ändern'>");
 print ("<input type='reset' value='Reset'>");
 print ("</form>");
?>
</body></html>
```

In *read_tag.php* wird ebenfalls nach PHP 4 und 5 unterschieden. Der Ablauf für beide Versionen ist gleich, nur der Aufruf der Methoden und Eigenschaften unterscheidet sich. In der `if`-Abfrage werden wieder alle vorhandenen `absatz`-Elemente durchlaufen, um das gesuchte `absatz`-Element an Hand des `id`-Attributs zu erhalten. Ist das Element gefunden, werden die Kinder des Knotens entsprechend ausgelesen und deren Inhalte Variablen zugeordnet. Die Ausgabe der Daten in den Formularfeldern erfolgt erst nach den beiden `if`-Abfragen. In den Formularfeldern können die Angaben jetzt abgeändert und aktualisiert werden. Diese Änderungen nimmt *update.php* vor:

```
<!DOCTYPE html PUBLIC "-//W3C//DTD HTML 4.01 Transitional//EN"
"http://www.w3.org/TR/html4/loose.dtd">
<html><head>
<meta http-equiv="Content-Type" content="text/html;charset=iso-
8859-15">
<?php
 include("config.inc");
 include("functions.inc");
 $fil=$_REQUEST['fil'];
 $tag_id=$_REQUEST['id'];
 $content=$_REQUEST['content'];
 $linktext=$_REQUEST['linktext'];
 $linkurl=$_REQUEST['linkurl'];
 $image_url=$_REQUEST['img'];
 $file=$dir.$fil.".xml";
 $content=utf8_encode($content);
 $linktext=utf8_encode($linktext);
 $dom=load_xml($file);
 $absatz=get_tags($dom,"absatz");
 if ($majorversion=="4") {
  for ($a=0;$a<count($absatz);$a++) {
   $id=$absatz[$a]->get_attribute("id");
   $children=$absatz[$a]->child_nodes();
   $anzchildren=count($children);
   if ($tag_id==$id) {
    $text=$absatz[$a]->first_child();
    $new_text=$dom->create_element("text");
    $new_content=$dom->create_text_node($content);
    $new_text->append_child($new_content);
    $absatz[$a]->replace_child($new_text,$text);
    $link=get_tags($absatz[$a],"link");
    $new_link=$dom->create_element("link");
    $new_link->set_attribute("href",$linkurl);
    $linktext=$dom->create_text_node($linktext);
    $new_link->append_child($linktext);
    $absatz[$a]->replace_child($new_link,$link[0]);
    $img=$dom->create_element("bild");
    $url=$dom->create_element("url");
    $content=$dom->create_text_node($image_url);
    $url->append_child($content);
    $img->append_child($url);
    $bild=get_tags($absatz[$a],"bild");
    $absatz[$a]->replace_child($img, $bild[0]);
   }
  }
  $dom->dump_mem_file($file, false, true);
 }
```

```
 if ($majorversion=="5") {
  for ($a=0;$a<$absatz->length;$a++) {
   $item=$absatz->item($a);
   $id=$item->getAttribute("id");
   $children=$item->childNodes;
   $anzchildren=$children->length;
   if ($tag_id==$id) {
    $text=$item->firstChild;
    $new_text=$dom->createElement("text");
    $new_content=$dom->createTextNode($content);
    $new_text->appendChild($new_content);
    $item->replaceChild($new_text,$text);
    $links=get_tags($item,"link");
    $link=$links->item(0);
    $new_link=$dom->createElement("link");
    $new_link->setAttribute("href",$linkurl);
    $linktext=$dom->createTextNode($linktext);
    $new_link->appendChild($linktext);
    $item->replaceChild($new_link,$link);
    $img=$dom->createElement("bild");
    $url=$dom->createElement("url");
    $content=$dom->createTextNode($image_url);
    $url->appendChild($content);
    $img->appendChild($url);
    $bild=get_tags($item,"bild");
    $item->replaceChild($img, $bild->item(0));
   }
  }
  $dom->save($file);
 }
 print ("<script type='text/JavaScript'>");
 print
("parent.frames[0].window.location.href='list_links.php';");
 print
("parent.frames[1].window.location.href='read.php?file=".$fil."';
");
 print ("</script>");
?>
</head></html>
```

update.php ist im Wesentlichen ähnlich zu *do_insert.php*. Der Unterschied besteht nur darin, dass kein neues `absatz`-Element eingefügt wird, sondern ein bestehendes `absatz`-Element durch ein neues Element ersetzt werden soll. Daher fehlt die Angabe, an welcher Position (am Anfang, am Ende, vor oder nach einem bestimmten Element) das `absatz`-Element eingefügt werden soll. Gleichzeitig wird bei der Aktualisierung der einzelnen Kinder des `absatz`-Elements die Methode `replace_child()` für PHP 4.x bzw. `replaceChild()` für PHP 5 verwendet.

Eine Eintrag verschieben: move.php und do_move.php

Ein weitere wichtige Funktionalität ist das Verschieben eines `absatz`-Elements. Dieses muss möglich sein, denn es kann vorkommen, dass man die Reihenfolge der `absatz`-Elemente verändern möchte. Dafür sind die beiden Datei *move.php* und *do_move.php* zuständig. *move.php* enthält ähnlich wie *read.php* eine Liste mit den vorhandenen `absatz`-Elementen.

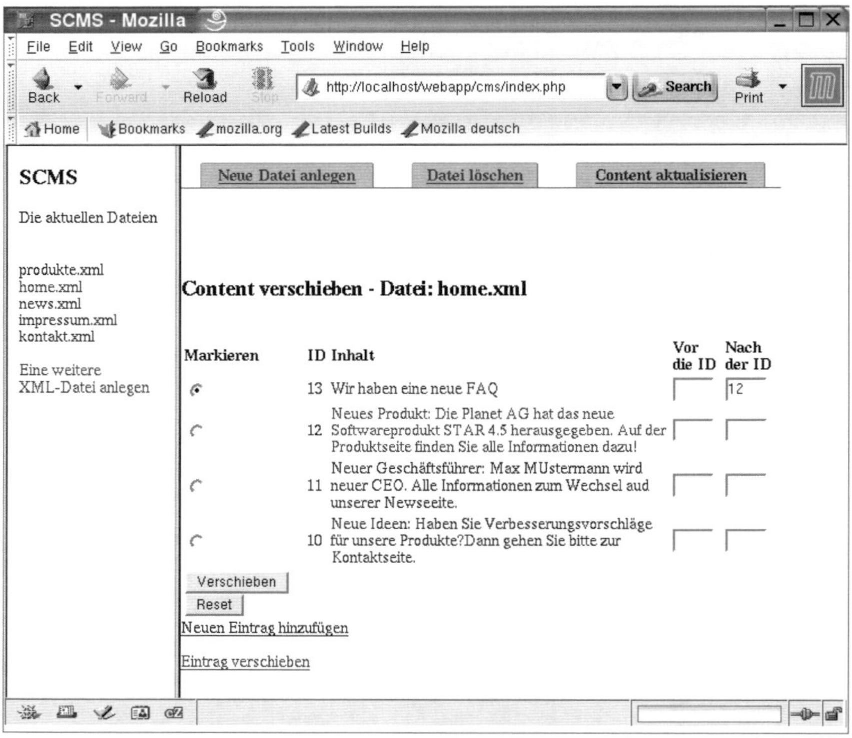

Abb. 12.17: Welches `absatz`-Element soll verschoben werden?

Jedes `absatz`-Element verfügt über einen Radioknopf, denn es kann immer nur ein Element auf einmal verschoben werden.

```
<!DOCTYPE html PUBLIC "-//W3C//DTD HTML 4.01 Transitional//EN"
"http://www.w3.org/TR/html4/loose.dtd">
<html><head>
<meta http-equiv="Content-Type" content="text/html;charset=iso-
8859-1">
<link rel="stylesheet" type="text/css" href="cms.css" />
```

```
</head>
<body><br>
<?php
 include("header.inc");
 include("config.inc");
 include("functions.inc");
 $fil=$_REQUEST['file'];
 $file=$dir.$fil.".xml";
 print ("<br><br><h3>Content verschieben - Datei: ".$fil.".xml
</h3><br>");
 $dom=load_xml($file);
 $absatz=get_tags($dom,"absatz");
 print ("<table border='0' width='90%'>");
 print ("<th style='text-align:left'>Markieren</th><th
style='text-align:left'>ID</th><th style='text-
align:left'>Inhalt</th><th style='text-align:left'>Vor die ID</
th><th style='text-align:left'>Nach der ID</th>");
 print ("<form method='get' action='do_move.php'>");
 if ($majorversion=="4") {
  for ($a=0;$a<count($absatz);$a++) {
   $text=$absatz[$a]->first_child();
   $id=$absatz[$a]->get_attribute("id");
   $val=$text->first_child();
   print ("<tr><td>");
   print ("<input type='radio' name='move_id' value='".$id."'
checked></td>");
   print ("<td>$id</td>");
   print ("<td><a style='text-decoration:none'
href='read_tag.php?file=".$fil."&id=".$id."'>");
   print (utf8_decode($val->node_value()));
   print ("</a></td>");
   print ("<td><input type='text' size='4' name='before_".$id."'>
</td>");
   print ("<td><input type='text' size='4' name='after_".$id."'>
</td>");
   print ("</tr>");
  }
 }
 if ($majorversion=="5") {
  for ($a=0;$a<$absatz->length;$a++) {
   $item=$absatz->item($a);
   $text=$item->firstChild;
   $id=$item->getAttribute("id");
   $val=$text->firstChild;
   print ("<tr><td>");
   print ("<input type='radio' name='move_id' value='".$id."'
checked></td>");
   print ("<td>$id</td>");
```

```
    print ("<td><a style='text-decoration:none'
href='read_tag.php?file=".$fil."&id=".$id."'>");
    print (utf8_decode($val->nodeValue));
    print ("</a></td>");
    print ("<td><input type='text' size='4' name='before_".$id."'>
</td>");
    print ("<td><input type='text' size='4' name='after_".$id."'>
</td>");
    print ("</tr>");
   }
  }
 print ("<input type='hidden' name='file' value='".$fil."'></
td>");
 print ("<tr><td><input type='submit' value='Verschieben'>");
 print ("<input type='reset' value='Reset'></td></tr>");
 print ("</form></table>");
 print ("<a href='insert.php?file=".$fil."'>Neuen Eintrag
hinzufügen</a>");
 print ("<br><br><a href='move.php?file=".$fil."'>Eintrag
verschieben</a>");
?>
</body></html>
```

Die Datei *move.php* listet ähnlich wie *read.php* alle vorhandenen `absatz`-Elemente einer XML-Datei in einer HTML-Tabelle auf. Der Code ist fast identisch. Es müssen jedoch zwei kleine Eingabefelder am Ende einer jeden Tabellenzeile stehen, in denen jeweils ein Wert eines `id`-Attributs eingetragen wird. Hier wird das `absatz`-Element über dessen `id`-Attributwert angegeben, vor dem oder nach dem das ausgewählte `absatz`-Element geschoben werden soll. Das konkrete Verschieben übernimmt die Datei *do_move.php*:

```
<!DOCTYPE html PUBLIC "-//W3C//DTD HTML 4.01 Transitional//EN"
"http://www.w3.org/TR/html4/loose.dtd">
<html><head>
<meta http-equiv="Content-Type" content="text/html;charset=iso-
8859-15">
<?php
 include("config.inc");
 include("functions.inc");
 $fil=$_REQUEST['file'];
 $tag_id=$_REQUEST['move_id'];
 $before_id=$_REQUEST['before_'.$tag_id];
 $after_id=$_REQUEST['after_'.$tag_id];
 if ($tag_id==$before_id) {
  print ("<script type='text/JavaScript'>");
  print
("parent.frames[0].window.location.href='list_links.php';");
```

```
  print
("parent.frames[1].window.location.href='move.php?file=".$fil."';
");
  print ("</script>");
  exit();
 }
 if ($tag_id==$after_id ) {
  print ("<script type='text/JavaScript'>");
  print
("parent.frames[0].window.location.href='list_links.php';");
  print
("parent.frames[1].window.location.href='move.php?file=".$fil."';
");
  print ("</script>");
  exit();
 }
 if (empty($before_id) && empty($after_id)) {
  print ("<script type='text/JavaScript'>");
  print
("parent.frames[0].window.location.href='list_links.php';");
  print
("parent.frames[1].window.location.href='move.php?file=".$fil."';
");
  print ("</script>");
  exit();
 }
 if (!empty($before_id)) {
  $direction="before";
  $insert_id=$before_id;
 }
 if (!empty($after_id)) {
  $direction="after";
  $insert_id=$after_id;
 }
 $file=$dir.$fil.".xml";
 $dom=load_xml($file);
 $absatz=get_tags($dom,"absatz");
 if ($majorversion=="4") {
  $root=$dom->document_element();
  for ($a=0;$a<count($absatz);$a++) {
   $id=$absatz[$a]->get_attribute("id");
   if ($tag_id==$id) {
     $node=$absatz[$a]->clone_node(true);
     $n=$root->remove_child($absatz[$a]);
   }
  }
```

```
  for ($a=0;$a<count($absatz);$a++) {
   $id=$absatz[$a]->get_attribute("id");
   $children=$absatz[$a]->child_nodes();
   $anzchildren=count($children);
   if ($id==$insert_id) {
    if ($direction=="before"){
     $root->insert_before($n,$absatz[$a]);
    }
    if ($direction=="after"){
     $item=$absatz[$a]->next_sibling();
     $root->insert_before($n,$item);
    }
   }
  }
  $dom->dump_file($file, true, true);
 }
 if ($majorversion=="5") {
  $root=$dom->documentElement;
  for ($a=0;$a<$absatz->length;$a++) {
   $item=$absatz->item($a);
   $id=$item->getAttribute("id");
   if ($tag_id==$id) {
    $node=$item->cloneNode(true);
    $n=$root->removeChild($item);
   }
  }
  for ($a=0;$a<$absatz->length;$a++) {
   $item=$absatz->item($a);
   $id=$item->getAttribute("id");
   if ($id==$insert_id) {
    if ($direction=="before"){
     $root->insertBefore($n,$item);
    }
    if ($direction=="after"){
     $item=$item->nextSibling;
     $root->insertBefore($n,$item);
    }
   }
  }
  $dom->save($file);
 }
 print ("<script type='text/JavaScript'>");
 print
("parent.frames[0].window.location.href='list_links.php';");
 print
("parent.frames[1].window.location.href='move.php?file=".$fil."';
");
```

```
 print ("</script>");
?>
</head></html>
```

Am Anfang der Datei befinden sich drei `if`-Abfragen. Diese prüfen darauf, ob der in eines der beiden Formularfelder eingebener Wert des `id`-Attributs mit dem aktuellen `absatz`-Element identisch ist. In diesem Fall ist eine Verschiebung ja nicht nötig. Dies gilt auch für den Fall, dass keine Eingaben in beiden Feldern getätigt wurden. Über einen JavaScript-Code werden entsprechend die aktuellen Seiten erneut geladen und angezeigt. In den beiden `if`-Abfragen auf PHP 4 und PHP 5 wird zuerst das zu verschiebende `absatz`-Element ermittelt, über `clone_node()` bzw. `cloneNode()` kopiert und dann über `remove_child()` bzw. `removeChild()` aus dem DOM-Dokumentenbaum entfernt. Anschließend wird in beiden `if`-Abfragen der DOM-Dokumentenbaum noch einmal von Anfang an durchlaufen, um das `absatz`-Element zu ermitteln, vor dem oder nach dem das kopierte und entfernte Element eingefügt werden soll. Entsprechend wird `insert_before()` bzw. `insertBefore()` eingesetzt. Um das kopierte `absatz`-Element nach einem Element einzufügen, wird über `next_sibling()` bzw. `nextSibling()` zum nachfolgenden `absatz`-Element gesprungen und dann von dort aus über `insert_before()` bzw. `insertBefore()` eingefügt. Die XML-Datei wird dann überschrieben.

Die Datei functions.inc

Zum Abschluss soll noch die Datei *funtions.inc* betrachtet werden. Diese Datei dient dazu, häufig benutzte Funktionen auszulagern, die in mehrere PHP-Dateien benötigt werden, wie beispielsweise das Laden einer XML-Datei. In diesen Funktionen werden auch die beiden Versionsummern 4 und 5 von PHP unterscheiden.

Zu Beginn der Datei wird die Datei *config.inc* eingebunden. Die erste Funktion in *functions.inc* ist `load_xml()` zum Laden einer XML-Datei:

```
function load_xml($file) {
 global $majorversion;
 if ($majorversion=="4") {
  if(!$dom=domxml_open_file($file,DOMXML_LOAD_DONT_KEEP_BLANKS)) {
   exit ("Fehler beim Parsen");
  }
 }
 if ($majorversion=="5") {
  $dom = new DomDocument();
  $dom->preserveWhiteSpace=false;
  $dom->load($file);
  if(!$dom) {
   exit ("Fehler beim Parsen");
  }
 }
 return $dom;
}
```

Beim Laden einer XML-Datei müssen die unterschiedlichen Mechanismen zum Laden und Parsen für PHP 4.x und 5 berücksichtigt werden. Der Rückgabewert der Funktion ist ein DOM-Dokument. Für PHP 4 wird die Funktion `domxml_load_file()` benutzt, für PHP 5 kommt die Methode `load()` zum Einsatz.

Die nächste Funktion lautet `get_tags()` und ermittelt ein bestimmtes Element an Hand des Tagnamens. Dazu wird je nach Versionsnummer `get_elements_by_tagname()` oder `getElementsByTagName()` verwendet:

```
function get_tags($handle,$name) {
 global $majorversion;
 if ($majorversion=="4") {
  $tags=$handle->get_elements_by_tagname($name);
 }
 if ($majorversion=="5") {
  $tags=$handle->getElementsByTagName($name);
 }
 return $tags;
}
```

Der Rückgabewert ist hier unterschiedlich. In PHP 4 ist es ein Array, in PHP 5 ist es ein Objekt der Klasse `NodeList`. Dies ist nicht weiter problematisch, da im weiteren Verlauf der Codes in den Dateien ja immer nach der Versionsnummer unterschieden wird. Dadurch ist sichergestellt, dass beispielsweise durch ein Versehen in PHP 5 nicht mit dem Array-Rückgabewert gearbeitet wird.

Eine weitere Funktion lautet `get_infos()`. Der Sinn dieser Funktion ist es, das `desc`-Element einer jeden XML-Datei zu ermitteln und die Inhalte auszulesen:

```
function get_infos($handle) {
 global $majorversion;
 if ($majorversion=="4") {
  $desc=$handle->get_elements_by_tagname("desc");
  $id_tag=$desc[0]->first_child();
  $id=$id_tag->first_child();
  $id_value=$id->node_value();
  $datum_tag=$id_tag->next_sibling();
  $datum=$datum_tag->first_child();
  $datum_value=$datum->node_value();
  $zeit_tag=$datum_tag->next_sibling();
  $zeit=$zeit_tag->first_child();
  $zeit_value=$datum->node_value();
  $infos[0]=$id_value;
  $infos[1]=$datum_value;
  $infos[2]=$zeit_value;
 }
 if ($majorversion=="5") {
  $descs=$handle->getElementsByTagName("desc");
  $desc=$descs->item(0);
  $id_tag=$desc->firstChild;
```

```
    $id_value=$id_tag->nodeValue;
    $datum_tag=$id_tag->nextSibling;
    $datum=$datum_tag->firstChild;
    $datum_value=$datum->nodeValue;
    $zeit_tag=$datum_tag->nextSibling;
    $zeit=$zeit_tag->firstChild;
    $zeit_value=$datum->nodeValue;
    $infos[0]=$id_value;
    $infos[1]=$datum_value;
    $infos[2]=$zeit_value;
  }
    return $infos;
}
```

Der Rückgabewert ist ein Array, das das höchste `id`-Attribut und das Datum sowie die Uhrzeit der letzten Änderung enthält. Die nächste Funktion `write_desc()` dient dazu, ein neues `desc`-Element in einer XML-Datei zu schreiben. Dies wird notwendig, wenn ein neues `absatz`-Element hinzugefügt wurde:

```
function write_desc($handle,$id) {
 global $majorversion;
 if ($majorversion=="4") {
  $new_desc=$handle->create_element("desc");
  $new_id=$handle->create_element("id");
  $content=$handle->create_text_node($id);
  $new_id->append_child($content);
  $new_desc->append_child($new_id);
  $new_datum=$handle->create_element("datum");
  $content=$handle->create_text_node(date("d.m.Y"));
  $new_datum->append_child($content);
  $new_desc->append_child($new_datum);
  $new_zeit=$handle->create_element("zeit");
  $content=$handle->create_text_node(date("H:i:s"));
  $new_zeit->append_child($content);
  $new_desc->append_child($new_zeit);
 }
 if ($majorversion=="5") {
  $new_desc=$handle->createElement("desc");
  $new_id=$handle->createElement("id");
  $content=$handle->createTextNode($id);
  $new_id->appendChild($content);
  $new_desc->appendChild($new_id);
  $new_datum=$handle->createElement("datum");
  $content=$handle->createTextNode(date("d.m.Y"));
  $new_datum->appendChild($content);
  $new_desc->appendChild($new_datum);
  $new_zeit=$handle->createElement("zeit");
  $content=$handle->createTextNode(date("H:i:s"));
  $new_zeit->appendChild($content);
```

```
   $new_desc->appendChild($new_zeit);
  }
 return $new_desc;
}
```

Der Rückgabewert der Funktion ist ein neues `desc`-Element, das über die Kinder `id`, `datum` und `uhrzeit` verfügt. Das `desc`-Element wird hier nur erzeugt, aber noch nicht in den Dokumentenbaum eingehängt. Dies erfolgt erst bei den einzelnen PHP-Dateien des CMS.

Die letzte Funktion in *functions.inc* ist `tag_exits()`. Diese macht nichts anderes als auf die Existenz eines Elements zu prüfen, indem der Name des Elements übergeben wird. Der Rückgabewert der Funktion ist entsprechend `true`, wenn das Element in der XML-Datei vorhanden ist, und `false`, wenn es nicht vorliegt:

```
function tag_exists($handle,$tagname) {
 global $majorversion;
 if ($majorversion=="4") {
  $tag=$handle->get_elements_by_tagname($tagname);
  $nr=count($tag);
 }
 if ($majorversion=="5") {
  $tag=$handle->getElementsByTagName($tagname);
  $nr=$tag->length;
 }
  if ($nr>=1) {
   $exists=true;
  }
  else {
   $exists=false;
  }
 return $exists;
}
```

12.5.6 Verbesserungen des CMS

Dieses CMS ist einfacher Natur und soll Ihnen nur die Möglichkeit zeigen, wie mit Hilfe von DOM XML ein kleines CMS aufgebaut werden kann. Das CMS lässt sich noch in vielen Bereichen verbessern.

Es fehlt in dieser Fassung ein Zugangsschutz mit Benutzername und Passwort, sowie eine Absicherung durch Sessions, damit das CMS für nicht-autorisierte Benutzer nicht zugänglich ist. Diese sind Standard-Verfahren in PHP bzw. im Apache-Server, sodass beispielsweise die Benutzerauthentifizierung des Apache-Servers dafür verwendet werden kann.

Flexibilisierung der Grafiken. In diesem Beispiel kann maximal nur eine Grafik zu einem Text hinzugefügt werden. Oftmals ist aber ein längerer Text nötig (z.B. bei umfangreicheren Artikeln), der über mehrere Grafiken verfügen kann. Das CMS könnte dahingehend erweitert werden, dass beliebig viele Grafiken in einem Text möglich sind und zusätzlich auch an verschiedenen Positionen.

Das Publizieren von Texten und Grafiken ab bestimmten Terminen oder das Abschalten von Texten und Grafiken ab bestimmten Zeitpunkten ist einer der Vorteile eines CMS. Texte und Grafiken werden im Vorfeld erstellt und in die XML-Datei eingefügt. Es wird ein bestimmter Zeitpunkt angegeben, ab dem diese Texte und Grafiken sichtbar sind, bzw. ab welchem Termin diese Texte mit Grafiken nicht mehr sichtbar sein sollen. Dies lässt sich jetzt etwas schwieriger lösen, denn die Formung der XML-Elemente erfolgt über XSLT. Daher ist nur noch die Möglichkeit vorhanden, über EXSLT das aktuelle Datum und die Uhrzeit zu ermitteln. Gleichzeitig sollte jedes `absatz`-Element die Termine als Attribute oder als Kinder enthalten. Innerhalb von XSLT werden mit XPath diese Daten ausgelesen, mit dem aktuellen Datum vergleichen und das `absatz`-Element entweder geformt oder nicht geformt.

Anhang A: Referenz SAX

In diesem Anhang finden Sie die komplette Referenz der XML- und XSLT-Funktionen in PHP ab Version 3.0 bis zur aktuellen Version 5 (Redaktionsschluss dieses Buchs: Ende Juli 2004). Die Referenz ist folgendermaßen aufgebaut:

Funktionsname

Zuerst wird die Syntax der Funktion angegeben:

```
resource xml_parser_create ([string encoding])
```

Dann folgt die Beschreibung der Funktion und es schließt sich ein Codebeispiel an:

```
Hier folgt ein Codebeispiel.
```

PHP-Version: Hier wird die Versionsnummer von PHP angegeben, ab der diese Funktion verfügbar ist.

A.1 Parser-Funktionen

xml_error_string()

```
string xml_error_string(int code)
```

Ermittelt den Namen eines Parse-Fehlers, der beim Parsevorgang aufgetreten ist. Der Übergabeparameter `code` ist ein Integerwert, der den Fehlercode enthält. Der Fehlercode kann durch die Funktion `xml_get_error_code()` erhalten werden.

```
$par=xml_parser_create_ns("iso-8859-1");
if (!($fp=fopen("neu.xml","r"))) {
 die("XML-Datei kann nicht geöffnet werden");
}
while($data=fread($fp,4096)) {
 if (!xml_parse($par,$data,feof($fp))) {
  die(print("XML-Fehler: "
      .xml_error_string(xml_get_error_code($par))));
  }
}
```

PHP-Version: ab 3.0.6

xml_get_current_byte_index()

```
int xml_get_current_byte_index(resource parser)
```

Ermittelt die aktuelle Bytezahl der geladenen XML-Datei, die gerade vom Parser geparst wird. Der Übergabeparameter `parser` ist der Handler, der durch die Funktionen `xml_parser_create()` oder `xml_parser_create_ns()` erhalten wird. Der Rückgabewert ist ein Integerwert, der die aktuelle Länge der geparsten XML-Datei angibt. Die

Funktion kann dazu genutzt werden, die Byteposition eines aufgetretenen Parse-Fehlers in der XML-Datei zu ermitteln.

```
$par=xml_parser_create_ns("iso-8859-1");
if (!($fp=fopen("neu.xml","r"))) {
 die("XML-Datei kann nicht geöffnet werden");
}
while($data=fread($fp,4096)) {
 if (!xml_parse($par,$data,feof($fp))) {
  die(print("XML-Fehler: "
       ." Byte: ".xml_get_current_byte_index($par)));
 }
}
```

PHP-Version: ab 3.0.6

xml_get_current_column_number()

`int xml_get_current_column_number(resource parser)`

Ermittelt die Spaltennummer der XML-Datei, die gerade vom Parser geparst wird. Der Übergabeparameter `parser` ist der Handler, der durch die Funktionen `xml_parser_create()` oder `xml_parser_create_ns()` erhalten wird. Der Rückgabewert ist ein Integerwert, der die aktuelle Spalte in der XML-Datei angibt. Die Funktion kann dazu genutzt werden, die Spaltennummer eines aufgetretenen Parser-Fehlers zu ermitteln.

```
$par=xml_parser_create_ns("iso-8859-1");
if (!($fp=fopen("neu.xml","r"))) {
 die("XML-Datei kann nicht geöffnet werden");
}
while($data=fread($fp,4096)) {
 if (!xml_parse($par,$data,feof($fp))) {
  die(print("XML-Fehler: "
       ." in der Spalte: ".xml_get_current_column_number($par)));
 }
}
```

PHP-Version: ab 3.0.6

xml_get_current_line_number()

`int xml_get_current_line_number(resource parser)`

Ermittelt die Zeilennummer in der XML-Datei, die gerade vom Parser geparst wird. Der Übergabeparameter `parser` ist der Handler, der durch die Funktionen `xml_parser_create()` oder `xml_parser_create_ns()` erhalten wird. Der Rückgabewert ist ein Integerwert, der die aktuelle Zeilennummer in der XML-Datei angibt. Die Funktion kann dazu genutzt werden, die Zeilennummer eines aufgetretenen Parser-Fehlers zu ermitteln.

```
$par=xml_parser_create_ns("iso-8859-1");
if (!($fp=fopen("neu.xml","r"))) {
 die("XML-Datei kann nicht geöffnet werden");
}
```

```
while($data=fread($fp,4096)) {
 if (!xml_parse($par,$data,feof($fp))) {
  die(print("XML-Fehler: "
      .xml_error_string(xml_get_error_code($par))
      ." in der Zeile: ".xml_get_current_line_number($par)));
 }
}
```

PHP-Version: ab 3.0.6

xml_get_error_code()

`int xml_get_error_code(resource parser)`

Ermittelt einen Parse-Fehler, der beim Parsevorgang aufgetreten ist. Der Übergabeparameter `parser` ist der Handler, der durch die Funktionen `xml_parser_create()` oder `xml_parser_create_ns()` erhalten wird. Der Rückgabewert ist ein Integerwert, der den Fehlercode angibt. Der Fehlercode kann der nachfolgenden Tabelle entnommen werden. Alternativ kann die Codenummer auch an die Funktion `xml_error_string()` übergeben werden, die die konkrete Fehlermeldung ermittelt.

Fehlercode	Fehler
0	XML_ERROR_NONE
1	XML_ERROR_NO_MEMORY
2	XML_ERROR_SYNTAX
3	XML_ERROR_NO_ELEMENTS
4	XML_ERROR_INVALID_TOKEN
5	XML_ERROR_UNCLOSED_TOKEN
6	XML_ERROR_PARTIAL_CHAR
7	XML_ERROR_TAG_MISMATCH
8	XML_ERROR_DUPLICATE_ATTRIBUTE
9	XML_ERROR_JUNK_AFTER_DOC_ELEMENT
10	XML_ERROR_PARAM_ENTITY_REF
11	XML_ERROR_UNDEFINED_ENTITY
12	XML_ERROR_RECURSIVE_ENTITY_REF
13	XML_ERROR_ASYNC_ENTITY
14	XML_ERROR_BAD_CHAR_REF

Tabelle A.1: Die Error-Codes

Fehlercode	Fehler
15	XML_ERROR_BINARY_ENTITY_REF
16	XML_ERROR_ATTRIBUTE_EXTERNAL_ENTITY_REF
17	XML_ERROR_MISPLACED_XML_PI
18	XML_ERROR_UNKNOWN_ENCODING
19	XML_ERROR_INCORRECT_ENCODING
20	XML_ERROR_UNCLOSED_CDATA_SECTION
21	XML_ERROR_EXTERNAL_ENTITY_HANDLING

Tabelle A.1: Die Error-Codes (Forts.)

```
$par=xml_parser_create_ns("iso-8859-1");
 if (!($fp=fopen("neu.xml","r"))) {
  die("XML-Datei kann nicht geöffnet werden");
 }
 while($data=fread($fp,4096)) {
  if (!xml_parse($par,$data,feof($fp))) {
   die(print("XML-Fehler: ".xml_get_error_code($par)));
   }
 }
```

PHP-Version: ab 3.0.6

xml_parse()

`boolean xml_parse(resource parser,string data[,bool final])`

Parst eine XML-Datei. Der Übergabeparameter `parser` ist der Handler, der durch die Funktionen `xml_parser_create()` oder `xml_parser_create_ns()` erhalten wurde. Der zweite Parameter `data` ist ein String, der einen Codeteil der XML-Datei enthält. Die XML-Datei wird byteweise in mehreren Abschnitten geladen, in der Regel in Abschnitten zu je 4096 Byte (dies kann in `fread()` beliebig angegeben werden). Der dritte optionale Parameter `final` ist ein boolescher Wert und gibt an, ob der soeben geladene Teil das Ende der XML-Datei ist (`true`) oder nicht (`false`). Der Rückgabewert der Funktion ist `true`, wenn das Parsen erfolgreich war. Tritt ein Fehler auf, ist der Rückgabewert `false`. Fehler in der XML-Datei müssen über separate Funktionen ermittelt werden, beispielsweise über `xml_get_error_code()` oder `xml_error_string()`.

```
<?php
 $par=xml_parser_create_ns("iso-8859-1");
 if (!($fp=fopen("neu.xml","r"))) {
  die("XML-Datei kann nicht geöffnet werden");
 }
 while($data=fread($fp,4096)) {
  if (!xml_parse($par,$data,feof($fp))) {
```

```
   die(print("XML-Fehler:".
              xml_error_string(xml_get_error_code($par))
.             xml_get_current_line_number($par)));    }
 }
 xml_parser_free($par);
?>
```

PHP-Version: ab 3.0.6

xml_parse_into_struct()

`int xml_parse_into_struct (resource parser, string data, array values [,array index])`

Diese Funktion parst wie `xml_parse()` eine XML-Datei. Der Unterschied zu `xml_parse()` besteht darin, dass die Daten der XML-Datei in zwei Array abgelegt werden, über die die Inhalte der XML-Datei zugänglich sind. Die beiden Arrays werden dabei als dritter und vierter Übergabeparameter angegeben. Wichtig ist der dritte Übergabeparameter `values`, der die konkreten Werte eines jeden XML-Elements in einem eigenen Array-Element enthält. Jedes Array-Element repräsentiert ein XML-Tag und wird beginnend mit 0 hochgezählt. Jedes Array-Element ist wiederum ein Array, das über drei oder vier Elemente verfügt. Jedes Array-Element ist folgendermaßen aufgebaut:

- `[tag]`: Enthält den Tagnamen in Groß- oder Kleinschreibung. Die Schreibweise hängt von der gesetzten Option `XML_OPTION_CASE_FOLDING` über die Funktion `xml_set_option()` ab.
- `[type]`: Gibt an, ob das Tag geöffnet (`open`) oder geschlossen (`close`) ist.
- `[level]`: Gibt die Hierarchieebene des Tags an.
- `[values]`: Enthält den konkreten Inhalt des Tags. Sollte das Tag nur über Unter-Tags verfügen, ist dieses Array-Element nicht enthalten.

Über den vierten optionalen Übergabeparameter `index` kann ein weiteres Array angegeben werden. Dieses Array enthält nur eine Referenz auf die entsprechenden Array-Elemente des ersten Arrays.

Die Funktion `xml_parse_into_struct()` ist der Versuch, etwas Ähnliches wie den DOM-Dokumentenbaum zu implementieren. Die Funktion wurde in PHP 3 eingeführt, bevor DOM implementiert wurde. Über die Array-Elemente können der Name und der Inhalt eines Tags festgestellt werden.

```
<?php
 $p = xml_parser_create();
 if (!($fp=fopen("test.xml","r"))) {
  die("XML-Datei kann nicht geöffnet werden");
 }
 while($data=fread($fp,4096)) {
  xml_parse_into_struct($p,$data,$vals);
 }
 xml_parser_free($p);
 print_r($vals);
?>
```

Dieser PHP-Code parst folgende XML-Datei:

```
<?xml version="1.0"?>
<newsliste>
 <news>
  <datum>08.08.2004</datum>
   <headline>Neuer Web-Editor mit XML/XSLT-Support</headline>
   <text>Unter dem Namen MoreMotion Web Designer hat Mor Yazilim
aus Istanbul einen neuen Web-Editor vorgestellt.
   </text>
 </news>
</newsliste>
```

Diese Ausgabe erfolgt dann im Browser:

```
Array (
    [0] => Array ( [tag] => NEWSLISTE [type] => open [level] => 1
[value] => )
    [1] => Array ( [tag] => NEWS [type] => open [level] => 2
[value] => )
    [2] => Array ( [tag] => DATUM [type] => complete [level] => 3
[value] => 08.08.2004 )
    [3] => Array ( [tag] => NEWS [value] => [type] => cdata
[level] => 2 )
    [4] => Array ( [tag] => NEWS [value] => [type] => cdata
[level] => 2 )
    [5] => Array ( [tag] => HEADLINE [type] => complete [level] =>
3 [value] => Neuer Web-Editor mit XML/XSLT-Support )
    [6] => Array ( [tag] => NEWS [value] => [type] => cdata
[level] => 2 )
    [7] => Array ( [tag] => NEWS [value] => [type] => cdata
[level] => 2 )
    [8] => Array ( [tag] => TEXT [type] => complete [level] => 3
[value] => Unter dem Namen MoreMotion Web Designer hat Mor Yazilim
aus Istanbul einen neuen Web-Editor vorgestellt. )
    [9] => Array ( [tag] => NEWS [value] => [type] => cdata
[level] => 2 )
   [10] => Array ( [tag] => NEWS [value] => [type] => cdata
[level] => 2 )
   [11] => Array ( [tag] => NEWS [type] => close [level] => 2 )
   [12] => Array ( [tag] => NEWSLISTE [value] => [type] => cdata
[level] => 1 )
   [13] => Array ( [tag] => NEWSLISTE [type] => close [level] => 1
) )
```

PHP-Version: ab 3.0.8

xml_parser_create()

```
resource xml_parser_create([string encoding])
```

Erstellt einen neuen XML-Parser, der anschließend eine XML-Datei beispielsweise über die Methode `xml_parse()` parsen kann. Die Funktion unterstützt keine Namensräume in der XML-Datei. Verwenden Sie Namensräume, müssen Sie die Funktion `xml_parser_create_ns()` einsetzen. Der Übergabewert `enconding` ist ein String, der den Zeichensatz angibt, der in der zu parsenden XML-Datei verwendet wird. Der Übergabewert kann auch wegfallen. Wird kein String an die Funktion übergeben, ist der Defaultwert `iso-8859-1`. Der Rückgabewert ist ein Handler, der beim Aufrufen weiterer Funktionen (z.B. `xml_parse()`) angegeben wird.

```
$par=xml_parser_create();
xml_parser_free($par);
```

PHP-Version: ab 3.0.6

xml_parser_create_ns()

```
resource xml_parser_create_ns([string encoding [,string
separator]])
```

Erstellt einen neuen XML-Parser, der anschließend eine XML-Datei beispielsweise über die Methode `xml_parse()` parsen kann. Die Funktion unterstützt Namensräume. Benötigen Sie keinen Namensraum-Support, können Sie auch die Funktion `xml_parser_create()` einsetzen. Der Übergabewert `enconding` ist ein String, der den Zeichensatz angibt, der in der zu parsenden XML-Datei verwendet wird. Der Übergabewert kann auch wegfallen. Wird kein String an die Funktion übergeben, ist der Defaultwert `iso-8859-1`. Der zweite Übergabeparameter `seperator` gibt ein Trennsymbol an, das sich zwischen dem Namen des Namensraums und dem Elementnamen befindet. In der Regel ist dies ein Doppelpunkt. Dieser Übergabeparameter ist auch optional. Wird er nicht verwendet, nimmt der Parser den Doppelpunkt als Trennsymbol an. Der Rückgabewert ist ein Handler, der beim Aufrufen weiterer Funktionen (z.B. `xml_parse()`) angegeben wird.

```
$par=xml_parser_create_ns("iso-8859-1");
xml_parser_free($par);
```

PHP-Version: ab 4.0.5

xml_parser_free()

```
boolean xml_parser_free(resource parser)
```

Löst einen erstellten Parser auf. Der Übergabeparameter `parser` ist der Handler, der durch die Funktion `xml_parser_create()` oder `xml_parser_create_ns()` erhalten wurde. Der Rückgabewert ist `true`, wenn der Parser erfolgreich aufgelöst wurde oder `false`, wenn dies nicht möglich war bzw. der Handler nicht gültig ist.

```
$par=xml_parser_create_ns("iso-8859-1");
xml_parser_free($par);
```

PHP-Version: ab 3.0.6

xml_parser_get_option()

`mixed xml_parser_get_option(resource parser,int option)`

Ermittelt eine gesetzte Option des zugrunde liegenden XML-Parsers. Der Übergabeparameter `parser` ist der Handler, der durch die Funktionen `xml_parser_create()` oder `xml_parser_create_ns()` erhalten wurde. Der zweite Parameter `option` gibt die konkrete gesetzte Option an, die ausgelesen werden soll. Der Rückgabewert der Funktion ist der Wert der abgefragten Option. Je nach Option kann es sich um einen Integer oder um einen String handeln. Welche Optionen gesetzt und abgefragt werden können, sind in der Tabelle A.2 zur Funktionsreferenz von `xml_parser_set_option()` aufgelistet. Es können jedoch nicht alle setzbaren Optionen auch abgefragt werden.

```
$par=xml_parser_create_ns("iso-8859-1");
print (xml_parser_get_option($par,XML_OPTION_CASE_FOLDING));
```

PHP-Version: ab 3.0.6

xml_parser_set_option()

`boolean xml_parser_set_option(resource parser, int option, mixed value)`

Setzt eine Option des zugrunde liegenden XML-Parsers. Der Übergabeparameter `parser` ist der Handler, der durch die Funktionen `xml_parser_create()` oder `xml_parser_create_ns()` erhalten wird. Der zweite Parameter `option` gibt die konkrete Option an, die gesetzt werden soll. Der dritte Parameter `value` gibt den Wert der Option an. Je nach Option kann es sich um einen Integer oder um einen String handeln. Der Rückgabewert der Funktion ist ein boolescher Wert, der angibt, ob die Option erfolgreich gesetzt wurde (`true`) oder nicht (`false`). Welche Optionen gesetzt und abgefragt werden können, sind in der nachfolgenden Tabelle aufgelistet.

Option	Beschreibung
XML_OPTION_CASE_FOLDING	Die Option gibt an, ob die XML-Elemente in Großbuchstaben (1) oder in Kleinbuchstaben (0) verarbeitet werden. Standardmäßig ist der Wert 1 für diese Option gesetzt. Der Wert der Option wird als Integer angegeben.
XML_OPTION_SKIP_TAGSTART	Durch diese Option überspringt angeblich der Parser bei registriertem Element Handler die erste Callback-Funktion `startElement()`. Tests konnten dies auf diversen Plattformen nicht bestätigen. Der Wert dieser Option ist 0 oder 1. Der aktuelle Wert dieser Option kann nicht über die Funktion `xml_parser_get_option()` abgefragt werden.

Tabelle A.2: Die zu setzenden Optionen

Option	Beschreibung
XML_OPTION_SKIP_WHITE	Diese Option weist den Parser an, Leerzeichen (Whitespaces) zu überspringen (1) oder nicht (0). Der Default-Wert ist 0. Tests haben ergeben, dass diese Option nur sehr unzuverlässig auf den verschiedenen Plattformen funktioniert. Der aktuelle Wert dieser Option kann nicht über die Funktion `xml_parser_get_option()` abgefragt werden.
XML_OPTION_TARGET_ENCODING	Diese Option gibt den zu Grunde liegenden Zeichensatz der zu parsenden XML-Datei an. Der Wert der Option wird als String angegeben.

Tabelle A.2: Die zu setzenden Optionen (Forts.)

```
$par=xml_parser_create_ns("iso-8859-1");
xml_parser_set_option($par,XML_OPTION_CASE_FOLDING,0);
xml_parser_set_option($par,XML XML_OPTION_TARGET_ENCODING, "iso-
8859-1");
```

PHP-Version: ab 3.0.6

xml_set_object ()

```
void xml_set_object(resource parser,object obj)
```

Verwendet den Parser innerhalb eines Objekts. Dazu muss eine Klasse erstellt werden. Der Übergabeparameter `parser` ist der Handler, der durch die Funktionen `xml_parser_create()` oder `xml_parser_create_ns()` erhalten wurde. Der zweite Übergabeparameter `obj` ist das konkrete Objekt, in dem sich der Parser befindet (in der Regel dürfte hier `$this` zum Einsatz kommen). Die Funktion besitzt keinen Rückgabewert.

```
<?php
 class xml  {
  var $parser;
  function xml() {
   $this->parser = xml_parser_create();
   xml_set_object($this->parser, $this);
  }
  function parse($data) {
   xml_parse($this->parser, $data)
     or die(print("XML-Fehler: ".xml_error_string
(xml_get_error_code($this->parser))));
  }
  function free() {
   xml_parser_free($this->parser);
  }
 }
```

```
 $par_obj = new xml();
 if (!($fp=fopen("neu.xml","r"))) {
  die("XML-Datei kann nicht geöffnet werden");
 }
 while($data=fread($fp,4096)) {
  if (!feof($fp)) {
     $par_obj->parse($data);
   }
  else {
     $par_obj->free();
  }
 }
?>
```

PHP-Version: ab 4.0.0

A.2 Handler-Funktionen

xml_set_character_data_handler()

`boolean xml_set_character_data_handler(resource parser, function character_data_handler)`

Diese Funktion setzt den so genannten Character Data Handler. Dies bedeutet die Angabe einer Funktion im PHP-Code, die beim Parsen aufgerufen wird, wenn eine Zeichenfolge zwischen einem Start-Element und einem End-Element festgestellt wird. Der zweite Übergabeparameter `character_data_handler` gibt den Namen der Callback-Funktion an, die bei einer festgestellten Zeichenfolge aufgerufen wird. Der Name der Funktion kann beliebig gewählt werden. Sinnvoll ist hier `characterData()`. Diese Funktion muss in den PHP-Code integriert werden. Die Funktion muss über zwei Übergabeparameter verfügen:

- `$parser`: Dies ist der erstellte Parser.
- `$data`: Dies ist die konkrete Zeichenfolge innerhalb des XML-Elements.

In der Funktion `xml_set_character_data_handler()` ist der erste Übergabeparameter `parser` der Handler, der durch die Funktionen `xml_parser_create()` oder `xml_parser_create_ns()` erhalten wird. Der Rückgabewert der Funktion `xml_set_character_data_handler` ist `true`, wenn die Funktion als Character Data Handler erfolgreich gesetzt wurde.

```
 $par=xml_parser_create_ns("iso-8859-1");
 xml_set_character_data_handler($par, "characterData");
 if (!($fp=fopen("neu.xml","r"))) {
  die("XML-Datei kann nicht geöffnet werden");
 }
 while($data=fread($fp,4096)) {
  if (!xml_parse($par,$data,feof($fp))) {
   die();
   }
 }
```

```
xml_parser_free($par);
function characterData($parser, $data) {
 print ($data."<br>");
}
```

PHP-Version: ab 3.0.6

xml_set_default_handler()

```
boolean xml_set_default_handler(resource parser, function
default_handler)
```

Diese Funktion setzt den so genannten Default Handler. Dieser Handler wird für Zeichenfolgen gesetzt, für die keine anderen Handler zur Verfügung stehen (z.B. Kommentare in der XML-Datei oder Entities in einer DTD). Der Name der Callback-Funktion wird als zweiter Übergabeparameter `default_handler` angegeben. Der Name der Funktion kann beliebig gewählt werden. Sinnvoll ist hier `defaultHandler()`. Diese Funktion muss in den PHP-Code integriert werden. Diese Funktion muss über zwei Übergabeparameter verfügen:

- `$parser`: Dies ist der erstellte Parser.
- `$data`: Dies ist die konkrete Zeichenfolge innerhalb des XML-Elements.

In der Funktion `xml_set_default_handler()` ist der erste Übergabeparameter `parser` der Handler, der durch die Funktionen `xml_parser_create()` oder `xml_parser_create_ns()` erhalten wird. Der Rückgabewert der Funktion `xml_set_default_handler` ist `true`, wenn die Funktion als Default Handler erfolgreich gesetzt wurde.

```
$par=xml_parser_create_ns("iso-8859-1");
xml_set_default_handler($par, "defaultHandler");
if (!($fp=fopen("neu.xml","r"))) {
 die("XML-Datei kann nicht geöffnet werden");
}
while($data=fread($fp,4096)) {
 if (!xml_parse($par,$data,feof($fp))) {
  die();
  }
}
xml_parser_free($par);
function defaultHandler($parser,$data) {
print ($data."<br>");
}
```

PHP-Version: ab 3.0.6

xml_set_element_handler()

```
boolean xml_set_element_handler(resource parser, function
start_element_handler, function end_element_handler)
```

Diese Funktion setzt den so genannten Element Handler. Dies bedeutet die Angabe zweier Funktionen im PHP-Code, die bei einem geöffneten XML-Element und einem geschlossenen XML-Element aufgerufen werden. Der zweite Übergabeparameter `start_element_handler` gibt den Namen der Funktion an, die bei einem geöffneten XML-Element aufgerufen wird. Der dritte Übergabeparameter `end_element_handler` gibt den Namen einer weiteren Funktion an, die aufgerufen wird, wenn ein XML-Element abgeschlossen wird. Beide Funktionsnamen können als String geschrieben werden. Die Namen der beiden Funktionen können beliebig gewählt werden. Sinnvoll sind hier `startElement()` und `endElement()`. Diese beiden Funktionen müssen in den PHP-Code integriert werden. Die Funktion `startElement()` muss über drei Übergabeparameter verfügen:

- `$parser`: Dies ist der erstellte Parser.
- `$name`: Dies ist der Name des Tags.
- `$attrs`: Array, das den Attributnamen und dessen Inhalt enthält.

Die Funktion `endElement()` verfügt dagegen nur über zwei Übergabeparameter (`$parser` und `$name`).

In der Funktion `xml_set_element_handler()` ist der erste Übergabeparameter `parser` der Handler, der durch die Funktionen `xml_parser_create()` oder `xml_parser_create_ns()` erhalten wird. Der Rückgabewert der Funktion `xml_set_element_handler` ist `true`, wenn die beiden Funktionen als Element Handler erfolgreich gesetzt wurden.

```
$par=xml_parser_create_ns("iso-8859-1");
xml_set_element_handler($par, startElement, endElement);
if (!($fp=fopen("neu.xml","r"))) {
 die("XML-Datei kann nicht geöffnet werden");
}
while($data=fread($fp,4096)) {
 if (!xml_parse($par,$data,feof($fp))) {
  die();
  }
}
xml_parser_free($par);
function startElement($parser, $name, $attrs) {
print ($name."<br>");
}
function endElement($parser, $name) {
print ($name."<br>");
}
```

PHP-Version: ab 3.0.6

xml_set_end_namespace_decl_handler()

```
boolean xml_set_end_namespace_decl_handler(resource parser,
function end_namespace_decl_handler)
```

Diese Funktion registriert den End Namespace Declaration Handler. Dies bedeutet die Angabe einer Funktion im PHP-Code, die aufgerufen wird, wenn eine Namensraum-Deklaration beendet wird, d.h. das Element abgeschlossen wird, in dem der Namensraum definiert wird. Der zweite Übergabeparameter `end_namespace_decl_handler` gibt den Namen der Funktion an, die bei einer abgeschlossenen Namensraum-Deklaration aufgerufen wird.

Der Name der Funktion kann beliebig gewählt werden. Der erste Übergabeparameter `parser` ist der Handler, der durch die Funktion `xml_parser_create_ns()` mit Namensraumsupport erhalten wird. Der Rückgabewert der Funktion `xml_set_end_namespace_decl_handler` ist `true`, wenn die Funktion als Handler erfolgreich gesetzt wurde. Die Callback-Funktion erwartet zwei Übergabeparameter:

- Der Parser-Handler
- Das Präfix des Namensraums als String

```
$par=xml_parser_create_ns("iso-8859-1");
xml_set_end_namespace_decl_handler($par, "endNamespace");
if (!($fp=fopen("neu.xml","r"))) {
  die("XML-Datei kann nicht geöffnet werden");
}
while($data=fread($fp,4096)) {
  if (!xml_parse($par,$data,feof($fp))) {
   die();
   }
}
xml_parser_free($par);
function endNamespace($parser,$prefix) {
 print ($prefix);
}
```

PHP-Version: ab 4.0.5

xml_set_external_entity_ref_handler()

```
boolean xml_set_external_entity_ref_handler(resource parser,
function external_entity_ref_handler)
```

Diese Funktion setzt einen External Entity Reference Handler. Dies bedeutet die Angabe einer Funktion im PHP-Code, die beim Parsen aufgerufen wird, wenn ein externes Entity festgestellt wird. Der zweite Übergabeparameter `external_entity_ref_handler` gibt den Namen der Funktion an, die bei einem festgestellten externen Entity aufgerufen wird. Der Name der Funktion kann beliebig gewählt werden. Sinnvoll ist hier `externalEntityRef()`. Diese Funktion muss in den PHP-Code integriert werden. Die Funktion `externalEntityRef()` muss über fünf Übergabeparameter verfügen:

- `$parser`: Dies ist der erstellte Parser.
- `$open_entity_names`: Dies sind die Entity-Namen.
- `$base`: Basis-URI, die derzeit jedoch als Leerstring gesetzt wird.
- `$public_id`: Der öffentliche Identifier.
- `$system_id`: Der system-interne Identifier.

In der Funktion `xml_set_external_entity_ref_handler()` ist der erste Übergabeparameter `parser` der Handler, der durch die Funktionen `xml_parser_create()` oder `xml_parser_create_ns()` erhalten wird. Der Rückgabewert der Funktion `xml_set_external_entity_ref_handler` ist `true`, wenn die Funktion als Entity Handler erfolgreich gesetzt wurde.

```
$par=xml_parser_create("iso-8859-1");
xml_set_external_entity_ref_handler($par, "externalEntityRef");
if (!($fp=fopen("index.xml","r"))) {
 die("XML-Datei kann nicht geöffnet werden");
}
while($data=fread($fp,4096)) {
 if (!xml_parse($par,$data,feof($fp))) {
  die();
  }
}
xml_parser_free($par);
function
externalEntityRef($parser,$open_entity_names,$base,$public_id,$sys
tem_id) {
print
($open_entity_names."<br>".$base."<br>".$public_id."<br>".$system_
id."<br>");
}
```

PHP-Version: ab 3.0.6

xml_set_notation_decl_handler()

`boolean xml_set_notation_decl_handler(resource parser, function notation_decl_handler)`

Diese Funktion setzt den so genannten Notation Declaration Handler. Dies bedeutet die Angabe einer Funktion im PHP-Code, die beim Parsen aufgerufen wird, wenn eine Notation in einer DTD festgestellt wird, d.h. das Tag `<!NOTATION>`. Der zweite Übergabeparameter `notation_decl_handler` gibt den Namen der Funktion an, die bei einem festgestellten `NOTATION`-Element aufgerufen wird. Der Name der Funktion kann beliebig gewählt werden. Sinnvoll ist hier `notationDecl()`. Diese Funktion muss in den PHP-Code integriert werden. Die Funktion `notationDecl()` muss über fünf Übergabeparameter verfügen:

- `$parser`: Dies ist der erstellte Parser.
- `$name`: Dies ist der Namen der Notation.
- `$base`: Basis-URI, die derzeit jedoch als Leerstring gesetzt wird.
- `$public_id`: Der öffentliche Identifier.
- `$system_id`: Der system-interne Identifier.

In der Funktion `xml_set_notation_decl_handler()` ist der erste Übergabeparameter `parser` der Handler, der durch die Funktionen `xml_parser_create()` oder `xml_parser_create_ns()` erhalten wird. Der Rückgabewert der Funktion `xml_set_notation_decl_handler` ist `true`, wenn die Funktion als Notation Declaration Handler erfolgreich gesetzt wurde.

```
$par=xml_parser_create_ns("iso-8859-1");
xml_set_notation_decl_handler($par, "notationDecl");
if (!($fp=fopen("neu.xml","r"))) {
 die("XML-Datei kann nicht geöffnet werden");
```

```
}
while($data=fread($fp,4096)) {
 if (!xml_parse($par,$data,feof($fp))) {
   die();
   }
}
xml_parser_free($par);
function notationDecl($parser, $name, $base, $system_id,
$public_id) {
print
($name."<br>".$base."<br>".$system_id."<br>".$public_id."<br>");
}
```

PHP-Version: ab 3.0.6

xml_set_start_namespace_decl_handler()

`boolean xml_set_start_namespace_decl_handler(resource parser, function start_namespace_decl_handler)`

Diese Funktion registriert einen Handler, der auf eine Definition eines Namensraums reagiert. Dies bedeutet die Angabe einer Funktion im PHP-Code, die beim Parsen aufgerufen wird, wenn ein Namensraum deklariert wird. Der zweite Übergabeparameter `start_namespace_decl_handler` gibt den Namen der Funktion an, die bei einer Namensraum-Deklaration aufgerufen wird. Der Name der Funktion kann beliebig gewählt werden. Sinnvoll ist hier `startNamespaceDecl()`. Der erste Übergabeparameter `parser` ist der Handler, der durch die Funktionen `xml_parser_create_ns()` erhalten wird. Für diesen Handler muss der Parser mit Namensraumunterstützung erzeugt werden. Die Verwendung von `xml_parser_create()` ohne Namensraumunterstützung ist nicht möglich. Der Rückgabewert der Funktion `xml_set_start_namespace_decl_handler` ist `true`, wenn die Funktion als Handler erfolgreich gesetzt wurde. Die Callback-Funktion erwartet drei Übergabeparameter:

- Der Parser-Handler
- Das Präfix des Namensraums als String
- Die URI des Namensraums als String

```
$par=xml_parser_create_ns("iso-8859-1");
xml_set_start_namespace_decl_handler($par, "startNamespace");
if (!($fp=fopen("neu.xml","r"))) {
  die("XML-Datei kann nicht geöffnet werden");
}
while($data=fread($fp,4096)) {
  if (!xml_parse($par,$data,feof($fp))) {
   die();
   }
}
xml_parser_free($par);
function startNamespace($parser,$prefix,$data) {
 print ($prefix);
```

```
 print ($data."<br>");
}
```

PHP-Version: ab 4.0.5

xml_set_processing_instruction_handler()

`boolean xml_set_processing_instruction_handler(resource parser, function processing_instruction_handler)`

Diese Funktion setzt den so genannten Processing Instruction Handler. Dies bedeutet die Angabe einer Funktion im PHP-Code, die beim Parsen aufgerufen wird, wenn eine Processing Instruction (PI) festgestellt wird (d.h. `<? ... ?>`). Der zweite Übergabeparameter `processing_instruction_handler` gibt den Namen der Callback-Funktion an, die bei einer festgestellten PI aufgerufen wird. Der Name der Funktion kann beliebig gewählt werden. Sinnvoll ist hier `processingInstruction()`. Diese Funktion muss in den PHP-Code integriert werden. Die Funktion `processingInstruction()` muss über drei Übergabeparameter verfügen:

- `$parser`: Dies ist der erstellte Parser.
- `$target`: Gibt das Ziel der PI an.
- `$data`: Enthält den Inhalt der PI.

In dieser Processing Instruction

```
<?xml-stylesheet href="seite.xsl" type="text/xsl"?>
```

ist das Ziel `xml-stylesheet` (das in `$target` enthalten ist), während die Attribute `href` und `type` sowie deren Inhalte die Anweisungen sind, die in `$data` enthalten sind.

In der Funktion `xml_set_processing_instruction_handler()` ist der erste Übergabeparameter `parser` der Handler, der durch die Funktionen `xml_parser_create()` oder `xml_parser_create_ns()` erhalten wird. Der Rückgabewert der Funktion `xml_set_processing_instruction_handler` ist `true`, wenn die Funktion als Processing Instruction Handler erfolgreich gesetzt wurde.

```
 $par=xml_parser_create_ns("iso-8859-1");
 xml_set_processing_instruction_handler($par,
"processingInstruction");
 if (!($fp=fopen("neu.xml","r"))) {
  die("XML-Datei kann nicht geöffnet werden");
 }
 while($data=fread($fp,4096)) {
  if (!xml_parse($par,$data,feof($fp))) {
    die();
    }
 }
 xml_parser_free($par);
 function processingInstruction($parser, $target, $data) {
 print ($target."<br>".$data."<br>");
 }
```

PHP-Version: ab 3.0.6

xml_set_unparsed_entity_decl_handler()

`boolean xml_set_unparsed_entity_decl_handler(resource parser, function unparsed_entity_decl_handler)`

Diese Funktion setzt den so genannten Unparsed Entity Declaration Handler. Dies bedeutet die Angabe einer Funktion im PHP-Code, die beim Parsen aufgerufen wird, wenn in einer DTD ein `<!ENTITY>`-Element mit einer `NDATA`-Angabe festgestellt wird. Das Entity wird dadurch nicht geparst. Der zweite Übergabeparameter `unparsed_entity_decl_handler` gibt den Namen der Funktion an, die bei einem festgestellten `<!ENTITY>`-Element mit einer `NDATA`-Angabe aufgerufen wird. Der Name der Funktion kann beleibig gewählt werden. Sinnvoll ist hier `unparsedEntityDecl()`. Diese Funktion muss in den PHP-Code integriert werden. Die Funktion `unparsedEntityDecl()` muss über sechs Übergabeparameter verfügen:

- `$parser`: Dies ist der erstellte Parser.
- `$entity_name`: Name des Entity.
- `$base`: Basis-URI, die derzeit jedoch als Leerstring gesetzt wird.
- `$public_id`: Der öffentliche Identifier.
- `$system_id`: Der system-interne Identifier.
- `$notation_name`: Name der Notation, in der das Entity definiert ist.

In der Funktion `xml_set_unparsed_entity_decl_handler()` ist der erste Übergabeparameter `parser` der Handler, der durch die Funktionen `xml_parser_create()` oder `xml_parser_create_ns()` erhalten wird. Der Rückgabewert der Funktion `xml_set_unparsed_entity_decl_handler` ist `true`, wenn die Funktion als Unparsed Entity Declaration Handler erfolgreich gesetzt wurde.

```
$par=xml_parser_create_ns("iso-8859-1");
xml_set_unparsed_entity_decl_handler($par, "unparsedEntityDecl");
if (!($fp=fopen("neu.xml","r"))) {
 die("XML-Datei kann nicht geöffnet werden");
}
while($data=fread($fp,4096)) {
 if (!xml_parse($par,$data,feof($fp))) {
  die();
  }
}
xml_parser_free($par);
function unparsedEntityDecl($parser, $entity_name, $base,
$system_id, $public_id, $notation_name) {
print
($entity_name."<br>".$base."<br>".$system_id."<br>".$public_id."<b
r>".$notation_name."<br>");
}
```

PHP-Version: ab 3.0.6

A.3 Sonstige Funktionen

utf8_decode()

```
string utf8_decode (string data)
```

Diese Funktion decodiert einen Textstring `data`, der in einer UTF-8-Zeichenfolge vorliegt, nach ISO-8859-1. Das Codieren kann über die Funktion `utf8_encode()` erfolgen.

```
$p="ä ö ü ß &#196; &#228;";
$p=utf8_encode($p);
print ($p);
$p=utf8_decode($p);
print ("<br>".$p);
```

PHP-Version: ab 3.0.6

utf8_encode()

```
string utf8_encode (string data)
```

Diese Funktion codiert einen Textstring `data` in eine UTF-8-Zeichenfolge. Das Decodieren kann über die Funktion `utf8_decode()` erfolgen.

```
$p="ä ö ü ß &#196; &#228;";
$p=utf8_encode($p);
print ($p);
$p=utf8_decode($p);
print ("<br>".$p);
```

PHP-Version: ab 3.0.6

Anhang B: Referenz DOM XML in PHP 4.x

In diesem Abschnitt finden Sie eine alphabetische Referenz der DOM XML-Funktionalitäten in PHP 4.x. Die Referenz ist in zwei Teile aufgegliedert. Der erste Teil enthält die DOM XML-Funktionen für das prozedurale Programmieren. Der zweite Teil enthält die DOM-Klassen mit deren Methoden für die objektorientierte Programmierung.

B.1 Funktionen

domxml_add_root ()

```
object domxml_add_root(string root)
```

Die Funktion hängt ein neues Wurzelelement in einen leeren Dokumentenbaum ein. Der Rückgabewert ist ein Objekt der Klasse `DomDocument`. Der Übergabeparameter `root` gibt den Namen des Wurzelelements an. Der leere Dokumentenbaum sollte vorher über die Funktion `domxml_new_doc()` oder `domxml_new_xmldoc()` erzeugt worden sein. Die Funktion `domxml_add_root()` ist ab PHP 4.3.0 durch die Funktion `domxml_doc_add_root()` ersetzt worden. `domxml_add_root()` kann jedoch auch noch weiterhin eingesetzt werden. Alternativ können auch die Funktion `domxml_doc_set_root()` oder die Methoden `add_root()` bzw. `set_root()` der Klasse `DomDocument` eingesetzt werden, die ebenfalls ein neues Wurzelelement einhängen.

```
$dom=domxml_new_doc("1.0");
domxml_add_root($dom,"personen");
print(domxml_dump_mem($dom));
```

PHP-Version: ab 4.0.0

domxml_attributes()

```
array domxml_attributes(object node)
```

Die Funktion ermittelt sämtliche Attribute eines Knotens, der über `node` angegeben wird. Der Rückgabewert ist ein Array, das die Attribute enthält. Jedes Attribut befindet sich in einem eigenen Array-Element, das ein Objekt der Klasse `DomAttribute` enthält. Um den Attributnamen und dessen Wert auszulesen, müssen die Methoden der Klasse `DomAttribute` verwendet werden (`name()`, `value()`). Alternativ kann auch die Funktion `domxml_node_get_content()` verwendet werden, die jedoch nur den Attributwert ermittelt und nicht dessen Namen. Statt der Funktion `domxml_attributes()` kann ab PHP 4.1.0 auch die Funktion `domxml_node_attributes()` eingesetzt werden. Zusätzlich steht noch die Methode `attributes()` der Klasse `DomNode` zur Verfügung. Das nachfolgende Beispiel liest sämtliche Attribute des Wurzelelements aus und gibt den Namen sowie den Wert aus.

```
if(!$dom = domxml_open_file (dirname(__FILE__)."/test.xml")) {
  exit("Fehler beim Parsen");
}
```

```
$root=domxml_doc_document_element($dom);
$attr=domxml_attributes($root);
for ($i = 0; $i<count($attr); $i++){
  $attribut = $attr[$i];
  print ("<br>Attributname: ".$attribut->name());
  print (" - Attributwert: ".$attribut->value());
}
```

PHP-Version: ab 4.0.0

domxml_children()

`array domxml_children (object node)`

Die Funktion ermittelt sämtliche untergeordnete Knoten eines Elements, die sich unterhalb des Knotens `node` befinden. Der Rückgabewert ist ein Array, das die einzelnen Knoten als Objekte der Klasse `DomNode` enthält. Jedes Objekt befindet sich in einem eigenen Array-Element. Um die Objekte und deren Inhalte auszulesen, müssen die Methoden der Klasse `DomNode` verwendet werden (`node_type()`, `node_name()`). Alternativ können auch die Funktionen `domxml_node_children()`, `domxml_node_get_content()` oder die Methoden `children()` der Klasse `DomDocument` bzw. `child_nodes()` der Klasse `DomNode` verwendet werden. Das nachfolgende Beispiel ermittelt sämtliche Knoten, die sich unterhalb von `<news>` befinden, und gibt den Namen sowie den Wert aus.

```
if(!$dom = domxml_open_file (dirname(__FILE__)."/test.xml")) {
  exit("Fehler beim Parsen");
}
$tags=domxml_doc_get_elements_by_tagname($dom, "news");
for ($i = 0; $i<count($tags); $i++) {
  $node = $tags[$i];
  $children=domxml_children($node);
  print ("<br>Kinder: ".count($children));
  for ($k = 0; $k<count($children); $k++) {
   $child = $children[$k];
   print ("<br>".$child->node_type());
   print (" - ".$child->node_name());
   print (" - ".$k." ".domxml_node_get_content($child));
  }
}
```

PHP-Version: ab 4.0.0

domxml_doc_add_root ()

`object domxml_doc_add_root(string root)`

Die Funktion hängt ein neues Wurzelelement in einen leeren Dokumentenbaum ein. Der Rückgabewert ist ein Objekt der Klasse `DomDocument`. Der Übergabeparameter `root` gibt den Namen des Wurzelelements an. Der leere Dokumentenbaum sollte vorher über die Funktion `domxml_new_doc()` oder `domxml_new_xmldoc()` erzeugt worden sein. Die Funktion `domxml_doc_add_root()` ersetzt ab PHP 4.3.0 die Funktion `domxml_add_` root(). Alternativ kann auch die Methode domxml_doc_set_root() eingesetzt werden, die ebenfalls ein neues Wurzelelement einhängt, das jedoch als Objekt vorliegen muss.

```
$dom=domxml_new_doc("1.0");
domxml_doc_add_root($dom,"personen");
print(domxml_dump_mem($dom));
```

PHP-Version: ab 4.3.0

domxml_doc_document_element ()

```
object domxml_doc_document_element(int domhandle)
```

Die Funktion ermittelt das Wurzelelement einer XML-Datei oder eines XML-Dokuments, das sich in einer Variablen befindet. Bei HTML-Dokumenten ist das Wurzelelement immer html. Der Übergabewert domhandle ist ein Zeiger, der durch die Funktionen domxml_open_file() oder domxml_open_mem() erhalten werden kann. Der Rückgabewert ist ein Objekt der Klasse DomDocument. Alternativ kann auch die Funktion domxml_doc_get_root() eingesetzt werden oder die Methoden document_element(), root() bzw. get_root() der Klasse DomDocument.

```
if(!$dom = domxml_open_file(dirname(__FILE__)."/test.xml")) {
  exit("Fehler beim Parsen");
}
$root=domxml_doc_document_element($dom);
```

PHP-Version: ab 4.2.1

domxml_doc_get_element_by_id ()

```
object domxml_doc_get_element_by_id(int domhandle, string id)
```

Die Funktion ermittelt ein Element einer XML-Datei oder eines XML-Dokuments anhand des Attributwerts id. Dieser Wert darf innerhalb der XML-Datei oder des XML-Dokuments nur einmal vorkommen. Der Übergabewert domhandle ist ein Zeiger, der durch die Funktionen domxml_open_file() oder domxml_open_mem() erhalten werden kann. Der zweite Übergabeparameter ist der id-Attributwert als String. Der Rückgabewert ist ein Objekt der Klasse DomNode, das das gefundene Element enthält. Sollte der Attributwert nicht vorhanden sein, wird false zurückgegeben. Statt dieser Funktion kann auch die Methode get_element_by_id() der Klasse DomDocument eingesetzt werden.

Um die Funktion einsetzen zu können, muss die XML-Datei über eine DTD verfügen, in der das Attribut id des XML-Elements vom Typ ID definiert ist. Sollte keine DTD vorliegen oder das id-Attribut in der DTD nicht vom Typ ID sein, gibt die Funktion false zurück. Zusätzlich muss beim Laden der XML-Datei die Funktion domxml_open_file() mit dem Parameter DOMXML_LOAD_VALIDATING aufgerufen werden.

```
if(!$dom = domxml_open_file(dirname(__FILE__)."/test.xml",
DOMXML_LOAD_VALIDATING)) {
  exit("Fehler beim Parsen");
}
$root=domxml_doc_document_element($dom);
```

```
$mein_tag=domxml_doc_get_element_by_id($dom, "1001");
print("<br>".domxml_node_get_content($mein_tag));
}
```

PHP-Version: ab 4.2.1

domxml_doc_get_elements_by_tagname ()

```
array domxml_doc_get_elements_by_tagname(int domhandle, string
tagname)
```

Die Funktion ermittelt alle Elemente einer XML-Datei oder eines XML-Dokuments anhand des Tag-Namens. Der Übergabewert `domhandle` ist ein Zeiger, der durch die Funktionen `domxml_open_file()` oder `domxml_open_mem()` erhalten werden kann. Der zweite Übergabeparameter ist der Tag-Name als String. Der Rückgabewert ist ein Array, das sämtliche gefundenen Elemente als Objekte der Klasse `DomNode` enthält. Um die Inhalte auszugeben, muss in einer `for`-Schleife das Array durchlaufen werden. Statt dieser Funktion kann auch die Methode `get_elements_by_tagname()` der Klasse `DomDocument` eingesetzt werden.

```
if(!$dom = domxml_open_file(dirname(__FILE__)."/test.xml")) {
  exit("Fehler beim Parsen");
}
$root=domxml_doc_document_element($dom);
$tags=domxml_doc_get_elements_by_tagname($dom, "news");
for ($i = 0; $i<count($tags); $i++) {
  $node = $tags[$i];
  print ("<br>".domxml_node_get_content($node));
}
```

PHP-Version: ab 4.2.1

domxml_doc_get_root ()

```
object domxml_doc_get_root(int domhandle)
```

Die Funktion ermittelt das Wurzelelement einer XML-Datei oder eines XML-Dokuments, das sich in einer Variablen befindet. Bei HTML-Dokumenten ist das Wurzelelement immer `html`. Der Übergabewert `domhandle` ist ein Zeiger, der durch die Funktionen `domxml_open_file()` oder `domxml_open_mem()` erhalten werden kann. Der Rückgabewert ist ein Objekt der Klasse `DomNode`. Alternativ können auch die Funktionen `domxml_root()` bzw. `domxml_doc_document_element()` oder die Methoden `root()`, `get_root()` bzw. `document_element()` der Klasse `DomDocument` eingesetzt werden.

```
if(!$dom = domxml_open_file(dirname(__FILE__)."/test.xml")) {
  exit("Fehler beim Parsen");
}
$root=domxml_doc_get_root($dom);
print(domxml_node_get_content($root));
```

PHP-Version: ab 4.3.0

domxml_doc_set_root ()

```
object domxml_doc_set_root(object node)
```

Die Funktion hängt ein neues Wurzelelement in einen leeren Dokumentenbaum ein. Der Übergabeparameter `node` ist ein Objekt der Klassen `DomNode` oder `DomElement`, das das Wurzelelement als Knoten enthält. Dieses müsste vorher über die Funktion `domxml_node()` erzeugt worden sein. Der Rückgabewert ist ein 1 bzw. `true`, wenn die Operation erfolgreich war, ansonsten `false` bzw. `null`. Der leere Dokumentenbaum sollte vorher über die Funktion `domxml_new_doc()` oder `domxml_new_xmldoc()` erzeugt worden sein. Statt `domxml_doc_set_root()` können auch die Funktionen `domxml_doc_add_root()` bzw. `domxml_add_root()` oder die Methode `set_root()` der Klasse `DomDocument` eingesetzt werden.

```
$dom=domxml_new_doc("1.0");
$node=domxml_node("personen");
domxml_doc_set_root($dom,$node);
print(domxml_dump_mem($dom));
```

PHP-Version: ab 4.3.0

domxml_dumpmem ()

```
string domxml_dumpmem (object doc)
```

Schreibt ein XML-Dokument, das sich in dem Objekt `doc` der Klasse `DomDocument` befindet, in einen String. Um das XML-Dokument im Browser anzeigen zu können, muss der String über HTML-Tags formatiert werden oder statt dieser Funktion sollte dann `domxml_html_dump_mem()` eingesetzt werden. Die Funktion `domxml_dumpmem()` ist ab PHP 4.2.0 durch die Funktion `domxml_dump_mem()` ersetzt worden, kann jedoch noch weiterhin eingesetzt werden.

```
$dom=domxml_new_doc("1.0");
domxml_add_root($dom,"personen");
print(domxml_dumpmem($dom));
```

PHP-Version: ab 4.0.0

domxml_dump_mem ()

```
string domxml_dump_mem (object doc [, boolean format][, encoding])
```

Schreibt ein XML-Dokument, das sich in dem Objekt `doc` der Klasse `DomDocument` befindet, in einen String. Die beiden Übergabeparameter sind optional. Der erste Parameter `format` gibt an, ob die Ausgabe formatiert erscheinen soll (`true`) oder nicht (`false`). Der zweite Parameter gibt die Art der Zeichensatzcodierung an. Hier kann standardmäßig `iso-8859-1` genutzt werden. Um das XML-Dokument im Browser anzeigen zu können, muss der String über HTML-Tags formatiert werden oder statt dieser Funktion sollte dann `domxml_html_dump_mem()` eingesetzt werden. Die Funktion `domxml_dump_mem()` ersetzt ab PHP 4.2.0 die Funktion `domxml_dumpmem()`. Alternativ kann auch die Methode `dump_mem()` der Klasse `DomDocument` eingesetzt werden.

```
$dom=domxml_new_doc("1.0");
domxml_add_root($dom,"personen");
print(domxml_dump_mem($dom));
```

PHP-Version: ab 4.2.0

domxml_dump_mem_file ()

`object domxml_dump_mem_file (object doc, string file [, boolean compressionmode [, bool format]])`

Schreibt ein XML-Dokument, das sich in dem Objekt `doc` der Klasse `DomDocument` befindet, in eine neue Datei, die über `file` angegeben wird. Der dritte und vierte Übergabeparameter sind optional. `compressionmode` gibt an, ob die Leerzeichen (Whitespaces) komprimiert werden sollen (`true`) oder nicht (`false`). Der vierte Parameter `format` legt fest, ob der Inhalt der XML-Datei formatiert werden soll (`true`) oder nicht (`false`). Die Funktion ist ab PHP 4.2.1 durch die Methode `dump_file()` der Klasse `DomDocument` ersetzt worden. `domxml_dump_mem_file()` kann jedoch noch weiter eingesetzt werden.

```
$doc = domxml_new_doc("1.0");
$root = $doc->add_root("liste");
$child = $root->new_child("personen", "");
$child->new_child("name", "Manfred Clever");
domxml_dump_mem_file($doc, dirname(__FILE__)."/personen.xml");
```

PHP-Version: ab 4.2.0

domxml_dump_node ()

`string domxml_dump_node (object doc, object node)`

Schreibt den Inhalt eines Knotens eines XML-Dokuments oder eine XML-Datei in einen String, der dann im Browser ausgegeben werden kann. Der Übergabewert `domhandle` ist ein Zeiger, der durch die Funktionen `domxml_open_file()` oder `domxml_open_mem()` erhalten werden kann. Der zweite Übergabeparameter `node` ist der konkrete Knoten, der in einen String umgewandelt werden soll.

```
if(!$dom = domxml_open_file(dirname(__FILE__)."/test.xml")) {
  exit("Fehler beim Parsen");
}
$root=domxml_doc_get_root($dom);
print(domxml_dump_node($dom,$root));
```

PHP-Version: ab 4.2.0

domxml_elem_get_attribute ()

`string domxml_elem_get_attribute (object node, string attr)`

Die Funktion ermittelt den Wert eines Attributs, das den Namen `attr` trägt. Das XML-Element muss als Objekt `node` der Klassen `DomNode` oder `DomElement` als erster Übergabeparameter angegeben werden. Der Wert des Attributs wird als String zurück gegeben. Ist das Attribut nicht vorhanden, wird ein Leerstring zurück gegeben.

```
if(!$dom = domxml_open_file(dirname(__FILE__)."/test.xml")) {
  exit("Fehler beim Parsen");
}
$news=domxml_doc_get_elements_by_tagname($dom, "news");
$node=$news[0];
$attr=domxml_elem_get_attribute($node,"rubrik");
print ("<br>Attribut: ".$attr);
```

PHP-Version: ab 4.1.0

domxml_elem_set_attribute ()

`string domxml_elem_set_attribute (object node, string name, string value)`

Diese Funktion setzt ein Attribut `name` mit dem Wert `value` in ein XML-Element ein. Beide Angaben erfolgen als Textstring. Das XML-Element, in das das Attribut eingesetzt werden soll, muss als Objekt `node` der Klassen `DomNode` oder `DomElement` im ersten Argument angegeben werden. Alternativ können auch die Funktionen `domxml_setattr()` bzw. `domxml_set_attribute()` oder die Methode `set_attribute()` der Klasse `DomElement` eingesetzt werden.

```
if(!$dom = domxml_open_file(dirname(__FILE__)."/test.xml")) {
  exit("Fehler beim Parsen");
}
$news=domxml_doc_get_elements_by_tagname($dom, "news");
$node=$news[0];
domxml_elem_set_attribute($node,"id","200");
print(domxml_dump_mem($dom));
```

PHP-Version: ab 4.1.0

domxml_getattr ()

`string domxml_get_attr (object node, string attr)`

Die Funktion ermittelt den Wert eines Attributs, das den Namen `attr` trägt. Das XML-Element muss als Objekt `node` der Klassen `DomNode` oder `DomElement` als erster Übergabeparameter angegeben werden. Der Wert des Attributs wird als String zurückgegeben. Ist das Attribut nicht vorhanden, wird ein Leerstring zurück gegeben. Alternativ können auch die Funktionen `domxml_elem_get_attribute()` und `domxml_get_attribute()` eingesetzt werden.

```
if(!$dom = domxml_open_file(dirname(__FILE__)."/test.xml")) {
  exit("Fehler beim Parsen");
}
$news=domxml_doc_get_elements_by_tagname($dom, "news");
$node=$news[0];
$attr=domxml_getattr($node,"rubrik");
print ("<br>Attribut: ".$attr);
```

PHP-Version: ab 4.0.0

domxml_get_attribute ()

```
string domxml_get_attribute (object node, string attr)
```

Die Funktion ermittelt den Wert eines Attributs, das den Namen `attr` trägt. Das XML-Element muss als Objekt `node` der Klassen `DomNode` oder `DomElement` als erster Übergabeparameter angegeben werden. Der Wert des Attributs wird als String zurückgegeben. Ist das Attribut nicht vorhanden, wird ein Leerstring zurück gegeben. Alternativ können auch die Funktionen `domxml_elem_get_attribute()` und `domxml_getattr()` eingesetzt werden.

```
if(!$dom = domxml_open_file(dirname(__FILE__)."/test.xml")) {
  exit("Fehler beim Parsen");
}
$news=domxml_doc_get_elements_by_tagname($dom, "news");
$node=$news[0];
$attr=domxml_get_attribute($node,"rubrik");
print ("<br>Attribut: ".$attr);
```

PHP-Version: ab 4.0.5

domxml_html_dump_mem ()

```
string domxml_html_dump_mem (object doc)
```

Schreibt ein XML-Dokument, das sich in dem Objekt `doc` der Klasse `DomDocument` befindet, in einen String, der dann im Browser ausgegeben werden kann. Im Unterschied zu den Funktionen `domxml_dumpmem()` und `domxml_dump_mem()` wird der String als HTML im Browser angezeigt. Statt der Funktion `domxml_html_dump_mem()` kann auch die Methode `html_dump_mem()` der Klasse `DomDocument` eingesetzt werden.

```
$dom=domxml_new_doc("1.0");
domxml_add_root($dom,"personen");
print(domxml_html_dump_mem($dom));
```

PHP-Version: ab 4.2.0

domxml_new_doc()

```
object domxml_new_doc(string version)
```

Erzeugt ein neues XML-Dokument. Das Dokument verfügt nur über den XML-Prolog. Der Rückgabewert ist ein Objekt der Klasse `DomDocument`. Der Parameter `version` gibt die Versionsnummer von XML an. In der Regel dürfte hier 1.0 zum Einsatz kommen. Die Funktion `domxml_new_doc()` ersetzt ab PHP 4.2.1 die alte Funktion `domxml_new_xmldoc()`.

```
$dom=domxml_new_doc("1.0");
```

PHP-Version: ab 4.2.1

domxml_new_xmldoc()

```
object domxml_new_xmldoc(string version)
```

Erzeugt ein neues XML-Dokument. Das Dokument verfügt nur über den XML-Prolog. Der Rückgabewert ist ein Objekt der Klasse `DomDocument`. Der Parameter `version` gibt die Versionsnummer von XML an. In der Regel dürfte hier 1.0 zum Einsatz kommen. Die Funktion `domxml_new_xmldoc()` ist ab PHP 4.2.1 durch die Funktion `domxml_new_doc()` ersetzt worden. `domxml_new_xmldoc()` kann jedoch auch weiterhin eingesetzt werden.

```
$dom=domxml_new_xmldoc("1.0");
```

PHP-Version: ab 4.0.0

domxml_node ()

```
object domxml_node(string name)
```

Die Funktion erzeugt einen neuen Knoten, der dann in den Dokumentenbaum eingehängt werden kann. Der Rückgabewert ist ein Objekt der Klasse `DomNode`. Der Übergabeparameter `name` gibt den Namen des Knotens an. Alternativ kann auch die Methode `node()` der Klasse `DomNode` eingesetzt werden.

```
$dom=domxml_new_doc("1.0");
$node=domxml_node("personen");
domxml_doc_set_root($dom,$node);
print(domxml_html_dump_mem($dom));
```

PHP-Version: ab 4.0.0

domxml_node_add_namespace()

```
boolean domxml_node_add_namespace(object node, string uri, string
prefix)
```

Die Funktion erzeugt einen Namensraum und fügt diesen zu dem angegebenen Knoten hinzu. Der erste Übergabeparameter ist ein Objekt von `DomNode`, das zuvor über `domxml_node()` erzeugt werden kann. Diesem Objekt wird der Namensraum hinzugefügt. Der zweite Übergabeparameter `uri` ist die URI des Namensraums. Der dritte Parameter `prefix` enthält das Präfix des Namensraums. Der Rückgabewert ist `true`, wenn der Namensraum zu dem Knoten hinzugefügt werden konnte, ansonsten ist der Rückgabewert `false`. Alternativ können auch die Methoden `add_namespace()` bzw. `set_namespace()` der Klasse `DomNode` oder `create_element_ns()` der Klasse `DomDocument` verwendet werden. Das nachfolgende Beispiel erstellt das Wurzelelement `<personen xmlns:jst="http://www.xmlguru.de/start"/>` mit dem Präfix `jst` und der URI `http://www.xmlguru.de/start`:

```
$dom=domxml_new_doc("1.0");
$node=domxml_node("personen");
domxml_node_add_namespace($node,"http://www.xmlguru.de/start",
"jst");
domxml_doc_set_root($dom,$node);
print(domxml_dump_mem($dom));
```

PHP-Version: ab 4.3.0

domxml_node_attributes()

`array domxml_node_attributes(object node)`

Die Funktion ermittelt sämtliche Attribute eines Objekts `node` der Klassen `DomNode` oder `DomElement`. Der Rückgabewert ist ein Array, das die Attribute enthält. Jedes Attribut befindet sich in einem eigenen Array-Element, das ein Objekt der Klasse `DomAttribute` enthält. Um den Attributnamen und dessen Wert auszulesen, müssen die Methoden der Klasse `DomAttribute` verwendet werden (`name()`, `value()`). Alternativ kann auch die Funktion `domxml_node_get_content()` verwendet werden, die jedoch nur den Attributwert ermittelt und nicht dessen Namen. Statt der Funktion `domxml_node_attributes()` kann auch die Funktion `domxml_attributes()` eingesetzt werden. Das nachfolgende Beispiel liest sämtliche Attribute des Wurzelelements aus und gibt den Namen sowie den Wert aus.

```
if(!$dom = domxml_open_file(dirname(__FILE__)."/test.xml")) {
  exit("Fehler beim Parsen");
}
$root=domxml_doc_document_element($dom);
$attr=domxml_node_attributes($root);
for ($i = 0; $i<count($attr); $i++){
  $attribut = $attr[$i];
  print ("<br>Attributname: ".$attribut->name());
  print (" - Attributwert: ".$attribut->value());
}
```

PHP-Version: ab 4.1.0

domxml_node_children()

`array domxml_node_children (object node)`

Die Funktion ermittelt sämtliche untergeordneten Knoten, die sich unterhalb des Objekts `node` befinden. Der Übergabeparameter muss ein Objekt der Klassen `DomNode` oder `DomElement` sein. Der Rückgabewert ist ein Array, das die einzelnen Knoten als Objekt der Klasse `DomNode` enthält. Jedes Objekt befindet sich in einem eigenen Array-Element. Um die Objekte und deren Inhalte auszulesen, müssen die Methoden der Klasse `DomNode` verwendet werden (`node_type()`, `node_name()`). Alternativ kann auch die Methode `children()` der Klasse `DomDocument` oder die Funktionen `domxml_children()`, `domxml_node_get_content()` oder die Methode `child_nodes()` der Klasse `DomNode` verwendet werden. Das nachfolgende Beispiel ermittelt sämtliche Knoten, die sich unterhalb von <news> befinden, und gibt den Namen sowie den Wert aus.

```
if(!$dom = domxml_open_file(dirname(__FILE__)."/test.xml")) {
  exit("Fehler beim Parsen");
}
$tags=domxml_doc_get_elements_by_tagname($dom, "news");
for ($i = 0; $i<count($tags); $i++) {
  $node = $tags[$i];
  $children=domxml_node_children($node);
  print ("<br>Kinder: ".count($children));
```

```
  for ($k = 0; $k<count($children); $k++) {
   $child = $children[$k];
   print ("<br>".$child->node_type());
   print (" - ".$child->node_name());
   print (" - ".$k." ".domxml_node_get_content());
  }
}
```

PHP-Version: ab 4.1.0

domxml_node_get_content()

`array domxml_node_get_content (object node)`

Die Funktion ermittelt den Inhalt eines Knotens. Dies kann normaler Text sein, wenn der Knoten keine weiteren untergeordneten Knoten besitzt (wenn es sich um einen Textknoten handelt). Verfügt der Knoten über untergeordnete Elemente, die ihrerseits Text enthalten, wird auch der Inhalt dieser untergeordneten Elemente ausgegeben. Statt der Funktion `domxml_node_get_content()` kann auch die Methode `get_content()` der Klasse `DomNode` eingesetzt werden. Das nachfolgende Beispiel liest sämtliche Texte des Wurzelelements und aller untergeordneten Elemente aus.

```
if(!$dom = domxml_open_file(dirname(__FILE__)."/test.xml")) {
  exit("Fehler beim Parsen");
}
$root=domxml_doc_get_root($dom);
print(domxml_node_get_content($root));
```

PHP-Version: ab 4.2.0

domxml_node_new_child()

`object domxml_node_new_child (object node, string name, string content)`

Die Funktion erzeugt ein neues Element und hängt es als Kind unterhalb des angegebenen Knotens ein. Der Knoten wird über `node` angegeben und muss ein Objekt der Klasse `DomNode` sein. Über `name` wird der Elementname angegeben und `content` enthält den Textinhalt des Elements an. Der Rückgabewert ist ein Objekt der Klasse `DomNode`. Das nachfolgende Beispiel erzeugt ein neues Tag mit dem Namen `<name>` und dem Inhalt `Vicki`. Dieses Element wird unterhalb von `<personen>` eingehängt.

```
$dom=domxml_new_doc("1.0");
$node=domxml_node("personen");
domxml_doc_set_root($dom,$node);
$knoten=domxml_node_new_child($node,"name","Vicki");
print($knoten);
```

PHP-Version: ab 4.1.0

domxml_node_set_content()

```
boolean domxml_node_set_content (object node, string content)
```

Die Funktion setzt einen Textinhalt in ein Element ein. Der Knoten wird über node angegeben und muss ein Objekt der Klasse DomNode sein. Über content wird der Textinhalt des Elements angegeben. Das nachfolgende Beispiel setzt einen neuen Textinhalt für das Wurzelelement.

```
$dom=domxml_new_doc("1.0");
$node=domxml_node("personen");
domxml_node_set_content($node,"HalliGalli");
domxml_doc_set_root($dom,$node);
print(domxml_dump_mem($dom));
```

PHP-Version: ab 4.2.0

domxml_node_set_namespace()

```
boolean domxml_node_set_namespace (object node, string uri, string
prefix)
```

Die Funktion erzeugt einen Namensraum und fügt diesen zu dem angegebenen Knoten hinzu. Der erste Übergabeparameter ist ein Objekt von DomNode, das zuvor über domxml_node() erzeugt werden kann. Diesem Objekt soll der Namensraum hinzugefügt werden. Der zweite Übergabeparameter uri ist die URI des Namensraums. Der dritte Parameter prefix enthält das Präfix des Namensraums. Der Rückgabewert ist true, wenn der Namensraum zu dem Knoten hinzugefügt werden konnte, ansonsten ist der Rückgabewert false. Statt der Funktion domxml_node_set_namespace() kann auch die Methode set_namespace() der Klasse DomNode eingesetzt werden. Das nachfolgende Beispiel erstellt das Wurzelelement <personen xmlns:jst="http://www.xmlguru.de/start"/> mit dem Präfix jct und der URI http://www.xmlguru.de/start:

```
$dom=domxml_new_doc("1.0");
$node=domxml_node("personen");
domxml_node_set_namespace($node,"http://www.xmlguru.de/start",
"jst");
domxml_doc_set_root($dom,$node);
print(domxml_dump_mem($dom));
```

PHP-Version: ab 4.3.0

domxml_node_unlink_node (object node)

```
domxml_node_unlink_node (object node)
```

Die Funktion entfernt einen Knoten aus dem DOM-Dokumentenbaum. Der zu entfernende Knoten wird über node angegeben. Alternativ können auch die Funktion domxml_unlink_node() oder die Methode unlink_node() bzw. unlink() der Klasse DomNode verwendet werden. Das nachfolgende Beispiel entfernt das Wurzelelement aus dem Dokumentenbaum:

```
if(!$dom = domxml_open_file(dirname(__FILE__)."/test.xml")) {
  exit("Fehler beim Parsen");
}
$root=domxml_doc_document_element($dom);
domxml_node_unlink_node($root);
print($dom->dump_mem());
```

PHP-Version: ab 4.1.0

domxml_open_file()

```
object domxml_open_file (string filename [, int mode, array
error])
```

Lädt und parst eine XML-Datei, die über `filename` angegeben wird. Der Rückgabewert ist ein Objekt der Klasse `DomDocument`, das die XML-Datei als Dokumentenbaum enthält. Der zweite Übergabeparameter an die Methode gibt den Modus an und kann auch weggelassen werden. Hierüber kann angegeben werden, ob die Datei nur geladen, geparst oder validiert werden soll. Die möglichen Werte befinden sich in der Tabelle B.1. Der Parameter ist erst ab PHP 4.3.0 verfügbar.

Mode	Beschreibung
DOMXML_LOAD_DONT_KEEP_BLANKS	Eine XML-Datei wird beim Laden formatiert und sämtliche Zeilenumbrüche bzw. Leerzeichen werden entfernt.
DOMXML_LOAD_PARSING	Eine XML-Datei wird beim Laden geparst.
DOMXML_LOAD_VALIDATING	Eine XML-Datei wird beim Laden gegen eine vorhandene DTD validiert.

Tabelle B.1: Mögliche Parameter für das Laden von XML-Dateien

Der dritte Parameter ist ein Array, das aufgetretene Fehlermeldungen enthält, und kann auch weggelassen werden. Sind Fehler aufgetreten, liegen diese in je einem eigenen Array-Element vor. Jedes Array-Element ist wiederum ein Array, das über mehrere Elemente verfügt, die genauere Informationen über den Fehler geben. Die einzelnen Elemente können Sie der Tabelle B.2 entnehmen. Der Parameter ist erst ab PHP 4.3.0 verfügbar.

Array-Element	Beschreibung
errormessage	Gibt eine Beschreibung des Fehlers an.
nodename	Gibt den Namen des Knotens an, in dem der Fehler aufgetreten ist (kann auch in einem untergeordneten Knoten liegen).
line	Gibt die Zeilenummer in der XML-Datei an.

Tabelle B.2: Die Array-Elemente des ersten Arrays in dem dritten Übergabewert

Array-Element	Beschreibung
col	Gibt die Spaltennummer in der XML-Datei an.
directory	Gibt das Verzeichnis der Apache-Installation an.
file	Gibt das Verzeichnis und den Dateiname der Datei an, in der der Fehler aufgetreten ist.

Tabelle B.2: Die Array-Elemente des ersten Arrays in dem dritten Übergabewert (Forts.)

Die Funktion `domxml_open_file()` ersetzt ab PHP 4.2.1 die alte Funktion `xmldocfile()`. Das nachfolgende Beispiel lädt eine XML-Datei.

```
if(!$dom = domxml_open_file(dirname(__FILE__)."/test.xml")) {
  exit("Fehler beim Parsen");
}
```

Das nachfolgende Beispiel lädt ein XML-Datei und validiert diese gegen eine vorhandene DTD. Mögliche Fehler werden in dem dritten Übergabeparameter an `domxml_open_file()` gespeichert und ausgegeben.

```
<?php
 if(!$dom =@domxml_open_file(dirname(__FILE__)."/buchliste.xml",
DOMXML_LOAD_VALIDATING, $error)) {
  exit("Fehler beim Parsen");
 }
 $err=$error[0];
 print ($err[errormessage]);
 print ("<br>".$err[nodename]);
 print ("<br>".$err[line]);
 print ("<br>".$err[col]);
 print ("<br>".$err[directory]);
 print ("<br>".$err[file]);
?>
```

PHP-Version: ab 4.2.1

domxml_open_mem ()

```
object domxml_open_mem(string xmlstr [, int mode, array error])
```

Parst ein XML-Dokument. Der Rückgabewert ist ein Objekt der Klasse `DomDocument`, das das XML-Dokument als Dokumentenbaum enthält. Der Unterschied zur Funktion `domxml_open_file()` liegt darin, dass `domxml_open_mem()` nicht genutzt werden kann, um eine XML-Datei zu laden. Der XML-Content muss sich für diese Funktion in einer Variablen befinden, die an die Funktion übergeben wird. Der zweite Übergabeparameter an die Methode gibt den Modus an und ist optional. Hierüber kann angegeben werden, ob die Datei nur geladen, geparst oder validiert werden soll. Die möglichen Werte sind in der Tabelle B.1 der Funktion `domxml_open_file()` beschrieben. Der Parameter ist ab PHP 4.2.1 enthalten. Der dritte Parameter ist ebenfalls optional und ein Array, das aufgetretene

Fehlermeldungen enthält, und kann auch weggelassen werden. Sind Fehler aufgetreten, liegen diese in je einem eigenen Array-Element vor. Jedes Array-Element ist wiederum ein Array, das über mehrere Elemente verfügt, die genauere Informationen über den Fehler geben. Die einzelnen Elemente sind in der Tabelle B.2 der Funktion `domxml_open_file()` beschrieben. Der Parameter ist ab PHP 4.3.0 enthalten. Die Funktion `domxml_open_mem()` ersetzt ab PHP 4.2.1 die alte Funktion `xmldoc()`. Alternativ können auch die Funktionen `domxml_xmltree()` oder `xmltree()` verwendet werden.

```
$xmlstr="<test>Dies ist ein Test</test>";
if(!$dom = domxml_open_mem($xmlstr)) {
  exit("Fehler beim Parsen");
}
```

PHP-Version: ab 4.2.1

domxml_parser ()

```
object domxml_parser()
```

Diese Funktion erstellt einen neuen Parser. Der Rückgabewert der Funktion ist ein Objekt der Klasse `DomParser`. Das nachfolgende Beispiel erstellt einen DOM-Parser und ein XML-Dokument, das über das Wurzelelement `root` und den Inhalt `Dies ist das Wurzelelement` verfügt:

```
$parser = domxml_parser();
$parser->start_document();
$parser->start_element("root");
$parser->characters("Dies ist das Wurzelelement");
$parser->end_element("root");
$parser->end_document();
$dom = $parser->get_document();
print htmlentities($dom->dump_mem());
```

PHP-Version: ab 4.2.1

domxml_parser_add_chunk ()

```
boolean domxml_parser_add_chunk (object parser, string content )
```

Diese Methode fügt einen String `content` in das Dokument ein. Der String kann dabei über Tags verfügen. Für reinen Text sollte die Methode `characters()` der Klasse `DomParser` verwendet werden. Der erste Übergabeparameter `parser` ist ein Objekt der Klasse `DomParser`, das über die Funktion `domxml_parser()` erhalten wird. Statt `add_chunk()` kann auch die Methode `end()` der Klasse `DomParser` verwendet werden. Diese beendet zwar ein XML-Dokument, jedoch kann wie bei `add_chunk()` ein String inklusive Tags an die Methode übergeben werden. Alternativ kann auch die Methode `add_chunk()` der Klasse `DomParser` eingesetzt werden.

```
$parser = domxml_parser();
domxml_parser_start_document($parser);
domxml_parser_add_chunk($parser,"<test>Hallo</test>");
```

```
domxml_parser_end_document($parser);
$dom = domxml_parser_get_document($parser);
print ($dom->dump_mem());
```

PHP-Version: ab 4.2.1

domxml_parser_cdata_section()

```
boolean domxml_parser_cdata_section (object parser, string
content)
```

Die Methode erzeugt einen CDATA-Abschnitt. Der Inhalt des CDATA-Abschnitts wird als String `content` angegeben. Ein CDATA-Abschnitt wird vom XML-Parser nicht geparst. Der erste Übergabeparameter `parser` ist ein Objekt der Klasse `DomParser`, das über die Funktion `domxml_parser()` erhalten wird. Alternativ kann auch die Methode `cdata_section()` der Klasse `DomParser` eingesetzt werden. Das nachfolgende Beispiel erzeugt diese XML-Datei:

```
<?xml version="1.0" encoding="ISO-8859-1"?>
<root>
   <![CDATA[
     out.println("Guten Tag");
   ]]>
</root>
```

Der Inhalt des CDATA-Abschnitts wird als String übergeben. Der Parser fügt die Auszeichnungen `<![CDATA[` und `]]>` hinzu:

```
$parser = domxml_parser();
domxml_parser_start_document($parser);
domxml_parser_start_element($parser,"root");
domxml_parser_cdata_section($parser,"Guten Tag");
domxml_parser_end_element($parser,"root");
domxml_parser_end_document($parser);
$dom = domxml_parser_get_document($parser);
```

PHP-Version: ab 4.3.0

domxml_parser_characters ()

```
boolean domxml_parser_characters (object parser, string content )
```

Diese Methode setzt einen Textinhalt `content` in ein Tagpaar ein. Die Methode muss zwischen den Methoden `start_element()` und `end_element()` der Klasse `DomParser` aufgerufen werden. Der erste Übergabeparameter `parser` ist ein Objekt der Klasse `DomParser`, das über die Funktion `domxml_parser()` erhalten wird. Alternativ kann auch die Methode `characters()` der Klasse `DomParser` eingesetzt werden.

```
$parser = domxml_parser();
domxml_parser_start_document($parser);
domxml_parser_start_element($parser,"root");
domxml_parser_characters($parser,"Dies ist das Wurzelelement");
```

```
domxml_parser_end_element($parser,"root");
domxml_parser_end_document($parser);
$dom = domxml_parser_get_document($parser);
print ($dom->dump_mem());
```

PHP-Version: ab 4.3.0

domxml_parser_comment ()

```
boolean domxml_parser_comment (object parser, string content)
```

Diese Methode erzeugt einen Kommentar `content`. Die XML-Auszeichnungen eines Kommentars über `<!--` und `-->` werden vom Parser erzeugt. Der erste Übergabeparameter `parser` ist ein Objekt der Klasse `DomParser`, das über die Funktion `domxml_parser()` erhalten wird. Alternativ kann auch die Methode `comment()` der Klasse `DomParser` eingesetzt werden.

```
$parser = domxml_parser();
domxml_parser_start_document($parser);
domxml_parser_comment($parser,"Jetzt kommt das Wurzelelement");
domxml_parser_start_element($parser,"root");
domxml_parser_characters($parser,"Dies ist das Wurzelelement");
domxml_parser_end_element($parser,"root");
domxml_parser_end_document($parser);
$dom = domxml_parser_get_document($parser);
print ($dom->dump_mem());
```

PHP-Version: ab 4.3.0

domxml_parser_end ()

```
object domxml_parser_end(object parser, [string content])
```

Diese Methode beendet ein XML-Dokument, das vorher über die Methode `start_document()` der Klasse `DomParser` erzeugt wurde. Der Rückgabewert der Methode ist ein Objekt der Klasse `DomDocument`. Über die Methoden der Klasse `DomDocument` kann das Objekt weiter bearbeitet werden. Alternativ kann die Methode `end_document()` verwendet werden, die jedoch nur einen booleschen Wert zurück gibt. Um dann ein Objekt der Klasse `DomDocument` zu erhalten, müsste die Methode `get_document()` eingesetzt werden. Die Methode `end()` vereinfacht dies, indem sie direkt ein Objekt von `DomDocument` zurück gibt. Der Übergabeparameter `content` ist optional. Der String kann dabei über Tags verfügen (ähnlich wie bei der Funktion `domxml_parser_add_chunk()` bzw. der Methode `add_chunk()` der Klasse `DomParser`). Der erste Übergabeparameter `parser` ist ein Objekt der Klasse `DomParser`, das über die Funktion `domxml_parser()` erhalten wird. Alternativ kann auch die Methode `end()` der Klasse `DomParser` eingesetzt werden.

```
$parser = domxml_parser();
domxml_parser_start_document($parser);
$dom =domxml_parser_end ($parser,"<root> Guten Tag</root>");
```

PHP-Version: ab 4.2.1

domxml_parser_end_document()

`boolean domxml_parser_end_document (object parser)`

Diese Methode beendet ein XML-Dokument, das vorher über die Methode `start_document()` der Klasse `DomParser` erzeugt wurde. Der erste Übergabeparameter `parser` ist ein Objekt der Klasse `DomParser`, das über die Funktion `domxml_parser()` erhalten wird. Alternativ kann auch die Methode `end_document()` der Klasse `DomParser` eingesetzt werden.

```
$parser = domxml_parser();
domxml_parser_start_document($parser);
domxml_parser_end_document($parser);
```

PHP-Version: ab 4.3.0

domxml_parser_end_element()

`boolean domxml_parser_end_element(object parser, string name)`

Diese Methode erzeugt ein End-Tag `name`. Die Methode kann nur genutzt werden, wenn vorher das gleichnamige Tag über die Methode `start_element()` der Klasse `DomParser` geöffnet wurde. Der Tagname des Elements wird als String übergeben. Der erste Übergabeparameter `parser` ist ein Objekt der Klasse `DomParser`, das über die Funktion `domxml_parser()` erhalten wird. Alternativ kann auch die Methode `end_element()` der Klasse `DomParser` eingesetzt werden.

```
$parser = domxml_parser();
domxml_parser_start_document($parser);
$attr=array('id'=>'100','wichtig'=>'nein');
domxml_parser_start_element($parser,"root", $attr);
domxml_parser_characters($parser,"Dies ist das Wurzelelement");
domxml_parser_end_element($parser,"root");
domxml_parser_end_document($parser);
```

PHP-Version: ab 4.3.0

domxml_parser_entity_reference ()

`boolean domxml_parser_entity_reference (object parser, string entity)`

Diese Methode erzeugt ein Entity. Dabei kann die Methode sowohl Namensentitäten als auch dezimale Entitäten erzeugen. Die Entität wird als String übergeben. Bei einer Namensentität wird nur der Name der Entität angegeben, nicht die Symbole `&` zur Einleitung und `;` zum Abschluss. Um die Namensentität `©` zu erzeugen (dies stellt das Copyright-Zeichen dar), muss nur der Name `copy` als String angegeben werden. Bei einer dezimalen Entität muss ebenfalls auf `&` und `;` verzichtet werden. Hier müssen nur das Symbol `#` zur Einleitung der Zahl und der konkrete Zahlenwert angegeben werden. Soll beispielsweise die dezimale Entität `ß` erzeugt werden (dies stellt den Buchstaben ß dar), muss an die Methode der String `#223` übergeben werden. Der erste Übergabeparameter `parser` ist ein Objekt der Klasse `DomParser`, das über die Funktion `domxml_parser()`

erhalten wird. Alternativ kann auch die Methode `entity_reference()` der Klasse `DomParser` eingesetzt werden.

```
$parser = domxml_parser();
domxml_parser_start_document($parser);
domxml_parser_start_element($parser,"root");
domxml_parser_entity_reference($parser,"copy");
domxml_parser_entity_reference($parser,"#223");
domxml_parser_end_element($parser,"root");
domxml_parser_end_document($parser);
```

PHP-Version: ab 4.3.0

domxml_parser_get_document()

`object domxml_parser_get_document (object parser)`

Diese Methode gibt ein Objekt der Klasse `DomDocument` zurück, das vorher über die Methode `start_document()` der Klasse `DomParser` oder über die Funktion `domxml_parser_start_document()` erzeugt und bearbeitet wurde. Über die Methoden der Klasse `DomDocument` kann das Objekt weiter bearbeitet werden. Der Übergabeparameter `parser` ist ein Objekt der Klasse `DomParser`, das über die Funktion `domxml_parser()` erhalten wird. Alternativ kann auch die Methode `get_document()` der Klasse `DomParser` eingesetzt werden. Der Aufruf der Methoden `end_document()` und `get_document()` kann eingespart werden, wenn die Methode `end()` der Klasse `DomParser` aufgerufen wird. Die Methode `end()` beendet wie `end_document()` das Dokument, gibt aber ein Objekt der Klasse `DomDocument` zurück.

```
$parser = domxml_parser();
domxml_parser_start_document($parser);
domxml_parser_start_element($parser,"root");
domxml_parser_characters($parser,"Dies ist das Wurzelelement");
domxml_parser_end_element($parser,"root");
domxml_parser_end_document($parser);
$dom= domxml_parser_get_document($parser);
$root=$dom->document_element();
print ($root->node_name());
```

PHP-Version: ab 4.3.0

domxml_parser_namespace_decl()

`boolean domxml_parser_namespace_decl(object parser, string uri, string prefix)`

Die Methode erzeugt einen Namensraum und fügt diesen zu dem vorhergehenden Element hinzu. Der erste Übergabeparameter `parser` ist ein Objekt der Klasse `DomParser`, das über die Funktion `domxml_parser()` erhalten wird. Der zweite Übergabeparameter `uri` ist die URI des Namensraums. Der dritte Parameter `prefix` enthält das Präfix des Namensraums. Der Rückgabewert ist `true`, wenn der Namensraum zu dem Element hinzugefügt werden konnte, ansonsten ist der Rückgabewert `false`. Alternativ kann auch die Methode namespace_decl() der Klasse DomParser eingesetzt werden. Das nachfolgende Beispiel erstellt ein Wurzelelement <root xmlns:php="http://www.xmlguru.de/php"> mit dem Präfix php und der URI http://www.xmlguru.de/php:

```
$parser = domxml_parser($parser);
domxml_parser_start_document($parser);
domxml_parser_start_element($parser,"root");
domxml_parser_namespace_decl($parser,"http://www.xmlguru.de/
php","php");
domxml_parser_end_element($parser,"root");
domxml_parser_end_document($parser);
```

PHP-Version: ab 4.3.0

domxml_parser_processing_instruction ()

```
boolean domxml_parser_processing_instruction (object parser,
string target, string data)
```

Die Methode erzeugt eine Processing Instruction (PI). Der zweite Übergabeparameter data gibt die konkreten Anweisungen an. Der erste Übergabeparameter parser ist ein Objekt der Klasse DomParser, das über die Funktion domxml_parser() erhalten wird. Über den zweiten Parameter target wird der Name der PI angegeben. Der dritte Übergabeparameter enthält die konkrete Information. Beispielsweise ist bei der Processing Instruction <?xml-stylesheet href='test.xsl' type='text/xsl'?> das target hier xml-stylesheet und data ist href='test.xsl' type='text/xsl', die als Strings an die Methode processing_instruction() übergeben werden müssen. Alternativ kann auch die Methode processing_instruction() der Klasse DomParser eingesetzt werden. Der nachfolgenden Code erzeugt ein XML-Dokument mit einer PI:

```
<?xml version="1.0" encoding="iso-8859-1"?>
<?xsl-stylesheet href='test.xsl' type='text/xsl'?>
<root/>
```

PHP-Code lautet:

```
$parser = domxml_parser();
domxml_parser_start_document($parser);
domxml_parser_processing_instruction($parser,"xml-
stylesheet","href='test.xsl' type='text/xsl'");
domxml_parser_start_element($parser,"root");
domxml_parser_end_element($parser,"root");
domxml_parser_end_document($parser);
```

PHP-Version: ab 4.3.0

domxml_parser_start_document()

```
boolean domxml_parser_start_document (object parser)
```

Diese Methode startet ein neues XML-Dokument. Das erzeugte Dokument ist leer und verfügt nur über den XML-Prolog. Ein Dokument muss über die Methode end_document() der Klasse DomParser wieder geschlossen werden. Der erste Übergabeparameter parser ist ein Objekt der Klasse DomParser, das über die Funktion domxml_parser() erhalten wird. Alternativ kann auch die Methode start_document() der Klasse DomParser eingesetzt werden.

```
$parser = domxml_parser();
domxml_parser_start_document($parser);
domxml_parser_end_document($parser);
```

PHP-Version: ab 4.3.0

domxml_parser_start_element()

```
boolean domxml_parser_start_element(object parser, string name,
array attributes)
```

Diese Methode erzeugt ein neues Start-Tag name. Während die Methode create_element() der Klasse DomDocument das Start- und End-Tag erzeugt, erstellt diese Methode nur das Start-Tag. Das End-Tag muss über die Methode end_element() der Klasse DomParser oder über die Funktion domxml_parser_end_element() gesetzt werden. Der erste Übergabeparameter an die Funktion domxml_parser_start_element() ist ein Objekt der Klasse DomParser, das über die Funktion domxml_parser() erhalten wird. Der Tagname des Elements wird im zweiten Parameter als String übergeben. Der dritte Übergabeparameter ist ein Array, das die einzelnen Attribute enthält. Die Attribute werden nacheinander in das Array geschrieben. Das erste Array-Element ist der Name des ersten Attributs, das zweite Array-Element ist der Wert des ersten Attributs, das dritte Array-Element ist der Name des zweiten Attrributs usw. Der zweite Übergabeparameter ist optional und kann auch wegfallen. Zwischen start_element() und end_element() kann der konkrete Inhalt gesetzt werden, z.B. über die characters()-Methode der Klassse DomParser. Alternativ kann auch die Methode start_element() der Klasse DomParser eingesetzt werden.

```
$parser = domxml_parser();
domxml_parser_start_document($parser);
$attr=array('id'=>'100','wichtig'=>'nein');
domxml_parser_start_element($parser,"root", $attr);
domxml_parser_characters($parser,"Dies ist das Wurzelelement");
domxml_parser_end_element($parser,"root");
domxml_parser_end_document($parser);
$dom = domxml_parser_get_document($parser);
print ($dom->dump_mem());
```

PHP-Version: ab 4.3.0

domxml_root ()

```
object domxml_root(int domhandle)
```

Die Funktion ermittelt das Wurzelelement einer XML-Datei oder eines XML-Dokuments, das sich in einer Variablen befindet. Bei HTML-Dokumenten ist das Wurzelelement immer html. Der Übergabewert domhandle ist ein Zeiger, der durch die Funktionen domxml_open_file() oder domxml_open_mem() erhalten werden kann. Der Rückgabewert ist ein Objekt der Klasse `DomDocument`. Alternativ können auch die Funktionen `domxml_doc_document_element()` oder `domxml_doc_get_root()` eingesetzt werden.

```
if(!$dom = domxml_open_file(dirname(__FILE__)."/test.xml")) {
  exit("Fehler beim Parsen");
}
$root=domxml_root($dom);
```

PHP-Version: ab 4.0.0

domxml_setattr ()

```
string domxml_setattr (object node, string name, string value)
```

Diese Funktion setzt ein Attribut `name` mit dem Wert `value` in ein XML-Element ein. Beide Angaben erfolgen als Textstring. Der erste Übergabeparameter `node` ist das Objekt der Klassen `DomNode` oder `DomElement`, in das das Attribut eingesetzt werden soll. Alternativ können auch die Funktionen `domxml_element_set_attribute()` bzw. `domxml_set_attribute()` oder die Methode `set_attribute()` der Klasse `DomElement` eingesetzt werden.

```
if(!$dom = domxml_open_file(dirname(__FILE__)."/test.xml")) {
  exit("Fehler beim Parsen");
}
$news=domxml_doc_get_elements_by_tagname($dom, "news");
$node=$news[0];
domxml_setattr($node,"id","200");
print(domxml_dump_mem($dom));
```

PHP-Version: ab 4.0.0

domxml_set_attribute ()

```
string domxml_set_attribute (object node, string name, string
value)
```

Diese Funktion setzt ein Attribut `name` mit dem Wert `value` in ein XML-Element ein. Beide Angaben erfolgen als Textstring. Der erste Übergabeparameter `node` ist das Objekt der Klassen `DomNode` oder `DomElement`, in das das Attribut eingesetzt werden soll. Alternativ können auch die Funktionen `domxml_element_set_attribute()` bzw. `domxml_set-attr()` oder die Methode `set_attribute()` der Klasse `DomElement` bzw. `DomNode` eingesetzt werden.

```
if(!$dom = domxml_open_file(dirname(__FILE__)."/test.xml")) {
  exit("Fehler beim Parsen");
}
$news=domxml_doc_get_elements_by_tagname($dom, "news");
$node=$news[0];
domxml_set_attribute($node,"id","200");
print(domxml_dump_mem($dom));
```

PHP-Version: ab 4.0.5

domxml_set_content()

```
boolean domxml_set_content (object node, string content)
```

Die Funktion setzt einen Textinhalt in ein Element ein. Der Knoten wird über `node` angegeben und muss ein Objekt der Klasse `DomNode` sein. Über `content` wird der Textinhalt des Elements angegeben. Das nachfolgende Beispiel setzt einen neuen Textinhalt für das Wurzelelement.

```
$dom=domxml_new_doc("1.0");
$node=domxml_node("personen");
domxml_set_content($node,"HalliGalli");
domxml_doc_set_root($dom,$node);
```

PHP-Version: nur 4.0.4 bis 4.0.6

domxml_unlink_node ()

```
void domxml_unlink_node (object node)
```

Die Funktion entfernt einen Knoten aus dem DOM-Dokumentenbaum. Der zu entfernende Knoten wird über `node` angegeben. Alternativ können auch die Funktion `domxml_node_unlink_node()` oder die Methoden `unlink_node()` bzw. `unlink()` der Klasse `DomNode` verwendet werden. Das nachfolgende Beispiel entfernt das Wurzelelement aus dem Dokumentenbaum:

```
if(!$dom = domxml_open_file(dirname(__FILE__)."/test.xml")) {
  exit("Fehler beim Parsen");
}
$root=domxml_doc_document_element($dom);
domxml_unlink_node($root);
print($dom->dump_mem());
```

PHP-Version: ab 4.0.5

domxml_version()

```
string domxml_version ()
```

Gibt die Versionsnummer der DOM-Bibliothek (und damit von libxml2) aus.

```
print (domxml_version());
```

PHP-Version: ab 4.1.0

domxml_xmltree()

```
object domxml_xmltree(string xmlstr)
```

Parst ein XML-Dokument. Der Rückgabewert ist ein Objekt der Klasse `DomDocument`, das das XML-Dokument als Dokumentenbaum enthält. Das XML-Dokument muss sich in einem String befinden, der an die Funktion übergeben wird. Die Funktion `domxml_xmltree()` ersetzt ab PHP 4.2.1 die alte Funktion `xmltree()`. Alternativ können auch die Funktionen `domxml_open_mem()` oder `xmldoc()` verwendet werden.

```
$xmlstr='<?xml version="1.0" encoding="ISO-8859-1"?>
         <test>Dies ist ein Test</test>';
if(!$dom = domxml_xmltree($xmlstr)) {
  exit("Fehler beim Parsen");
}
```

PHP-Version: ab 4.2.1

domxml_xslt_version()

```
string domxml_xslt_version (void)
```

Gibt die Versionsnummer der libxslt-Bibliothek aus.

```
print (domxml_xslt_version());
```

PHP-Version: ab 4.2.0

domxml_xslt_stylesheet ()

```
object domxml_xslt_stylesheet (string str)
```

Erzeugt ein Objekt der Klasse `DomXsltStylesheet` auf der Basis eines XSLT-Dokuments, das als String vorliegt. Das Objekt der Klasse `DomXsltStylesheet` wird benötigt, um die Formung einer XML-Datei durchzuführen. Alternativ können auch die Methoden `domxml_xslt_stylesheet_file()` und `domxml_xslt_stylesheet_doc()` verwendet werden, die das XSLT-Dokument entweder als Datei oder als ein Objekt der Klasse `DomDocument` voraussetzen.

```
$xmldoc = domxml_open_file(dirname(__FILE__)."/neu.xml");
$xsltstr='<?xml version="1.0" encoding="ISO-8859-1"?>
         <xsl:stylesheet version="1.0" xmlns:xsl="http://
www.w3.org/1999/XSL/Transform">
         <xsl:output method="html" encoding="ISO-8859-1"/>
         <xsl:template match="/">
         <html><head><title>xmlguru.de [news]</title>
         </head><body>Hallo</body></html>
         </xsl:template></xsl:stylesheet>';
$xsldoc  = domxml_xslt_stylesheet ($xsltstr);
$result  = $xsldoc->process($xmldoc);
print ($result->dump_mem());
```

PHP-Version: ab 4.2.0

domxml_xslt_stylesheet_doc ()

```
object domxml_xslt_stylesheet_doc (object domdoc)
```

Erzeugt ein Objekt der Klasse `DomXsltStylesheet` auf der Basis eines Objekts der Klasse `DomDocument`. Das Objekt der Klasse `DomXsltStylesheet` wird benötigt, um die Formung einer XML-Datei durchzuführen. Die XSLT-Datei, die für die Formung benötigt wird, muss als ein `DomDocument`-Objekt vorliegen und an die Methode übergeben werden. Alternativ kann auch die Methode `domxml_xslt_stylesheet_file()` verwendet werden.

```
$xmldoc = domxml_open_file(dirname(__FILE__)."/neu.xml");
$xsldomdoc = domxml_open_file(dirname(__FILE__)."/was_xml.xsl");
$xsldoc  = domxml_xslt_stylesheet_doc ($xsldomdoc);
$result  = $xsldoc->process($xmldoc);
print ($result->dump_mem());
```

PHP-Version: ab 4.2.0

domxml_xslt_stylesheet_file ()

```
object domxml_xslt_stylesheet_file (string xslfile)
```

Erzeugt ein Objekt der Klasse `DomXsltStylesheet` auf der Basis der XSLT-Datei `xslfile`. Das Objekt der Klasse `DomXsltStylesheet` wird benötigt, um die Formung einer XML-Datei durchzuführen. Alternativ kann auch die Methode `domxml_xslt_stylesheet_doc()` verwendet werden, bei der das XSLT-Dokument als ein Objekt der Klasse `DomDocument` vorliegen muss.

```
$xmldoc = domxml_open_file(dirname(__FILE__)."/neu.xml");
$xsldoc  = domxml_xslt_stylesheet_file (dirname(__FILE__)."/
was_xml.xsl");
$result  = $xsldoc->process($xmldoc);
print ($result->dump_mem());
```

PHP-Version: ab 4.2.0

xmldoc()

```
object xmldoc(string xmlstr [, int mode, array error])
```

Parst ein XML-Dokument. Der Rückgabewert ist ein Objekt der Klasse `DomDocument`, das das XML-Dokument als Dokumentenbaum enthält. Der Unterschied zur Funktion `xmldocfile()` liegt darin, dass `xmldoc()` nicht genutzt werden kann, um eine XML-Datei zu laden. Der XML-Content muss sich für diese Funktion in einer Variablen befinden. Der zweite Übergabeparameter an die Methode gibt den Modus an und ist optional. Hierüber kann angegeben werden, ob die Datei nur geladen, geparst oder validiert werden soll. Die möglichen Werte sind in der Tabelle B.1 der Funktion `domxml_open_file()` beschrieben. Der Parameter ist ab PHP 4.2.1 enthalten. Der dritte Parameter ist ebenfalls optional und ein Array, das aufgetretene Fehlermeldungen enthält, und kann auch weggelassen werden. Sind Fehler aufgetreten, liegen diese in je einem eigenen Array-Element vor. Jedes Array-Element ist wiederum ein Array, das über mehrere Elemente verfügt, die genauere Informationen über den Fehler geben. Die einzelnen Elemente sind in der Tabelle B.2 der Funktion `domxml_open_file()` beschrieben. Der Parameter ist ab PHP 4.3.0 enthalten. Die Funktion `xmldoc()` ist ab PHP 4.2.1 durch die Funktion `domxml_open_mem()` ersetzt worden. `xmldoc()` kann aber noch weiterhin eingesetzt werden.

```
$xmlstr="<test>Dies ist ein Test</test>";
if(!$dom = xmldoc($xmlstr)) {
  exit("Fehler beim Parsen");
}
```

PHP-Version: ab 4.0.0

xmldocfile()

```
object xmldocfile(string filename, [int mode, array error])
```

Lädt und parst eine XML-Datei, die über `filename` angegeben wird. Der Rückgabewert ist ein Objekt der Klasse `DomDocument`, das die XML-Datei als Dokumentenbaum enthält. Der zweite Übergabeparameter an die Methode gibt den Modus an und kann auch weggelassen werden. Hierüber kann angegeben werden, ob die Datei nur geladen, geparst oder validiert werden soll. Die möglichen Werte sind in der Tabelle B.1 der Funktion `domxml_open_file()` beschrieben. Der Parameter ist erst ab PHP 4.3.0 verfügbar. Der dritte Parameter ist ein Array, das aufgetretene Fehlermeldungen enthält, und kann auch weggelassen werden. Sind Fehler aufgetreten, liegen diese in je einem eigenen Array-Element vor. Jedes Array-Element ist wiederum ein Array, das über mehrere Elemente verfügt, die genauere Informationen über den Fehler geben. Die einzelnen Elemente sind in der Tabelle B.2 der Funktion `domxml_open_file()` beschrieben. Der Parameter ist erst ab PHP 4.3.0 verfügbar. Die Funktion `xmldocfile()` ist ab PHP 4.2.1 durch die Funktion `domxml_open_file()` ersetzt worden. `xmldocfile()` kann aber noch weiterhin eingesetzt werden. Das nachfolgende Beispiel lädt eine XML-Datei:

```
if(!$dom = xmldocfile(dirname(__FILE__)."/test.xml")) {
  echo "Fehler beim Parsen";
  exit();
}
```

Das nachfolgende Beispiel lädt eine XML-Datei und validiert diese gegen eine vorhandene DTD. Mögliche Fehler werden in dem dritten Übergabeparameter an `xmldocfile()` gespeichert und ausgegeben.

```
<?php
 if(!$dom=xmldocfile (dirname(__FILE__)."/index.xml",
DOMXML_LOAD_VALIDATING, $error)) {
  exit("Fehler beim Parsen");
 }
 $err=$error[0];
 print ($err[errormessage]);
 print ("<br>".$err[nodename]);
 print ("<br>".$err[line]);
 print ("<br>".$err[col]);
 print ("<br>".$err[directory]);
 print ("<br>".$err[file]);
?>
```

PHP-Version: ab 4.0.0

xmltree()

```
object xmltree(string xmlstr)
```

Parst ein XML-Dokument. Der Rückgabewert ist ein Objekt der Klasse `DomDocument`, dass das XML-Dokument als Dokumentenbaum enthält. Das XML-Dokument muss sich in einem String befinden, der an die Funktion übergeben wird. Die Funktion `xmltree()` ist ab PHP 4.2.1 durch die Funktion domxml_xmltree() ersetzt worden. Alternativ können auch die Funktionen domxml_open_mem() oder xmldoc() verwendet werden.

```
$xmlstr='<?xml version="1.0" encoding="ISO-8859-1"?>
         <test>Dies ist ein Test</test>';
if(!$dom = xmltree($xmlstr)) {
  exit("Fehler beim Parsen");
}
```

PHP-Version: ab 4.0.0

xpath_eval ()

```
array xpath_eval (object xpath, string str)
```

Führt eine Abfrage eines XML-Dokuments anhand einer XPath-Abfrage durch. Der Rückgabewert ist ein Array, das die gesamten Elemente enthält, die gemäß der XPath-Abfrage in dem XML-Dokument gefunden wurden. Der erste Übergabeparameter ist ein XPath-Kontext. Hierbei handelt es sich um ein Objekt, das über die Methode xpath_new_context() erzeugt werden muss. Der zweite Übergabeparameter ist ein String, der die konkrete XPath-Abfrage enthält. Verwenden Sie einen Namensraum, müssen vorher die URI und das dazugehörende Präfix des Namensraums über xpath_register_ns() registriert werden. In der XPath-Abfrage muss dann der Elementname mit dem Präfix notiert werden. Der nachfolgende Code ermittelt sämtliche datum-Elemente und gibt diese aus:

```
$dom = domxml_open_file(dirname(__FILE__).'/banner.xml');
$expr="/animationen/banner/datum";
$xpth = xpath_new_context($dom);
$xnode = xpath_eval($xpth,$expr);
for ($a=0;$a<count($xnode->nodeset);$a++) {
 $firstnode = $xnode->nodeset[$a];
 $children = $firstnode->child_nodes();
 $value = $children[0]->content;
 print ("<br>".$value);
}
```

PHP-Version: ab 4.0.4

xpath_eval_expression()

```
array xpath_eval_expression (object xpath, string str)
```

Führt eine Abfrage eines XML-Dokuments anhand einer XPath-Abfrage durch. Der Rückgabewert ist ein Array, das die gesamten Elemente enthält, die gemäß der XPath-Abfrage in dem XML-Dokument enthalten sind. Der erste Übergabeparameter ist ein Objekt der Klasse XPathContext. Hierbei handelt es sich um ein Objekt, das über die Methode xpath_new_context() erzeugt werden muss. Der zweite Übergabeparameter ist ein String, der die konkrete XPath-Abfrage enthält. Verwenden Sie einen Namensraum, müssen vorher die URI und das dazugehörende Präfix des Namensraums über xpath_register_ns() registriert werden. In der XPath-Abfrage muss dann der Elementname mit dem

Präfix notiert werden. Der nachfolgende Code ermittelt sämtliche `datum`-Elemente und gibt diese aus:

```
$dom = domxml_open_file(dirname(__FILE__).'/banner.xml');
$expr="/animationen/banner/datum";
$xpth = xpath_new_context($dom);
$xnode = xpath_eval_expression($xpth,$expr);
for ($a=0;$a<count($xnode->nodeset);$a++) {
 $firstnode = $xnode->nodeset[$a];
 $children = $firstnode->child_nodes();
 $value = $children[0]->content;
 print ("<br>".$value);
}
```

PHP-Version: ab 4.0.4

xpath_new_context ()

```
object xpath_eval (object doc)
```

Erzeugt einen neuen XPath-Kontext. Bevor eine XPath-Abfrage durchgführt werden kann, muss diese Funktion aufgerufen werden. Der Rückgabewert ist ein Objekt der Klasse `XPathContext`, auf das die XPath-Anfrage angewendet wird. Der Übergabeparameter ist ein Objekt der Klasse `DomDocument`, das das geparste DOM-Dokument repräsentiert.

```
$dom = domxml_open_file(dirname(__FILE__).'/banner.xml');
$expr="/animationen/banner/datum";
$xpth = xpath_new_context($dom);
$xnode = xpath_eval($xpth,$expr);
```

PHP-Version: ab 4.0.4

xpath_register_ns ()

```
boolean xpath_register_ns (object xpath, string prefix, string
uri)
```

Registriert einen Namensraum für die XPath-Abfrage. Der erste Übergabeparameter `xpath` ist ein Objekt der Klasse `XPathContext`, das vorher über die Methode `xpath_new_context()` erzeugt wurde. Der zweite Übergabeparameter ist das Präfix des Namensraums. Der dritte Parameter ist die konkrete URI des Namensraums. Der Rückgabewert ist `true`, wenn das Registrieren erfolgreich war, andernfalls `false`. Nach dem Registrieren des Namensraums muss in der XPath-Abfrage über `xpath_eval()` bzw. `xpath_eval_expression()` der Elementname mit dem registrierten Präfix angegeben werden. Das nachfolgende Beispiel ermittelt alle `datum`-Elemente mit dem Präfix `pct`:

```
$dom = domxml_open_file(dirname(__FILE__).'banner.xml');
$xpth = xpath_new_context($dom);
$xpath=xpath_register_ns($xpth,'pct','http://www.xmlguru.de/
s.php');
$expr="//pct:datum";
$xnode = xpath_eval($xpth,$expr);
```

```
for ($a=0;$a<count($xnode->nodeset);$a++) {
 $firstnode = $xnode->nodeset[$a];
 $children = $firstnode->child_nodes();
 $value = $children[0]->content;
 print ("<br>".$value);
}
```

PHP-Version: ab 4.2.0

B.2 Klassen

DOM XML verfügt über diese Klassen:

- `DomAttribute`
- `DomDocument`
- `DomDocumentType`
- `DomElement`
- `DomNode`
- `DomParser`
- `DomProcessingInstruction`
- `DomXsltStylesheet`
- `XPathContext`

Neben diesen aktiven Klassen (d.h. Klassen, die über Methoden verfügen), sind in DOM XML von PHP 4.x noch einige Klassen vorhanden, die aber über keine Methoden verfügen. Diese Klassen lauten:

- `DomCdata`
- `DomComment`
- `DomEntity`
- `DomEntityRef`
- `DomNotation`
- `DomText`

Diese aufgeführten Klassen sind in dieser Referenz nicht vorhanden, da mit diesen Klassen in PHP 4.x nicht gearbeitet werden kann. Sie enthalten keine Methoden.

B.2.1 Die Klasse DomAttribute

Die Klasse `DomAttribute` repräsentiert ein einzelnes Attribut. Die Klasse verfügt nur über Methoden, um den Inhalt eines Attributs auszulesen. Ein Objekt der Klasse `DomAttribute` kann erhalten werden, indem ein neues Objekt über die Methode `create_attribute()` der Klasse `DomDocument` oder über `set_attribute()` der Klasse `DomElement` erzeugt wird. Sollen bestehende Attribute aus einem XML-Element ausgelesen werden, so können die Methoden `attributes()` der Klasse `DomNode` und `get_attribute_node()` der Klasse `DomElement` eingesetzt werden, die alle ein Objekt von `DomAttribute` zurück geben. Die Klasse `DomAttribute` ist seit PHP 4.0.0 enthalten.

Die Klasse `DomAttribute` ist im DOM-Standard Level 1 definiert und wird dort im Interface `Attr` beschrieben.

name()

```
string DomAttribute->name (void)
```

Die Methode ermittelt den Namen eines Attributs. Statt dieser Methode kann ab PHP 4.3.0 auch die Methode `node_name()` der Klasse `DomAttribute` verwendet werden. Der nachfolgende Code liest das erste Attribut des Wurzelelements aus.

```
if(!$dom = domxml_open_file(dirname(__FILE__)."/test.xml")) {
  exit("Fehler beim Parsen");
}
$root = $dom->document_element();
$attr=$root->attributes();
print ("<br>".$attr[0]->name());
```

PHP-Version: ab 4.1.0, **DOM-Standard**: ja, DOM Level 1

Name in DOM: `name`

node_name()

```
string DomAttribute->node_name (void)
```

Die Methode ermittelt den Namen eines Attributs. Statt dieser Methode kann auch die Methode `name()` der Klasse `DomAttribute` verwendet werden. Der nachfolgende Code liest das erste Attribut des Wurzelelements aus.

```
if(!$dom = domxml_open_file(dirname(__FILE__)."/test.xml")) {
  exit("Fehler beim Parsen");
}
$root = $dom->document_element();
$attr=$root->attributes();
print ("<br>".$attr[0]->node_name());
```

PHP-Version: ab 4.3.0, **DOM-Standard**: ja, DOM Level 1

Name in DOM: `nodeName`

node_value()

```
string DomAttribute->node_value (void)
```

Die Methode ermittelt den Wert eines Attributs. Statt dieser Methode kann auch die Methode `value()` der Klasse `DomAttribute` verwendet werden. Der nachfolgende Code liest den Wert des ersten Attributs des Wurzelelements aus.

```
if(!$dom = domxml_open_file(dirname(__FILE__)."/test.xml")) {
  exit("Fehler beim Parsen");
}
$root = $dom->document_element();
$attr=$root->attributes();
print ("<br>".$attr[0]->node_value());
```

PHP-Version: ab 4.3.0, **DOM-Standard**: ja, DOM Level 1

Name in DOM: `nodeValue`

value()

```
string DomAttribute->value (void)
```

Die Methode ermittelt den Wert eines Attributs. Statt dieser Methode kann ab PHP 4.3.0 die Methode `node_value()` der Klasse `DomAttribute` verwendet werden. Der nachfolgende Code liest den Wert des ersten Attributs des Wurzelelements aus.

```
if(!$dom = domxml_open_file(dirname(__FILE__)."/test.xml")) {
  exit("Fehler beim Parsen");
}
$root = $dom->document_element();
$attr=$root->attributes();
print ("<br>".$attr[0]->value());
```

PHP-Version: ab 4.1.0, **DOM-Standard**: ja, DOM Level 1

Name in DOM: `value()`

B.2.2 Die Klasse DomDocument

Die Klasse `DomDocument` repräsentiert ein geparstes XML-Dokument. Über Methoden ist der Inhalt zugänglich oder es können neue Inhalte erstellt werden. Die Klasse `DomDocument` ist seit PHP 4.0.0 enthalten und wurde mit jeder Version erweitert.

Die Klasse `DomDocument` ist im DOM-Standard Level 1 definiert und wird dort im Interface `Document` beschrieben.

add_root ()

```
object DomDocument->add_root (string name)
```

Die Methode hängt ein neues Wurzelelement in einen leeren Dokumentenbaum ein. Der Rückgabewert ist ein Objekt der Klasse `DomNode`. Der Übergabeparameter `root` gibt den Namen des Wurzelelements an. Der leere Dokumentenbaum sollte vorher über die Funktion `domxml_new_doc()` oder `domxml_new_xmldoc()` erzeugt worden sein. Die Methode `add_root()` ist als deprecated (missbilligt) bezeichnet. Sie sollte durch ein Aufeinanderfolgen der Methoden `create_element()` der Klasse `DomDocument` und `append_child()` der Klasse `DomNode` ersetzt werden. Statt der Methode `add_root()` können auch die Funktionen `domxml_add_root()`, `domxml_doc_add_root()` oder `domxml_doc_set_root()` eingesetzt werden.

```
$dom=domxml_new_doc("1.0");
$dom->add_root("personen");
print($dom->html_dump_mem());
```

PHP-Version: ab 4.0.0, **DOM-Standard**: nein

append_child()

```
object DomDocument->append_child (object newnode)
```

Diese Methode hängt einen neuen Knoten als Wurzelelement in ein XML-Dokument ein. Die Methode sollte bei einem XML-Dokument nur einmal eingesetzt werden, da ein XML-

Dokument ja nur über ein Wurzelelement verfügen kann. Der Übergabeparameter newnode an append_child() muss ein Objekt der Klasse DomNode oder DomElement sein. Ein neues Objekt der Klasse DomNode kann über die Methoden node() der Klasse DomNode oder über die Funktion domxml_node() erzeugt werden. Ein neues Objekt der Klasse DomElement kann über die Methoden create_element() oder create_elements_ns() der Klasse DomDocument erhalten werden. Die Methode append_child() ersetzt die Methoden add_root() und set_root() der Klasse DomDocument.

```
$dom=domxml_new_doc("1.0");
$root=$dom->create_element("codes");
$dom->append_child($root);
```

PHP-Version: ab 4.2.1, **DOM-Standard**: ja, Level 1

Name in DOM: appendChild()

children()

```
array DomDocument->children (void)
```

Die Funktion ermittelt sämtliche untergeordnete Knoten, die sich unterhalb des Knotens node befinden. Der Rückgabewert ist ein Array, das die einzelnen Knoten als Objekte der Klasse DomNode enthält. Jedes Objekt befindet sich in einem eigenen Array-Element. Um die Objekte und deren Inhalte auszulesen, müssen die Methoden der Klasse DomNode verwendet werden (node_type(), node_name()). Alternativ können auch die Funktionen domxml_children(), domxml_node_children(), domxml_node_get_content() oder die Methode child_nodes() der Klasse DomNode verwendet werden. Das nachfolgende Beispiel ermittelt sämtliche Knoten, die sich unterhalb von <news> befinden, und gibt den Namen sowie den Wert aus.

```
if(!$dom = domxml_open_file(dirname(__FILE__)."/test.xml")) {
  exit("Fehler beim Parsen");
}
$tags=$dom->get_elements_by_tagname("news");
for ($i = 0; $i<count($tags); $i++) {
  $node = $tags[$i];
  $children=$node->children($node);
  print ("<br>Kinder: ".count($children));
  for ($k = 0; $k<count($children); $k++) {
   $child = $children[$k];
   print ("<br>".$child->node_type());
   print (" - ".$child->node_name());
   print (" - ".$k." ".$child->get_content($child));
  }
}
```

PHP-Version: ab 4.0.0, **DOM-Standard**: nein

create_attribute ()

```
object DomDocument->create_attribute (string name, string value)
```

Die Methode erzeugt ein neues Attribut. Der Rückgabewert der Methode ist ein Objekt der Klasse `DomAttribute`. Der Attributname wird als erster Übergabeparameter `name` und der Wert des Attributs über `value` angegeben. Damit das Attribut in einem Knoten oder Element erscheint, muss es über die Methode `append_child()` der Klasse `DomNode` eingehängt werden. Das nachfolgende Beispiel setzt ein neues Attribut in das Wurzelelement ein:

```
if(!$dom = domxml_open_file(dirname(__FILE__)."/test.xml")) {
  exit("Fehler beim Parsen");
}
$root=$dom->document_element();
$attrnode=$dom->create_attribute("test","102");
$root->append_child($attrnode);
```

PHP-Version: ab 4.1.0, **DOM-Standard**: ja, DOM Level 1

Name in DOM: `createAttribute()`

create_cdata_section ()

```
string DomDocument->create_cdata_section (string content)
```

Die Methode erzeugt einen CDATA-Abschnitt. Der Inhalt des CDATA-Abschnitts wird als String `content` angegeben. Der Rückgabewert der Methode ist ein Objekt der Klasse `DomCdata`. Diese Klasse ist in PHP 4.x leer, d.h. verfügt über keinerlei Methoden. Der CDATA-Abschnitt wird vom XML-Parser nicht geparst. Das nachfolgende Beispiel erzeugt diese XML-Datei:

```
<?xml version="1.0" encoding="ISO-8859-1"?>
<codes>
  <jsp>
   <![CDATA[
     out.println("Guten Tag");
   ]]>
  </jsp>
</codes>
```

CDATA-Abschnitt wird über die Methode `create_cdata_section()` erzeugt und in den Dokumentenbaum über die Methode `append_child()` der Klasse `DomNode` eingehängt:

```
$dom=domxml_new_doc("1.0");
$root=$dom->create_element("codes");
$dom->append_child($root);
$codes=$dom->create_element("jsp");
$root->append_child($codes);
$cdata=$dom->create_cdata_section("out.println('Guten Tag');");
$codes->append_child($cdata);
print(domxml_dump_mem($dom,true,'iso-8859-1'));
```

PHP-Version: ab 4.2.0, **DOM-Standard**: ja, DOM Level 1

Name in DOM: `createCDATASection()`

create_comment()

```
object DomDocument->create_comment (string content)
```

Die Methode erzeugt einen Kommentar, der in der XML-Datei oder im XML-Dokument innerhalb von `<!-- ... -->` erscheint. Der Rückgabewert der Methode ist ein Objekt der Klasse `DomComment`. Diese Klasse ist in PHP 4.x leer, d.h. verfügt über keinerlei Methoden. Der Kommentar wird über den String `content` angegeben. Das erzeugte Element muss anschließend in den Dokumentenbaum eingehängt werden. Dies kann über die Methode `append_child()` der Klasse `DomNode` erfolgen. Das nachfolgende Beispiel erzeugt einen Kommentar innerhalb des Wurzelelements:

```
$dom=domxml_new_doc("1.0");
$root=$dom->create_element ("personen");
$newnode=$dom->append_child($root);
$comment=$dom->create_comment("blablabla");
$newcomment=$newnode->append_child($comment);
```

PHP-Version: ab 4.1.0, **DOM-Standard**: ja, DOM Level 1

Name in DOM: `createComment()`

create_element ()

```
object DomDocument->create_element (string tagname)
```

Die Methode erzeugt ein neues Element mit dem Namen `tagname`. Es darf nur der Name des zu erzeugenden Elements angegeben werden, die spitzen Klammern (< oder >) dürfen nicht mit angegeben werden. Der Rückgabewert der Methode ist ein Objekt der Klasse `DomElement`. Das erzeugte Element muss anschließend in den Dokumentenbaum eingehängt werden. Dies kann über die Methode `append_child()` der Klasse `DomNode` erfolgen.

```
$dom=domxml_new_doc("1.0");
$root=$dom->create_element("personen");
$newnode=$dom->append_child($root);
```

PHP-Version: ab 4.1.0, **DOM-Standard**: ja, DOM Level 1

Name in DOM: `createElement()`

create_element_ns()

```
object DomDocument->create_element_ns (string uri, string name [,
string prefix])
```

Die Methode erzeugt ein neues Element mit einem Namensraum. Der Name des Elements wird über den zweiten Parameter `name` angegeben. Es darf nur der Name des zu erzeugenden Elements angegeben werden, die spitzen Klammern (< oder >), das Präfix und der Doppelpunkt dürfen nicht mit angegeben werden. Der erste Parameter gibt die URI des

Namensraums an. Der dritte Parameter enthält das Präfix des Namensraums. Der Rückgabewert der Methode ist ein Objekt der Klasse `DomElement`. Das erzeugte Element muss anschließend in den Dokumentenbaum eingehängt werden. Dies kann über die Methode `append_child()` der Klasse `DomNode` erfolgen. Das nachfolgende Beispiel erzeugt dieses Wurzelelement: `<pct:personen xmlns:pct="http://www.xmlguru.de/std"/>`

```
$dom=domxml_new_doc("1.0");
$root=$dom->create_element_ns ("http://www.xmlguru.de/std",
"personen","pct");
$newnode=$dom->append_child($root);
```

PHP-Version: ab 4.3.0, **DOM-Standard**: ja, DOM Level 2

Name in DOM: `createElementNS()`

create_processing_instruction ()

```
object DomDocument->create_processing_instruction (string target,
string data)
```

Die Methode erzeugt eine Processing Instruction (PI) als eigenständigen Knoten. Über den ersten Parameter `target` wird der Name der PI angegeben. Der zweite Übergabeparameter `data` gibt die konkreten Anweisungen an. Der erzeugte PI-Knoten muss anschließend über die Methode `append_child()` der Klasse `DomNode` in den Dokumentenbaum eingehängt werden. Beispielsweise ist bei der Processing Instruction `<?xml-stylesheet href='test.xsl' type='text/xsl'?>` der Name `xml-stylesheet` der `target`-Parameter und der String `href='test.xsl' type='text/xsl'` der `data`-Parameter. Der nachfolgenden Code erzeugt ein XML-Dokument mit einer PI:

```
<?xml version="1.0" encoding="iso-8859-1"?>
<?xsl-stylesheet href='test.xsl' type='text/xsl'?>
<codes/>
```

PHP-Code lautet:

```
$dom=domxml_new_doc("1.0");
$pi=$dom->create_processing_instruction("xml-
stylesheet","href='test.xsl' type='text/xsl'");
$dom->append_child($pi);
$root=$dom->create_element("codes");
$dom->append_child($root);
```

PHP-Version: ab 4.1.0, **DOM-Standard**: ja, DOM Level 1

Name in DOM: `createProcessingInstruction()`

create_text_node ()

```
object DomDocument->create_text_node (string content)
```

Die Methode erzeugt einen Textknoten. Der Inhalt des Knotens wird als String `content` angegeben. Der Rückgabewert ist ein Objekt der Klasse `DomText`. Diese Klasse ist in PHP 4.x leer, d.h. verfügt über keinerlei Methoden. Der Knoten muss anschließend über die Methode `append_child()` der Klasse `DomNode` in den Dokumentenbaum eingehängt werden. Der nachfolgenden Code erzeugt dieses XML-Dokument:

```
<?xml version="1.0" encoding="iso-8859-1"?>
<codes>
  <kommentar>Dies ist ein Kommentar</kommentar>
</codes>
```

Der PHP-Code lautet:

```
$dom=domxml_new_doc("1.0");
$root=$dom->create_element("codes");
$dom->append_child($root);
$kommentar=$dom->create_element("kommentar");
$root->append_child($kommentar);
$text=$dom->create_text_node("Dies ist ein Kommentar");
$kommentar->append_child($text);
```

PHP-Version: ab 4.1.0, **DOM-Standard**: ja, DOM Level 1

Name in DOM: `createTextNode()`

doctype ()

```
object DomDocument->doctype (void)
```

Die Methode gibt ein Objekt der Klasse `DomDocumentType` zurück, wenn die XML-Datei oder das XML-Dokument über eine DTD verfügen. Alternativ kann auch die Methode `dtd()` der Klasse `DomDocument` verwendet werden.

```
if(!$dom = domxml_open_file(dirname(__FILE__)."/test.xml")) {
  exit("Fehler beim Parsen");
}
$dtd=$dom->doctype();
```

PHP-Version: ab 4.1.0, **DOM-Standard**: ja, DOM Level 1

Name in DOM: `doctype()`

document_element ()

```
object DomDocument->document_element (void)
```

Die Methode ermittelt das Wurzelelement einer XML-Datei oder eines XML-Dokuments, das sich in einer Variablen befindet. Bei HTML-Dokumenten ist das Wurzelelement immer `html`. Der Rückgabewert ist ein Objekt der Klasse `DomElement` oder `DomNode`. Alternativ können auch die Methoden `root()` bzw. `get_root()` der Klasse `DomDocument` oder die Funktionen `domxml_doc_get_root()` bzw. `domxml_doc_document_element()` eingesetzt werden.

```
if(!$dom = domxml_open_file(dirname(__FILE__)."/test.xml")) {
  exit("Fehler beim Parsen");
}
$root=$dom->document_element();
```

PHP-Version: ab 4.1.0, **DOM-Standard**: ja, DOM Level 1

Name in DOM: `documentElement()`

dtd ()

```
object DomDocument->dtd (void)
```

Die Methode gibt ein Objekt der Klasse `DomDocumentType` zurück, wenn die XML-Datei oder das XML-Dokument über eine DTD verfügt. Alternativ kann auch die Methode `doctype()` der Klasse `DomDocument` verwendet werden.

```
if(!$dom = domxml_open_file(dirname(__FILE__)."/test.xml")) {
  exit("Fehler beim Parsen");
}
$dtd=$dom->dtd();
print($dtd->name());
```

PHP-Version: ab 4.0.0, **DOM-Standard**: nein

dumpmem ()

```
string DomDocument->dumpmem ([boolean format [, string encoding]])
```

Schreibt ein XML-Dokument, das sich in dem Objekt `doc` der Klasse `DomDocument` befindet, in einen String. Die beiden Übergabeparameter sind optional. Der erste Parameter `format` gibt an, ob die Ausgabe formatiert erscheinen soll (`true`) oder nicht (`false`). Der zweite Parameter gibt die Art der Zeichensatzcodierung an. Hier kann standardmäßig `iso-8859-1` genutzt werden. Um das XML-Dokument im Browser anzeigen zu können, muss der String entweder über HTML-Tags formatiert oder statt dieser Methode sollte dann die Methode `html_dump_mem()` der Klasse `DomDocument` eingesetzt werden. Alternativ können auch die Methode `dump_mem()` der Klasse `DomDocument` oder die Funktionen `domxml_dump_mem()` und `domxml_dumpmem()` verwendet werden.

```
$dom=domxml_new_doc("1.0");
$dom->add_root("personen");
print($dom->dumpmem(true,'iso-8859-1'));
```

PHP-Version: ab 4.0.0, **DOM-Standard**: nein

dump_file ()

```
string DomDocument->dump_file (string filename [, boolean
compressionmode [, boolean format]])
```

Schreibt ein XML-Dokument, das sich in einem Objekt der Klasse `DomDocument` befindet, in eine neue Datei, die über `file` angegeben wird. Der zweite und dritte Übergabeparameter sind optional. `compressionmode` gibt an, ob die Leerzeichen (Whitespaces) komprimiert werden sollen (`true`) oder nicht (`false`). Der dritte Parameter `format` legt fest, ob der Inhalt der XML-Datei formatiert werden soll (`true`) oder nicht (`false`). Statt dieser Methode können auch die Methode `dump_mem_file()` der Klasse `DomDocument` oder die Funktion `domxml_dump_mem_file()` eingesetzt werden.

```
$doc = domxml_new_doc("1.0");
$root = $doc->add_root("liste");
$child = $root->new_child("personen", "");
$child->new_child("name", "Manfred Clever");
$doc->dump_file(dirname(__FILE__)."/test_neu.xml", false, true);
```

PHP-Version: ab 4.2.1, **DOM-Standard**: nein

dump_mem ()

```
string DomDocument->dump_mem ([boolean format [, string
encoding]])
```

Schreibt ein XML-Dokument, das sich in dem Objekt `doc` der Klasse `DomDocument` befindet, in einen String. Die beiden Übergabeparameter sind optional. Der erste Parameter `format` gibt an, ob die Ausgabe formatiert erscheinen soll (`true`) oder nicht (`false`). Der zweite Parameter gibt die Art der Zeichensatzcodierung an. Hier kann standardmäßig `iso-8859-1` genutzt werden. Um das XML-Dokument im Browser anzeigen zu können, muss der String entweder über HTML-Tags formatiert oder statt dieser Methode sollte dann die Methode `html_dump_mem()` der Klasse `DomDocument` eingesetzt werden. Alternativ können auch die Methode `dumpmem()` der Klasse `DomDocument` oder die Funktionen `domxml_dump_mem()` und `domxml_dumpmem()` verwendet werden.

```
$dom=domxml_new_doc("1.0");
$dom->add_root("personen");
print($dom->dump_mem(true,'iso-8859-1'));
```

PHP-Version: ab 4.2.0, **DOM-Standard**: nein

dump_mem_file ()

```
string DomDocument->dump_mem_file (string filename [, boolean
compressionmode [, boolean format]])
```

Schreibt ein XML-Dokument, das sich in einem Objekt der Klasse `DomDocument` befindet, in eine neue Datei, die über `file` angegeben wird. Der zweite und dritte Übergabeparameter sind optional. `compressionmode` gibt an, ob die Leerzeichen (Whitespaces) komprimiert werden sollen (`true`) oder nicht (`false`). Der dritte Parameter `format` legt fest, ob der Inhalt der XML-Datei formatiert werden soll (`true`) oder nicht (`false`). Statt dieser Methode können auch die Methode `dump_file()` der Klasse `DomDocument` oder die Funktion `domxml_dump_mem_file()` eingesetzt werden.

```
$doc = domxml_new_doc("1.0");
$root = $doc->add_root("liste");
$child = $root->new_child("personen", "");
$child->new_child("name", "Manfred Clever");
$dom->dump_mem_file(dirname(__FILE__)."/test_neu.xml", false,
true);
```

PHP-Version: ab 4.2.0, **DOM-Standard**: nein

dump_node()

```
string DomDocument->dump_node (object node)
```

Diese Methode ermittelt den kompletten Inhalt eines Knotens und gibt den Inhalt als String zurück. Die Methode ersetzt ab PHP 4.3.4 die Methode `get_content()` der Klasse `DomNode`. Im Unterschied zu der Methode `get_content()` der Klasse `DomNode` sind in dem Rückgabewert von `dump_node()` auch die untergeordneten Knoten, Elemente, Attribute usw. als Tags enthalten. `get_content()` ermittelt dagegen nur den Inhalt der Textknoten. Der Übergabeparameter `node` ist der Knoten, dessen Inhalt ermittelt werden soll. Das nachfolgende Beispiel ermittelt den kompletten Inhalt des Wurzelelements:

```
if(!$dom = domxml_open_file(dirname(__FILE__)."/news.xml")) {
  exit("Fehler beim Parsen");
}
$root=$dom->document_element();
print ($dom->dump_node($root);
```

PHP-Version: ab 4.2.0, **DOM-Standard**: nein

free ()

```
boolean DomDocument->free (void)
```

Löst ein Objekt der Klasse `DomDocument` auf. Der Rückgabewert ist `true` oder 1, wenn dies erfolgreich durchgeführt wurde.

```
if(!$dom = domxml_open_file(dirname(__FILE__)."/test2.xml")) {
  exit("Fehler beim Parsen");
}
$root=$dom->document_element();
print($dom->free());
```

PHP-Version: ab 4.3.2, **DOM-Standard**: nein

get_element_by_id ()

```
object DomDocument->get_element_by_id (string id)
```

Die Methode ermittelt ein Element einer XML-Datei oder eines XML-Dokuments anhand des Attributwerts `id`. Der Übergabeparameter ist der `id`-Attributwert als String. Der Rückgabewert ist ein Objekt der Klassen `DomElement` oder `DomNode`, das das gefundene Elemente enthält. Sollte der Attributwert nicht vorhanden sein, wird `false` zurück gegeben. Statt dieser Methode kann auch die Funktion `domxml_doc_get_element_by_id()` eingesetzt werden. Um die Methode einsetzen zu können, muss die XML-Datei über eine DTD verfügen, in der das Attribut `id` des XML-Elements vom Typ `ID` definiert ist. Sollte keine DTD vorliegen oder das `id`-Attribut in der DTD nicht vom Typ `ID` sein, gibt die Funktion `false` zurück. Zusätzlich muss beim Laden der XML-Datei die Funktion `domxml_open_file()` mit dem Parameter `DOMXML_LOAD_VALIDATING` aufgerufen werden.

```
if(!$dom = domxml_open_file(dirname(__FILE__)."/test.xml",
DOMXML_LOAD_VALIDATING)) {
  exit("Fehler beim Parsen");
}
$mein_tag=$dom->get_element_by_id("b542");
```

PHP-Version: ab 4.2.1, **DOM-Standard**: ja, DOM Level 1

get_elements_by_tagname ()

```
array DomDocument->get_elements_by_tagname (string name)
```

Die Methode ermittelt alle Elemente einer XML-Datei oder eines XML-Dokuments anhand des Tag-Namens. Der Übergabeparameter ist der Tag-Name als String. Der Rückgabewert ist ein Array, das sämtliche gefundenen Elemente als Objekte der Klasse `DomNode` enthält. Um die Inhalte auszugeben, muss in einer `for`-Schleife das Array durchlaufen werden. Werden in den Tags Namensräume eingesetzt, kann diese Methode nicht genutzt werden, da das Präfix und die URL des Namensraums nicht an die Methode übergeben werden kann. Alternativ kann statt dieser Methode auch die Funktion `domxml_doc_get_elements_by_tagname()` eingesetzt werden.

```
if(!$dom = domxml_open_file(dirname(__FILE__)."/test.xml")) {
  exit("Fehler beim Parsen");
}
$tags=$dom->get_elements_by_tagname("news");
for ($i = 0; $i<count($tags); $i++) {
  $node = $tags[$i];
  print ("<br>".$node->get_content());
}
```

PHP-Version: ab 4.2.1, **DOM-Standard**: ja, DOM Level 1

Name in DOM: `getElementsByTagName()`

get_root ()

```
object DomDocument->get_root(void)
```

Die Methode ermittelt das Wurzelelement einer XML-Datei oder eines XML-Dokuments, das sich in einer Variablen befindet. Alternativ können auch die Funktionen `domxml_root()`, `domxml_doc_get_root()`, `domxml_doc_document_element()` oder die Methoden `root()` bzw. `document_element()` der Klasse `DomDocument` eingesetzt werden.

```
if(!$dom = domxml_open_file(dirname(__FILE__)."/test.xml")) {
  exit("Fehler beim Parsen");
}
$root=$dom->get_root();
print($root->get_content());
```

PHP-Version: ab 4.3.0, **DOM-Standard**: nein

html_dump_mem ()

`string DomDocument->html_dump_mem (void)`

Schreibt ein XML-Dokument, das sich in dem Objekt `doc` der Klasse `DomDocument` befindet, in einen String, der dann im Browser ausgegeben werden kann. Statt dieser Methode kann auch die Funktion `domxml_html_dump_mem()` eingesetzt werden. Im Unterschied zu den Methoden `dump_file()` oder `dump_mem()` der Klasse `DomDocument` wird der String als HTML im Browser angezeigt.

```
$dom=domxml_new_doc("1.0");
$dom->add_root("personen");
print($dom->html_dump_mem());
```

PHP-Version: ab 4.2.0, **DOM-Standard**: nein

imported_node ()

`object DomDocument->imported_node (object node, boolean deep)`

Die Methode importiert einen Knoten aus einem anderen Dokument in das aktuelle Dokument. Der zu importierende Knoten wird über `node` angegeben und sollte ein Objekt der Klassen `DomElement` oder `DomNode` sein. Der zweite Parameter `deep` gibt an, ob die Unter-Tags des zu importierenden Knotens mit importiert werden sollen (`true`) oder nicht (`false`). Wird der zweite Parameter weggelassen, so wird der Wert auf `false` gesetzt. Die Methode gibt ein Objekt der Klasse `DomNode` zurück. Es ist der importierte Knoten. Damit der importierte Knoten im Dokumentenbaum sichtbar ist, muss dieser über `append_child()` der Klasse `DomNode` eingehängt werden. Das nachfolgende Beispiel lädt zwei XML-Dateien und importiert das Wurzelelement (und dessen Unter-Tags) aus dem zweiten Dokument in das erste Dokument.

```
if(!$dom = domxml_open_file(dirname(__FILE__)."/index.xml")) {
  exit("Fehler beim Parsen");
}
if(!$dom2 = domxml_open_file(dirname(__FILE__)."/test.xml")) {
  exit("Fehler beim Parsen");
}
$node=$dom2->document_element();
$neu=$dom->imported_node($node,true);
$root=$dom->document_element();
$root->append_child($neu);
print ($dom->html_dump_mem());
```

PHP-Version: ab 4.1.0, **DOM-Standard**: ja, DOM Level 2

Name in DOM: `importNode()`

root ()

`object DomDocument->root (void)`

Die Methode ermittelt das Wurzelelement einer XML-Datei oder eines XML-Dokuments, das sich in einer Variablen befindet. Alternativ können auch die Methode `document_ele-`

ment() der Klasse DomDocument oder die Funktionen domxml_doc_get_root() bzw. domxml_doc_document_element() eingesetzt werden.

```
if(!$dom = domxml_open_file("htdocs/test.xml")) {
  exit("Fehler beim Parsen");
}
$root=$dom->root();
```

PHP-Version: ab 4.0.0, **DOM-Standard**: nein

set_root ()

```
object DomDocument->set_root(object node)
```

Die Funktion hängt ein neues Wurzelelement in einen leeren Dokumentenbaum ein. Der Übergabeparameter node ist ein Objekt der Klassen DomElement oder DomNode, das das Wurzelelement als Knoten enthält. Der Rückgabewert ist true oder 1, wenn das Wurzelelement eingehängt wurde, andernfalls false bzw. null. Das Wurzelelement muss vorher als Knoten über die Funktion domxml_node() erzeugt worden sein. Im Unterschied zum Einhängen weiterer Knoten ist es nicht erforderlich, die Methode append_child() der Klasse DomNode aufzurufen, um das Wurzelelement in den Dokumentenbaum einzuhängen. Der leere Dokumentenbaum sollte vorher über die Funktion domxml_new_doc() oder domxml_new_xmldoc() erzeugt worden sein. Statt set_root() können auch die Funktionen domxml_doc_add_root(), domxml_doc_set_root() oder domxml_add_root() eingesetzt werden. Das nachfolgende Beispiel erzeugt ein neues leeres XML-Dokument und erzeugt das Wurzelelement dazu:

```
$dom=domxml_new_doc("1.0");
$node=domxml_node("personen");
$dom->set_root($node);
print ($dom->html_dump_mem());
```

PHP-Version: ab 4.3.0, **DOM-Standard**: nein

validate ()

```
boolean DomDocument->validate([array error])
```

Die Methode validiert eine XML-Datei gegen eine DTD. Der Rückgabewert ist 1 bzw. true, wenn die Elemente in der XML-Datei gemäß der DTD verwendet werden. Ansonsten ist der Rückgabewert false bzw. null und im Browser werden Fehlermeldungen ausgegeben, die auf die fehlerhafte Verwendung hinweisen. Um genauere Fehlermeldungen zu erhalten, kann an die Methode eine Variable übergeben werden. Diese enthält in einem Array eine Auflistung der einzelnen Fehlermeldungen. Jedes Array-Element ist wiederum ein Array, das über mehrere Elemente verfügt, die genauere Informationen über den Fehler geben. Die einzelnen Elemente können Sie der Tabelle B.2 bei der Beschreibung der Funktion domxml_open_file() entnehmen.

```
if(!$dom = domxml_open_file(dirname(__FILE__)."/index.xml")) {
  exit("Fehler beim Parsen");
}
$val=@$dom->validate($error);
```

```
if (!$val) {
 $nr=count($error);
 for ($a=0;$a<$nr;$a++) {
  $err=$error[$a];
  print ("<br>Fehler: ".$err[errormessage]);
  print ("<br>Knoten: ".$err[nodename]);
  print ("<br>Zeile: ".$err[line]);
  print ("<br>Spalte: ".$err[col]);
  print ("<br>Verzeichnis: ".$err[directory]);
  print ("<br>Datei: ".$err[file]);
 }
}
```

PHP-Version: ab 4.3.0, **DOM-Standard**: nein

xinclude ()

```
int DomDocument->xinclude (void)
```

Die Methode führt die Einbindung von XML-Dateien aus, die über XInclude in einem XML-Dokument angegeben sind. Der Rückgabewert der Methode ist ein Integerwert, der die Anzahl der eingebundenen Dateien enthält. Konnten keine Dateien eingebunden werden (weil diese z.B. nicht vorhanden sind), ist der Rückgabewert -1. Bei der Einbindung von XML-Dateien über `<xi:include>` sollte im `href`-Attribut eine absolute Adresse angegeben werden.

```
$xml='<?xml version="1.0"?>
     <test xmlns:xi="http://www.w3.org/2001/XInclude">
     <xi:include href="a.xml">
       <xi:fallback>
         <error>Datei nicht vorhanden</error>
       </xi:fallback>
       </xi:include>
     </test>';
$domxml=domxml_open_mem($xml);
$domxml->xinclude();
print (htmlentities($domxml->dump_mem()));
```

PHP-Version: ab 4.3.0, **DOM-Standard**: nein

B.2.3 Die Klasse DomDocumentType

Die Klasse `DomDocumentType` repräsentiert eine DTD, die in ein XML-Dokument eingebunden ist. Über die Methoden der Klasse `DomDocumentType` ist ein Zugriff auf die DTD möglich. Um ein Objekt von `DomDocumentType` zu erhalten, muss die Methode `doctype()` der Klasse `DomDocument` aufgerufen werden:

```
<?php
 if(!$dom = domxml_open_file(dirname(__FILE__)."/dtd.xml")) {
  exit("Fehler beim Parsen");
 }
```

```
 $dtd=$dom->doctype();
 print ($dtd->name()."<br><hr>");
?>
```

Die Klasse `DomDocumentType` ist seit PHP 4.1.0 enthalten. Die Klasse `DomDocumentType` ist im DOM-Standard Level 1 definiert und wird dort im Interface `DocumentType` beschrieben.

name ()

```
string DomDocumentType->name (void)
```

Die Methode ermittelt den Namen der DTD. Der Rückgabewert ist ein String.

```
if(!$dom = domxml_open_file(dirname(__FILE__)."/dtd.xml")) {
  exit("Fehler beim Parsen");
}
$dtd=$dom->doctype();
print ($dtd->name()."<br><hr>");
```

PHP-Version: ab 4.1.0, **DOM-Standard**: ja, DOM Level 2

Name in DOM: `name()`

public_id ()

```
string DomDocumentType->public_id (void)
```

Die Methode ermittelt den so genannten öffentlichen Identifier, z.B.:

```
<!DOCTYPE Personen PUBLIC "MeineDTD" "data.dtd">
```

Der Rückgabewert der Methode ist ein String, der hier den Wert `MeineDTD` besitzt. Liegt kein Public Identifier vor (weil `SYSTEM` statt `PUBLIC` verwendet wird), ist der Rückgabewert ein Leerstring.

```
if(!$dom = domxml_open_file(dirname(__FILE__)."/dtd.xml")) {
  exit("Fehler beim Parsen");
}
$dtd=$dom->doctype();
print ($dtd->public_id()."<br>");
```

PHP-Version: ab 4.2.1, **DOM-Standard**: ja, DOM Level 2

Name in DOM: `publicId`

system_id ()

```
string DomDocumentType->system_id (void)
```

Die Methode ermittelt den so genannten System Identifier, z.B.:

```
<!DOCTYPE Personen SYSTEM "data.dtd">
```

Der Rückgabewert der Methode ist ein String, der hier den Wert `data.dtd` besitzt. Liegt kein System Identifier vor (weil `PUBLIC` statt `SYSTEM` verwendet wird), ist der Rückgabewert ein Leerstring.

```
if(!$dom = domxml_open_file(dirname(__FILE__)."/dtd.xml")) {
  exit("Fehler beim Parsen");
 }
$dtd=$dom->doctype();
print ($dtd->system_id()."<br>");
```

PHP-Version: ab 4.2.1, **DOM-Standard**: ja, DOM Level 2

Name in DOM: `systemId`

B.2.4 Die Klasse DomElement

Die Klasse `DomElement` repräsentiert ein einzelnes XML-Element. Die Klasse `DomElement` ist seit PHP 4.1.0 enthalten. Eine neues Objekt dieser Klasse kann über die Methoden `create_element()` bzw. `create_element_ns()` der Klasse `DomDocument` erhalten werden.

get_attribute ()

`string DomElement->get_attribute (string name)`

Diese Methode ermittelt den Wert eines Attributs, das mit `name` angegeben ist. Liegt kein Attribut dieses Namens vor, wird ein Leerstring zurück gegeben. Statt dieser Methode kann auch die Methode `get_attribute_node()` eingesetzt werden, die jedoch ein Objekt der Klasse `DomAttribute` zurück gibt. Vor dem Aufruf der Methode `get_attribute()` kann über die Methode `has_attribute()` der Klasse `DomElement` geprüft werden, ob das Attribut überhaupt vorhanden ist. Der nachfolgende Code liest den Wert des Attributs `id` des Wurzelelements aus:

```
if(!$dom = domxml_open_file(dirname(__FILE__)."/test.xml")) {
  exit("Fehler beim Parsen");
}
$root = $dom->document_element();
print($root->get_attribute("id"));
```

PHP-Version: ab 4.1.0, **DOM-Standard**: ja, DOM Level 1

Name in DOM: `getAttribute()`

get_attributenode ()

`object DomElement->get_attributenode (string name)`

Diese Methode ermittelt ein Attribut `name` in einem XML-Element und gibt das Attribut als Objekt der Klasse `DomAttribute` zurück. Über die Methoden der Klasse `DomAttribute` kann der Wert des Attributs ausgelesen werden. Liegt kein Attribut dieses Namens vor, wird ein leeres Objekt zurück gegeben. Die Methode ist ab PHP 4.2.1 nicht mehr enthalten und durch `get_attribute_node()` ersetzt worden. Der nachfolgende Code liest den Wert des Attributs `id` des Wurzelelements aus:

```
if(!$dom = xmldocfile(dirname(__FILE__)."/test.xml")) {
  exit("Fehler beim Parsen");
}
$attr=$dom->document_element();
$value=$root->get_attributenode("id");
```

PHP-Version: 4.1.0 bis 4.2.0, **DOM-Standard**: ja, DOM Level 1

Name in DOM: `getAttributeNode()`

get_attribute_node ()

`object DomElement->get_attribute_node (string name)`

Diese Methode ermittelt ein Attribut `name` in einem XML-Element und gibt das Attribut als Objekt der Klasse `DomAttribute` zurück. Über die Methoden der Klasse `DomAttribute` kann der Wert des Attributs ausgelesen werden. Liegt kein Attribut dieses Namens vor, wird ein leeres Objekt zurück gegeben. Statt dieser Methode kann auch die Methode `get_attribute()` eingesetzt werden, die den Wert des Attributs als String zurück gibt. Vor dem Aufruf der Methode `get_attribute_node()` kann über die Methode `has_attribute()` der Klasse `DomElement` geprüft werden, ob das Attribut überhaupt vorhanden ist. Der nachfolgende Code liest den Wert des Attributs `id` des Wurzelelements aus:

```
if(!$dom = domxml_open_file("htdocs/test.xml")) {
  exit("Fehler beim Parsen");
}
$root=$dom->document_element();
$attr=$root->get_attribute_node("id");
print($attr->value());
```

PHP-Version: ab 4.2.1, **DOM-Standard**: ja, DOM Level 1

Name in DOM: `getAttributeNode()`

get_element_by_tagname ()

`get_element_by_tagname(string tagname)`

Die Methode sollte ähnlich wie `get_elements_by_tagname()` ein Element anhand dessen Tag-Namen ermitteln. Die Methode `get_element_by_tagname()` ist zwar enthalten, jedoch nicht implementiert. Sie ist nur bis PHP 4.2.0 enthalten und ab 4.2.1 durch `get_elements_by_tagname()` ersetzt worden.

PHP-Version: 4.1.0 bis 4.2.0, **DOM-Standard**: nein

get_elements_by_tagname ()

`array DomElement->get_elements_by_tagname (string name)`

Die Methode ermittelt alle Elemente, die diesen Tag-Namen besitzen und innerhalb des aktuellen Elements liegen. Der Übergabeparameter ist der Tag-Name als String. Der Rückgabewert ist ein Array, das sämtliche gefundenen Elemente als Objekte der Klasse `DomElement` enthält. Um die Inhalte auszugeben, muss in einer `for`-Schleife das Array durchlaufen werden. Alternativ kann statt dieser Methode auch die Funktion `domxml_doc_get_elements_by_tagname()` oder die Methode `get_elements_by_tagname()` der Klasse `DomDocument` eingesetzt werden. Diese Methode ermittelt jedoch sämtliche XML-Elemente des angegebenen Namnes innerhalb des XML-Dokuments.

```
if(!$dom = domxml_open_file(dirname(__FILE__)."/test.xml")) {
  exit("Fehler beim Parsen");
}
$root = $dom->document_element();
$tags=$root->get_elements_by_tagname("news");
for ($i = 0; $i<count($tags); $i++) {
  $node = $tags[$i];
  print ("<br>".$node->get_content());
}
```

PHP-Version: ab 4.2.1, **DOM-Standard**: ja, DOM Level 1

Name in DOM: `getElementsByTagName()`

has_attribute ()

`boolean DomElement->has_attribute (string name)`

Diese Methode ermittelt, ob das XML-Element ein Attribut besitzt, dessen Bezeichnung `name` lautet. Ist dies der Fall, ist der Rückgabewert `true` oder 1, anderfalls `false`. Um allgemein zu prüfen, ob ein Element Attribute besitzt, sollte die Methode `has_attributes()` der Klasse `DomNode` eingesetzt werden. Der nachfolgende Code prüft, ob das Wurzelelement über das Attribut `id` verfügt:

```
if(!$dom = domxml_open_file(dirname(__FILE__)."/test.xml")) {
  exit("Fehler beim Parsen");
}
$root = $dom->document_element();
print($root->has_attribute("id"));
```

PHP-Version: ab 4.2.1, **DOM-Standard**: ja, DOM Level 2

Name in DOM: `hasAttribute()`

name()

`string DomElement->name (void)`

Die Methode ermittelt den Namen eines XML-Elements. Alternativ kann auch die Methode `tagname()` der Klasse `DomElement` eingesetzt werden. Der nachfolgende Code liest den Namen des Wurzelelements aus.

```
if(!$dom = domxml_open_file(dirname(__FILE__)."/test.xml")) {
  exit("Fehler beim Parsen");
}
$root = $dom->document_element();
print ("<br>Name: ".$root->name()."<br>");
```

PHP-Version: ab 4.1.0, **DOM-Standard**: nein

remove_attribute ()

```
boolean DomElement->remove_attribute (string attrname)
```

Diese Methode entfernt ein Attribut aus einem XML-Element. Der Name des zu entfernenden Attributs wird als String mit `attrame` angegeben. Der nachfolgende Code entfernt das Attributs `id` aus dem Wurzelelements:

```
if(!$dom = domxml_open_file(dirname(__FILE__)."/test.xml")) {
  exit("Fehler beim Parsen");
}
$root = $dom->document_element();
if ($root->has_attribute("id")) {
 $root->remove_attribute("id");
}
```

PHP-Version: ab 4.1.0, **DOM-Standard**: ja, DOM Level 1

Name in DOM: `removeAttribute()`

set_attribute ()

```
object set_attribute (string name, string value)
```

Diese Methode setzt ein Attribut `name` mit dem Wert `value` in ein XML-Element ein. Beide Angaben erfolgen als Textstrings. Der Rückgabewert der Methode ist ein Objekt der Klasse `DomAttribute`. Alternativ können auch die Funktionen `domxml_setattr()` oder `domxml_set_attribute()` eingesetzt werden. Der nachfolgende Code setzt ein neues Attribut in das Wurzelelement ein.

```
if(!$dom = domxml_open_file(dirname(__FILE__)."/test.xml")) {
  exit("Fehler beim Parsen");
}
$root = $dom->document_element();
$root->set_attribute ("kommentar", "hallo");
```

PHP-Version: ab 4.1.0, **DOM-Standard**: ja, DOM Level 1

Name in DOM: `setAttribute()`

set_attributenode ()
set_attribute_node ()

```
set_attributenode (void)
set_attribute_node (void)
```

Die Methoden sollten ein Attribut in ein XML-Element einsetzen. Die Methode `set_attributenode()` ist nur bis PHP 4.2.0 enthalten und ab 4.2.1 durch `set_attribute_node()` ersetzt worden, die aber ebenfalls ab 4.3.0 entfernt wurde. `set_attributenode()` ist unvollständig implementiert und fügt das Attribut nicht hinzu. Die Methode sollte zur Zeit nicht eingesetzt werden.

PHP-Version: `set_attributenode ()`: 4.1.0 bis 4.2.0, `set_attribute_node ()`: 4.2.1 bis 4.3.0

DOM-Standard: ja, DOM Level 1

Name in DOM: `setAttributeNode()`

tagname()

```
string DomElement->tagname (void)
```

Die Methode ermittelt den Namen eines XML-Elements. Der nachfolgende Code liest den Namen des Wurzelelements aus.

```
if(!$dom = domxml_open_file(dirname(__FILE__)."/test.xml")) {
  exit("Fehler beim Parsen");
}
$root = $dom->document_element();
print ("<br>Name: ".$root->tagname()."<br>");
```

PHP-Version: ab 4.1.0, **DOM-Standard**: ja, Level 1

Name in DOM: `tagName`

B.2.5 Die Klasse DomNode

Die Klasse `DomNode` repräsentiert einen Knoten im XML-Dokument. Der Unterschied zwischen den Klassen `DomNode` und `DomElement` besteht darin, dass der Knoten über untergeordnete Tags, d.h. Kinder, verfügen kann. Die Klasse `DomElement` repräsentiert dagegen ein einzelnes XML-Element ohne untergeordnete Tags.

add_child()

```
object DomNode->add_child (object newnode)
```

Diese Methode hängt einen neuen Knoten oder ein neues Element unterhalb des aktuellen Knotens ein. Der Übergabeparameter kann ein Objekt der Klasse `DomNode` oder `DomElement` sein, aber auch ein Objekt von `DomAttribute` oder ein erzeugter Text-, Kommentar- und PI-Knoten (über die entsprechenden create()-Methoden der Klasse `DomDocument`). Der Rückgabewert der Methode `add_child()` ist das übergeben Objekt. Statt der Methode `add_child()` kann auch ab PHP 4.2.1 die Methode `append_child()` der Klasse `DomNode` eingesetzt werden.

```
$dom=domxml_new_doc("1.0");
$root=$dom->create_element("codes");
$dom->add_child($root);
$codes=$dom->create_element("jsp");
$root->add_child($codes);
$cdata=$dom->create_cdata_section("out.println('Guten Tag');");
$codes->add_child($cdata);
print(domxml_dump_mem($dom,true,'iso-8859-1'));
```

PHP-Version: ab 4.0.0, **DOM-Standard**: nein

add_namespace()

`boolean DomNode->add_namespace (string uri, string prefix)`

Die Methode erzeugt einen Namensraum und fügt diesen zu dem angegebenen Knoten hinzu. Der erste Übergabeparameter `uri` ist die URI des Namensraums. Der zweite Parameter `prefix` enthält das Präfix des Namensraums. Der Rückgabewert ist `true`, wenn der Namensraum zu dem Knoten hinzugefügt werden konnte, ansonsten ist der Rückgabewert `false`. Alternativ können auch die Methoden `set_namespace()` der Klasse `DomNode`, `create_element_ns()` der Klasse `DomDocument` oder die Funktion `domxml_node_add_namespace()` verwendet werden. Das nachfolgende Beispiel erstellt das Wurzelelement `<personen xmlns:jst="http://www.xmlguru.de/start"/>` mit dem Präfix `jst` und der URI `http://www.xmlguru.de/start`:

```
$dom=domxml_new_doc("1.0");
$root=$dom->add_root("personen");
$root->add_namespace ("http://www.xmlguru.de/start", "jst");
print($dom->dump_mem(true,'iso-8859-1'));
```

PHP-Version: ab 4.3.0, **DOM-Standard**: nein

append_child()

`object DomNode->append_child (object newnode)`

Diese Methode hängt einen neuen Knoten oder ein neues Element unterhalb des aktuellen Knotens als Child ein. Der Rückgabewert der Methode ist der eingehängte Knoten als ein Objekt der Klasse `DomNode`. Der Übergabeparameter an `append_child()` muss ein Objekt der Klasse `DomNode` oder `DomElement` sein. Ein neues Objekt der Klasse `DomNode` kann über die Methoden `node()` der Klasse `DomNode` oder über die Funktion `domxml_node()` erzeugt werden. Ein neues Objekt der Klasse `DomElement` kann über die Methoden `create_element()` oder `create_elements_ns()` der Klasse `DomDocument` erhalten werden. Statt der Methode `append_child()` kann auch ab PHP 4.0.0 die Methode `add_child()` der Klasse `DomNode` eingesetzt werden. Das nachfolgende Beispiel hängt ein neues Kind unterhalb des Wurzelelements ein:

```
$dom=domxml_new_doc("1.0");
$root=$dom->create_element("userliste");
$dom->append_child($root);
$user=$dom->create_element("user");
$root->append_child($user);
```

Das Verhalten der Methode `append_child()` hat sich in den verschiedenen PHP-Versionen etwas verändert. Für die Versionen 4.2.1 bis 4.2.3 gilt, dass bei nachträglichen Änderungen am eingehängten Knoten (z.B. neues Hinzufügen von Kindern) diese auf den Rückgabewert von `append_child()` angewendet werden müssen. Ab PHP 4.3.0 ist dies nicht mehr nötig. Änderungen am eingehängten Kind brauchen jetzt nicht mehr über den Rückgabewert durchgeführt zu werden. Das nachfolgende Beispiel zeigt die Veränderungen in PHP 4.2.1 bis 4.2.3 und ab 4.3.0. Auf den oben eingehängten Knoten `$user` unterhalb von dem Wurzelelement `userliste` soll nun ein weitere Knoten `name` eingehängt werden. Der nachfolgende Code ist für alle PHP-Versionen ab 4.3.0 korrekt und hängt das neue Kind `name` unterhalb von `user` ein:

```
$name=$dom->create_element("name");
$user->append_child($name);
```

Wird dieser Code mit PHP 4.2.1 bis 4.2.3 ausgeführt, so wird das neue `name`-Element nicht eingehängt. Um dies für PHP 4.2.1 bis 4.2.3 zu ermöglichen, muss beim Einhängen des `user`-Kinds über `append_child()` der Rückgabewert wieder neu `$user` zugewiesen werden:

```
$user=$root->append_child($user);
```

Jetzt werden die nachträglichen Änderungen auch korrekt in PHP 4.2.1 bis 4.2.3 durchgeführt. Wollen Sie dieses „alte“ Verhalten auch in den PHP-Versionen ab 4.3.0 verwenden, sollten Sie die Methode `append_sibling()` einsetzen.

PHP-Version: ab 4.2.1, **DOM-Standard**: ja, DOM Level 1

Name in DOM: `appendChild()`

append_sibling()

```
object DomNode->append_sibling (object newnode)
```

Diese Methode hängt einen neuen Knoten oder ein neues Element in den Dokumentenbaum ein. Der eingehängte Knoten befindet sich am Ende der Knotenliste. Der Rückgabewert ist der neue eingehängte Knoten und ein Objekt der Klasse `DomNode`. Sollen nach dem Aufrufen der Methode `append_sibling()` Modifikationen am eingehängten Knoten durchgeführt werden (Einhängen von Kindern usw.), muss der Rückgabewert der Methode `append_sibling()` benutzt werden und die Änderungen darauf angewendet werden. Wird der Rückgabewert der Methode `append_sibling()` nicht verwendet und werden anschließend Modifikationen am Knoten durchgeführt, sind die Änderungen im Knoten und im Dokumentenbaum nicht sichtbar. Der Übergabeparameter an `append_sibling()` muss ein Objekt der Klasse `DomNode` oder `DomElement` sein. Ein neues Objekt von `DomElement` kann über die Methoden `create_element()` oder `create_elements_ns()` der Klasse `DomDocument` erzeugt werden. Der nachfogende Code erzeugt ein Tag `<jsp>`. Das Tag <php> wird über `append_sibling()` nach `<jsp>` eingehängt:

```
$dom=domxml_new_doc("1.0");
$root=$dom->create_element("codes");
$dom->append_child($root);
$codes=$dom->create_element("jsp");
$root->append_child($codes);
$cdata=$dom->create_cdata_section("out.println('Guten Tag');");
$codes->append_child($cdata);
$codes_php=$dom->create_element("php");
$cdata=$dom->create_cdata_section("print('Guten Tag');");
$codes_php->append_child($cdata);
$cdata=$codes->append_sibling($codes_php);
```

PHP-Version: ab 4.2.1, **DOM-Standard**: nein

attributes()

`array DomNode->attributes (void)`

Die Funktion ermittelt sämtliche Attribute eines Knotens. Der Rückgabewert ist ein Array, das die Attribute enthält. Jedes Attribut befindet sich in einem eigenen Array-Element, das ein Objekt der Klasse `DomAttribute` enthält. Um den Attributnamen und dessen Wert auszulesen, müssen die Methoden der Klasse `DomAttribute` verwendet werden (`name()`, `value()`). Alternativ kann auch die Funktion `domxml_node_get_content()` verwendet werden, die jedoch nur den Attributwert ermittelt und nicht dessen Namen. Statt der Methode `attributes()` können auch die Funktionen `domxml_node_attributes()` und `domxml_attributes()` eingesetzt werden. Das nachfolgende Beispiel liest sämtliche Attribute des Wurzelelements aus und gibt den Namen sowie den Wert aus.

```
if(!$dom = domxml_open_file(dirname(__FILE__)."/test.xml")) {
  exit("Fehler beim Parsen");
}
$root=$dom->document_element();
$attr=$root->attributes();
for ($i = 0; $i<count($attr); $i++){
  $attribut = $attr[$i];
  print ("<br>Attributname: ".$attribut->name());
  print (" - Attributwert: ".$attribut->value());
}
```

PHP-Version: ab 4.0.0, **DOM-Standard**: ja, DOM Level 1

Name in DOM: dort als Eigenschaft `attributes`

children ()

`array DomNode->children (void)`

Die Methode ermittelt sämtliche untergeordneten Knoten. Der Rückgabewert ist ein Array, das die einzelnen Knoten als Objekte der Klasse `DomNode` enthält. Jedes Objekt befindet sich in einem eigenen Array-Element. Um die Objekte und deren Inhalte auszulesen, müssen die Methoden der Klasse `DomNode` verwendet werden (`node_type()`, `node_name()`). Alternativ können auch die Methode `child_nodes()` der Klasse `DomNode` oder die Funktionen `domxml_node_get_content()`, `domxml_children()` bzw. `domxml_node_children()` verwendet werden. Das nachfolgende Beispiel ermittelt sämtliche Knoten, die sich unterhalb von `<news>` befinden, und gibt den Namen sowie den Wert aus.

```
if(!$dom = domxml_open_file(dirname(__FILE__)."/test.xml")) {
  exit("Fehler beim Parsen");
}
$tags=$dom->get_elements_by_tagname("news");
for ($i = 0; $i<count($tags); $i++) {
  $node = $tags[$i];
  $children=$node->children();
  print ("<br>Kinder: ".count($children));
  for ($k = 0; $k<count($children); $k++) {
   $child = $children[$k];
```

```
    print ("<br>".$child->node_type());
    print (" - ".$child->node_name());
    print (" - ".$k." ".$child->get_content());
  }
}
```

PHP-Version: ab 4.0.0, **DOM-Standard**: nein

child_nodes()

`array DomNode->child_nodes (void)`

Die Methode ermittelt sämtliche untergeordnete Knoten. Der Rückgabewert ist ein Array, das die einzelnen Knoten als Objekte der Klasse `DomNode` enthält. Jedes Objekt befindet sich in einem eigenen Array-Element. Um den Objekte und deren Inhalte auszulesen, müssen die Methoden der Klasse `DomNode` verwendet werden (`node_type()`, `node_name()`). Alternativ kann auch die Methode `children()` der Klasse `DomNode` oder die Funktionen `domxml_node_get_content()`, `domxml_children()` bzw. `domxml_node_children()` verwendet werden. Das nachfolgende Beispiel ermittelt sämtliche Knoten, die sich unterhalb von `<news>` befinden, und gibt den Namen sowie den Wert aus.

```
if(!$dom = domxml_open_file(dirname(__FILE__)."/test.xml")) {
  exit("Fehler beim Parsen");
}
$tags=$dom->get_elements_by_tagname("news");
for ($i = 0; $i<count($tags); $i++) {
  $node = $tags[$i];
  $children=$node->child_nodes();
  print ("<br>Kinder: ".count($children));
  for ($k = 0; $k<count($children); $k++) {
    $child = $children[$k];
    print ("<br>".$child->node_type());
    print (" - ".$child->node_name());
    print (" - ".$k." ".$child->get_content());
  }
}
```

PHP-Version: ab 4.1.0, **DOM-Standard**: ja, DOM Level 1

Name in DOM: dort als Eigenschaft `childNodes`

clone_node()

`object DomNode->clone_node (boolean mode)`

Diese Methode kopiert einen Knoten. Der Übergabeparameter `mode` ist `true` oder `false`. Ist dieser `true`, werden auch sämtliche Kinder mit kopiert. Ist er `false`, werden die Unterknoten nicht mitkopiert. Die Default-Einstellung ist `false`. Das nachfolgende Beispiel kopiert das Tag `<title>` in ein zweites neues Dokument:

```
$doc = domxml_new_doc("1.0");
$root = $doc->create_element("html");
$root = $doc->append_child($root);
```

```
$head = $doc->create_element("head");
$head = $root->append_child($head);
$title = $doc->create_element("title");
$title = $head->append_child($title);
$text = $doc->create_text_node("PHP");
$text = $title->append_child($text);
$clone=$title->clone_node(true);
$doc2 = domxml_new_doc("1.0");
$doc2->append_child ($clone);
print($doc2->dump_mem(true));
```

PHP-Version: ab 4.2.0, **DOM-Standard**: ja, DOM Level 1

Name in DOM: `cloneNode()`

domnode ()

```
object DomNode->domnode(string name)
```

Die Methode erzeugt einen neuen Knoten, der dann in den Dokumentenbaum über die Methode `append_child()` der Klasse `DomNode` eingehängt werden kann. Der Übergabeparameter `name` gibt den Namen des Knotens an. Der Rückgabewert ist ein Objekt der Klasse `DomNode`. Statt `domnode()` kann auch die Funktion `domxml_node()` oder die Methode `node()` der Klasse `DomNode` verwendet werden. Das nachfolgende Beispiel erzeugt einen Knoten über `domxml_node()`, der dann als Wurzelelement gesetzt wird, und einen weiteren Knoten über `node()`, der dann unterhalb des Wurzelelements eingehängt wird:

```
$dom=domxml_new_doc("1.0");
$node=domxml_node("personen");
$dom->set_root($node);
$knoten=$node->domnode("name");
$node->append_child($knoten);
```

PHP-Version: ab 4.1.0, **DOM-Standard**: nein

dump_node()

```
string DomNode->dump_node (object node)
```

Diese Methode ermittelt den kompletten Inhalt eines Knotens und gibt den Inhalt als String zurück. Die Methode kann ab PHP 4.3.4 nicht mehr verwendet werden. Statt dessen sollte die Methode `dump_node()` der Klasse `DomDocument` eingesetzt werden. Im Unterschied zu der Methode `get_content()` der Klasse `DomNode` sind in dem Rückgabewert von `dump_node()` auch die untergeordneten Knoten, Elemente, Tags, Attribute usw. enthalten. `get_content()` ermittelt dagegen nur den Inhalt der Textknoten. Der Übergabeparameter `node` ist der Knoten, dessen Inhalt ermittelt werden soll. Das nachfolgende Beispiel ermittelt den kompletten Inhalt des Wurzelelements:

```
if(!$dom = domxml_open_file(dirname(__FILE__)."/news.xml")) {
  exit("Fehler beim Parsen");
}
$root=$dom->document_element();
print ($root->dump_node($root));
```

PHP-Version: 4.2.0 bis 4.3.3, **DOM-Standard**: nein

first_child()

```
object DomNode->first_child ()
```

Diese Methode ermittelt das erste Kind eines Knotens. Der Rückgabewert der Methode ist ein Objekt der Klasse `DomNode`. Die Inhalte des ersten Kinds können über die Methoden der Klasse `DomNode` ermittelt werden. Das nachfolgende Beispiel ermittelt das erste Kind des Wurzelelements:

```
if(!$dom = domxml_open_file(dirname(__FILE__)."/test.xml")) {
  exit("Fehler beim Parsen");
}
$root=$dom->document_element();
$child=$root->first_child();
print ($child->node_name());
print ("<br>".$child->node_type());
print ("<br>".$child->node_value());
```

PHP-Version: ab 4.1.0, **DOM-Standard**: ja, DOM Level 1

Name in DOM: dort als Eigenschaft `firstChild`

getattr ()

```
string DomNode->getattr (string attr)
```

Die Methode ermittelt den Wert eines Attributs, das den Namen `attr` trägt. Der Wert des Attributs wird als String zurückgegeben. Ist das Attribut nicht vorhanden, wird ein Fehler im Browser angezeigt.

```
if(!$dom = domxml_open_file(dirname(__FILE__)."/test.xml")) {
  exit("Fehler beim Parsen");
}
$root=$dom->root();
$attr=$root->getattr("id");
```

PHP-Version: 4.0.0 bis 4.0.6, **DOM-Standard**: nein

get_attribute ()

```
string DomNode->get_attribute (string attr)
```

Die Methode ermittelt den Wert eines Attributs, das den Namen `attr` trägt. Der Wert des Attributs wird als String zurückgegeben. Ist das Attribut nicht vorhanden, wird ein Fehler im Browser angezeigt.

```
if(!$dom = domxml_open_file(dirname(__FILE__)."/test.xml")) {
  exit("Fehler beim Parsen");
}
$root=$dom->root();
$attr=$root->get_attribute("id");
```

PHP-Version: 4.0.5 bis 4.0.6, **DOM-Standard**: nein

get_content()

```
string DomNode->get_content (void)
```

Die Methode ermittelt den Inhalt eines Knotens. Der Rückgabewert ist ein String. Dies kann „normaler“ Text sein, wenn der Knoten keine weiteren untergeordneten Knoten besitzt (wenn es sich um einen Textknoten handelt). Verfügt der Knoten über untergeordnete Elemente, die ihrerseits Text enthalten, wird auch der Inhalt dieser untergeordneten Elemente ausgegeben. Die einzelnen Elemente und deren Namen werden nicht mit ausgegeben. Statt der Methode `get_content()` kann auch die Funktion `domxml_node_get_content()` eingesetzt werden. Die Methode `dump_node()` der Klasse `DomNode` gibt dagegen im Rückgabewert die untergeordneten Knoten, Elemente, Attribute usw. als Tags und deren Inhalte zurück. Das nachfolgende Beispiel liest sämtliche Texte des Wurzelelements und aller untergeordneten Elemente aus.

```
if(!$dom = domxml_open_file(dirname(__FILE__)."/test.xml")) {
  exit("Fehler beim Parsen");
}
$root=$dom->document_element();
print ($root->get_content());
}
```

PHP-Version: ab 4.2.0, **DOM-Standard**: nein

has_attributes ()

```
boolean DomNode->has_attributes (void)
```

Diese Methode ermittelt, ob das XML-Element über Attribute verfügt oder nicht. Sind in dem Element ein oder mehrere Attribute enthalten, ist der Rückgabewert `true` oder 1, andernfalls `false`. Statt der Methode `has_attributes()` kann auch die Methode `has_attribute()` der Klasse `DomElement` verwendet werden, die jedoch nur auf das Vorhandensein eines angegebenen Attributs prüft. Der nachfolgende Code prüft, ob das Wurzelelement über Attribute verfügt:

```
if(!$dom = domxml_open_file(dirname(__FILE__)."/test.xml")) {
  exit("Fehler beim Parsen");
}
$root = $dom->document_element();
print($root->has_attributes());
```

PHP-Version: ab 4.2.0, **DOM-Standard**: ja, DOM Level 2

Name in DOM: `hasAttributes()`

has_child_nodes ()

```
boolean DomNode->has_child_nodes (void)
```

Diese Methode ermittelt, ob ein Knoten über weitere untergeordnete Knoten bzw. Elemente verfügt oder nicht. Besitzt der Knoten weitere Kinder, ist der Rückgabewert `true` oder 1, andernfalls `false`. Der nachfolgende Code prüft, ob das Wurzelelement über Kinder verfügt:

```
if(!$dom = domxml_open_file("htdocs/test.xml")) {
  exit("Fehler beim Parsen");
}
$root = $dom->document_element();
print ("<br>".$root->has_child_nodes());
```

PHP-Version: ab 4.1.0, **DOM-Standard**: ja, DOM Level 1

Name in DOM: `hasChildNodes()`

lastchild()

```
object DomNode->lastchild (void)
```

Diese Methode ermittelt das letzte Kind eines Knotens. Der Rückgabewert der Methode ist ein Objekt der Klasse `DomNode`. Die Inhalte des letzten Kinds können über die Methoden der Klasse `DomNode` ermittelt werden. Die Methode ist PHP 4.0.5 durch die Methode `last_child()` der Klasse `DomNode` ersetzt worden und ab PHP 4.1.0 nicht mehr enthalten. Das nachfolgende Beispiel ermittelt das letzte Kind des Wurzelelements:

```
if(!$dom = domxml_open_file(dirname(__FILE__)."/test.xml")) {
  exit("Fehler beim Parsen");
}
$root=$dom->root();
$child=$root->lastchild();
```

PHP-Version: 4.0.0 bis 4.0.6, **DOM-Standard**: ja, DOM Level 1

Name in DOM: dort als Eigenschaft `lastChild`

last_child()

```
object DomNode->last_child (void)
```

Diese Methode ermittelt das letzte Kind eines Knotens. Der Rückgabewert der Methode ist ein Objekt der Klasse `DomNode`. Die Inhalte des letzten Kinds können über die Methoden der Klasse `DomNode` ermittelt werden. Die Methode ersetzt ab PHP 4.0.5 die Methode `lastchild()` der Klasse `DomNode`. Das nachfolgende Beispiel ermittelt das letzte Kind des Wurzelelements:

```
if(!$dom = domxml_open_file(dirname(__FILE__)."/test.xml")) {
  exit("Fehler beim Parsen");
}
$root=$dom->document_element();
$child=$root->last_child();
print ($child->node_name());
```

PHP-Version: ab 4.0.5, **DOM-Standard**: ja, DOM Level 1

Name in DOM: dort als Eigenschaft `lastChild`

insert_before()

```
object DomNode->insert_before (object newnode, object refnode)
```

Diese Methode fügt einen neuen Knoten `newnode` vor einem bestehenden Knoten `refnode` ein. Der Rückgabewert der Methode ist der neue eingefügte Knoten als ein Objekt der Klasse `DomNode`. Das nachfolgende Beispiel fügt innerhalb des Wurzelelements vor dem ersten Kind einen neuen Knoten ein:

```
if(!$dom = domxml_open_file(dirname(__FILE__)."/test.xml")) {
  exit("Fehler beim Parsen");
}
$root=$dom->document_element();
$child=$root->first_child();
$rem=$child->next_sibling();
$newchild=child->node("blablabla");
$newnode = $root->insert_before($newchild, $rem);
print ($dom->html_dump_mem());
```

PHP-Version: ab 4.1.0, **DOM-Standard**: ja, DOM Level 1

Name in DOM: `insertBefore()`

is_blank_node()

```
boolean DomNode-> is_blank_node (void)
```

Diese Methode prüft, ob ein Knoten leer ist, d.h. keinen Inhalt besitzt. In diesem Fall ist der Rückgabewert der Methode 1 oder `true`, andernfalls `false`. Die Methode kann nur auf Textknoten oder CDATA-Knoten angewendet werden. Bei allen anderen Knoten ist der Rückgabewert immer `false`. Das nachfolgende Beispiel fügt einen leeren Textknoten in den Dokumentenbaum ein und prüft anschließend, ob der Textknoten leer ist.

```
$dom=domxml_new_doc("1.0");
$root=$dom->create_element("userliste");
$dom->set_root($root);
$txt=$dom->create_text_node("");
$root->append_child($txt);
print ($txt->is_blank_node());
```

PHP-Version: ab 4.2.0, **DOM-Standard**: nein

namespace_uri()

```
string DomNode->namespace_uri (void)
```

Diese Methode gibt die URI eines Namensraums zurück, das sich in einem Knoten befindet. Die URI wird als String zurück gegeben. Das Präfix des Namensraums, die zur URI gehört, kann ab PHP 4.1.0 über die Methode `prefix()` der Klasse `DomNode` ermittelt werden.

```
if(!$dom = domxml_open_file(dirname(__FILE__)."/news.xml")) {
  exit("Fehler beim Parsen");
}
$root=$dom->document_element();
print ($root->prefix());
print ($root->namespace_uri());
```

PHP-Version: ab 4.3.0, **DOM-Standard**: ja, DOM Level 2

Name in DOM: dort als Eigenschaft `namespaceURI`

new_child()

`object DomNode->new_child(string name, string content)`

Die Methode erzeugt ein neues Element und hängt es als Kind unterhalb des angegebenen Knotens ein. Über `name` wird der neue Elementname angegeben und `content` enthält den Textinhalt des Elements an. Der Rückgabewert ist ein Objekt der Klasse `DomNode`. Das neue Kind wird sofort unterhalb des Knotens eingehängt. Ein Aufruf von der Methode `append_child()` der Klasse `DomNode`, über das normalerweise ein Kind oder ein Knoten eingehängt wird, ist nicht nötig. Alternativ zu `new_child()` kann auch die Funktion `domxml_node_new_child()` verwendet werden. Das nachfolgende Beispiel erzeugt ein neues Tag mit dem Namen `<name>` und dem Inhalt `Vicki`. Dieses Element wird unterhalb von `<personen>` eingehängt.

```
$dom=domxml_new_doc("1.0");
$node=domxml_node("personen");
$dom->set_root($node);
$knoten=$node->new_child("name","Vicki");
```

PHP-Version: ab 4.0.0, **DOM-Standard**: nein

next_sibling()

`object DomNode->next_sibling (void)`

Diese Methode ermittelt den nächsten Knoten, der auf den aktuellen Knoten folgt. Der Rückgabewert der Methode ist ein Objekt der Klasse `DomNode`. Das nachfolgende Beispiel gibt sämtliche Kinder des Wurzelelements aus. Die Kinder des Wurzelelements enthalten durchaus auch wieder Kinder. Diese werden nicht mit ausgegeben, da jedes Kind eines Kindes über ein eigenständiges Objekt von `DomNode` angesprochen und auf dieses wiederum `next_sibling()` oder `previous_sibling()` angewandt werden muss.

```
if(!$dom = domxml_open_file(dirname(__FILE__)."/test.xml")) {
  exit("Fehler beim Parsen");
}
$root=$dom->document_element();
$child=$root->first_child();
do {
 print ($child->node_name());
 print ("<br>".$child->node_type());
 print ("<br>".$child->node_value());
```

```
 $child=$child->next_sibling();
}
while ($child)
```

PHP-Version: ab 4.1.0, **DOM-Standard**: ja, DOM Level 1

Name in DOM: dort als Eigenschaft `nextSibling`

node ()

`object DomNode->node(string name)`

Die Methode erzeugt einen neuen Knoten, der dann in den Dokumentenbaum über die Methode `append_child()` der Klasse `DomNode` eingehängt werden kann. Der Übergabeparameter `name` gibt den Namen des Knotens an. Der Rückgabewert ist ein Objekt der Klasse `DomNode`. Statt `node()` kann auch die Funktion `domxml_node()` oder die Methode `domnode()` der Klasse `DomNode` verwendet werden. Das nachfolgende Beispiel erzeugt einen Knoten über `domxml_node()`, der dann als Wurzelelement gesetzt wird, und einen weiteren Knoten über `node()`, der dann unterhalb des Wurzelelements eingehängt wird:

```
$dom=domxml_new_doc("1.0");
$node=domxml_node("personen");
$dom->set_root($node);
$knoten=$node->node("name");
$node->append_child($knoten);
```

PHP-Version: ab 4.0.0, **DOM-Standard**: nein

node_name()

`String DomNode->node_name (void)`

Diese Methode ermittelt den Namen des Knotens. Je nach Knoten ergibt sich eine andere Textausgabe. Sollte es sich um ein Element handeln, wird der Name des Elements ausgegeben (soll dieser auch verändert werden, muss die Methode `set_name()` der Klasse `DomNode` eingesetzt werden). Liegt ein Attributknoten vor, wird der Wert des Attributs ausgegeben. Liegt eine DTD vor, wird der Name der DTD angegeben. Handelt es sich um eine Entität bzw. eine Referenz auf eine Entität, wird ebenfalls deren Name ermittelt. Sollte eine Notation vorliegen (`<!NOTATION>`), gibt die Methode den Namen der Notation zurück. Bei einer Processing Instruction (PI) gibt die Methode das Ziel zurück. Für die Knoten, für die kein Name vorgesehen ist, gibt die Methode einen standardisierten Wert zurück, den Sie der Tabelle B.3 entnehmen können.

Rückgabewert	Beschreibung
#cdata-section	Der Knoten enthält einen CDATA-Abschnitt.
#comment	Der Knoten enthält einen Kommentar.
#document	Der Knoten ist ein Dokument.
#text	Der Knoten enthält einen Textabschnitt.

Tabelle B.3: Weitere Rückgabewerte von `node_name()`

Das nachfolgende Beispiel gibt sämtliche Kinder des Wurzelelements mit dem Knotennamen, dem Knotentyp und dem Knoteninhalt aus.

```
if(!$dom = domxml_open_file(dirname(__FILE__)."/test.xml")) {
  exit("Fehler beim Parsen");
}
$root=$dom->document_element();
$child=$root->first_child();
do  {
 print ($child->node_name());
 print ("<br>".$child->node_type());
 print ("<br>".$child->node_value());
 $child=$child->next_sibling();
}
while ($child)
```

PHP-Version: ab 4.1.0, **DOM-Standard**: ja, DOM Level 1

Name in DOM: dort als Eigenschaft `nodeName`

node_type()

```
String DomNode->node_type (void)
```

Diese Methode ermittelt den Knotentyp. Je nach Knoten ergibt sich ein anderer Rückgabewert. Diese können Sie der Tabelle B.4 entnehmen.

Wert	Knotentyp	Beschreibung
1	`XML_ELEMENT_NODE`	Der Knoten ist ein Element.
2	`XML_ATTRIBUTE_NODE`	Der Knoten enthält ein oder mehrere Attribute.
3	`XML_TEXT_NODE`	Der Knoten enthält Text.
4	`XML_CDATA_SECTION_NODE`	Der Knoten ist ein CDATA-Abschnitt.
5	`XML_ENTITY_REF_NODE`	Der Knoten ist eine Referenz auf ein Entity.
6	`XML_ENTITY_NODE`	Der Knoten definiert ein Entity.
7	`XML_PI_NODE`	Der Knoten ist eine Processing Instruction, die sich innerhalb von *<?* und *?>* befindet.
8	`XML_COMMENT_NODE`	Der Knoten ist ein Kommentar, der durch *<!--* und *-->* umschlossen ist.
9	`XML_DOCUMENT_NODE`	Der Knoten ist das Dokument selbst.
10	`XML_DOCUMENT_TYPE_NODE`	Der Knoten ist eine DTD.
11	`XML_DOCUMENT_FRAG_NODE`	Der Knoten ist ein XML-Fragment.
12	`XML_NOTATION_NODE`	Der Knoten ist eine Notation, d.h. ein *<!NOTATION>*-Tag einer DTD.

Tabelle B.4: Die vordefinierten Konstanten als Rückgabewert von `node_type()`

Das nachfolgende Beispiel gibt sämtliche Kinder des Wurzelelements mit dem Knotennamen, dem Knotentyp und dem Knoteninhalt aus.

```
if(!$dom = domxml_open_file(dirname(__FILE__)."/test.xml")) {
  exit("Fehler beim Parsen");
}
$root=$dom->document_element();
$child=$root->first_child();
do  {
 print ($child->node_name());
 print ("<br>".$child->node_type());
 print ("<br>".$child->node_value());
 $child=$child->next_sibling();
}
while ($child)
```

PHP-Version: ab 4.2.0, **DOM-Standard**: ja, DOM Level 1

Name in DOM: dort als Eigenschaft `nodeType`

node_value()

```
String DomNode->node_value (void)
```

Diese Methode gibt den Inhalt eines Knotens aus. Je nach Knoten ergibt sich ein anderer Rückgabewert. Liegt ein Attributknoten vor, wird der Wert des Attributs zurückgegeben. Bei einer CDATA-Section ist es der konkrete Inhalt des CDATA-Abschnitts, bei einem Kommentar der konkrete Kommentartext, bei einer Processing Instruction (PI) das Ziel und bei einem Textknoten der konkrete Text. Sollte der Knoten ein Element, eine DTD, ein XML-Dokument, eine Entität, eine Referenz auf eine Entität oder eine Notation sein, erfolgt kein Rückgabewert. Das nachfolgende Beispiel gibt sämtliche Kinder des Wurzelelements mit dem Knotennamen, dem Knotentyp und dem Knoteninhalt aus.

```
if(!$dom = domxml_open_file(dirname(__FILE__)."/test.xml")) {
  exit("Fehler beim Parsen");
}
$root=$dom->document_element();
$child=$root->first_child();
do  {
 print ($child->node_name());
 print ("<br>".$child->node_type());
 print ("<br>".$child->node_value());
 $child=$child->next_sibling();
}
while ($child)
```

PHP-Version: ab 4.1.0, **DOM-Standard**: ja, DOM Level 1

Name in DOM: dort als Eigenschaft `nodeValue`

owner_document()

`object DomNode->owner_document (void)`

Diese Methode gibt das Dokument zurück, zu dem der aktuelle Knoten gehört. Der Rückgabewert ist ein Objekt der Klasse `DomDocument`. Das nachfolgende Beispiel erzeugt ein neues XML-Dokument im Objekt `$dom` und hängt mehrere Knoten ein. Auf das Objekt `$kommentar` wird die Methode `owner_document()` eingesetzt. Der Rückgabewert ist mit dem Inhalt von `$dom` identisch:

```
$dom=domxml_new_doc("1.0");
$root=$dom->create_element("codes");
$dom->append_child($root);
$kommentar=$dom->create_element("kommentar");
$root->append_child($kommentar);
$text=$dom->create_text_node("Dies ist ein Kommentar");
$kommentar->append_child($text);
$doc=$kommentar->owner_document();
```

PHP-Version: ab 4.1.0, **DOM-Standard**: ja, DOM Level 1

Name in DOM: dort als Eigenschaft `ownerDocument`

parent ()

`object DomNode->parent (void)`

Diese Methode gibt den übergeordneten Knoten zurück. Der Rückgabewert ist ein Objekt der Klasse `DomNode`. Statt `parent()` kann auch die Methode `parent_node()` der Klasse `DomNode` eingesetzt werden. Das nachfolgende Beispiel erzeugt ein neues XML-Dokument im Objekt und hängt das Wurzelelement `codes` sowie den Knoten `kommentar` mit einem Text ein. Der Rückgabewert der Methode `parent()`, das auf `$kommentar` angewandt wird, ist `codes`:

```
$dom=domxml_new_doc("1.0");
$root=$dom->create_element("codes");
$dom->append_child($root);
$kommentar=$dom->create_element("kommentar");
$root->append_child($kommentar);
$text=$dom->create_text_node("Dies ist ein Kommentar");
$kommentar->append_child($text);
$node=$kommentar->parent();
print($node->node_name());
```

PHP-Version: ab 4.0.0, **DOM-Standard**: nein

parent_node()

`object DomNode->parent_node (void)`

Diese Methode gibt den übergeordneten Knoten zurück. Der Rückgabewert ist ein Objekt der Klasse `DomNode`. Statt `parent_node()` kann auch die Methode `parent()` der Klasse `DomNode` eingesetzt werden. Das nachfolgende Beispiel erzeugt ein neues XML-Dokument im Objekt und hängt das Wurzelelement `codes` sowie den Knoten `kommentar` mit einem Text ein. Der Rückgabewert der Methode `parent_node()`, das auf `$kommentar` angewandt wird, ist `codes`:

```
$dom=domxml_new_doc("1.0");
$root=$dom->create_element("codes");
$dom->append_child($root);
$kommentar=$dom->create_element("kommentar");
$root->append_child($kommentar);
$text=$dom->create_text_node("Dies ist ein Kommentar");
$kommentar->append_child($text);
$node=$kommentar->parent_node();
print($node->node_name());
```

PHP-Version: ab 4.1.0, **DOM-Standard**: ja, DOM Level 1

Name in DOM: dort als Eigenschaft `parentNode`

prefix()

```
string DomNode->prefix (void)
```

Diese Methode gibt das Präfix eines Namensraums zurück, der sich in einem Knoten befindet. Das Präfix wird als String zurück gegeben. Die URI des Namensraums, die zum Präfix gehört, kann ab PHP 4.3.0 über die Methode `namespace_uri()` der Klasse `DomNode` ermittelt werden.

```
if(!$dom = domxml_open_file(dirname(__FILE__)."/news.xml")) {
  exit("Fehler beim Parsen");
}
$root=$dom->document_element();
print ($root->prefix());
```

PHP-Version: ab 4.1.0, **DOM-Standard**: ja, DOM Level 2

Name in DOM: dort als Eigenschaft `prefix`

previous_sibling()

```
object DomNode->previous_sibling (void)
```

Diese Methode ermittelt den vorhergehenden Knoten, der vor dem aktuellen Knoten liegt. Der Rückgabewert der Methode ist ein Objekt der Klasse `DomNode`. Das nachfolgende Beispiel gibt sämtliche Kinder des Wurzelelements aus. Dabei wird über `last_child()` und `previous_sibling()` von hinten nach vorne durchgegangen, d.h. das letzte Kind zuerst ausgegeben. Die Kinder des Wurzelelements enthalten durchaus auch wieder Kinder. Diese werden nicht mit ausgegeben, da jedes Kind eines Kinds über ein eigenständiges Objekt von `DomNode` angesprochen und auf dieses wiederum `next_sibling()` oder `previous_sibling()` angewandt werden muss.

```
if(!$dom = domxml_open_file(dirname(__FILE__)."/test.xml")) {
  exit("Fehler beim Parsen");
}
```

```
$root=$dom->document_element();
$child=$root->last_child();
do  {
 print ($child->node_name());
 print ("<br>".$child->node_type());
 print ("<br>".$child->node_value());
 $child=$child->previous_sibling();
}
while ($child)
```

PHP-Version: ab 4.1.0, **DOM-Standard**: ja, DOM Level 1

Name in DOM: dort als Eigenschaft `previousSibling`

remove_child()

```
object DomNode->remove_child(object child)
```

Die Methode entfernt ein Kind aus einem Knoten. Dazu muss das zu entfernende Kind als Objekt übergeben werden. Der Rückgabewert der Methode ist das entfernte Kind, andernfalls `false`. Alternativ kann auch die Methode `unlink_node()` der Klasse `DomNode` oder die Funktionen `domxml_unlink_node()` bzw. `domxml_node_unlinke_node()` eingesetzt werden. Das nachfolgende Beispiel entfernt den ersten untergeordneten Knoten des Wurzelelements:

```
if(!$dom = domxml_open_file(dirname(__FILE__)."/test.xml")) {
  exit("Fehler beim Parsen");
}
$root=$dom->document_element();
$child=$root->first_child();
$rem=$child->next_sibling();
$removed=$root->remove_child($rem);
```

PHP-Version: ab 4.2.1, **DOM-Standard**: ja, DOM Level 1

Name in DOM: `removeChild()`

replace_child()

```
object DomNode->replace_child(object newchild, object oldchild)
```

Die Methode ersetzt ein Kind eines Knotens durch ein anderes Kind. Dazu muss das zu entfernende Kind als zweiter Übergabeparameter `oldchild` übergeben werden. Der erste Übergabeparameter `newchild` ist das Kind, das an die Stelle des alten Kinds gesetzt werden soll. Der Rückgabewert der Methode ist das entfernte Kind, andernfalls `false`. Das nachfolgende Beispiel ersetzt den ersten untergeordneten Knoten des Wurzelelements durch einen neuen Knoten:

```
if(!$dom = domxml_open_file(dirname(__FILE__)."/test.xml")) {
  exit("Fehler beim Parsen");
}
$root=$dom->document_element();
$child=$root->first_child();
```

```
$rem=$child->next_sibling();
$newchild=child->node("blablabla");
$re=$root->replace_child($newchild,$rem);
```

PHP-Version: ab 4.2.1, **DOM-Standard**: ja, DOM Level 1

Name in DOM: `replaceChild()`

replace_node()

`object DomNode->replace_node(object newnode)`

Die Methode ersetzt das aktuelle `DomNode`-Objekt durch einen anderen Knoten `newnode`. Der Rückgabewert der Methode ist der ursprüngliche Knoten, der ersetzt wurde. Das nachfolgende Beispiel ersetzt das Wurzelelement durch einen neuen Knoten:

```
if(!$dom = domxml_open_file(dirname(__FILE__)."/test.xml")) {
 exit("Fehler beim Parsen");
}
$root=$dom->document_element();
$newnode=domxml_node("blablabla");
$re=$root->replace_node($newnode);
```

PHP-Version: ab 4.2.1, **DOM-Standard**: nein

setattr ()

`void DomNode->setattr (string name, string value)`

Die Methode setzt ein neues Attribut `name` mit dem Wert `value` in einen Knoten ein.

```
if(!$dom = domxml_open_file(dirname(__FILE__)."/test.xml")) {
  exit("Fehler beim Parsen");
}
$root=$dom->root();
$attr=$root->set_attribute("aaa","111");
```

PHP-Version: 4.0.0 bis 4.0.6, **DOM-Standard**: nein

set_attribute ()

`void DomNode->set_attribute (string name, string value)`

Die Methode setzt eine neues Attribut `name` mit dem Wert `value` in einen Knoten ein.

```
if(!$dom = domxml_open_file(dirname(__FILE__)."/test.xml")) {
  exit("Fehler beim Parsen");
}
$root=$dom->root();
$attr=$root->set_attribute("aaa","111");
```

PHP-Version: 4.0.5 bis 4.0.6, **DOM-Standard**: nein

set_content()

```
boolean DomNode->set_content (string content)
```

Die Methode setzt einen Textinhalt `content` in ein Element ein. Das nachfolgende Beispiel setzt einen neuen Textinhalt für das Wurzelelement.

```
$dom=domxml_new_xmldoc("1.0");
$node=$dom->add_root("personen");
$node->set_content("testphase");
print($dom->dumpmem());
```

PHP-Version: ab 4.0.4, **DOM-Standard**: nein

set_name()

```
boolean DomNode->set_name (void)
```

Die Methode ändert den Namen eines Knotens. Das nachfolgende Beispiel ändert den Namen des Wurzelelements in `test` ab:

```
if(!$dom = domxml_open_file(dirname(__FILE__)."/news.xml")) {
  exit("Fehler beim Parsen");
}
$root=$dom->document_element();
$root->set_name("test");
```

PHP-Version: ab 4.2.1, **DOM-Standard**: nein

set_namespace()

```
boolean DomNode->set_namespace (string uri, string prefix)
```

Die Methode erzeugt einen Namensraum und fügt diesen zu dem angegebenen Knoten hinzu. Der erste Übergabeparameter `uri` ist die URI des Namensraums. Der zweite Parameter `prefix` enthält das Präfix des Namensraums. Der Rückgabewert ist `true`, wenn der Namensraum zu dem Knoten hinzugefügt werden konnte, ansonsten ist der Rückgabewert `false`. Alternativ können auch die Methoden `add_namespace()` der Klasse `DomNode`, `create_element_ns()` der Klasse `DomDocument` oder die Funktion `domxml_node_add_namespace()` verwendet werden. Das nachfolgende Beispiel erstellt das Wurzelelement `<personen xmlns:jst="http://www.xmlguru.de/start"/>` mit dem Präfix `jst` und der URI `http://www.xmlguru.de/start`:

```
$dom=domxml_new_doc("1.0");
$root=$dom->add_root("personen");
$root->set_namespace ("http://www.xmlguru.de/start", "jst");
```

PHP-Version: ab 4.3.0, **DOM-Standard**: nein

unlink ()

```
void DomNode->unlink (void)
```

Die Methode entfernt einen Knoten aus dem Dokumentenbaum. Sämtliche untergeordneten Knoten werden ebenfalls mit entfernt. Das nachfolgende Beispiel entfernt das Wurzelelement (und damit den gesamten Dokument-Inhalt):

```
$dom=domxml_new_xmldoc("1.0");
$node=$dom->add_root("personen");
$node->unlink();
```

PHP-Version: ab 4.0.5, **DOM-Standard**: nein

unlink_node()

```
void DomNode->unlink_node (void)
```

Die Methode entfernt einen Knoten aus dem Dokumentenbaum. Sämtliche untergeordneten Knoten werden ebenfalls mit entfernt. Das nachfolgende Beispiel entfernt das Wurzelelement (und damit den gesamten Dokument-Inhalt):

```
if(!$dom = domxml_open_file(dirname(__FILE__)."/news.xml")) {
  exit("Fehler beim Parsen");
}
$root=$dom->document_element();
$root->unlink_node();
```

PHP-Version: ab 4.2.0, **DOM-Standard**: nein

B.2.6 Die Klasse DomParser

Die Klasse `DomParser` wurde in PHP 4.2.1 eingeführt. Sie repräsentiert einen erstellten DOM-Parser. Über Methoden der Klasse `DomParser` können XML-Dokumente in einem SAX-ähnliche Verfahren aufgebaut werden. Ein neuer DOM-Parser wird manuell über die Funktion `domxml_parser()` erstellt. Der Rückgabewert dieser Funktion ist ein Objekt der Klasse `DomParser`, auf das die Methoden dieses Abschnitts angewendet werden können. Ein DOM-Parser wird so erzeugt:

```
$parser = domxml_parser();
```

Die Klasse `DomParser` ist kein DOM-Standard.

add_chunk ()

```
boolean DomParser-> add_chunk (string content)
```

Diese Methode fügt einen String `content` in das Dokument ein. Der String kann dabei über Tags verfügen. Für reinen Text sollte die Methode `characters()` der Klasse `DomParser` verwendet werden. Statt `add_chunk()` kann auch die Methode `end()` der Klasse `DomParser` verwendet werden. Diese beendet zwar ein XML-Dokument, jedoch kann – wie bei `add_chunk()` – ein String inklusive Tags an die Methode übergeben werden. Alternativ kann auch die Funktion `domxml_parser_add_chunk()` eingesetzt werden.

```
$parser = domxml_parser();
$parser->start_document();
$parser->add_chunk("<test>Hallo</test>");
$parser->end_document();
$dom = $parser->get_document();
```

PHP-Version: ab 4.2.1, **DOM-Standard**: nein

cdata_section()

```
boolean DomParser->cdata_section (string content)
```

Die Methode erzeugt einen CDATA-Abschnitt. Der Inhalt des CDATA-Abschnitts wird als String `content` angegeben. Ein CDATA-Abschnitt wird vom XML-Parser nicht geparst. Alternativ kann auch die Funktion `domxml_parser_cdata_section()` eingesetzt werden. Das nachfolgende Beispiel erzeugt diese XML-Datei:

```
<?xml version="1.0" encoding="ISO-8859-1"?>
<root>
   <![CDATA[
     out.println("Guten Tag");
   ]]>
</root>
```

Der Inhalt des CDATA-Abschnitts wird als String übergeben. Der Parser fügt die Auszeichnungen `<![CDATA[` und `]]>` hinzu:

```
$parser = domxml_parser();
$parser->start_document();
$parser->start_element("root");
$parser->cdata_section("Guten Tag");
$parser->end_element("root");
$parser->end_document();
$dom = $parser->get_document();
```

PHP-Version: ab 4.3.0, **DOM-Standard**: nein

characters ()

```
boolean DomParser-> characters (string content)
```

Diese Methode setzt einen Textinhalt `content` in ein Tagpaar ein. Die Methode muss zwischen den Methoden `start_element()` und `end_element()` der Klasse `DomParser` aufgerufen werden. Alternativ kann auch die Funktion `domxml_parser_characters()` eingesetzt werden.

```
$parser = domxml_parser();
$parser->start_document();
$parser->start_element("root");
$parser->characters("Dies ist das Wurzelelement");
$parser->end_element("root");
```

```
$parser->end_document();
$dom = $parser->get_document();
print ($dom->dump_mem());
```

PHP-Version: ab 4.3.0, **DOM-Standard**: nein

comment ()

```
boolean DomParser-> comment (string content)
```

Diese Methode erzeugt einen Kommentar `content`. Die XML-Auszeichnungen eines Kommentars über `<!--` und `-->` werden vom Parser erzeugt. Alternativ kann auch die Funktion `domxml_parser_comment()` eingesetzt werden.

```
$parser = domxml_parser();
$parser->start_document();
$parser->comment("Jetzt kommt das Wurzelelement");
$parser->start_element("root");
$parser->characters("Dies ist das Wurzelelement");
$parser->end_element("root");
$parser->end_document();
$dom = $parser->get_document();
print ($dom->dump_mem());
```

PHP-Version: ab 4.3.0, **DOM-Standard**: nein

end ()

```
object DomParser->end([string content])
```

Diese Methode beendet ein XML-Dokument, das vorher über die Methode `start_document()` der Klasse `DomParser` erzeugt wurde. Der Rückgabewert der Methode ist ein Objekt der Klasse `DomDocument`. Über die Methoden der Klasse `DomDocument` kann das Objekt weiter bearbeitet werden. Alternativ kann die Methode `end_document()` verwendet werden, die jedoch nur einen booleschen Wert zurück gibt. Um dann ein Objekt der Klasse `DomDocument` zu erhalten, müsste die Methode `get_document()` eingesetzt werden. Die Methode `end()` vereinfacht dies, indem sie direkt ein Objekt von `DomDocument` zurück gibt. Der Übergabeparameter `content` ist optional. Der String kann dabei über Tags verfügen (ähnlich wie bei der Methode `add_chunk()` der Klasse `DomParser`). Alternativ kann auch die Funktion `domxml_parser_end ()` eingesetzt werden.

```
$parser = domxml_parser();
$parser->start_document();
$dom =$parser->end ("<root> Guten Tag</root>");
```

PHP-Version: ab 4.2.1, **DOM-Standard**: nein

end_document()

`boolean DomParser->end_document (void)`

Diese Methode beendet ein XML-Dokument, das vorher über die Methode `start_document()` der Klasse `DomParser` erzeugt wurde. Alternativ kann auch die Funktion `domxml_parser_end_document()` eingesetzt werden.

```
$parser = domxml_parser();
$parser->start_document();
$parser->end_document();
```

PHP-Version: ab 4.3.0, **DOM-Standard**: nein

end_element()

`boolean DomParser->end_element(string name)`

Diese Methode erzeugt ein End-Tag `name`. Die Methode kann nur genutzt werden, wenn vorher das gleichnamige Tag über die Methode `start_element()` der Klasse `DomParser` geöffnet wurde. Der Tagname des Elements wird als String übergeben. Alternativ kann auch die Funktion `domxml_parser_end_element()` eingesetzt werden.

```
$parser = domxml_parser();
$parser->start_document();
$attr=array('id'=>'100','wichtig'=>'nein');
$parser->start_element("root", $attr);
$parser->characters("Dies ist das Wurzelelement");
$parser->end_element("root");
$parser->end_document();
```

PHP-Version: ab 4.3.0, **DOM-Standard**: nein

entity_reference ()

`boolean DomParser->entity_reference (string entity)`

Diese Methode erzeugt ein Entity. Dabei kann die Methode sowohl Namensentitäten wie auch dezimale Entitäten erzeugen. Die Entität wird als String übergeben. Bei einer Namensentität wird nur der Name der Entität angegeben, nicht die Symbole `&` zur Einleitung und `;` zum Abschluss. Um die Namensentität `©` zu erzeugen (dies stellt das Copyright-Zeichen dar), muss nur der Name `copy` als String angegeben werden. Bei einer dezimalen Entität muss ebenfalls auf `&` und `;` verzichtet werden. Hier müssen nur das Symbol `#` zur Einleitung der Zahl und der konkrete Zahlenwert angegeben werden. Soll beispielsweise die dezimale Entität `ß` erzeugt werden (dies stellt den Buchstaben ß dar), muss an die Methode der String `#223` übergeben werden. Alternativ kann auch die Funktion `domxml_parser_entity_reference ()` eingesetzt werden.

```
$parser = domxml_parser();
$parser->start_document();
$parser->start_element("root");
$parser->entity_reference("copy");
```

```
$parser->entity_reference("#223");
$parser->end_element("root");
$parser->end_document();
```

PHP-Version: ab 4.3.0, **DOM-Standard**: nein

get_document()

```
object DomParser->get_document (void)
```

Diese Methode gibt ein Objekt der Klasse `DomDocument` zurück, das vorher über die Methode `start_document()` der Klasse `DomParser` erzeugt und bearbeitet wurde. Über die Methoden der Klasse `DomDocument` kann das Objekt weiter bearbeitet werden. Alternativ kann auch die Funktion `domxml_parser_get_document()` eingesetzt werden. Der Aufruf der Methoden `end_document()` und `get_document()` kann eingespart werden, wenn die Methode `end()` der Klasse `DomParser` aufgerufen wird. Die Methode `end()` beendet wie `end_document()` das Dokument, gibt aber ein Objekt der Klasse `DomDocument` zurück.

```
$parser = domxml_parser();
$parser->start_document();
$parser->start_element("root");
$parser->characters("Dies ist das Wurzelelement");
$parser->end_element("root");
$parser->end_document();
$dom=$parser->get_document();
$root=$dom->document_element();
print ($root->node_name());
```

PHP-Version: ab 4.3.0, **DOM-Standard**: nein

namespace_decl()

```
boolean DomParser->namespace_decl(string uri, string prefix)
```

Die Methode erzeugt einen Namensraum und fügt diesen zu dem vorhergehenden Element hinzu. Der erste Übergabeparameter `uri` ist die URI des Namensraums. Der zweite Parameter `prefix` enthält das Präfix des Namensraums. Der Rückgabewert ist `true`, wenn der Namensraum zu dem Element hinzugefügt werden konnte, ansonsten ist der Rückgabewert `false`. Alternativ kann auch die Funktion `domxml_parser_namespace_decl()` eingesetzt werden. Das nachfolgende Beispiel erstellt ein Wurzelelement `<root xmlns:php="http://www.xmlguru.de/php">` mit dem Präfix `php` und der URI `http://www.xmlguru.de/php`:

```
$parser = domxml_parser();
$parser->start_document();
$parser->start_element("root");
$parser->namespace_decl("http://www.xmlguru.de/php","php");
$parser->end_element("root");
$parser->end_document();
```

PHP-Version: ab 4.3.0, **DOM-Standard**: nein

processing_instruction ()

```
boolean DomParser->processing_instruction (string target, string data)
```

Die Methode erzeugt eine Processing Instruction (PI). Über den ersten Parameter `target` wird der Name der PI angegeben. Der zweite Übergabeparameter `data` gibt die konkreten Anweisungen an. Beispielsweise ist bei der Processing Instruction `<?xml-stylesheet href='test.xsl' type='text/xsl'?>` der Name `xml-stylesheet` der `target`-Parameter und der String `href='test.xsl' type='text/xsl'` der `data`-Parameter. Alternativ kann auch die Funktion `domxml_parser_processing_instruction()` eingesetzt werden. Der nachfolgenden Code erzeugt ein XML-Dokument mit einer PI:

```
<?xml version="1.0" encoding="iso-8859-1"?>
<?xsl-stylesheet href='test.xsl' type='text/xsl'?>
<root/>
```

PHP-Code lautet:

```
$parser = domxml_parser();
$parser->start_document();
$parser->processing_instruction("xml-stylesheet","href='test.xsl'
type='text/xsl'");
$parser->start_element("root");
$parser->end_element("root");
$parser->end_document();
```

PHP-Version: ab 4.3.0, **DOM-Standard**: nein

start_document()

```
boolean DomParser-> start_document (void)
```

Diese Methode startet ein neues XML-Dokument. Das erzeugte Dokument ist leer und verfügt nur über den XML-Prolog. Ein Dokument muss über die Methode `end_document()` der Klasse `DomParser` wieder geschlossen werden. Alternativ kann auch die Funktion `domxml_parser_start_document()` eingesetzt werden.

```
$parser = domxml_parser();
$parser->start_document();
$parser->end_document();
```

PHP-Version: ab 4.3.0, **DOM-Standard**: nein

start_element()

```
boolean DomParser->start_element(string name [, array attributes])
```

Diese Methode erzeugt ein neues Start-Tag `name`. Während die Methode `create_element()` der Klasse `DomDocument` das Start- und End-Tag erzeugt, erstellt diese Methode nur das Start-Tag. Das End-Tag muss über die Methode `end_element()` der Klasse `DomParser` gesetzt werden. Der Tagname des Elements wird als String übergeben. Der zweite Übergabeparameter `attributes` ist ein Array, das die Attribute des Tags enthält. Die Attribute werden nacheinander in das Array geschrieben. Das erste Array-Element ist der

Name des ersten Attributs, das zweite Array-Element ist der Wert des ersten Attributs, das dritte Array-Element ist der Name des zweiten Attrributs usw. Der zweite Übergabeparameter ist optional und kann auch wegfallen. Zwischen `start_element()` und `end_element()` kann der konkrete Inhalt gesetzt werden, z.B. über die `characters()`-Methode der Klassse `DomParser`. Alternativ kann auch die Funktion `domxml_parser_start_element()` eingesetzt werden.

```
$parser = domxml_parser();
$parser->start_document();
$attr=array('id'=>'100','wichtig'=>'nein');
$parser->start_element("root", $attr);
$parser->characters("Dies ist das Wurzelelement");
$parser->end_element("root");
$parser->end_document();
$dom = $parser->get_document();
print ($dom->dump_mem());
```

PHP-Version: ab 4.3.0, **DOM-Standard**: nein

B.2.7 Die Klasse DomProcessingInstruction

Die Klasse `DomProcessingInstruction` repräsentiert eine einzelne Processing Instruction (PI). Diese enthält Informationen, die sich in einem XML-Code innerhalb der XML-Auszeichnung `<? ... ?>` befinden:

```
<?xml version="1.0" encoding="ISO-8859-1"?>
<aufgaben>
<?anmerkung kommentar="gleich kommen die Childnodes"?>
  <heute>
    <!-- Weiterer Code wurde weggelassen -->
```

Die hier verwendete PI (`<?anmerkung kommentar="gleich kommen die Childnodes"?>`) besteht aus einem Namen (das so genannte `target`) und den konkreten Informationen (das so genannte `data`). Der Name der PI ist in diesem Fall `anmerkung` und die Information ist `kommentar="gleich kommen die Childnodes"`. Über die Methoden `target()` und `data()` sind das Ziel und die Informationen zugänglich. Eine PI wird wie ein bekannter Knoten vom Typ `DomNode` ermittelt. Die Klasse `DomProcessingInstruction` ist ab PHP 4.1.0 enthalten.

Die Klasse `DomProcessingInstruction` ist im DOM-Standard Level 1 definiert und wird dort im Interface `ProcessingInstruction` beschrieben.

data()

```
string DomProcessingInstruction->data (void)
```

Diese Methode ermittelt die konkrete Zeichenfolge in der PI, die sich zwischen dem Namen der PI (dem so genannten `target`) und dem Ende der PI (`?>`) befindet. Der Rückgabewert der Methode ist ein String. Bei der PI `<?anmerkung kommentar="gleich kommen die Childnodes"?>` ist der Rückgabewert dieser Methode `kommentar="gleich kommen die Childnodes"`. Der nachfolgende Code ermittelt sämtliche Kinder des Wurzelelements. Alle Kinder werden durchgegangen und dabei geprüft, ob der Knoten eine PI ist. Ist dies der Fall, wird über die Methode `data()` der Inhalt der PI ausgegeben.

```
if(!$dom = domxml_open_file(dirname(__FILE__)."/pi.xml")) {
 exit("Fehler beim Parsen");
}
$root = $dom->document_element();
$children=$root->child_nodes();
$anz_children = count($children);
for ($i = 0; $i < $anz_children; $i++){
  $child = $children[$i];
  if ($child->node_type()==XML_PI_NODE) {
    print ("<br>PI: ");
    print ($child->target());
    print ("<br>".$child->data()."<br>");
  }
}
```

PHP-Version: ab 4.1.0, **DOM-Standard**: ja, DOM Level 1

Name in DOM: dort als Eigenschaft `data`

target()

```
string DomProcessingInstruction->target (void)
```

Diese Methode ermittelt den Namen der PI. Dieser befindet sich direkt nach `<?`. Der Rückgabewert der Methode ist ein String. Bei der PI `<?anmerkung kommentar="gleich kommen die Childnodes"?>` ist der Rückgabewert dieser Methode `anmerkung`. Der nachfolgende Code ermittelt sämtliche Kinder des Wurzelelements. Alle Kinder werden durchgegangen und dabei geprüft, ob der Knoten eine PI ist. Ist dies der Fall, wird über die Methode `target()` der Name der PI ausgegeben.

```
if(!$dom = domxml_open_file(dirname(__FILE__)."/pi.xml")) {
 exit("Fehler beim Parsen");
}
$root = $dom->document_element();
$children=$root->child_nodes();
$anz_children = count($children);
for ($i = 0; $i < $anz_children; $i++){
  $child = $children[$i];
  if ($child->node_type()==XML_PI_NODE) {
    print ("<br>PI: ");
    print ($child->target());
    print ("<br>".$child->data()."<br>");
  }
}
```

PHP-Version: ab 4.1.0, **DOM-Standard**: ja, DOM Level 1

Name in DOM: dort als Eigenschaft `target`

B.2.8 Die Klasse DomXsltStylesheet

Die Klasse `DomXsltStylesheet` repräsentiert ein XSLT-Stylesheet, das über eine der drei Funktionen erhalten werden kann:

- `domxml_xslt_stylesheet_file()`
- `domxml_xslt_stylesheet_doc()`
- `domxml_xslt_stylesheet()`

Diese drei Funktionen, die ab PHP 4.2.0 enthalten sind, laden entweder eine XSLT-Datei (`domxml_xslt-Stylesheet_file()`), parsen sie als Objekt der Klasse `DomDocument` (`domxml_xslt_stylesheet_doc()`) oder erwarten das XSLT-Dokument als String (`domxml_xslt_stylesheet()`). Über Methoden der Klasse `DomXsltStylesheet` wird eine konkrete Formung durchgeführt. Die Klasse `DomXsltStylesheet` ist nicht im DOM-Standard definiert und ist eine PHP-Erweiterung.

process()

```
object DomXsltStylesheet->process (object doc [, array
xslt_parameters [, bool param_is_xpath [, string
profileFilename]]])
```

Führt eine Formung eines XML-Dokuments in ein Ausgabeformat über XSLT durch. Die XML-Datei muss als ein Objekt der Klasse `DomDocument` vorliegen und muss vor der Transformation geparst worden sein. Dies ist der erste Übergabeparameter. Der Rückgabewert der Methode `process()` ist ein Objekt der Klasse `DomDocument`, das das geformte Ergebnis enthält. Die Methode `process()` besitzt drei weitere Parameter, die alle optional sind. Der zweite Übergabeparameter ist ein Array, über den Parameter an das XSLT-Dokument übergeben werden können, die dann in XSLT über `<xsl:param>` umgesetzt werden. Der dritte Parameter ist ein boolescher Wert, der angibt, ob die Angaben im Array XPath-Anweisungen sind (`true`) oder nicht (`false`). Der letzte Übergabeparameter `profileFilename` gibt einen Dateinamen an, in dem während des Transformationsprozesses Profil-Daten gespeichert werden.

```
$opt="Michael";
$xmldoc = domxml_open_file(dirname(__FILE__)."/neu.xml");
$xsldoc= domxml_open_file(dirname(__FILE__)."/was_xml.xsl")
$xsldoc  = domxml_xslt_stylesheet_doc ($xsldoc);
$result  = $xsldoc->process($xmldoc, array('name'=>$opt), false,
dirname(__FILE__)."/log.txt");
```

PHP-Version: ab 4.2.0, vierter Übergabeparameter erst ab 4.3.2, **DOM-Standard**: nein

result_dump_file ()

```
string DomXsltStylesheet->result_dump_file (object doc, string
filename)
```

Schreibt ein geformtes Ergebnis in eine Datei, die über `filename` angegeben wird. Der erste Übergabeparameter ist ein Objekt der Klasse `DomDocument` und enthält das geformte

Ergebnis, das über die Methode `process()` erhalten wurde. Der Rückgabewert der Methode `result_dump_file()` ist die Anzahl der geschriebenen Bytes.

```
$opt="Michael";
$xmldoc = domxml_open_file(dirname(__FILE__)."/neu.xml");
$xsldoc= domxml_open_file(dirname(__FILE__)."/was_xml.xsl")
$xsldoc = domxml_xslt_stylesheet_doc ($xsldoc);
$result = $xsldoc->process($xmldoc, array('name'=>$opt), false,
dirname(__FILE__)."/log.txt");
$xsldoc->result_dump_file($result, dirname(__FILE__)."/
output.html");
```

PHP-Version: ab 4.3.0, **DOM-Standard**: nein

result_dump_mem ()

```
string DomXsltStylesheet->result_dump_mem (object doc)
```

Die Methode gibt ein geformtes Ergebnis als String zurück. Der Übergabeparameter ist ein Objekt der Klasse `DomDocument` und enthält das geformte Ergenbis, das über die Methode `process()` erhalten wurde.

```
$opt="Michael";
$xmldoc = domxml_open_file(dirname(__FILE__)."/neu.xml");
$xsldoc= domxml_open_file(dirname(__FILE__)."/was_xml.xsl")
$xsldoc = domxml_xslt_stylesheet_doc ($xsldoc);
$result = $xsldoc->process($xmldoc, array('name'=>$opt), false,
dirname(__FILE__)."/log.txt");
$output=$xsldoc->result_dump_mem($result);
print $output;
```

PHP-Version: ab 4.3.0, **DOM-Standard**: -

B.2.9 Die Klasse XPathContext

DOM XML aus PHP 4.x verfügt über eine XPath-Klasse. Diese repräsentiert alle gefundenen XML-Elemente, die sich durch eine XPath-Abfrage ergeben haben. Die Klasse besitzt keinen Konstruktor. Ein Objekt dieser Klasse wird durch den Rückgabewert der Funktionen `xpath_eval()` oder `xpath_evel_expression()` erhalten:

```
$dom = domxml_open_file(dirname(__FILE__).'/datei.xml');
$expr="//datum";
$xpth = xpath_new_context($dom);
$xnode = xpath_eval($xpth,$expr);
```

In der Variablen `$xnode` liegt ein Objekt der Klasse `DomXPath` vor.

nodeset

```
object XPath->nodeset[int value]
```

`nodeset` liest ein einzelnes Element aus dem Objekt der Klasse `XPathContext` aus. Die Elemente sind als Array angeordnet, sodass über die Indexnummer `value` das Array-element zugänglich ist. Der Rückgabewert von `nodeset` ist ein Objekt der Klasse `DomElement`, wenn es sich um XML-Element handelt. Liegt ein Attribut vor, ist der Rückgabewert ein Objekt der Klasse `DomAttribute`. Auf den Rückgabewert können die bekannten DOM-Funktionen aus PHP 4.x angewendet werden.

```
$dom = domxml_open_file(dirname(__FILE__).'/banner.xml');
$expr="/animationen/banner/datum";
$xpth = xpath_new_context($dom);
$xnode = xpath_eval($xpth,$expr);
var_dump($xnode);
for ($a=0;$a<count($xnode->nodeset);$a++) {
 $firstnode = $xnode->nodeset[$a];
 $children = $firstnode->child_nodes();
 $value = $children[0]->node_value();
 print ("<br>".$value);
}
```

PHP-Version: ab 4.0.4, **DOM-Standard**: nein

Anhang C: Referenz DOM XML in PHP 5

In diesem Abschnitt finden Sie eine alphabetische Referenz der Klassen, Methoden und Eigenschaften von DOM XML ab PHP 5.0. Da mit der 5er Version DOM XML komplett erneut und überarbeitet wurde, ist diese Referenz in ein eigenständiges Kapitel ausgelagert worden. Sind Sie an der Referenz zu PHP 4.x interessiert, schlagen Sie bitte in Anhang B nach.

DOM XML in PHP 5 enthält diese Klassen:

```
DomAttr
DomCDATASection
DomCharacterData
DomComment
DomDocument
DomDocumentType
DomImplementation
DomElement
DomNamedNodeMap
DomNode
DomNodeList
DomProcessingInstruction
DomText
DomXPath
```

Des Weiteren sind einige Klassen enthalten, die jedoch über keine Eigenschaften oder Methoden verfügen, weil diese bis zum Redaktionsschluss dieses Buches nicht implementiert sind. Es handelt sich um diese Klassen:

```
DomConfiguration
DomDocumentFragment
DomEntity
DomEntityReference
DomError
DomErrorHandler
DomImplementationList
DomImplementationSource
DomLOcator
DomNameList
DomNotation
DomStringExtended
DomStringList
DomTypeInfo
DomUserDataHandler
```

C.1 Funktionen

dom_import_simplexml ()

`object dom_import_simplexml (object obj)`

Diese Funktion importiert ein Objekt `obj` der Klasse `simplexml_element`, das in der SimpleXML-Bibliothek definiert ist. Das importierte Objekt wird in ein Objekt der Klasse `DomNode` (oder einer der davon abgeleiteten Klassen) konvertiert. Dadurch kann ein Objekt der Klasse `simplexml_element` in der DOM-API genutzt werden. Der umgekehrte Weg – das Exportieren eines Objekts der Klasse `DomNode` in die SimpleXML-Bibliothek ist auch möglich. Dazu sollte dann die Funktion `simplexml_import_dom()` der SimpleXML-Bibliothek genutzt werden.

```
$xml = simplexml_load_file(dirname(__FILE__).'/schema1.xml');
$dom=new DomDocument();
$dom = dom_import_simplexml($xml);
$buch = $dom->getElementsByTagName("buch");
```

PHP-Version: ab 5.0

DOM-Standard: -

Name in DOM: -

Ähnliche Funktion oder Methode in PHP 4.x: -

C.2 Die Klasse DomAttr

Die Klasse `DomAttr` repräsentiert ein einzelnes Attribut eines Elements. Die Klasse `DomAttr` ist von der Klasse `DomNode` abgeleitet und erbt deren Methoden und Eigenschaften. Die Klasse `DomAttr` verfügt über einen Konstruktor, über den ein neues Attribut erzeugt und in das XML-Element eingehängt werden kann. Alternativ kann ein neues Objekt der Klasse `DomAttr` über die Methode `createAttribute()` oder `createAttributeNS()` (wenn ein Namensraum im Attribut verwenden werden soll) der Klasse `DomDocument` erzeugt werden. Besitzt ein XML-Element schon ein Attribut, so kann das Attribut als ein Objekt der Klasse `DomAttr` über die Methoden `getAttributeNode()` oder `getAttributeNodeNS()` der Klasse `DomElement` erhalten werden.

C.2.1 Konstruktor

Ein neues Objekt der Klasse `DomAttr` wird über den Konstruktor `new DomAttr ()` erstellt:

`new DomAttr (string name [, string value]);`

Der erste Übergabeparameter gibt den Namen des Attributs als String an. Der zweite Parameter ist optional und gibt einen eventuellen Wert des Attributs an. Das Attribut kann auch ohne Wert erzeugt werden. Der Wert kann dann später über die Eigenschaft `value` der Klasse `DomAttr` hinzugefügt werden. Ein erzeugtes Objekt der Klasse `DomAttr` kann beispielsweise über die Methode `appendChild()` der Klasse `DomNode` in das Element eingehängt werden. Der nachfolgende Code erzeugt ein neues Wurzelelement mit zwei Attributen. Das erste Attribut wird über den Konstruktor erstellt. Das zweite Attribut wird ohne einen Wert über den Konstruktor erzeugt. Der Wert wird über die Eigenschaft `value` der Klasse `DomAttr` gesetzt.

```
$dom = new DomDocument();
$root=$dom->createElement("basis");
$dom->appendChild($root);
$attr=new DomAttr("id","100");
$root->appendChild($attr);
$attr=new DomAttr("rubrik");
$root->appendChild($attr);
$attr->value="d2";
```

PHP-Version: ab 5.0

DOM-Standard: nein

Name in DOM: -

Ähnliche Funktion oder Methode in PHP 4.x: `create_attribute()` der Klasse `DomDocument`

C.2.2 Methoden

isId ()

`boolean DomAttr->isId (void)`

Diese Methode gibt als Rückgabewert `true` zurück, wenn das Attribut in der dazugehörigen DTD vom Typ `ID` definiert worden ist. Ist keine DTD vorhanden oder ist das Attribut in der DTD nicht vom Typ `ID` definiert, ist der Rückgabewert der Methode `false`. Zusätzlich muss vorher die XML-Datei gegen die DTD über die Methode `validate()` der Klasse `DomDocument` validiert werden. Der nachfolgende Code lädt eine XML-Datei mit DTD, validert diese und liest das `id`-Attribut im Wurzelelement aus.

```
$dom = new DomDocument();
if(!$dom->load(dirname(__FILE__)."/users.xml")) {
  exit ("Fehler beim Parsen");
}
$dom->validate();
$root=$dom->documentElement;
$attr=$root->getAttributeNode("id");
print ("id: ".$attr->isId());
```

PHP-Version: ab 5.0, **DOM-Standard**: ja, DOM Level 3

Name in DOM: `isId()`

Ähnliche Funktion oder Methode in PHP 4.x: -

C.2.3 Eigenschaften

name

```
string DomAttr->name
```

Diese Eigenschaft ermittelt den Namen des Attributs. Die Eigenschaft kann nur gelesen werden.

```
$dom = new DomDocument();
$root=$dom->createElement("test");
$dom->appendChild($root);
$attr=new DomAttr("id","100");
$root->appendChild($attr);
print ($attr->name);
```

PHP-Version: ab 5.0, **DOM-Standard**: ja, DOM Level 1

Name in DOM: `name`

Ähnliche Funktion oder Methode in PHP 4.x: `name()` der Klasse `DomAttribute`

ownerElement

```
object DomAttr->ownerElement
```

Die Eigenschaft ermittelt das XML-Element, zu dem das Attribut gehört. Der Rückgabewert ist ein Objekt der Klasse `DomElement`. Die Eigenschaft kann nur gelesen werden.

```
$dom = new DomDocument();
$root=$dom->createElement("basis");
$dom->appendChild($root);
$attr2=new DomAttr("rubrik","unwichtig");
$root->appendChild($attr2);
$el=$attr2->ownerElement;
print ($el->nodeName);
```

PHP-Version: ab 5.0, **DOM-Standard**: ja, DOM Level 2

Name in DOM: `ownerElement`

Ähnliche Funktion oder Methode in PHP 4.x: -

specified

```
boolean DomAttr->specified
```

Die Eigenschaft ermittelt, ob das Attribut einen Wert besitzt (der Rückgabewert ist `true`) oder nicht (`false`). Der Wert des Attributs kann über den Konstruktor der Klasse `DomAttr`, über die Eigenschaft `value` von der Klasse `DomAttr` oder auch in der DTD angegeben werden. Die Eigenschaft kann nur gelesen werden.

```
$dom = new DomDocument();
$root=$dom->createElement("basis");
$dom->appendChild($root);
```

```
$attr=new DomAttr("id","100");
$root->appendChild($attr);
print ($attr->specified);
```

PHP-Version: ab 5.0, **DOM-Standard**: ja, DOM Level 1

Name in DOM: `specified`

Ähnliche Funktion oder Methode in PHP 4.x: `specified()` der Klasse `DomAttribute`

value

`string DomAttr->value`

Die Eigenschaft ermittelt den Textinhalt eines Knotens (nur bei Attributen oder bei Textknoten). Die Eigenschaft kann gelesen und geändert werden.

```
$dom = new DomDocument();
$root=$dom->createElement("basis");
$dom->appendChild($root);
$attr2=new DomAttr("rubrik");
$root->appendChild($attr2);
$attr2->value="nix";
print ($attr2->value);
```

PHP-Version: ab 5.0, **DOM-Standard**: ja, DOM Level 1

Name in DOM: `value`

Ähnliche Funktion oder Methode in PHP 4.x: `value()` der Klasse `DomAttribute`

C.3 Die Klasse DomCDATASection

Die Klasse `DomCDATASection` stellt einen CDATA-Abschnitt in einem XML-Dokument dar, der sich innerhalb von `<![CDATA[ ... ]]>` befindet. Die Klasse `DomCDATASection` besitzt selbst keine eigenen Methoden. Diese sind nicht nötig, da die Klasse `DomCDATASection` von der Klasse `DomText` abgeleitet ist, die wiederum von `DomCharacterData` abgeleitet ist, welche von `DomNode` abgeleitet ist. Daher erbt die Klasse `DomCDATASection` die Methoden und Eigenschaften der Klassen `DomText`, `DomCharacterData` und `DomNode`.

Die Klasse `DomCDATASection` besitzt nur einen Konstruktor, über den ein neuer CDATA-Abschnitt erzeugt werden kann. Ein CDATA-Abschnitt wird von DOM wie ein normaler Knoten angesehen. Ein `DomCDATASection`-Knoten wird über `appendChild()` in den Dokumentenbaum eingehängt:

Beim Einlesen eines CDATA-Abschnitts wird der konkrete CDATA-Knoten wie ein Textknoten behandelt. Daher können die Methoden und Eigenschaften der Klassen `DomText`, `DomNode` und `DomCharacterData` verwendet werden. Um den Inhalt eines CDATA-Abschnitts auszulesen, können die Eigenschaften `nodeValue` der Klasse `DomNode` und `data` der Klasse `DomCharacterData` sowie `wholeText` von `DomText` eingesetzt werden.

Die nachfolgende XML-Datei verfügt über einen CDATA-Abschnitt:

```
<?xml version="1.0" encoding="ISO-8859-1"?>
<ausgabe>
   <![CDATA[
     out.println("Guten Tag");
   ]]>
</ausgabe>
```

Zuerst wird der Inhalt des CDATA-Abschnitts über die Eigenschaft `nodeValue` der Klasse `DomNode` ausgelesen. Da ein CDATA-Abschnitt keinen Tag-Namen oder kein `id`-Attribut besitzt, ist es nicht möglich, die Methoden `getElementById()` und `getElementsByTagName()` einzusetzen. Daher muss man sich durch den Dokumentenbaum bewegen, um den CDATA-Knoten zu erhalten:

```
<?php
$dom = new domdocument;
$dom->preserveWhiteSpace=false;
if(!$dom->load(dirname(__FILE__)."/cdata.xml")) {
  exit ("Fehler beim Parsen");
}
$root=$dom->documentElement;
$cdata=$root->firstChild;
print ($cdata->nodeValue);
?>
```

Das zweite Beispiel nutzt die Eigenschaft `data` der Klasse `DomCharacterData`. Wie im letzten Beispiel erfolgt eine Bewegung durch den Dokumentenbaum. Es wird geprüft, ob ein CDATA-Abschnitt vorliegt (Knotentyp ist `#cdata-section`). Sollte dies der Fall sein, wird der Knoteninhalt über `data` ausgelesen:

```
<?php
$dom = new DomDocument();
$dom->preserveWhiteSpace=false;
if(!$dom->load(dirname(__FILE__)."/cdata.xml")) {
  exit ("Fehler beim Parsen");
}
$root=$dom->documentElement;
$cdata=$root->firstChild;
if ($cdata->nodeName=="#cdata-section") {
 print ($cdata->data);
}
?>
```

Das dritte Beispiel nutzt die Eigenschaft `wholeText` der Klasse `DomText`, von der die Klasse `DomCDATASection` direkt abgeleitet ist. Dazu wird statt der Eigenschaft `data` die Eigenschaft `wholeText` verwendet:

```
if ($cdata->nodeName=="#cdata-section") {
 print ($cdata->wholeText);
}
```

C.3.1 Konstruktor

Ein neues Objekt der Klasse `DomCDATASection` wird über den Konstruktor `new DomCDATASection ()` erstellt:

```
new DomCDATASection ([string value]);
```

Der Übergabeparameter an den Konstruktor ist ein String, der den konkreten Inhalt des CDATA-Abschnitts enthält. Es kann auch ein leerer CDATA-Abschnitt erzeugt werden, indem kein Parameter übergeben wird. Ein erzeugter CDATA-Abschnitt wird über `appendChild()` in den Dokumentenbaum eingehängt.

```
$dom = new DomDocument();
if(!$dom->load(dirname(__FILE__)."/news.xml")) {
  exit ("Fehler beim Parsen");
}
$cdata=new DomCDATASection ("blubb");
$root=$dom->documentElement;
$root->appendChild($cdata);
```

PHP-Version: ab 5.0, **DOM-Standard**: nein

Ähnliche Funktion oder Methode in PHP 4.x: `create_cdata_section()` der Klasse `DomDocument`

C.4 Die Klasse DomCharacterData

Die Klasse `DomCharacterData` repräsentiert eine Zeichenfolge, die sich

- innerhalb eines Textknotens befinden kann, z.B. `<user> michael </user>`, d.h. der Klasse `DomText`.
- innerhalb eines Kommentarknotens befinden kann, z.B. `<!-- Hier kommt Code -->`, d.h. der Klasse `DomComment`.

Die Klasse `DomCharacterData` stellt Methoden und Eigenschaften bereit, die von den Klassen `DomText` und `DomComment` geerbt werden. Die Klasse `DomCharacterData` besitzt keinen eigenen Konstruktor, sondern verfügt nur über Methoden und Eigenschaften.

C.4.1 Methoden

appendData ()

```
void DomCharacterData-> appendData (string arg)
```

Die Methode fügt einen String an eine vorhandene Zeichenfolge an.

```
$dom = new DomDocument();
$root=$dom->createElement("basis");
$dom->appendChild($root);
$txt=new DomText("test hallo");
$root->appendChild($txt);
$txt->appendData("Guten Abend");
```

PHP-Version: ab 5.0, **DOM-Standard**: ja, DOM Level 1

Name in DOM: `appendData()`

Ähnliche Funktion oder Methode in PHP 4.x: -

deleteData ()

`void DomCharacterData-> deleteData (unsigned long offset, unsigned long count)`

Diese Methode löscht eine Zeichenfolge. Der erste Übergabeparameter `offset` gibt die Startposition an und `count` die Anzahl der Zeichen, die gelöscht werden sollen. Überschreitet der Wert von `count` die Anzahl der Zeichen in der Zeichenfolge, wird die gesamte Zeichenfolge gelöscht.

```
$dom = new DomDocument();
$root=$dom->createElement("basis");
$dom->appendChild($root);
$txt=new DomText("test hallo");
$root->appendChild($txt);
$txt->deleteData(0,40);
```

PHP-Version: ab 5.0, **DOM-Standard**: ja, DOM Level 1

Name in DOM: `deleteData()`

Ähnliche Funktion oder Methode in PHP 4.x: -

insertData ()

`void DomCharacterData-> insertData (unsigned long offset, string arg)`

Die Methode fügt einen String in eine vorhandene Zeichenfolge ein. Der erste Übergabeparameter `offset` gibt die Zeichenposition an, ab der der String `arg` eingefügt werden soll.

```
$dom = new DomDocument();
$root=$dom->createElement("basis");
$dom->appendChild($root);
$txt=new DomText("test hallo");
$root->appendChild($txt);
$txt->insertData(0,"Guten Morgen");
```

PHP-Version: ab 5.0, **DOM-Standard**: ja, DOM Level 1

Name in DOM: `insertData()`

Ähnliche Funktion oder Methode in PHP 4.x: -

replaceData ()

```
void DomCharacterData->replaceData (unsigned long offset, unsigned
long count, string arg)
```

Die Methode ersetzt eine Zeichenfolge durch eine andere Zeichenfolge. Der erste Übergabeparameter `offset` gibt die Zeichenposition an, ab der die Zeichenfolge durch den String `arg` ersetzt werden soll. Der zweite Übergabeparameter `count` gibt die Anzahl der zu ersetzenden Zeichen an.

```
$dom = new DomDocument();
$root=$dom->createElement("basis");
$dom->appendChild($root);
$txt=new DomText("test hallo");
$root->appendChild($txt);
$txt->replaceData(0,12,"Guten Morgen");
```

PHP-Version: ab 5.0, **DOM-Standard**: ja, DOM Level 1

Name in DOM: `replaceData()`

Ähnliche Funktion oder Methode in PHP 4.x: -

substringData ()

```
string DomCharacterData->substringData (unsigned long offset,
unsigned long count)
```

Die Methode kopiert eine Zeichenfolge. Die originale Zeichenfolge wird dabei nicht verändert. Der Rückgabewert der Methode ist ein String, der die kopierten Zeichen enthält. An die Methode müssen zwei Parameter übergeben werden. Der erste Parameter `offset` gibt die Startposition in der Zeichenfolge an (Zählung beginnt bei 0) und `count` die Anzahl der Zeichen, die kopiert werden sollen. Das nachfolgende Beispiel gibt als Rückgabewert den Buchstaben `h` aus:

```
$dom = new DomDocument();
$root=$dom->createElement("basis");
$dom->appendChild($root);
$txt=new DomText("test hallo");
$root->appendChild($txt);
$str=$txt->substringData(5,1);
print ($str);
```

PHP-Version: ab 5.0, **DOM-Standard**: ja, DOM Level 1

Name in DOM: `substringData()`

Ähnliche Funktion oder Methode in PHP 4.x: -

C.4.2 Eigenschaften

data

```
string DomCharacterData->data
```

Diese Eigenschaft enthält die konkrete Zeichenfolge. Die Eigenschaft kann gelesen und geändert werden.

```
$dom = new DomDocument();
$root=$dom->createElement("basis");
$dom->appendChild($root);
$txt=new DomText("test hallo");
$root->appendChild($txt);
$txt->data="Guten Tag";
print ($txt->data);
```

PHP-Version: ab 5.0, **DOM-Standard**: ja, DOM Level 1

Name in DOM: `data`

Ähnliche Funktion oder Methode in PHP 4.x: -

length

```
unsigned long DomCharacterData->length
```

Diese Eigenschaft ermittelt die Anzahl der Zeichen in der Zeichenfolge. Die Eigenschaft kann nur gelesen werden.

```
$dom = new DomDocument();
$root=$dom->createElement("basis");
$dom->appendChild($root);
$txt=new DomText("test hallo");
$root->appendChild($txt);
$txt->data="Guten Tag";
print($txt->length);
```

PHP-Version: ab 5.0, **DOM-Standard**: ja, DOM Level 1

Name in DOM: `length`

Ähnliche Funktion oder Methode in PHP 4.x: -

C.5 Die Klasse DomComment

Die Klasse `DomComment` stellt einen Kommentar im XML-Dokument dar, der sich innerhalb von `<!-- ... -->` befindet. Die Klasse `DomComment` besitzt selbst keine eigenen Methoden. Diese sind nicht nötig, da die Klasse `DomComment` von der Klasse `DomCharacterData` abgeleitet ist, die wiederum von `DomNode` abgeleitet ist. Daher erbt die Klasse `DomComment` die Methoden und Eigenschaften der Klassen `DomCharacterData` und `DomNode`. Die Methoden können auch in der Klasse `DomComment` eingesetzt werden.

Die Klasse `DomComment` besitzt nur einen Konstruktor, über den ein neuer Kommentar erzeugt werden kann. Ein Kommentar wird von DOM wie ein normaler Knoten angesehen. Ein `DomComment`-Knoten wird über `appendChild()` in den Dokumentenbaum eingehängt:

Beim Einlesen eines Kommentars wird der konkrete Kommentartext wie ein Textknoten behandelt. Daher können die Methoden und Eigenschaften der Klassen `DomNode` und `DomCharacterData` verwendet werden. Um den Inhalt eines Kommentars auszulesen, können die Eigenschaften `nodeValue` der Klasse `DomNode` und `data` der Klasse `DomCharacterData` eingesetzt werden.

Die nachfolgende XML-Datei verfügt über zwei Kommentare:

```
<?xml version="1.0" ?>
<Adresse>
<!-- Jetzt folgen die Daten -->
 Text Text Text Text
<!-- Datensatz Nummer 1 -->
</Adresse>
```

Zuerst wird der Kommentartext über die Eigenschaft `nodeValue` der Klasse `DomNode` ausgelesen. Da ein Kommentar keinen Tag-Namen oder kein `id`-Attribut besitzt, ist es nicht möglich, die Methoden `getElementById()` und `getElementsByTagName()` einzusetzen. Daher muss man sich durch den Dokumentenbaum bewegen, um den Kommentar-Knoten zu erhalten:

```
<?php
 $dom = new DomDocument();
 $dom->preserveWhiteSpace=false;
 if(!$dom->load(dirname(__FILE__)."/daten_comment.xml")) {
  exit ("Fehler beim Parsen");
 }
 $root=$dom->documentElement;
 $childnodes=$root->childNodes;
 $nr=$childnodes->length;
 for ($a=0; $a<$nr;$a++) {
  $child=$childnodes->item($a);
  print ("<br>Child-Nummer: ".$a);
  print ("<br>Name: ".$child->nodeName);
  print ("<br>Typ: ".$child->nodeType);
  print ("<br>node_value(): ".$child->nodeValue."<br><br>");
 }
?>
```

Das zweite Beispiel nutzt die Eigenschaft `data` der Klasse `DomCharacterData`. Wie im letzten Beispiel erfolgt eine Bewegung durch den Dokumentenbaum. Es wird geprüft, ob ein Kommentar vorliegt (Knotentyp ist `#comment`). Sollte dies der Fall sein, wird der Knoteninhalt über `data` ausgelesen:

```
<?php
 $dom = new DomDocument();
 $dom->preserveWhiteSpace=false;
```

```
 if(!$dom->load(dirname(__FILE__)."/daten_comment.xml")) {
  exit ("Fehler beim Parsen");
 }
 $root=$dom->documentElement;
 $childnodes=$root->childNodes;
 $nr=$childnodes->length;
 for ($a=0; $a<$nr;$a++) {
  $child=$childnodes->item($a);
  $typ=$child->nodeName;
  if ($typ=="#comment") {
   print ("<br>Child-Nummer: ".$a);
   print ("<br>Kommentar: ".$child->data."<br><br>");
  }
 }
?>
```

C.5.1 Konstruktor

Ein neues Objekt der Klasse `DomComment` wird über den Konstruktor `new DomComment()` erstellt:

```
new DomComment([string value]);
```

Der Übergabeparameter an den Konstruktor ist ein String, der den konkreten Kommentartext enthält. Es kann auch ein leerer Kommentar erzeugt werden, indem kein Parameter übergeben wird. Ein erzeugter Kommentar wird über `appendChild()` in den Dokumentenbaum eingehängt.

```
$dom1 = new DomDocument();
if(!$dom1->load(dirname(__FILE__)."/news.xml")) {
  exit ("Fehler beim Parsen");
}
$comment=new DomComment("blubb");
$dom1->appendChild($comment);
```

PHP-Version: ab 5.0, **DOM-Standard**: nein

Ähnliche Funktion oder Methode in PHP 4.x: `create_comment()` der Klasse `DomDocument`

C.6 Die Klasse DomDocument

Die Klasse `DomDocument` repräsentiert ein geparstes XML-Dokument. Über bestimmte Methoden ist der Inhalt zugänglich oder können neue Inhalte erstellt werden. Die Klasse `DomDocument` ist im DOM-Standard Level 1 definiert und wird dort im Interface `Document` beschrieben.

Ein neues, leeres Objekt der Klasse `DomDocument` (und damit ein neuer, leerer Dokumentenbaum) kann entweder über den Konstruktor der Klasse `DomDocument` erzeugt werden oder über die Methode `createDocument()` der Klasse `DomImplementation`.

C.6.1 Konstruktor

Ein neues Objekt der Klasse `DomDocument` wird über den Konstruktor `new DomDocument()` erstellt:

```
$dom = new DomDocument([string version [, string encoding]]);
```

Der Konstruktor erzeugt das Basisgerüst eines XML-Dokuments, d.h. ein XML-Dokument, das über einen XML-Prolog verfügt. Sämtliche weiteren Elemente (Wurzelelement, Knoten) müssen über die entsprechenden Klassen und Methoden erzeugt und eingehängt werden. Die beiden Übergabeparameter sind optional. Der erste Parameter `version` gibt die Versionsnummer von XML an. Wird dieser Parameter nicht verwendet, nimmt PHP standardmäßig die Versionsnummer 1.0 an. Der zweite Parameter gibt den zugrunde liegenden Zeichensatz an. Wird auch dieser Parameter weggelassen, nimmt PHP den Zeichensatz UTF-8 an.

```
$dom = new DomDocument("1.0","iso-8859-1");
```

PHP-Version: ab 5.0, **DOM-Standard**: nein

Ähnliche Funktion oder Methode in PHP 4.x: `xmldoc ()`, `xmldocfile()`, `domxml_new_xmldoc()`, `domxml_new_doc()`

C.6.2 Methoden

createAttribute ()

```
object DomDocument->createAttribute (string name)
```

Die Methode erzeugt ein neues Attribut. Der Rückgabewert der Methode ist ein Objekt der Klasse `DomAttr`. Der Attributname wird als erster Übergabeparameter `name` angegeben. Anders als bei der Methode `create_attribute()` in PHP 4.x wird der Wert des Attributs nicht über diese Methode angegeben. Der Wert muss über die Eigenschaft `value` der Klasse `DomAttr` gesetzt werden. Damit das Attribut in einem Knoten oder Element erscheint, muss es über die Methode `appendChild()` der Klasse `DomNode` eingehängt werden. Das nachfolgende Beispiel setzt ein neues Attribut in das Wurzelelement ein:

```
$dom = new DomDocument();
$root=$dom->createElement("codes");
$dom->appendChild($root);
$attrnode=$dom->createAttribute("id");
$attrnode->value="2468";
$root->appendChild($attrnode);
```

PHP-Version: ab 5.0, **DOM-Standard**: ja, DOM Level 1

Name in DOM: `createAttribute()`

Ähnliche Funktion oder Methode in PHP 4.x: `create_attribute()` der Klasse `DomDocument`

createAttributeNS()

```
object DomDocument->createAttributeNS (string namespaceURI, string
qualifiedName)
```

Die Methode erzeugt ein neues Attribut mit einem Namensraum. Der erste Übergabeparameter `namespaceURI` gibt die URI des Namensraums an. Der zweite Parameter `qualifiedName` enthält das Präfix des Namensraums, einen Doppelpunkt und den Namen des Attributs (den so genannten qualifizierten Namen). Wird statt des qualifizierten Namens nur der Name des Attributs ohne Präfix angegeben, fügt der Parser das zur angegebenen URI gehörende Präfix und den Doppelpunkt automatisch dazu. Der Rückgabewert ist ein Objekt der Klasse `DomAttr`. Das Attribut ist leer, es hat noch keinen Wert. Der Wert muss über die Eigenschaft `value` der Klasse `DomAttr` gesetzt werden. Damit das Attribut in einem Knoten oder Element erscheint, muss es über die Methode `appendChild()` der Klasse `DomNode` eingehängt werden. Das nachfolgende Beispiel setzt ein neues Attribut `id` mit einem Namensraum `dct` in das Wurzelelement ein:

```
<?xml version="1.0"?>
<personen xmlns:dct="http://www.xmlguru.de/start.php"
dct:id="2468"/>
```

Der PHP-Code lautet:

```
$dom = new DomDocument();
$root=$dom->createElement ("personen");
$dom->appendChild($root);
$attrnode=$dom->createAttributeNS ("http://www.xmlguru.de/
start.php", "dct:id");
$attrnode->value="2468";
$root->appendChild($attrnode);
```

PHP-Version: ab 5.0, **DOM-Standard**: ja, DOM Level 2

Name in DOM: `createAttributNS()`

Ähnliche Funktion oder Methode in PHP 4.x: -

createCDATASection ()

```
string DomDocument->createCDATASection (string content)
```

Die Methode erzeugt einen CDATA-Abschnitt. Der Inhalt des CDATA-Abschnitts wird als String `content` angegeben. Der Rückgabewert der Methode ist ein Objekt der Klasse `DomCDATASection`. Ein CDATA-Abschnitt wird vom XML-Parser nicht geparst. Das nachfolgende Beispiel erzeugt diese XML-Datei:

```
<?xml version="1.0"?>
<codes>
  <jsp>
   <![CDATA[
     out.println("Guten Tag");
   ]]>
  </jsp>
</codes>
```

CDATA-Abschnitt wird über die Methode `createCDATASection()` erzeugt und in den Dokumentenbaum über `appendChild()` der Klasse `DomNode` eingehängt:

```
<?php
 $dom = new DomDocument();
 $root=$dom->createElement("codes");
 $newnode=$dom->appendChild($root);
 $jsp=$dom->createElement("jsp");
 $newnode=$root->appendChild($jsp);
 $cdata=$dom->createCDATASection("out.println('Guten Tag');");
 $newnode=$jsp->appendChild($cdata);
?>
```

PHP-Version: ab 5.0, **DOM-Standard**: ja, DOM Level 1

Name in DOM: `createCDATASection()`

Ähnliche Funktion oder Methode in PHP 4.x: `create_cdata_section()` der Klasse `DomDocument`

createComment()

```
object DomDocument->createComment (string content)
```

Die Methode erzeugt einen Kommentar, der in der XML-Datei oder dem XML-Dokument innerhalb von `<!-- ... -->` erscheint. Der Rückgabewert der Methode ist ein Objekt der Klasse `DomComment`. Der Kommentar wird über den String `content` angegeben. Das erzeugte Element muss anschließend in den Dokumentenbaum eingehängt werden. Dies kann über die Methode `appendChild()` der Klasse `DomNode` erfolgen. Das nachfolgende Beispiel erzeugt vor dem Wurzelelement einen Kommentar:

```
$dom = new DomDocument();
$comment=$dom->createComment("blablabla");
$newcomment=$dom->appendChild($comment);
$root=$dom->createElement("personen");
$newnode=$dom->appendChild($root);
```

PHP-Version: ab 5.0, **DOM-Standard**: ja, DOM Level 1

Name in DOM: `createComment()`

Ähnliche Funktion oder Methode in PHP 4.x: `create_comment()` der Klasse `DomDocument`

createDocumentFragment()

```
object DomDocument->createDocumentFragment (void)
```

Die Methode erzeugt ein leeres Objekt der Klasse `DocumentFragment`.

```
$dom = new DomDocument();
$docfrag=$dom->createDocumentFragment();
```

PHP-Version: ab 5.0, **DOM-Standard**: ja, DOM Level 1

Name in DOM: `createDocumentFragment()`

Ähnliche Funktion oder Methode in PHP 4.x: -

createElement ()

`object DomDocument->createElement (string tagname)`

Die Methode erzeugt ein neues Element mit dem Namen `tagname`. Es darf nur der Name des zu erzeugenden Elements angegeben werden, die spitzen Klammern (< oder >) dürfen nicht mit angegeben werden. Der Rückgabewert der Methode ist ein Objekt der Klasse `DomElement`. Das erzeugte Element muss anschließend in den Dokumentenbaum eingehängt werden. Dies kann über die Methode `append_child()` der Klasse `DomNode` erfolgen.

```
$dom = new DomDocument();
$root=$dom->createElement("personen");
$newnode=$dom->appendChild($root);
```

PHP-Version: ab 5.0, **DOM-Standard**: ja, DOM Level 1

Name in DOM: `createElement()`

Ähnliche Funktion oder Methode in PHP 4.x: `create_element()` der Klasse `DomDocument`

createElementNS()

`object DomDocument->createElementNS (string namespaceURI, string qualifiedName)`

Die Methode erzeugt ein neues Element mit einem Namensraum. Der erste Parameter `namespaceURI` gibt die URI des Namensraums an. Der Name des Elements wird über den zweiten Parameter `qualifiedName` angegeben, und zwar mit dem Präfix des Namensraums und dem Doppelpunkt vor dem konkreten Namen, aber ohne die spitzen Klammern (< oder >). Der Rückgabewert der Methode ist ein Objekt der Klasse `DomElement`. Das erzeugte Element muss anschließend in den Dokumentenbaum über die Methode `appendChild()` der Klasse `DomNode` eingehängt werden. Das nachfolgende Beispiel erzeugt dieses Wurzelelement: `<pct:personen xmlns:pct="http://www.xmlguru.de/std"/>`

```
$dom = new DomDocument();
$root=$dom->createElementNS ("http://www.xmlguru.de/std",
"pct:personen");
$dom->appendChild($root);
```

PHP-Version: ab 5.0, **DOM-Standard**: ja, DOM Level 2

Name in DOM: `createElementNS()`

Ähnliche Funktion oder Methode in PHP 4.x: `create_element_ns()` der Klasse `DomDocument`

createEntityReference ()

```
object DomDocument-> createEntityReference (string name)
```

Die Methode erzeugt eine neue Referenz auf ein Entity. Der Name des Entitys wird als Übergabeparameter name angegeben. Es wird nur der Name des Entity übergeben. Der Parser erzeugt die entsprechende Referenz über & und schließt das Entity über ; ab. Das Entity selbst muss vorher in einer DTD definiert worden sei. Die DTD muss in das Dokument eingebunden werden. Der Rückgabewert der Methode ist ein Objekt der Klasse DomEntityReference. Das erzeugte Entity muss über die Methode appendChild() der Klasse DomNode in den Dokumentenbaum eingehängt werden. Das nachfolgende Beispiel erzeugt im Wurzelelemet ein Entity:

```
<?xml version="1.0"?>
<codes>&test;</codes>
```

Der Code dazu sieht so aus:

```
$dom = new DomDocument();
$root=$dom->createElement("codes");
$dom->appendChild($root);
$ent=$dom->createEntityReference("test");
$root->appendChild($ent);
```

PHP-Version: ab 5.0, **DOM-Standard**: ja, DOM Level 1

Name in DOM: createEntityReference ()

Ähnliche Funktion oder Methode in PHP 4.x: -

createProcessingInstruction ()

```
object DomDocument->createProcessingInstruction (string target,
string data)
```

Die Methode erzeugt eine Processing Instruction (PI) als eigenständigen Knoten. Der Rückgabewert der Methode ist ein Objekt der Klasse DomProcessingInstruction. Über den ersten Parameter target wird der Name der PI angegeben. Der zweite Übergabeparameter data gibt die konkreten Anweisungen an. Der erzeugte PI-Knoten muss anschließend über die Methode appendChild() der Klasse DomNode in den Dokumentenbaum eingehängt werden. Beispielsweise ist bei der Processing Instruction <?xml-stylesheet href='test.xsl' type='text/xsl'?> der Name xml-stylesheet der target-Parameter und der String href='test.xsl' type='text/xsl' der data-Parameter. Der nachfolgenden Code erzeugt ein XML-Dokument mit einer PI:

```
<?xml version="1.0"?>
<?xsl-stylesheet href='test.xsl' type='text/xsl'?>
<codes/>
```

PHP-Code lautet:

```
$dom = new DomDocument();
$pi=$dom->createProcessingInstruction("xml-
stylesheet","href='test.xsl' type='text/xsl'");
```

```
$dom->appendChild($pi);
$root=$dom->createElement("codes");
$dom->appendChild($root);
```

PHP-Version: ab 5.0, **DOM-Standard**: ja, DOM Level 1

Name in DOM: `createProcessingInstruction()`

Ähnliche Funktion oder Methode in PHP 4.x: `create_processing_instruction()` der Klasse `DomDocument`

createTextNode ()

```
object DomDocument->createTextNode (string content)
```

Die Methode erzeugt einen Textknoten. Der Inhalt des Knotens wird als String `content` angegeben. Der Knoten muss anschließend über die Methode `appendChild()` der Klasse `DomNode` in den Dokumentenbaum eingehängt werden. Der Rückgabewert der Methode `createTextNode()` ist ein Objekt der Klasse `DomText`. Der nachfolgende Code erzeugt ein Wurzelelement `personen` und hängt darunter einen Textknoten mit dem Inhalt `Michael` ein:

```
$dom = new DomDocument();
$root=$dom->createElement("personen");
$newnode=$dom->appendChild($root);
$txt=$dom->createTextNode("Michael");
$newnode=$root->appendChild($txt);
```

PHP-Version: ab 5.0, **DOM-Standard**: ja, DOM Level 1

Name in DOM: `createTextNode()`

Ähnliche Funktion oder Methode in PHP 4.x: `create_text_node()` der Klasse `DomDocument`

getElementById ()

```
object DomDocument->getElementById (string id)
```

Die Methode ermittelt ein Element einer XML-Datei oder eines XML-Dokuments anhand des Attributwerts `id`. Der Übergabeparameter ist der `id`-Attributwert als String. Der Rückgabewert ist ein Objekt der Klasse `DomElement`, das das gefundene Element enthält. Sollte der Attributwert nicht vorhanden sein, wird `false` zurück gegeben. Um die Methode einsetzen zu können, muss die XML-Datei über eine DTD verfügen, in der das Attribut `id` des XML-Elements vom Typ `ID` definiert ist. Sollte keine DTD vorliegen oder das `id`-Attribut in der DTD nicht vom Typ `ID` sein, gibt die Funktion `false` zurück. Bevor die Methode eingesetzt werden kann, muss die XML-Datei gegen die DTD über die Methode `validate()` der Klasse `DomDocument` validiert werden.

```
$dom = new DomDocument();
$dom->load('test.xml');
$dom->validate();
$el=$dom->getElementById("user542");
```

PHP-Version: ab 5.0, **DOM-Standard**: ja, DOM Level 2

Name in DOM: `getElementById()`

Ähnliche Funktion oder Methode in PHP 4.x: `get_element_by_id()` der Klasse `DomDocument`

getElementsByTagName ()

`object DomDocument->getElementsByTagName (string name)`

Die Methode ermittelt alle Elemente einer XML-Datei oder eines XML-Dokuments, die einen bestimmten Namen besitzen. Der Übergabeparameter ist der Tag-Name als String. Der Rückgabewert ist ein Objekt der Klasse `DomNodeList`. Dieses muss man sich als eine Art Array vorstellen, das sämtliche gefundenen Elemente als Objekte der Klasse `DomNode` enthält. Um die Inhalte auszugeben, müssen die Elemente der `DomNodeList`-Objekts in einer `for`-Schleife durchlaufen werden. Werden in den Tags Namensräume eingesetzt, kann diese Methode nicht genutzt werden, da das Präfix und die URL des Namensraums nicht an die Methode übergeben werden kann. Bei Namensräumen sollte die Methode `getElementsByTagNameNS()` eingesetzt werden. Möchten Sie nicht alle Elemente innerhalb des gesamten Dokumentes, sondern nur die Elemente innerhalb eines bestimmten Knotens ermitteln, sollte die Methode `getElementsByTagName()` der Klasse `DomElement` benutzt werden.

```
$dom = new DomDocument();
if(!$dom->load(dirname(__FILE__)."/news.xml")) {
  exit ("Fehler beim Parsen");
}
$nodes=$dom->getElementsByTagName("news");
$anz=$nodes->length;
print ("Gefundene Elemente: ".$anz);
for ($a=0;$a<$anz;$a++) {
 $node=$nodes->item($a);
 print("<br>".$node->nodeName);
}
```

PHP-Version: ab 5.0, **DOM-Standard**: ja, DOM Level 1

Name in DOM: `getElementsByTagName()`

Ähnliche Funktion oder Methode in PHP 4.x: `get_elements_by_tagname ()` der Klasse `DomDocument`, `domxml_doc_get_elements_by_tagname()`

getElementsByTagNameNS ()

`object DomDocument->getElementsByTagNameNS (string uri, string name)`

Die Methode ermittelt alle Elemente einer XML-Datei oder eines XML-Dokuments, die einen bestimmten Namen im angegebenen Namensraum haben. Der erste Übergabeparameter ist die URI des Namensraums, die als String angegeben werden muss. Der zweite Übergabeparameter ist der so genannte lokale Name des Tags, d.h. ohne das dazugehörige Präfix. Der Rückgabewert ist ein Objekt der Klasse `DomNodeList`. Dieses muss man sich als eine Art Array vorstellen, das sämtliche gefundenen Elemente als Objekte der Klasse

DomNode enthält. Um die Inhalte auszugeben, müssen die Elemente des DomNodeList-Objekts in einer for-Schleife durchlaufen werden. Möchten Sie nicht alle Elemente innerhalb des gesamten Dokumentes, sondern nur die Elemente innerhalb eines bestimmten Knotens ermitteln, sollte die Methode getElementsByTagNameNS() der Klasse DomElement benutzt werden.

```
$dom = new DomDocument();
if(!$dom->load(dirname(__FILE__)."/news2.xml")) {
  exit ("Fehler beim Parsen");
}
$nodes=$dom->getElementsByTagNameNS ("http://www.jspguru.de/
index.html","aufzaehlung");
$anz=$nodes->length;
print ($anz);
for ($a=0;$a<$anz;$a++) {
 $node=$nodes->item($a);
 print("<br>".$node->nodeName);
}
```

PHP-Version: ab 5.0, **DOM-Standard**: ja, DOM Level 2

Name in DOM: getElementsByTagNameNS()

Ähnliche Funktion oder Methode in PHP 4.x: -

importNode ()

```
object DomDocument->importNode (object node, boolean deep)
```

Die Methode importiert einen Knoten aus einem anderen Dokument in das aktuelle Dokument. Der zu importierende Knoten wird über node angegeben. Der zweite Parameter deep gibt an, ob die Unter-Tags des zu importierenden Knotens mit importiert werden sollen (true) oder nicht (false). Wird der zweite Parameter weggelassen, so wird der Wert auf false gesetzt. Die Methode gibt ein Objekt der Klasse DomNode zurück. Es ist der importierte Knoten. Damit der importierte Knoten im Dokumentenbaum sichtbar ist, muss dieser über appendChild() der Klasse DomNode eingehängt werden. Das nachfolgende Beispiel lädt zwei XML-Dateien und importiert das Wurzelelement (und dessen Unter-Tags) aus dem zweiten Dokument in das erste Dokument.

```
$dom1 = new DomDocument();
if(!$dom1->load(dirname(__FILE__)."/news.xml")) {
  exit ("Fehler beim Parsen");
}
$dom2 = new DomDocument();
if(!$dom2->load(dirname(__FILE__)."/schema1.xml")) {
  exit ("Fehler beim Parsen");
}
$node=$dom2->documentElement;
$neu=$dom1->importNode($node,true);
$root=$dom1->documentElement;
$root->appendChild($neu);
$dom1->save(dirname(__FILE__)."/ttt.xml");
```

PHP-Version: ab 5.0, **DOM-Standard**: ja, DOM Level 2

Name in DOM: `importNode()`

Ähnliche Funktion oder Methode in PHP 4.x: `imported_node ()` der Klasse `DomDocument`

load ()

```
boolean DomDocument->load (string file)
```

Lädt und parst eine XML-Datei, die über `file` angegeben wird. Das Objekt der Klasse `DomDocument` muss zuvor über den Konstrukor erstellt werden, auf den dann diese Methode angewendet wird.

```
$dom = new DomDocument();
$dom->load(dirname(__FILE__)."/test.xml");
$rootNode = $dom->documentElement;
print ($rootNode->nodeName);
```

PHP-Version: ab 5.0, **DOM-Standard**: nein

Ähnliche Funktion oder Methode in PHP 4.x: `domxml_open_file()`

loadHTML()

```
boolean DomDocument-> loadHTML (string str)
```

Lädt und parst ein HTML-Dokument, das über `str` angegeben wird und als String vorliegen muss. Die Methode bildet aus dem HTML-Dokument einen Dokumentenbaum. Der Rückgabewert der Methode ist `true`, wenn dies erfolgreich war, ansonsten `false`. Über die bekannten Methoden wie `getElementsByTagName()` oder `getElementById()` sind die Tags und deren Inhalte zugänglich. Das Objekt der Klasse `DomDocument` muss zuvor über den Konstrukor erstellt werden, auf den diese Methode dann angewendet wird. Liegt das HTML-Dokument als Datei vor, sollte die Methode `loadHTMLFile()` eingesetzt werden.

```
$str="<html><body><p>1</p><p>1</p></body></html>";
$dom = new DomDocument();
if(!$dom->loadHTML($str)) {
  exit ("Fehler beim Parsen");
}
$nodes=$dom->getElementsByTagName("p");
$anz=$nodes->length;
print ("Gefundene Elemente: ".$anz);
for ($a=0;$a<$anz;$a++) {
 $node=$nodes->item($a);
 print("<br>".$node->nodeName);
}
```

PHP-Version: ab 5.0, **DOM-Standard**: nein

Ähnliche Funktion oder Methode in PHP 4.x: –

loadHTMLFile()

`boolean DomDocument-> loadHTMLFile (string file)`

Lädt eine HTML-Datei `file` und bildet daraus einen Dokumentenbaum. Der Rückgabewert der Methode ist `true`, wenn das Laden erfolgreich war, ansonsten `false`. Über die bekannten Methoden wie `getElementsByTagName()` oder `getElementById()` sind die Tags und deren Inhalte zugänglich. Das Objekt der Klasse `DomDocument` muss zuvor über den Konstrukor erstellt werden, auf den diese Methode dann angewendet wird.

```
$dom = new DomDocument();
if(!$dom->loadHTMLFile(dirname(__FILE__)."/test.html")) {
  exit ("Fehler beim Parsen");
}
$nodes=$dom->getElementsByTagName("body");
$anz=$nodes->length;
print ("Gefundene Elemente: ".$anz);
for ($a=0;$a<$anz;$a++) {
 $node=$nodes->item($a);
 print("<br>".$node->nodeName);
}
```

PHP-Version: ab 5.0, **DOM-Standard**: nein

Ähnliche Funktion oder Methode in PHP 4.x: -

loadxml ()

`boolean DomDocument->loadxml (string str)`

Lädt und parst ein XML-Dokument, das über `str` angegeben wird und als String vorliegen muss. Das Objekt der Klasse `DomDocument` muss zuvor über den Konstrukor erstellt werden, auf den diese Methode dann angewendet wird. Der Unterschied zur Methode `load()` der Klasse `DomDocument` liegt darin, dass `load()` eine Datei lädt und parst, während `loadxml()` ein XML-Dokument parst, das als String vorliegt.

```
$str="<test>Ausgabe</test>";
$dom = new DomDocument();
if(!$dom->loadxml($str)) {
  exit ("Fehler beim Parsen");
}
$dom->save(dirname(__FILE__)."/test2.xml");
```

PHP-Version: ab 5.0, **DOM-Standard**: nein

Ähnliche Funktion oder Methode in PHP 4.x: `domxml_open_mem()`, `xmldoc()`, `domxml_xmltree()`, `xmltree()`, `add_chunk()` der Klasse `DomParser`

relaxNGValidate ()

`boolean DomDocument->relaxNGValidate (string rngfile)`

Die Methode validiert eine XML-Datei gegen eine Relax NG-Datei. Der Name der Relax NG-Datei muss als String `rngfile` an die Methode übergeben werden. Die Relax NG-Datei darf nicht in der XML-Datei eingebunden werden. Der Rückgabewert von `relaxNG-Validate()` ist `true`, wenn die Elemente in der XML-Datei gemäß der Relax NG-Datei verwendet werden. Ansonsten ist der Rückgabewert `false` bzw. `null`. Alternativ existiert noch die Methode `relaxNGValidateSource()`. Diese soll dann eingesetzt werden, wenn der Inhalt einer Relax NG-Datei als String vorliegt. Möchten Sie gegen eine DTD validieren, verwenden Sie die Methode `validate()` der Klasse `DomDocument`. Wollen Sie gegen eine Schema-Datei validieren, verwenden Sie die Methode `schemaValidate()` der Klasse `DomDocument`.

```
$dom = new DomDocument();
$dom->load('test.xml');
if (!$dom->relaxNGValidate('test.rng')) {
  print "Dokument ist nicht gültig";
} else {
  print "Dokument ist gültig";
}
```

PHP-Version: ab 5.0, **DOM-Standard**: nein

Ähnliche Funktion oder Methode in PHP 4.x: -

relaxNGValidateSource ()

`boolean DomDocument->relaxNGValidateSource (string rng)`

Die Methode validiert eine XML-Datei gegen Relax NG. Der Unterschied zur Methode `relaxNGValidate()` besteht darin, dass bei `relaxNGValidate()` eine externe Relax NG-Datei angegeben wird. Bei `relaxNGValidateSource()` muss der Inhalt der Relax NG-Datei als String in PHP vorliegen. Der Rückgabewert von `relaxNGValidate-Source()` ist `true`, wenn die Elemente in der XML-Datei gemäß der Relax NG-Definitionen verwendet werden. Ansonsten ist der Rückgabewert `false` bzw. `null`. Möchten Sie gegen eine DTD validieren, verwenden Sie bitte die Methode `validate()` der Klasse `DomDocument`. Wollen Sie gegen eine Schema-Datei validieren, verwenden Sie bitte die Methode `schemaValidate()` der Klasse `DomDocument`.

```
$str="<?xml version='1.0'?>";
$str.="<grammar ns='' xmlns='http://relaxng.org/ns/structure/1.0'
datatypeLibrary='http://www.w3.org/2001/XMLSchema-datatypes'>";
$str.="<start><choice><notAllowed/>";
$str.="<element name='Buch'><element name='Titel'>";
$str.="<ref name='string'/></element>";
$str.="<element name='Inhalt'><ref name='string'/>";
$str.="</element></element></choice></start>";
$str.="<define name='string'><data type='string'/>";
```

```
$str.="</define></grammar>";
$dom = new DomDocument();
$dom->load('relax.xml');
if (!$dom->relaxNGValidateSource($str)) {
  print "Dokument ist nicht gültig";
} else {
  print "Dokument ist gültig";
}
```

PHP-Version: ab 5.0, **DOM-Standard**: nein

Ähnliche Funktion oder Methode in PHP 4.x: -

save ()

```
long DomDocument->save (string file)
```

Speichert das XML-Dokument in einer Datei, die über `file` angegeben wird. Das Objekt der Klasse `DomDocument` muss zuvor über den Konstrukor erstellt werden, auf das diese Methode dann angewendet wird. Der Rückgabewert der Methode ist die Anzahl der Bytes, die geschrieben wurden.

```
$dom = new DomDocument();
$dom->save(dirname(__FILE__)."/test2.xml");
```

PHP-Version: ab 5.0, **DOM-Standard**: nein

Ähnliche Funktion oder Methode in PHP 4.x: `domxml_dump_mem_file()`, Klasse `DomDocument: dump_file(), dump_mem_file()`

saveHTML()

```
string DomDocument->saveHTML ()
```

Gibt ein HTML-Dokument, das als Dokumentenbaum vorliegt, als String zurück. Über die Methode kann ein HTML-Dokument im Browser ausgegeben werden.

```
$str="<html><body><p>1</p><p>1</p></body></html>";
$dom = new DomDocument();
if(!$dom->loadHTML($str)) {
  exit ("Fehler beim Parsen");
}
print($dom->saveHTML());
```

PHP-Version: ab 5.0, **DOM-Standard**: nein

Ähnliche Funktion oder Methode in PHP 4.x: -

saveHTMLFile()

```
long DomDocument->saveHTMLFile (string file)
```

Speichert ein HTML-Dokument, das als Dokumentenbaum vorliegt, in einer Datei, deren Name über `file` angegeben wird. Der Rückgabewert der Methode ist die Anzahl der Bytes, die geschrieben wurden.

```
$str="<html><body><p>1</p><p>1</p></body></html>";
$dom = new DomDocument();
if(!$dom->loadHTML($str)) {
  exit ("Fehler beim Parsen");
}
$dom->saveHTMLFile(dirname(__FILE__)."/blubb.html");
```

PHP-Version: ab 5.0, **DOM-Standard**: nein

Ähnliche Funktion oder Methode in PHP 4.x: -

savexml ()

`string DomDocument->savexml ([node n])`

Die Methode gibt den Inhalt eines oder mehrerer Knoten zurück. Wird kein Parameter an die Methode übergeben, gibt die Methoden einen String zurück, der den Inhalt sämtlicher Text-Knoten des XML-Dokuments enthält. Alternativ kann als Übergabeparameter ein Objekt der Klasse `DomNode` angegeben werden. In diesem Fall gibt die Methode den Inhalt eines Text-Knotens innerhalb des übergebenen Knotens zurück.

```
$str="<test>Ausgabe</test>";
$dom = new DomDocument();
if(!$dom->loadxml($str)) {
  exit ("Fehler beim Parsen");
}
print ($dom->savexml());
```

PHP-Version: ab 5.0, **DOM-Standard**: nein

Ähnliche Funktion oder Methode in PHP 4.x: `dump_node()` der Klassen `DomDocument` und `DomNode`, `domxml_dump_node()`

schemaValidate ()

`boolean DomDocument->schemaValidate (string xsdfile)`

Die Methode validiert eine XML-Datei gegen eine XML-Schema-Datei. Der Name der Schema-Datei muss als String `xsdfile` an die Methode übergeben werden. Die Schema-Datei darf nicht in der XML-Datei eingebunden werden. Der Rückgabewert von `schemaValidate()` ist `true`, wenn die Elemente in der XML-Datei gemäß der Schema-Datei verwendet werden. Ansonsten ist der Rückgabewert `false` bzw. `null`. Alternativ existiert noch die Methode `schemaValidateSource()`. Diese soll dann eingesetzt werden, wenn der Inhalt einer Schema-Datei als Variable vorliegt. Möchten Sie gegen eine DTD validieren, verwenden Sie die Methode `validate()` der Klasse `DomDocument`. Möchten Sie gegen Relax NG validieren, verwenden Sie die Methode `relaxNGValidate()` der Klasse `DomDocument`.

```
$dom = new DomDocument();
$dom->load('schema1.xml');
if (!$dom->schemaValidate('schema1.xsd')) {
  print "Dokument ist nicht gültig";
}
```

```
else {
  print "Dokument ist gültig";
}
```

PHP-Version: ab 5.0, **DOM-Standard**: nein

Ähnliche Funktion oder Methode in PHP 4.x: -

schemaValidateSource ()

`boolean DomDocument->schemaValidateSource (string xsd)`

Die Methode validiert eine XML-Datei gegen ein XML Schema. Der Unterschied zur Methode `schemaValidate()` besteht darin, dass bei `schemaValidate ()` eine externe Schema-Datei angegeben wird. Bei `schemaValidateSource()` muss der Inhalt der Schema-Datei als String in PHP vorliegen. Der Rückgabewert von `schemaValidateSource()` ist `true`, wenn die Elemente in der XML-Datei gemäß der Schema-Datei verwendet werden. Ansonsten ist der Rückgabewert `false` bzw. `null`. Möchten Sie gegen eine DTD validieren, verwenden Sie bitte die Methode `validate()` der Klasse `DomDocument`. Möchten Sie gegen Relax NG validieren, verwenden Sie bitte die Methode `relaxNGValidateSource()` der Klasse `DomDocument`.

```
$xsd='<?xml version="1.0" encoding="iso-8859-1"?>
<xsd:schema xmlns:xsd="http://www.w3.org/2001/XMLSchema">
  <xsd:element name="Buch">
    <xsd:complexType>
       <xsd:sequence>
         <xsd:element name="Titel" type="xsd:string"/>
         <xsd:element name="Inhalt" type="xsd:string"/>
        </xsd:sequence>
     </xsd:complexType>
  </xsd:element>
</xsd:schema>';
$dom = new DomDocument();
$dom->load('schema1.xml');
if (!$dom->schemaValidateSource($xsd)) {
  print "Dokument ist nicht gültig";
}
else {
  print "Dokument ist gültig";
}
```

PHP-Version: ab 5.0, **DOM-Standard**: nein

Ähnliche Funktion oder Methode in PHP 4.x: -

validate ()

```
boolean DomDocument->validate(void)
```

Die Methode validiert eine XML-Datei gegen eine DTD. Der Rückgabewert ist `true`, wenn die Elemente in der XML-Datei gemäß der DTD verwendet werden. Ansonsten ist der Rückgabewert `false` bzw. `null`. Möchten Sie gegen eine XML-Schema-Datei validieren, verwenden Sie die Methode `schemaValidate()` der Klasse `DomDocument`. Wollen Sie gegen Relax NG valdieiren, müssen Sie die Methode `relaxNGValidate()` der Klasse `DomDocument` einsetzen.

```
$dom = new DomDocument();
$dom->load('news.xml');
if (!$dom->validate()) {
  print "Dokument ist nicht gültig";
} else {
  print "Dokument ist gültig";
}
```

PHP-Version: ab 5.0, **DOM-Standard**: nein

Ähnliche Funktion oder Methode in PHP 4.x: `validate()` der Klasse `DomDocument`

xinclude ()

```
int DomDocument->xinclude (void)
```

Die Methode führt die Einbindung von XML-Dateien aus, die über XInclude in einem XML-Dokument angegeben sind. Der Rückgabewert der Methode ist ein Integerwert, der die Anzahl der eingebundenen Dateien enthält. Konnten keine Dateien eingebunden werden (weil diese z.B. nicht vorhanden sind), ist der Rückgabewert -1.

```
$xml='<?xml version="1.0"?>
     <test xmlns:xi="http://www.w3.org/2001/XInclude">
     <xi:include href="b.xml">
       <xi:fallback>
         <error>Datei nicht vorhanden</error>
       </xi:fallback>
       </xi:include>
     </test>';
$dom = new DomDocument();
if(!$dom->loadxml($xml)) {
  print ("Fehler beim Parsen");
  exit();
}
$dom->xinclude();
```

PHP-Version: ab 5.0, **DOM-Standard**: nein

C.6.3 Eigenschaften

doctype

`object DomDocument->doctype`

Die Eigenschaft gibt eine vorhandene DTD des XML-Dokuments als ein Objekt der Klasse `DomDocumentType` zurück. Ist keine DTD vorhanden, ist der Rückgabewert der Eigenschaft `null`. Die Eigenschaft kann nur gelesen, nicht aber überschrieben werden.

```
$dom = new DomDocument;
if(!$dom->load(dirname(__FILE__)."/test.xml")) {
  print ("Fehler beim Parsen");
  exit();
}
$dtd = $dom->doctype;
print ($dtd->name);
```

PHP-Version: ab 5.0, **DOM-Standard**: Ja, Level 1

Ähnliche Funktion oder Methode in PHP 4.x: `doctype()`, `dtd()` der Klasse `DomDocument`

documentElement

`element DomDocument->documentElement`

Die Eigenschaft gibt das Wurzelelement des XML-Dokuments als ein Objekt der Klasse `DomElement` zurück. Bei HTML-Dokumenten ist das Wurzelelement immer `html` bzw. `HTML`. Die Eigenschaft kann nur gelesen, nicht aber überschrieben werden.

```
$dom = new DomDocument;
if(!$dom->load(dirname(__FILE__)."/test.xml")) {
  exit ("Fehler beim Parsen");
}
$rootNode = $dom->documentElement;
print ($rootNode->nodeName);
```

PHP-Version: ab 5.0, **DOM-Standard**: Ja, Level 1

Name in DOM: `documentElement`

Ähnliche Funktion oder Methode in PHP 4.x: `root()`, `get_root()`, `document_element()` der Klasse `DomDocument` oder `domxml_doc_get_root()`, `domxml_root()`, `domxml_doc_document_element()`

documentURI

`string DomDocument->documentURI`

Die Eigenschaft gibt die URI des geladenen Dokuments zurück. Die Eigenschaft kann sowohl gelesen wie auch geschrieben werden. Das Zuweisen eines neuen Wertes für `documentURI` bedeutet aber nicht, dass das XML-Dokument unter der neuen URI geladen und geparst wird.

```
$dom = new DomDocument;
if(!$dom->load(dirname(__FILE__)."/test.xml")) {
  exit ("Fehler beim Parsen");
}
print ("URI: ".$dom->documentURI);
$dom->documentURI="file:///e%3A/htdocs/php5/test.xml";
print ("URI: ".$dom->documentURI);
```

PHP-Version: ab 5.0, **DOM-Standard**: Ja, Level 3

Name in DOM: `documentURI`

Ähnliche Funktion oder Methode in PHP 4.x: -

encoding

`String DomDocument->encoding`

Die Eigenschaft gibt einen String zurück, der den Inhalt des Attributs `encoding` im XML-Prolog enthält. Ist kein Attribut `encoding` vorhanden, ist der Rückgabewert `null`. Die Eigenschaft kann nicht nur ausgelesen, sondern auch gesetzt werden, indem ein neuer Wert zugewiesen wird.

```
$dom = new domdocument();
if(!$dom->load(dirname(__FILE__)."/test.xml")) {
  exit ("Fehler beim Parsen");
}
$domstr=$dom->encoding;
print ($domstr);
$dom->encoding="utf-8";
print($domstr=$dom->encoding);
```

PHP-Version: ab 5.0, **DOM-Standard**: Ja, Level 3

Name in DOM: `encoding`

Ähnliche Funktion oder Methode in PHP 4.x: -

implementation

`DomImplementation DomDocument->implementation`

Die Eigenschaft gibt ein Objekt der Klasse `DomImplementation` zurück, das Informationen über die zu Grunde liegende DOM-Implementierung enthält. Über die Methoden der Klasse `DomImplementation` kann beispielsweise geprüft werden, ob ein Modul einer bestimmten DOM-Version implementiert ist. Die Eigenschaft kann nur gelesen, nicht aber überschrieben werden.

```
$dom = new DomDocument;
$impl=$dom->implementation;
$val=$impl->hasFeature("XML","1.0");
print ($val);
```

PHP-Version: ab 5.0, **DOM-Standard**: Ja, Level 1

Name in DOM: `implementation`

Ähnliche Funktion oder Methode in PHP 4.x: -

preserveWhiteSpace

```
boolean DomDocument->preserveWhiteSpace
```

Die Eigenschaft ermittelt, ob die Leerzeichen und Zeilenumbrüche in dem XML-Dokument oder der XML-Datei beibehalten werden sollen (`true`) oder nicht (`false`). Der Default-Wert ist `true`. Die Eigenschaft kann nicht nur gelesen, sondern auch überschrieben werden.

```
$dom = new DomDocument();
$dom->preserveWhiteSpace=false;
if(!$dom->load(dirname(__FILE__)."/news.xml")) {
  exit ("Fehler beim Parsen");
}
print("<br>Whitespace: ".$dom->preserveWhiteSpace);
```

PHP-Version: ab 5.0, **DOM-Standard**: nein

Ähnliche Funktion oder Methode in PHP 4.x: Option `DOMXML_LOAD_DONT_KEEP_BLANKS` in der Funktion `domxml_open_file()`

standalone

```
boolean DomDocument->standalone
```

Die Eigenschaft ermittelt, ob das Attribut `standalone` im XML-Prolog verwendet wird (Rückgabewert ist `true`) oder nicht (`false`). Das Attribut im XML-Prolog gibt an, ob das XML-Dokument alleinstehend ist (`yes`) oder es ein separates Dokument in Form einer eingebundenen DTD gibt (`no`). Die Eigenschaft kann nicht nur ausgelesen, sondern auch gesetzt werden, indem ein neuer Wert zugewiesen (`true` oder `false` bzw. `yes` oder `no`) zugewiesen wird.

```
$dom = new DomDocument();
if(!$dom->load(dirname(__FILE__)."/test.xml")) {
  exit ("Fehler beim Parsen");
}
$std=$dom->standalone;
print ("<br>".$std);
$dom->standalone=false;
print ("<br>".$std=$dom->standalone);
```

PHP-Version: ab 5.0, **DOM-Standard**: Ja, Level 3

Name in DOM: standalone

Ähnliche Funktion oder Methode in PHP 4.x: -

version

```
string DomDocument->version
```

Die Eigenschaft ermittelt die Versionsnummer von XML, die im Prolog über das `version`-Attribut angegeben ist. Die Eigenschaft kann nicht nur ausgelesen, sondern auch gesetzt werden, indem ein neuer Wert als String zugewiesen wird.

```
$dom = new DomDocument();
print ("<br>Version: ".$dom->version);
$dom->version="1.1";
print ("<br>".$dom->version);
```

PHP-Version: ab 5.0, **DOM-Standard**: Ja, Level 3

Name in DOM: `version`

Ähnliche Funktion oder Methode in PHP 4.x: -

C.7 Die Klasse DomDocumentFragment

Die Klasse `DomDocumentFragment` repräsentiert ein Fragment eines DOM-Dokuments. Dieses kann aus einem oder mehreren Knoten bestehen. Der Unterschied zu `DomNode` besteht darin, dass `DomNode` nur über Kinder verfügt. In einem Objekt der Klasse `DomDocumentFragment` können sich mehrere Knoten auf einer Ebene befinden, die jeweils über Kinder verfügen. Der Unterschied zu `DomDocument` besteht darin, dass das `DomDocumentFragment` nur einen Ausschnitt aus einem gesamten XML-Dokument enthält und nicht das gesamte Dokument. In PHP 4.x gibt es keine ähnliche Klasse.

Die Klasse `DomDocumentFragment` ist von der Klasse `DomNode` abgeleitet und erbt deren Methoden und Eigenschaften. Die Klasse `DomDocumentFragment` besitzt keine eigenen Methoden oder Eigenschaften.

C.8 Die Klasse DomDocumentType

Die Klasse `DomDocumentType` stellt eine DTD dar, die als interne oder externe DTD in einer XML-Datei eingebunden ist. Die Klasse verfügt über keinen Konstruktor. Ein Objekt der Klasse `DomDocumentType` kann über die Eigenschaft `doctype` der Klasse `DomDocument` erhalten werden. Ein neues Objekt der Klasse `DomDocumentType` kann über die Methode `createDocumentType()` der Klasse `DomImplementation` erzeugt werden.

Die Klasse `DomDocumentType` ist von der Klasse `DomNode` abgleitet und erbt deren Eigenschaften und Methoden. Die Klasse `DomDocumentType` wurde mit DOM Level 1 eingeführt.

C.8.1 Eigenschaften

entities

```
object DomDocumentType->entities
```

Diese Eigenschaft ermittelt sämtliche `<!ENTITY>`-Elemente in der DTD. Der Rückgabewert der Eigenschaft ist ein Objekt der Klasse `DomNamedNodeMap`, in dem sich die einzelnen `<!ENTITY>`-Elemente befinden. Über Eigenschaften und Methoden dieser Klasse können die einzelnen `<!ENTITY>`-Elemente ausgelesen werden. Die Eigenschaft kann nur gelesen werden.

```
$dom = new DomDocument();
$dom->load('users.xml');
if (!$dom->validate()) {
  print "Dokument ist nicht gültig";
  exit();
} else {
  print "Dokument ist gültig";
}
$dtd = $dom->doctype;
$not = $dtd->entities;
```

PHP-Version: ab 5.0, **DOM-Standard**: ja, DOM Level 1

Name in DOM: `entities`

Ähnliche Funktion oder Methode in PHP 4.x: -

name

`string DomDocumentType->name`

Diese Eigenschaft ermittelt den Namen der DTD (der mit dem Namen des Wurzelelements übereinstimmen sollte). Die Eigenschaft kann nur gelesen werden.

```
$dom = new DomDocument();
$dom->load('users.xml');
if (!$dom->validate()) {
  print "Dokument ist nicht gültig";
  exit();
} else {
  print "Dokument ist gültig";
}
$dtd = $dom->doctype;
print ("<br>".$dtd->name);
```

PHP-Version: ab 5.0, **DOM-Standard**: ja, DOM Level 1

Name in DOM: `name`

Ähnliche Funktion oder Methode in PHP 4.x: `name()` der Klasse `DomDocumentType`

notations

`object DomDocumentType->notations`

Diese Eigenschaft ermittelt sämtliche `<!NOTATION>`-Elemente in der DTD. Der Rückgabewert der Eigenschaft ist ein Objekt der Klasse `DomNamedNodeMap`, in dem sich die einzelnen `<!NOTATION>`-Elemente befinden. Über Eigenschaften und Methoden dieser Klasse können die einzelnen `<!NOTATION>`-Elemente ausgelesen werden. Die Eigenschaft kann nur gelesen werden.

```
$dom = new DomDocument();
$dom->load('users.xml');
```

```
if (!$dom->validate()) {
  print "Dokument ist nicht gültig";
  exit();
} else {
  print "Dokument ist gültig";
}
$dtd = $dom->doctype;
$not = $dtd->notations;
```

PHP-Version: ab 5.0, **DOM-Standard**: ja, DOM Level 1

Name in DOM: `notations`

Ähnliche Funktion oder Methode in PHP 4.x: -

publicId

`string DomDocumentType->publicId`

Die Eigenschaft ermittelt den so genannten öffentlichen Identifier, z.B.:

```
<!DOCTYPE Personen PUBLIC "MeineDTD" "data.dtd">
```

Der Rückgabewert der Eigenschaft ist ein String, der hier den Wert `MeineDTD` besitzt. Liegt kein Public Identifier vor (weil `SYSTEM` statt `PUBLIC` verwendet wird), ist der Rückgabewert ein Leerstring.

```
$dom = new DomDocument();
$dom->load('users.xml');
if (!$dom->validate()) {
  print "Dokument ist nicht gültig";
  exit();
} else {
  print "Dokument ist gültig";
}
$dtd = $dom->doctype;
 print ($dtd->publicId);
```

PHP-Version: ab 5.0, **DOM-Standard**: ja, DOM Level 2

Name in DOM: `publicId`

Ähnliche Funktion oder Methode in PHP 4.x: `public_id()` der Klasse `DomDocumentType`

systemId

`string DomDocumentType->systemId`

Die Eigenschaft ermittelt den so genannten System Identifier, z.B.:

```
<!DOCTYPE Personen SYSTEM "data.dtd">
```

Der Rückgabewert der Eigenschaft ist ein String, der hier den Wert `data.dtd` besitzt. Liegt kein System Identifier vor (weil `PUBLIC` statt `SYSTEM` verwendet wird), ist der Rückgabewert ein Leerstring.

```
$dom = new DomDocument();
$dom->load('users.xml');
if (!$dom->validate()) {
  print "Dokument ist nicht gültig";
  exit();
} else {
  print "Dokument ist gültig";
}
$dtd = $dom->doctype;
print ($dtd->systemId);
```

PHP-Version: ab 5.0, **DOM-Standard**: ja, DOM Level 2

Name in DOM: `systemId`

Ähnliche Funktion oder Methode in PHP 4.x: `system_id()` der Klasse `DomDocumentType`

C.9 Die Klasse DomElement

Die Klasse `DomElement` repräsentiert ein einzelnes XML-Element. Die Klasse `DomElement` ist von der Klasse `DomNode` abgeleitet und erbt die Methoden und Eigenschaften der Klasse `DomNode`. Ein Objekt der Klasse `DomElement` kann über den Konstruktor erzeugt werden. Die Methode `createElement()` der Klasse `DomDocument` gibt ebenfalls ein Objekt der Klasse `DomElement` zurück.

C.9.1 Konstruktor

Ein neues Objekt der Klasse `DomElement` wird über den Konstruktor `new DomElement()` erstellt:

```
new DomElement (string name [, string value]);
```

Der erste Übergabeparameter ist ein String, der den konkreten Namen des Elements enthält. Der zweite optionale Parameter `value` enthält einen String, der als Textknoten unterhalb des Elements eingehängt wird. Ein erzeugtes `DomElement`-Objekt wird über `appendChild()` in den Dokumentenbaum eingehängt. Der nachfolgende Code erzeugt ein neues Dokument mit einem Wurzelelement `user` und einem darin enthaltenen Textknoten:

```
$dom = new DomDocument();
$el = new DomElement("user","ich");
$dom->appendChild($el);
$dom->save(dirname(__FILE__)."/test5.xml");
```

PHP-Version: ab 5.0, **DOM-Standard**: nein

Ähnliche Funktion oder Methode in PHP 4.x: `create_element()` der Klasse `DomDocument`

C.9.2 Methoden

getAttribute ()

```
string DomElement->getAttribute (string name)
```

Diese Methode ermittelt den Wert eines Attributs, das mit `name` angegeben ist. Liegt kein Attribut dieses Namens vor, wird ein Leerstring zurück gegeben. Besitzt das Attribut einen Namensraum, sollte die Methode `getAttributeNS()` eingesetzt werden.

```
$dom = new DomDocument();
$dom->preserveWhiteSpace=false;
if(!$dom->load(dirname(__FILE__)."/test.xml")) {
  exit ("Fehler beim Parsen");
}
$root=$dom->documentElement;
print ($root->getAttribute("test"));
```

PHP-Version: ab 5.0, **DOM-Standard**: ja, DOM Level 1

Name in DOM: `getAttribute()`

Ähnliche Funktion oder Methode in PHP 4.x: `get_attribute()` der Klasse `DomElement`

getAttributeNode ()

```
object DomElement->getAttributeNode (string name)
```

Diese Methode ermittelt ein Attribut `name` in einem XML-Element und gibt das Attribut als Objekt der Klasse `DomAttr` zurück. Über die Methoden der Klasse `DomAttr` kann der Wert des Attributs ausgelesen werden. Liegt kein Attribut dieses Namens vor, wird ein leeres Objekt zurück gegeben. Statt dieser Methode kann auch die Methode `getAttribute()` eingesetzt werden, die den Wert des Attributs als String zurück gibt. Vor dem Aufruf der Methode `getAttributeNode()` kann über die Methode `hasAttribute()` der Klasse `DomElement` geprüft werden, ob das Attribut überhaupt vorhanden ist. Der nachfolgende Code liest den Wert des Attributs `wichtig` des Wurzelelements aus:

```
$dom = new DomDocument();
if(!$dom->load(dirname(__FILE__)."/test.xml")) {
  exit ("Fehler beim Parsen");
}
$root=$dom->documentElement;
$attr=$root->getAttributeNode("wichtig");
print ("Attributwert: ".$attr->value);
```

PHP-Version: ab 5.0, **DOM-Standard**: ja, DOM Level 1

Name in DOM: `getAttributeNode()`

Ähnliche Funktion oder Methode in PHP 4.x: `get_attribute_node()` der Klasse `DomElement`

getAttributeNodeNS ()

```
object DomElement->getAttributeNodeNS (string namespaceURI, string
localName)
```

Diese Methode ermittelt ein Attribut mit dem Namen `localName` und der Namensraum-URI `namespaceURI` in einem XML-Element und gibt das Attribut als Objekt der Klasse `DomAttr` zurück. Über die Methoden der Klasse `DomAttr` kann der Wert des Attributs ausgelesen werden. Statt dieser Methode kann auch die Methode `getAttributeNS()` eingesetzt werden, die den Wert des Attributs als String zurück gibt. Liegt kein Namensraum im Attribut vor, kann die Methode `getAttributeNode()` verwendet werden. Vor dem Aufruf der Methode `getAttributeNodeNS()` kann über die Methode `hasAttributeNS()` der Klasse `DomElement` geprüft werden, ob das Attribut überhaupt vorhanden ist. Der nachfolgende Code liest den Wert des Attributs `rubrik` des ersten Kinds des Wurzelelements anhand des Namensraums aus:

```
$dom = new DomDocument();
$dom->preserveWhiteSpace=false;
if(!$dom->load(dirname(__FILE__)."/test_ns.xml")) {
  exit ("Fehler beim Parsen");
}
$root=$dom->documentElement;
$child=$root->firstChild;
if ($child->hasAttributeNS("http://www.jspguru.de/index.html",
"rubrik")) {
 $attr=$child->getAttributeNodeNS ("http://www.jspguru.de/
index.html", "rubrik");
 print ("<br>".$attr->value);
}
```

PHP-Version: ab 5.0, **DOM-Standard**: ja, DOM Level 2

Name in DOM: `getAttributeNodeNS()`

Ähnliche Funktion oder Methode in PHP 4.x: -

getAttributeNS ()

```
string DomElement->getAttributeNS (string namespaceURI, string
localName)
```

Diese Methode ermittelt den Wert eines Attributs, das über einen Namensraum verfügt. Der erste Parameter gibt die URI des Namensraums an, der zweite Parameter den so genannten lokalen Namen, d.h. den Namen des Attributs ohne Präfix. Der Rückgabewert ist der Wert des angegebenen Attributs. Liegt kein Namensraum vor, sollte die Methode `getAttribute()` verwendet werden. Liegt kein Attribut dieses Namens vor, wird ein Leerstring zurück gegeben. Der nachfolgende Code gibt den Wert des Attributs `jsp:rubrik="browser"` im ersten Kind des Wurzelelements aus:

```
$dom = new DomDocument();
if(!$dom->load(dirname(__FILE__)."/test_ns.xml")) {
  exit ("Fehler beim Parsen");
}
```

```
$root=$dom->documentElement;
$child=$root->firstChild;
print ($child->getAttributeNS("http://www.jspguru.de/index.html",
"rubrik"));
```

PHP-Version: ab 5.0

DOM-Standard: ja, DOM Level 2

Name in DOM: `getAttributeNS ()`

Ähnliche Funktion oder Methode in PHP 4.x: -

getElementsByTagName ()

`object DomElement->getElementsByTagName (string name)`

Die Methode ermittelt alle Elemente, die einen bestimmten Namen besitzen und innerhalb des aktuellen Elements liegen. Der Übergabeparameter ist der Tag-Name als String. Der Rückgabewert ist ein Objekt von `DomNodeList`, das sämtliche gefundenen Elemente enthält. Um die Inhalte auszugeben, muss in einer `for`-Schleife das Rückgabeobjekt durchlaufen werden. Setzen Sie Namensräume ein, sollte die Methode `getElementsByTagNameNS()` verwendet werden. Alternativ kann statt dieser Methode auch die Methode `getElementsByTagName()` der Klasse `DomDocument` eingesetzt werden. Diese Methode ermittelt jedoch sämtliche XML-Elemente des angegebenen Namens innerhalb des gesamten XML-Dokuments.

```
$dom = new DomDocument();
if(!$dom->load(dirname(__FILE__)."/news.xml")) {
  exit ("Fehler beim Parsen");
}
$root=$dom->documentElement;
$nodes=$root->getElementsByTagName("user");
$anz=$nodes->length;
print ("Gefundene Elemente: ".$anz);
for ($a=0;$a<$anz;$a++) {
 $node=$nodes->item($a);
 print("<br>".$node->nodeName);
}
```

PHP-Version: ab 5.0, **DOM-Standard**: ja, DOM Level 2

Name in DOM: `getElementsByTagName()`

Ähnliche Funktion oder Methode in PHP 4.x: `get_elements_by_tagname()` der Klasse `DomElement`

getElementsByTagNameNS ()

`object DomElement->getElementsByTagNameNS (string uri, string name)`

Die Methode ermittelt alle Elemente, die einen bestimmten Namen im angegebenen Namensraum haben und innerhalb des angegebenen Elements liegen. Der erste Übergabeparameter ist die URI des Namensraums, die als String angegeben werden muss. Der zweite Übergabeparameter ist der so genannte lokale Name des Tags, d.h. ohne das dazugehörige Präfix. Der Rückgabewert ist ein Objekt der Klasse `DomNodeList`. Dieses muss man sich als eine Art Array vorstellen, das sämtliche gefundenen Elemente als Objekte der Klasse `DomNode` enthält. Um die Inhalte auszugeben, müssen die Elemente des `DomNodeList`-Objekts in einer `for`-Schleife durchlaufen werden.

```
$dom = new DomDocument;
if(!$dom->load(dirname(__FILE__)."/news2.xml")) {
  exit ("Fehler beim Parsen");
}
$root=$dom->documentElement;
$nodes=$root->getElementsByTagNameNS ("http://www.jspguru.de/
index.html","aufzaehlung");
$anz=$nodes->length;
for ($a=0;$a<$anz;$a++) {
 $node=$nodes->item($a);
 print("<br>".$node->nodeName);
}
```

PHP-Version: ab 5.0, **DOM-Standard**: ja, DOM Level 2

Name in DOM: `getElementsByTagNameNS()`

Ähnliche Funktion oder Methode in PHP 4.x: -

hasAttribute ()

```
boolean DomElement->hasAttribute (string name)
```

Diese Methode ermittelt, ob das XML-Element ein Attribut besitzt, dessen Bezeichnung `name` lautet. Ist dies der Fall, ist der Rückgabewert `true`, andernfalls `false`. Um allgemein zu prüfen, ob ein Element Attribute besitzt, sollte die Methode `hasAttributes()` der Klasse `DomNode` eingesetzt werden. Der nachfolgende Code prüft, ob das Wurzelelement über das Attribut `id` verfügt:

```
$dom = new DomDocument();
if(!$dom->load(dirname(__FILE__)."/test.xml")) {
  exit ("Fehler beim Parsen");
}
$root=$dom->documentElement;
print($root->hasAttribute("id"));
```

PHP-Version: ab 5.0, **DOM-Standard**: ja, DOM Level 2

Name in DOM: `hasAttribute()`

Ähnliche Funktion oder Methode in PHP 4.x: `has_attribute()` der Klasse `DomElement`

hasAttributeNS ()

```
boolean DomElement->hasAttributeNS (string namespaceURI, string
localName)
```

Diese Methode ermittelt, ob das XML-Element ein Attribut besitzt, das über einen Namensraum verfügt. Ist dies der Fall, ist der Rückgabewert `true`, anderfalls `false`. Der erste Übergabeparameter ist die URI des Namensraums. Der Name des Attributs wird als zweiter Parameter `localName` angegeben und enthält nur den Namen des Attributs ohne das Präfix des Namensraums. Um allgemein zu prüfen, ob ein Element über Attribute verfügt, sollte die Methode `hasAttributes()` der Klasse `DomNode` eingesetzt werden. Besitzt ein Attribut keinen Namensraum, sollte die Methode `hasAttribute()` der Klasse `DomElement` verwendet werden.

```
$dom = new DomDocument();
if(!$dom->load(dirname(__FILE__)."/test.xml")) {
  exit ("Fehler beim Parsen");
}
$root=$dom->documentElement;
print($root->hasAttribute("http://www.xmlguru.de/
index.php","id"));
```

PHP-Version: ab 5.0, **DOM-Standard**: ja, DOM Level 2

Name in DOM: `hasAttributeNS()`

Ähnliche Funktion oder Methode in PHP 4.x: -

removeAttribute ()

```
void DomElement->removeAttribute (string attrname)
```

Diese Methode entfernt ein Attribut aus einem XML-Element. Der Name des zu entfernenden Attributs wird als String mit `attrname` angegeben. Besitzt das zu entfernende Attribut einen Namensraum, sollte die Methode `removeAttributeNS()` eingesetzt werden.

```
$dom = new DomDocument();
if(!$dom->load(dirname(__FILE__)."/test.xml")) {
  exit ("Fehler beim Parsen");
}
$root=$dom->documentElement;
if ($root->hasAttribute("id")) {
 $root->removeAttribute("id");
}
```

PHP-Version: ab 5.0, **DOM-Standard**: ja, DOM Level 1

Name in DOM: `removeAttribute()`

Ähnliche Funktion oder Methode in PHP 4.x: `remove_attribute()` der Klasse `DomElement`

removeAttributeNode()

```
object element->removeAttributeNode (DomAttr oldAttr)
```

Diese Methode entfernt ein Attribut aus einem XML-Element. Im Unterschied zur Methode `removeAttribute()` muss das Attribut als Objekt der Klasse `DomAttr` übergeben werden. Der Rückgabewert dieser Methode ist das entfernte Attribut als Objekt der Klasse `DomAttr`.

```
$dom = new DomDocument();
if(!$dom->load(dirname(__FILE__)."/test.xml")) {
  exit ("Fehler beim Parsen");
}
$root=$dom->documentElement;
if ($root->hasAttribute("id")) {
 $attr=new domattr("id");
 $root->removeAttributeNode($attr);
}
```

PHP-Version: ab 5.0, **DOM-Standard**: ja, DOM Level 1

Name in DOM: `removeAttributeNode()`

Ähnliche Funktion oder Methode in PHP 4.x: -

removeAttributeNS ()

```
void DomElement->removeAttribute (string namespaceURI, string
localName)
```

Diese Methode entfernt ein Attribut aus einem XML-Element. Das Attribut muss über einen Namensraum verfügen. Der erste Übergabeparameter ist die URI des Namensraums. Der Name des zu entfernenden Attributs wird als String im zweiten Übergabeparameter `localName` angegeben. Dies ist der Name des Attributs ohne Präfix. Besitzt das zu entfernende Attribut keinen Namensraum, sollte die Methode `removeAttribute()` eingesetzt werden.

```
$dom = new DomDocument();
if(!$dom->load(dirname(__FILE__)."/test.xml")) {
  exit ("Fehler beim Parsen");
}
$root=$dom->documentElement;
if ($root->hasAttribute("http://www.xmlguru.de/index.php", "id")){
 $root->removeAttribute("http://www.xmlguru.de/index.php", "id");
}
```

PHP-Version: ab 5.0, **DOM-Standard**: ja, DOM Level 2

Name in DOM: `removeAttributeNS()`

Ähnliche Funktion oder Methode in PHP 4.x: -

setAttribute ()

```
void DomElement->setAttribute (string name, string value)
```

Diese Methode setzt ein Attribut `name` mit dem Wert `value` in ein XML-Element ein. Beide Angaben erfolgen als Textstring. Soll das Attribut über einen Namensraum verfügen, sollte die Methode `setAttributeNS()` verwendet werden.

```
$dom = new DomDocument();
$el = new DomElement("user");
$dom->appendChild($el);
$el->setAttribute ("id","test100");
```

PHP-Version: ab 5.0, **DOM-Standard**: ja, DOM Level 1

Name in DOM: `setAttribute()`

Ähnliche Funktion oder Methode in PHP 4.x: `set_attribute()` der Klasse `DomElement`

setAttributeNode ()

```
object DomElement->setAttributeNode (DomAttr newAttr)
```

Die Methode setzt ein Attribut in ein XML-Element ein. Im Unterschied zur Methode `setAttribute()` wird das Attribut als Objekt der Klasse `DomAttr` übergeben. Dieses muss vorher erstellt werden. Der Rückgabewert der Methode ist das eingehängte Attribut als Objekt der Klasse `DomAttr`. Soll das Attribut über einen Namensraum verfügen, sollte die Methode `setAttributeNodeNS()` verwendet werden.

```
$dom = new DomDocument();
$el = new DomElement("user");
$attr=new DomAttr("wichtig","ja");
$attr2=$el->setAttributeNode($attr);
```

PHP-Version: ab 5.0, **DOM-Standard**: ja, DOM Level 1

Name in DOM: `setAttributeNode()`

Ähnliche Funktion oder Methode in PHP 4.x: `set_attributenode()`, `set_attribute_node()` der Klasse `DomElement`

setAttributeNodeNS ()

```
object DomElement->setAttributeNodeNS (DomAttr newAttr)
```

Diese Methode setzt ein Attribut in ein XML-Element mit einem Namensraum ein. An die Methode muss ein Objekt der Klasse `DomAttr` übergeben werden. Der Rückgabewert der Methode `setAttributeNodeNS()` ist das gesetzte Attribut. Der Namensraum für das Objekt `newAttr` muss vorher gesetzt worden sein. Die Angabe des Namensraums erfolgt nicht in der Methode `setAttributeNodeNS()`. Das Objekt der Klasse `DomAttr` mit einem Namensraum kann über die Methode `createAttributeNS()` der Klasse `DomDocument` erzeugt werden. Der Rückgabewert der Methode `createAttributeNS()` ist das eingehängte Attribute als Objekt der Klasse `DomAttr`. Das nachfolgende Beispiel fügt einen neuen Attribut-Knoten mit Namensraum in das erste Kind des Wurzelelements ein.

```
$dom = new DomDocument();
if(!$dom->load(dirname(__FILE__)."/test.xml")) {
  exit ("Fehler beim Parsen");
}
$root=$dom->documentElement;
$child=$root->firstChild;
$attrnode=$dom->createAttributeNS ("http://www.jspguru.de/
index.html", "jsp:plz");
$attrnode->value="53225";
$child->setAttributeNodeNS($attrnode);
```

PHP-Version: ab 5.0, **DOM-Standard**: ja, DOM Level 2

Name in DOM: `setAttributeNodeNS()`

Ähnliche Funktion oder Methode in PHP 4.x: -

setAttributeNS ()

```
void DomElement->setAttributeNS (string namespaceURI, string
qualifiedName, string value)
```

Diese Methode setzt ein Attribut in ein XML-Element ein, wenn das Attribut über einen Namensraum verfügen soll. Der erste Übergabeparameter ist die URI des Namensraums. Der zweite Parameter ist der so genannte qualifizierte Name des Attributs. Dies kann der Attributname mit Präfix sein. Wird nur der Attributname angegeben, setzt der Parser das zur URI gehörende Präfix vor den Attributnamen. Der dritte Parameter ist der konkrete Wert des Attributs. Soll kein Namensraum verwendet werden, sollte die Methode `setAttribute()` verwendet werden. Der nachfolgende Code setzt zwei Attribute mit Namensraum in das erste Kind des Wurzelelements:

```
$dom = new DomDocument();
if(!$dom->load(dirname(__FILE__)."/test.xml")) {
  exit ("Fehler beim Parsen");
}
$root=$dom->documentElement;
$child=$root->firstChild;
$child->setAttributeNS("http://www.jspguru.de/index.html",
"test","100");
$child->setAttributeNS("http://www.jspguru.de/index.html",
"jsp:test2","101");
```

PHP-Version: ab 5.0, **DOM-Standard**: ja, DOM Level 2

Name in DOM: `setAttributeNS()`

Ähnliche Funktion oder Methode in PHP 4.x: -

C.9.3 Eigenschaften

tagName

```
string DomElement->tagName
```

Die Eigenschaft ermittelt den Namen eines XML-Elements. Wird ein Namensraum verwendet, gibt die Eigenschaft das Präfix des Namensraums, einen Doppelpunkt und den Elementnamen zurück. Die Eigenschaft kann nur gelesen werden.

```
$dom = new DomDocument();
$dom->preserveWhiteSpace=false;
if(!$dom->load(dirname(__FILE__)."/test.xml")) {
  exit ("Fehler beim Parsen");
}
$root=$dom->documentElement;
print ($root->tagName);
```

PHP-Version: ab 5.0, **DOM-Standard**: ja, Level 1

Name in DOM: `tagName`

Ähnliche Funktion oder Methode in PHP 4.x: `tagname()` der Klasse `DomElement`

C.10 Die Klasse DomException

Über diese Klasse können Ausnahmen und Fehlersituationen bearbeitet werden, die bei der Verwendung der DOM-Methoden oder -Eigenschaften auftreten. Ein derartiger Fehler wäre beispielsweise das Erzeugen und Einhängen zweier Wurzelelemente. Der Versuch, das zweite Wurzelelement ebenfalls als Wurzelelement einzuhängen, würde mit der Fehlermeldung `Hierarchy Request Error` nicht ausgeführt werden. Ein anderes Beispiel besteht darin, wenn ein neues über `createElement()` der Klasse `DomDocument` erzeugtes Tag über `insertBefore()` vor dem Wurzelelement eingehängt wird. Die Methode `insertBefore()` der Klasse `DomNode` wirft dann die Ausnahme `DOMException` aus. Über einen `try-catch`-Block können diese Ausnahmen und Fehler abgefangen werden. Der im Objekt der Klasse `DomException` beschriebene Fehler kann nur bei der Verwendung eines `catch`-Blocks ausgegeben werden. Der nachfolgende Code versucht, ein Element an eine Position einzuhängen, an der es nicht erlaubt ist. Der `catch`-Block fängt diesen Fehler ab und gibt den Fehlcode 3 (`HIERARCHY_REQUEST_ERR`) aus.

```
<?php
 $dom = new DomDocument();
 if(!$dom->load(dirname(__FILE__)."/test.xml")) {
  exit ("Fehler beim Parsen");
 }
 try {
  $el=$dom->createElement("blubb");
  $dom->insertBefore($dom,$el);
 }
 catch (DomException $ex) {
  print ("<br>Fehlercode: ");
```

```
   foreach($ex as $key => $value) {
    print($value);
   }
  }
?>
```

Der Fehlercode ist vom W3-Konsortium standardisiert. Die Fehlercodes und deren Bedeutung können der Tabelle C.1 entnommen werden.

Fehler-code	Fehlermeldung	Beschreibung
1	INDEX_SIZE_ERROR	Die Angabe einer Zeichenposition ist ungültig. Fehlermeldung in DOM Level 1 definiert.
2	DOMSTRING_SIZE_ ERROR	Der zu kopierende Text passt nicht in den DOMString. Fehlermeldung in DOM Level 1 definiert.
3	HIERARCHY_REQUEST_ ERROR	Der Knoten kann an die Position nicht eingefügt werden. Fehlermeldung in DOM Level 1 definiert.
4	WRONG_DOCUMENT_ ERROR	Ein Knoten wird in einem anderen Document-Objekt verwendet, zu dem es nicht gehört. Fehlermeldung in DOM Level 1 definiert.
5	INVALID_CHARACTER_ ERROR	Der Name des Elements, Attributs oder Entities enthält ein nicht-gültiges Zeichen. Fehlermeldung in DOM Level 1 definiert.
6	NO_DATA_ALLOWED_ ERROR	Die Daten können nicht in den Knoten eingefügt werden. Fehlermeldung in DOM Level 1 definiert.
7	NO_MODIFICATION_ ALLOWED_ERROR	Eine Änderung, die nicht erlaubt ist, wird nicht durchgeführt. Fehlermeldung in DOM Level 1 definiert.
8	NOT_FOUND_ERROR	Ein Knoten wird angesprochen, der nicht existiert. Fehlermeldung in DOM Level 1 definiert.
9	NOT_SUPPORTED_ERROR	Die ausgeführte Operation wird nicht unterstützt. Fehlermeldung in DOM Level 1 definiert.
10	INUSE_ATTRIBUTE_ ERROR	Der einzufügende Attribut-Knoten wird in einem anderen Element verwendet. Fehlermeldung in DOM Level 1 definiert.

Tabelle C.1: Die Fehlermeldungen der Klasse `DOMException`

Fehler-code	Fehlermeldung	Beschreibung
11	INVALID_STATE_ERROR	Ein Objekt wird angesprochen, das nicht oder nicht mehr verfügbar ist. Fehlermeldung in DOM Level 2 definiert.
12	SYNTAX_ERROR	Ein Syntaxfehler liegt vor. Fehlermeldung in DOM Level 2 definiert.
13	INVALID_MODIFICATION_ERROR	Der Objekttyp kann nicht verändert werden. Fehlermeldung in DOM Level 2 definiert.
14	NAMESPACE_ERROR	Der Namensraum ist nicht gültig bzw. enthält nicht-gültige Zeichen. Fehlermeldung in DOM Level 2 definiert.
15	INVALID_ACCESS_ERROR	Die durchzuführende Operation wird nicht unterstützt. Fehlermeldung in DOM Level 2 definiert.
16	VALIDATION_ERROR	Fehler beim Validieren. Fehlermeldung in DOM Level 3 definiert.
17	TYPE_MISMATCH_ERROR	Nicht zu einander passende Typen. Fehlermeldung in DOM Level 3 definiert.

Tabelle C.1: Die Fehlermeldungen der Klasse `DOMException` (Forts.)

C.10.1 Methoden

getCode()

`string DomException->getCode (void)`

Gibt einen Fehlercode aus. Die Fehlercodes können Sie der Tabelle C.1 entnehmen.

```
$dom = new DomDocument();
if(!$dom->load("buchliste.xml")) {
 exit ("Fehler beim Parsen");
}
try {
 $el=$dom->createElement("blubb");
 $dom->insertBefore($dom,$el);
}
catch (DomException $ex) {
 print ($ex->getCode());
}
```

PHP-Version: ab 5.0, **DOM-Standard**: nein

Ähnliche Funktion oder Methode in PHP 4.x: -

getFile()

```
string DomException->getFile (void)
```

Gibt den Dateinamen an, in dem der Fehler aufgetreten ist. Der Rückgabewert enthält den absoluten Pfad inklusive Dateiname.

```
$dom = new DomDocument();
if(!$dom->load("buchliste.xml")) {
 exit ("Fehler beim Parsen");
}
try {
 $el=$dom->createElement("blubb");
 $dom->insertBefore($dom,$el);
}
catch (DomException $ex) {
 print ($ex->getFile());
}
```

PHP-Version: ab 5.0, **DOM-Standard**: nein

Ähnliche Funktion oder Methode in PHP 4.x: -

getLine()

```
string DomException->getLine (void)
```

Gibt die Zeilennummer zurück, in der der Fehler aufgetreten ist.

```
$dom = new DomDocument();
if(!$dom->load("buchliste.xml")) {
 exit ("Fehler beim Parsen");
}
try {
 $el=$dom->createElement("blubb");
 $dom->insertBefore($dom,$el);
}
catch (DomException $ex) {
 print ($ex->getLine());
}
```

PHP-Version: ab 5.0, **DOM-Standard**: nein

Ähnliche Funktion oder Methode in PHP 4.x: -

getMessage ()

```
string DomException->getMessage (void)
```

Gibt eine Fehlerbeschreibung zurück.

```
$dom = new DomDocument();
if(!$dom->load("buchliste.xml")) {
 exit ("Fehler beim Parsen");
}
```

```
try {
 $el=$dom->createElement("blubb");
 $dom->insertBefore($dom,$el);
}
catch (DomException $ex) {
 print ($ex->getMessage());
}
```

PHP-Version: ab 5.0, **DOM-Standard**: nein

Ähnliche Funktion oder Methode in PHP 4.x: -

getTrace ()

`array DomException->getTrace (void)`

Gibt Debugginginformationen als Array zurück.

```
$dom = new DomDocument();
if(!$dom->load("buchliste.xml")) {
 exit ("Fehler beim Parsen");
}
try {
 $el=$dom->createElement("blubb");
 $dom->insertBefore($dom,$el);
}
catch (DomException $ex) {
 print ($ex->getTrace());
}
```

PHP-Version: ab 5.0, **DOM-Standard**: nein

Ähnliche Funktion oder Methode in PHP 4.x: -

getTraceAsString()

`string DomException->getTrace (void)`

Gibt Debugginginformationen als String zurück.

```
$dom = new DomDocument();
if(!$dom->load("buchliste.xml")) {
 exit ("Fehler beim Parsen");
}
try {
 $el=$dom->createElement("blubb");
 $dom->insertBefore($dom,$el);
}
catch (DomException $ex) {
 print ($ex->getTraceAsString());
}
```

PHP-Version: ab 5.0, **DOM-Standard**: nein

Ähnliche Funktion oder Methode in PHP 4.x: -

C.10.2 Eigenschaften

code

```
string DomException->code
```

Die Eigenschaft ermittelt den aufgetretenen Fehlercode. Die Codes können der Tabelle C.1 entnommen werden

```
$dom = new DomDocument();
 if(!$dom->load("test.xml")) {
  exit ("Fehler beim Parsen");
 }
 try {
  $el=$dom->createElement("blubb");
  $dom->insertBefore($dom,$el);
 }
 catch (DomException $ex) {
  print ("<br>Fehlercode: ".$ex->code);
 }
```

PHP-Version: ab 5.0, **DOM-Standard**: ja, Level 1

Name in DOM: `code`

Ähnliche Funktion oder Methode in PHP 4.x: -

C.11 Die Klasse DomImplementation

Die Klasse `DomImplementation` repräsentiert die DOM-Implementierung des XML-Parsers. Die Klasse besitzt keinen Konstruktor. Ein Objekt der Klasse `DomImplementation` kann über die Eigenschaft `implementation` der Klasse `DomDocument` erhalten werden:

```
<?php
 $dom = new DomDocument();
 $impl=$dom->implementation;
 print ($impl->hasFeature("XML","1.0"))
?>
```

Die Klasse `DomImplementaicn` wurde mit DOM Level 1 eingeführt.

C.11.1 Methoden

createDocument()

```
object DomImplementation->createDocument (string namespaceURI,
string qualifiedName, documenttype doctype)
```

Diese Methode erzeugt ein neues, leeres Objekt der Klasse `DomDocument` und damit einen neuen leeren Dokumentenbaum. Der erste Übergabeparameter gibt die URI des Namensraums des Wurzelelements an, wenn ein Namensraum verwendet wird. Kommt kein Namensraum zum Einsatz, ist dieser Parameter ein Leerstring. Der zweite Übergabeparameter gibt den Namen des Wurzelelements an. Der dritte Parameter gibt eine DTD an, die eingebunden werden soll. Der dritte Übergabeparameter muss ein Objekt der Klasse `DomDocumentType` sein, das vorher über die Methode `createDocumentType()` erzeugt werden kann. Wird keine DTD verwendet, kann als dritter Wert `null` übergeben werden.

```
$dom = new DomDocument();
$impl=$dom->implementation;
$dtd=$impl->createDocumentType("test17","","data.dtd");
$dom2=$impl->createDocument("http://www.seebi.de","test17",$dtd);
```

PHP-Version: ab 5.0, **DOM-Standard**: ja, DOM Level 2

Name in DOM: `createDocument ()`

Ähnliche Funktion oder Methode in PHP 4.x: -

createDocumentType ()

```
object DomImplementation->createDocumentType (string
qualifiedName, string publicId, string systemId)
```

Diese Methode erzeugt ein neues Objekt der Klasse `DomDocumentType` und damit eine DTD. Das erstellte Objekt wird über Methoden der Klasse `DomNode` in den Dokumentenbuam eingehängt (in der Regel über `appendChild()`). Der erste Übergabeparameter gibt den Namen der zu erstellenden DTD an (der in der Regel mit dem Namen des Wurzelelements identisch sein muss). Der zweite Übergabeparameter gibt den öffnetlichen Identifier an (wenn das Schlüsselwort `PUBLIC` in der DTD eingesetzt werden soll). Wird `PUBLIC` nicht eingesetzt, wird hier ein Leerstring übergeben. Der dritte Übergabeparameter gibt den systeminternen Identifier an (wenn `SYSTEM` statt `PUBLIC` angegeben wird). Sollte der öffentliche Identifier eingesetzt werden, ist der dritte Übergabeparameter ein Leerstring.

```
$dom = new DomDocument();
$impl=$dom->implementation;
$dtd=$impl->createDocumentType("test17","","data.dtd");
$dom->appendChild($dtd);
```

PHP-Version: ab 5.0, **DOM-Standard**: ja, DOM Level 2

Name in DOM: `createDocumentType ()`

Ähnliche Funktion oder Methode in PHP 4.x: -

hasFeature ()

```
boolean DomImplementation->hasFeature (string feature, string
version)
```

Diese Methode prüft, ob ein Feature von der DOM-Implementierung des XML-Parsers unterstützt wird (Rückgabewert ist `true`) oder nicht (`false`). Diese Features sind in mehrere DOM-Module aufgeteilt, von denen minimal das `Core`-Modul implementiert werden muss. Die einzelnen Module der DOM-Spezifikation (bis Level 3) können Sie der nachfolgenden Tabelle entnehmen.

Feature	Beschreibung	Support in PHP 5
XML	Implementierung von XML.	Ja
Core	Implementierung von *DOM Core.*	Ja
HTML	Implementierung von *HTML DOM.*	Nein
Views	Implementierung des DOM-Moduls *Views*	Nein
StyleSheets	Implementierung des Moduls *StyleSheets* und dessen Interfaces sowie Methoden.	Nein
CSS	Implementierung des Moduls *CSS* und dessen Interfaces sowie Methoden.	Nein
CSS2	Implementierung des Moduls *CSS2* und dessen Interfaces sowie Methoden.	Nein
Events	Implementierung des Moduls *Events* und dessen Interfaces sowie Methoden, jedoch ohne die Interfaces *UIEvent, MouseEvents* und *MutationEvents*. Das Modul *Events* dient zur Eventbehandlung von Dokumenten.	Nein
UIEvents	Implementierung des Interfaces *UIEvents*. Speziell für das User Interface vorgesehen.	Nein
MouseEvents	Implementierung des Interfaces *MouseEvents.* Speziell für Maus-Ereignisse (Tastendruck, Position, ...) vorgesehen.	Nein
MutationEvents	Implementierung des Interfaces *MutationEvents*. Dieses Interface ist für Ereignisse vorgesehen, die Änderungen an Knoten, Attributen und Inhalten der Tags vornehmen.	Nein
Traversal	Implementierung des Moduls *Traversal* und dessen Interfaces sowie Methoden. Das Modul dient zum Durchlaufen eines Dokuments.	Nein
Range	Implementierung des Moduls *Range* und dessen Interfaces sowie Methoden. Das Modul dient zum Angeben und Prüfen des Umfangs eines Dokuments.	Nein

Tabelle C.2: Die DOM-Features und deren Support in PHP 5

```
$dom = new DomDocument();
$dom->load('test.xml');
$impl=$dom->implementation;
$val=$impl->hasFeature("XML","1.0");
print ("<br>XML 1.0: ".$val);
$val=$impl->hasFeature("Core","2.0");
print ("<br>DOM Level 2 Core: ".$val);
$val=$impl->hasFeature("HTML","2.0");
```

```
print ("<br>HTML: ".$val);
$val=$impl->hasFeature("CSS","2.0");
print ("<br>CSS: ".$val);
$val=$impl->hasFeature("CSS2","2.0");
print ("<br>CSS2: ".$val);
```

PHP-Version: ab 5.0, **DOM-Standard**: ja, DOM Level 1

Name in DOM: `hasFeature()`

Ähnliche Funktion oder Methode in PHP 4.x: -

C.12 Die Klasse DomNamedNodeMap

Die Klasse `DomNamedNodeMap` stellt ähnlich wie die Klasse `DomNodeList` eine Art von Array dar, das in einem Objekt mehrere Knoten enthält. Der Unterschied zwischen `DomNodeList` und `DomNamedNodeMap` besteht darin, dass erstens auf die Inhalte von `DomNamedNodeMap` über den Namen der enthaltenen Elemente zugegriffen werden kann. Zweitens kann ein Objekt von `DomNamedNodeMap` nur über die Eigenschaften `entities` oder `notations` der Klasse `DomDocumentType` sowie über `attributes` der Klasse `DomNode` erhalten werden. Drittens besitzt diese Klasse mehr Methoden als `DomNodeList`. Die Klasse `DomNamedNodeMap` besitzt keinen eigenen Konstruktor und ist auch von keiner anderen Klasse abgeleitet.

Ein typisches Beispiel für die Klasse `DomNamedNodeMap` ist die Eigenschaft `attributes` der Klasse `DomNode`. Diese ermittelt sämtliche Attribute eines Knotens und liefert diese komplett in einem Objekt der Klasse `DomNamedNodeMap` zurück:

```
<?php
$dom = new DomDocument();
if(!$dom->load(dirname(__FILE__)."/test.xml")) {
  exit ("Fehler beim Parsen");
}
$root=$dom->documentElement;
$attr=$root->attributes;
print ($attr->length);
?>
```

C.12.1 Methoden

getNamedItem()

```
object DomNamedNodeMap->getNamedItem (string name)
```

Diese Methode ermittelt einen einzelnen Knoten aus dem Objekt von `DomNamedNodeMap`. Der Übergabeparameter `name` gibt den Namen an. Der Rückgabewert der Methode ist ein Objekt der Klasse `DomNode`. Werden Namensräume verwendet, sollte die Methode `getNamedItemNS()` eingesetzt werden. Ist der Name nicht bekannt, sollte die Methode `item()` der Klasse `DomNamedNodeMap` verwendet werden. Das nachfolgende Beispiel liest das Attribut `id` des Wurzelelements und dessen Inhalt aus:

```
$dom = new DomDocument();
if(!$dom->load(dirname(__FILE__)."/buchliste.xml")) {
  exit ("Fehler beim Parsen");
}
$root=$dom->documentElement;
$attr=$root->attributes;
$id=$attr->getNamedItem("id");
print ("<br>Name: ".$id->nodeName);
print ("<br>Wert: ".$id->nodeValue);
```

PHP-Version: ab 5.0, **DOM-Standard**: ja, Level 1

Name in DOM: `getNamedItem()`

Ähnliche Funktion oder Methode in PHP 4.x: -

getNamedItemNS()

```
object DomNamedNodeMap->getNamedItemNS (string namespaceURI,
string localName)
```

Diese Methode ermittelt einen einzelnen Knoten aus dem Objekt von `DomNamedNodeMap`. Der erste Übergabeparameter `namespaceURI` gibt die URI des Namensraums an. Der zweite Parameter `localName` enthält den Namen ohne das Namensraum-Präfix. Der Rückgabewert der Methode ist ein Objekt der Klasse `DomNode`. Werden keine Namensräume verwendet, sollte die Methode `getNamedItem()` eingesetzt werden. Das nachfolgende Beispiel liest das Attribut `id` des Wurzelelements und dessen Inhalt aus:

```
$dom = new DomDocument();
if(!$dom->load(dirname(__FILE__)."/buchliste.xml")) {
  exit ("Fehler beim Parsen");
}
$root=$dom->documentElement;
$attr=$root->attributes;
$id=$attr->getNamedItemNS("http://www.xmlguru.de/php", "rubrik");
print ("<br>Name: ".$id->nodeName);
print ("<br>Wert: ".$id->nodeValue);
```

PHP-Version: ab 5.0, **DOM-Standard**: ja, Level 2

Name in DOM: `getNamedItemNS()`

Ähnliche Funktion oder Methode in PHP 4.x: -

item()

```
object DomNamedNodeMap->item (unsigned long index)
```

Die Methode gibt ein einzelnes Objekt der Klasse `DomNamedNodeMap` zurück. Der Übergabeparameter `index` gibt die Nummer in der Liste an. Die Zählung beginnt immer bei 0. Der Rückgabewert der Methode ist ein Objekt der Klasse `DomNode`. Der nachfolgende Code liest sämtliche Attribute des Wurzelelements aus:

```
$dom = new DomDocument();
if(!$dom->load(dirname(__FILE__)."/buchliste.xml")) {
  exit ("Fehler beim Parsen");
}
$root=$dom->documentElement;
$attr=$root->attributes;
for ($a=0;$a<$attr->length;$a++) {
 $at=$attr->item($a);
 print ("<br>Name: ".$at->nodeName);
 print ("<br>Wert: ".$at->nodeValue);
}
```

PHP-Version: ab 5.0, **DOM-Standard**: ja, DOM Level 1

Name in DOM: `item()`

Ähnliche Funktion oder Methode in PHP 4.x: -

C.12.2 Eigenschaften

length

`unsigned long DomNamedNodeMap->length`

Ermittelt die Anzahl der Einträge in dem Objekt. Die Eigenschaft kann nur gelesen werden.

```
$dom = new DomDocument();
if(!$dom->load(dirname(__FILE__)."/test.xml")) {
  exit ("Fehler beim Parsen");
}
$root=$dom->documentElement;
$attr=$root->attributes;
print ($attr->length);
```

PHP-Version: ab 5.0, **DOM-Standard**: ja, Level 1

Name in DOM: `length`

Ähnliche Funktion oder Methode in PHP 4.x: -

C.13 Die Klasse DomNode

Die Klasse `DomNode` repräsentiert einen einzelnen Knoten. Der Unterschied zwischen `DomNode` und `DomElement` besteht darin, dass `DomNode` untergeordnete Elemente besitzen kann, während `DomElement` nur ein einzelnes XML-Element ohne untergeordnete Elemente repräsentiert. Die Klasse `DomNode` ist wohl die wichtigste Klasse innerhalb von DOM. Von `DomNode` sind folgende Klassen abgeleitet:

`DomDocument, DomElement, DomAttr, DomCharacterData, DocumentFragment, DomDocumentType, DomEntity, DomEntityReference, DomNotation, DomProcessingInstruction`

Die Klasse `DomNode` besitzt keinen eigenen Konstruktor.

C.13.1 Methoden

appendChild()

```
object DomNode->appendChild (object newnode)
```

Diese Methode hängt einen neuen Knoten oder ein neues Element unterhalb des aktuellen Knotens als Kind ein. Der Rückgabewert der Methode ist der eingehängte Knoten als ein Objekt der Klasse `DomNode`. Der Übergabeparameter muss ein Objekt der Klasse `DomNode` oder einer von `DomNode` abgeleiteten Klasse (z.B. `DomElement`) sein. Das nachfolgende Beispiel hängt ein neues Kind unterhalb des Wurzelelements ein:

```
$dom = new DomDocument();
$root=$dom->createElement("test");
$dom->appendChild($root);
$el=$dom->createElement("irgendetwas");
$root->appendChild($el);
```

PHP-Version: ab 5.0, **DOM-Standard**: ja, DOM Level 1

Name in DOM: `appendChild()`

Ähnliche Funktion oder Methode in PHP 4.x: `append_child()`, `append_sibling()` der Klasse `DomNode`

cloneNode()

```
object DomNode->cloneNode (boolean mode )
```

Diese Methode kopiert einen Knoten. Der Übergabeparameter `mode` ist `true` oder `false`. Ist dieser `true`, werden auch sämtliche Kinder mit kopiert. Ist er `false`, werden die Unterknoten nicht mit kopiert. Die Default-Einstellung ist `false`. Das nachfolgende Beispiel kopiert das Tag `<name>`:

```
$dom = new DomDocument();
$root=$dom->createElement("user");
$dom->appendChild($root);
$el=$dom->createElement("name");
$root->appendChild($el);
$txt=$dom->createTextNode("Michael");
$el->appendChild($txt);
$clone=$el->cloneNode(true);
$root->appendChild($clone);
```

PHP-Version: ab 5.0, **DOM-Standard**: ja, DOM Level 1

Name in DOM: `cloneNode()`

Ähnliche Funktion oder Methode in PHP 4.x: `clone_node()` der Klasse `DomNode`

hasAttributes ()

```
boolean DomNode->hasAttributes (void)
```

Diese Methode ermittelt, ob das XML-Element über Attribute verfügt oder nicht. Sind in dem Element ein oder mehrere Attribute enthalten, ist der Rückgabewert `true`, anderfalls `false`.

```
$dom = new DomDocument();
$root=$dom->createElement("user");
$dom->appendChild($root);
$val=$root->hasAttributes();
print ("Attribute: ".$val);
```

PHP-Version: ab 5.0, **DOM-Standard**: ja, DOM Level 2

Name in DOM: `hasAttributes()`

Ähnliche Funktion oder Methode in PHP 4.x: `has_attributes ()` der Klasse `DomNode`, `has_attribute()` der Klasse `DomElement`

hasChildNodes()

```
boolean DomNode-> hasChildNodes (void)
```

Diese Methode ermittelt, ob ein Knoten über weitere untergeordnete Knoten bzw. Elemente verfügt oder nicht. Besitzt der Knoten weitere Kinder, ist der Rückgabewert `true`, anderfalls `false`.

```
$dom = new DomDocument();
if(!$dom->load(dirname(__FILE__)."/test.xml")) {
  exit ("Fehler beim Parsen");
}
$root=$dom->documentElement;
print ("Kinder: ".$root->hasChildNodes());
```

PHP-Version: ab 5.0, **DOM-Standard**: ja, DOM Level 1

Name in DOM: `hasChildNodes()`

Ähnliche Funktion oder Methode in PHP 4.x: `has_child_nodes ()` der Klasse `DomNode`

insertBefore()

```
object DomNode->insertBefore (object newnode, object refnode)
```

Diese Methode fügt einen neuen Knoten `newnode` vor einem bestehenden Knoten `refnode` ein. Der Rückgabewert der Methode ist der neue eingefügte Knoten als ein Objekt der Klasse `DomNode`. Das nachfolgende Beispiel fügt im Wurzelelement vor dem ersten Kind einen neuen Knoten ein:

```
$dom = new DomDocument();
if(!$dom->load(dirname(__FILE__)."/test.xml")) {
  exit ("Fehler beim Parsen");
}
```

```
$root=$dom->documentElement;
$el=$dom->createElement("test");
$child=$root->firstChild;
$root->insertBefore($el,$child);
```

PHP-Version: ab 5.0, **DOM-Standard**: ja, DOM Level 1

Name in DOM: `insertBefore()`

Ähnliche Funktion oder Methode in PHP 4.x: `insert_before ()` der Klasse `DomNode`

isDefaultNamespace ()

```
boolean DomNode->isDefaultNamespace (string uri)
```

Diese Methode prüft, ob die angegebene URI der Default-Namensraum des Knotens ist (der Rückgabewert ist `true`, andernfalls `false`). Der nachfolgende Code prüft, ob ein Element im Default-Namensraum liegt. Dieser wurde in der XML-Datei im Wurzelelement erstellt:

```
<Adresse xmlns="http://www.seebi.de/t.php">
```

Der Code:

```
$dom = new DomDocument();
$dom->load("index10.xml");
$n=$dom->getElementsByTagName("Datensatz");
$node=$n->item(0);
print ($node->isDefaultNamespace("http://www.seebi.de/t.php"));
```

PHP-Version: ab 5.0, **DOM-Standard**: ja, DOM Level 3

Name in DOM: `isDefaultNamespace ()`

Ähnliche Funktion oder Methode in PHP 4.x: -

isSameNode ()

```
boolean DomNode-> isSameNode (object node)
```

Diese Methode prüft, ob der angegebene Knoten `node` mit dem aktuellen Knoten, auf den die Methode angewendet wird, identisch ist. Sollte dies der Fall sein, ist der Rückgabewert `true`, andernfalls `false`.

```
$dom = new DomDocument();
$root=$dom->createElement("user");
$dom->appendChild($root);
$root2=$dom->documentElement;
print ("<br>Identisch: ".$root->isSameNode($root2));
```

PHP-Version: ab 5.0, **DOM-Standard**: ja, DOM Level 3

Name in DOM: `isSameNode ()`

Ähnliche Funktion oder Methode in PHP 4.x: -

isSupported ()

`boolean DomNode->isSupported (string feature, string version)`

Diese Methode prüft, ob der XML-Parser ein bestimmtes Feature unterstützt und ob dieses Feature in dem aktuellen Knoten verfügbar ist. Ist dies der Fall, ist der Rückgabewert `true`, andernfalls `false`. Der erste Übergabeparamater enthält das Feature als String und der zweite Parameter die Versionsnummer ebenfalls als String.

```
$dom = new DomDocument();
$root=$dom->createElement("user");
$dom->appendChild($root);
$val=$root->isSupported("XML","1.0");
print ($val);
```

PHP-Version: ab 5.0, **DOM-Standard**: ja, DOM Level 2

Name in DOM: `isSupported ()`

Ähnliche Funktion oder Methode in PHP 4.x: -

lookupNamespaceURI ()

`string DomNode->lookupNamespaceURI (string prefix)`

Die Methode ermittelt die URI des Namensraums, wenn im Knoten ein Namensraum verwendet wird. Dazu muss an die Methode das Präfix des Namensraums als String übergeben werden. Der Rückgabewert der Methode ist die URI des Namensraums als String. Alternativ zur Methode `lookupNamespaceURI ()` kann auch die Eigenschaft `namespaceURI` der Klasse `DomNode` eingesetzt werden. Das Präfix des Namensraums kann über die Methode `lookupPrefix()` der Klasse `DomNode` ermittelt werden. Das nachfolgende Beispiel liest die URI des Namensraums aus dem Wurzelelement aus:

```
<xmlguru:news xmlns:xmlguru="http://www.xmlguru.de/index.html" >
```

Das Ergebnis ist `http://www.xmlguru.de/index.html`:

```
$dom = new DomDocument();
$dom->preserveWhiteSpace=false;
if(!$dom->load(dirname(__FILE__)."/test.xml")) {
  exit ("Fehler beim Parsen");
}
$root=$dom->documentElement;
print ($root->lookupNamespaceURI("xmlguru"));
```

PHP-Version: ab 5.0, **DOM-Standard**: ja, DOM Level 2

Name in DOM: `lookupNamespaceURI ()`

Ähnliche Funktion oder Methode in PHP 4.x: -

lookupPrefix()

```
string DomNode->lookupPrefix(string namespaceURI)
```

Die Methode ermittelt das Präfix des Namensraums, wenn im Knoten ein Namensraum verwendet wird. Dazu muss an die Methode die URI des Namensraums als String übergeben werden. Der Rückgabewert der Methode ist das Präfix als String. Alternativ zur Methode `lookupPrefix()` kann auch die Eigenschaft `prefix` der Klasse `DomNode` eingesetzt werden. Die URI des Namensraums kann über die Methode `lookupNamespaceURI()` der Klasse `DomNode` ermittelt werden. Das nachfolgende Beispiel liest das Präfix des Namensraums aus dem Wurzelelement aus:

```
<xmlguru:news xmlns:xmlguru="http://www.xmlguru.de/index.html" >
```

Das Ergebnis ist `xmlguru`:

```
$dom = new DomDocument();
$dom->preserveWhiteSpace=false;
if(!$dom->load(dirname(__FILE__)."/test.xml")) {
  exit ("Fehler beim Parsen");
}
$root=$dom->documentElement;
print ($root->lookupPrefix("http://www.xmlguru.de/index.html"));
```

PHP-Version: ab 5.0, **DOM-Standard**: ja, DOM Level 2

Name in DOM: `lookupPrefix()`

Ähnliche Funktion oder Methode in PHP 4.x: -

removeChild()

```
object DomNode->removeChild(object child)
```

Die Methode entfernt ein Kind aus einem Knoten. Dazu muss das zu entfernende Kind als Objekt übergeben werden. Der Rückgabewert der Methode ist das entfernte Kind, andernfalls `null`. Das nachfolgende Beispiel entfernt das Wurzelelement:

```
$dom = new DomDocument();
if(!$dom->load(dirname(__FILE__)."/test.xml")) {
  exit ("Fehler beim Parsen");
}
$root=$dom->documentElement;
$dom->removeChild($root);
```

PHP-Version: ab 5.0, **DOM-Standard**: ja, DOM Level 1

Name in DOM: `removeChild()`

Ähnliche Funktion oder Methode in PHP 4.x: `remove_child ()` der Klasse `DomNode`, `domxml_unlink_node()`, `domxml_node_unlinke_node()`

replaceChild()

```
object DomNode->replaceChild(object newchild, object oldchild)
```

Die Methode ersetzt ein Kind eines Knotens durch ein anderes Kind. Dazu muss das zu entfernende Kind als zweiter Übergabeparameter `oldchild` übergeben werden. Der erste Übergabeparameter `newchild` ist das Kind, das an die Stelle des alten Kinds gesetzt werden soll. Der Rückgabewert der Methode ist das entfernte Kind, andernfalls `null`. Das nachfolgende Beispiel ersetzt den ersten untergeordneten Knoten des Wurzelelements durch einen neuen Knoten:

```
$dom = new DomDocument();
if(!$dom->load(dirname(__FILE__)."/test.xml")) {
  exit ("Fehler beim Parsen");
}
$root=$dom->documentElement;
$el=$dom->createElement("test");
$dom->replaceChild($el,$root);
```

PHP-Version: ab 5.0, **DOM-Standard**: ja, DOM Level 1

Name in DOM: `replaceChild()`

Ähnliche Funktion oder Methode in PHP 4.x: `replace_child (),replace_node()` der Klasse `DomNode`

C.13.2 Eigenschaften

attributes

```
object DomNode->attributes
```

Diese Eigenschaft ermittelt sämtliche Attribute des Knotens und gibt diese als ein Objekt der Klasse `DomNamedNodeMap` zurück. Über die Methoden der Klasse `DomNamedNodeMap` sind die einzelnen Attribute und deren Werte zugänglich. Sind keine Attribute vorhanden, ist der Rückgabewert `null`. Die Eigenschaft kann nur gelesen werden. Das nachfolgende Beispiel ermittelt das erste Kind des Wurzelelements, das über das Attribut `id="b102"` verfügt:

```
$dom = new DomDocument();
$dom->preserveWhiteSpace=false;
if(!$dom->load(dirname(__FILE__)."/users.xml")) {
  exit ("Fehler beim Parsen");
}
$root=$dom->documentElement;
$child=$root->firstChild;
$map=$child->attributes;
$attr_node=$map->item(0);
print ($attr_node->nodeType);
print ($attr_node->nodeName);
print ($attr_node->nodeValue);
```

PHP-Version: ab 5.0, **DOM-Standard**: ja, DOM Level 1

Name in DOM: `attributes`

Ähnliche Funktion oder Methode in PHP 4.x: `attributes()`, `getattr()`, `get_attribute()` der Klasse `DomNode`, `getattribute()`, `get_attributenode()`, `get_attribute_node()` der Klasse `DomElement`, `domxml_attributes()`, `domxml_getattr()`, `domxml_get_attribute()`, `domxml_node_attributes()`.

baseURI

```
string DomNode->baseURI
```

Diese Eigenschaft ermittelt die URI des Knotens. In der Regel ist dies der komplette Pfad zu der XML-Datei, in der sich der Knoten befindet. Sollte ein HTML-Datei verwendet werden, enthält die Eigenschaft `baseURI` entweder den Inhalt des HTML-Tags `<base>` (wenn dieses Tag verwendet wird), ansonsten den Inhalt der Eigenschaft `documentURI`. Die Eigenschaft kann nur gelesen werden.

```
$dom = new DomDocument();
$dom->preserveWhiteSpace=false;
if(!$dom->load(dirname(__FILE__)."/test.xml")) {
  exit ("Fehler beim Parsen");
}
$root=$dom->documentElement;
print("<br>".$root->baseURI);
```

PHP-Version: ab 5.0, **DOM-Standard**: ja, DOM Level 3

Name in DOM: `baseURI`

Ähnliche Funktion oder Methode in PHP 4.x: -

childNodes

```
object DomNode->childNodes
```

Diese Eigenschaft ermittelt sämtliche Knoten, die sich unterhalb des aktuellen Knotens befinden. Die Eigenschaft gibt ein Objekt der Klasse `DomNodeList` zurück. Das Objekt enthält alle untergeordneten Knoten. Um daraus einen einzelnen Knoten anzusprechen, muss die `item()`-Methode der Klasse `DomNodeList` eingesetzt werden. Diese Eigenschaft kann nur gelesen werden. Das nachfolgende Beispiel ermittelt alle Kinder des Wurzelelements und gibt den Namen des ersten Kinds aus.

```
$dom = new DomDocument();
$dom->preserveWhiteSpace=false;
if(!$dom->load(dirname(__FILE__)."/users.xml")) {
  exit ("Fehler beim Parsen");
}
$root=$dom->documentElement;
$children=$root->childNodes;
print ("<br>Kinder: ".$children->length);
```

```
print ("<br>Erstes Child: ");
$c=$children->item(0);
print ($c->nodeName);
```

PHP-Version: ab 5.0, **DOM-Standard**: ja, DOM Level 1

Name in DOM: `childNodes`

Ähnliche Funktion oder Methode in PHP 4.x: `child_nodes()` und `children()` der Klasse `DomNode`, `children()` der Klasse `DomDocument`, `domxml_children()`, `domxml_node_children()`.

firstChild

`object DomNode->firstChild`

Diese Eigenschaft ermittelt das erste untergeordnete Element innerhalb des aktuellen Knotens. Die Eigenschaft gibt ein Objekt der Klasse `DomNode` zurück. Die Eigenschaft kann nur gelesen werden. Das nachfolgende Beispiel ermittelt das erste Kind des Wurzelelements und gibt den Tagnamen des ersten Kinds aus.

```
$dom = new DomDocument();
$dom->preserveWhiteSpace=false;
if(!$dom->load(dirname(__FILE__)."/users.xml")) {
  exit ("Fehler beim Parsen");
}
$root=$dom->documentElement;
$child=$root->firstChild;
print ($child->nodeName);
```

PHP-Version: ab 5.0, **DOM-Standard**: ja, DOM Level 1

Name in DOM: `firstChild`

Ähnliche Funktion oder Methode in PHP 4.x: `first_child()` der Klasse `DomNode`

lastChild

`object DomNode->lastChild`

Diese Eigenschaft ermittelt das letzte untergeordnete Element innerhalb des aktuellen Knotens. Die Eigenschaft gibt ein Objekt der Klasse `DomNode` zurück. Die Eigenschaft kann nur gelesen werden. Das nachfolgende Beispiel ermittelt das letzte Kind des Wurzelelements und gibt den Tagnamen des letzten Kinds aus.

```
$dom = new DomDocument();
$dom->preserveWhiteSpace=false;
if(!$dom->load(dirname(__FILE__)."/users.xml")) {
  exit ("Fehler beim Parsen");
}
$root=$dom->documentElement;
$child=$root->lastChild;
print ($child->nodeName);
```

PHP-Version: ab 5.0, **DOM-Standard**: ja, DOM Level 1

Name in DOM: `lastChild`

Ähnliche Funktion oder Methode in PHP 4.x: `last_child()` und `lastchild()` der Klasse `DomNode`

localName

```
string DomNode->localName
```

Diese Eigenschaft ermittelt den Namen eines XML-Elements. Wenn im Element ein Namensraum verwendet wird, enthält die Eigenschaft `localName` nur den Namen ohne das Präfix des Namensraums. Die Eigenschaft kann gelesen und geschrieben werden.

```
$dom = new DomDocument();
if(!$dom->load(dirname(__FILE__)."/test.xml")) {
  exit ("Fehler beim Parsen");
}
$root=$dom->documentElement;
print("<br>".$root->localName);
```

PHP-Version: ab 5.0, **DOM-Standard**: ja, DOM Level 2

Name in DOM: `localName`

Ähnliche Funktion oder Methode in PHP 4.x: `node_name()` der Klasse `DomNode`, `tagname()` der Klasse `DomElement`

namespaceURI

```
string DomNode->namespaceURI
```

Diese Eigenschaft ermittelt die URI des Namensraums des Knotens, falls einer vorhanden ist. Das Präfix kann über die Eigenschaft `prefix` und der Name des Elements (ohne Präfix) über die Eigenschaft `localName` erhalten werden. Ist kein Namensraum vorhanden, ist der Rückgabewert `null`. Die Eigenschaft kann nur gelesen werden. Das nachfolgende Beispiel liest die URI des Namensraums aus dem Wurzelelement aus:

```
<xmlguru:news xmlns:xmlguru="http://www.xmlguru.de/index.html" >
```

Das Ergebnis ist `http://www.xmlguru.de/index.html`.

```
$dom = new DomDocument();
if(!$dom->load(dirname(__FILE__)."/test.xml")) {
  exit ("Fehler beim Parsen");
}
$root=$dom->documentElement;
print("<br>".$root->namespaceURI);
```

PHP-Version: ab 5.0, **DOM-Standard**: ja, DOM Level 2

Name in DOM: `namespaceURI`

Ähnliche Funktion oder Methode in PHP 4.x: `namespace_uri()` der Klasse `DomNode`

nextSibling

`object DomNode->nextSibling`

Diese Eigenschaft ermittelt den Knoten nach dem aktuellen Knoten. Die Eigenschaft gibt ein Objekt der Klasse `DomNode` zurück. Die Eigenschaft kann nur gelesen werden. Das nachfolgende Beispiel ermittelt das erste Kind des Wurzelelements, springt dann über `nextSibling` zum nächsten Kind und gibt den Tagnamen des Kinds aus.

```
$dom = new DomDocument();
$dom->preserveWhiteSpace=false;
if(!$dom->load(dirname(__FILE__)."/users.xml")) {
  exit ("Fehler beim Parsen");
}
$root=$dom->documentElement;
$child=$root->firstChild;
$c=$child->nextSibling;
print ($c->nodeName);
```

PHP-Version: ab 5.0, **DOM-Standard**: ja, DOM Level 1

Name in DOM: `nextSibling`

Ähnliche Funktion oder Methode in PHP 4.x: `next_sibling()` der Klasse `DomNode`

nodeName

`string DomNode->nodeName`

Diese Methode ermittelt den Namen des angegebenen Knotens. Verfügt der Knoten über einen Namensraum, wird der qualifizierte Name des Knotens ausgegeben, d.h. das Präfix des Namensraums zusammen mit dem Namen des Knotens. Liegt eine DTD, PI, Notation, Entity oder EntityReference vor, wird ebenfalls der entsprechende Name zurück gegeben. Handelt es sich bei dem Knoten um ein Element, das keinen eigenen Namen besitzt, z.B. einen Text- oder Kommentarknoten, wird ein vordefinierter Name zurückgegeben. Diese Rückgabewerte können Sie der Tabelle C.3 entnehmen. Die Eigenschaft kann nur gelesen werden.

Rückgabewert	Beschreibung
#cdata-section	Der Knoten enthält einen CDATA-Abschnitt.
#comment	Der Knoten enthält einen Kommentar.
#document	Der Knoten ist ein Dokument.
#document-fragment	Der Knoten enthält ein Dokument-Fragment.
#text	Der Knoten enthält einen Textabschnitt.

Tabelle C.3: Weitere Rückgabewerte von `nodeName`

```
$dom = new DomDocument();
if(!$dom->load(dirname(__FILE__)."/users.xml")) {
  exit ("Fehler beim Parsen");
}
$root=$dom->documentElement;
print("<br>".$root->nodeName);
}
```

PHP-Version: ab 5.0, **DOM-Standard**: ja, DOM Level 1

Name in DOM: `nodeName`

Ähnliche Funktion oder Methode in PHP 4.x: `node_name()` der Klasse `DomNode`

nodeType

`unsigned short DomNode->nodeType`

Diese Eigenschaft ermittelt den Knotentyp. Je nach Knotentyp ergibt sich ein entsprechender Rückgabewert. Liegt beispielsweise ein Attributknoten vor, wird der Wert des Attributs zurückgegeben. Die Knotentypen können Sie der Tabelle C.4 entnehmen. Die Eigenschaft `nodeType` kann nur ausgelesen werden.

Wert	Knotentyp	Beschreibung
1	`XML_ELEMENT_NODE`	Der Knoten ist ein Element.
2	`XML_ATTRIBUTE_NODE`	Der Knoten enthält ein oder mehrere Attribute.
3	`XML_TEXT_NODE`	Der Knoten enthält Text.
4	`XML_CDATA_SECTION_NODE`	Der Knoten ist ein CDATA-Abschnitt.
5	`XML_ENTITY_REF_NODE`	Der Knoten ist eine Referenz auf ein Entity.
6	`XML_ENTITY_NODE`	Der Knoten definiert ein Entity.
7	`XML_PI_NODE`	Der Knoten ist eine Processing Instruction, die sich innerhalb von *<?* und *?>* befindet.
8	`XML_COMMENT_NODE`	Der Knoten ist ein Kommentar, der durch *<!--* und *-->* umschlossen ist.
9	`XML_DOCUMENT_NODE`	Der Knoten ist das Dokument selbst.
10	`XML_DOCUMENT_TYPE_NODE`	Der Knoten ist eine DTD.
11	`XML_DOCUMENT_FRAG_NODE`	Der Knoten ist ein XML-Fragment.
12	`XML_NOTATION_NODE`	Der Knoten ist eine Notation, d.h. ein *<!NOTATION>*-Tag einer DTD.

Tabelle C.4: Die vordefinierten Konstanten als Rückgabewert von `nodeType`

```
$dom = new DomDocument();
$root=$dom->createElement("test");
$dom->appendChild($root);
$txt=$dom->createTextNode("Michael");
$newnode=$root->appendChild($txt);
$content=$root->firstChild;
print ("<br>".$content->nodeType);
```

PHP-Version: ab 5.0, **DOM-Standard**: ja, DOM Level 1

Name in DOM: `nodeType`

Ähnliche Funktion oder Methode in PHP 4.x: `node_type()` der Klasse `DomNode`

nodeValue

`string DomNode->nodeValue`

Diese Eigenschaft gibt den Inhalt eines Knotens aus. Je nach Knoten ergibt sich ein anderer Rückgabewert. Liegt ein Attributknoten vor, wird der Wert des Attributs zurückgegeben. Die Eigenschaft kann gelesen und geschrieben werden.

```
$dom = new DomDocument();
$root=$dom->createElement("test");
$dom->appendChild($root);
$txt=$dom->createTextNode("Michael");
$newnode=$root->appendChild($txt);
$content=$root->firstChild;
$content->nodeValue="Test test test test";
print("<br>".$content->nodeValue);
```

PHP-Version: ab 5.0, **DOM-Standard**: ja, DOM Level 1

Name in DOM: `nodeValue`

Ähnliche Funktion oder Methode in PHP 4.x: `node_value()` der Klasse `DomNode`

ownerDocument

`object DomNode->ownerDocument`

Diese Eigenschaft ermittelt das Ursprungs-Dokument, zu dem der Knoten gehört. Der Rückgabewert der Eigenschaft ist ein Objekt der Klasse `DomDocument`. Die Eigenschaft kann nur gelesen werden.

```
$dom = new DomDocument();
$dom->preserveWhiteSpace=false;
if(!$dom->load(dirname(__FILE__)."/users.xml")) {
  exit ("Fehler beim Parsen");
}
$root=$dom->documentElement;
$child=$root->firstChild;
$doc=$child->ownerDocument;
```

PHP-Version: ab 5.0, **DOM-Standard**: ja, DOM Level 1

Name in DOM: `ownerDocument`

Ähnliche Funktion oder Methode in PHP 4.x: `owner_document()` der Klasse `DomNode`

parentNode

```
object DomNode->parentNode
```

Diese Eigenschaft ermittelt den übergeordneten Knoten des aktuellen Knotens. Der Rückgabewert ist ein Objekt der Klasse `DomElement` oder `DomNode`. Die Eigenschaft kann nur gelesen werden.

```
$dom = new DomDocument();
$root=$dom->createElement("test");
$dom->appendChild($root);
$txt=$dom->createTextNode("Michael");
$root->appendChild($txt);
$node=$txt->parentNode;
print ("<br>".$node->nodeName);
```

PHP-Version: ab 5.0, **DOM-Standard**: ja, DOM Level 1

Name in DOM: `parentNode`

Ähnliche Funktion oder Methode in PHP 4.x: `parent()` der Klasse `DomNode`

prefix

```
string DomNode->prefix
```

Diese Eigenschaft ermittelt das Präfix des Namensraums, wenn im Knoten ein Namensraum verwendet wird. Die Eigenschaft kann gelesen und geschrieben werden. Der Name des XML-Elements (ohne Präfix) kann über die Eigenschaft `localName` erhalten werden. Die URI des Namensraums wird über die Eigenschaft `namespaceURI` ermittelt. Alternativ zur Eigenschaft `prefix` kann auch die Methode `lookupPrefix()` der Klasse `DomNode` eingesetzt werden. Das nachfolgende Beispiel liest das Präfix des Namensraums aus dem Wurzelelement aus:

```
<xmlguru:news xmlns:xmlguru="http://www.xmlguru.de/index.html" >
```

Das Ergebnis ist `xmlguru`:

```
$dom = new DomDocument();
if(!$dom->load(dirname(__FILE__)."/test.xml")) {
  exit ("Fehler beim Parsen");
}
$root=$dom->documentElement;
print("<br>".$root->prefix);
```

PHP-Version: ab 5.0, **DOM-Standard**: ja, DOM Level 2

Name in DOM: `prefix`

Ähnliche Funktion oder Methode in PHP 4.x: `prefix()` der Klasse `DomNode`

previousSibling

`object DomNode->previousSibling`

Diese Eigenschaft ermittelt den Knoten vor dem aktuellen Knoten. Die Eigenschaft gibt ein Objekt der Klasse `DomNode` zurück. Die Eigenschaft kann nur gelesen werden. Das nachfolgende Beispiel ermittelt das letzte Kind des Wurzelelements, springt dann über `previousSibling` zum vorletzten Kind und gibt den Tagnamen aus.

```
$dom = new DomDocument();
$dom->preserveWhiteSpace=false;
if(!$dom->load(dirname(__FILE__)."/users.xml")) {
  exit ("Fehler beim Parsen");
}
$root=$dom->documentElement;
$child=$root->lastChild;
$c=$child->previousSibling;
print ($c->nodeName);
```

PHP-Version: ab 5.0, **DOM-Standard**: ja, DOM Level 1

Name in DOM: `previousSibling`

Ähnliche Funktion oder Methode in PHP 4.x: `previous_sibling()` der Klasse `DomNode`

textContent

`String DomNode->textContent`

Diese Eigenschaft ermittelt sämtlichen Textinhalt des Knotens und aller untergeordneten Knoten und gibt diesen als String zurück. Die Tagnamen und die Attribute werden nicht mit ausgegeben. Die Eigenschaft kann gelesen und geschrieben werden.

```
$dom = new DomDocument();
if(!$dom->load(dirname(__FILE__)."/users.xml")) {
  exit ("Fehler beim Parsen");
}
$root=$dom->documentElement;
print ($root->textContent);
```

PHP-Version: ab 5.0, **DOM-Standard**: ja, DOM Level 3

Name in DOM: `textContent`

Ähnliche Funktion oder Methode in PHP 4.x: `get_content()` der Klasse `DomNode`, `domxml_node_get_content()`

C.14 Die Klasse DomNodeList

Die Klasse `DomNodeList` ist eine Art von Array, das mehrere Nodes enthalten kann. Ein Objekt dieser Klasse wird beispielsweise von der Methode `getElementsByTagName()` der Klasse `DomDocument` zurückgegeben. Folgende Methoden geben ein Objekt von `DomNodeList` zurück:

Klasse	Methode oder Eigenschaft
DomDocument	getElementsByTagName() getElementsByTagNameNS()
DomElement	getElementsByTagName() getElementsByTagNameNS()
DomNode	childNodes

Tabelle C.5: Methoden oder Eigenschaften, die ein Objekt von `DomNodeList` zurück geben

Die Klasse `DomNodeList` verfügt über keinen Konstruktor. Um einen einzelnen Knoten aus dem Objekt von `DomNodeList` zu erhalten, ist der Einsatz der Methode `item()` nötig.

C.14.1 Methoden

item()

```
object DomNodeList->item (unsigned long index)
```

Die Methode gibt ein einzelnes Objekt der Klasse `DomNode` aus der Liste in `DomNodeList` zurück. Der Übergabeparameter `index` gibt die Nummer in der Liste an. Die Zählung beginnt immer bei 0.

```
$dom = new DomDocument();
if(!$dom->load(dirname(__FILE__)."/news.xml")) {
  exit ("Fehler beim Parsen");
}
$nodes=$dom->getElementsByTagName("news");
$anz=$nodes->length;
print ("Gefundene Elemente: ".$anz);
for ($a=0;$a<$anz;$a++) {
 $node=$nodes->item($a);
 print("<br>".$node->nodeName);
}
```

PHP-Version: ab 5.0, **DOM-Standard**: ja, DOM Level 1

Name in DOM: `item()`

Ähnliche Funktion oder Methode in PHP 4.x: -

C.14.2 Eigenschaften

length

```
unsigned long DomNodeList->length
```

Die Eigenschaft ermittelt die Anzahl der Knoten, die sich in einem Objekt der Klasse DomNodeList befinden. Die Eigenschaft kann nur gelesen werden.

```
$dom = new DomDocument();
if(!$dom->load(dirname(__FILE__)."/news.xml")) {
  exit ("Fehler beim Parsen");
}
$nodes=$dom->getElementsByTagName("news");
$anz=$nodes->length;
print ("Gefundene Elemente: ".$anz);
for ($a=0;$a<$anz;$a++) {
 $node=$nodes->item($a);
 print("<br>".$node->nodeName);
}
```

PHP-Version: ab 5.0, **DOM-Standard**: ja, DOM Level 1

Name in DOM: length

Ähnliche Funktion oder Methode in PHP 4.x: -

C.15 Die Klasse DomProcessingInstruction

Die Klasse DomProcessingInstruction stellt eine Processing Instruction (PI) im XML-Dokument dar, der sich innerhalb von <? ... ?> befindet. Die Klasse DomProcessingInstruction ist von der Klasse DomNode abgeleitet. Daher erbt die Klasse DomProcessingInstruction die Methoden und Eigenschaften der Klassen DomNode.

Die Klasse DomProcessingInstruction besitzt einen Konstruktor, über den eine neue PI erzeugt werden kann. Eine PI wird von DOM wie ein normaler Knoten angesehen. Ein neu erzeugter DomProcessingInstruction-Knoten wird über appendChild() in den Dokumentenbaum eingehängt.

Um den Inhalt einer PI auszulesen, können die Eigenschaften nodeValue der Klasse DomNode und data der Klasse DomProcessingInstruction eingesetzt werden. Die nachfolgende XML-Datei verfügt über eine PI:

```
<?xml version="1.0" encoding="ISO-8859-1"?>
<ausgabe>
<?anmerkung kommentar="Wir sind im Wurzelelement"?>
</ausgabe>
```

Der nachfolgende PHP-Code liest den Inhalt der PI, d.h. kommentar="Wir sind im Wurzelelement" zuerst über die Eigenschaft nodeValue von DomNode und dann über data von DomProcessingInstruction aus:

```
<?php
 $dom = new DomDocument;
 $dom->preserveWhiteSpace=false;
 if(!$dom->load(dirname(__FILE__)."/pi.xml")) {
  exit ("Fehler beim Parsen");
 }
 $root=$dom->documentElement;
 $pi=$root->firstChild;
 print ($pi->nodeValue);
 print ("<br>".$pi->data);
 print ("<br>".$pi->target);
?>
```

C.15.1 Konstruktor

Ein neues Objekt der Klasse `DomComment` wird über den Konstruktor `new DomProcessingInstruction()` erstellt:

```
new DomProcessingInstruction (string target, [string data]);
```

Der Übergabeparameter an den Konstruktor ist ein String, der den konkreten Namen der PI enthält (`target`). Der zweite Parameter enthält die in der PI enthaltenen Informationen bzw. Anweisungen (`data`). Eine erzeugte PI wird über `appendChild()` in den Dokumentenbaum eingehängt.

```
$dom1 = new DomDocument();
$pi=new DomProcessingInstruction("anweisung","heute='nix neues'");
$dom1->appendChild($pi);
```

PHP-Version: ab 5.0

DOM-Standard: nein

Name in DOM: -

Ähnliche Funktion oder Methode in PHP 4.x: `create_processing_instruction()` der Klasse `DomDocument`

C.15.2 Eigenschaften

data

```
string DomProcessingInstruction->data
```

Diese Methode ermittelt die konkrete Zeichenfolge in der PI, die sich zwischen dem Namen der PI (dem so genannten `target`) und dem Ende der PI (`?>`) befindet. Der Rückgabewert der Methode ist ein String. Bei der PI `<?anmerkung kommentar="Wir sind im Wurzelelement"?>` ist der Rückgabewert dieser Methode `kommentar="Wir sind im Wurzelelement"`. Die Eigenschaft kann gelesen und geändert werden. Der nachfolgende Code ermittelt eine PI, die sich unterhalb des Wurzelelements als Child befindet, und ändert die Eigenschaft `data`:

```
$dom = new DomDocument();
$dom->preserveWhiteSpace=false;
if(!$dom->load(dirname(__FILE__)."/pi.xml")) {
  exit ("Fehler beim Parsen");
}
$root=$dom->documentElement;
$pi=$root->firstChild;
print ("<br>".$pi->data);
$pi->data="comment='test test test'";
print ("<br>".$pi->data);
```

PHP-Version: ab 5.0, **DOM-Standard**: ja, DOM Level 1

Name in DOM: `data`

Ähnliche Funktion oder Methode in PHP 4.x: `data()` der Klasse `DomProcessing-Instruction`

target

`string DomProcessingInstruction->target`

Diese Methode ermittelt den Namen der PI. Dieser befindet sich direkt nach `<?`. Der Rückgabewert der Methode ist ein String. Bei der PI `<?anmerkung kommentar="Wir sind im Wurzelelement"?>` ist der Rückgabewert dieser Methode `anmerkung`. Die Eigenschaft `target` kann nur gelesen und nicht verändert werden. Der nachfolgende Code ermittelt eine PI, die sich unterhalb des Wurzelelements als Kind befindet und gibt das Target aus.

```
$dom = new DomDocument();
$dom->preserveWhiteSpace=false;
if(!$dom->load(dirname(__FILE__)."/pi.xml")) {
  exit ("Fehler beim Parsen");
}
$root=$dom->documentElement;
$pi=$root->firstChild;
print ("<br>".$pi->target);
```

PHP-Version: ab 5.0, **DOM-Standard**: ja, DOM Level 1

Name in DOM: `target`

Ähnliche Funktion oder Methode in PHP 4.x: `target()` der Klasse `DomProcessing-Instruction`

C.16 Die Klasse DomText

Die Klasse DomText repräsentiert einen Text, der sich innerhalb eines Elements befindet. Es ist damit ein Text-Knoten, z.B.:

```
<vorname>Vicki</vorname>
```

Der Inhalt des Elements name wird durch die Klasse DomText abgebildet. Die Klasse DomText ist von DomCharacterData abgeleitet, die wiedrum von der Klasse DomNode abgeleitet ist. Daher erbt die Klasse DomText sämtliche Methoden und Eigenschaften von DomCharacterData und DomNode. Der Inhalt des vorname-Elements kann entweder über die Eigenschaft nodeValue der Klasse DomNode, über die Eigenschaft data von DomCharacterData oder über wholeText der Klasse DomText ermittelt werden.

Die Klasse DomText besitzt einen Konstruktor, über den ein neues Objekt der Klasse DomText erstellt werden kann. Auf diese Art und Weise wird ein neuer Textknoten erzeugt, der dann beispielsweise über die Methode appendChild() der Klasse DomNode in den Dokumentenbaum eingehängt werden kann.

C.16.1 Konstruktor

Ein neues Objekt der Klasse DomText wird über den Konstruktor new DomText() erstellt:

```
new DomText([string value]);
```

Der Übergabeparameter an den Konstruktor ist ein String, der den konkreten Text enthält. Es kann auch ein leerer Textknoten erzeugt werden, indem kein Parameter übergeben wird. Ein erzeugter Textknoten wird über appendChild() in den Dokumentenbaum eingehängt. Das nachfolgende Beispiel erzeugt eine neues XML-Dokument mit einem Wurzelelement, unter das ein neuer Text-Knoten eingehängt wird:

```
$dom = new DomDocument();
$root=$dom->createElement("vorname");
$dom->appendChild($root);
$txt=new DomText("vicki");
$root->appendChild($txt);
$dom->save(dirname(__FILE__)."/text1.xml");
```

PHP-Version: ab 5.0, **DOM-Standard**: nein

Ähnliche Funktion oder Methode in PHP 4.x: create_text_node() der Klasse DomDocument

C.16.2 Methoden

splitText()

```
object DomProcessingInstruction->splitText (unsigned long offset)
```

Die Methode splitText() spaltet einen Text-Knoten in zwei Teile auf. Der Übergabewert offset gibt die Zeichenposition an, an der der Text aufgeteilt werden soll. Die Zählung beginnt bei 0. Der Rückgabewert der Methode ist ein Objekt der Klasse DomText, das den zweiten Teil des aufgespaltenen Textes enthält. Das Objekt, auf das die Methode `splitText()` angewendet wird, bleibt unangetastet. Der nachfolgende Code erzeugt ein Wurzelelement mit einem Textknoten. Der Inhalt des Knotens wird an der Zeichenposition 1 aufgespalten. Als Textausgabe ergibt sich im Browser `icki` und `vicki`.

```
$dom = new DomDocument;
$dom->preserveWhiteSpace=true;
$root=$dom->createElement("vorname");
$dom->appendChild($root);
$txt=new DomText("vicki");
$root->appendChild($txt);
$sp=$txt->splitText(1);
print ("<br>".$sp->wholeText);
print ("<br>".$txt->wholeText);
```

PHP-Version: ab 5.0, **DOM-Standard**: ja, DOM Level 1

Name in DOM: `splitText()`

Ähnliche Funktion oder Methode in PHP 4.x: -

isWhitespaceInElementContent ()

```
boolean DomProcessingInstruction->isWhitespaceInElementContent
(void)
```

Die Methode stellt fest, ob sich minimal ein Leerzeichen in einem Text befindet (`true`) oder nicht (`false`). Der nachfolgende Code erzeugt einen String mit mehreren Leerzeichen. Der Rückgabewert der Methode `isWhitespaceInElementContent()` ist korrekterweise `true`.

```
$dom = new DomDocument();
$root=$dom->createElement("vorname");
$dom->appendChild($root);
$txt=new DomText(" Test Test Test  ");
$root->appendChild($txt);
print ("<br>".$txt->isWhitespaceInElementContent());
```

PHP-Version: ab 5.0, **DOM-Standard**: ja, DOM Level 3

Name in DOM: `isWhitespaceInElementContent ()`

Ähnliche Funktion oder Methode in PHP 4.x: -

C.16.3 Eigenschaften

wholeText

```
string DomProcessingInstruction->wholeText
```

Die Eigenschaft ermittelt den Inhalt eines Objekts der Klasse `DomText`, d.h. den Inhalt eines Textknotens. Die Eigenschaft kann nur gelesen werden.

```
$dom = new DomDocument;
$dom->preserveWhiteSpace=true;
$root=$dom->createElement("vorname");
```

```
$dom->appendChild($root);
$txt=new DomText("vicki");
print ("<br>".$txt->wholeText);
```

PHP-Version: ab 5.0, **DOM-Standard**: ja, DOM Level 3

Name in DOM: `wholeText`

Ähnliche Funktion oder Methode in PHP 4.x: -

C.17 Die Klasse DomXPath

Die Klasse `DomXPath` repräsentiert eine XPath-Abfrage. Während dies in PHP 4.x über Funktionen realisiert wurde, ist in PHP 5 eine eigene Klasse vorgesehen, um XPath-Abfragen zu formulieren.

> *Hinweis: Die gesamte Klasse und deren Methoden sowie Eigenschaften sind kein DOM-Standard.*

C.17.1 Konstruktor

Ein neues Objekt der Klasse `DomXPath` wird über den Konstruktor `new DomXPath()` erstellt:

```
new DomXPath(DomDocument doc);
```

Der Übergabeparameter an den Konstruktor ist ein Objekt der Klasse `DomDocument`. Soll eine Abfrage in einer XML-Datei durchgeführt werden, muss diese vorher über DOM XML geparst werden, damit sie als ein Objekt der Klasse `DomDocument` zur Verfügung steht:

```
$xml = new DomDocument();
if(!$xml->load(dirname(__FILE__)."/index.xml")) {
  exit ("Fehler beim Parsen");
}
$xp = new DomXPath($xml);
$res = $xp->query("/ausgabe/anzeige");
if ($res->length<1) {
    print "Kein Element gefunden";
}
```

PHP-Version: ab 5.0, **DOM-Standard**: nein

Ähnliche Funktion oder Methode in PHP 4.x: `xpath_new_context()`

C.17.2 Methoden

query()

```
object DomXPath->query (string expr)
```

Führt eine Abfrage eines XML-Dokuments anhand einer XPath-Abfrage durch. Der Übergabeparameter ist ein String, der die XPath-Abfrage enthält. Der Rückgabewert ist ein Objekt der Klasse `DomNodeList`, das die gesamten Elemente enthält, die gemäß der XPath-

Abfrage in dem XML-Dokument gefunden wurden. Über die Methode `item()` der Klasse `DomNodeList` können die einzelnen Elemente und deren Inhalte erhalten werden. Verwenden Sie einen Namensraum, muss vorher die URI und das dazugehörende Präfix des Namensraums über die Methode `register_namespace()` der Klasse `DomXPath` registriert werden. In der XPath-Abfrage muss dann der Elementname mit dem Präfix notiert werden. Der nachfolgende Code ermittelt sämtliche `anzeige`-Elemente innerhalb von `ausgabe` und gibt diese aus:

```
$xml = new DomDocument();
if(!$xml->load(dirname(__FILE__)."/index.xml")) {
  exit ("Fehler beim Parsen");
}
$xp = new DomXPath($xml);
$res = $xp->query("/ausgabe/anzeige");
if ($res->length<1) {
    exit("Kein Element gefunden");
}
for ($a=0;$a<=$res->length;$a++) {
 $n=$res->item($a);
 print ("<br>".$n->nodeValue);
}
```

PHP-Version: ab 5.0, **DOM-Standard**: nein

Ähnliche Funktion oder Methode in PHP 4.x: `xpath_eval()`, `xpath_eval_expression()`

register_namespace ()

```
booelan DomXPath->register_namespace (string prefix, string uri)
```

Registriert einen Namensraum für die XPath-Abfrage. Der erste Übergabeparameter ist das Präfix und der zweite Parameter ist die konkrete URI des Namensraums. Der Rückgabewert ist `true`, wenn das Registrieren erfolgreich war, andernfalls `false`. Nach dem Registrieren des Namensraums muss in der XPath-Abfrage über `query()` der Element- oder Attributname mit dem registrierten Präfix angegeben werden. Das nachfolgende Beispiel ermittelt alle `anzeige`-Elemente mit dem Präfix `test`:

```
$xml = new DomDocument();
if(!$xml->load(dirname(__FILE__)."/index.xml")) {
  exit ("Fehler beim Parsen");
}
$xp = new DomXPath($xml);
$xp->register_namespace("test", "http://www.xmlguru.de/test.php");
$res = $xp->query("//test:anzeige");
```

PHP-Version: ab 5.0, **DOM-Standard**: nein

Ähnliche Funktion oder Methode in PHP 4.x: `xpath_register_ns()`

C.17.3 Eigenschaften

document

`object DomXPath->document`

Die Eigenschaft gibt ein Objekt der Klasse `DomDocument` zurück. Die Eigenschaft kann nur gelesen werden.

```
$xml = new DomDocument();
if(!$xml->load(dirname(__FILE__)."/index.xml")) {
  exit ("Fehler beim Parsen");
}
$xp = new DomXPath($xml);
$res = $xp->query("//anzeige");
if ($res->length<1) {
    print "Kein Element gefunden";
    exit();
}
$d=$xp->document;
print ($d->documentElement->nodeName);
```

PHP-Version: ab 5.0, **DOM-Standard**: -

Ähnliche Funktion oder Methode in PHP 4.x: -

Anhang D: Referenz SimpleXML

In diesem Anhang finden Sie die Referenz der SimpleXML-Funktionen und -Methoden in PHP ab Version 5.0. In den Versionen 3.x und 4.x steht SimpleXML nicht zur Verfügung.

D.1 Funktionen

clone ()

```
object clone (object s)
```

Kopiert ein Objekt der Klasse `simplexml_element`. Der Rückgabewert der Methode ist ein Objekt der Klasse `simplexml_element`.

```
$xml = simplexml_load_file(dirname(__FILE__).'/text.xml');
$copy = clone($xml);
```

PHP-Version: ab 5.0

simplexml_import_dom ()

```
object simplexml_import_dom (object node)
```

Lädt und parst einen Knoten eines XML-Dokuments. Der Knoten muss als ein Objekt der Klasse `DomNode` der DOM-Bibliothek aus PHP 5 vorliegen. Der Rückgabewert ist ein Objekt der Klasse `simplexml_element`, in das der Knoten der Klasse `DomNode` konvertiert wird. Tritt ein Fehler auf (z.B. Parsing Error usw.), gibt die Funktion `false` zurück. Der umgekehrte Weg, d.h. das Importieren eines Objekts der Klasse `simplexml_element` in DOM, ist über die Funktion `dom_import_simplexml()` möglich. Das nachfolgende Beispiel lädt eine XML-Datei, ermittelt das Wurzelelement und konvertiert diesen Knoten in ein Objekt der Klasse `simplexml_element`:

```
$dom = new DomDocument();
$dom->load(dirname(__FILE__)."/text.xml");
if(!$dom) {
  exit ("Fehler beim Parsen");
}
$root=$dom->documentElement;
$xml = simplexml_import_dom($root);
```

PHP-Version: ab 5.0

simplexml_load_file ()

```
object simplexml_load_file (string filename)
```

Lädt und parst eine XML-Datei, die über `filename` angegeben wird. Der Rückgabewert ist ein Objekt der Klasse `simplexml_element`. Tritt bei dem Parsen ein Fehler auf, wird das Laden abgebrochen. Ein Zugriff auf die Inhalte über die Klasse `simplexml_element` ist dann nicht möglich. Soll ein String geparst werden, sollte die Funktion `simplexml_load_string()` benutzt werden. Das nachfolgende Beispiel lädt eine XML-Datei:

```
$xml = simplexml_load_file(dirname(__FILE__).'/text.xml');
var_dump($xml);
```

PHP-Version: ab 5.0

simplexml_load_string ()

```
object simplexml_load_string (string data)
```

Lädt und parst ein XML-Dokument, das über den String `data` angegeben wird. Der Rückgabewert ist ein Objekt der Klasse `simplexml_element`. Tritt bei dem Parsen ein Fehler auf, wird es abgebrochen. Ein Zugriff auf die Inhalte über die Klasse `simplexml_element` ist dann nicht möglich. Soll eine XML-Datei geparst werden, sollte die Funktion `simplexml_load_file()` eingesetzt werden. Das nachfolgende Beispiel parst einem String, der ein XML-Dokument enthält:

```
$str="<?xml version='1.0'?><document><text>hallo</text>
  </document>";
$xml = simplexml_load_string($str);
var_dump($xml);
```

PHP-Version: ab 5.0

D.2 Die Klasse simplexml_element

Die Klasse `simplexml_element` repräsentiert ein geladenes und geparstes XML-Dokument. Über die Methoden der Klasse `simplexml_element` ist ein Zugriff auf die Inhalte des XML-Dokuments möglich. Die einzelnen Elemente in `simplexml_element` sind wie in einem Array angeordnet und können über die Array-Funktionen ausgelesen werden.

D.2.1 Methoden

asXML ()

```
object simplexml_element->asXML(object sxe)
```

Die Methode speichert ein Objekt der Klasse `simplexml_element` in einer XML-Datei.

```
$xml = simplexml_load_file('text.xml');
$xml->asXML('new.xml');
```

PHP-Version: ab 5.0

attributes ()

```
array simplexml_element->attributes(void)
```

Die Methode ermittelt sämtliche Attribute eines Elements und deren Werte. Der Rückgabewert der Methode `attributes()` ist ein Array, das über die Array-Funktionen von PHP durchlaufen werden kann. Der nachfolgende Code gibt sämtliche Attribute und Attributwerte des ersten `buch`-Elements aus:

```
$xml = simplexml_load_file('text.xml');
foreach($xml->buch[0]->attributes() as $a => $b) {
   echo "<br>Attribut: ".$a." - : ".$b;
}
```

PHP-Version: ab 5.0

children ()

```
array simplexml_element->children(void)
```

Die Methode ermittelt sämtliche untergeordneten Tags eines Elements. Der Rückgabewert der Methode `children()` ist ein Array, das über die Array-Funktionen von PHP durchlaufen werden kann. Der nachfolgende Code gibt sämtliche Kinder des ersten `buch`-Elements aus:

```
$xml = simplexml_load_file('text.xml');
foreach($xml->buch[0]->children() as $a => $b) {
   echo "<br>Kindelement: ".$a." - : ".$b;
}
```

PHP-Version: ab 5.0

xpath ()

```
object simplexml_element->xpath(string value)
```

Die Methode führt eine XPath-Abfrage durch. Der Rückgabewert der Methode ist ein Objekt der Klasse `simplexml_element`, das das gemäß der Abfrage gefundene Element bzw. die gefundenen Elemente enthält. Liegen mehrere solche Elemente vor, werden sämtliche gefundenen Elemente in dem Objekt der Klasse `simplexml_element` zurück gegeben. In dem nachfolgenden Code werden sämtliche Kinder der `user`-Elemente unterhalb des Wurzelelements `mitglieder` ermittelt und in einem Objekt der Klasse `simplexml_element` zusammengefasst.

```
$xml = simplexml_load_file('banner.xml');
$xpath_result = $xml->xpath("/mitglieder/user/child::*");
var_dump($xpath_result);
```

PHP-Version: ab 5.0

Anhang E: Referenz XMLReader

In diesem Anhang finden Sie die Referenz der Klasse `XMLReader` in PHP ab Version 5.0. In den Versionen 3.x und 4.x steht `XMLReader` nicht zur Verfügung.

E.1 Konstruktor

Die Klasse `XMLReader` besitzt einen parameterlosen Konstruktor. Über den Konstruktor `new XMLReader ()` wird ein Objekt der Klasse `XMLReader` erstellt:

```
new XMLReader (void);
```

E.2 Methoden

close ()

```
boolean XMLReader->close(void)
```

Die Methode gibt ein `XMLReader`-Objekt wieder frei.

```
$reader=new XMLReader();
$reader->close();
```

PHP-Version: ab 5.0

expand ()

```
boolean XMLReader->expand(void)
```

Liest einen einzelnen Knoten erneut ein.

```
$reader=new XMLReader();
$reader->open("news.xml");
$reader->read();
$reader->expand();
$reader->read();
print ($reader->name);
$reader->close();
```

PHP-Version: ab 5.0

getAttribute ()

```
string XMLReader->getAttribute (string name)
```

Diese Methode ermittelt den Wert eines Attributs, dessen Name im Übergabeparameter `name` angegeben ist. Liegt kein Attribut dieses Namens vor, wird ein Leerstring zurück gegeben. Besitzt das Attribut einen Namensraum, sollte die Methode `getAttributeNs()` eingesetzt werden.

```
$reader=new XMLReader();
$reader->open("buchliste.xml");
while ($reader->read()) {
  print ($reader->getAttribute("id"));
}
$reader->close();
```

PHP-Version: ab 5.0

getAttributeNo ()

```
string XMLReader->getAttributeNo (int index)
```

Diese Methode ermittelt den Wert eines Attributs. Das zu ermittelnde Attribut wird nicht über dessen Namen angegeben, sondern über dessen Indexnummer. Stößt der Parser auf ein Element mit Attributen, werden diese durchnummeriert. Die Zählung des Indexes beginnt bei 0. Der nachfolgende Code liest von jedem Element das dritte Attribut aus:

```
$reader=new XMLReader();
$reader->open("buchliste.xml");
while ($reader->read()) {
  print ($reader->getAttributeNo(2));
}
$reader->close();
```

PHP-Version: ab 5.0

getAttributeNs ()

```
string XMLReader->getAttributeNs (string namespaceURI, string
localName)
```

Diese Methode ermittelt ein Attribut mit dem Namen `localName` (dies ist der Attributname ohne Präfix) sowie der Namensraum-URI `namespaceURI` in einem XML-Element und gibt den Wert des Attributs als String zurück.

```
$reader=new XMLReader();
$reader->open("buchliste.xml");
while ($reader->read()) {
  print ($reader->getAttributeNs("http://www.jspguru.de/i.html",
"rubrik"));
}
$reader->close();
```

PHP-Version: ab 5.0

getParserProperty ()

```
boolean XMLReader->getParserProperty(int prop)
```

Liest eine Eigenschaft `prop` des Parsers aus. Der Rückgabewert kann nur `true` oder `false` sein. Die möglichen Eigenschaften können der Tabelle E.1 bei der Beschreibung der Methode `setParserProperty()` entnommen werden.

```
$reader=new XMLReader();
$reader->open("news.xml");
print($reader->getParserProperty(XMLREADER_VALIDATE));
$reader->close();
```

PHP-Version: ab 5.0

isValid ()

```
boolean XMLReader->isValid (void)
```

Gibt `true` zurück, wenn das Dokument gültig ist, ansonsten `false`. Das Dokument muss zuvor gegen eine DTD oder RelaxNG validiert werden. Dazu muss nach der `open()` oder `XML()`-Methode entweder die Parser-Eigenschaft `XMLREADER_VALIDATE` oder `XML-READER_LOADDTD` über die Methode `setParserProperty()` auf `true` gesetzt worden sein. Soll gegen Relax NG validiert werden, sind diese Eigenschaften nicht nötig. Es muss statt dessen die Methode `setRelaxNGSchema()` bzw. `setRelaxNGSchemaSource()` verwendet werden.

```
$reader=new XMLReader();
$reader->open("news.xml");
$reader->setParserProperty(XMLREADER_VALIDATE, true);
 while ($reader->read()) { }
print ("Gültig: ".$reader->isValid());
$reader->close();
```

PHP-Version: ab 5.0

lookupNamespace ()

```
string XMLReader->lookupNamespace (string prefix)
```

Die Methode ermittelt die URI des Namensraums, wenn im Knoten ein Namensraum verwendet wird. Dazu muss an die Methode das Präfix des Namensraums als String übergeben werden. Der Rückgabewert der Methode ist die URI des Namensraums als String. Der nachfolgende Code gibt von jedem Knoten die Namensraum-URI aus, in dem das Präfix `jct` verwendet wird.

```
$reader=new XMLReader();
$reader->open("news.xml");
 while ($reader->read()) {
  print ("<br>URI: ".$reader->lookupNamespace("jct"));
 }
$reader->close();
```

PHP-Version: ab 5.0

moveToElement ()

```
boolean XMLReader->moveToElement (void)
```

Diese Methode setzt den internen Zeiger zurück auf den Anfang des aktuellen Knotens, der das ausgelesene Attribut `name` enthält. Im folgenden Beispiel ist das der Knoten, der das ausgelesene Attribut `id` enthält.

```
$reader=new XMLReader();
$reader->open("news.xml");
while ($reader->read()) {
  if ($reader->moveToAttribute("id")) {
   print ("<br>".$reader->value);
   $reader->moveToElement();
   print ("<br>".$reader->name);
  }
}
$reader->close();
```

PHP-Version: ab 5.0

moveToAttribute ()

```
boolean XMLReader->moveToAttribute (string name)
```

Diese Methode setzt den internen Zeiger auf das Attribut `name`.

```
$reader=new XMLReader();
$reader->open("news.xml");
while ($reader->read()) {
  if ($reader->moveToAttribute("id")) {
   print ("<br>".$reader->value);
  }
}
$reader->close();
```

PHP-Version: ab 5.0

moveToAttributeNo ()

```
boolean XMLReader->moveToAttributeNo (int index)
```

Diese Methode setzt den internen Zeiger auf das Attribut mit der Indexnummer `index`. Die Zählung bei Attributen beginnt immer bei 0.

```
$reader=new XMLReader();
$reader->open("news.xml");
while ($reader->read()) {
  if ($reader->moveToAttribute(2)) {
   print ("<br>".$reader->value);
  }
}
$reader->close();
```

PHP-Version: ab 5.0

moveToAttributeNs ()

```
boolean XMLReader->moveToAttributeNs (string name, string
namespaceURI)
```

Diese Methode setzt den internen Zeiger auf das Attribut `name`. Das Präfix des Attributs muss der URI in `namespaceURI` zugeordnet sein.

```
$reader=new XMLReader();
$reader->open("news.xml");
while ($reader->read()) {
  if ($reader->moveToAttributeNs("wichtig", "http://
www.xmlguru.de/w.php")) {
   print ("<br>".$reader->value);
  }
}
$reader->close();
```

PHP-Version: ab 5.0

moveToFirstAttribute ()

```
boolean XMLReader->moveToFirstAttribute (void)
```

Diese Methode setzt den internen Zeiger auf das erste Attribut im aktuellen Knoten.

```
$reader=new XMLReader();
$reader->open("news.xml");
while ($reader->read()) {
  if ($reader->moveToFirstAttribute()) {
   print ("<br>".$reader->value);
  }
}
$reader->close();
```

PHP-Version: ab 5.0

moveToNextAttribute ()

```
boolean XMLReader->moveToNextAttribute (void)
```

Diese Methode setzt den internen Zeiger auf das nächste Attribut im aktuellen Knoten. Das nachfolgende Beispiel durchläuft alle Attribute eines Knotens:

```
$reader=new XMLReader();
$reader->open("news.xml");
while ($reader->read()) {
 while ($reader->moveToNextAttribute()) {
   print ("<br>".$reader->value);
  }
}
$reader->close();
```

PHP-Version: ab 5.0

next ()

`boolean XMLReader->next(void)`

Bewegt den internen Zeiger auf den nachfolgenden Knoten.

```
$reader=new XMLReader();
$reader->open("test.xml");
$reader->read();
print ($reader->name);
$reader->next();
print ($reader->name);
$reader->close();
```

PHP-Version: ab 5.0

open ()

`boolean XMLReader->open(string URI)`

Lädt und parst eine XML-Datei, die über `URI` angegeben wird. Es kann sich dabei um eine lokale Datei handeln, aber auch eine XML-Datei, die über die bekannten URL-Schemes (http, ftp usw.) geladen wird.

```
$reader=new XMLReader();
$reader->open("http://www.xmlguru.de/xml/t.xml");
$reader->close();
```

PHP-Version: ab 5.0

read ()

`boolean XMLReader->read(void)`

Liest einen einzelnen Knoten ein.

```
$reader=new XMLReader();
$reader->open("test.xml");
$reader->read();
print ($reader->name);
$reader->close();
```

PHP-Version: ab 5.0

setParserProperty ()

`boolean XMLReader->setParserProperty(int prop, boolean value)`

Setzt eine Eigenschaft `prop` des Parsers auf den Wert `true` oder `false`, der als zweiter Parameter übergeben wird. Die Eigenschaften sollten nach dem Aufruf der `open()`- bzw. `XML()`-Methoden gesetzt werden, bevor der erste `read()`-Aufruf erfolgt. Die einzelnen Eigenschaften, die gesetzt werden können, sind der nachfolgenden Tabelle zu entnehmen. Über die Methode `getParserProperty()` können die Eigenschaften ausgelesen werden.

Eigenschaft	Beschreibung
`XMLREADER_DEFAULTATTRS`	Setzt die Attribute mit deren Default-Werten gemäß der Angabe in der DTD.
`XMLREADER_LOADDTD`	Lädt eine DTD.
`XMLREADER_SUBST_ENTITIES`	Ersetzt Entities.
`XMLREADER_VALIDATE`	Validiert gegen eine DTD oder Relax NG.

Tabelle E.1: Die Parser-Eigenschaften

```
$reader=new XMLReader();
$reader->open("news.xml");
$reader->setParserProperty(XMLREADER_VALIDATE, true);
while ($reader->read()) { }
 print ("Gültig: ".$reader->isValid());
}
$reader->close();
```

PHP-Version: ab 5.0

setRelaxNGSchema ()

```
boolean XMLReader->setRelaxNGSchema (string rngfile)
```

Die Methode gibt die Relax NG-Datei an, gegen die eine XML-Datei validiert werden soll. Der Name der Relax NG-Datei muss als String `rngfile` an die Methode übergeben werden. Die Relax NG-Datei darf nicht in der XML-Datei eingebunden werden.

```
$reader = new XMLReader();
$reader->open('test1.xml');
if ($reader->setRelaxNGSchema('test1.rng') {
  while ($reader->read()) {
  }
}
if (! $reader->isValid()) {
  print ("Dokument is nicht gültig");
}
else {
  print ("Dokument is gültig");
}
```

PHP-Version: ab 5.0

setRelaxNGSchemaSource ()

```
boolean XMLReader->setRelaxNGSchemaSource (string rng)
```

Die Methode gibt das Relax NG-Dokument an, gegen das eine XML-Datei validiert werden soll. Der Unterschied zur Methode `setRelaxNGSchema ()` besteht darin, dass bei `setRelaxNGSchema ()` eine externe Relax NG-Datei angegeben wird. Bei `setRelaxNGSchemaSource ()` muss der Inhalt der Relax NG-Datei als String in PHP vorliegen.

```
$str="<?xml version='1.0'?>";
$str.="<grammar ns='' xmlns='http://relaxng.org/ns/structure/1.0'
datatypeLibrary='http://www.w3.org/2001/XMLSchema-datatypes'>";
$str.="<start><choice><notAllowed/>";
$str.="<element name='Buch'><element name='Titel'>";
$str.="<ref name='string'/></element>";
$str.="<element name='Inhalt'><ref name='string'/>";
$str.="</element></element></choice></start>";
$str.="<define name='string'><data type='string'/>";
$str.="</define></grammar>";
$reader = new XMLReader();
$reader->open('test1.xml');
if ($reader->setRelaxNGSchemaSource($str) {
  while ($reader->read()) {
  }
}
if (! $reader->isValid()) {
  print ("Dokument is nicht gültig");
}
else {
  print ("Dokument is gültig");
}
```

PHP-Version: ab 5.0

XML ()

```
boolean XMLReader->XML (string str)
```

Lädt und parst ein XML-Dokument, das über `str` angegeben wird und als String vorliegen muss.

```
$str="<test>Ausgabe</test>";
$reader=new XMLReader();
$reader->XML($str);
$reader->read();
print ($reader->name);
$reader->close();
```

PHP-Version: ab 5.0

E.3 Eigenschaften

attributeCount

```
int XMLReader->attributeCount
```

Diese Eigenschaft ermittelt die Anzahl der Attribute im aktuellen Knoten.

```
$reader=new XMLReader();
$reader->open("news.xml");
while ($reader->read()) {
```

```
 if ($reader->nodeType==XMLREADER_ELEMENT) {
  print("<br>".$reader->attributeCount);
 }
}
$reader->close();
```

PHP-Version: ab 5.0

baseURI

`string XMLReader->baseURI`

Diese Eigenschaft ermittelt die URI des Knotens. In der Regel ist dies der komplette Pfad zu der XML-Datei, in der sich der Knoten befindet.

```
$reader=new XMLReader();
$reader->open("news.xml");
while ($reader->read()) {
 print($reader->baseURI);
}
$reader->close();
```

PHP-Version: ab 5.0

depth

`string XMLReader->depth`

Ermittelt die Hierarchieebene des Knotens. Die Zählung beginnt bei 0 (dies ist in der Regel das Wurzelelement),

```
$reader=new XMLReader();
$reader->open("test.xml");
while ($reader->read()) {
 print ($reader->depth);
}
$reader->close();
```

PHP-Version: ab 5.0

hasAttributes

`boolean XMLReader->hasAttributes`

Diese Eigenschaft ermittelt, ob der Knoten über Attribute verfügt oder nicht. Sind in dem Knoten ein oder mehrere Attribute enthalten, ist der Rückgabewert `true`, andernfalls `false`.

```
$reader=new XMLReader();
$reader->open("news.xml");
while ($reader->read()) {
 if ($reader->nodeType==XMLREADER_ELEMENT) {
  if ($reader->hasAttributes) {
   print("<br>".$reader->attributeCount);
  }
```

```
 }
}
$reader->close();
```

PHP-Version: ab 5.0

hasValue

`boolean XMLReader->hasValue`

Diese Eigenschaft ermittelt, ob der Knoten über einen Textinhalt verfügt (Rückgabewert ist `true`, andernfalls `false`).

```
$reader=new XMLReader();
$reader->open("news.xml");
while ($reader->read()) {
 if ($reader->hasValue) {
  print ("<br>".utf8_decode($reader->value));
 }
}
$reader->close();
```

PHP-Version: ab 5.0

isDefault

`boolean XMLReader->isDefault`

Diese Eigenschaft ermittelt, ob der Wert eines Attributs den Default-Wert hat, der in der DTD oder in der Schema-Datei angegeben ist (Rückgabewert ist `true`, andernfalls `false`).

```
$reader=new XMLReader();
$reader->open("news.xml");
$reader->setParserProperty(XMLREADER_VALIDATE, true);
while ($reader->read()) {
 $reader->moveToFirstAttribute();
 if ($reader->isDefault) {
  print ("<br>Attribut ".$reader->name." hat Defaultwert");
 }
}
$reader->close();
```

PHP-Version: ab 5.0

isEmptyElement

`boolean XMLReader->isEmptyElement`

Diese Eigenschaft ermittelt, ob der Knoten leer ist (Rückgabewert ist `true`) oder nicht (`false`). Es dürfen auch keine Whitespaces enthalten sein.

```
$reader=new XMLReader();
$reader->open("news.xml");
while ($reader->read()) {
```

```
 if ($reader->isEmptyElement) {
  print ("Knoten ".$reader->name. " ist leer!");
 }
}
$reader->close();
```

PHP-Version: ab 5.0

localName

`string XMLReader->localName`

Diese Eigenschaft ermittelt den Namen eines Knotens. Wenn im Element ein Namensraum verwendet wird, enthält die Eigenschaft `localName` nur den Namen ohne das Präfix des Namensraums. Die Eigenschaft kann nur gelesen werden.

```
$reader=new XMLReader();
$reader->open("namespace.xml");
while ($reader->read()) {
 print ("<br>".$reader->localName);
}
$reader->close();
```

PHP-Version: ab 5.0

name

`string XMLReader->name`

Die Eigenschaft ermittelt den Namen eines Knotens oder eines Attributs. Wird ein Namensraum mit einem Präfix verwendet, so enthält die Eigenschaft `name` das Präfix und den Namen des Knotens, die beide durch einen Doppelpunkt voneinander getrennt sind. Wird ein Knoten eingelesen, der über keinen eigenen Namen verfügt (z.B. ein Kommentarknoten), wird statt dessen ein vordefinierter Name (in diesem Fall `#comment`) ausgegeben. Die Namen sind identisch mit denen, die die Eigenschaft `name` der Klasse `DomNode` zurück gibt. In Anhang C finden Sie bei der Beschreibung der Eigenschaft `name` der Klasse `DomNode` eine Liste der vordefinierten Namen, die zurückgegeben werden können.

```
$reader=new XMLReader();
$reader->open("test.xml");
$reader->read();
print ($reader->name);
$reader->close();
```

PHP-Version: ab 5.0

namespaceURI

`string XMLReader->namespaceURI`

Diese Eigenschaft ermittelt die URI des Namensraums des Knotens, falls einer vorhanden ist. Das Präfix kann über die Eigenschaft `prefix` und der Name des Elements (ohne Präfix) über die Eigenschaft `localName` erhalten werden. Ist kein Namensraum vorhanden, ist der Rückgabewert `null`. Die Eigenschaft kann nur gelesen werden.

```
$reader=new XMLReader();
$reader->open("namespace.xml");
while ($reader->read()) {
 print ("<br>".$reader->localName);
 print ("<br>".$reader->namespaceURI);
}
$reader->close();
```

PHP-Version: ab 5.0

nodeType

`int XMLReader->nodeType`

Diese Eigenschaft ermittelt den Knotentyp. Je nach Knoten ergibt sich ein anderer Rückgabewert. Diese können Sie der Tabelle E.2 entnehmen. Die Rückgabewerte sind ähnlich zu den Rückgabewerten der Eigenschaft `nodeType` der Klasse `DomNode`, sie tragen nur andere Bezeichnungen. Die Eigenschaft `nodeType` kann nur ausgelesen werden.

Wert	Knotentyp	Beschreibung
1	`XMLREADER_ELEMENT`	Der Knoten ist ein Element.
2	`XMLREADER_ATTRIBUTE`	Der Knoten ist ein Attribut.
3	`XMLREADER_TEXT`	Der Knoten ist ein Textknoten.
4	`XMLREADER_CDATA`	Der Knoten ist ein CDATA-Abschnitt.
5	`XMLREADER_ENTITY_REF`	Der Knoten ist eine Referenz auf ein Entity.
6	`XMLREADER_ENTITY`	Der Knoten ist ein Entity.
7	`XMLREADER_PI`	Der Knoten ist eine Processing Instruction, die sich innerhalb von *<?* und *?>* befindet.
8	`XMLREADER_COMMENT`	Der Knoten ist ein Kommentar, der durch *<!--* und *-->* umschlossen ist.
9	`XMLREADER_DOC`	Der Knoten ist das Dokument selbst.
10	`XMLREADER_DOC_TYPE`	Der Knoten ist eine DTD.
11	`XMLREADER_DOC_FRAGMENT`	Der Knoten ist ein XML-Fragment.
12	`XMLREADER_NOTATION`	Der Knoten ist eine Notation, d.h. ein *<!NOTATION>*-Tag einer DTD.
13	`XMLREADER_WHITESPACE`	Der Knoten enthält Whitespaces zwischen den Elementen.

Tabelle E.2: Die vordefinierten Konstanten als Rückgabewert von `nodeType`

Wert	Knotentyp	Beschreibung
14	XMLREADER_SIGNIFICANT_WHITESPACE	Der Knoten enthält Whitespaces in einem gemischten Inhaltsmodel.
15	XMLREADER_END_ELEMENT	Das Ende eines Elements.
16	XMLREADER_END_ENTITY	Das Ende eines Entity.
17	XMLREADER_XML_DECLARATION	Ein Prolog.

Tabelle E.2: Die vordefinierten Konstanten als Rückgabewert von `nodeType` (Forts.)

```
$reader=new XMLReader();
$reader->open("namespace.xml");
while ($reader->read()) {
 print ("<br>".$reader->nodeType);
}
$reader->close();
```

PHP-Version: ab 5.0

prefix

```
string XMLReader->prefix
```

Diese Eigenschaft ermittelt das Präfix des Namensraums, wenn im Knoten ein Namensraum verwendet wird. Die Eigenschaft kann nur gelesen werden. Der Name des Knotens (ohne Präfix) kann über die Eigenschaft `localName` erhalten werden. Die URI des Namensraums wird über die Eigenschaft `namespaceURI` ermittelt.

```
$reader=new XMLReader();
$reader->open("namespace.xml");
while ($reader->read()) {
 print ("<br>".$reader->localName);
 print ("<br>".$reader->prefix);
 print ("<br>".$reader->namespaceURI);
}
$reader->close();
```

PHP-Version: ab 5.0

value

```
string XMLReader->value
```

Die Eigenschaft ermittelt den Wert des Attributs als String. Die Eigenschaft kann nur ausgelesen werden. Bei einer Ausgabe sollte die Funktion `utf8_decode()` verwendet werden, da die Texte intern wie bei DOM XML nach UTF-8 codiert werden.

```
$reader=new XMLReader();
$reader->open("test.xml");
$reader->read();
print (utf8_decode($reader->value));
$reader->close();
```

PHP-Version: ab 5.0

xmlLang

```
string XMLReader->xmlLang
```

Die Eigenschaft ermittelt den Wert des Attributs `xml:lang`, das sich im Eltern-Knoten des aktuellen Knotens befindet. Die Eigenschaft kann nur ausgelesen werden. Ist das Attribut nicht vergeben, ist der Rückgabewert ein Leerstring.

```
$reader=new XMLReader();
$reader->open("test.xml");
$reader->read();
print ($reader->xmlLang);
$reader->close();
```

PHP-Version: ab 5.0

Anhang F: Referenz XSLT in PHP 4.x

In diesem Abschnitt finden Sie eine Referenz der XSLT-Funktionen in PHP 4.x. Die mit PHP 5 eingeführten neue Klassen finden Sie in Anhang G.

xslt_backend_info()

```
string xslt_backend_info(void)
```

Gibt Informationen über den Sablotron-Prozessor zurück. Zur Zeit sind keine Informationen verfügbar. Der Rückgabewert dieser Funktion ist *No information available*.

```
print (xslt_backend_info()."<br>");
```

PHP-Version: ab 4.3.0

xslt_backend_name()

```
string xslt_backend_name(void)
```

Gibt den Namen des XSLT-Prozessors zurück. Zur Zeit ist der Rückgabewert *Sablotron*.

```
print (xslt_backend_name()."<br>");
```

PHP-Version: ab 4.3.0

xslt_backend_version()

```
string xslt_backend_version(void)
```

Gibt die verwendete Version des XSLT-Prozessors Sablotron zurück. In PHP 4.3.0 ist dies 0.96, in PHP 4.3.1 ist dies 0.97 und in PHP 4.3.4 ist dies 1.0.

```
print (xslt_backend_version()."<br>");
```

PHP-Version: ab 4.3.0

xslt_closelog()

```
void xslt_closelog(resource xh)
```

Schließt ein Log-File nach einem Formungsprozess, das vorher über `xslt_openlog()` geöffnet wurde. Der Parameter `xh` ist ein Handler, der auf den erzeugten XSLT-Prozessor zeigt. Die Funktionen `xslt_openlog()` und `xslt_closelog()` sind durch die Funktion `xslt_set_log()` ersetzt worden und sollten nicht mehr eingesetzt werden.

```
$xh=xslt_create();
xslt_openlog($xh,'myfile.log');
xslt_transfrom('neu.xml','was_xml.xsl','result.html');
xslt_free($xh);
xslt_closelog($xh);
```

PHP-Version: nur 4.0.3 bis 4.0.6

xslt_create()

```
resource xslt_create(void)
```

Erzeugt einen neuen XSLT-Prozessor. Der Rückgabewert ist ein Handler, der auf den erzeugten Prozessor zeigt. Um eine XSLT-Funktion einsetzen zu können, muss zuerst immer diese Funktion aufgerufen werden.

```
$xh=xslt_create();
$res=xslt_process($xh,'neu.xml','was_xml.xsl','result.html')
xslt_free($xh);
```

PHP-Version: ab 4.0.3

xslt_errno()

```
mixed xslt_errno(resource xsltproc)
```

Ermittelt einen XSLT-Fehlercode, der beim Formen mit Sablotron aufgetreten ist. Der Übergabeparameter `xsltproc` ist der Handler, der durch die Funktionen `xslt_create()` erhalten wird. Im Unterschied zur Funktion `xslt_error()` gibt `xslt_errno()` nur einen Fehlercode zurück.

```
$xh=xslt_create();
$res=xslt_process($xh,'neu.xml', 'was_xml.xsl');
if (!$res){
  die("XSLT-Fehler: ".xslt_errno($xh)." - ".xslt_error($xh));
}
xslt_free($xh);
```

PHP-Version: ab 4.0.3

xslt_error()

```
mixed xslt_error(resource xsltproc)
```

Ermittelt einen XSLT-Fehler, der beim Formen mit Sablotron aufgetreten ist. Der Übergabeparameter `xsltproc` ist der Handler, der durch die Funktionen `xslt_create()` erhalten wird.

```
$xh = xslt_create();
$res=xslt_process($xh,'neu.xml', 'was_xml.xsl');
if (!$res){
 die("XSLT-Fehler: ".xslt_error($xh));
}
xslt_free($xh);
```

PHP-Version: ab 4.0.3

xslt_free()

```
void xslt_free(resource xsltproc)
```

Löst einen erstellten XSLT-Prozessor auf. Der Übergabeparameter `parser` ist der Handler, der durch die Funktionen `xslt_create()` erhalten wurde.

```
$xh=xslt_create();
xslt_free($xh);
```

PHP-Version: ab 4.0.3

xslt_getopt()

```
int xslt_getopt(resource xh)
```

Diese Funktion ermittelt gesetzte Optionen für den XSLT-Prozessor. Die Optionen können vorher über die Funktion `xslt_setopt()` gesetzt werden. Der erste Parameter `xh` ist ein Handler, der auf den erzeugten XSLT-Prozessor zeigt. Der Rückgabewert der Funktion ist ein Integer, der dem Namen der Option entspricht. Folgende Optionen können in Sablotron gesetzt und abgefragt werden:

`XSLT_OPT_SILENT, XSLT_SABOPT_DISABLE_ADDING_META, XSLT_SABOPT_DISABLE_STRIPPING, XSLT_SABOPT_PARSE_PUBLIC_ENTITIES`

Des Weiteren sind in Sablotron noch folgende Optionen setzbar, die zwar über `xslt_setopt()` gesetzt, aber über `xslt_getopt()` nicht abgefragt werden können:

`XSLT_SABOPT_IGNORE_DOC_NOT_FOUND, XSLT_SABOPT_FILES_TO_HANDLER, XSLT_SABOPT_DUMP_SHEET_STRUCTURE, XSLT_SABOPT_NO_EXTERNAL_ENTITIES`

Eine Beschreibung dieser Optionen entnehmen Sie bitte der Tabelle F.1.

Option	Beschreibung
XSLT_OPT_SILENT	Diese Option unterdrückt eine vorher gesetzte Error-Datei und unterdrückt auch weitere Anzeigen von Fehlermeldungen (z.B. durch eine fehlerhafte XSLT-Datei) im Browser.
XSLT_SABOPT_DISABLE_ADDING_META	Diese Option unterdrückt das Erzeugen des `<meta>`-Tags `<meta http-equiv="Content-Type" content="text/html">`, das in der XSLT-Datei über `<xsl:output mtehod="html">` angegeben werden kann.
XSLT_SABOPT_PARSE_PUBLIC_ENTITIES	Diese Option löst öffentliche externe Entitäten auf.

Tabelle F.1: Die Optionen von Sablotron

Option	Beschreibung
XSLT_SABOPT_DISABLE_STRIPPING	Diese Option unterdrückt das Zusammenfassen mehreren Leerzeichen (Whitespaces) zu einem Leerzeichen. Diese Option kann nur bei Dateien eingesetzt werden. Mehrere Tests ergaben, dass diese Sablotron-Option zur Zeit in PHP zwar gesetzt werden kann, diese aber in PHP nicht ausgeführt wird.
XSLT_SABOPT_IGNORE_DOC_NOT_FOUND	Diese Option weist den Parser an, nicht gefundene Dokumente, die im XSLT-Stylesheet über die `document()`-Funktion eingebunden werden, einfach zu ignorieren und den Formungsvorgang nicht abzubrechen. Die `document()`-Funktion kann ein weiteres Dokument ansprechen, z.B. in: `<xsl:apply-templates select= "document('daten.xml')"/>` Mehrere Tests ergaben, dass diese Sablotron-Option zur Zeit in PHP zwar gesetzt werden kann, diese aber in PHP nicht ausgeführt wird.
XSLT_SABOPT_FILES_TO_HANDLER	URIs, die auf interne Dateien zeigen, sollen nicht geladen, sondern an den Scheme Handler weitergereicht werden.
XSLT_SABOPT_DUMP_SHEET_STRUCTURE	Diese Option gibt eine hierarchische Struktur des Stylesheets in der Log-Datei aus. Dazu muss über `xslt_set_log()` eine Log-Datei gesetzt sein. Mehrere Tests ergaben, dass diese Sablotron-Option zur Zeit in PHP zwar gesetzt werden kann, diese aber keine Ausgabe in der Log-Datei erzeugt.
XSLT_SABOPT_NO_EXTERNAL_ENTITIES	Diese Option weist den Prozessor an, keine externen Entities aufzulösen. Mehrere Tests ergaben, dass diese Sablotron-Option zur Zeit in PHP zwar gesetzt werden kann, diese aber in PHP nicht ausgeführt wird.

Tabelle F.1: Die Optionen von Sablotron (Forts.)

```
<?php
$xh = xslt_create();
xslt_set_log($xh, true);
xslt_set_log($xh, 'error.log');
switch (xslt_getopt($xh)) {
 case XSLT_SABOPT_PARSE_PUBLIC_ENTITIES:
  print ("Öffentliche Entities werden geparst<br>");
  break;
 case XSLT_SABOPT_DISABLE_ADDING_META:
  print ("Kein Meta-Tag<br>");
  break;
```

```
 case XSLT_OPT_SILENT:
  print ("Kein Anzeigen von Fehlern<br>");
  break;
}
$res=xslt_process($xh, 'neu.xml', 'was_xml.xsl');
xslt_free($xh);
?>
```

PHP-Version: angeblich ab 4.3.0, Tests ergaben, dass die Funktion erst ab 4.3.3 arbeitet.

xslt_openlog()

```
void xslt_openlog(resource xh, mixed log)
```

Erzeugt ein Log-File, in das der XSLT-Prozessor Informationen über den Formungsprozess schreibt. Der erste Parameter `xh` ist ein Handler, der auf den erzeugten XSLT-Prozessor zeigt. Der zweite Parameter ist der Dateiname des Log-Files. Sollte noch kein Log-File vorhanden sein, erstellt PHP nach dem Aufruf der Funktion das Log-File. Das Log-File muss nach dem Formungsprozess über `xslt_closelog()` geschlossen werden. Die Funktion `xslt_openlog()` ist durch die Funktion `xslt_set_log()` ersetzt worden und sollte nicht mehr eingesetzt werden.

```
$xh=xslt_create();
xslt_openlog($xh,'myfile.log');
xslt_transfrom('neu.xml','was_xml.xsl','result.html');
xslt_free($xh);
xslt_closelog($xh);
```

PHP-Version: nur 4.0.3 bis 4.0.6

xslt_output_begintransform()

```
void xslt_output_begintransform (string file)
```

Gibt ein geformtes Ergebnis in der Datei `file` aus. Die Funktion ist sehr fehleranfällig und sollte nicht mehr eingesetzt werden.

```
$xh=xslt_create();
xslt_transform ("neu.xml","was_xml.xsl", "test.html");
xslt_output_begintransform("test.html");
xslt_output_endtransform();
xslt_free($xh);
```

PHP-Version: nur 4.0.3 bis 4.0.6

xslt_output_endtransform()

```
void xslt_output_endtransform (void)
```

Gibt ein geformtes Ergebnis im Browser aus. Die Funktion ist wie `xslt_output_begintransform()` sehr fehleranfällig und sollte nicht mehr eingesetzt werden.

```
$xh=xslt_create();
xslt_transform ("neu.xml","was_xml.xsl", "test.html");
xslt_output_begintransform("test.html");
xslt_output_endtransform();
xslt_free($xh);
```

PHP-Version: nur 4.0.3 bis 4.0.6

xslt_process()

```
mixed xslt_process(resource xh, string xmlfile, string xslfile
[,string resultfile [,array arguments [,array parameters]]])
```

Führt eine Formung einer angegeben XML-Datei `xmlfile` in ein Ausgabeformat über die XSLT-Datei im dritten Übergabeparameter `xslfile` durch. Das Ausgabeformat kann als optionaler vierter Parameter `resultfile` angegeben werden. Das geformte Ergebnis wird dann in dieser Datei gespeichert. Alle diese Parameter müssen als Strings angegeben werden. Der erste Parameter `xh` ist ein Handler, der auf den erzeugten XSLT-Prozessor zeigt. Wird der vierte Parameter `resultfile` weggelassen (oder anstelle dessen `NULL` geschrieben), gibt die Funktion das geformte Ergebnis in einer Variablen zurück und kann über `print()` ausgegeben werden. Parallel zu `xslt_process()` existiert bis PHP 4.0.6 noch die Funktion `xslt_transform()`, die jedoch nicht mehr eingesetzt werden sollte. Bei dem zweiten, dritten und vierten Übergabeparameter müssen die Pfade berücksichtigt werden. Wird unter Unix, Linux und Mac OS X nur der Dateiname angegeben, so werden diese Dateien aus dem aktuellen Verzeichnis geladen. Unter Windows dagegen werden die Dateien im Apache-Installationsverzeichnis gesucht. Zusätzlich sollte unter Windows noch der Vorsatz `file://` verwendet werden. Um die Dateien aus dem aktuellen Verzeichnis zu laden, empfiehlt sich speziell unter Windows die Kombination aus `file://` mit der `dirname()`-Funktion. Alternativ kann auch die Funktion `xslt_set_base()` verwendet werden, in der die Kombination aus `file://` mit der `dirname()`-Funktion notiert wird. Dann können nur die Dateinamen in `xslt_process()` angegeben werden. Das erste Beispiel führt eine Formung unter Linux, UNIX, Mac OS X durch und speichert das Ergebnis in der Datei *result.html*:

```
$xh=xslt_create();
xslt_process($xh,'neu.xml','was_xml.xsl','result.html');
xslt_free($xh);
```

Das zweite Beispiel führt dies unter Windows durch:

```
$xh=xslt_create();
xslt_process($xh,'file://'.dirname(__FILE__).'/neu.xml', 'file://
'.dirname(__FILE__).'/was_xml.xsl', 'file://'.dirname(__FILE__).'/
result.html');
xslt_free($xh);
```

Das dritte Beispiel führt eine Formung unter Linux, UNIX, Mac OS X durch und speichert das Ergebnis in einer Variablen (der vierte Übergabeparameter muss dann wegfallen), die dann im Browser über `print()` ausgegeben wird.

```
$xh=xslt_create();
$res=xslt_process($xh,'neu.xml','was_xml.xsl');
print($res);
xslt_free($xh);
```

PHP-Version: ab 4.0.3

xslt_run()

```
void xslt_run(resource xh,string xmlfile, string xslfile,string
resultfile)
```

Führt eine Formung einer angegebenen XML-Datei `xmlfile` in ein Ausgabeformat über die XSLT-Datei im dritten Übergabeparameter `xslfile` durch. Das Ausgabeformat kann als optionaler vierter Parameter `resultfile` angegeben werden. Das geformte Ergebnis wird dann in dieser Datei gespeichert. Alle diese Parameter müssen als Strings angegeben werden. Der erste Parameter `xh` ist ein Handler, der auf den erzeugten XSLT-Prozessor zeigt. Diese Funktion sollte wie `xslt_transform()` nicht mehr eingesetzt werden. Statt dessen sollte die Funktion `xslt_process()` genutzt werden.

```
$xh=xslt_create();
xslt_run($xh,"neu.xml","was_xml.xsl","test.html");
xslt_free($xh);
```

PHP-Version: nur 4.0.3 bis 4.0.6

xslt_set_base()

```
void xslt_set_base(resource xh,string uri)
```

Gibt den Basis-Pfad für die XML-, die XSLT- und die Ausgabedatei bei Transformationen an. Ohne die Verwendung der Funktion `xslt_set_base()` ist das Basis-Verzeichnis unter Windows das Installationsverzeichnis von Apache. Unter Linux, UNIX und Mac OS X ist dies das aktuelle Verzeichnis. Der Basis-Pfad wird als zweiter Übergabeparameter als String angegeben. Unter Windows sollte der Vorsatz `file://` verwendet werden. Zusätzlich empfiehlt sich unter Windows die Verwendung von `dirname()`, damit die Dateien aus dem aktuellen Verzeichnis geladen werden können. Wird diese Funktion eingesetzt, wird die XML- und die XSLT-Datei aus dem angegebenen Verzeichnis geladen. Wird in `xslt_process()` eine Ausgabedatei angeben, wird diese ebenfalls in dem Verzeichnis gespeichert. Der erste Übergabeparameter `xh` ist der Prozessor-Handler, der durch die Funktionen `xslt_create()` erhalten wird. Werden in der XSLT-Datei die Elemente `<xsl:import>` und `<xsl:include>` eingesetzt, werden die Dateien ebenfalls in der angegebenen URI von `xslt_set_base()` geladen. Erzeugen Sie über `xslt_set_log()` ein Log-File, hat die Funktion `xslt_set_base()` keine Auswirkung auf den Speicherort der Log-Datei. Der Namen der Log-Datei und der Pfad zu der Datei müsssen separat in `xslt_set_log()` angegeben werden.

Das erste Beispiel setzt das *htdocs*-Verzeichnis innerhalb der Apache-Installation unter Windows als Basis-Verzeichnis. Dadurch ist die Angabe des *htdocs*-Verzeichnisses in der Funnktion `xslt_process()` nicht nötig:

```
$xh=xslt_create();
xslt_set_base($xh,"file://htdocs");
xslt_process($xh,'neu.xml','was_xml.xsl','result.html');
xslt_free($xh);
```

Das zweite Beispiel ermittelt unter Windows in der Funktion `xslt_set_base()` das aktuelle Verzeichnis und setzt es als Basis-Verzeichnis:

```
$xh=xslt_create();
xslt_set_base($xh,"file://".dirname(__FILE__)."/");
xslt_process($xh,'neu.xml','was_xml.xsl','result.html');
xslt_free($xh);
```

Das dritte Beispiel gibt unter Linux, UNIX, Mac OS X ein anderes Verzeichnis an:

```
$xh=xslt_create();
xslt_set_base($xh,"/home/seebi/data");
xslt_process($xh,'neu.xml','was_xml.xsl','result.html');
xslt_free($xh);
```

PHP-Version: ab 4.0.5

xslt_set_encoding()

```
void xslt_set_encoding(resource xh,string encoding)
```

Setzt den Zeichensatz für das transformierte Ergebnis. Der erste Übergabeparameter `xh` ist der Prozessor-Handler, der durch die Funktionen `xslt_create()` erhalten wird. Der zweite Parameter `encoding` gibt den Zeichensatz des geformten Ergebnisses an. Standardmäßig ist diese Funktion nicht verfügbar. Um sie nutzen zu können, muss Sablotron mit der `encoding`-Option neu kompiliert werden.

```
$xh=xslt_create();
xslt_set_encoding($xh,"ISO-8859-1");
$res=xslt_process($xh,'neu.xml','was_xml.xsl');
print($res);
xslt_free($xh);
```

PHP-Version: ab 4.0.5

xslt_set_error_handler()

```
void xslt_set_error_handler(resource xh,mixed handler)
```

Diese Funktion setzt einen Error Handler für den XSLT-Prozessor. Tritt während des Formungsprozesses ein Fehler auf, z.B. durch einen fehlerhaften XSLT-Code, wird eine Callback-Funktion aufgerufen, die über den zweiten Übergabeparameter `handler` angegeben wird. Diese Callback-Funktion muss in den PHP-Code integriert werden. Die Funktion muss über vier Übergabeparameter verfügen:

- `$proc`: Dies ist der erstellte XSLT-Prozessor.
- `$errno`: Dies ist der aufgetretene Fehlercode.
- `$level`: derzeit unbenutzter Parameter.

- `$fields`: Ein Array, das über sechs Elemente verfügt:
  - `msgtype`: gibt einen Text aus, in der Regel ist dies `error`.
  - `code`: gibt einen Fehlercode an.
  - `module`: gibt den verwendeten XSLT-Prozessor aus. Hier ist normalerweise der String `Sablotron` enthalten.
  - `URI`: gibt die URI der XSL-Datei an, in der der Fehler aufgetreten ist.
  - `line`: Gibt die Zeilennummer in der XSL-Datei an, in der der Fehler aufgetreten ist.
  - `msg`: gibt eine konkrete Fehlerbeschreibung aus.

In der Funktion `xml_set_error_handler()` ist der erste Übergabeparameter `xh` der Prozessor-Handler, der durch die Funktionen `xslt_create()` erhalten wird.

```
$xh = xslt_create();
xslt_set_error_handler($xh, xslt_trap_error);
$res=xslt_process($xh, 'neu.xml', 'was_xml.xsl');
xslt_free($xh);
function xslt_trap_error($proc, $errno, $level, $fields) {
  $m="XSLT-Fehler: ".$errno."<br>";
  if(is_array($fields)) {
    while(list($key, $value) = each($fields)) {
      $m .= "<br>$key: $value";
    }
  }
  echo $m;
}
```

PHP-Version: ab 4.0.4

xslt_set_log()

```
void xslt_set_log(resource xh, mixed log)
```

Erzeugt ein Log-File, in das der XSLT-Prozessor Informationen über den Formungsprozess schreibt. Das Log-File enthält sowohl Hinweise auf fehlerhafte wie auch auf erfolgreiche Formungsvorgänge. Der erste Parameter `xh` ist ein Handler, der auf den erzeugten XSLT-Prozessor zeigt. Um die Funktion einsetzen zu können, muss sie zweimal verwendet werden. Bei dem ersten Aufruf der Funktion ist der zweite Übergabeparameter `true`, um das Logging einzuschalten. Beim zweiten Aufruf ist der zweite Parameter der Dateiname des Log-Files. Das Verzeichnis, in dem sich das Log-File befindet, ist unter Windows das Basisverzeichnis der Apache-Installation, wenn nur der Dateiname angegeben wird. Unter Linux, UNIX und Mac OS X ist es das aktuelle Verzeichnis. Es kann jedes andere beliebige Verzeichnis angegeben werden. Um unter Windows das Log-File im aktuellen Verzeichnis zu speichern, kann die `dirname()`-Funktion verwendet werden. Die Funktion `xslt_set_base()` hat auf den Speicherort des Log-Files keine Auswirkung. Auch sollte unter Windows abweichend von der Notation von `xslt_set_base()` und `xslt_process()` kein Vorsatz `file://` verwendet werden. Sollte noch kein Log-File vorhanden sein, erstellt PHP nach dem Aufruf der Funktion das Log-File. Unter Linux, UNIX und Mac OS X ist zu beachten, dass dafür die Schreibrechte vorhanden sein müssen.

Das erste Beispiel erstellt das Log-File unter Windows im aktuellen Verzeichnis:

```
$xh=xslt_create();
xslt_set_base($xh,"file://".dirname(__FILE__)."/");
xslt_set_log($xh, true);
xslt_set_log($xh, 'dirname(__FILE__).'/myfile.log');
xslt_process($xh,'neu.xml','was_xml.xsl','result.html');
xslt_free($xh);
```

Das zweite Beispiel erzeugt dieses Log-File unter Linux, UNIX und Mac OS X im aktuellen Verzeichnis:

```
$xh=xslt_create();
xslt_set_log($xh, true);
xslt_set_log($xh, 'myfile.log');
xslt_process($xh,'neu.xml','was_xml.xsl','result.html');
xslt_free($xh);
```

PHP-Version: ab 4.0.6

xslt_set_object ()

```
int xslt_set_object(resource xh,object obj)
```

Registriert für den Formungsvorgang ein Objekt, das die Callback-Funktionen enthält. Der Übergabeparameter `xh` ist der Handler, der durch die Funktionen `xslt_create()` erhalten wurde. Der zweite Übergabeparameter `obj` ist das konkrete Objekt, in dem sich die Callback-Funktionen befinden (in der Regel dürfte hier `$this` zum Einsatz kommen).

```
<?php
 class xslt_transform  {
  function xslt_transfrom() { }
  function test($xmlfile,$xslfile) {
   $xh = xslt_create();
   xslt_set_object($xh,$this);
   $handlers = array("document" =>
array("startDocument","endDocument"));
   xslt_set_sax_handlers($xh, $handlers);
   xslt_process($xh,$xmlfile,$xslfile,$resultfile);
   xslt_free($xh);
  }
  function startDocument () {
   print ("start doc<br>");
  }
  function endDocument () {
   print ("end doc<br>");
  }
 }
$testobj = new xslt_transform();
$testobj->test("neu.xml","was_xml.xsl","ergebnis.html");
?>
```

PHP-Version: ab 4.3.0

xslt_set_sax_handler()

`void xslt_set_sax_handler(resource xh,array handlers)`

Diese Funktion registriert einen oder mehrere SAX-Handler. Die dazugehörigen Callback-Funktionen werden dann aufgerufen, wenn das XML-Dokument transformiert wird. Diese Funktion wurde ab PHP 4.0.6 durch die Funktion `xslt_set_sax_handlers()`. In PHP-Versionen nach 4.0.6 steht diese Funktion nicht mehr zur Verfügung. Der erste Parameter `xh` ist ein Handler, der auf den erzeugten XSLT-Prozessor zeigt. Der zweite Parameter ist ein Array, das in den einzelnen Array-Elementen den Namen des SAX-Handlers und die dazugehörigen Callback-Funktionen enthält. Es können verschiedene Handler registriert werden, die teilweise nicht in den SAX-Funktionen vorkommen:

- `document`: registriert den Document Handler. Es müssen zwei Callback-Funktion angegeben werden (`startDocument` und `endDocument`).
- `element`: registriert den Element Handler. Es müssen zwei Callback-Funktion angegeben werden (`startElement` und `endElement`).
- `character`: registriert den Character Handler. Es muss eine Callback-Funktion angegeben werden (`characterData`).
- `pi`: registriert den Processing Instructionr Handler. Es muss eine Callback-Funktion angegeben werden (`proessingInstruction`).
- `comment`: registriert den Comment Handler. Es muss eine Callback-Funktion angegeben werden (`commentData`).

Für jeden Handler müssen die dazugehörigen Callback-Funktionen angegeben werden. Diese werden als Array notiert. Um beispielsweise den Document Handler zu registrieren, muss zunächst ein Array erstellt werden:

```
$handlers=array("document"=>array("start_document","end_document")
);
```

Dieses Array besteht aus einem Schlüssel/Wert-Paar, wobei der Schlüssel den Namen des SAX-Handlers angibt. Der Wert ist selbst wieder ein Array, da der Document Handler ja zwei Callback-Funktionen benötigt (`startDocument` und `endDocument`). Benötigt ein Handler nur eine Callback-Funktion, ist der Wert dann kein Array, sondern ein normaler String. Dies ist beispielsweise beim Character Data Handler der Fall:

```
$handlers=array("character"=>"characterData");
```

Das nachfolgende Beispiel registriert einen Document Handler:

```
$xh=xslt_create();
$handlers=array("document" =>
array("startDocument","endDocument"));
xslt_set_sax_handler($xh,$handlers);
$res=xslt_process($xh,'neu.xml','was_xml.xsl');
xslt_free($xh);
function startDocument () {
 print("start document<br>");
}
```

```
function endDocument () {
 print("end document<br>");
}
```

PHP-Version: nur 4.0.3 bis 4.0.6

xslt_set_sax_handlers()

`void xslt_set_sax_handlers(resource xh,array handlers)`

Diese Funktion registriert einen oder mehrere SAX-Handler. Die dazugehörigen Callback-Funktionen werden dann aufgerufen, wenn das XML-Dokument transformiert wird. Damit arbeitet diese Funktion ähnlich wie das Registrieren des einzelnen SAX-Handlers in Verbindung mit der Funktion `xml_parse()`. Diese Funktion ersetzt ab PHP 4.0.6 die Funktion `xslt_set_sax_handler()`.

Der erste Parameter `xh` ist ein Handler, der auf den erzeugten XSLT-Prozessor zeigt. Der zweite Parameter ist ein Array, das in den einzelnen Array-Elementen den Namen des SAX-Handlers und die dazugehörigen Callback-Funktionen enthält. Wie bei SAX können die Namen der Callback-Funktionen beliebig gewählt werden. Es können verschiedene Handler registriert werden, die teilweise nicht in den SAX-Funktionen vorkommen:

- `document`: registriert den Document Handler. Es müssen zwei Callback-Funktion angegeben werden (`startDocument` und `endDocument`).
- `element`: registriert den Element Handler. Es müssen zwei Callback-Funktion angegeben werden (`startElement` und `endElement`).
- `character`: registriert den Character Handler. Es muss eine Callback-Funktion angegeben werden (`characterData`).
- `pi`: registriert den Processing Instruction Handler. Es muss eine Callback-Funktion angegeben werden (`proessingInstruction`).
- `comment`: registriert den Comment Handler. Es muss eine Callback-Funktion angegeben werden (`commentData`).

Die Namen der hier möglichen Handler weichen von denen von SAX ab. Für jeden Handler müssen – wie in SAX – die dazugehörigen Callback-Funktionen angegeben werden. Diese werden als Array notiert. Um beispielsweise den Document Handler zu registrieren, muss zunächst ein Array erstellt werden:

```
$handlers=array("document"=>array("start_document","end_document"));
```

Dieses Array besteht aus einem Schlüssel/Wert-Paar, wobei der Schlüssel den Namen des SAX-Handlers angibt. Der Wert ist selbst wieder ein Array, da der Document Handler ja zwei Callback-Funktionen benötigt (`startDocument` und `endDocument`). Benötigt ein Handler nur eine Callback-Funktion, ist der Wert dann kein Array, sondern ein normaler String. Dies ist beispielsweise beim Character Data Handler der Fall:

```
$handlers=array("character"=>"characterData");
```

Das nachfolgende Beispiel registriert drei Handler (`Document Handler`, `Element Handler` und `Character Data Handler` mit deren Callback-Funktionen):

```
$xh=xslt_create();
$handlers=array("document" =>
array("startDocument","endDocument"),
       "element"=>array("startElement","endElement"),
       "character"=>"characterData");
xslt_set_sax_handlers($xh,$handlers);
$res=xslt_process($xh,'neu.xml','was_xml.xsl');
xslt_free($xh);
function startDocument () {
 print("start document<br>");
}
function endDocument () {
 print("end document<br>");
}
function startElement($parser, $name, $data) {
 print("&lt;".$name."&gt;<br>");
}
function endElement ($parser, $name) {
 print("&lt;".$name."&gt;<br>");
}
function characterData($parser, $data) {
print($data."<br>");
}
```

PHP-Version: ab 4.0.6

xslt_set_scheme_handler()

`void xslt_set_scheme_handler(resource xh,array handlers)`

Diese Funktion ist fehleranfällig und war nur in PHP 4.0.5 und 4.0.6 enthalten. Ab 4.0.6 sollte die Funktion `xslt_set_scheme_handlers()` eingesetzt werden. Diese Funktion registriert eine oder mehrere Handler, die bei der Verarbeitung einer XSLT-Datei aufgerufen werden können. Die Registrierung bezieht sich auf das Einbinden von Dateien in der XSLT-Datei über die XSLT-Funktion `document()`. Der erste Parameter `xh` ist ein Handler, der auf den erzeugten XSLT-Prozessor zeigt. Der zweite Parameter ist ein Array, das in den einzelnen Array-Elementen den Namen der Handler und die dazugehörige Callback-Funktion enthält. Folgende Handler können registriert werden:

- `open`: wird aufgerufen, wenn ein Dokument geöffnet wird.
- `get`: wird aufgerufen, wenn die `document()`-Funktion in XSLT ausgeführt wird.
- `put`: wird aufgerufen, wenn das externe Dokument über die `document()`-Funktion eingebunden wurde.
- `close`: wird aufgerufen, wenn das Dokument geschlossen wird.
- `get_all`: wird aufgerufen, wenn eines der vorhergehenden Ereignisse aufgetreten ist.

Mehrere Tests der Funktion haben ergeben, dass die Handler unzuverlässig oder gar nicht erkannt werden. Der Name der Callback-Funktion kann beliebig vergeben werden, sie muss nur diese Übergabeparameter besitzen:

- `$xh`: Das Handle, das auf den erzeugten XSLT-Prozessor zeigt.
- `$scheme`: Das Schema in der `document()`-Funktion.
- `$rest`: Die restliche Zeichenfolge in der `document()`-Funktion.

PHP-Version: nur 4.0.5 und 4.0.6

xslt_set_scheme_handlers()

```
void xslt_set_scheme_handlers(resource xh,array handlers)
```

Diese Funktion registriert eine oder mehrere Handler, die beim Prozessieren einer XSLT-Datei aufgerufen werden können. Die Registrierung bezieht sich auf das Einbinden von Dateien in der XSLT-Datei, die über die XSLT-Funktion `document()` eingebunden werden. Der erste Parameter `xh` ist ein Handler, der auf den erzeugten XSLT-Prozessor zeigt. Der zweite Parameter ist ein Array, das in den einzelnen Array-Elementen den Namen der Handler und die dazugehörige Callback-Funktion enthält. Folgende Handler können registriert werden:

- `open`: wird aufgerufen, wenn ein Dokument geöffnet wird.
- `get`: wird aufgerufen, wenn die `document()`-Funktion in XSLT ausgeführt wird.
- `put`: wird aufgerufen, wenn das externe Dokument über die `document()`-Funktion eingebunden wurde.
- `close`: wird aufgerufen, wenn das Dokument geschlossen wird.
- `get_all`: wird aufgerufen, wenn eines der vorhergehenden Ereignisse aufgetreten ist.

In der Regel dürfte der Handler `get_all` zum Einsatz kommen. Der Name der Callback-Funktion kann beliebig vergeben werden, sie muss nur diese Übergabeparameter besitzen:

- `$xh`: Das Handle, das auf den erzeugten XSLT-Prozessor zeigt.
- `$scheme`: Das Schema in der `document()`-Funktion.
- `$rest`: Die restliche Zeichenfolge in der `document()`-Funktion.

Die Funktion `xslt_set_scheme_handlers()` ersetzt ab PHP 4.0.6 die Funktion `xslt_set_scheme_handler()`.

Das nachfolgende Beispiel besitzt in der XSLT-Datei folgende Codeabschnitt:

```
<xsl:if test="document('file_exists:neu.xml')">
```

Die `document()`-Funktion wird hier eingesetzt, um die Datei *neu.xml* zu Laden. In PHP soll geprüft werden, ob diese Datei auch existiert. Die Ausgabe, die im Browser erzeugt wird, ist diese:

```
file_exists
/neu.txt
Datei neu.txt existiert: true
```

Der PHP-Code lautet:

```
<?php
$xh=xslt_create();
$handlers=array('get_all'=>'myHandle');
xslt_set_scheme_handlers($xh,$handlers);
$res=xslt_process($xh,'neu.xml','was_xml.xsl');
xslt_free($xh);
```

```
function myHandle($xh,$scheme,$rest){
 if ($scheme=="file_exists") {
  print ($scheme."<br>");
  print ($rest."<br>");
  $rest = substr($rest,1);
  print ("Datei ".$rest." existiert: ");
  print ($scheme($rest) ? "true" : "false");
  exit();
 }
}
?>
```

PHP-Version: ab 4.0.6

xslt_setopt()

```
int xslt_setopt(resource xh,int option)
```

Diese Funktion setzt eine Option für den XSLT-Prozessor. Der erste Parameter `xh` ist ein Handler, der auf den erzeugten XSLT-Prozessor zeigt. Der zweite Parameter ist die konkrete Option, die gesetzt wird. Welche Optionen über die Funktion `xslt_setopt()` gesetzt werden können, entnehmen Sie bitte der Tabelle F.1 bei der Beschreibung der Funktion `xslt_getopt()`. Beachten Sie, dass einige dieser Optionen zwar gesetzt werden können, aber keinen Effekt in PHP haben. Diese Optionen können über die Funktion `xslt_getopt()` abgefragt werden.

```
$xh=xslt_create();
xslt_setopt($xh,XSLT_OPT_SILENT);
$res=xslt_process($xh,'neu.xml','was_xml.xsl');
print($res);
xslt_free($xh);
```

PHP-Version: ab 4.3.0

xslt_transform()

```
void xslt_transform(string xmlfile, string xslfile,string
resultfile)
```

Führt eine Formung einer angegebenen XML-Datei `xmlfile` in ein Ausgabeformat über die XSLT-Datei im dritten Übergabeparameter `xslfile` durch. Das Ausgabeformat kann als optionaler vierter Parameter `resultfile` angegeben werden. Das geformte Ergebnis wird dann in dieser Datei gespeichert. Alle diese Parameter müssen als Strings angegeben werden. Das Ausgangsverzeichnis ist das Basisverzeichnis der Apache-Installation. Diese Funktion sollte nicht mehr eingesetzt werden. Statt dessen sollte die Funktion `xslt_process()` genutzt werden.

```
$xh=xslt_create();
xslt_transform ("neu.xml","was_xml.xsl", "test.html");
xslt_free($xh);
```

PHP-Version: nur 4.0.3 bis 4.0.6

Anhang G: Referenz XSLT in PHP 5

In diesem Abschnitt finden Sie eine Referenz der XSLT-Klasse und ihrer Methoden in PHP 5. Da mit der 5er Version die Formung über XSLT komplett erneut und überarbeitet wurde, ist diese Referenz in ein eigenständiges Kapitel ausgelagert worden. Sind Sie an der Referenz zu PHP 4.x interessiert, schlagen Sie bitte in Anhang F nach.

G.1 Die Klasse XsltProcessor

Die Klasse `XsltProcessor` repräsentiert einen XSLT-Prozessor in PHP 5, über den eine Formung eines XML-Dokuments über XSLT in ein Ausgabeformat durchgeführt wird. Um eine Formung mit XSLT durchführen zu können, muss über den Konstruktor ein Objekt der Klasse `XsltProcessor` erzeugt werden. Das zu formende XML-Dokument und das XSLT-Stylesheet müssen beide als Objekt der Klasse `DomDocument` vorliegen. Daher ist es nötig, beide Dateien zuerst zu laden und zu parsen:

```
<?php
 $xml = new DomDocument();
 $xml->load(dirname(__FILE__)."/index.xml");
 if(!$xml) {
  exit ("Fehler beim Parsen");
 }
 $xslt= new DomDocument();
 $xslt->load(dirname(__FILE__)."/html.xsl");
 if(!$xslt) {
  exit ("Fehler beim Parsen");
 }
 $xsltproc = new XsltProcessor();
 if(!$xsltproc) {
  exit ("Fehler beim Parsen");
 }
 $xsltproc ->importStylesheet($xslt);
 print ($xsltproc ->transformToXml($xml));
?>
```

G.1.1 Konstruktor

Ein neues Objekt der Klasse `XsltProcessor` wird über den Konstruktor `new XsltProcessor()` erstellt:

```
new XsltProcessor(void);
```

Der Konstruktor besitzt keinen Übergabeparameter.

```
$xsltproc = new XsltProcessor();
if(!$xsltproc) {
  exit ("Fehler beim Erstellen des XSLT-Prozessors");
}
```

PHP-Version: ab 5.0

G.1.2 Methoden

getParameter ()

```
string XsltProcessor->getParameter (string namespace, string name)
```

Diese Methode liefert einen Parameter zurück, der vorher über die Methode `setParameter()` der Klasse `XsltProcessor` gesetzt wurde. Der Rückgabewert der Methode ist ein String, der den Wert des Parameters enthält. Der erste Übergabeparameter ist ein String, der die URI des Namensraums enthält. Wird kein Namensraum verwendet, ist dieser Wert ein Leerstring. Der zweite Übergabeparameter gibt den Namen des auszulesenden Parameters an. Im nachfolgenden Beispiel liegt die XML-Datei als Objekt der Klasse `Document` in `$xml` und das XSLT-Stylesheet ebenfalls als ein Objekt der Klasse `Document` in `$xslt` vor:

```
$xsltproc = new XsltProcessor();
if(!$xsltproc) {
  exit ("Fehler beim Erstellen des XSLT-Prozessors");
}
$xsltproc->importStylesheet($xslt);
$xsltproc->setParameter("","testwert","Parameter an XSLT geben");
print ($xsltproc->getParameter("","testwert"));
```

PHP-Version: ab 5.0

hasExsltSupport ()

```
boolean XsltProcessor->hasExsltSupport (void)
```

Diese Methode gibt `true` zurück, wenn der XSLT-Prozessor libxslt so konfiguriert ist, dass dieser EXSLT unterstützt. Andernfalls ist der Rückgabewert `false`.

```
$xsltproc = new XsltProcessor();
if(!$xsltproc) {
  exit ("Fehler beim Erstellen des XSLT-Prozessors");
}
print ("<br>EXSLT: ".$xsltproc->hasExsltSupport());
```

PHP-Version: ab 5.0

importStylesheet ()

```
void XsltProcessor->importStylesheet(object node)
```

Diese Methode importiert ein XSLT-Stylesheet. Der Übergabeparameter muss ein Objekt der Klasse `DomNode` sein oder eine weitere Klasse, die davon abgeleitet ist, z.B. `DomDocument`. Daher ist es nötig, ein XSLT-Stylesheet vor dem Importieren mit Hilfe von DOM zu laden und zu parsen. Die Methode besitzt keinen Rückgabewert.

```
$xslt= new DomDocument();
$xslt->load(dirname(__FILE__)."/html.xsl");
if(!$xslt) {
 exit ("Fehler beim Parsen");
}
```

```
$xsltproc = new XsltProcessor();
if(!$xsltproc) {
 exit ("Fehler beim Erstellen des XSLT-Prozessors");
}
$xsltproc->importStylesheet($xslt);
```

PHP-Version: ab 5.0

removeParameter ()

```
boolean XsltProcessor->removeParameter (string namespace, string
name)
```

Diese Methode entfernt einen Parameter und dessen Wert, der vorher über die Methode `setParameter()` der Klasse `XsltProcessor` gesetzt wurde. Konnte der gesetzte Parameter entfernt werden, ist der Rückgabewert `true`, andernfalls `false`. Der erste Übergabeparameter ist ein String, der die URI des Namensraums enthält. Wird kein Namensraum verwendet, ist dieser Wert ein Leerstring. Der zweite Übergabeparameter gibt den Namen des auszulesenden Parameters an. Im nachfolgenden Beispiel wird ein Parameter gesetzt, ausgelesen, anschließend entfernt und erneut ausgelesen. In `$t` ist der Parameter `testwert` nicht mehr enthalten:

```
$xsltproc = new XsltProcessor();
if(!$xsltproc) {
  exit ("Fehler beim Erstellen des XSLT-Prozessors");
}
$xsltproc->importStylesheet($xslt);
$xsltproc->setParameter("","testwert","Parameter an XSLT geben");
print ($xsltproc->getParameter("","testwert"));
$u=$xsltproc->removeParameter( "", "testwert");
$t=$xsltproc->getParameter( "", "foo");
print ("<br>Parameter: ".$t." - ".$u);
```

PHP-Version: ab 5.0

setParameter ()

```
void XsltProcessor->setParameter (string namespace, string name,
string value)
```

Über diese Methode können Parameter an das XSLT-Stylesheet von PHP aus gegeben werden. Dabei muss der Parameter, der in dieser Methode als zweiter Übergabeparameter über `name` angegeben wird, mit dem Namen des Parameters übereinstimmen, der in dem XSLT-Stylesheet über `<xsl:param>` angegeben wurde. Der dritte Übergabeparameter an `setParameter()` gibt den Wert des Parameters an. Der erste Übergabeparameter kann einen Namensraum im XSLT-Stylesheet angeben. Derzeit ist dieses Argument nicht benutzt und sollte als Leerstring übergeben werden. Die Methode `setParameter()` sollte nach dem Laden des Stylesheets über `importStylesheet()` aufgerufen werden. Gesetzte Parameter können über die Methode `getParameter()` der Klasse `XsltProcessor` ausgelesen werden. Im nachfolgenden Beispiel liegt die XML-Datei als Objekt der Klasse `DomDocu-`

`ment` in `$xml` und das XSLT-Stylesheet ebenfalls als ein Objekt der Klasse `DomDocument` in `$xslt` vor:

```
$xsltproc = new XsltProcessor();
if(!$xsltproc) {
  exit ("Fehler beim Erstellen des XSLT-Prozessors");
}
$xsltproc->importStylesheet($xslt);
$xsltproc->setParameter("","testwert","Parameter an XSLT geben");
$doc = $xsltproc->transformToDoc($xml);
$doc->save(dirname(__FILE__)."/test2.html");
```

PHP-Version: ab 5.0

transformToDoc()

```
object XsltProcessor->transformToDoc (object node)
```

Diese Methode führt eine Formung durch und gibt das geformte Ergebnis als ein Objekt der Klasse `DomDocument` aus DOM XML zurück. Über die Methoden der Klasse `DomDocument` kann das geformte Ergebnis ausgegeben oder als Datei gespeichert werden. Der Übergabeparameter gibt die zu formende XML-Datei an. Diese muss als ein Objekt der Klasse `DomNode` aus DOM XML vorliegen, oder als ein Objekt einer Klasse, die von `DomNode` abgeleitet ist, z.B. `DomDocument`. Vor dem Aufruf dieser Methode muss das XSLT-Stylesheet über die Methode `importStylesheet()` importiert worden sein. Statt das Ergebnis in ein `DomDocument`-Objekt zu formen, kann alternativ die Methode `transformToXml()` verwendet werden, die das geformte Ergebnis als String zurück gibt. Über die Methode `transformToUri()` kann das geformte Ergebnis direkt in eine Datei geschrieben werden. Im nachfolgenden Beispiel liegt die XML-Datei als Objekt der Klasse `DomDocument` in `$xml` und das XSLT-Stylesheet ebenfalls als ein Objekt der Klasse `DomDocument` in `$xslt` vor:

```
$xsltproc = new XsltProcessor();
if(!$xsltproc) {
  exit ("Fehler beim Erstellen des XSLT-Prozessors");
}
$xsltproc->importStylesheet($xslt);
$doc = $xsltproc->transformToDoc($xml);
$doc->save(dirname(__FILE__)."/test2.html");
```

PHP-Version: ab 5.0

transformToUri()

```
int XsltProcessor-> transformToUri(object node, string uri)
```

Diese Methode führt eine Formung durch und schreibt das geformte Ergebnis in eine Datei. Der erste Übergabeparameter gibt die zu formende XML-Datei an. Diese muss als ein Objekt der Klasse `DomNode` aus DOM XML vorliegen (oder als ein Objekt einer Klasse, die von `DomNode` abgeleitet ist, z.B. `DomDocument`). Der zweite Übergabeparameter `uri` gibt den Dateinamen (eventuell inklusive Pfad) der Datei an, in die das geformte Ergebnis geschrieben wird. Vor dem Aufruf dieser Methode muss das XSLT-Stylesheet über die Methode `importStylesheet()` importiert worden sein. Der Rückgabewert der Methode `transformToUri()` ist die Anzahl der geschriebenen Bytes. Statt das Ergebnis in eine Datei zu schreiben, kann alternativ die Methoden `transformToXml()` verwendet werden, die das geformte Ergebnis als String zurück gibt. Über die Methode `transformToDoc()` kann das geformte Ergebnis als ein Objekt der Klasse `DomDocument` aus DOM XML erhalten werden. Im nachfolgenden Beispiel liegt die XML-Datei als Objekt der Klasse `DomDocument` in `$xml` und das XSLT-Stylesheet ebenfalls als ein Objekt der Klasse `DomDocument` in `$xslt` vor:

```
$xsltproc = new XsltProcessor();
if(!$xsltproc) {
  exit ("Fehler beim Erstellen des XSLT-Prozessors");
}
$xsltproc->importStylesheet($xslt);
$xsltproc->transformToUri($xml, dirname(__FILE__)."/out.xml");
```

PHP-Version: ab 5.0

transformToXml ()

```
string XsltProcessor->transformToXml (object node)
```

Diese Methode führt eine Formung durch und gibt das geformte Ergebnis als String zurück. Der Übergabeparameter gibt die zu formende XML-Datei an. Diese muss als ein Objekt der Klasse `DomNode` aus DOM XML vorliegen (oder als ein Objekt einer Klasse, die von `DomNode` abgeleitet ist, z.B. `DomDocument`). Vor dem Aufruf dieser Methode muss das XSLT-Stylesheet über die Methode `importStylesheet()` importiert worden sein. Statt das Ergebnis in einen String zu formen, kann alternativ die Methode `transformToDoc()` verwendet werden, die das geformte Ergebnis als ein Objekt der Klasse `DomDocument` zurück gibt. Über die Methode `transformToUri()` kann das geformte Ergebnis direkt in eine Datei geschrieben werden. Im nachfolgenden Beispiel liegt die XML-Datei als Objekt der Klasse `DomDocument` in `$xml` und das XSLT-Stylesheet ebenfalls als ein Objekt der Klasse `DomDocument` in `$xslt` vor:

```
$xsltproc = new XsltProcessor();
if(!$xsltproc) {
  exit ("Fehler beim Erstellen des XSLT-Prozessors");
}
$xsltproc->importStylesheet($xslt);
$n=$xsltproc->transformToXml($xml);
```

PHP-Version: ab 5.0

Anhang H: Installation

Die Installation vom SAX-, DOM- und XSLT-Support erfolgt für Windows und Linux/UNIX/Mac OS X unterschiedlich. Auch sind die PHP-Versionen 4.x und 5 bei der Installation zu unterscheiden.

H.1 Basisinstallation von Apache und PHP 4.x/5

H.1.1 Installation unter Windows

Der Apache-Server liegt als Binary für Windows vor. Laden Sie sich die Datei von *http://www.apache.org/dist/httpd* herunter. Die entsprechende ZIP-Datei muss nur in ein Verzeichnis entpackt werden (z.B. in *D:\Programme\Apache1.3.31*). Anschließend wird PHP installiert. Auch das liegt für Windows als Binary vor, das Sie sich von *http://www.php.net/downloads.php* herunter laden können. Die ZIP-Datei enthält alle nötigen Extensions (auch für DOM und XSLT). Die ZIP-Datei wird in ein neues Verzeichnis entpackt (z.B. in *D:\Programme\php-4.3.8-Win32*).

Im nächsten Schritt müssen Sie zwei Dateien aus dem Installationsverzeichnis umkopieren. Es handelt sich um die Datei *php.ini-dist*. Kopieren Sie diese Datei in das *WINDOWS*-Systemverzeichnis und benennen die Datei in *php.ini* um.

Verwenden Sie PHP 4.x, muss zusätzlich die Datei *php4ts.dll* umkopiert werden. Verwenden Sie PHP 5, handelt es sich um die Datei *php5ts.dll*. Die entsprechende Datei befindet sich im PHP-Installationsverzeichnis. Kopieren Sie die Datei in das Verzeichnis *C:\WINDOWS\SYSTEM32* (nur für Windows NT/2000/XP/2003) oder in das Verzeichnis *C:\WINDOWS\SYSTEM* (nur für Windows 95/98/ME).

Im nächsten Schritt muss die Apache-Konfigurationsdatei *httpd.conf* aktualisiert werden. Hier muss PHP als Modul angegeben werden. Laden Sie die Datei *httpd.conf* aus dem Verzeichnis *conf* der Apache-Installation in einen Text-Editor. Nach diesem Abschnitt:

```
<IfModule mod_negotiation.c>
  LanguagePriority en da nl et fr de el it ja kr no pl pt pt-br ru
ltz ca es sv tw
</IfModule>
```

fügen Sie PHP als Modul ein. Verwenden Sie PHP 4.x mit Apache 1.3.x tragen Sie diese Zeilen ein:

```
LoadModule php4_module D:/Programme/php-4.3.8-Win32/sapi/
php4apache.dll
AddType application/x-httpd-php .php5 .php4 .php .php3 .inc
```

`LoadModul` lädt das PHP-Modul, das als DLL-Datei vorliegt. Sie müssen den absoluten Pfad zu der Datei *php4apache.dll* angeben. Diese befindet sich im Verzeichnis *sapi* der PHP-Installation. Setzen Sie PHP 4.x mit Apache 2.0.x ein, dann müssen Sie den absoluten Pfad zu der Datei *php4apache2.dll* angeben:

```
LoadModule php4_module D:/Programme/php-4.3.8-Win32/sapi/
php4apache2.dll
```

Nutzen Sie PHP 5 mit Apache 1.3.x, benötigen Sie die Datei *php5apache.dll*:

```
LoadModule php5_module D:/Programme/php-5.0.0-Win32/php5apache.dll
```

und entsprechend *php5apache2.dll* für PHP 5 mit Apache 2.0.x.

```
LoadModule php5_module D:/Programme/php-5.0.0-Win32/
php5apache2.dll
```

Die Zeile `AddType` ordnet die Dateiendung dem PHP-Modul zu. Hier werden die Dateiendungen *.php5, .php4, .php3, .php* und *.inc* dem PHP-Interpreter zugeordnet. Minimal sollten Sie immer *.php* und *.inc* verwenden.

Sie können den Apache-Server über die Einträge `Start`, `Stop` und `Restart` im Menü `Start/Programme/Apache` steuern. Das Standardverzeichnis, in dem HTML- und PHP-Dateien abgelegt werden können, ist für dieses Beispiel das Verzeichnis *D:\Programme\Apache1.3.31\htdocs*. Dieses kann über den Parameter `DocumentRoot` in der Datei *httpd.conf* in *D:\Programme\Apache1.3.31\conf* abgeändert werden.

H.1.2 Installation unter Linux, UNIX und Mac OS X

Unter Linux, UNIX und Mac OS X müssen der Web-Server Apache und PHP kompiliert werden. Laden Sie sich die Sourcen von Apache über die Adresse *http://www.apache.org/dist/httpd* sowie von PHP über die Adresse *http://www.php.net/downloads.php* herunter. Zuerst entpacken Sie Apache 1.3.x bzw. Apache 2.0.x in einem Verzeichnis (z.B. */var/tmp/apache_1.3.31*). In diesem Verzeichnis rufen Sie den `configure`-Befehl auf. Dies ist noch nicht die „richtige" Konfiguration von Apache. Sie dient nur dazu, dass PHP den Sourcecodebaum von Apache sehen kann:

```
./configure
```

Anschließend wechseln Sie in das Verzeichnis, in dem Sie PHP entpackt haben. Dort geben Sie Folgendes ein:

```
./configure --with-apache=/var/tmp/apache_1.3.31
make
make install
```

Über den Schalter `--with-apache` geben Sie im `configure`-Befehl den Pfad zu den Sourcen des Apache-Servers an. Sollten Sie PHP vorher schon einmal kompiliert haben, sollten Sie die Datei *config.cache* aus dem Verzeichnis löschen, in dem Sie PHP entpackt haben. Anschließend sollte die *php.ini*-Datei zur Konfiguration von PHP in das Verzeichnis */usr/local/lib* kopiert werden:

```
cp php.ini-dist /usr/local/lib/php.ini
```

Kopieren Sie aus dem Verzeichnis *libs* im PHP-Verzeichnis die Datei *libphp4.a* in das Verzeichnis *src/modules/php4* des Apache-Verzeichnisses. Abschließend werden die Apache-Sourcen kompiliert. Wechseln Sie in das Verzeichnis, in dem die Sourcen liegen:

```
cd /var/tmp/apache_1.3.31
./configure  --prefix=/www \
--activate-module=src/modules/php4/libphp4.a \
--enable-module=so
make
make install
```

Über den Schalter `--prefix` wird das Installationsverzeichnis des Apache-Servers angegeben. Über den Schalter `--activate-module` geben Sie den relativen Pfad zu der Datei *libphp4.a* an (ausgehend vom Verzeichnis, in dem Sie die Sourcen von Apache entpackt haben).

Abschließend muss nur noch die Zeile

```
AddType application/x-httpf-php .php .php3 .php4. php5 .inc
```

in die Datei *httpd.conf* im *conf*-Verzeichnis der Apache-Installation eingetragen werden. Jetzt kann Apache gestartet werden. Dazu rufen Sie im Verzeichnis der Apache-Installation (beim Kompilieren über den Schalter `--prefix` festgelegt, d.h. im obigen Beispiel ist es das Verzeichnis */www*) im Unterverzeichnis bin das Tool *apachectl* auf:

```
./apachectl start
```

auf. Um die installierten Module zu kontrollieren, können Sie

```
./httpd -l
```

aufrufen. Dort sollte auch *mod_php4.c* eingetragen sein.

Das Standardverzeichnis, in dem HTML- und PHP-Dateien abgelegt werden können, ist für dieses Beispiel das Verzeichnis */www/htdocs*. Dieses kann über den Parameter `DocumentRoot` in der Datei *httpd.conf* in */www/conf* abgeändert werden.

H.1.3 Vereinfachte Installation mit SuSE Linux

SuSE Linux bietet eine vereinfachte Installation an, denn Apache, PHP, libxml2, Sablotron usw. sind bei einer SuSE Linux Professional-Distribution bereits enthalten. Im YaST2-Kontrollzentrum klicken Sie auf den Eintrag *YaST2-Module*, anschließend auf *Software* und dann auf *Software installieren*. Geben Sie im Eingabefeld *Suche* den Namen *Apache* (für Apache 1.3.x) oder *Apache2* (für Apache 2.0.x) ein. Klicken Sie auf der rechten Seite den entsprechenden Treffer der Suche an. Sollte dieser schon markiert sein, ist Apache schon bei Ihnen installiert. Betätigen Sie die *Akzeptieren*-Schaltfläche und Apache wird installiert.

PHP installieren Sie ebenfalls über das YaST2-Kontrollzentrum. Geben Sie im Eingabefeld *Suche* das Wort *PHP* ein. Klicken Sie den Eintrag *mod_php4* und *mod_php4_core* (wenn Sie PHP 4.x mit Apache 1.3.x verwenden) aus. Setzen Sie Apache 2 ein, klicken Sie den Eintrag *apache2_mod_php4* an. Betätigen Sie die *Akzeptieren*-Schaltfläche und die Installation wird durchgeführt. Das YaST2-Kontrollzentrum übernimmt auch die Konfiguration des Apache-Servers für Sie, sodass sie nach abgeschlossener Installation gleich PHP verwenden können.

Das Starten des Apache-Servers erfolgt über das Kommandozeilentool *apachectl*. Es befindet sich in */usr/bin/* bzw. */usr/sbin/* (dies hängt von der verwendeten SuSE-Version ab). Zum Starten rufen Sie von der Kommandozeile aus auf:

```
apachectl start
```

Das Stoppen erfolgt über:

```
apachectl stop
```

Haben Sie nach dem Start von Apache Änderungen an der Konfiguration des Apache-Servers vorgenommen, können Sie über den Parameter `graceful` einen schnellen Restart durchführen:

```
apachectl graceful
```

Das Standardverzeichnis, in dem HTML- und PHP-Dateien abgelegt werden können, ist seit SuSE Linux 9 das Verzeichnis */srv/www/htdocs*. Dieses kann über den Parameter `DocumentRoot` in der Datei *httpd.conf* in */etc/httpd* abgeändert werden.

> *Hinweis: Bis zum Redaktionsschluss des Buchs (Ende Juli 2004) gab es noch keine Distribution von SuSE Linux, die PHP 5 enthält. Daher kann hier keine Beschreibung für eine vereinfachte Installation von PHP 5 unter SuSE Linux gegeben werden. Es ist jedoch zu erwarten, das mit den nächsten SuSE-Distributionen die Installation ähnlich einfach sein wird wie von PHP 4.x.*

H.2 Installation von SAX unter PHP 4.x

Um SAX in PHP 4.x unter Windows, Linux, UNIX oder Mac OS X zu nutzen, ist keine besondere Installation nötig. Bei einer Basisinstallation unter allen diesen Betriebssystemen wird der expat-Parser und damit auch der SAX-Support installiert. SAX kann sofort eingesetzt werden.

Wenn Sie möchten, können Sie beim Kompilieren von PHP 4.x für Linux/UNIX/Mac OS X auch zusätzlich den Schalter `--with-xml` verwenden:

```
./configure --with-apache=/var/tmp/apache_1.3.31 --with-xml
```

Wenn Sie Apache 2 verwenden, sollten Sie den Schalter `--with-apache2` einsetzen:

```
./configure --with-apache2=/var/tmp/httpd-2.0.50 --with-xml
```

Rufen Sie in einem PHP-Code die Funktion `phpinfo()` auf, können Sie im Abschnitt `xml` prüfen, ob SAX installiert ist und welche expat-Version verwendet wird (siehe Abbildung H.1).

xml

XML Support	active
XML Namespace Support	active
EXPAT Version	1.95.6

Abb. H.1: SAX ist installiert (hier für PHP 4.3.8)

H.3 Installation von DOM XML unter PHP 4.x

H.3.1 Installation unter Windows

Die DOM XML-Bibliothek liegt als DLL-Datei im *extensions*-Verzeichnis der PHP4.x-Installation. DOM XML ist eine Extension, die in der Datei *php.ini* aktiviert werden muss. In *php.ini* muss in dieser Zeile

```
;extension=php_domxml.dll
```

die Auskommentierung über das Semikolon entfernt werden:

```
extension=php_domxml.dll
```

Kontrollieren Sie noch den Parameter `extension_dir` in *php.ini*. Dieser sollte den absoluten Pfad zu dem *extensions*-Verzeichnis angeben, z.B.:

```
extension_dir = D:\Programme\php-4.3.8-Win32\extensions
```

Passen Sie die Pfadangaben gegebenenfalls an Ihre Installation an. Starten Sie anschließend den Apache-Server neu.

H.3.2 Installation unter Linux, UNIX und Mac OS X

Haben Sie Apache und PHP schon einmal kompiliert, müssen Sie beide noch einmal kompilieren, da beim Kompilieren von PHP der DOM-Parser angegeben werden muss. Zuerst muss der DOM-Parser libxml2 installiert werden. Die Sourcen sind über die Adresse *http://xmlsoft.org* erhältlich. Die Datei muss entpackt werden (z.B. in */var/tmp*). Wechseln Sie in das Verzeichnis, in dem Sie die Sourcen entpackt haben (z.B. *libxml2-2.6.11*) und rufen Sie auf:

```
./configure
make
make install
```

libxml2 wird standardmäßig in das Verzeichnis */usr/local/lib* installiert. Diesen Pfad müssen Sie bei der PHP-Kompilierung angeben. Im nächsten Schritt muss PHP 4 neu kompiliert werden. Sollten Sie PHP 4.x schon vorher kompiliert haben, müssen Sie die Datei *config.cache* in dem Verzeichnis löschen, in dem sich die entpackten PHP-Sourcen befinden. Anschließend können Sie von der Kommandozeile aus PHP neu kompilieren:

```
./configure --with-apache=/var/tmp/apache_1.3.31
--with-xml
--with-dom=/usr/local/lib
--with-zlib-dir=/usr/local/lib
make
make install
```

Dies kompiliert PHP mit SAX und DOM XML. Über den Schalter `--with-dom` wird libxml2 aktiviert. Es muss der Pfad zu der libxml2-Installation angegeben werden. Beachten Sie dabei, dass libxml2 eine Installation von zlib erfordert. Sollte diese bei Ihnen nicht vorliegen, müssen Sie zlib installieren (verfügbar über *http://www.gzip.org/zlib/*) und über den Schalter `--with-zlib-dir` den Pfad zur Installation angeben. Anschließend muss Apache wie bekannt kompiliert werden.

H.3.3 Vereinfachte Installation mit SuSE Linux

Auch die Installation von DOM XML vereinfacht sich erheblich mit Hilfe des YaST2-Kontrollzentrums. Klicken Sie im Kontrollzentrum auf den Eintrag *YaST2-Module*, dann auf *Software* und abschließend auf *Software installieren*. Geben Sie im Eingabefeld *Suche* den Namen *libxml2* ein. Auf der rechten Seite werden die Treffer angezeigt. Klicken Sie den Eintrag libxml2 an, damit der Eintrag markiert wird. Danach klicken Sie auf *Akzeptieren* und die Installation von libxml2 und die Anbindung an PHP werden durchgeführt.

H.3.4 Kontrollieren der Installation

Rufen Sie in einem PHP-Code die Funktion `phpinfo()` auf, können Sie im Abschnitt `domxml` prüfen, ob DOM XML installiert ist und welche libxml2-Version verwendet wird (siehe Abbildung H.2).

domxml

DOM/XML	enabled
DOM/XML API Version	20020815
libxml Version	20510
HTML Support	enabled
XPath Support	enabled
XPointer Support	enabled

Abb. H.2: DOM XML und libxml sind installiert (hier für PHP 4.3.8)

H.4 Installation von XSLT unter PHP 4.x

H.4.1 Installation unter Windows

XSLT ist in PHP 4.x eine Extension, die wie DOM XML in der Datei *php.ini* aktiviert werden muss. In *php.ini* muss in dieser Zeile

```
;extension=php_xslt.dll
```

die Auskommentierung über das Semikolon entfernt werden:

```
extension=php_xslt.dll
```

Bevor Sie den Apache-Server neu starten, müssen Sie noch die Datei *sablot.dll* umkopieren. Diese befindet sich in dem Verzeichnis *dll* der PHP-Installation. Kopieren Sie diese Datei nach *C:\WINDOWS\SYSTEM32* (für Windows NT, 2000, XP und 2003) bzw. nach *C:\WINDOWS\SYSTEM* (für Windows 95/98/ME). Starten Sie anschließend den Apache-Server neu. Sollten Sie das Umkopieren dieser Datei vergessen, meldet der Apache-Server beim Start einen Fehler, dass das Modul *php_xslt.dll* nicht gefunden wurde.

H.4.2 Installation unter Linux, UNIX und Mac OS X

Wie bei DOM müssen Apache und PHP neu kompiliert werden, da beim Kompilieren der XSLT-Prozessor integriert werden muss. Zuerst muss der XSLT-Prozessor Sablotron installiert werden. Die Sourcen sind über die Adresse *http://www.ginerall.com* erhältlich. Die Datei muss entpackt werden (z.B. in */var/tmp*). Wechseln Sie in das Verzeichnis, indem die Sourcen entpackt wurden (z.B. *Sablot-1.0.1*) und rufen Sie auf:

```
./configure
make
make install
```

Sablotron wird standardmäßig in das Verzeichnis */usr/local/lib* installiert. Diesen Pfad müssen Sie bei der PHP-Kompilierung angeben. Im nächsten Schritt muss PHP 4 neu kompiliert werden. Sollten Sie PHP schon vorher kompiliert haben, müssen Sie die Datei *config.cache* in dem Verzeichnis löschen, in dem sich die entpackten PHP-Sourcen befinden. Anschließend können Sie von der Kommandozeile aus PHP neu kompilieren:

```
./configure --with-apache=/var/tmp/apache_1.3.31
--with-xml
--with-dom=/usr/local/include/libxml2
--with-zlib-dir=/usr/local/lib
--enable-xslt
--with-xslt-sablot=/usr/local/lib
make
make install
```

Dies kompiliert PHP mit SAX, DOM XML und XSLT. Über den Schalter `--enable-xslt` wird der XSLT-Support aktiviert. Über den Schalter `--with-xslt-sablot` muss der Pfad zu der Sablotron-Installation angegeben werden. Anschließend muss Apache wie bekannt kompiliert werden.

H.4.3 Vereinfachte Installation mit SuSE Linux

Geben Sie im YaST2-Kontrollzentrum im Eingabefeld *Suche* den Namen *sablot* ein. Auf der rechten Seite werden die Treffer angezeigt. Klicken Sie den Eintrag *sablot* an, damit der Eintrag markiert wird. Danach klicken Sie auf *Akzeptieren* und die Installation von Sablotron und die Anbindung an PHP werden durchgeführt.

H.4.4 Kontrollieren der Installation

Rufen Sie in einem PHP-Code die Funktion `phpinfo()` auf, können Sie im Abschnitt `xslt` prüfen, ob Sablotron und XSLT installiert sind (siehe Abbildung H.3).

xslt

XSLT support	enabled
Backend	Sablotron
Sablotron Version	0.96

Abb. H.3: XSLT und Sablotron sind installiert (hier für PHP 4.3.8)

H.5 Installation von SAX, DOM, XPath und SimpleXML unter PHP 5

H.5.1 Installation unter Windows

Die Installation von SAX, DOM, XPath und SimpleXML unter PHP 5 vereinfacht sich wesentlich. Alle diese Technologien bauen auf dem XML-Parser libxml2 auf und sind ab PHP 5.0 Standardbibliotheken. Es ist nicht nötig, die *php.ini*-Datei zu aktualisieren. SAX, DOM, XPath und SimpleXML stehen sofort zur Verfügung.

H.5.2 Installation unter Linux, UNIX und Mac OS X

Das Kompilieren von PHP 5 erfolgt sehr ähnlich wie von PHP 4.x, jedoch mit leichten Unterschieden. Selbst wenn Sie nur SAX benutzen möchten, muss der XML-Parser libxml2 installiert werden. Dieser ersetzt den expat-Parser, der in PHP 4.x verwendet wurde. Die Sourcen sind über die Adresse *http://xmlsoft.org* erhältlich. Die Datei muss entpackt werden (z.B. in */var/tmp*). Wechseln Sie in das Verzeichnis, in dem Sie die Sourcen entpackt haben (z.B. *libxml2-2.6.11*) und rufen Sie auf:

```
./configure
make
make install
```

libxml2 wird standardmäßig in das Verzeichnis */usr/local/lib* installiert. Diesen Pfad müssen Sie bei der PHP-Kompilierung angeben. Sollten Sie PHP 5 schon vorher kompiliert haben, müssen Sie die Datei *config.cache* in dem Verzeichnis löschen, in dem sich die entpackten PHP-Sourcen befinden. Anschließend können Sie von der Kommandozeile aus PHP neu kompilieren:

```
./configure --with-apache=/var/tmp/apache_1.3.31
--with-xml
--with-libxml-dir=/usr/local/lib
--with-zlib-dir=/usr/local/lib
make
make install
```

Dies kompiliert PHP mit SAX, DOM XML, XPath und SimpleXML. Über den Schalter `--with-libxml-dir` wird der Pfad zur libxml2-Installation angegeben. Beachten Sie dabei, dass libxml2 eine Installation von zlib erfordert. Sollte diese bei Ihnen nicht vorliegen, müssen Sie zlib installieren (verfügbar über *http://www.gzip.org/zlib/*) und über den Schalter *--with-zlib-dir* den Pfad zur Installation angeben. Anschließend muss Apache wie bekannt kompiliert werden. Im Unterschied zur Kompilierung von PHP 4.x müssen Sie die Datei *libphp5.a* aus dem Verzeichnis *libs* des PHP-Verzeichnisses verwenden und diese nach *src/modules/php5* des Apache-Verzeichnisses kopieren. Vom Apache-Verzeichnis aus kann das Kompilieren aufgerufen werden:

```
cd /var/tmp/apache_1.3.31
./configure  --prefix=/www \
--activate-module=src/modules/php5/libphp5.a \
```

```
--enable-module=so
make
make install
```

H.5.3 Kontrollieren der Installation

Rufen Sie in einem PHP-Code die Funktion `phpinfo()` auf, können Sie in Abschnitten `dom`, `libxml`, `SimpleXML` und `xml` prüfen, ob DOM XML, libxml2, SimpleXML und SAX installiert und verfügbar sind (siehe Abbildung H.4).

dom

DOM/XML	enabled
DOM/XML API Version	20031129
libxml Version	2.5.11
HTML Support	enabled
XPath Support	enabled
XPointer Support	enabled
Schema Support	enabled
RelaxNG Support	enabled

libxml

libXML support	active
libXML Version	2.5.11
libXML streams	enabled

SimpleXML

Simplexml support	enabled
Revision	$Revision: 1.139 $
Schema support	enabled

xml

XML Support	active
XML Namespace Support	active
libxml2 Version	2.5.11

Abb. H.4: DOM XML, SimpleXML und libxml sind installiert (hier für PHP 5.0.0)

H.6 Installation von XMLReader unter PHP 5

H.6.1 Installation unter Windows

XMLReader ist anders als DOM XML keine Standardbibliothek, sondern nach PECL ausgelagert. Für Windows kann eine ZIP-Datei heruntergeladen werden, die einige PECL-Module als kompilierte DLL-Dateien enthält, u.a. auch XMLReader. Sie erhalten die ZIP-Datei über die Adresse *http://www.php.net/downloads.php*. Die notwendige Datei lautet *php_xmlreader.dll*, die in das Verzeichnis *ext* der PHP-Installation kopiert werden muss. Anschließend muss die *php.ini*-Datei im Windows-Systemverzeichnis aktualisiert werden, indem die Datei als Extension angegeben wird:

```
extension=php_xmlreader.dll
```

Anschließend müssen Sie den Apache-Server neu starten.

H.6.2 Installation unter Linux, UNIX und Mac OS X

Für die Verwendung von XMLReader muss PHP neu kompiliert werden. Zuerst laden Sie sich die Sourcen von XMLReader über die Adresse *http://pecl.php.net/package/xmlReader* herunter. Entpacken Sie die Sourcen in ein neues Verzeichnis mit dem Namen *xmlreader*, das sich im PHP-Verzeichnis innerhalb des *ext*-Verzeichnisses befinden sollte. Anschließend kompilieren Sie PHP 5. Sollten Sie PHP 5 vorher schon kompiliert haben, müssen Sie die Datei *config.cache* löschen. Zum Aktivieren von XMLReader verwenden Sie beim Kompilieren den Schalter `--with-xmlreader`:

```
./configure --with-apache=/var/tmp/apache_1.3.31
--with-xml
--with-libxml-dir=/usr/local/lib
--with-zlib-dir=/usr/local/lib
--with-xmlreader
make
make install
```

XMLReader benötigt auf jeden Fall eine vorhandene libxml2-Installation.

H.6.3 Kontrollieren der Installation

Rufen Sie in einem PHP-Code die Funktion `phpinfo()` auf, können Sie im Abschnitt `xmlreader` prüfen, ob XMLReader installiert ist (siehe Abbildung H.5).

xmlreader

XMLReader	enabled

Abb. H.5: XMLReader ist installiert (hier für PHP 5.0.0)

H.7 Installation von XSLT unter PHP 5

H.7.1 Installation unter Windows

XSLT ist in PHP 5 wie in PHP 4.x eine Extension, die in *php.ini* aktiviert werden muss. In *php.ini* muss in dieser Zeile

```
;extension=php_xsl.dll
```

die Auskommentierung über das Semikolon entfernt werden:

```
extension=php_xsl.dll
```

Die Datei *sablot.dll* muss nicht wie in PHP 4.x umkopiert werden, da als XSLT-Prozessor Sablotron nicht mehr verwendet wird. Anschließend muss der Apache-Server neu gestartet werden.

H.7.2 Installation unter Linux, UNIX und Mac OS X

PHP 5 nutzt nicht mehr den XSLT-Prozessor Sablotron, sondern libxslt von Daniel Veillard. Zu Installation unter Linux, UNIX und Mac OS X benötigen Sie die Sourcen von libxslt, die über *http://xmlsoft.org/XSLT/downloads.html* verfügbar sind. Die *tar.gz*-Datei muss entpackt werden (z.B. in */var/tmp*). Wechseln Sie in das Verzeichnis, in dem die Sourcen entpackt wurden (z.B. *libxslt-1.1.8*) und rufen Sie auf:

```
./configure --prefix=/usr/local/lib
make
make install
```

Über den Schalter `--prefix` wird das Verzeichnis angegeben, in dem libxslt installiert wird. Diesen Pfad müssen Sie bei der PHP-Kompilierung angeben. Sollten Sie PHP 5 schon vorher kompiliert haben, müssen Sie die Datei *config.cache* in dem Verzeichnis löschen, in dem sich die entpackten PHP-Sourcen befinden. Anschließend können Sie von der Kommandozeile aus PHP neu kompilieren:

```
./configure --with-apache=/var/tmp/apache_1.3.31
--with-xml
--with-libxml-dir=/usr/local/lib
--with-zlib-dir=/usr/local/lib
--with-xsl=/usr/local/lib
make
make install
```

Dies kompiliert PHP mit SAX, DOM XML und XSLT. Über den Schalter `--with-xsl` wird der XSLT-Support aktiviert. Es muss der Pfad zu der libxslt-Installation angegeben werden. Anschließend muss Apache wie bekannt kompiliert werden.

H.7.3 Kontrollieren der Installation

Rufen Sie in einem PHP-Code die Funktion `phpinfo()` auf, können Sie im Abschnitt `xsl` prüfen, ob libxslt und XSLT installiert sind (siehe Abbildung H.6).

xsl

XSL	enabled
libxslt Version	1.0.33
libxslt compiled against libxml Version	2.5.11

Abb. H.6: XSLT und libxslt sind installiert (hier für PHP 5.0.0)

Stichwortverzeichnis